Verwendete Symbole

Ergänzende Zusatzinformationen zu den jeweiligen Themen erhalten Sie in diesen Boxen.

Aufgaben zu den jeweiligen Themen finden Sie in diesen Boxen.

Druck A 5 4 3 / Jahr 2009 08 07 06

Alle Drucke der Serie A sind im Unterricht parallel verwendbar.

Redaktion: Annette Wiegmann, Heidrun Kreitlow
Herstellung: KCS GmbH, Buchholz/Hamburg
Druck und Bindung: westermann druck GmbH, Braunschweig

ISBN 978-3-14-116200-4
alt: 3-14-116200-X

Geleitwort der Initiatoren

Das vorliegende Schulbuch wurde initiiert von der Bertelsmann Stiftung, der Heinz Nixdorf Stiftung und der Ludwig-Erhard-Stiftung, die sich unter dem Dach der „Gemeinschaftsinitiative Soziale Marktwirtschaft" zum Ziel gesetzt haben, in verschiedenen Bereichen von Politik und Gesellschaft die Grundgedanken der Sozialen Marktwirtschaft zu fördern und zu verbreiten. Ein wichtiger Baustein der gemeinsamen Projektaktivitäten ist die Förderung des Wissens und des Verständnisses von marktwirtschaftlichen Wirkungszusammenhängen in unserer Gesellschaft – insbesondere bei der jungen Generation – durch deren Verankerung im Schulunterricht.

Während bei der Initiative „Ökonomische Bildung online" die Entwicklung einer internetgestützten Lehrerfortbildung im Vordergrund steht, ging es beim Vorgänger-Projekt „Wirtschaft in die Schule!" um die Entwicklung, Erprobung und pilotmäßige Einführung eines Curriculums für ökonomische Bildung in der gymnasialen Oberstufe. Die Erarbeitung von Unterrichtsmaterialien war den Stiftungen darüber hinaus ein ganz besonderes Anliegen: „Ökonomie – Grundfragen wirtschaftlichen Handelns" ist ein umfassendes Grundlagenwerk sowohl für Schüler als auch für Lehrer, mit dem die Initiatoren einen Beitrag zur nachhaltigen Etablierung von ökonomischer Bildung an Schulen leisten wollen.

Professor Dr. Dr. h.c. mult. Heribert Meffert
Vorsitzender des Vorstands der Bertelsmann Stiftung

Dr. Gerhard Schmidt
Vorsitzender des Vorstands der Heinz Nixdorf Stiftung

Dr. Hans D. Barbier
Vorsitzender der Ludwig-Erhard-Stiftung e.V.

Vorwort des Herausgebers

Mit oec. wird der Versuch unternommen in wirtschaftliche Zusammenhänge so einzuführen, dass sich die Lernenden diese Schritt für Schritt aneignen können und gleichzeitig die wesentlichen Akteure im Wirtschaftsgeschehen kennen lernen. Der Leser wird schnell erkennen, dass von einigen traditionellen Wegen der Einführung wirtschaftlicher Sachverhalte abgewichen wird, v. a., weil die Unternehmen neben den Privaten Haushalten, dem Staat und dem Ausland stärker als bisher für Gymnasien in den Fokus der Betrachtung gerückt werden. Gleichzeitig hat die didaktische Zielsetzung, die Lernenden für ein Denken in Ordnungen zu sensibilisieren, dazu geführt, dass die Wirtschaftsordnung als ein Institutionen- und Regelsystem eine verbindende inhaltliche Funktion übernimmt. Der Autorengruppe ging es nicht um eine frühzeitige Spezialisierung für die Lernenden, sondern darum, Ökonomik als Teil einer weiter gefassten Sozialwissenschaft zu begreifen, nach dem Hayek'schen Motto: „Ein Ökonom, der nur Ökonom ist, ist nicht nur ein Ärgernis, sondern stellt eine regelrechte Gefahr dar."

Dank geht an erster Stelle an die Initiatoren und speziell an Clemens Wieland, der das Projekt von Seiten der Bertelsmann Stiftung sehr konstruktiv und engagiert begleitet hat. Zu danken haben wir insbesondere auch unserer Gruppe der Lehrkräfte des WIS!-Projektes, mit der die Gelegenheit bestand die Realisierungsmöglichkeiten der vorliegenden Konzeption nicht nur zu diskutieren, sondern auch in der Schule erfolgreich zu erproben.
Ein solches Produkt ist nicht ohne eine vielseitige Unterstützung bei der Erfassung, Verarbeitung sowie der Korrektur des Manuskriptes zu erstellen. Deshalb möchten wir an dieser Stelle besonders unseren studentischen Mitarbeiterinnen und Mitarbeitern Sema Akman, Daniela Albers, Hendrik Lang, Anke Sprick und Susanne Kaminski für ihren kritischen Außenblick und ihr Engagement danken.
Verbleibende Fehler gehen wie immer zu Lasten der Autoren und des Herausgebers.

Prof. Dr. Dr. h.c. Hans Kaminski
Direktor des Instituts für Ökonomische Bildung Oldenburg

1 Wirtschaftliche Grundsachverhalte

Wirtschaft ist spannend. Sie werden schnell erkennen, dass es sich dabei um keine trockene, weltfremde Wissenschaft ohne Bezug zu unserem Lebensalltag handelt, sondern dass wir alle in vielfältiger Weise täglich mit dem wirtschaftlichen Geschehen in seinen unterschiedlichen Dimensionen befasst sind. Um dieses Geschehen auch so durchschauen zu können, dass wir mehr als „Stammtisch-Weisheiten" gewinnen, müssen wir uns allerdings zunächst mit dem „Kleinen Einmaleins" auseinandersetzen, um dann tiefer in die wirtschaftlichen Prozesse eintauchen zu können.

In diesem Kapitel erarbeiten wir also die Grundlagen für ein besseres Verständnis der nachfolgenden Kapitel. Es

- untersucht, in welchen Rollen die Bürgerinnen und Bürger am Wirtschaftsgeschehen teilnehmen,
- setzt sich mit dem zentralen Begriff der Knappheit auseinander,
- erarbeitet die wichtigsten Begriffe (z. B. Bedürfnisse, Nutzen, Arbeitsteilung, Opportunitätskosten), die für das Verständnis wirtschaftlicher Vorgänge notwendig sind,
- zeigt die besondere Bedeutung einer Rechtsordnung für das wirtschaftliche Geschehen auf,
- entwickelt an einem exemplarischen Beispiel (Autokauf) wesentliche Beziehungen zwischen den verschiedenen Akteuren im Wirtschaftsgeschehen und
- stellt wichtige Werkzeuge bzw. Denkinstrumente für die Auseinandersetzung mit wirtschaftlichen Sachverhalten (z. B. Denken in Modellen, Wirtschaftskreislauf) vor.

Inhalt Kapitel I

1.1 Warum ökonomische Bildung?

1.1.1 Wirtschaft überall

Ein Unternehmer:
„Ich benötige Mitarbeiterinnen und Mitarbeiter, die ökonomische Prozesse verstehen, damit sie beruflich vernünftige Entscheidungen treffen können. Meine Mitarbeiter müssen auf veränderte Bedingungen richtig reagieren können, sie sollten betriebliche Abläufe verstehen sowie politische Ereignisse beurteilen können. Dafür benötigen sie eine solide ökonomische Bildung."

Ein Wirtschaftswissenschaftler:
„Die heutige Welt ist ohne ökonomische Kenntnisse ein Buch mit sieben Siegeln, so etwas wie eine Geheimwissenschaft. Das darf nicht sein. Deshalb sollte jede Schülerin und jeder Schüler des allgemeinbildenden Schulwesens über ökonomische Grundkenntnisse verfügen und wissen, welche Auswirkungen wirtschaftliche Sachverhalte auf ihre bzw. seine Situation als Berufswählerin oder Berufswähler, als Konsumentin oder Konsument, als Wählerin oder Wähler usw. haben."

Täglich werden Menschen mit ökonomischen Fragen konfrontiert, ob es nun im beruflichen Alltag ist, als Unternehmerin oder Unternehmer, in der Politik, als Konsumentin oder Konsument, als Wählerin oder Wähler, als Steuerzahlerin oder Steuerzahler usw.
Sie sehen Politiker im Parlament um die Zukunft des Systems der Sozialen Sicherung streiten, insbesondere um die Rente und das Gesundheitssystem. Da hierbei immer auch die sehr persönlichen Interessen der Bürgerinnen und Bürger eines Landes betroffen sind, verwundert es nicht, dass es sehr unterschiedliche Sichtweisen für die Lösung solcher Fragen gibt. Die einen rufen nach höheren Steuern für die Unternehmen und die Reichen eines Landes, die anderen behaupten, dass sich dadurch die ökonomischen Probleme eines Landes nur verschlimmern.
Auf der einen Seite existiert eine hohe Zahl an Arbeitslosen, die nicht nur Probleme mit der materiellen Sicherung ihrer Existenz haben, sondern auch mit ihrer persönlichen Wertschätzung, wenn sie sich als Außenseiter der Gesellschaft fühlen.
Auf der anderen Seite gibt es Jugendliche, die nicht einmal einen Ausbildungsplatz finden und befürchten müssen, keine Chance zu erhalten, um zukünftig für sich und ihre Familie ein ausreichendes Einkommen erwerben zu können. Auch Unternehmen leiden unter einer Last administrativer Vorschriften und fühlen sich im internationalen Wettbewerb benachteiligt. Es gibt Gewerkschaften, die überzeugt sind, dass mit der Senkung der Arbeitszeit für alle, mehr Beschäftigung erreicht werden könnte, und Wirtschaftswissenschaftler entgegnen, dass sie dies für einen groben ökonomischen Unfug halten. Wir sehen Aktionsgruppen, die sich gegen die Globalisierung stemmen und es tagen internationale Konferenzen, die die Globalisierung als eine Möglichkeit sehen, die Probleme dieser Welt besser als bisher lösen zu können.
In den Talkshows des Fernsehens wird täglich um all diese Fragen gestritten. Und leider ist der Auffassung zuzustimmen, dass bei der Diskussion ökonomischer Probleme häufig wenig Sachkompetenz vorhanden ist, aber dennoch alle eine Meinung vertreten. Manchmal wird sogar von einem ökonomischen Analphabetismus in weiten Bevölkerungskreisen gesprochen, was angesichts der Ernsthaftigkeit der Probleme schon bedrohlich ist.

Ende der Kaufzurückhaltung
Weihnachtsgeschäft: Einzelhandel mit den Umsätzen sehr zufrieden
Der Besucherandrang setzte früh ein. Die Kundschaft kommt verstärkt aus Bremen.
Oldenburg – Durchweg zufriedene Gesichter gab es am Abend des dritten Adventsonnabends bei der Kaufmannschaft in Oldenburg. Der große Besucherandrang sorgte dafür, dass die Umsatzerwartungen an diesem Tag übertroffen wurden.
„Unser Parkhaus war bereits um 10 Uhr voll besetzt“, freute sich Ingo Seibach, Geschäftsführer von „Galeria Kaufhof“. Gekauft wurden besonders Spielwaren, Uhren, Schmuck und Textilien. Auch „Saturn“-Geschäftsführer Dr. Oliver Hackle berichtete von Einnahmen, die seine Erwartungen weit übertroffen haben. Gefragt waren insbesondere MP3-Player, Digitalkameras und Plasma-Bildschirme.
„Wir haben heute deutlich mehr Umsätze gegenüber dem Vorjahr zu verzeichnen“, vermeldete Peter Schütte vom gleichnamigen Modehaus. Wobei er sich darüber freute, dass ein großer Teil seiner Kunden aus Bremen kam. „Wir konnten sogar Kunden aus Münster begrüßen“, verkündete Gerhardine Müller-Meinhard Cardoso aus dem Modehaus Bruns. Hinzu kamen auch hier wie in der gesamten Innenstadt viele Kunden aus den Niederlanden. Das zeigte sich auch im Modehaus Leffers, wie Abteilungsleiter Günther Weth bestätigte. Einen weiteren positiven Trend nimmt die DM-Aktion bei C&A. „Es gab weitere 1.000 DM Scheine und Pfennigsammlungen“, berichtete Geschäftsführer Michael Abeln.
Es wurde zudem von den Kaufleuten hervorgehoben, dass der Lambertimarkt viele Besucher anzieht.
Das Ende der Kaufzurückhaltung sieht Frank Sonnenberg vom MACO an der Emsstraße: „Ich bin mehr als zufrieden – gegenüber dem Vorsonnabend haben wir 50 Prozent mehr Umsatz gemacht. Vor allem im hochwertigen Bereich – also Küchen, Polstermöbel und Schreibtische – haben wir eine deutliche Absatzsteigerung erzielt.“
„Erfahrungsgemäß ist der dritte Adventsonnabend immer der stärkste. Aber dieses Jahr haben wir den Vorjahresumsatz noch übertreffen können“, berichtet Klaus Pechmann. Der Marktleiter vom Telepoint ist mit dem Ergebnis sehr zufrieden. Besonders hoch sei die Nachfrage seiner Kunden nach DVDs, MP3-Sticks, Tonträgern und Software gewesen. „Wider Erwarten lief aber auch Hifi sehr gut“, erzählt Pechmann, „Heimkino-Systeme waren am Sonnabend überraschend der Renner.“
Gut gelaunt blickt auch Ivo Saric, Leiter des Media-Marktes, auf den Umsatz am dritten Adventsonnabend. „Wir sind heute sehr zufriedenstellend unterwegs“, stellt er fest und berichtet von einem ähnlichen Verkaufstrend wie Pechmann. Im Media-Markt wollten die Kunden vor allem mit Notebooks, Flachbildschirmen, digitalen Kameras, Software und Tonträgern ihre Lieben zum Weihnachtsfest beglücken.
Quelle: Nordwest Zeitung, 13. Dezember 2004, S. 33, Autoren: Thomas Husmann/Heinz Arndt/Mathias Eichler

Ein Konsument:
„Für mich ist es manchmal sehr verwirrend das Marktgeschehen zu beobachten ... Ich will mein Einkommen so ausgeben, dass ich möglichst meine Bedürfnisse befriedigen kann. Ökonomische Kenntnisse würden mir helfen, mich in der Fülle der wirtschaftlichen Erscheinungen besser orientieren zu können.“

Deshalb ist es einleuchtend, dass
- ohne ökonomische Grundkenntnisse gesellschaftliche Strukturen und Prozesse nicht zu verstehen und zu beurteilen sind.
- die Bürgerin oder der Bürger häufig auf ihr bzw. sein Gefühl angewiesen ist, und das ist sehr häufig nur eine sehr unzuverlässige Richtschnur, ein sehr schlechter Ratgeber.
- zahlreiche ökonomische Fragen nur auf dem ersten Blick eindeutig zu beantworten sind. Vielmehr verlangen sie nach sehr differenzierten Betrachtungsweisen, für die man entsprechendes Handwerkszeug benötigt, das richtig einzusetzen ist.

1.1.2 Ziele

Wirtschaftliches Geschehen ist „spannend". Sich mit Ökonomie auseinanderzusetzen bedeutet nicht die Beschäftigung mit einer „blutleeren Schulbuchwissenschaft", die nur für die Schule selbst und für Prüfungen wichtig ist. Vielmehr wollen die Autoren mit diesem Band dazu beitragen, dass Sie den privaten und öffentlichen Diskussionen um wirtschaftliche Fragen viel sachverständiger folgen können. Und auch für die eigenen ökonomischen Entscheidungen ist das erworbene ökonomische Wissen hilfreich.
Sie sollen dazu befähigt werden, die zentralen ökonomischen Fragen zu erkennen und unterschiedliche Sichtweisen zu erfassen, um dann begründet Stellung beziehen zu können.

Gleichzeitig werden Sie mit einigen Kerngedanken der ökonomischen Wissenschaft vertraut gemacht und lernen, wie sich Wirtschaftswissenschaftler zu unterschiedlichen Zeiten mit ökonomischen Fragen beschäftigt haben. Es wird deutlich werden, wie sehr geschichtliche Hintergründe für das Verständnis der Ökonomie von Bedeutung sind und wie eng politische, soziale und ökonomische Fragen miteinander verwoben sind.

1.1.3 Wichtige Inhaltsbereiche

Die Auseinandersetzung mit wirtschaftlichen Sachverhalten findet in sechs Kapiteln statt.

Das erste Kapitel führt in **grundlegende wirtschaftliche Fragen** ein und stellt wesentliche Denkwerkzeuge für die Analyse von wirtschaftlichen Sachverhalten vor. An einem einfachen ökonomischen Alltagsbeispiel wird Schritt für Schritt ein zunehmend ausdifferenziertes Gefüge von wirtschaftlichen Zusammenhängen entwickelt, das auch in den weiteren Kapiteln zum besseren Verständnis von ökonomischen Prozessen und Strukturen beitragen soll.

Im Mittelpunkt von Kapitel 2 steht die **Wirtschaftsordnung**. Die Spielregeln, die die Wirtschaftsordnung eines Landes charakterisieren, beeinflussen maßgeblich die Spielzüge der Akteure im Wirtschaftsgeschehen. Es gehört zum Grundverständnis der Wirtschaft, die Funktion und die wesentlichen Ordnungsformen und Ordnungselemente einer Wirtschaftsordnung zu kennen, weil sonst wirtschaftliche Sachverhalte nur schwer angemessen beurteilt werden können.

Dieses Kapitel ist auch deshalb so weit vorn im Buch zu finden, damit bei der sich anschließenden Behandlung der unterschiedlichen Wirtschaftsakteure jederzeit eine Verknüpfung zu anderen Zusammenhängen in der Wirtschaftsordnung hergestellt werden kann.

Kapitel 3 beschäftigt sich mit den **Privaten Haushalten**. Ihre Mitglieder bieten ihre Arbeitskraft auf dem Arbeitsmarkt und ihr Kapital auf Kapitalmärkten an um Einkommen zu erzielen. Mit diesem erwerben sie wiederum Sachgüter und Dienstleistungen auf anderen Märkten. Ihre Handlungen werden dabei von unterschiedlichen Faktoren beeinflusst und ggf. auch eingeschränkt.

Kapitel 4 widmet sich den **Unternehmen**. Diese dienen vor allem der Einkommenserzielung, aber sie sind gleichzeitig für die Privaten Haushalte wegen des Angebots von Sachgütern und Dienstleistungen von hohem Interesse. Unternehmen müssen sich in einer arbeitsteiligen Welt organisieren, sie sind Orte der Beschäftigung und damit nicht nur Zentren ökonomischen, sondern auch sozialen Geschehens.

Kapitel 5 zeigt auf, welche Funktionen **der Staat in einer marktwirtschaftlichen Ordnung** hat bzw. haben sollte, welche Akteure bei wirtschaftspolitischen Entscheidungen eine Rolle spielen und welche historisch entstandenen Konzeptionen zu unterscheiden sind. Dabei wird aber auch deutlich gemacht, welche Probleme in einer Volkswirtschaft entstehen, wenn der Staat zu stark in das Wirtschaftsgeschehen eingreift und die Privaten Haushalte sowie die Unternehmen in ihren Handlungen in kontraproduktiver Weise einschränkt.

Die Im- und Exportwirtschaft hat für das rohstoffarme Deutschland eine herausragende Rolle. Ob Produzent oder Konsument: Niemand bleibt von der zunehmenden Internationalisierung und Globalisierung von Wirtschaft und Gesellschaft unberührt. Kapitel 6 beleuchtet daher abschließend die **internationalen Wirtschaftsbeziehungen** und setzt sich dabei mit der Struktur der Weltwirtschaft sowie mit der Rolle Deutschlands im Rahmen der globalen wirtschaftlichen Verflechtungen auseinander. Das Kapitel enthält in gleicher Weise theoretische Ausführungen zur Außenwirtschaft wie die Darstellung aktueller Entwicklungen, z. B. die Erweiterung der Europäischen Union im Jahr 2004.

1.1.4 Bearbeitungshinweise

Die Autorentexte bilden den roten Faden, aber sie werden durch historische und aktuelle Quellentexte, Grafiken und Statistiken ergänzt.

Von zentraler Bedeutung ist in diesem Band die kontinuierliche Einbindung **handlungsorientierter Methoden des Ökonomieunterrichts**, wie z. B. Projektskizzen, Beispiele und Rollenspiele. Eine ausführliche Darstellung dieser Methoden finden Sie auf den Internetseiten des Instituts für Ökonomische Bildung in Form von PowerPoint-Präsentationen und in textlicher Darstellung unter folgender Adresse: **www.ioeb.de**.

In allen Kapiteln finden Sie auch **Porträts bedeutender Ökonomen** aus unterschiedlichen historischen Epochen sowie Textauszüge als Leseproben.

In **Exkursen** z. B. zum Wirtschaftskreislauf und zur Volkswirtschaftlichen Gesamtrechnung sowie zum Rechnungswesen werden ausführliche Analysemethoden dargestellt.

!

1. Stellen Sie fünf aktuelle Zeitungsartikel zusammen, in denen die kurz skizzierten Kerngedanken der jeweiligen Kapitel vorrangig behandelt werden:
   - Probleme des privaten Haushaltes,
   - Bedeutung von Unternehmen,
   - Aussagen zur Sozialen Marktwirtschaft,
   - Aufgaben staatlicher Wirtschaftspolitik,
   - Bedeutung internationaler Wirtschaftsbeziehungen für die Bundesrepublik Deutschland.
2. Stellen Sie zwischen den einzelnen ökonomischen Bereichen (1–5) Zusammenhänge her.

1.2 Das ökonomische Grundproblem

1.2.1 Knappheit als technisches Grundproblem des Wirtschaftens

Weshalb müssen wir wirtschaften? Die Summe der Bedürfnisse, die Menschen täglich haben, ist stets größer als die Mittel zu ihrer Befriedigung. Anders ausgedrückt: Es herrscht universale Knappheit.

Im weiteren Verlauf unserer Überlegungen werden wir von Knappheit als eine Grundannahme des Wirtschaftens ausgehen. Begrenzte Ressourcen in einer endlichen Welt können zwar durch die Kooperation vieler Individuen optimal genutzt werden, es wird dennoch die Knappheit nicht beseitigt.

Daniel Defoe
* Anfang 1660 (Datum ist nicht genau bekannt) in London
† 26.04.1731 in London

Defoe hätte ursprünglich puritanischer Geistlicher werden sollen, entschied sich dann aber für die kaufmännische Laufbahn.
Er wollte die praktischen Lebensbedingungen seiner Landsleute verbessern; er gab mehrere Zeitschriften heraus und verfasste zahlreiche zum Teil satirische Artikel.
Ein heftiger Angriff gegen die religiöse Unduldsamkeit der anglikanischen Kirche brachte ihn in große Bedrängnis, das Volk war jedoch auf seiner Seite.
Nach einem Gefängnisaufenthalt änderte er seinen ursprünglichen Namen (Daniel Foe) in Defoe.

Robinson Crusoe bei der Arbeit
Alle Tage füllten sich mit regelmäßigen Beschäftigungen, und mir blieb selten Zeit müßig zu sein. Einige der angenehmsten Pflichten waren das Beten und das Lesen der Bibel. Kein Tag verging, wo ich nicht zwei- oder dreimal mich diesem widmete. Auch der tägliche Jagdgang mit der Flinte erforderte in der Regel drei Stunden. Hinzu kam das Zubereiten, Kochen, Herrichten und Aufbewahren dessen, was ich geschossen hatte. Dadurch war schon ein großer Teil des Tages ausgefüllt. Außerdem muss man berücksichtigen, dass die Mittagsstunden für Arbeiten jeglicher Art nicht geeignet waren, weil es während dieser Tageszeit viel zu heiß und drückend war. So kam es, dass meine tägliche Arbeitszeit für andere Dinge nur vier Stunden betrug. Manchmal machte ich es auch umgekehrt, ich arbeitete am Morgen und ging abends auf die Jagd.

Hinzu kommen die außergewöhnlichen Schwierigkeiten, mit denen alles verbunden war, was ich in Angriff nahm. Manche Stunde ging verloren, weil ich meist nicht die geeigneten Werkzeuge hatte, für manche Arbeiten einen Helfer gebraucht hätte und auch nicht immer die notwendige Geschicklichkeit vorhanden war. Beispielsweise benötigte ich nicht weniger als zweiundvierzig Tage, um ein Brett herzustellen, das ich in meiner Höhle anbringen wollte. Mit entsprechenden Werkzeugen versehen, würden normalerweise zwei Männer während eines halben Tages sechs Bretter aus einem einzigen Stamm geschnitten haben.

Meine Methode erwähnte ich schon: Je nach der benötigten Breite des Brettes suchte ich mir einen entsprechend starken Baum aus. Für das Fällen brauchte ich drei Tage, für das Entästen zwei Tage. Nur durch mühsames Behauen gelang es mir, auf beiden Seiten soviel zu entfernen, dass er leichter wurde und ich ihn dadurch bewegen konnte. Dann drehte ich ihn um und behobelte die eine Seite wie ein Brett. Mit der anderen Seite machte ich es genauso, und als Ergebnis meiner Arbeit erhielt ich ein etwa sieben Zentimeter starkes Brett. Sicher kann sich kaum jemand vorstellen, welche Geduldsproben und Mühseligkeiten dies mit sich brachte. Nur durch Fleiß und Ausdauer konnte ich diese Arbeiten zum Abschluss bringen. Ich habe das auch nur deshalb erwähnt, um zu zeigen, wie viel Zeit manchmal für Dinge aufgewendet werden muss, die im alltäglichen Leben kaum der Mühe wert sind erwähnt zu werden.
Quelle: Daniel Defoe: Robinson Crusoe, Diogenes Verlag AG, Zurüch 1985

Robinsons Handlungsmöglichkeiten und Entscheidungstypen

Wir stellen bisher fest:

1. Wirtschaftliche Entscheidungen sind **Auswahlentscheidungen**. Sie hängen ab von den zur Verfügung stehenden Ressourcen. Ressourcen sind z. B. die zur Verfügung stehende Zeit, das Handwerkzeug und die eigene Arbeitskraft.

2. Robinson kann Entscheidungen auf drei verschiedenen Ebenen treffen:
   a) **Produktionsentscheidungen**
   Er trifft Entscheidungen über den Einsatz von Produktionsfaktoren nach dem Rationalprinzip.
   b) **Investitionsentscheidungen**
   Er teilt Güter auf jetzigen und künftigen Konsum auf, um den künftigen Konsum zu sichern. (Was esse ich im Winter?)
   c) **Entscheidungen unter Risiko**
   Er plant Güter für den künftigen Lebensunterhalt ohne immer sicher zu wissen, ob diese auch tatsächlich benötigt werden.

1. Erstellen Sie aus dem Text „Robinson Crusoe bei der Arbeit" einen fiktiven Arbeitsplan für Robinson.
2. Nennen Sie die wesentlichen Gesichtspunkte, die Robinson Crusoe bei seiner Arbeit beeinflusst haben!

1.2.2 Aus einem technischen Grundproblem wird ein soziales Problem

Robinson Crusoe – Ankunft Freitags

Am nächsten Tag hatte ich vor, einen richtigen Ziegenbraten aufzutischen. Um das Fleisch fachgerecht zu braten, hing ich es über dem Feuer an einer Schnur auf, dann steckte ich an beiden Seiten der Glut einen Stock in die Erde und quer darüber legte ich einen dritten. An dem letzteren befestigte ich die Schnur mit dem Fleisch so, dass sich dieses ständig drehte. Ich hatte diese Einrichtung in England häufig gesehen. Freitag war entzückt darüber. Nachdem er von dem Braten gekostet hatte, gab er mir durch sehr viele Gesten zu verstehen, dass ihm das Fleisch vortrefflich schmecke. Noch mehr erfreut war ich, als ich seinen Reden und Gebärden entnahm, dass er nie wieder Menschenfleisch essen wolle.

An einem der nächsten Tage ließ ich ihn mit meinem Mörser Getreide zerstampfen. Diesem Naturburschen fiel die Arbeit nicht schwer und er hatte großen Spaß daran. Schon nach kurzer Zeit konnte er es fast besser als ich. Das steigerte sich noch, nachdem er das erste Mal gesehen hatte, wie ich aus dem Mehl Brot buk. Ich ließ ihn dann auch beim nächsten Mal den Teig kneten und diesen im Ofen backen. Bald brauchte ich mich um diese Arbeiten überhaupt nicht mehr kümmern.

Der Zuwachs in meinem Hause erforderte künftig größere Ernten. Leider hatte ich die schon einmal vorbereiteten Felder nicht mehr in Ordnung und so musste ich gemeinsam mit Freitag ein größeres Stück Land für die Mehraussaat vorbereiten. Das neue Feld erforderte auch die gleiche Umzäunung wie ich sie um die anderen Äcker hatte. Es ging alles viel schneller voran, weil Freitag mit großem Eifer mitarbeitete. Ich machte ihm auch den Zweck klar, indem ich ihm sagte, diese Arbeit wäre notwendig, weil er jetzt dazu gekommen wäre. Das schien er sehr gut zu verstehen und meinte, dass er gern noch mehr arbeiten wolle. Durch die Anwesenheit von Freitag wurde dieses Jahr das angenehmste von allen während meines Aufenthaltes auf der Insel.

Quelle: Daniel Defoe: Robinson Crusoe, Diogenes Verlag AG, Zurüch, 1985

Robinson rettete einen „Wilden" auf der Insel davor, von Menschenfressern verspeist zu werden und nannte ihn „Freitag".

1. Welcher entscheidende Vorteil für die Sicherung der materiellen Existenz ergibt sich mit der Ankunft von Freitag auf Robinsons Insel?
2. Inwiefern könnte am Beispiel von Robinson und Freitag die Aussage von John Rawls, dass Gesellschaft eine Zusammenarbeit von gegenseitigem Vorteil ermöglichen muss, aufgezeigt werden?

John Rawls,
Philosoph
* 21.02.1921 in Baltimore
† 24.11.2002 in Lexington

Werke u. a.:
„A Theory of Justice", „Political Liberalism"

Solange Robinson alleiniger Bewohner der Insel war, musste er zwar auch die gesamte Arbeit allein bewältigen, er konnte aber auch die Erträge seiner Arbeit verwerten.
Unabhängig davon, dass der Mensch als ein soziales Wesen geradezu auf das Zusammenleben mit anderen Menschen angewiesen ist und für jede menschenwürdige Existenz andere Menschen eine soziale Bedingung darstellen, so ändert sich durch die Ankunft von Freitag doch einiges mehr.
Wir stellten fest, dass das Phänomen **Knappheit** schon oder gerade erst recht bei Robinson Crusoe auftauchte. Individuen haben sich immer wieder neu zu entscheiden, wie ihre **Bedürfnisse** befriedigen werden könnten. Die vorhandenen Ressourcen müssen effizient eingesetzt werden und jede Gesellschaft wird entsprechend mit der Frage konfrontiert, wie ein effizienter Einsatz der vorhandenen Mittel organisiert werden kann.

Das Robinson-Beispiel zeigt es in vereinfachter Weise: Robinson hatte täglich Entscheidungen über den Einsatz seiner Zeit, seiner materiellen Ressourcen usw. zu treffen. Und auch Robinsons Zeit addierte sich nicht zu mehr als 24 Stunden pro Tag, d. h. er musste seine Zeit auf die Präferenzen verteilen, die er hatte: Arbeit, Spaziergang, Ruhe und die tägliche Bibellektüre. Das heißt: „Entsprechend ist in jedem Zeitpunkt der Gesamteinsatz von Nahrungsmitteln beschränkt auf die verfügbaren Mengen. Denkbare Verwendungsentscheidungen sind der Verbrauch, das Horten (also die unveränderte Aufbewahrung von Gütern) und der Einsatz in der Produktion (also die Verwendung von Gütern, zumeist mit einer quantitativen oder qualitativen Verbesserung verbunden)." (Neus 2001, S. 32 f.)
Daher ist Robinsons Enttäuschung über den fehlgeschlagenen Versuch ein Boot herzustellen, mit dem er die Insel verlassen könnte, nachzuvollziehen. Seine bittere Erkenntnis: Es ist eine Torheit, „ein Werk zu unternehmen, ehe man den Aufwand berechnet und sich geprüft hat, ob die eigenen Kräfte zur Vollendung desselben hinreichend sind." (Neus 2001, S. 33)

Robinson ist bis zur Ankunft seines Gefährten Freitag nichts anderes als ein Ein-Personen-Betrieb. Seine Möglichkeiten werden, wie wir schon wissen, bestimmt durch **seine** Fähigkeiten sowie durch die Handwerkszeuge und Materialien, mit denen **er** ausgestattet ist. Aber das Grundproblem des Wirtschaftens haben wir mit dem bisherigen Robinson-Beispiel nicht beschrieben. Im Gegenteil: Es kann sogar eine angemessene Einsicht verhindern. Aus ökonomischer Sicht wird die Robinson-Geschichte erst mit einem weiteren Akteur interessant: Durch die Ankunft Freitags auf Robinsons Insel erweitern wir das kleine, bescheidene Beispiel, welches modellhaft Probleme unserer realen Welt widerspiegelt: Die Menschen haben gemeinsame und miteinander in Konflikt stehende Interessen einerseits wie auch Kooperationsmöglichkeiten andererseits. Für uns steht damit die soziale Beziehung zwischen mindestens zwei Parteien im Mittelpunkt der Betrachtung.
Nicht die technische Knappheit stellt das Kernproblem dar, sondern der Konflikt um den Anspruch auf Güter zur Befriedigung von Bedürfnissen. Aus der Interaktion zwischen Akteuren um knappe Mittel entstehen gemeinsame und widerstreitende Interessen. Wir sprechen in diesem Zusammenhang nicht von technischer, sondern von sozialer Knappheit. Es geht um die Interaktion der Akteure Robinson und Freitag sowie um das Zusammenleben und Zusammenarbeiten in einer Gesellschaft, bestimmt durch **Arbeitsteilung** und die dadurch bedingte gegenseitige Abhängigkeit, d. h.

Interdependenz. Und es wird im weiteren Verlauf um die Frage gehen, wie die Ordnung einer Gesellschaft gestaltet sein sollte, damit alle Beteiligten daraus für sich Vorteile erzielen können ohne anderen zu schaden.

In unserem bisherigen Beispiel ist es keine Frage: Durch die Zusammenarbeit zwischen Freitag und Robinson steigt zwar das „Sozialprodukt" auf der Insel, aber es steigen auch die Ansprüche an das „Sozialprodukt". Dies kann zu Verteilungsproblemen führen: Wer hat welchen Anspruch in welcher Höhe auf das Ergebnis, das Robinson und Freitag **zusammen** erwirtschaftet haben? In der überschaubaren „Robinson-Welt" mag dieses Problem nicht sonderlich groß sein, aber in einer Volkswirtschaft mit 80 Millionen Einwohnern wie in der Bundesrepublik Deutschland entstehen dadurch erhebliche Probleme für die Organisation des Wirtschaftsprozesses. Auch mit begrenzten Ressourcen in einer endlichen Welt kann zwar durch die Kooperation vieler Individuen Knappheit reduziert werden, es kommt jedoch zu vielfältigen Macht- und Verteilungsproblemen in allen Gesellschaften, die das wirtschaftliche Handeln entscheidend beeinflussen, weil jedes Individuum am erstellten Kuchen „Sozialprodukt" sein Stück davon für sich beansprucht.

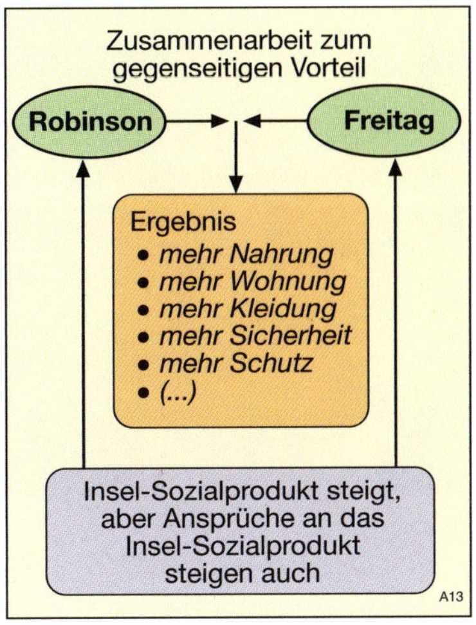

1.2.3 Knappheit überall

Die nachfolgende Karikatur ist der humorvolle Versuch für den Nachweis, dass Knappheit wohl auch von Kindern schon deutlich gespürt wird und deshalb nach Lösungsmöglichkeiten gesucht wird, diese zu verringern. Zwar wird der Lösungsversuch des Steppkes in der Karikatur wohl kaum erfolgreich sein, aber Tatsache ist, dass das Knappheitsproblem auf allen wirtschaftlichen Ebenen vorhanden ist und zu Fragen führt, wie es verringert werden kann.

Stellen Sie dar, welche ökonomischen und gesellschaftlichen Sachverhalte mit Hilfe des Robinson-Beispiels verdeutlicht werden können.

Walter Eucken
** 17. Januar 1891 in Jena*
† 20. März 1950 in London

(vgl. ausführliche Darstellung Seite 75 f.)

Walter Eucken (vgl. auch Kapitel 2) haben wir einen Text zu verdanken, der sehr anschaulich die wesentlichen Wirtschaftsfragen aus den Alltagserfahrungen der Menschen entwickelt:

Ich stehe vor dem Ofen, der mein Zimmer heizt. Ein durchaus gewöhnlicher Ofen. Und doch genügt sein Anblick, um die wichtigsten Fragen zu entzünden. Heute habe ich Brot, Fleisch und Gemüse in bestimmten Mengen gegessen, habe den Ofen geheizt und habe einige Stunden elektrisches Licht in meinem Zimmer gebrannt. Einen Teil meiner heutigen Bedürfnisse habe ich damit befriedigt. Auf die Befriedigung von anderen Bedürfnissen musste ich verzichten, weil mir die Mittel dazu fehlten. Genau so ging es anderen Menschen.
Quelle: Walter Eucken: Die Grundlagen der Nationalökonomie, 9. unveränderte Auflage, Springer Verlag, Berlin, Heidelberg u. a., S. 1 (Ersterscheinung 1939)

Bedenkt man, dass das Buch von Eucken im Kriegsjahr 1939 erstmals erschien, so wird deutlich, dass sich unabhängig von der historischen Situation das **Knappheits**problem immerwährend in allen Fragen des Wirtschaftens stellt.
Durch das Spannungsverhältnis zwischen unbegrenzten Bedürfnissen und begrenzten Mitteln entsteht das Knappheitsproblem. Es können eben nicht alle Bedürfnisse der Menschen erfüllt werden. Knappheit bedeutet in diesem Zusammenhang nichts anderes, als dass die Nachfrage nach Gütern von den **Preisen** und dem zur Verfügung stehenden Einkommen bestimmt wird. Nur derjenige kommt in den Besitz eines Gutes, der bereit und in der Lage ist, den geforderten Preis zu zahlen. Selbst dann, wenn die Supermärkte von Produkten geradezu überquellen, herrscht Knappheit und zwar für diejenigen, die über das notwendige Einkommen nicht verfügen, um sich diese Produkte kaufen zu können. Es ist invariant, d. h. unveränderlich in seiner generellen Bedeutung, und seine Lösung wird von vielfältigen ökonomischen, politischen und kulturellen Bedingungen beeinflusst.

Menschen benötigen Güter, um ihre physische Existenz zu erhalten. Sie müssen essen, trinken, benötigen Kleidung und ein Dach über dem Kopf. Die notwendigen Güter müssen jedoch erst produziert und bereitgestellt werden. Man benötigt menschliche Arbeitskraft, Roh- und Hilfsstoffe, Maschinen usw. Diese Produktionsfaktoren kosten etwas, sie sind nicht – wie im „Schlaraffenland“ – frei verfügbar.
Es stellt sich deshalb die Frage: Warum und wie werden die vorhandenen Böden, die Arbeitskräfte und die vorhandenen halbfertigen und fertigen Produkte in bestimmte Verwendungsrichtungen gelenkt?

Gleichzeitig sind die menschlichen Bedürfnisse nicht einfach „da“, sondern sie entwickeln sich und werden von einer Vielzahl von Faktoren beeinflusst. So muss der Mensch sich zwar ernähren, wenn er seine physische Existenz sichern will. Ob dies jedoch mit Graubrot oder feinsten Torten, mit Wurst vom Metzger an der nächsten Straßenecke oder aus einem Feinkostladen geschieht, wird von Situation zu Situation verschieden sein. Hier spielen die sozialen Beziehungen in der Familie, im Freundeskreis, die Essgewohnheiten, aber vor allem die Verfügbarkeit von Gütern und die Höhe des Einkommens eine wichtige Rolle. Wie sich leicht feststellen lässt, sind dabei die Bedürfnisse der Menschen grundsätzlich unbegrenzt: Ein Wunsch gebiert stets einen neuen.

Das Knappheitsproblem betrifft deshalb nicht alle Menschen in gleicher Weise. Eine Familie mit geringem Einkommen kämpft mit dem Problem, wie alle Familienmitglieder satt werden sollen, die Miete bezahlt oder die notwendige Kleidung beschafft werden soll. Eine andere Familie steht vor dem „Knappheitsproblem" zu entscheiden, welches Haus oder welcher PKW angeschafft werden soll.
Für einen Ökonomen sind die Ursachen des Knappheitsproblems zunächst ohne Bedeutung: Beide Familien haben aus seiner Sicht ein Knappheitsproblem. Die Lösung des Knappheitsproblems erfordert wirtschaftliches Handeln; es sind **Entscheidungen über die Verwendung knapper Ressourcen** zu treffen.
Die Nachfrager müssen jeweils entscheiden, ob ein Gut unter Berücksichtigung der ihnen zur Verfügung stehenden Mittel geeignet ist, ihre Bedürfnisse zu befriedigen. Gleichzeitig ergibt sich aus der Knappheit der Güter die Notwendigkeit, dass der wirtschaftende Mensch die vorhandenen Produktionsfaktoren Arbeit, Boden, Kapital nicht verschwenden darf, sondern ökonomisch für eine bestimmte Zielsetzung kombinieren (Allokation) und im Produktionsprozess einsetzen muss.
Die Betrachtung vieler wirtschaftlicher Situationen zeigt, dass keiner der Akteure, ob es sich um Konsumentinnen oder Konsumenten, Unternehmerin oder Unternehmer usw. handelt, auf Dauer **allein** in der Lage ist, ein gewünschtes Ergebnis zu erreichen. Dieses ist nur dann möglich, wenn die Handlungen der Akteure koordiniert werden. Eine solche Koordinierung kann z. B. durch gesetzliche Regelungen oder – wie man in der Fachsprache sagt – durch **Institutionen** wesentlich beeinflusst und gesteuert werden. Dazu gehören auch allgemein akzeptierte Normen und Werte, z. B. das Gebot „Du sollst nicht stehlen!".

! Kennzeichnen Sie präzise, was unter dem „Knappheitsproblem" zu verstehen ist.

1.3 Grundbegriffe

In der Auseinandersetzung mit wirtschaftlichen Sachverhalten stoßen wir immer wieder auf Begriffe, die wir als ständige „Begleiter“ betrachten können. Es handelt sich um solche Begriffe wie Bedürfnisse, Produktionsmöglichkeitenkurve, Opportunitätskosten, Minimal-, Maximalprinzip, Arbeitsteilung, Tauschwirtschaft, Geld und seine Funktionen.
Einige der Begriffe werden schon aus dem Unterricht der Sekundarstufe I bekannt sein, sie sollen aber hier noch einmal zusammenfassend in aller Kürze erläutert werden.

1.3.1 Bedürfnisse und Bedürfnispyramide

Menschen müssen nicht allein ihre physiologischen Bedürfnisse befriedigen. In einem Modell des Sozialwissenschaftlers Maslow werden verschiedene Ebenen von Bedürfnissen dargestellt.

Maslow unterscheidet fünf Ebenen von Bedürfnissen und stellt sie zu einer Bedürfnispyramide zusammen:

Die physiologischen Bedürfnisse
Die Bedürfnisse, die man gewöhnlich als Ausgangspunkt für die Motivationstheorie benützt, sind die sogenannten physiologischen Triebe. [...]
Ohne Zweifel sind diese physiologischen Bedürfnisse die mächtigsten unter allen. Das bedeutet insbesondere, dass in einem menschlichen Wesen, dem es im Leben extrem an allem mangelt, am allerwahrscheinlichsten die physiologischen Bedürfnisse vor allen anderen die Hauptmotivation darstellen werden. Jemand, dem es an Nahrung, Sicherheit, Liebe und Wertschätzung mangelt, würde wahrscheinlich nach Nahrung mehr als nach etwas anderem hungern. [...]

Die Bedürfnisse nach Sicherheit
Sobald die physiologischen Bedürfnisse relativ gut befriedigt sind, taucht ein neues Bedürfnisensemble auf, das wir grob als Sicherheitsbedürfnis katalogisieren können (Sicherheit, Stabilität, Geborgenheit, Schutz, Angstfreiheit, Bedürfnis nach Struktur, Ordnung, Gesetz, Grenzen, Schutzkraft, und so fort). [...] Der Organismus kann genauso gut in seiner Gesamtheit von ihnen dominiert werden. Sie können das Verhalten ebenfalls fast ausschließlich organisieren und alle Fähigkeiten des Organismus in ihre Dienste stellen. Dann kann man den Organismus zu Recht als einen Sicherheit suchenden Mechanismus beschreiben. [...]

Die Bedürfnisse nach Zugehörigkeit und Liebe
Wenn sowohl die physiologischen wie auch die Sicherheitsbedürfnisse zufrieden gestellt sind, werden die Bedürfnisse nach Liebe, Zuneigung und Zugehörigkeit auftauchen, die auch als soziale Bedürfnisse bezeichnet werden. Man fühlt nunmehr, so stark wie nie zuvor, die Abwesenheit von Freunden, der Geliebten, der Ehefrau, der Kinder. Man wird nach liebevollen Beziehungen mit den Menschen im Allgemeinen hungern, also nach einem Platz in der Gruppe oder Familie, und man wird sich sehr intensiv darum bemühen, dieses Ziel zu erreichen. Man wird sich mehr als alles andere wünschen, einen solchen Platz zu erhalten und wird sogar vergessen, dass man einst, als man hungrig war, sich über Liebe als unwirklich, unnotwendig oder unwichtig lustig gemacht hat. Jetzt hingegen wird man Einsamkeit, Ächtung, Zurückweisung, Isolierung, Entwurzelung besonders stark empfinden. [...]
Jede gute Gesellschaft muss dieses Bedürfnis befriedigen, auf die eine oder die andere Art und Weise, wenn sie überleben und gesund bleiben will.

Die Bedürfnisse nach Achtung
Alle Menschen in unserer Gesellschaft (mit einigen pathologischen Ausnahmen) haben das Bedürfnis oder den Wunsch nach einer festen, gewöhnlich recht hohen Wertschätzung ihrer Person, nach Selbstachtung und der Achtung seitens anderer. Solche Bedürfnisse kann man deshalb in zwei Untergruppen einteilen. Erstens gibt es das Bedürfnis nach Stärke, Leistung, Bewältigung und Kompetenz, Vertrauen angesichts der übrigen Welt und Unabhängigkeit und Freiheit. Zweitens gibt es, was man den Wunsch nach einem guten Ruf oder Prestige nennen könnte (definiert als Respekt oder Hochachtung seitens anderer Leute), nach Status, Berühmtheit oder Ruhm, nach Dominanz, Anerkennung, Aufmerksamkeit, Bedeutung, Würde oder Wertschätzung. […]

Die Bedürfnisse nach Selbstverwirklichung
Auch wenn alle diese Bedürfnisse befriedigt sind, wird man häufig (wenn auch nicht immer) erwarten können, dass neue Unzufriedenheit und Unruhe entsteht, wenn der einzelne nicht das tut, wofür er, als Individuum, geeignet ist. Musiker müssen Musik machen, Künstler malen, Dichter schreiben, wenn sie sich letztlich im Frieden mit sich selbst befinden wollen. Was ein Mensch kann, muss er sein. Er muss seiner eigenen Natur treu bleiben. Dieses Bedürfnis bezeichnen wir als Selbstverwirklichung. […]
Das deutliche Auftreten solcher Bedürfnisse beruht gewöhnlich auf der vorherigen Befriedigung der physiologischen Bedürfnisse und jener nach Sicherheit, Liebe und Achtung.
Quelle: A. H. Maslow: Motivation und Persönlichkeit, Rowohlt, Reinbek bei Hamburg, 1981, S. 62 f.

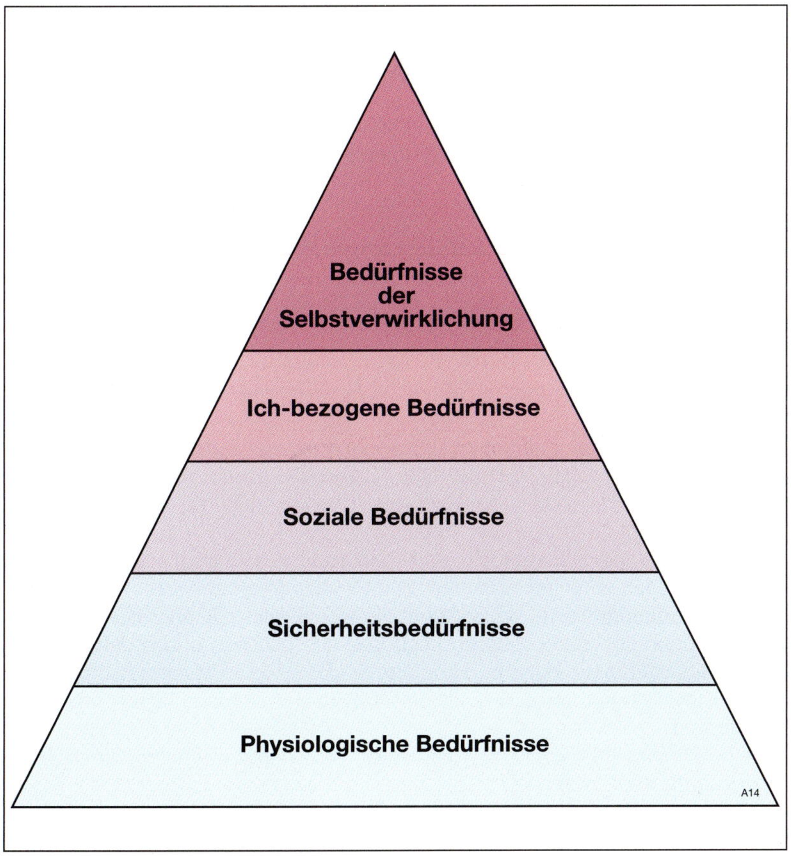

Abraham Harold Maslow
* 01.04.1908 in Brooklyn, New York
† 08.06.1970 in Menlo Park, Kalifornien

Sohn von aus Russland ausgewanderten jüdischen Immigranten.
Maslow studierte Psychologie am City College of New York, an der Cornell University und an der University of Wisconsin.
Er unterrichtet für 14 Jahre am Brooklyn College.
1968 wurde Maslow zum Präsidenten der American Psychological Association gewählt.
Maslow ist vor allem durch die Entwicklung der „Bedürfnispyramide", die in fünf Stufen aufgeteilt ist, bekannt geworden.

1. Diskutieren Sie die Eignung der „Bedürfnispyramide" zur Analyse unterschiedlicher Bedürfnisse.
2. Versuchen Sie, die Maslowsche Bedürfnispyramide auf die Möglichkeiten der Bedürfnisbefriedigung in einem Unternehmen zu übertragen!

Hermann Heinrich Gossen (1810 – 1858)
Bei den Entscheidungen zur Einkommensverwendung, die ein Privater Haushalt zu treffen hat, spielt die Einschätzung des Nutzens eines Gutes, also seine Eignung, ein subjektiv empfundenes Bedürfnis zu befriedigen, eine wesentliche Rolle.
Hermann Heinrich Gossen, preußischer Ökonom, entwickelte in der Mitte des 19. Jahrhunderts eine subjektive Wertlehre, deren wesentliche Aussage darin bestand, dass der Nutzen eines Gutes mit steigender Verbrauchsmenge abnimmt, bis der sogenannte Grenznutzen erreicht wird. An einem Beispiel ausgedrückt: Bei Hungergefühl erfüllt das erste verzehrte Brot einen großen Nutzen, der mit jedem weiteren Brot abnimmt. Der Grenznutzen ist dann erreicht, wenn Sättigung eingetreten ist. Jedes weitere Brot würde Übelkeit und Magenschmerzen, also negative Effekte verursachen.
Der Private Haushalt erreicht nach Gossen dann die Maximierung der Bedürfnisbefriedigung, wenn der Nutzen aus der letzten konsumierten Einheit eines jeden Gutes identisch ist.

Während als Bedürfnis der Wunsch der Menschen beschrieben wird, einen empfundenen Mangel zu befriedigen, bezeichnet man als Bedarf die tatsächlich am Markt auftretende Nachfrage. Ein Beispiel: Menschen haben Bedürfnisse nach unendlichen vielen Sachgütern und Dienstleistungen. Aber wegen ihres begrenzten Einkommens können sie ihre Bedürfnisse nur teilweise befriedigen. Die Nachfrage am Markt wird immer geringer sein als der ganze Korb der menschlichen Bedürfnisse.

1.3.2 Grenznutzen

Wir nehmen an, dass Güter, die wir erstellen oder kaufen, für die Befriedigung von Bedürfnissen einen Nutzen stiften. Über den Preis, den wir bereit sind zu zahlen, zeigen wir, was uns diese Güter für die Befriedigung von Bedürfnissen wert sind. Sie sind schließlich der Grund für ihre Erstellung. Welche Gründe sollte es sonst geben?

Wer hungrig ist, wird sich über das erste Schnitzel, das er isst, besonders freuen und seinen Wert für die Befriedigung seines Hungers hoch einschätzen. Ein Leistungssportler jedoch, der täglich eine hohe Kalorienzufuhr benötigt, könnte sich vermutlich auch noch über das zweite und dritte Schnitzel freuen. Mit jedem weiteren Schnitzel wird der Nutzen geringer sein als derjenige, den das erste Schnitzel gestiftet hat. Je mehr der Nachfrager von einem Gut besitzt, umso weniger ist er bereit dafür zu zahlen. Man spricht hier von einem abnehmenden Grenznutzen. Diese Beobachtung verdanken wir einem Ökonomen des 19. Jahrhunderts, Heinrich Gossen. Er formulierte die berühmten Gossen'schen Gesetze.

1. Gossen'sches Gesetz oder das Gesetz vom sinkenden Grenznutzen
Mit der zunehmenden Menge eines Gutes sinkt der Nutzen, den jede weitere Mengeneinheit stiftet.
Als Grenznutzen wird der Nutzen bezeichnet, den eine zusätzliche Einheit eines Gutes stiftet, d. h. es ist der Nutzen aus der letzten konsumierten Einheit eines Gutes.

2. Gossen'sches Gesetz oder das Gesetz vom Ausgleich der Grenznutzen
Ein Individuum maximiert seinen Gesamtnutzen, wenn der Nutzen der letzten ausgegebenen Geldeinheit für sämtliche Verwendungsarten gleich groß ist.

Dazu ein anschauliches Beispiel:

Wir sehen den Vorgang in voller Deutlichkeit bei einem so trivialen Anlass wie dem des Kofferpackens für eine Reise. Da wir nicht die ganze Habe mitnehmen können, überlegen wir zunächst, welche Dinge wir am dringendsten brauchen [...]; zugleich aber wägen wir ein Mehr an Büchern gegen ein Weniger an Anzügen so gegeneinander ab, dass alles in einem vernünftigen Verhältnis zueinander steht [...] Es klingt ein wenig komisch, aber es ist tatsächlich so, dass der Koffer dann ideal gepackt ist, wenn das Niveau des Grenznutzens für die Anzüge, Hemden, Socken, Taschentücher, Schuhe und Bücher gleich hoch und höher als der Nutzen der zurückgelassenen Gegenstände sind.
Quelle: Wilhelm Röpke: Die Lehre von der Wirtschaft, Erlenbach-Zürich/Stuttgart, 9. Aufl., 1961, S. 31

Erläutern Sie anhand von Beispielen die Gossen'schen Gesetze!

1.3.3 Produktionsmöglichkeitenkurve

In welchem Maße kann eine Bedürfnisbefriedigung erfolgen? Dies hängt wesentlich von den vorhandenen Produktionsfaktoren ab. Mit Hilfe eines kleinen Denkmodells lässt sich die Frage verdeutlichen. Dazu treffen wir folgende Annahmen:
Wir nehmen an, dass die Produktionsfaktoren eines Landes für die Erstellung von nur zwei Gütern eingesetzt werden, entweder für das Konsumgut Butter (100.000 Tonnen) oder für das Investitionsgut Webmaschine (1.000 Stück). Wir erhalten dann eine sogenannte Produktionsmöglichkeitenkurve. Diese gibt alle Güterkombinationen an, die in einer Volkwirtschaft mit den vorhandenen Produktionsfaktoren erstellt werden könnten. Werden zum Beispiel nur 80.000 Tonnen Butter, d. h. 20.000 Tonnen weniger produziert, wie viele Webmaschinen lassen sich dann mehr produzieren?

Stellen Sie anhand eines Beispiels aus Ihrem eigenen Lebensbereich eine potenzielle Produktionsmöglichkeitenkurve auf.

Die Abbildung unten zeigt uns, welche Möglichkeiten eine Volkswirtschaft theoretisch hätte, die Produktionsfaktoren auf Butter und Maschinen aufzuteilen. Diese Kurve wird als **Produktionsmöglichkeitenkurve** bezeichnet. Die Lesart der Kurve ist einfach.
Die Produktionsmöglichkeitenkurve gibt alle Güterkombinationen an, die in einer Volkswirtschaft mit den vorhandenen Produktionsfaktoren erstellt werden können.

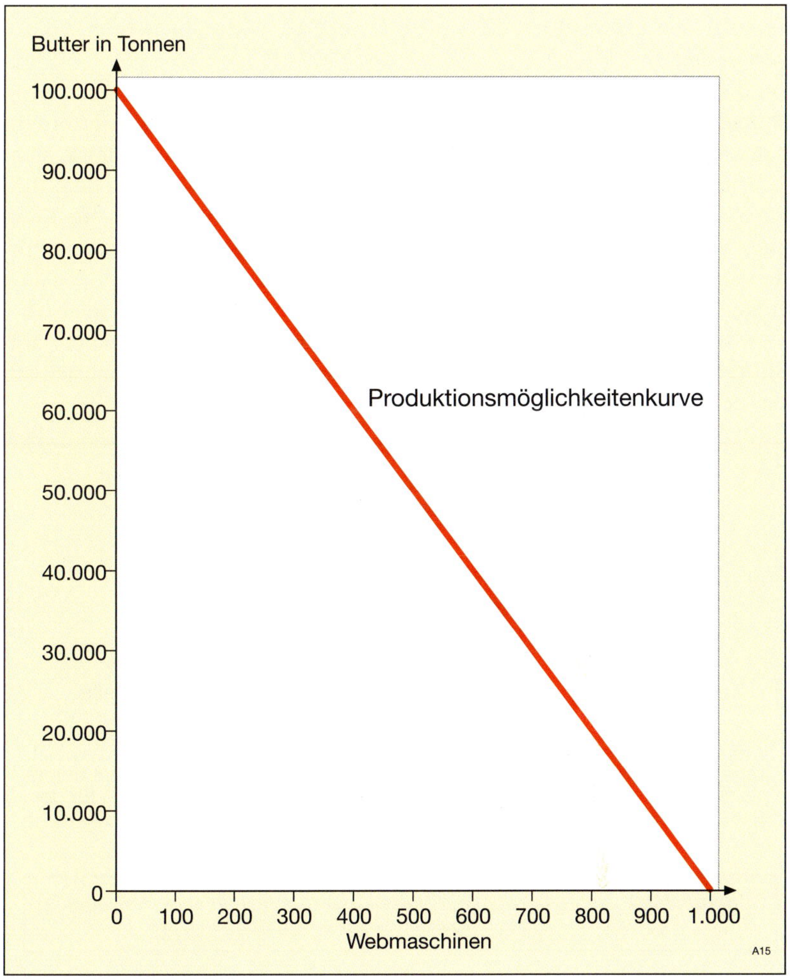

Beispielrechnung:
Wenn 60.000 t Butter produziert wurden, sind insoweit noch Produktionskapazitäten frei, dass noch 400 Webmaschinen hergestellt werden können.
Die Berechnungsformel lautet

$$f(x) = 100.000 - 100x$$

wobei x die Anzahl der Webmaschinen darstellt.

Spielen Sie einfach ein paar Beispiele durch.

1.3.4 Opportunitätskosten

Die Produktionsmöglichkeitenkurve führt zu einem weiteren zentralen ökonomischen Begriff, den der **Opportunitätskosten**.
Werfen Sie noch einmal einen Blick auf die Produktionsmöglichkeitenkurve: Soll von einem bestimmten Produkt mehr erstellt werden, kann von einem anderen Produkt weniger produziert werden, d. h. die **Mehr**produktion von Butter bedeutet gleichzeitig **Verzicht** auf die Produktion einer bestimmten Menge Maschinen.

Handy oder CD-Player?

Mit der generellen Knappheit der Güter besteht die Notwendigkeit, dass gewirtschaftet werden muss. Wirtschaften heißt, wie wir schon wissen, Entscheidungen über den Einsatz knapper Produktionsfaktoren zu treffen. Diese Entscheidungen erzeugen Kosten, besser Opportunitätskosten. Sie sind die Kosten der zweitbesten Verwendung. Die Kosten eines Gutes bestehen in dem, was man dafür an anderen Gütern aufgibt. Oder anders ausgedrückt: Opportunitätskosten sind die Kosten, die durch den Verzicht auf die beste Alternative entstehen.
Wer sich für den Kauf einer CD in Höhe von 15 Euro entscheidet, kann dieses Geld nicht mehr für den Besuch eines neuen Kinofilmes verwenden, der ebenfalls 15 Euro kostet. Die vorhandenen Finanzmittel reichen eben nicht für beides aus, d. h. der entgangene Kinobesuch entspricht den Opportunitätskosten für den Erwerb einer CD. Und wer ein Brett im Kamin verheizt, kann dieses Brett nicht mehr für den Bau eines Bücherregals o. Ä. verwenden.
Da die menschlichen Bedürfnisse offensichtlich unbegrenzt und die Ressourcen begrenzt sind, werden ständig Auswahlentscheidungen erforderlich, was bedeutet, dass alle wirtschaftlichen Güter Opportunitätskosten haben. Auch die Zeit ist ein hochwertiges ökonomisches Gut, mit dem nur zu häufig unökonomisch umgegangen wird. Die zwei Stunden im Kino oder in der Eckkneipe können nicht für das Lesen eines Buches bzw. für den Spaziergang mit Sohn oder Tochter verwendet werden.
In den früheren zentralverwaltungswirtschaftlichen Systemen beispielsweise wurde Zeit buchstäblich verschwendet. Konsumenten verbrachten, auf die Lebenszeit berechnet, mehrere Jahre damit in Schlangen anzustehen, um den Bedarf an Gütern des alltäglichen Bedarfs zu decken.

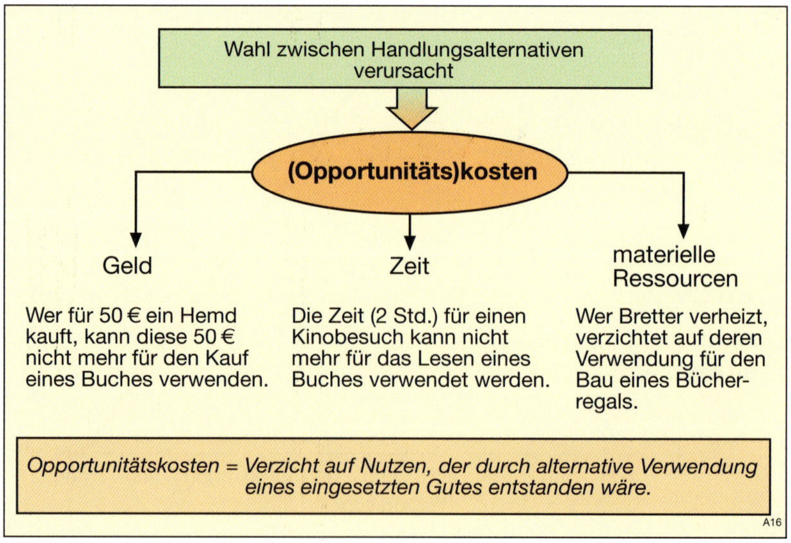

1.3.5 Wirtschaften heißt Entscheiden

Da wir nicht genug Mittel haben, um alle menschlichen Bedürfnisse zu erfüllen, müssen wir immer **Entscheidungen** für den Einsatz von Produktionsfaktoren treffen. Wir begegnen damit erneut dem Grundgesetz des Wirtschaftens, dem Gesetz der Knappheit.

Ein wesentliches Ziel des Wirtschaftens ist es, immer wieder nach Möglichkeiten zu suchen, durch eine entsprechende Kombination von Produktionsfaktoren, Koordination und Organisation der Wirtschaft, die Knappheit zu verringern. Es gibt eben kein Schlaraffenland, in dem Hühner in offene Münder von Menschen fliegen.
Knappheit an Zeit, natürlichen Ressourcen, Arbeitskraft, Kapital zwingt uns zum Wirtschaften.

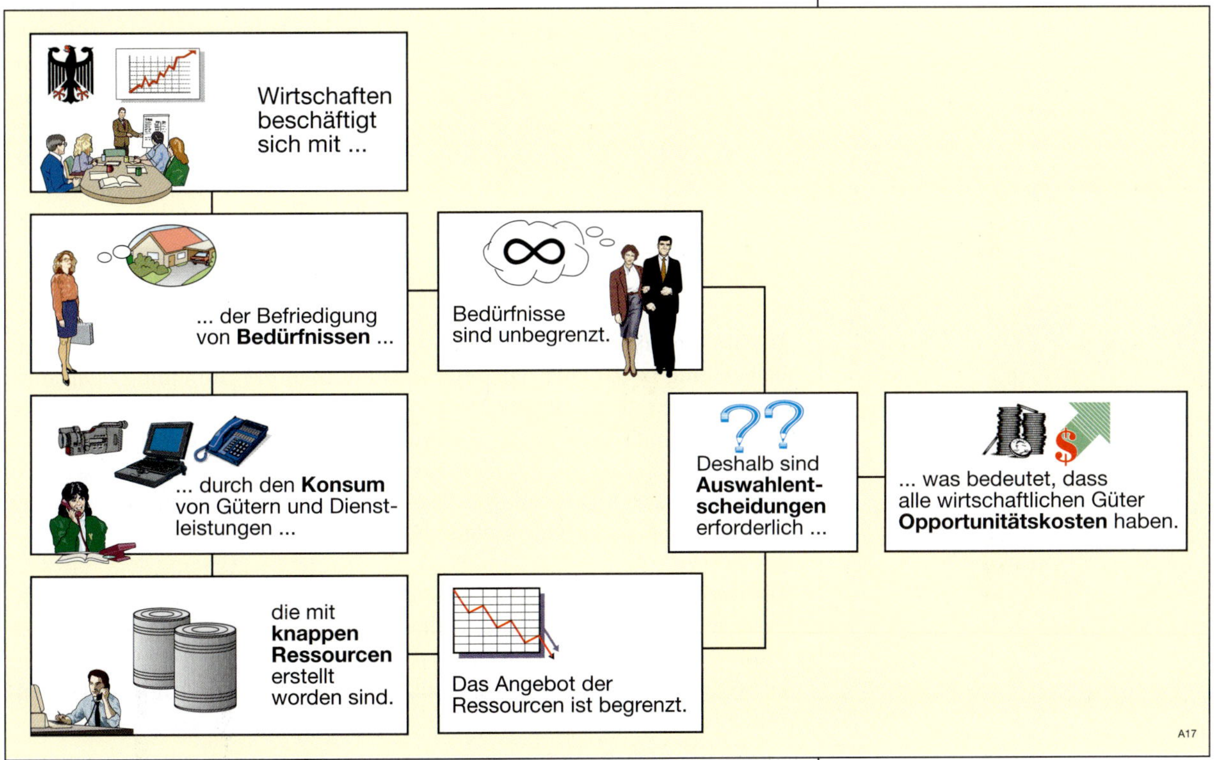

Wirtschaftliche Entscheidungen können theoretisch nach zwei Prinzipien erfolgen, die der jeweilige Akteur, d. h. die Konsumentin/der Konsument bzw. die Produzentin/der Produzent, trifft.

1. Das Maximalprinzip
Mit einer bestimmten Menge Geld sollen möglichst viele Bedürfnisse befriedigt werden. Beispiel: Herr Martens hat 400 Euro zur Verfügung und will dafür einen Anzug und eventuell noch Schuhe, Krawatte, Hemd und Socken kaufen.

2. Das Minimalprinzip
Für die Befriedigung eines Bedürfnisses soll möglichst wenig Geld ausgegeben werden. Beispiel: Herr Martens will für einen Anzug, für Schuhe und Hemd möglichst wenig bezahlen.

1.3.6 Arbeitsteilung reduziert Knappheit

In modernen Industriegesellschaften werden Güter in der Regel arbeitsteilig produziert. Dies ist eines ihrer herausragenden Kennzeichen. Adam Smith (1723–1790; Steckbrief A. Smith siehe Kapitel 1.3.9), ein Klassiker der Ökonomie, beschrieb in seinem berühmten Stecknadel-Beispiel die Vorteile der **Arbeitsteilung**. Er behauptete, dass ein (ungelernter) Arbeiter „täglich höchstens eine, sicherlich aber keine zwanzig Nadeln herstellen kann" und berichtete von einer Fabrik, in der zehn Männer, die sich auf wenige Handgriffe spezialisiert hatten, 48.000 Nadeln pro Tag anfertigten (vgl. S. 29).

Unstrittig hat die Arbeitsteilung die Entwicklung der Industriegesellschaften sehr stark gefördert. Sie steigert die Produktivität, macht es möglich, die Arbeitskraft nach individuellen Fähigkeiten besser zu nutzen. Aber die Arbeitsteilung hat auch ihre Kehrseite. Wenn die Arbeitstätigkeit auf nur wenige Handgriffe reduziert wird, kann das zur Monotonie am Arbeitsplatz führen. Der arbeitende Mensch verliert die Beziehung zum Produkt, wenn er beispielsweise nur noch kleine Ausschnitte des Produktionsprozesses überschauen kann. Und monotone, stumpfsinnige Arbeit kann u. a. gesundheitliche Schäden verursachen und erhebliche psychische Belastungen hervorrufen.

Dennoch: Moderne Industriegesellschaften sind ohne die unterschiedlichen Formen der Arbeitsteilung, wie berufliche, inner- und zwischenbetriebliche oder internationale Arbeitsteilung, nicht mehr denkbar.

Die innerbetriebliche Arbeitsteilung wird häufig auch als **technische Arbeitsteilung** bezeichnet. Darunter versteht man die Aufteilung oder auch Zerlegung eines Arbeitsprozesses in mehrere Einzelschritte. Jeder Arbeiter führt nur einen Teil der für ein Produkt erforderlichen Gesamtarbeit aus, was bedeutet, dass er sich spezialisieren muss. Bei der Fließfertigung ist diese Form der Arbeitsteilung soweit gediehen, dass der einzelne Arbeiter nur noch wenige, sich stets wiederholende Handgriffe verrichtet.

Die zwischenbetriebliche Arbeitsteilung verdeutlicht jenen Sachverhalt, dass in komplexen Industriegesellschaften nicht jeder Betrieb alle Güter produziert, sondern sich die Betriebe auf bestimmte Güter spezialisieren. Die einen fördern Kohle oder Erdöl, andere stellen Kleidung oder Lebensmittel her, wieder andere produzieren Waschmaschinen oder Computer.

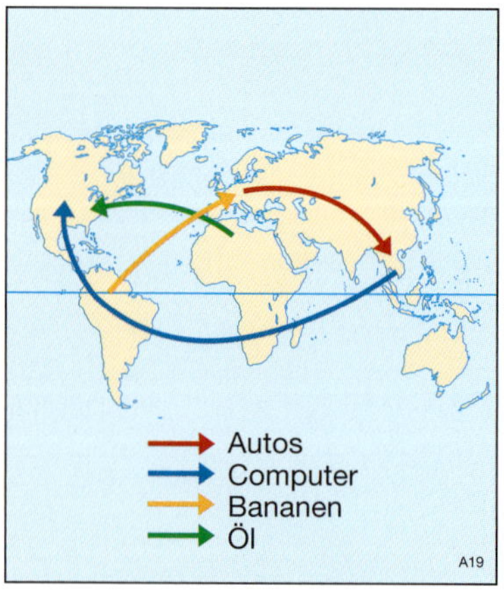

Die internationale Arbeitsteilung trägt der Tatsache Rechnung, dass die Verflechtungen zwischen den Volkswirtschaften über den internationalen Güteraustausch immer stärker werden. Die einzelnen Länder spezialisieren sich auf jene Produkte, die sie kostengünstig herstellen können und mit denen sie international wettbewerbsfähig sind (vgl. Kapitel 6).

Arbeitsteilige Volkswirtschaften haben die Möglichkeit, Produktion und Konsum örtlich und zeitlich voneinander zu trennen und über Märkte durch Angebot und Nachfrage zu koordinieren.

Arbeitsteilung allein löst aber noch nicht das Knappheitsproblem. Viel entscheidender ist es, wie die Ergebnisse arbeitsteiligen Wirtschaftens anderen Wirtschaftsakteuren zugänglich gemacht werden können. Die Arbeitsteilung macht den Tausch erforderlich. Nur wenn die Ergebnisse arbeitsteiliger Prozesse auch mit anderen getauscht werden können, wird die Arbeitsteilung für die Menschen nützlich.

Wer die Früchte der Arbeitsteilung ernten will, muss die Möglichkeit haben zu tauschen. „Du hast Milch produziert und ich Fleisch. Lass uns tauschen!" Arbeitsteilung wird damit zu einer zentralen Quelle des Wohlstands, das wusste schon Adam Smith (vgl. S. 29).
Die durch die Arbeitsteilung erfolgte Spezialisierung macht nur Sinn, wenn ein Individuum die Möglichkeit hat, jene Produkte, die es selbst nicht produziert hat und die es dennoch für die Sicherung seiner Existenz benötigt, von anderen zu erwerben.
Arbeitsteilung ermöglicht zudem Lernkurveneffekte:
Wenn man eine Tätigkeit zum ersten Mal durchführt, benötigt man in der Regel viel mehr Zeit, als wenn diese Tätigkeit eingeübt und hundert- und tausendfach wiederholt worden ist. Für den Sachverhalt kann jeder von uns unzählige Beispiele anführen!
Mit einem kleinen Rechenbeispiel können die Vorteile der Arbeitsteilung deutlich gemacht werden. Dazu dient uns die Produktionsmöglichkeitenkurve von a) Robinson und b) Freitag und wir wollen zeigen, wie sich c) die Versorgungslage der beiden durch Arbeitsteilung verbessern lässt.
Beginnen wir mit den „Produktionsmöglichkeiten" von Robinson. Nehmen wir an, dass Robinson seine Arbeitskraft auf das Backen von Brot und auf den Fang von Fischen verteilt, dann ergibt sich folgende Situation: Er kann an einem Tag entweder 3 Brote backen oder 7 Fische fangen. Verteilt er seine zur Verfügung stehende Zeit sowohl auf das Backen wie auf das Fischen, dann ergibt sich die nachfolgende Produktionsmöglichkeitenkurve:

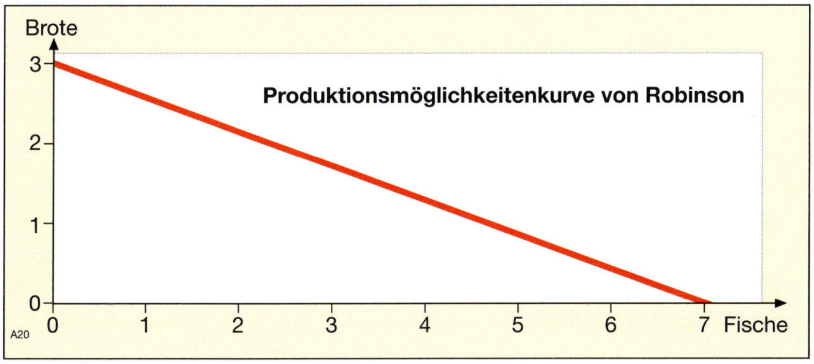

Verteilt hingegen Freitag seine Arbeitskraft auf das Backen von Brot und auf den Fang von Fischen, dann ergibt sich folgende Situation: Freitag kann an einem Tag entweder 2 Brote backen oder 14 Fische fangen. Verteilt er seine zur Verfügung stehende Zeit sowohl auf das Backen wie auf das Fischen, dann ergibt sich die nachfolgende Produktionsmöglichkeitenkurve:

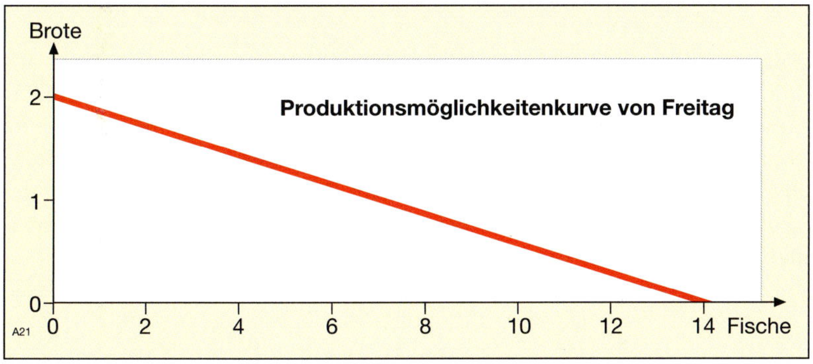

Sobald nun der Mensch sicher sein kann, dass er alle Dinge, die er weit über den Eigenbedarf hinaus durch eigene Arbeit herzustellen vermag, wiederum gegen überschüssige Produkte anderer, die er gerade benötigt, eintauschen kann, fühlt er sich ermutigt, sich auf eine bestimmte Tätigkeit zu spezialisieren, sie zu pflegen und zu vervollkommnen, je nach Talent oder Begabung.
Quelle: Adam Smith: Wohlstand der Nationen, Deutscher Taschenbuchverlag, München, 1999, Seite 29

Zählen wir das Ergebnis der beiden „Produzenten“ zusammen, ergibt sich folgende Situation:

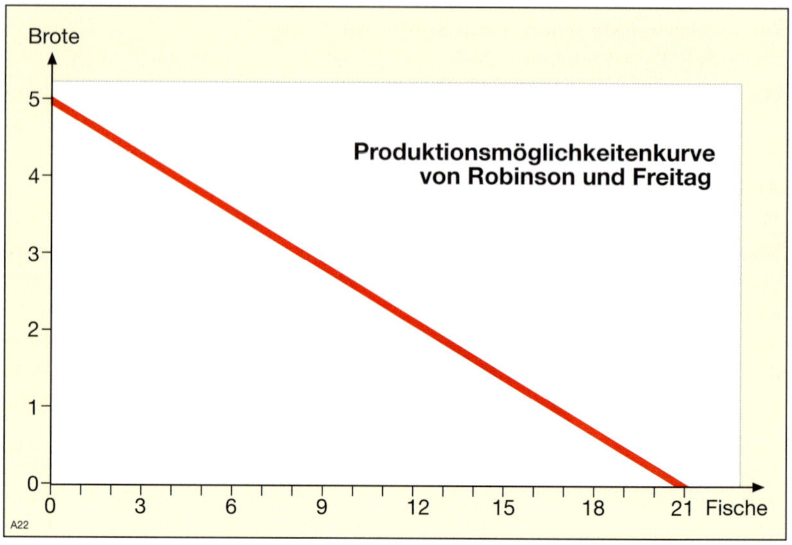

Welche Produktionsmöglichkeitenkurve würde entstehen, wenn sich Freitag und Robinson jeweils auf die Tätigkeit spezialisieren, die sie im Vergleich zum anderen effizienter leisten können?

Vergleichen wir Freitags „Produktionsmöglichkeiten“ mit denen von Robinson, machen wir folgende Feststellung:

Robinsons Situation:

a) Wenn Robinson ein Brot weniger backt, dann kann er drei Fische mehr fangen.
b) Wenn Robinson ein Brot mehr backt, kann er drei Fische weniger fangen.
c) Das Verhältnis der Kosten für Brot und Fische beträgt 1 Brot = 3 Fische oder 1 Fisch = 1/3 Brot.

Freitags Situation

a) Wenn Freitag ein Brot weniger backt, dann kann er dafür sieben Fische mehr fangen.
b) Wenn Freitag ein Brot mehr backt, dann kann er dafür sieben Fische weniger fangen.
c) Das Verhältnis der Kosten für Brot und Fische beträgt bei Freitag 1 Brot = 7 Fische oder 1 Fisch = 1/7 Brot.

Konsequenz:
Robinson sollte sich auf das Backen von Brot und Freitag sollte sich auf das Fangen von Fischen konzentrieren, dann hätten beide eine verbesserte Situation auf der Insel und ein insgesamt höheres „Insel-Sozialprodukt“ erzielt. Dieser Grundgedanke wird uns im Kapitel 6 unter dem Begriff der „komparativen Kostenvorteile“ bei der Erklärung helfen, weshalb der internationale Handel für Länder vorteilhaft ist.

Verdeutlichen Sie anhand von „Schülerbeispielen“ den Nutzen von Arbeitsteilung.

Adam Smith (Leseprobe)
Die Arbeitsteilung dürfte die produktiven Kräfte der Arbeit mehr als alles andere fördern und verbessern. Das gleiche gilt wohl für die Geschicklichkeit, Sachkenntnis und Erfahrung, mit der sie überall eingesetzt oder verrichtet wird. Man kann den Einfluss der Arbeitsteilung auf die gesamte Volkswirtschaft leichter verstehen, wenn man sich zunächst klarmacht, auf welche Weise sie in einzelnen Erwerbszweigen durchgeführt wird.
Es hat gewöhnlich den Anschein, als sei sie in einigen unbedeutenden Gewerben am weitesten entwickelt, doch sollte man sich nicht täuschen lassen. Denn in solchen Gewerben, die nur den bescheidenen Bedarf eines kleinen Kundenkreises zu decken haben und folglich nur eine begrenzte Anzahl Arbeitskräfte beschäftigen, können diese häufig in einer einzigen Werkstatt untergebracht werden. So fällt es dem Betrachter sofort auf, dass sie verschiedene Arbeiten verrichten. Anders ist es in den großen Gewerbezweigen, die für den Massenbedarf der Bevölkerung produzieren. Hier benötigt man für jeden einzelnen Arbeitsgang so viele Menschen, dass man sie unmöglich alle in derselben Werkstatt einsetzen kann. Wir sehen daher im Allgemeinen nicht mehr als eine einzige Abteilung des Betriebes. Tatsächlich mag aber die Arbeitsteilung hier verzweigter sein als in unbedeutenden Gewerben, was allzu leicht übersehen wird, da sie auf den ersten Blick nicht zu erkennen ist.
Wir wollen daher als Beispiel die Herstellung von Stecknadeln wählen, ein recht unscheinbares Gewerbe, das aber schon häufig zur Erklärung der Arbeitsteilung diente. Ein Arbeiter, der noch niemals Stecknadeln gemacht hat und auch nicht dazu angelernt ist (erst die Arbeitsteilung hat daraus ein selbständiges Gewerbe gemacht), so dass er auch mit den dazu eingesetzten Maschinen nicht vertraut ist (auch zu deren Erfindung hat die Arbeitsteilung vermutlich Anlass gegeben), könnte, selbst wenn er sehr fleißig ist, täglich höchstens eine, sicherlich aber keine zwanzig Nadeln herstellen. Aber so, wie die Herstellung von Stecknadeln heute betrieben wird, ist sie nicht nur als Ganzes ein selbständiges Gewerbe. Sie zerfällt vielmehr in eine Reihe getrennter Arbeitsgänge, die zumeist zur fachlichen Spezialisierung gerührt haben. Der eine Arbeiter zieht den Draht, der andere streckt ihn, ein dritter schneidet ihn, ein vierter spitzt ihn zu, ein fünfter schleift das obere Ende, damit der Kopf aufgesetzt werden kann. Auch die Herstellung des Kopfes erfordert zwei oder drei getrennte Arbeitsgänge.
Das Ansetzen des Kopfes ist eine eigene Tätigkeit, ebenso das Weißglühen der Nadel, ja, selbst das Verpacken der Nadeln ist eine Arbeit für sich. Um eine Stecknadel anzufertigen, sind somit etwa 18 verschiedene Arbeitsgänge notwendig, die in einigen Fabriken jeweils verschiedene Arbeiter besorgen, während in anderen ein einzelner zwei oder drei davon ausführt. Ich selbst habe eine kleine Manufaktur dieser Art gesehen, in der nur 10 Leute beschäftigt waren, so dass einige von ihnen zwei oder drei solcher Arbeiten übernehmen mussten. Obwohl sie nun sehr arm und nur recht und schlecht mit dem nötigen Werkzeug ausgerüstet waren, konnten sie zusammen am Tage doch etwa 12 Pfund Stecknadeln anfertigen, wenn sie sich einigermaßen anstrengten. Rechnet man für ein Pfund über 4.000 Stecknadeln mittlerer Größe, so waren die 10 Arbeiter imstande, täglich etwa 48.000 Nadeln herzustellen, jeder also ungefähr 4.800 Stück. Hätten sie indes alle einzeln und unabhängig voneinander gearbeitet, noch dazu ohne besondere Ausbildung, so hätte der einzelne gewiss nicht einmal 20, vielleicht sogar keine einzige Nadel am Tag zustande gebracht. Mit anderen Worten, sie hätten mit Sicherheit nicht den zweihundertvierzigsten, vielleicht nicht einmal den vierhundertachzigsten Teil von dem produziert, was sie nunmehr infolge einer sinnvollen Teilung und Verknüpfung der einzelnen Arbeitsgänge zu erzeugen imstande waren.
Quelle: A. Smith (1776/1978): Der Wohlstand der Nationen, Eine Untersuchung seiner Natur und seiner Ursachen, hrsg. und übersetzt von H. C. Recktenwald, München, 1974, S. 10 ff.

i

Das **Adam Smith Institute** stellt im Internet u. a. Smiths Hauptwerke „The Theory of Moral Sentiments" und „The Wealth of Nations" als Volltextversion zur Verfügung: www.adamsmith.org

!

Erläutern Sie anhand des „Stecknadelbeispiels" die Begründung Smith' für den Nutzen der Arbeitsteilung!

1.3.7 Tausch und Tauschwirtschaft

Um die Vorteile von Arbeitsteilung und Spezialisierung zu sichern, muss es Tauschmöglichkeiten geben und eine arbeitsteilige Wirtschaft lässt sich deshalb auch als eine Tauschwirtschaft bezeichnen. Der Tausch erfolgt über Märkte, d. h. über Orte, auf denen Angebot und Nachfrage zusammentreffen und so die Möglichkeit besteht, das zu finden oder anzubieten, was die Akteure dort präsentieren und nachfragen. Märkte sind eine grandiose Erfindung der Menschen um einen Tauschpartner zu finden.

Der Tausch kann ein Naturaltausch sein, z. B. Milch gegen Fleisch, aber dies ist nur dann möglich, wenn der Produzent von Fleisch auch tatsächlich Milch benötigt und umgekehrt.
Das Prinzip des Naturaltausches stößt schnell an seine Grenzen, da die Suche nach Tauschpartnern aufwändig ist und viel Zeit kostet oder gar völlig misslingen kann. Eine geradezu geniale Erfindung der Menschheit ist die Erfindung des Geldes, weil es ein Mittel ist, Arbeitsteilung und die Koordination der arbeitsteiligen Prozesse sehr viel effizienter zu machen.
Unsere Gesellschaft lässt sich durch Tauschbeziehungen der unterschiedlichsten Art kennzeichnen, die sich täglich millionenfach in einem Land vollziehen.

Gary Becker
* 2. Dez. 1930 in Pottsville, Pennsylvania

Nobelpreis für Wirtschaftswissenschaften 1992

(siehe hierzu ausführliche Darstellung S. 188)

Individuen tauschen nicht nur ihre Arbeitskraft gegen Lohn und Güter, sondern sie tauschen generell ihre Zeit und ihr Geld gegen Dinge, die sie für vorteilhaft halten. So tauschen z. B. Studierende Zeit und Geld gegen eine Berufsausbildung. Der Wahlbürger tauscht seine Stimme gegen die Wahlversprechen der Politiker und sogar persönliche Beziehungen wie z. B. die Ehe werden als Tauschbeziehungen interpretiert. Man bringt sich in diese Beziehung ein, wenn man dies für vorteilhaft hält.
Quelle: Ulrich Baßeler/Jürgen Heinrich/Burkhard Utrecht: Grundlagen und Probleme der Volkswirtschaft, Schäffer-Poeschel Verlag, Stuttgart, 2002, 17. Auflage, S. 23

Gerade die in dem Zitat formulierte These wurde intensiv von dem späteren Nobelpreisträger Gary Becker untersucht, der mit seiner Vorstellung von der Ehe als Tauschbeziehung auch viel Widerspruch erntete.

1.3.8 Geld und Geldfunktionen

In der Zeit nach dem Zweiten Weltkrieg, von 1945 bis 1948, hatte das Geld seinen Wert weitgehend verloren und man kam vielfach auf den alten Tauschhandel zurück: Ware gegen Ware. Die Menschen hatten kein Vertrauen mehr in das Geld. Sie akzeptierten es nicht mehr als ein Tauschmittel. Da erschienen ihnen Naturalien wie Zigaretten entschieden sicherer, weil sie wussten, was sie dafür eintauschen konnten. Man sprach damals sogar von einer Zigarettenwährung. In einer Tauschwirtschaft, in der Ware gegen Ware getauscht wird, gibt es Geld nicht als physische Erscheinung, sondern nur als eine Bezugsgröße für die Bemessung des Wertes. Man misst z. B. den Tauschwert von Getreide und Stoffen an der gemeinsamen Bezugsgröße Vieh, Rind. Güter, die sich früher besonders gut zum Tauschen eigneten, wurden zu einer Vorform des Geldes im Sinne einer abstrakten Größe. Mit Geld wird es ermöglicht, Güter gleichnamig zu machen, d. h. Zahnpasta und ein Holzbrett, ein Auto und einen Smaragd zu vergleichen und die Werte zu addieren. Mit der zunehmenden Arbeitsteilung und folglich auch mit dem zunehmenden Tausch von Gütern wurde der direkte Tausch von Waren immer problematischer, weil es hohe Kosten, insbesondere auch Zeitkosten verursachte, den richtigen Tauschpartner zu finden.

Mit Geld als einem Tauschmittel kann man die Wünsche der Tauschpartner quasi synchronisieren. Von Wilhelm Röpke erzählt man folgendes Beispiel: Röpkes Vater war Landarzt und hatte einen Vertrag mit dem Frisör des Dorfes abgeschlossen: „Sie waren übereingekommen, sich gegenseitig keine Rechnungen auszustellen, sondern ihre Forderungen gegeneinander aufzurechnen. Nun führte aber nach einiger Zeit die Kränklichkeit des Frisörs dazu, dass aufseiten meines Vaters ein Überschuss entstand, der dadurch beseitigt wurde, dass wir Kinder uns weit häufiger die Haare schneiden lassen mussten, als uns lieb war.“
Quelle: Wilhelm Röpke: Die Lehre von der Wirtschaft, 9. Aufl., zitiert nach: Homann/Suchanek: Ökonomie – Eine Einführung, Mohr & Siebeck, Tübingen, 2002, S. 316

Entwickeln Sie eine Grafik, mit der Sie folgende Begriffe in einen fachlichen Zusammenhang bringen.
- Bedürfnisse
- Grenzkosten und Grenznutzen
- Produktionsmöglichkeitenkurve
- Opportunitätskosten
- Wirtschaften = Entscheiden
- Arbeitsteilung reduziert Knappheit
- Tausch und Tauschwirtschaft
- Geld und Geldfunktion

Ein Arbeiter, der beispielsweise in der Autoproduktion arbeitet und beim Bäcker Brot gegen einen Kotflügel tauschen möchte, wird damit wenig Erfolg haben. Zum einen braucht der Bäcker zu diesem Zeitpunkt vermutlich keinen Kotflügel, zum anderen dürfte die Teilbarkeit des Kotflügel Schwierigkeiten verursachen, es sei denn, es ist eine Großfamilie mit Brot zu versorgen. In arbeitsteiligen Volkswirtschaften wird Geld also über seine Wertbemessungsfunktion als physisches Tauschmittel benötigt, das zwischen die Waren tritt. Das muss noch kein Münz- oder Notengeld sein (vgl. Zigarettenwährung). Das Entscheidende ist, dass das verwendete Medium als Geld allgemein anerkannt ist und dass es gut teilbar ist. Indem das Geld zwischen die Waren tritt, fördert es den Güteraustausch, denn die wechselseitige Deckung der Bedürfnisse der Tauschpartner mit Hilfe von Waren ist dann keine zwingende Bedingung mehr für erfolgreichen Handel. Schließlich kommt noch eine dritte, sehr wichtige Funktion des Geldes hinzu. Geld ermöglicht es, den Konsum in eine spätere Periode zu verschieben. Die Bedürfnisse müssen zwischen den Tauschpartnern nicht mehr deckungsgleich sein und sie können sich auch hinsichtlich des Zeitpunktes unterscheiden, d. h. die Einnahmen, die ein Wirtschaftsakteur momentan hat, müssen nicht sofort wieder ausgegeben werden. Geld kann gespart werden, wodurch zu einem späteren Zeitpunkt größere Anschaffungen erst möglich werden. Damit Arbeitsteilung und Spezialisierung für die Reduktion von Knappheit wirksam werden können, benötigt man für die Fülle der Tauschakte ein Medium: das Geld. Es übernimmt im Wesentlichen drei Aufgaben:

1. **Geld als Zahlungsmittel**
   Es erleichtert den Tausch unzähliger Güter- und Dienstleistungen, die auf Märkten getauscht werden können.

2. **Geld als Recheneinheit**
   Die in einer Volkswirtschaft erwirtschafteten Güter werden in Geldeinheiten ausgedrückt und damit kann man sie schließlich wertmäßig und auch miteinander vergleichen. Nur so ist es auch möglich, das erwirtschaftete Sozialprodukt in einem Lande zu ermitteln (vgl. Exkurs S. 68 ff.). Durch den Maßstab des Geldes als eine Recheneinheit werden die Kosten für notwendige Informationen für Tauschvorgänge erheblich gesenkt.

3. **Geld als Wertaufbewahrungsmittel**
   Zwischen der Einkommensentstehung und der Einkommensverwendung kann ein längerer Zeitraum liegen. Allerdings kann die Wertaufbewahrungsfunktion zu einem ökonomischen Problem für jede Volkswirtschaft werden (vgl. Kapitel 5), wenn das Geld in einem bestimmten Zeitraum seinen Wert verliert und z. B. die 100 Euro aus dem Jahre 2004 im Jahre 2005 nur noch 90 Euro wert sind. Die Wertaufbewahrungsfunktion des Geldes ist dann erheblich eingeschränkt und das wird das Verhalten aller Wirtschaftsakteure beeinflussen.

Die Angst davor, dass das Geld kein sinnvolles Wertaufbewahrungsmittel mehr ist, kann man immer wieder dann beobachten, wenn in Krisensituationen eine „Flucht in Vermögenswerte“ erfolgt und Grundstück, Gemälde u. a. gekauft werden.

1.3.9 Geschichte der Ökonomie: Adam Smith (1723–1790)

Mit 14 Jahren studiert der in Schottland geborene Adam Smith Moralphilosophie, Mathematik und Politische Ökonomie an der Glasgow University und wechselt dann nach Oxford. In Glasgow wird er zum Professor der Logik, später auch für Moralphilosophie. Smith macht Bekanntschaft mit großen Intellektuellen seiner Zeit wie Voltaire, Quesnay und Franklin.

Zeitgeschichtlicher Hintergrund
Was für eine Zeit: Swift schreibt Gullivers Reisen, Hume publiziert „Eine Untersuchung der Natur des Menschen", Friedrich der Große wird preußischer König, Katharina die Große russische Zarin, die „Boston Tea Party" protestiert gegen britische Steuerpraxis, Watt entwickelt die Dampfmaschine, im Vertrag von Versailles wird die Amerikanische Unabhängigkeit erklärt, in Paris die Bastille erstürmt.
Das 18. Jahrhundert ist allgemein eine Zeit von Umbrüchen in Wissenschaft, Gesellschaft und Wirtschaft. In der Ökonomie findet der Übergang vom Merkantilismus zur klassischen Nationalökonomie statt (vgl. Kapitel 5.6). Mit Smith wird das Denkgebäude der Merkantilisten und der Physiokraten durch die Idee eines Wirtschaftssystems konfrontiert, das auf Freiheit, Wettbewerb und das Eigeninteresse von Individuen setzt.

Hauptgedanken und Wirkung
Wenn von dem Beginn der Nationalökonomie als Wissenschaft gesprochen wird, dann fällt der Name Smith an erster Stelle. Sein Hauptwerk, 1776 veröffentlicht, gilt als eines der wichtigsten Werke in der Geschichte der Wirtschaftswissenschaften und enthält alle grundlegenden Gedanken der klassischen Wirtschaftstheorie. Smith wurde zum Vertreter eines liberalen Wirtschaftssystems (vgl. Kapitel 5.6) und schuf dafür die theoretischen Grundpfeiler. In populistischen Meinungen gilt Smith als ein rigoroser Verfechter einer Laissez-faire-Wirtschaft, was sich beim genauen Lesen seines Hauptwerkes als großes Missverständnis herausstellt. Leider können viele Menschen schneller urteilen als lesen.

Wesentliche Werke
- The Theory of Moral Sentiments (1759)
- An Inquiry into the Nature and Causes of the Wealth of Nations (1776)

1.4 Eine alltägliche Geschichte in Fortsetzungen: Der Autokauf

Bisher haben wir uns mit einigen ökonomischen Grundsachverhalten und grundlegenden Begriffen vertraut gemacht. Im Folgenden sollen sie ergänzt, differenziert und in Zusammenhänge eingeordnet werden. Dazu wählen wir das Beispiel eines Gebrauchtwagenkaufs, um den Charakter wirtschaftlicher Beziehungen präziser erfassen zu können, wie er sich aus den Interaktionen zwischen Personen im wirtschaftlichen Geschehen ergibt.
Wir werden feststellen, dass umfassende gesellschaftliche Regelsysteme die Handlungen der Akteure in der Wirtschaft begleiten und ihre Handlungen bei der Verfolgung des Ziels beeinflussen, ihren Nutzen zu erhöhen.

1.4.1 Ein Gebrauchtwagenkauf

Jens aus Leer/Ostfriesland studiert Ökonomie an der Universität Oldenburg, 50 km von seiner Heimatstadt entfernt. Bei seiner Suche nach einer Wohnung findet er die Anzeige eines Studierenden, der seine Wohnung zwecks Auslandsstudium für ein Jahr untervermieten will. Jens ruft umgehend bei dem potenziellen Vermieter an.
Da der künftige Austauschstudent schon in zwei Wochen abreisen muss, vereinbaren die beiden sich noch am selben Tag zu treffen. Jens fährt mit dem Wagen seines Vaters nach Oldenburg. Er muss leider feststellen, dass sich die Wohnung in einem Stadtteil befindet, der acht Kilometer von der Universität entfernt liegt. Es gibt zwar eine Busverbindung, diese ist jedoch alles andere als ideal. Christoph, unser Austauschstudent, kommt mit einem überraschenden Angebot: „Du kannst auch meinen Wagen übernehmen, ich muss ihn sowieso noch schnell verkaufen, weil ich ihn hier kein Jahr stehen lassen kann. Er soll nur 2.400 Euro kosten, TÜV hat er noch für ein dreiviertel Jahr."
Es ist ein Mini-Cooper von Rover. Jens mochte diesen Typ schon immer. Eine kleine, praktische Studenten-Kiste. Jens bietet Christoph eine Ratenzahlung an, 1.200 Euro sofort, den Rest in zwei Monaten.
Christoph willigt ein: „OK, du kannst den Wagen haben, aber ich brauche das Geld sofort, weil ich eine Menge Ausgaben habe. Du kannst es dir ja bis morgen noch einmal überlegen." Er hofft allerdings darauf, dass Jens wenigstens diese 1.200 Euro bar hat.
Damit ist eine alltägliche Situation beschrieben. Hier könnte sich ein Tausch anbahnen, so wie es täglich in der Bundesrepublik tausendfach geschieht. Es liegt ein gemeinsames Interesse vor. Jens braucht eine Studentenbude und mit Studienbeginn steigt auch der Wunsch ein Auto zu besitzen. Da die finanziellen Mittel nicht gleich für ein neues Auto reichen, wird ein Gebrauchtwagenkauf ins Auge gefasst. Und Christoph, im Studium schon fortgeschritten, strebt ein Auslandssemester an. Christoph muss also für ein Jahr seine Studentenbude aufgeben und seinen Mini kann er auch nicht gebrauchen. Was gilt es also zu tun? Der Mini muss verkauft werden um das Geld für den Auslandsaufenthalt verplanen zu können.
Jens und Christoph sind zwei Tauschpartner, die beide mit dem Tausch jeweils ihre eigenen Interessen realisieren wollen. Aber es gibt hinsichtlich der Tauschbedingungen, wie wir sehen, auch unterschiedliche Interessen. Zunächst will Jens das Auto möglichst billig erwerben und am liebsten auch Ratenzahlungen in Anspruch nehmen, während Christoph möglichst viel Geld für sein Auto haben möchte, und dies sofort. Durch eine Ratenzahlung würde jedoch eine Wartezeit entstehen.

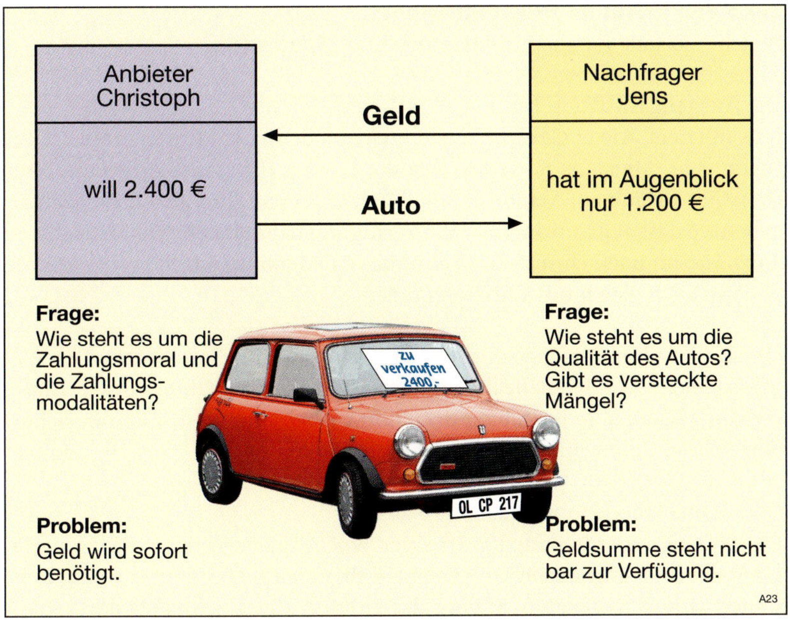

!

1. Inwieweit könnte dieser Sachverhalt mit dem Minimal- oder Maximalprinzip erklärt werden?
2. Stellen Sie die gemeinsamen Interessen von Jens und Christoph heraus und führen Sie auf, in welchen Bereichen die Interessen unterschiedlich sind.
3. Verdeutlichen Sie mit Beispielen, was
   a) unter einem Anreizproblem und
   b) unter einer Informationsasymmetrie verstanden wird?
4. Wo könnten Anreizprobleme und Informationsasymmetrien bei dem Kauf einer Urlaubsreise bestehen?

1.4.2 Informations- und Anreizprobleme beim Tausch

Das Ausgangsbeispiel (1.4.1) zeigt uns, dass es zwei Arten von Problemen bei einem Tausch gibt, durch die die Realisierung von gemeinsamen Interessen scheitern könnte: Anreiz- und Informationsprobleme.
Für das Verständnis wirtschaftlichen Handelns sind diese beiden Probleme von großer Bedeutung. Was ist damit gemeint?

Ein **Anreizproblem** ist in einer Situation dann gegeben, wenn die Kosten oder der Ertrag der eigenen Handlung nicht bei dem Handelnden selbst, sondern bei einem anderen anfallen: Ich handele und ein anderer hat den Nutzen aus meinen Handlungen. Jeder rational entscheidende Mensch würde solche Handlungen gar nicht erst vornehmen, um sich nicht selbst zu schädigen. Das Ergebnis ist, dass keiner der beteiligten Akteure so handelt, wie es für das gemeinsame Interesse sinnvoll und erforderlich wäre und deshalb schaden sie sich auf diese Art und Weise selbst.

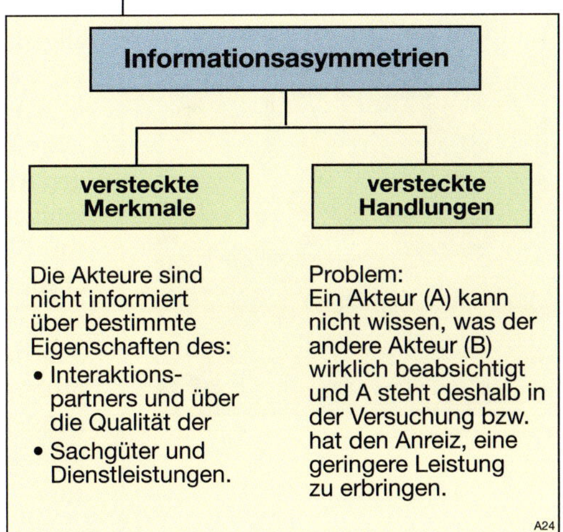

Das **Informationsproblem** besteht darin, dass die Akteure unterschiedliche Informationen zur Verfügung haben. Auf unser Beispiel bezogen könnte das heißen, dass Christoph weiß, dass sein Mini anfällig für Rostbildung ist. Er wird darüber mit Jens nicht freiwillig reden. Aber er wird sich auch fragen, wie es um die Zahlungsmoral von Jens bestellt sein wird. Der Informationsstand ist bei beiden Akteuren nicht gleich bzw. nicht symmetrisch. Man spricht deshalb von Informationsasymmetrien.
Hierbei kann sich ein Akteur in zweierlei Hinsicht irren: Der Akteur weiß zu wenig oder nichts über das gewünschte Produkt oder über die gewünschte Dienstleistung, d. h. es fehlen genügende Informationen über Qualität, spezifische Eigenschaften usw. oder ein Akteur weiß zu wenig über den anderen Akteur. Er weiß noch nicht, wie seriös und glaubwürdig er ist, welche Absichten er verfolgt. Man bezeichnet dies auch als das Problem der „versteckten Handlungen."

1.4.3 Von Privat an Privat misslingt

Welche Vorteile hat die Einschaltung eines Autohauses?

Die Ausgangssituation (vgl. 1.4.1) verändert sich:
Jens überlegt, wie er Geld organisieren kann, denn der Mini interessiert ihn schon sehr. Meistens ist seine Oma die Lösung für solche Probleme, aber sie ist im Urlaub auf Mallorca. Sein Vater ist bereit, ihm 400 Euro dazuzugeben, so dass Jens 1.600 Euro zur Verfügung hätte. Da er sich am nächsten Tag ohnehin noch einmal die Wohnung in Oldenburg ansehen will, könnte er dann auch gleich mit Christoph reden.

Die Enttäuschung ist jedoch groß, als Christoph ihm verkündet: „Der Wagen ist leider weg. Ich habe ihn an Auto-Martens in der Ofenerdieker Straße verkauft. Da steht er jetzt. Fahr doch dort vorbei. Dort kannst du ihn sicherlich auch in Ratenzahlungen bekommen."

Christophs Überlegungen sahen so aus:
Die Situation wurde brenzlig. In einer Woche schon geht sein Flug in die USA zu seiner Austausch-Universität, d. h. es verblieb ihm nur wenig Zeit, seinen Mini zu verkaufen. Er ging also zu Auto-Martens und bot dort seinen Wagen an. Herr Bartels, der bei Auto-Martens als Autoverkäufer tätig ist, sah sich den Wagen an und bot ihm einen Preis von 1.900 Euro. Das aber war Christoph zu wenig und sie einigten sich schließlich, nachdem der Werkstattmeister den Wagen näher unter die Lupe genommen hatte, auf 2.100 Euro.

Die Verkaufsverhandlungen verliefen folgendermaßen:
„Also bei dem Baujahr des Wagens, den gefahrenen Kilometern und dem allgemeinen Zustand können wir auf keinen Fall mehr geben." Herr Bartels sagte allerdings nicht, dass sich am Vormittag eine junge Dame nach einem Mini erkundigt hatte.
„Wir können allerdings noch Folgendes anbieten: Wir übernehmen für Sie den Abmeldevorgang! Haben Sie Ihren Kraftfahrzeugschein und den Kraftfahrzeugbrief schon mit?" Herr Bartels legte einen vorbereiteten Vertrag vor, Christoph unterschrieb und die Zahlungsmodalitäten wurden besprochen. Christoph schilderte seine Situation und bat darum, das Geld sofort auszuzahlen.
„Normalerweise würden wir Ihnen das Geld zwar überweisen, aber ich will prüfen, ob wir in Ihnen in diesem Fall das Geld nicht gleich auszahlen können." Herr Bartels ging zum Geschäftsführer und kam mit der für Christoph guten Botschaft zurück: „Alles klar, wir zahlen Ihnen das Geld sofort aus."

Die Fortsetzung der Geschichte enthält mehrere Aspekte, die für Christoph von Bedeutung sind:

1. Christoph muss auf sein Geld nicht warten und er kann sofort darüber verfügen. Zwar hat er nicht den Preis bekommen, den er sich vorgestellt hatte, aber die sofortige Verfügbarkeit des Geldes gleicht seiner Ansicht nach diesen Nachteil aus. Würde er allerdings nicht unter diesem Zeitdruck stehen, hätte er sicherlich noch weitere Angebote prüfen können und wäre vielleicht sogar günstiger gefahren. Zeit ist ein wertvolles ökonomisches Gut: Wer warten kann, ist ökonomisch oft im Vorteil.

Bei den Verkaufsverhandlungen hat Christoph zunächst verschwiegen, dass er das Geld sofort haben möchte. Das hätte natürlich dazu führen können, dass sich dies in einem niedrigeren Preis-Angebot von Auto-Martens niedergeschlagen hätte.
Der Verkäufer Bartels hat allerdings auch etwas verschwiegen, und zwar die Tatsache, dass er schon eine neue Interessentin für einen Mini hat. Er wird sie sicherlich gleich darüber informieren, dass er soeben einen Mini „hereinbekommen" hat.

2. Christoph hat gute Gründe anzunehmen, dass Auto-Martens ihn nicht übervorteilt hat. Der Ruf, den Auto-Martens in der Stadt genießt, ist gut. Auto-Martens gilt als seriös. Deshalb ist er auch sicher, dass der erzielte Preis in Ordnung ist. Auto-Martens wird den guten Ruf nicht ohne Weiteres aufs Spiel setzen. Das würde sich herumsprechen. Und die gesamte Abwicklung des Verkaufs hat wenig Zeit in Anspruch genommen.
Jens wiederum erfährt von Christoph, dass sein „Mini" schon weg ist, aber er kann ihn ja bei Auto-Martens besichtigen und ihn dort kaufen, sofern er immer noch davon überzeugt ist, dass dies für ihn das richtige Auto ist.

Die Tauschbedingungen für das private Geschäft zwischen Jens und Christoph können nicht in Übereinstimmung gebracht werden, da die Interessen von Jens und Christoph zu unterschiedlich sind. Die Tauschbedingungen werden ganz offensichtlich von beiden Akteuren nicht gleich günstig eingeschätzt. Dafür sind in diesem Fall sowohl zeitliche als auch finanzielle Gesichtspunkte verantwortlich. Christoph kommt nicht schnell genug an das Geld vor seiner Abfahrt nach Amerika und ist sich auch nicht sicher, ob ein Ratenkauf für ihn vorteilhaft ist. Dann ist es seiner Meinung nach eben vorteilhafter etwas weniger Geld, dies aber rechtzeitig zu bekommen.
Das erhöhte Angebot (1.600 Euro) von Jens ist nicht ausreichend.

Fazit: Der Tausch von privat (Christoph) an privat (Jens) misslingt.

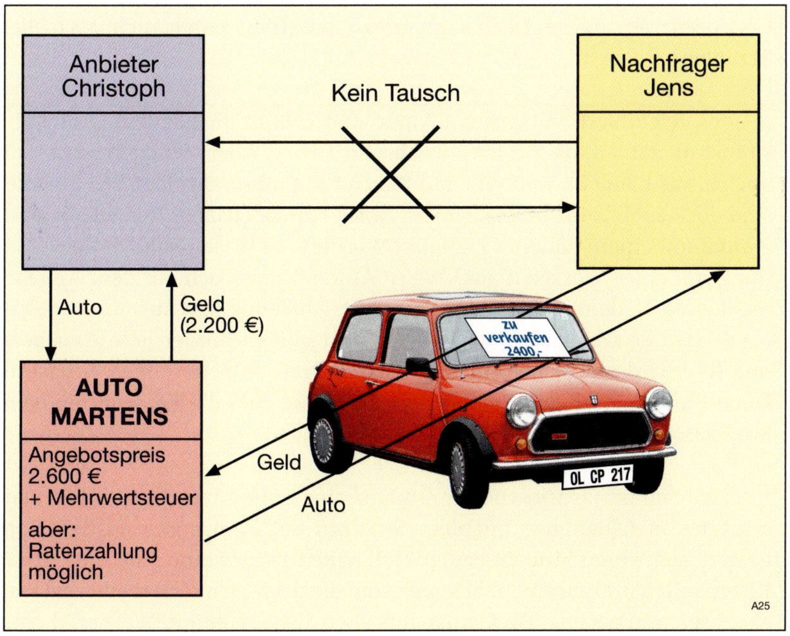

1. Stellen Sie die ökonomischen Probleme von Jens heraus und geben Sie an, welche Lösungsmöglichkeiten er sieht?
2. Welches sind die ökonomischen Probleme von Christoph und welche Lösungsmöglichkeiten bieten sich ihm?
3. Durch welchen Sachverhalt wird die misslungene private Tauschhandlung zu einem „normalen" ökonomischen Vorgang?
4. Worin bestehen die Vor- bzw. Nachteile durch das Einschalten des Autohauses Martens für Jens und Christoph?

Die Fortsetzungsgeschichte wird zu einem normalen ökonomischen Sachverhalt, so wie er im Wirtschaftsgeschehen eines Landes millionenfach täglich geschieht. Auf einer der beiden Marktseiten, d. h. entweder bei den Anbietern oder bei den Nachfragern gibt es mindestens zwei Akteure. Dadurch, dass entweder zwei Anbieter vorhanden sind, kann es Wettbewerb zwischen diesen beiden um einen oder mehrere Nachfrager geben und gibt es zumindest zwei Nachfrager, kann es zwischen diesen beiden auch eine Wettbewerbssituation um ein Produkt bzw. eine Dienstleistung geben und zwar dann, wenn sie bereit sind dafür unterschiedliche Preise zu zahlen. Solange das Autobeispiel sich nur zwischen Jens und Christoph abspielte, gab es eben nur einen Anbieter und einen Nachfrager. Dies stellt im realen Wirtschaftsgeschehen eine Ausnahmesituation dar. Deshalb sprechen wir hier davon, dass durch die Einschaltung von Auto-Martens, neben Jens und Christoph der dritte Akteur, der Gebrauchtwagenkauf zu einem „normalen“ ökonomischen Sachverhalt wird.

Wie verläuft unser Beispiel weiter?

Alternative Lösungsmöglichkeiten

1. Jens bei Auto-Martens: In der Tat, da steht sein Wunschobjekt! Jens staunt nicht schlecht, als er feststellen muss, dass aus den ursprünglich 2.400 Euro nun 2.600 Euro geworden sind. Und dann kommen auch noch 16 % Mehrwertsteuer hinzu. Wofür das auch noch? Allerdings kann Jens Ratenzahlung in Anspruch nehmen. In 14 Tagen kommt seine Oma aus dem Urlaub zurück und er ist sicher, dass sie ihm unter die Arme greifen wird. Eigentlich könnte er sich den Wagen dann doch leisten. Der Händler gewährleistet eine halbjährige Garantie auf die volle Funktionstüchtigkeit des Fahrzeugs und verspricht, den Wagen noch durch die TÜV-Prüfung zu bringen. Jens bittet um eine kurze Bedenkzeit.
Wie ist der höhere Preis zu erklären? Bekommt er dafür auch „mehr“ Auto? Wohl eher mehr Sicherheit im Hinblick auf den Zustand des Autos und, was auch nicht zu verachten ist, er kann sogar Ratenzahlung in Anspruch nehmen, und dies würde sein ökonomisches Problem zumindest für die Gegenwart verringern. Doch kann er in Zukunft die Raten auch tatsächlich bezahlen?

2. Jens telefoniert mit seinem Vater und erfährt Folgendes: „Auf Oma kannst du zählen, da bin ich mir absolut sicher. Aber vielleicht kannst du noch etwas handeln, wenn du den Kaufvertrag unterschreibst. Die Händler sind doch auch froh, wenn sie nicht „totes Kapital“ haben. Versuch es doch einmal mit einem anderen Händler! Wie sieht es in der Nähe deiner Wohnung mit einer Werkstatt aus? Wenn Auto-Martens sich auf dein Angebot nicht einlässt, dann warte noch. Du weißt, ich kenne Karl aus unserer Skatrunde und er arbeitet bei VW-Meyer. Dort gibt es immer gute Angebote, und Karl wird uns sicher einen günstigen Preis anbieten. Bei VW hast du keine Probleme mit den Ersatzteilen. Du weißt, dass die Reparaturen beim Mini ganz schön teuer sind.“

3. Skatabend im Ostfrieseneck: „Du Karl, mein Sohn Jens fängt im Wintersemester in Oldenburg mit dem Studium an. Er hat sich in den Kopf gesetzt, sich einen Mini zu kaufen. Ich halte das für keine gute Idee. Diese Kisten sehen hübsch aus, aber solide sind die doch nicht, ich meine, sie sind eher reparaturanfällig. Du kennst dich doch aus.“ „Hör auf, Werner, du bist

!

1. Welche Berechtigung gibt es für Auto-Martens, den Preis für den Mini zu erhöhen?
2. Bekommt Jens für einen erhöhten Preis auch mehr Leistung?
3. Welchen Einfluss können Freundeskreise auf wirtschaftliche Aktivitäten haben? Verwenden Sie für Ihre Aussagen auch die sogenannte Anreiz- und Informationsproblematik von S. 35.
4. Recherchieren Sie die Funktion der sogenannten „Schwacke-Liste“ und erkunden Sie den Wert eines fünf Jahren alten Minis.
5. Welche Bedeutung haben Schwacke-Listen in Hinblick auf Informationsprobleme und die Nachfrage von Konsumenten bzw. auf das Angebot von z. B. Gebrauchtwagenhändlern?
6. Informelle Beziehungen haben einen nicht unerheblichen Einfluss auf wirtschaftliche Vorgänge. Stellen Sie Gründe für diese Behauptung zusammen und überlegen Sie, inwieweit damit auch Problemsituationen entstehen können.

doch früher auch mit dem 2CV von Citroen durch die Gegend geschaukelt und dich hat doch auch keiner dazu bringen können, dir ein wirkliches Auto und keine Weltanschauung zu kaufen." „Ja, ja, ist schon lange her, Kerstin gefiel er aber." „Also nun zur Sache, es kommt darauf an, in welchem Zustand sich der Wagen befindet, wie viele Kilometer der Tacho anzeigt. Was soll er denn kosten?" „Um die 2.600 Euro." „Hast du einmal in die „Schwacke-Liste" geschaut?" „Was ist das?" „Da kannst du nachsehen, was ein Wagen noch wert ist. Wie alt ist er denn?" „Keine Ahnung!" „Die Liste findet man auch im Internet. Jens kann doch dort einmal nachschauen."
„Um es gleich zu sagen: An die Reparaturen geh' ich nicht heran. Es gibt bei diesen Kisten immer Probleme mit den Ersatzteilen. Und teuer sind sie auch. Aber Heinz kennst du auch, vom Fußball, der hat sich auf solche Liebhaber-Kisten spezialisiert. Der ist auch billiger als Vertragswerkstätten, denn er macht es ohne Mehrwertsteuer."

Christoph hat seinen Wagen an den Händler Martens verkauft.
Vorteile für Christoph: Der Händler bezahlt sofort und nimmt ihm die Arbeit ab den Wagen bei der Zulassungsstelle abzumelden. Christoph gibt einen preislichen Nachlass, weil er zeitliche Vorteile erlangt. D. h.: Insgesamt sinken für Christoph die Kosten für das Tauschgeschäft.

4. Jens kauft das Auto bei Auto-Martens: Damit kommt es zu einem zweiten Tauschgeschäft.

Vorteil 1: bessere Informationen über getauschten Wagen:
Der „Mini" wurde gründlich untersucht und das bietet dem Käufer mehr Sicherheit. Der Händler wird vermutlich seine Reputation nicht in Gefahr bringen wollen, denn die Gefahr einer negativen Mund-zu-Mund-Propaganda innerhalb der Studentenschaft ist groß: „Geh bloß nicht zu Auto-Martens, da bin ich reingefallen und Klaus hat mir erzählt" usw., usw.

Vorteil 2: besseres Risikomanagement ist möglich:
Wo liegt das Risiko für den Händler? Vor dem Kauf ist nicht immer sicher zu erkennen, ob die Qualität des Wagens richtig eingeschätzt worden ist. Der Händler muss das Risiko beim Preis berücksichtigen: deshalb will er mit Risikoabschlag von Christoph kaufen und mit Risikoaufschlag an Jens verkaufen, um einen mittleren Wert zu erreichen, der das finanzielle Risiko für den Händler abfängt. Was heißt das? Auto-Martens verkauft und kauft im Jahr ca. 250 bis 300 Gebrauchtwagen. Bei diesen Wagen sind natürlich auch immer einige Wagen dabei, die von der Qualität falsch eingeschätzt wurden, oder die sich zu den kalkulierten Preisen nicht verkaufen ließen. Diese Erfahrungen werden natürlich bei der Kalkulation berücksichtigt, d. h. das Risiko wird auf viele Produkte verteilt und Garantieleistungen so aus einem „Risikofonds" bezahlt.

Vorteil 3: Senkung der Durchführungskosten von Verträgen:
Der Händler macht solche Geschäfte täglich und hat Muster-Verträge. Diese sind nicht mehr jedes Mal neu auszuhandeln und zu formulieren, das spart Zeit und Kosten.
Diese Vorteile sind nicht kostenlos zu haben. Deshalb liegt der Preis für Jens über dem Preis, der von Christoph verlangt wurde und stellt somit den Nachteil für Jens dar.

!

1. Nehmen Sie Stellung zur Aussage: „Unternehmen, die nur auf kurzfristige Gewinnerzielung ausgerichtet sind, werden bald gar keine Gewinne mehr erzielen."
2. Beurteilen Sie die folgende Aussage: „Reputation ist doch ein altmodischer Wert, die Zahlen müssen stimmen."
3. Warum werden Geschäftskosten durch „Musterverträge" gesenkt?
4. Rechtliche Bestimmungen beeinflussen im hohen Maße wirtschaftliche Tauschgeschäfte. Werden durch die Rechtsordnung Kosten für Sachgüter und Dienstleistungen nicht nur erhöht? Stellen Sie Pro- und Kontra-Argumente zusammen.

Der Brockhaus definiert als **„Dilemma"** die Schwierigkeit der Wahl zwischen zwei Dingen, wenn für beide gleichwertige Gründe sprechen.

1.4.4 Dilemma-Strukturen beim Tausch

Zwischen den Mitgliedern in einer Gesellschaft gibt es zahlreiche Formen der Zusammenarbeit, die auf der Grundlage eigener Interessen erfolgt. Eine Situation, in der es Interessenkonflikte gibt, die eine Verwirklichung der gemeinsamen Interessen verhindern, wird als Dilemmastruktur bezeichnet. Die Beteiligten haben sehr häufig unterschiedliche Informationen, Anreize, Ziele, Interessen und Motive, die ihr Verhalten beeinflussen, Mitarbeiter, Geschäftspartner oder die Konsumenten, die Produkte und Dienstleistungen kaufen möchten und andererseits das Verkaufspersonal und die Geschäftsleitung der Eigentümer des Unternehmens.
Die unterschiedlichen Interessen sind in diesen Beispielen offensichtlich.
Ein besonders wichtiger Faktor für das eigene Verhalten sind die Erwartungen im Hinblick auf das Verhalten des anderen. Ist man sich nicht sicher, was der andere tut und hat man den Verdacht, dass man „ausgebeutet" wird, führt das im Regelfall dazu, den eigenen Beitrag für die Erreichung eines gemeinsamen Interesses nicht zu leisten. Aber weil jeder Akteur vorrangig seine Interessen im Blick hat, kommt es in bestimmten Situationen dazu, dass alle Beteiligten schlechter gestellt sind.
„Dilemmastruktur" wird als ein Denkschema verstanden, mit dem die Interaktionen zwischen den Akteuren des Wirtschaftsgeschehens untersucht werden. Sie kennen sicherlich die Aussage: Man legt ein „Schema", ein Muster an, um einen Sachverhalt besser erkennen zu können. Ein Schema passt auf viele Situationen, so unterschiedlich sie auf dem ersten Blick erscheinen mögen. Solch ein Schema sind in der Ökonomie die Dilemmastrukturen, die uns helfen sollen, die relevanten Beziehungen in der Wirtschaft zu erkennen. Die wesentliche Frage ist hier: Welche Vorteile und / oder Nachteile können sich für die Anbieter und Nachfrager aus einer speziellen wirtschaftlichen Situation ergeben?

Drei Überlegungen sollen das Problem der Dilemmastruktur noch weiter verdeutlichen:

1. In den Interaktionen zwischen verschiedenen Akteuren gibt es zugleich gemeinsame, aber auch voneinander unterschiedliche, miteinander in Konflikt stehende Interessen. Christoph will ein Auto verkaufen, Jens will ein Auto kaufen. Jens will in Raten und auch weniger Geld zahlen und bietet diese Lösung Christoph an. Christoph will aber das Geld sofort haben. Der eine befürchtet, das Geld nicht rechtzeitig zu bekommen, der andere fragt sich, ob die Qualität des Autos für den Preis angemessen ist. Genau das ist die Struktur des Dilemmas, in dem sich Jens und Christoph befinden.
2. Das beschriebene ökonomische Problem hat immer zwei Seiten. Die Lösung hängt nicht allein von dem Verhalten **eines** Akteurs ab, sondern es gibt immer eine gegenseitige Abhängigkeit, eine Interdependenz, des Verhaltens. Zwischen Jens und Christoph allein ist das Problem nicht zu lösen, es sei denn, Jens kann die Summe sofort bezahlen. Die Lösung liegt darin, dass ein Dritter, das Autohaus Martens, eingeschaltet wird, denn das bietet beiden durchaus Vorteile. Für Jens z. B. liegt dieser Vorteil nicht unbedingt im Preis, sondern in der Verhaltenssicherheit, die er bekommt, weil er jetzt davon ausgehen kann, dass das Autohaus Martens nicht freiwillig die eigene Reputation aufs Spiel setzen will.
3. Die Anreize für die einzelnen Akteure in der beschriebenen Situation liegen darin, dass jeder seine Interessen versucht zu realisieren, Christoph verkauft sein Auto an Autohaus Martens und bekommt dafür weniger Geld, als er bei einem erfolgreichen Abschluss mit Jens hätte bekommen können.

Die Unsicherheit über die Zahlung des Geldes war für ihn zu groß. Jens wiederum kann das Auto nicht erwerben, weil er zu dem gegebenen Zeitpunkt zu wenig Geld hat, muss aber nun, wenn er das Auto dennoch erwerben will, mehr zahlen, als es bei Barzahlung erforderlich wäre. Appelle an den jeweils anderen Akteur doch zu vertrauen, sind keine Lösung des Problems. Solche Appelle können nicht fruchten. Vertrauen ist auch eine Erfahrung, die über mehrere erfolgreiche Aktionen zwischen den Tauschpartnern erst entstehen und wachsen muss.

4. Die Dilemmastruktur, die für Jens und für Christoph gegeben ist, verhindert, dass sie durch eine Kooperation die beste Lösung wählen. Würde Jens Christoph vertrauen und dennoch einen Weg suchen das Geld zu bekommen, dann würde der Preis für das Auto geringer sein und hinzu kommt auch noch, dass er die Mehrwertsteuer sparen würde. Würde Christoph Jens vertrauen, dann wäre die Endsumme für das Auto höher gewesen als sie bei Autohaus Martens war. Ihm fehlte jedoch die Sicherheit, sofort das Geld für das Auto direkt nach Amerika mitzunehmen. Die Analyse solcher Dilemmastrukturen zeigt, wie zum Beispiel institutionelle Regelungen in der Wirtschaft beschaffen sein müssen, damit die Tauschpartner zum gegenseitigen Vorteil kooperieren können.

Berühmt geworden ist das sogenannte **Gefangenen-Dilemma**. Den Namen hat es von A. Tucker bekommen.

Das Dilemma von zwei Gefangenen besteht darin, dass sie in zwei Zellen sitzen, keinen Kontakt miteinander haben und vom Staatsanwalt einzeln verhört werden. Es besteht die Kronzeugenregelung, d. h. derjenige, der gesteht und dabei seinen Mitgefangenen überführt, bekommt eine wesentlich geringere Strafe. Der überführte Mitgefangene erhält jedoch eine höhere Strafe. Verhält sich jeder als eigener Nutzenmaximierer, dann verfehlt er die „Gewinne" (weniger Strafe), die durch Kooperation d. h. durch gemeinsames Leugnen möglich gewesen wären. Die Grafik zeigt die unterschiedlichen Situationen: Packen Ede und Paule aus, erhalten sie jeweils 6 Jahre, packt nur Ede aus und nimmt die Kronzeugenregelung in Anspruch bekommt er 1 Jahr, Paule erhält dagegen 12 Jahre. Leugnen sowohl Ede wie Paule, dann gibt's nur 2 Jahre.

Dieses Beispiel lässt sich natürlich auch auf wirtschaftliche Situationen übertragen. Kooperieren zum Beispiel zwei Unternehmen in einem Projekt, dann wäre es aus Sicht des einzelnen Unternehmens rational eigene Ergebnisse geheim zu halten und aus den Informationen des anderen Partners Nutzen zu ziehen. Will man jedoch Erfolg haben, müssen die Partner auf gewisse individuelle Vorteile verzichten, weil es sonst zu keiner Kooperation kommt. Und aus Erfahrung weiß man: Wer bei einer Klassenarbeit nur versucht von anderen Mitschülern Ergebnisse zu nutzen, abzuschreiben, seine jedoch verschweigt oder „verhüllt", wird sicherlich bald von jedweder „Kooperation" ausgeschlossen. Fazit: Individuell rationales Verhalten führt für eine Gruppe zu einem insgesamt schlechteren Ergebnis.

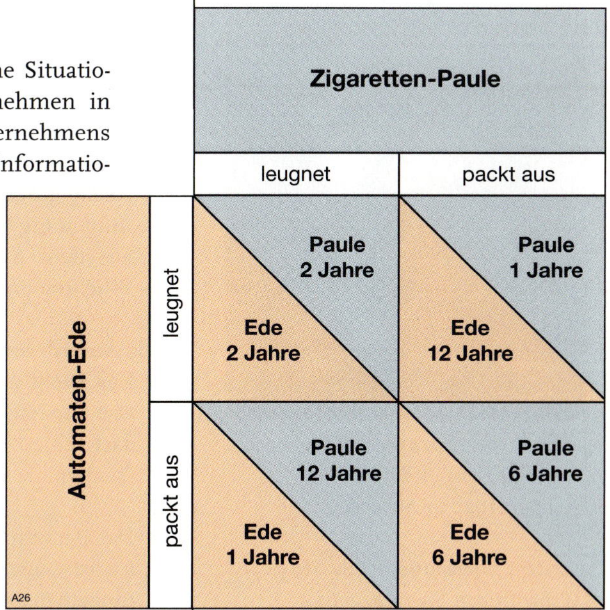

1.4.5 Die Rechtsordnung

Wirtschaftliches Handeln der Menschen findet nicht in einem „luftleerem Raum“ statt. Die Rechtsordnung liefert z. B. Regeln, die beachtet werden müssen, damit Konflikte vermieden werden.

Marktwirtschaft und Rechtsordnung – Freiheit und Ordnung?

Alle Marktakteure werden immer wieder mit rechtlichen Regelungen konfrontiert. Man könnte zwar zunächst meinen, dass damit die Freiheit der Akteure beschnitten wird, man könnte jedoch auch behaupten, dass die Freiheit auf den Märkten dadurch sogar erhöht wird. Warum? Gäbe es keine Regelungen z. B. für das wirtschaftliche Geschehen, herrschte bei allen Beteiligten große Unsicherheit, denn keiner wüsste, woran er ist.

Nehmen wir folgendes Beispiel: Nach dem Kauf eines Autos stellen Sie fest, dass es einen Schaden hat, den man vorher nicht bemerkt hat oder nur schwer bemerken konnte. Gäbe es keine Rechtsvorschriften für diesen Fall, hätten Sie eben Pech gehabt. So gibt es aber eine Gewährleistungspflicht des Verkäufers. Sie gilt zwei Jahre: Ein fehlerhaftes Produkt muss entweder zurückgenommen oder ausgebessert werden. Ein anderes Beispiel: Eine Familie kauft einen Fernseher auf Kredit, d. h., sie kann die gesamte Kaufsumme erst innerhalb eines Jahres in Monatsraten bezahlen. Welche Sicherheit hat aber das Geschäft, dass es diese Summe auch tatsächlich bekommt? Auch hierfür gibt es Rechtsvorschriften. Gäbe es sie nicht, würde niemand auf Kredit verkaufen.

Welche Bedeutung haben rechtliche Regelungen im Einzelnen?

Max Weber, ein berühmter deutscher Soziologe, hat als eines der hervorstechenden Merkmale des Kapitalismus die **Beherrschbarkeit durch Berechenbarkeit** bezeichnet. Damit meinte er insbesondere Institutionen wie Gesetze, Verträge, Normungen, Satzungen, Bilanzen, Richtlinien usw., die für Tauschpartner sehr wichtige Informationen übernehmen können (vgl. Abschnitt 1.4.6).

Vor allen Dingen sind es zwei Leistungen:

- Die **Informationsfunktion**: Durch Gesetze, Normungen, Satzungen oder Verträge werden auf eine kostengünstigere Weise Informationen bereitgestellt und helfen, die Kosten für die Beschaffung von Informationen zu verringern. Ein Unternehmer weiß, an welche gesetzlichen Regelungen er gebunden ist.
- Verträge haben eine **Anreizfunktion**: Für beide Tauschpartner wird das Risiko gesenkt, das sich aus dem Tausch von Produkten und Dienstleistungen ergeben kann. Jedem Vertragspartner muss klar sein, dass sich aus dem Abschluss eines Vertrages für ihn sowohl Rechte als auch Pflichten ergeben.

Max Weber, Soziologe
** 21. 04.1864 in Erfurt*
† 14.06.1920 in München

Weitere Informationen zu Max Weber finden Sie in Kapitel 4.

Die Anforderungen an eine Rechtsordnung sind dreifacher Art:

1. Das Recht muss **allgemein**, d. h. auf jedermann anwendbar sein. Es gilt also für reiche, arme, blonde, rothaarige, dumme, kluge Menschen. Es darf keine Unterschiede nach Personen, Ansehen, Geschlecht und Rasse machen.

2. Das Recht muss **offen** sein, d. h., alles ist erlaubt, solange es nicht verboten bzw. nicht gesetzwidrig ist. Es werden nicht alle denkbaren Fälle im Einzelnen vorab geregelt, was ohnehin nicht möglich wäre.

3. Das Recht muss **sicher**, d. h., die rechtlichen Regelungen müssen eindeutig sein. Diese Forderung ist jedoch nur sehr schwer zu realisieren, weil die Zahl der rechtlichen Regelungen so angewachsen ist, dass sich nur hoch qualifizierte Experten darin zurechtfinden. Deshalb wird häufig eine Vereinfachung des Rechts gefordert, weil sonst zu befürchten ist, dass durch zu viele Vorschriften die Leistungsfähigkeit der Volkswirtschaft abnimmt und z. B. kaum noch Personen bereit sind ein Unternehmen zu gründen.

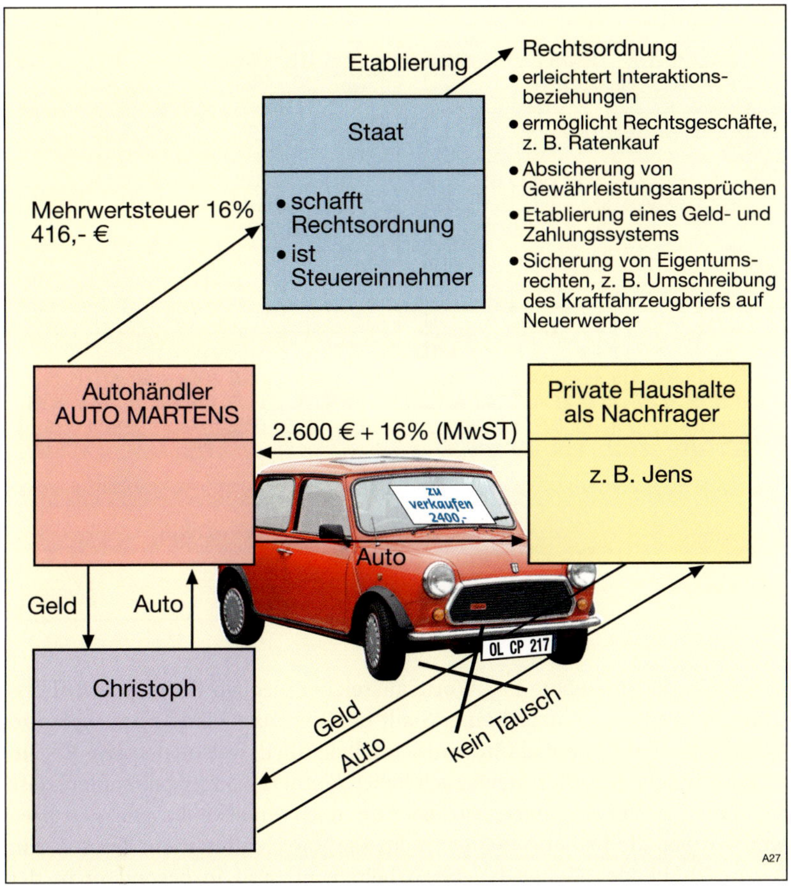

Betrachten wir die Auswirkungen der Rechtsordnung auf das Auto-Beispiel einmal näher: Für Jens ist es auf den ersten Blick nicht nachvollziehbar, dass er beim Mini-Kauf noch 16 % Mehrwertsteuer zahlen soll. Insgesamt beklagen sich Bürgerinnen und Bürger immer wieder über zu hohe Steuern. Dies mag subjektiv gesehen durchaus zutreffen, es gilt aber auch zu bedenken, dass mit den Steuereinnahmen staatliche Dienstleistungen sichergestellt werden müssen, z. B. die Finanzierung der Behörden und ihrer Bediensteten, die die Rechtsordnung zu wahren haben. Im Laufe der Zeit haben sich Gesetze entwickelt, die das wirtschaftliche Handeln begleiten und die Interaktionen zwischen den Tauschpartnern absichern.
Ein Beispiel: Wie kann der Käufer, in diesem Fall Jens, nachweisen, dass er der rechtmäßige Eigentümer des Fahrzeuges ist? In Deutschland kann er es nur durch den Kraftfahrzeugbrief belegen, d. h., im Kraftfahrzeugbrief muss zu erkennen sein, dass das Auto von Christoph auf Jens überschrieben worden ist.

!

1. Wir haben festgestellt, dass Informations- und Anreizprobleme das wirtschaftliche Geschehen wesentlich beeinflussen. Inwiefern können Verträge Informations- und Anreizprobleme mindern?
2. Zwei Behauptungen: „Eine sichere Rechtsordnung ist für Unternehmen ein wesentlicher Standortfaktor!" „Mit einer unklaren, nicht eindeutigen Rechtsordnung stranguliert man jede Wirtschaft!" Nehmen Sie dazu Stellung!

Da Jens Ratenzahlung in Anspruch nimmt, behält Auto-Martens den Kraftfahrzeugbrief so lange, bis die letzte Rate bezahlt worden ist. Wenn Jens das Geld von einer Bank geliehen hat, dann behält die Bank zu ihrer eigenen Sicherheit den Kraftfahrzeugbrief so lange, bis alle Raten restlos von Jens bezahlt worden sind.
Damit Jens sich bei Verkehrskontrollen ausweisen kann, erhält er seinen Fahrzeugschein. Der Fahrzeugschein belegt nur, dass er momentan das Fahrzeug besitzt, aber noch nicht, dass er Eigentümer ist.

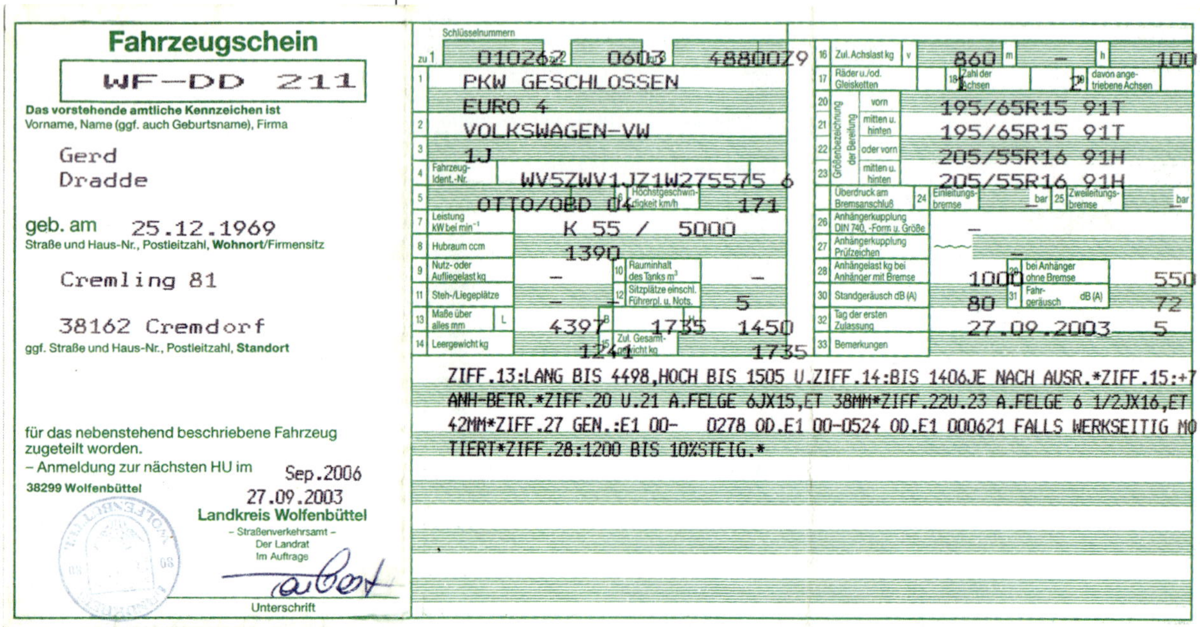
Fahrzeugschein

WF-DD 211

Das vorstehende amtliche Kennzeichen ist
Vorname, Name (ggf. auch Geburtsname), Firma
Gerd
Dradde
geb. am 25.12.1969
Straße und Haus-Nr., Postleitzahl, Wohnort/Firmensitz
Cremling 81
38162 Cremdorf
ggf. Straße und Haus-Nr., Postleitzahl, Standort

für das nebenstehend beschriebene Fahrzeug zugeteilt worden.
– Anmeldung zur nächsten HU im Sep.2006
38299 Wolfenbüttel 27.09.2003
Landkreis Wolfenbüttel
– Straßenverkehrsamt –
Der Landrat
Im Auftrage
Unterschrift

Schlüsselnummern
zu 1: 010262 | zu 2: 0603 | zu 3: 4880029
1: PKW GESCHLOSSEN, EURO 4
2: VOLKSWAGEN-VW
3: 1J
4 Fahrzeug-Ident.-Nr.: WV5ZWV1JZ1W275575 6
5: OTTO/OBD 04 | 6 Höchstgeschwindigkeit km/h: 171
7 Leistung kW bei min⁻¹: K 55 / 5000
8 Hubraum ccm: 1390
9 Nutz- oder Aufliegelast kg: – | 10 Rauminhalt des Tanks m³: –
11 Steh-/Liegeplätze: – – | 12 Sitzplätze einschl. Führerpl. u. Nots.: 5
13 Maße über alles mm: L 4397 B 1735 H 1450
14 Leergewicht kg: 1241 | 15 Zul. Gesamtgewicht kg: 1735
16 Zul. Achslast kg: v 860 m – h 1000
17 Räder u./od. Gleisketten | 18 Zahl der Achsen: 2 | 19 davon angetriebene Achsen: 1
20 vorn: 195/65R15 91T
21 mitten u. hinten: 195/65R15 91T
22 oder vorn: 205/55R16 91H
23 mitten u. hinten: 205/55R16 91H
Überdruck am Bremsanschluß: 24 Einleitungsbremse – bar | 25 Zweileitungsbremse – bar
26 Anhängerkupplung DIN 740, -Form u. Größe: –
27 Anhängerkupplung Prüfzeichen: –
28 Anhängelast kg bei Anhänger mit Bremse: 1000 | 29 bei Anhänger ohne Bremse: 550
30 Standgeräusch dB (A): 80 | 31 Fahrgeräusch dB (A): 72
32 Tag der ersten Zulassung: 27.09.2003 5
33 Bemerkungen:
ZIFF.13:LANG BIS 4498,HOCH BIS 1505 U.ZIFF.14:BIS 1406JE NACH AUSR.*ZIFF.15:+7 ANH-BETR.*ZIFF.20 U.21 A.FELGE 6JX15,ET 38MM*ZIFF.22U.23 A.FELGE 6 1/2JX16,ET 42MM*ZIFF.27 GEN.:E1 00- 0278 OD.E1 00-0524 OD.E1 000621 FALLS WERKSEITIG MO TIERT*ZIFF.28:1200 BIS 10%STEIG.*

Wenn für die 10 Gebote 179 Worte ausreichen, jedoch für eine Friedhofsordnung – wie das Beispiel einer Stadt in Westdeutschland zeigt – 36.000 Worte erforderlich sind, dann wird schnell deutlich, welche negative Bedeutung rechtliche Regulierungen auch haben können. Spötter behaupten, dass in manchen Verwaltungen nur deshalb noch Entscheidungen getroffen werden, weil die Bediensteten gar nicht alle Vorschriften mehr kennen. Ein besonders heikles Gebiet ist das Arbeitsrecht, weil insbesondere in der rechtlichen Überregulierung des Arbeitsmarktes ein wichtiger Faktor für die hohe Arbeitslosigkeit in Deutschland gesehen wird. Natürlich hat das Arbeitsrecht eine Schutzfunktion vor willkürlicher Ausnutzung von Beschäftigten, aber es zeigt sich auch, dass eine Überregulierung das Gegenteil erreicht und die Arbeitslosigkeit sogar erhöht, weil Unternehmen das Risiko einer Beschäftigung nicht eingehen wollen.
Über den Staat als Steuereinnehmer mag man unterschiedlich denken: Aber Steuern ermöglichen es dem Staat unter anderem auch eine Rechtsordnung zu entwickeln und sicherzustellen. Diese Rechtsordnung stellt für die Wirtschaft eines Landes und für die wirtschaftlichen Handlungen der Bürgerinnen und Bürger einen hohen Sicherheitsfaktor dar.
Es gibt sicher viele Beispiele für rechtliche Regelungen, die vielleicht zu Recht den Zorn der Bevölkerung hervorrufen und das Wirtschaften z. B. mit der Regelungsdichte des Staates geradezu strangulieren können.

!

1. Vielleicht kann jemand aus Ihrem Kurs einmal erkunden, welche Behördengänge ein Autokäufer erledigen muss und welche Formulare dazu erforderlich sind, ein Auto anzumelden. Wir nehmen dazu an:
   Der Autokäufer benötigt bei einem Kaufpreis von 16.000 Euro und einer Eigenleistung von 5.000 Euro noch einen Kredit über die Restsumme.
2. Klären Sie den rechtlichen Unterschied zwischen Besitz und Eigentum am Beispiel von Kraftfahrzeugschein und Kraftfahrzeugbrief.

1.4.6 Die Eigentumsverfassung

Ein wesentliches Element jeder Volkswirtschaft stellt die Eigentumsverfassung dar. Diese werden Sie in Kapitel 2 noch ausführlich kennen lernen. Wir müssen den Grundgedanken der Funktion der Eigentumsverfassung jedoch in aller Kürze schon hier aufgreifen, damit deutlich wird, warum Anreiz- und Informationsprobleme bei wirtschaftlichen Aktivitäten eine so hohe Bedeutung haben und warum die Form des Eigentums die Handlungen der Akteure so wesentlich beeinflusst. Ob mir etwas gehört oder nicht, bestimmt meine Handlungen im Umgang mit einer Sache außerordentlich. In unserer Wirtschaftsordnung ist die wesentliche Eigentumsform das Privateigentum. Es erfährt durch das Grundgesetz und viele weitere Gesetze einen hohen Schutz.

Häufig werden Märkte als Orte des Tausches von Produkten gegen Geld bezeichnet. Dies ist zwar nicht falsch, aber diese Aussage muss ergänzt werden durch eine weitere Feststellung, nämlich der, dass auf dem Markt auch Rechte getauscht werden.

Die Eigentumsverfassung eines Land legt die Rechte und Pflichten fest, die sich aus dem Privateigentum ergeben. Vor allem vier Rechte sind mit dem Eigentum verbunden:

1. Das Entscheidungs- und Nutzungsrecht

Das Eigentumsrecht schließt andere von der Nutzung einer Sache aus. Der Autokäufer darf mit dem Auto fahren, sofern keine anderen Hinderungsgründe vorliegen und er nicht gegen andere gesetzliche Bestimmungen verstößt (Alkoholgenuss, das Auto hat starke technische Mängel usw.).

2. Recht, die Früchte des Eigentums zu nutzen

Ein bekanntes Beispiel ist hier immer wieder das folgende: Wer einen Garten mit Obstbäumen und Gemüse hat, möchte selbstverständlich auch die Früchte selbst nutzen können.

3. Recht, ein Gut zu verändern

Angenommen, Ihnen gefällt die Farbe des Autos nicht mehr, dann können Sie Ihren Wagen neu lackieren lassen. Würden Sie Ihr Auto aber technisch so verändern, dass damit die Fahrtüchtigkeit und Verkehrssicherheit nicht mehr gegeben ist, dann wäre dies natürlich nicht erlaubt.

4. Recht, das Eigentumsrecht zeitweise oder ganz zu übertragen

Sie können Ihr Auto verkaufen und mit dem Erlös wiederum eine andere Anschaffung tätigen oder Ihr Auto einem Freund vertraglich für einen Zeitraum von sechs Monaten überlassen, weil Sie einen Auslandsaufenthalt an einer mexikanischen Universität planen.

Institutionen sind wie Hosenträger:

Sie machen die Hände frei für wichtigere Dinge als das Halten der Hose.

Ein einfaches Beispiel aus dem Wirtschaftsalltag:
Gibt es z. B. einen standardisierten Kaufvertrag, den man in jedem Schreibwarengeschäft als Formular kaufen kann und der den Bestimmungen des Bürgerlichen Gesetzbuches genügt, dann müssen die täglich millionenfach abgeschlossenen Kaufverträge nicht jedes Mal neu verhandelt werden.
Es gibt eine Vielfalt von institutionellen Regelungen, Arrangements. Dazu gehören auch die geltenden Normen, Sitten, Gebräuche und Werte in einem Kulturkreis („Du sollst nicht stehlen!", „Du sollst nicht betrügen!")
In der Landwirtschaft mancher Regionen Deutschlands reicht der Handschlag zwischen zwei Geschäftspartnern aus, um einen Kauf zu besiegeln. Wer den mit dem Handschlag abgeschlossenen Kaufvertrag brechen würde, muss damit rechnen, dass sich dies bei den anderen Geschäftspartnern schnell herumspricht und er damit seine Glaubwürdigkeit verlieren würde.

1.4.7 Institutionen und Transaktionskosten

Institutionen steuern menschliches Verhalten

Bei der Frage der Bedeutung von Eigentumsrechten und der Rechtsordnung für das wirtschaftliche Handeln zeigte sich, wie wichtig Gesetze, allgemein anerkannte Regeln, Verordnungen für das Verhalten der Individuen sein können. In diesem Zusammenhang müssen wir uns mit dem Begriff der Institution auseinandersetzen und ihn aus verschiedenen Sichtweisen betrachten.

Die Wirtschaftswissenschaftlerin Elisabeth Göbel beschreibt die Schwierigkeit, den Begriff Institutionen zu definieren, wie folgt:

Zu den Institutionen zählt man so verschiedene Dinge wie den Staat, die Verfassung, den Vertrag, das Unternehmen, die Schule, die Ehe, die Sprache, das Geld, die Marktwirtschaft, die Gewerbefreiheit, die Mitbestimmung, die Menschenrechte, das Schuldverhältnis, das Eigentum, die Justiz und noch vieles andere mehr, bis hin zu den Spielregeln beim Mannschaftssport. Wir leben in einer Welt der Institutionen. Zum Beispiel: Von der Institution „Unternehmung", welche ein Teil der Institution ‚Marktwirtschaft' ist, wird die Institution ‚Vertrag' genutzt, um die Institution ‚Schuldverhältnis' zu begründen, welches im Streitfall durch die Institution ‚Justiz' geklärt wird. Oder: Durch die Institution der Hochzeit wird die Institution der Ehe begründet, welche durch die Institution des Staates in besonderer Weise geschützt wird.
Quelle: Elisabeth Göbel: Neue Institutionenökonomik – Konzeption und betriebswirtschaftliche Anwendung, Lucius & Lucius, Stuttgart, 2002, S. 1

Institutionen haben Aufgaben

Aus wirtschaftlicher Sicht haben Institutionen zunächst die Aufgabe beispielsweise die Unsicherheit der Akteure im Wirtschaftsgeschehen zu vermindern, ihnen Anreize zu geben, sich zu spezialisieren, die Vorteile der Arbeitsteilung zu sichern und die Handlungen von einzelnen gesellschaftlichen Akteuren in eine bestimmte Richtung zu steuern.

Institutionen verkörpern die Regeln des Spiels in einer Gesellschaft mit solchen Beschränkungen für menschliche Interaktionen, wie sie von Menschen in langen Prozessen erdacht worden sind.

Der Begriff Institution enthält zwei Komponenten: Die Regelkomponente und die Durchsetzungs- und Sanktionskomponente.
Die erste Komponente betont die Funktion der Institution als „Regel für etwas...", z. B. für wirtschaftliche Tauschhandlungen. Regeln lassen sich als Vorschriften verstehen, die den meisten Menschen bekannt sind. Sie werden von einer Gruppe von Teilnehmern genutzt, um wiederholt auftretende Interaktionen zu ordnen, d. h. Regeln helfen stabile Erwartungen in Hinblick auf wiederkehrende Situationen zu erzeugen. Die Handlungen von einzelnen gesellschaftlichen Akteuren werden in eine bestimmte Richtung gesteuert.
Eine zweite Komponente des Begriffs Institution lässt sich als die Durchsetzungs- bzw. Sanktionskomponente bezeichnen.

Regeln verfehlen ihre Wirkung, wenn es keine Möglichkeit gibt sie durchzusetzen und die Regelverletzung nicht mit einer Strafandrohung versehen wird.

Nicht jede einzelne Regel wird sich als Institution bezeichnen lassen, sondern es erscheint sinnvoll, dann von einer Institution zu sprechen, wenn es sich um ein System von Regeln handelt, mit dem menschliches Verhalten beeinflusst werden soll. Nicht das einzelne Verkehrsschild am Straßenrand ist schon eine Institution, sondern die Verkehrsordnung.

Und nicht das einzelne elterliche Verbot ist eine Institution, sondern die Familie, zu deren Regelsystem es gehört, dass Eltern gegenüber Kindern Verbote aussprechen dürfen und teilweise sogar müssen.
Quelle: Elisabeth Göbel: Neue Institutionenökonomik – Konzeption und betriebswirtschaftliche Anwendung, Lucius & Lucius, Stuttgart, 2002, S. 2

Arten von Institutionen
Wir unterscheiden drei Arten von Institutionen:

1. **Entscheidungssysteme:** Märkte, Demokratie, Bürokratie, Hierarchie, Verhandlungssysteme
   Es handelt sich hier um solche Institutionen, mit denen sich Entscheidungen treffen lassen über Angebot und Nachfrage (Märkte), über Macht oder Machtverlust (Demokratie), über Prozeduren innerhalb der Exekutive und Judikative und über Verhandlungen von legitimierten Gruppen (vgl. Tarifverhandlungen durch legitimierte Vertreter der Gewerkschaft und der Arbeitgeberverbände).
2. **Gesetze, Normen, Traditionen** und sonstige gesellschaftliche Verhaltensregeln (z. B. kulturelle, religiöse Normen)
3. **Organisationen wie z. B. Unternehmen, Haushalte, Staat**
   Eine Organisation ist eine planvolle und künstliche geschaffene, mit einer auf ein gemeinsames Ziel hin ausgerichteten Ordnung.

!

1. Beschreiben und erläutern Sie die Aufgaben von Institutionen.
2. Erklären Sie die unterschiedlichen Arten von Institutionen.

Institutionen sind für die Entwicklung einer Volkswirtschaft von zentraler Bedeutung. Sie haben eine Schutzfunktion für die Marktteilnehmer und können die Kosten mindern, die mit dem Erwerb von Produkten und Dienstleistungen und der Sicherung von Eigentumsrechten verbunden sind. Institutionen können aber auch Kosten erhöhen. Zu viel Bürokratie, eine überbordende staatliche Regelungswut, unsinnige bürokratische Vorschriften sind wie ein Bremsklotz für die wirtschaftliche Entwicklung eines Landes. Deshalb haben Institutionen einerseits die Aufgabe dafür zu sorgen, dass das wirtschaftliche Geschehen eines Landes nicht „aus dem Ruder“ läuft und andererseits gilt es zu beachten, dass das Regelsystem den Wirtschaftsprozess eines Landes in seiner Entwicklung nicht behindert bzw. lähmt.

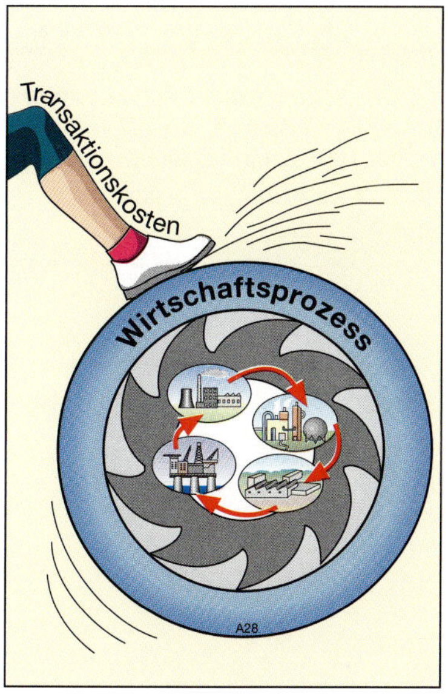

In einer arbeitsteiligen Welt sind wirtschaftliche Strukturen und Prozesse dann effizient gestaltet, wenn die „Reibungen“ bei den Transaktionen möglichst gering gehalten werden können, d. h. die Kosten für das Gewinnen von Informationen, die Durchführung von Verhandlungen, für die Koordination, Steuerung, Kontrolle soweit wie möglich zu minimieren sind.

Der andere Seite der Institutionen: die Transaktionskosten
Die zum Teil in Jahrhunderte langen historischen Prozessen entwickelten Regelsysteme, sind letztendlich nicht kostenlos zu haben. Jeder Kaufakt, jede geschäftliche Interaktion erfordert Informationen, um die Sicherheit für die richtige Einschätzung eines Geschäfts vornehmen zu können. Dafür hat sich der Begriff der „Transaktionskosten“ entwickelt.

Vereinfacht ausgedrückt: Transaktionskosten sind die Kosten für die Einrichtung, für die Inanspruchnahme, für die Erhaltung und für die Veränderung von Institutionen und Regelsystemen.

Am Beispiel des Marktes, der eine zentrale Funktion unseres Wirtschaftssystems darstellt (vgl. Kapitel 3), lässt sich dies näher verdeutlichen.

Die Institution „Markt" und Transaktionskosten

Um eine Markttransaktion durchzuführen, muss man herausfinden, mit wem man eine Übereinkunft erzielen will, muss man wissen lassen, dass man und unter welchen Bedingungen man einen Abschluss sucht, muss man Verhandlungen führen, die zu einer Übereinkunft führen, muss man einen Vertrag schließen, die notwendigen Vorkehrungen treffen, um die Einhaltung der Vertragsbedingungen zu überwachen [...]
Quelle: Ronald Coase: Das Problem der sozialen Kosten, in: H.-D. Assmann/ C. Kirchner/E. Schanze (Hrsg.): Ökonomische Analyse des Rechts, Tübingen, 1993, S. 148

Es ist wenig sinnvoll, dass Ökonomen den Tauschvorgang diskutieren ohne den institutionellen Aufbau genauer zu beschreiben, in dessen Rahmen der Handel stattfindet. Auf jeden Fall sind die Zeiten vorbei, in denen Ökonomen bis in das kleinste Detail analysieren konnten, wie zwei Individuen am Rande eines Waldes Nüsse gegen Beeren tauschen und dass diese Wissenschaftler auch noch das Gefühl hatten, ihre Betrachtung des Tauschprozesses sei vollständig.
Quelle: Ronald Coase: Die institutionelle Struktur der Produktion – Nobel-Lesung vom 9. Dezember 1991, in: K.-D. Grüske (Hrsg.): Die Nobelpreisträger der ökonomischen Wissenschaft, Bd. III, 1989–1993 (unter Mitwirkung von A. W. Coats und L. Jörberg, Düsseldorf)

Der Begriff der Transaktionskosten geht von der schlichten Tatsache aus, dass Informationen immer etwas kosten (z. B. Geld, Zeit). Man könnte Transaktionskosten als die Kosten für die „Betriebskosten eines Wirtschaftssystems" bezeichnen.

Die sehr ausdifferenzierte nationale und internationale Arbeitsteilung macht es erforderlich, für die Koordination von Produktion und Konsumtion einen wirksamen Mechanismus zu finden; dieser Mechanismus ist in einem marktwirtschaftlichen System die Koordination von Angebot und Nachfrage durch den Markt.

Herkömmlicherweise wird der Markt als der ökonomische Ort für das Zusammentreffen von Angebot und Nachfrage und für die Preisbildung angesehen. Diese vereinfachte Definition berücksichtigt aber alle jene institutionellen Vorrichtungen nicht, die vorhanden sein müssen, damit die Käufer und Verkäufer auch tatsächlich auf Märkten zusammengeführt werden können (vgl. Kapitel 3).

Bei näherer Betrachtung ist der Markt eine Institution, ein Organisationsmechanismus, der durch die Bekanntgabe einer Zeit, eines Ortes, eines Preises für Sachgüter und Dienstleistungen Verkäufer und Käufer zusammenführt.

Schon ein erster Blick zeigt, dass beim Kauf eines Produktes zwischen Käufer und Verkäufer zahlreiche Überlegungen im „Hintergrund" bestehen und die Tauschaktion „begleiten".
Die eher triviale Vorstellung, Märkte seien Orte, auf denen Sachgüter und Dienstleistungen gegen Geld getauscht würden, lässt sich deshalb mit einfachen Beispielen schnell konterkarieren.
Fragen wir uns nun: Was muss z. B. schon alles geregelt werden, damit überhaupt ein funktionsfähiger Markt entsteht? Was muss vorher investiert werden?

Nehmen wir als Beispiel einen einfachen Wochenmarkt:
- Flächen oder Gebäude werden benötigt. Wer ist Eigentümer von Grund und Boden, auf dem der Markt eingerichtet, „institutionalisiert" wird?
- Gehört die Fläche oder das Gebäude der Stadt oder einer Privatperson?
- Es müssen die Marktzeiten geregelt werden!
- Die Marktstände müssen an Personen vermietet oder verpachtet werden, die Gemüse, Fleisch, Kleidung etc. anbieten wollen.
- Es muss über die Verkehrsanbindung nachgedacht werden usw.

Für die Errichtung eines Marktes sind also rechtliche offizielle Regelungen erforderlich, aber auch inoffizielle Regelungen werden sich entwickeln, wie z. B. Preisabsprachen zwischen den Anbietern, Sicherheits- und Schutzabsprachen. Wie wehrt man sich gegen andere Marktanbieter, welche Verhaltensregeln werden sich nach und nach auf dem Markt entwickeln usw.

Welche Transaktionskosten entstehen dem Konsumenten beim Kauf eines Produktes?
- Er muss sich eine Übersicht verschaffen über Angebot und Nachfrage. Das kostet Zeit.
- Er liest Anzeigen in den Tageszeitungen, in Wochenmagazinen, er sieht Werbung im Fernsehen, er sieht Angebote auf großen Plakatwänden in der Stadt.
- Rechtsanwälte, die Verträge formulieren und bei Vertragsstörungen ihre Dienstleistungen anbieten, verlangen dafür Geld. Es gibt ein Rechtswesen, die Gerichtsbarkeit, die helfen soll, Ansprüche der Geschäftspartner durchzusetzen.
- Es gibt eine umfangreiche Versicherungswirtschaft, insbesondere Rechtsschutzversicherungen, die den Konsumenten schützen wollen.

Autokauf und Transaktionskosten
Mit Hilfe unseres Auto-Beispiels soll der Begriff der Transaktionskosten noch näher erläutert werden. Unsere Ausgangsfrage ist: Was muss ein Anbieter oder Nachfrager tun, um auf dem Automarkt eine Entscheidung für oder gegen ein Produkt treffen zu können? Welche Kosten in Form von Zeit, Informationskosten u.s.w. entstehen den Anbietern und den Nachfragern? Die anfallenden Kosten lassen sich dreifach unterscheiden und auf einzelne Phasen eines Kaufprozesses beziehen:

1. **Such- und Informations-Kosten**
   Kosten, die für die Anbahnung eines Vertrages oder für die Überprüfung der Qualität eines Produktes, für die Überprüfung der Glaubwürdigkeit des Geschäftspartners aufgewendet müssen.
2. **Verhandlungs- und Entscheidungskosten**
   Kosten, die unmittelbar mit dem Abschluss eines Vertrages erforderlich sind.
3. **Vertragsdurchsetzungs-, Kontroll- und Anpassungskosten**
   Kosten, die für die Kontrolle des Vertrages aufgewendet werden müssen.

Was man nie hofft, aber doch immer wieder passiert: Der Konsument ist mit dem Kauf eines Produktes nicht einverstanden oder das Unternehmen erhält nicht die vereinbarten Zahlungen. Um diese Kosten für die Anbahnung, für den Abschluss und für die Kontrolle von Verträgen zu senken, haben sich im Laufe der Zeit eine Fülle von Institutionen- und Regelsysteme gebildet, die vorteilhaft sowohl für den Anbieter als auch für den Nachfrager sein können.

Such- und Informationskosten

↓

Verhandlungs- und Entscheidungskosten

↓

Vertragsdurchsetzungs-, Kontroll- und Anpassungskosten

1. Such- und Informationskosten
Wir haben festgestellt, dass die sogenannte „Schwackeliste" beim Auto-Kauf sowohl für den Anbieter als auch für den Nachfrager eine erste Hilfe ist um den Wert eines Autos, in Abhängigkeit vom Alter, einzuschätzen. Auch die Anzeigenteile einer Zeitung erleichtern dem Konsumenten die Suche nach einem Produkt bzw. geben dem Anbieter die Möglichkeit sein Produkt auf einem Markt anzubieten. Ein Konsument muss nicht alle aufsuchen, um sich einen Marktüberblick zu verschaffen, er kann durchaus eine erste Auswahl mit Hilfe solcher Einrichtungen wie dem Anzeigenteil einer Tageszeitung treffen und sich eine erste Übersicht verschaffen.
Viele Konsumenten wissen in ihrer Stadt oder ihrem Dorf etwas über die Glaubwürdigkeit eines Geschäftpartners, weil ein Geschäft z. B. seit vielen Jahren besteht, sie die Personen kennen und man immer wieder von der Zuverlässigkeit gehört hat. Zu einem anderen Anbieter geht man erst gar nicht hin, weil es auch hier Erfahrungen gibt, z. B. dass der Service nicht gut ist, die Zuverlässigkeit fehlt usw. Dies bedeutet, dass mit der Gewinnung von Informationen für den Kauf von Produkten und Dienstleistungen Kosten in Form von Zeit und Geld entstehen, es aber Erfahrungs- und Lerneffekte gibt, mit denen Kosten gesenkt werden können.

2. Verhandlungs- und Entscheidungskosten
Man stelle sich vor, es gäbe keine Rechtsordnung und bei jedem Kauf müssten Anbieter und Nachfrager erst einen Vertrag entwerfen, um sich gegenseitig abzusichern. Dies bedeutete einen riesigen Zeitverlust und erzeugte hohe Verhandlungskosten, die für die Entwicklung eines Vertrages aufgebracht werden müssten, um sich gegenseitig Sicherheit bei der Abwicklung des Vertrages zu verschaffen. Hinzu käme, dass viele Konsumenten vermutlich noch mehr als viele Anbieter kaum in der Lage sind, einen Vertrag so zu formulieren, dass er im Konfliktfall vor einem Gericht auch Bestand hätte.
Hier hat sich über Jahrhunderte der Berufsstand der Juristen entwickelt, der u. a. versucht auch den Akteuren im Wirtschaftsgeschehen die nötige Sicherheit zu geben. Es gibt Musterverträge, in vielen Städten gibt es schon für den Kauf eines simplen Gebrauchtwagen Musterformulare, selbst im Internet kann man derartige Vertragsformulare herunterladen. Es gibt also eine Fülle von Institutionen (Rechtsordnung, Rechtsprechung, usw.), die die Verhandlungs- und Entscheidungskosten bei einem Tausch auf dem Markt erleichtern.

3. Vertragsdurchsetzung-, Kontroll- und Anpassungskosten
Man stelle sich vor, wie aufwändig es wäre, seine erworbenen Ansprüche aus einem Vertrag abzusichern, wenn z. B. Anbieter oder Nachfrager nicht die ursprünglich vereinbarten Leistungen erbringen, z. B. nicht zahlen, das Produkt fehlerhaft ist usw.

Bei allen Tauschakten auf einem Markt können offensichtlich eine Fülle von Kosten entstehen. Es gibt in einer Gesellschaft aber Einrichtungen, die diese Kosten senken, insbesondere die Rechtsordnung sollte eine Sicherheit geben. Es sind z. T. ganze Branchen und Berufsgruppen, z. B. Ordnungsämter, Anwälte, Gerichte, das Bürgerliche Gesetzbuch und selbst die Werbung, die Transaktionskosten sowohl für Anbieter als auch für Nachfrager senken. Solche Institutionen- und Regelsysteme geben den Akteuren höhere Sicherheit im Wirtschaftsgeschehen, um den Übergang von Eigentums- und Verfügungsrechten zu gestalten.

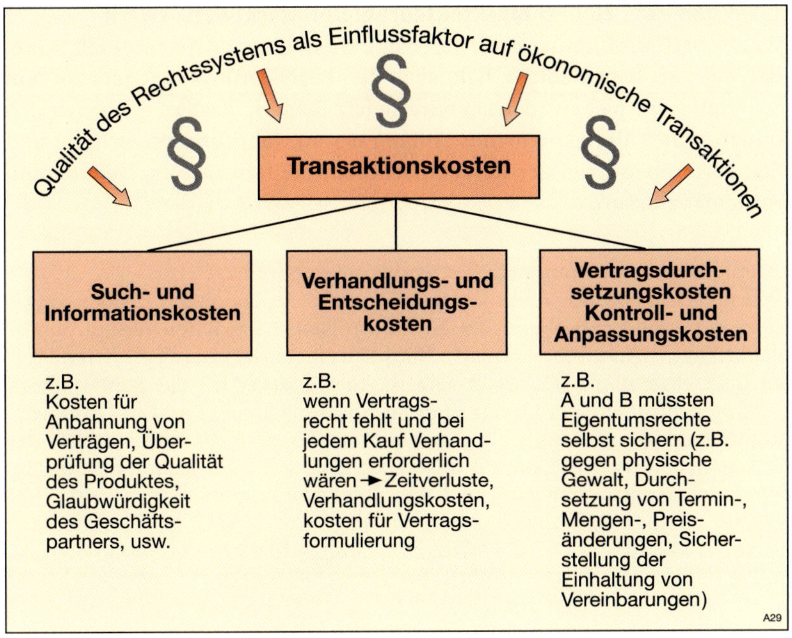

1. Erläutern Sie, was unter Transaktionskosten zu verstehen ist.
2. Stellen Sie die verschiedenen Transaktionskosten anhand eines Beispiels dar (z. B. bei der Buchung einer Urlaubsreise).

Die historische Entstehung von Institutionen

Versetzen wir uns ins Mittelalter. Alles, was uns gegenwärtig als selbstverständlich erscheint, sind Errungenschaften eines langen historischen Prozesses. Nehmen wir nur drei Beispiele von Innovationen, durch die sich die Transaktionskosten für die wirtschaftlichen Akteure verringern konnten:

1. Der Transport von Münzgeld war mit vielen Risiken verbunden. Es wird berichtet von Papst Johannes XXII, der 1328 einen Summe von 60.000 Florin für seine Armee aufbringen musste und diesen Betrag in Münzen zu transportieren hatte. Der Begleitschutz bestand aus 150 Reitern, geriet jedoch in einen Hinterhalt. Ein Teil des Geldes wurde geraubt, Reiter gerieten in Gefangenschaft und mussten wieder ausgelöst werden, Schadenersatz für Rüstungen, Pferde usw. waren nötig. Durch die Einführung von Wechseln wurde die Mobilität des Kapitals entscheidend erhöht und der Handel belebt. Verwendet wurden diese Papiere innerhalb der Kaufmannschaft. Eine geniale Erfindung war auch die doppelte Buchführung durch den Franziskanermönch Luca Paciola (1445–1517), um u. a. Unterlagen für die Beweisführung beim Eintreiben von Schulden und bei der Durchsetzung von Verträgen zu besitzen.
2. Die Erfindung des Buchdrucks führte zur Senkung der Informationskosten. Preislisten und Notizbüchern, die Kaufleute über Maße, Gewichte, Postdienste, Sitten und Gebräuche anlegten, wurden gedruckt und vervielfältigt. Sie enthielten u. a. auch Messetermine oder gaben Auskunft über die regionale Gültigkeit von Geld. Als das älteste Notizbuch gilt das venezianische „Zibaldone da Canal“ von 1311.
3. Neben der Erhöhung der Mobilität von Kapital und der Senkung von Informationskosten ist noch die Einführung verschiedener Formen von Versicherungen von hoher Bedeutung, mit denen eine Aufteilung des unternehmerischen Risikos erfolgte. Als Beispiel sei hier die Seeversicherung genant: Wenn sich sieben Kaufleute das Risiko für ein Schiff oder eine Schiffsladung teilten, dann verlor beim Untergang des Schiffes jeder Kaufmann eben nur ein Siebtel und nicht gleich das ganze Schiff nebst Schiffsladung. Versicherungen wandelten Unsicherheit in Risiko.

Bei **Unsicherheit** lässt sich die Wahrscheinlichkeit des Eintritts eines Ereignisses nicht ermitteln.
Beim **Risiko** lässt sich dagegen die (statistische) Eintrittswahrscheinlichkeit besser erfassen.

1.4.8 Von zwei zu drei Marktakteuren: Der Marktwettbewerb

Wettbewerb wird immer dann geschätzt, wenn ihm andere ausgesetzt sind. Bei eigener Betroffenheit hält sich die Begeisterung in Grenzen. Ein bekanntes Beispiel aus der Literatur liefert Frederic Bastiat, der gegen den französischen Protektionismus Anfang des 19. Jahrhunderts wetterte und den berühmten Brief der Kerzenmacher an die französische Deputiertenkammer verfasste:

Frederic Bastiat,
französischer Ökonom
und Satiriker
* 1801
† 1850

An die Deputiertenkammer oder nieder mit der Sonne:
Wir sind dem unerträglichen Wettbewerb eines ausländischen Rivalen ausgesetzt, der über derart überlegene Lichterzeugungskapazitäten verfügt, dass er in der Lage ist, unseren nationalen Markt zu einem stark herabgesetzten Preis zu überschwemmen. Dieser Rivale ist kein anderer als die Sonne. Unser Antrag geht dahin, ein Gesetz zu erlassen, wonach alle Fenster, Öffnungen und Ritzen abzudichten sind, durch die das Sonnenlicht zum Nachteil der ertragreichen Industrie, die wir unserem Lande schenken konnten, in unsere Wohnungen einzudringen droht. Gezeichnet: Die Kerzenmacher
Quelle: Frederic Bastiat: Oeuvres Comoletes, Paris 1863, S. 57 ff., zitiert nach André Fourcans: Die Welt der Wirtschaft, Campus Verlag, Frankfurt, New York, S. 117

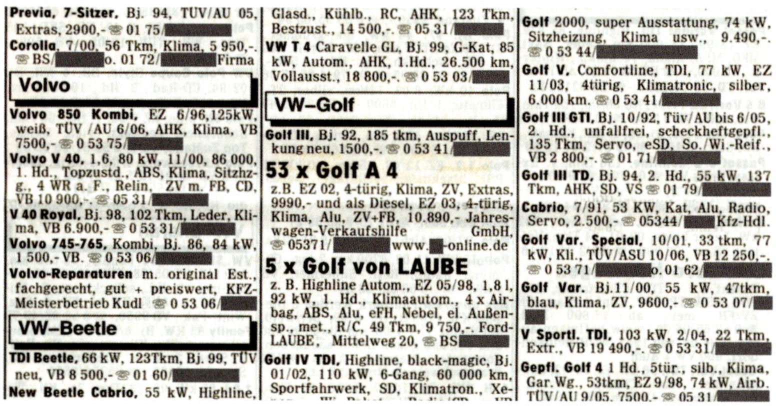
Previa, 7-Sitzer, Bj. 94, TUV/AU 05, Extras, 2900,- ☎ 01 75/[redacted]
Corolla, 7/00, 56 Tkm, Klima, 5 950,-. ☎ BS/[redacted]o. 01 72/[redacted]Firma

Volvo

Volvo 850 Kombi, EZ 6/96,125kW, weiß, TÜV /AU 6/06, AHK, Klima, VB 7500,- ☎ 0 53 75/[redacted]
Volvo V 40, 1,6, 80 kW, 11/00, 86 000, 1. Hd., Topzustd., ABS, Klima, Sitzhzg., 4 WR a. F., Relin, ZV m. FB, CD, VB 10 900,-. ☎ 05 31/[redacted]
V 40 Royal, Bj. 98, 102 Tkm, Leder, Klima, VB 6.900,- ☎ 0 53 31/[redacted]
Volvo 745-765, Kombi, Bj. 86, 84 kW, 1 500,- VB. ☎ 0 53 06/[redacted]
Volvo-Reparaturen m. original Est., fachgerecht, gut + preiswert, KFZ-Meisterbetrieb Kudl ☎ 0 53 06/[redacted]

VW-Beetle

TDI Beetle, 66 kW, 123Tkm, Bj. 99, TÜV neu, VB 8 500,- ☎ 01 60/[redacted]
New Beetle Cabrio, 55 kW, Highline, Glasd., Kühlb., RC, AHK, 123 Tkm, Bestzust., 14 500,-. ☎ 05 31/[redacted]
VW T 4 Caravelle GL, Bj. 99, G-Kat, 85 kW, Autom., AHK, 1.Hd., 26.500 km, Vollausst., 18 800,-. ☎ 0 53 03/[redacted]

VW-Golf

Golf III, Bj. 92, 185 tkm, Auspuff, Lenkung neu, 1500,-. ☎ 0 53 41/[redacted]
53 x Golf A 4
z.B. EZ 02, 4-türig, Klima, ZV, Extras, 9990,- und als Diesel, EZ 03, 4-türig, Klima, Alu, ZV+FB, 10.890,- Jahreswagen-Verkaufshilfe GmbH, ☎ 05371/[redacted] www.[redacted]-online.de
5 x Golf von LAUBE
z. B. Highline Autom., EZ 05/98, 1,8 l, 92 kW, 1. Hd., Klimaautom., 4 x Airbag, ABS, Alu, eFH, Nebel, el. Außensp., met., R/C, 49 Tkm, 9 750,-. Ford-LAUBE, Mittelweg 20, ☎ BS[redacted]
Golf IV TDI, Highline, black-magic, Bj. 01/02, 110 kW, 6-Gang, 60 000 km, Sportfahrwerk, SD, Klimatron., Xe-
Golf 2000, super Ausstattung, 74 kW, Sitzheizung, Klima usw., 9.490,-. ☎ 0 53 44/[redacted]
Golf V, Comfortline, TDI, 77 kW, EZ 11/03, 4türig, Klimatronic, silber, 6.000 km. ☎ 0 53 41/[redacted]
Golf III GTI, Bj. 10/92, Tüv/AU bis 6/05, 2. Hd., unfallfrei, scheckheftgepfl., 135 Tkm, Servo, eSD, So./Wi.-Reif., VB 2 800,-. ☎ 01 71/[redacted]
Golf III TD, Bj. 94, 2. Hd., 55 kW, 137 Tkm, AHK, SD, VS ☎ 01 79/[redacted]
Cabrio, 7/91, 53 KW, Kat, Alu, Radio, Servo, 2.500,- ☎ 05344/[redacted]Kfz-Hdl.
Golf Var. Special, 10/01, 33 tkm, 77 kW, Kli., TÜV/ASU 10/06, VB 12 250,-. ☎ 0 53 71/[redacted]o. 01 62/[redacted]
Golf Var. Bj.11/00, 55 kW, 47tkm, blau, Klima, ZV, 9600,- ☎ 0 53 07/[redacted]
V Sportl. TDI, 103 kW, 2/04, 22 Tkm, Extr., VB 19 490,-. ☎ 0 53 31/[redacted]
Gepfl. Golf 4 1 Hd., 5tür., silb., Klima, Gar.Wg., 53tkm, EZ 9/98, 74 kW, Airb. TÜV/AU 9/05, 7500,- ☎ 05 31/[redacted]

Bisher war das Autobeispiel im Kern immer noch kein klassischer ökonomischer Vorgang. Jens kaufte den Mini-Rover bei Auto-Martens, ohne weitere Anbieter von Minis zur Kenntnis zu nehmen. Er hat so getan, als sei Auto-Martens der einzige Anbieter auf dem Markt. Jeder nur flüchtige Blick in die Kleinanzeigen einer Tageszeitung macht aber deutlich, dass der Markt für Gebrauchtwagen in den meisten Städten sehr groß ist und es viele unterschiedliche Anbieter gibt. Es gibt also Wettbewerb zwischen den verschiedenen Anbietern. Dazu sind mindestens drei Akteure erforderlich, z. B. Jens und Auto-Martens und Auto-Meyer. Häufig sind es noch mehr Anbieter und auch Nachfrager.

Wenn auf dem Markt für Gebrauchtwagen Wettbewerb – wohlgemerkt: Marktwettbewerb – herrscht, hat unser Student in der Tat die Freiheit, bei diesem oder einem anderen Händler ein Auto zu kaufen. Insofern verfügt er zweifellos über Handlungsfreiheit, weil er Alternativen hat – auf der Marktgegenseite. Unter den Händlern auf der Angebotsseite, also den Akteuren auf derselben Marktseite, jedoch herrscht keine Freiheit, sondern eher Druck und sogar Zwang, die Tauschbedingungen für den Studenten so günstig zu gestalten, dass man selbst vor den anderen die Chance zur Kooperation erhält.

Insofern den Händlern jedoch auf ihrer Marktgegenseite wiederum mehr Nachfrager als nur unserer Student entgegentreten, haben auch sie Alternativen und die Freiheit, sich ihre Käufer auszusuchen [...] Auf Märkten, im Marktwettbewerb herrschen also immer zugleich Druck und Freiheit: Der Druck unter den Konkurrenten auf derselben Marktseite und die Freiheit in bezug auf die Auswahl der Interaktionspartner auf der Marktgegenseite.
Quelle: K. Homann/A. Suchanek: Ökonomik – Eine Einführung, Mohr & Siebeck, Tübingen, 2000, S. 19

Der Marktwettbewerb – für die meisten ist diese Aussage sicherlich sehr überraschend – ist ein Instrument der Kooperation. Die Anbieter versuchen sich als beste Kooperationspartner im Kampf um die Kunden zu zeigen: „Kauf bei mir! Dann ist das für dich am vorteilhaftesten." Da im Regelfall alle Marktakteure dies tun müssen, ist damit dem Wohl aller Akteure im Wirtschaftsprozess Genüge getan. Alle profitieren: Die Anbieter erkennen, was sie tun müssen, um wettbewerbsfähig zu sein, die Nachfrager wählen zwischen den besten Alternativen aus. Es ist eine „Zusammenarbeit zum gegenseitigen Vorteil", wie der berühmter Sozialwissenschafter J. Rawls es einmal bezeichnet hat. Da alle Akteure versuchen für sich das meiste herauszuholen, ist der Konkurrent der „beste Aufseher" seiner Mitkonkurrenten .
Märkte lassen sich deshalb als ein „Entdeckungsverfahren" (A. F. von Hayek) bezeichnen, die den Anbietern und Nachfragern Signale geben, welche Entscheidungen als Anbieter und Nachfrager für sie vorteilhaft sein könnten. Die Signale sind Preise. Preise sind ein Mechanismus zur Vermittlung von Informationen. Sie koordinieren die Entscheidungen von Produzenten und Konsumenten auf dem Markt und übernehmen die Aufgabe zu zeigen, wie die Knappheit von Sachgütern und Dienstleistungen von den Marktteilnehmern eingeschätzt wird. Deshalb wird dem Marktwettbewerb in unserer Wirtschaftsordnung eine so hohe Bedeutung zugemessen (vgl. auch Kapitel 2 und 3).

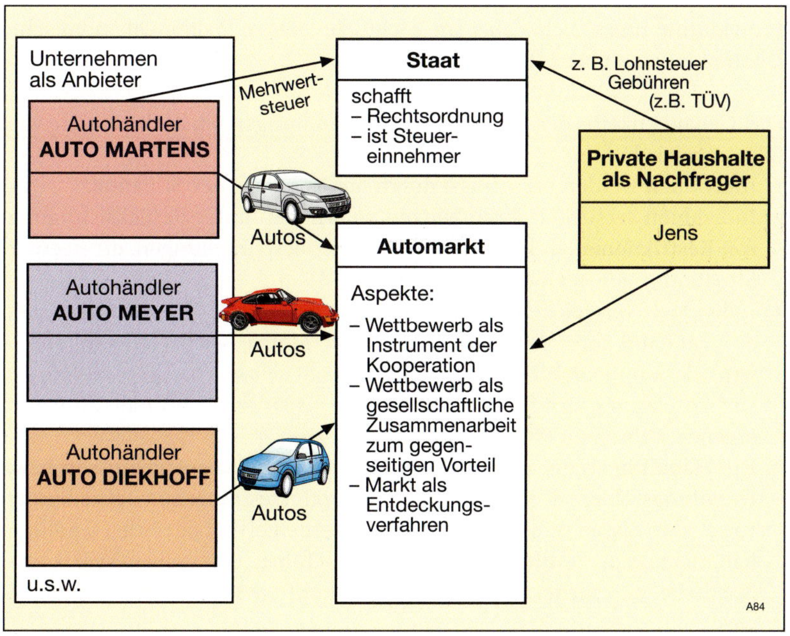

A. F. von Hayek, Nationalökonom, Gesellschaftswissenschaftler
** 08.05.1899 in Wien*
† 23.03.1992 in Freiburg

- *studierte Jura und Staatswissenschaften*
- *Werk u. a.: „Die Verfassung der Freiheit" (1971)*

Wettbewerb kann als das Streben nach der besten Lösung bezeichnet werden. A will besser als B sein. Welche Argumente lassen sich aber dafür finden, Wettbewerb als eine Form der Kooperation zu bezeichnen?

1.4.9 Ein Zwischenresümee: Das ökonomische Verhaltensmodell

Die vorhergehenden Ausführungen haben deutlich gemacht, wie Individuen wirtschaftliche Entscheidungen treffen, wie sie Pläne machen und sie durchführen, welche Faktoren ihre Entscheidungen beeinflussen:

Lassen Sie uns zusammenfassen:
Menschen haben unendlich viele Bedürfnisse, leider gibt es **Knappheit**. Wir leben eben nicht in einem Schlaraffenland und müssen deshalb bei allen Entscheidungen Abwägungen hinsichtlich des Nutzens treffen, den wir mit unserer Entscheidung erreichen wollen. Die Frage lautet: Wie setzt ein Individuum die verfügbaren Mittel im Hinblick auf seine Ziele ein?
Hierbei werden die Individuen und ihr Handeln von unterschiedlichen Faktoren beeinflusst. Man spricht von **Anreizen**, die menschliches Handeln beeinflussen.
Dabei gehen wir davon aus, dass die Menschen sich normalerweise nicht selbst schädigen, sondern vielmehr ihren Nutzen erhöhen wollen, d. h. Individuen sind auf ihren Vorteil bedacht.
Man spricht von der **Eigennutzorientierung** der Individuen.
Der Nutzen kann darin bestehen, ein bestimmtes Gut besonders preisgünstig zu bekommen, er kann aber auch darin bestehen Zeit zu sparen, seinen persönlichen Ruf, seine Reputation zu verbessern.
Diese Nutzen-Überlegungen des Individuums werden jedoch mit den **Beschränkungen oder Restriktionen** für sein Handeln konfrontiert, wie der Ökonom sagt. Was ist damit gemeint?
Zum einen sind es solche Faktoren, die den Individuen Grenzen für ihre Handlungen setzen, wie z. B. das verfügbare Einkommen, einschließlich des Vermögens und der Kreditmöglichkeiten.
Es können auch soziale Restriktionen sein, wie z. B. die Rechtsnormen einschließlich der Kosten, die durch die Verletzung von Rechtsnormen entstehen können, z. B. Geldbußen oder sogar Gefängnis.
Aus all diesen Restriktionen ergibt sich für ein Individuum eine bestimmte **„Situation“**, der es ausgesetzt ist und die es zu berücksichtigen gilt: Das Individuum muss sich dabei an rechtliche Regen halten, ökonomische Überlegungen einbeziehen usw.

Die Gedankenkette des ökonomischen Handlungsmodells lässt sich wie folgt entwickeln:

1. Individuen werden beeinflusst durch die **Anreize** einer Situation.
2. Individuen versuchen ihren **Nutzen** zu erhöhen unter Berücksichtigung von **Restriktionen**, d. h. von den Handlungsbeschränkungen, die in einer Situation gegeben sind.
3. Individuen vergleichen **Kosten und Nutzen** anhand ihrer **Präferenzen**, d. h. anhand ihrer Wünsche, Ziele und Motive, wobei angenommen wird, dass Individuen im Regelfall sich nicht selbst schädigen wollen.
4. Die **Anreize**, die sich für ein Individuum aus einer bestimmten Situation ergeben, führen zu **Handlungen**.
5. Die Handlungen der Individuen führen zu **Handlungsergebnissen bzw. Handlungsfolgen**, d. h. der Kauf eines Produktes führt zur Befriedigung von Bedürfnissen und die Erwartungen werden erfüllt oder die Handlung hat nicht zum gewünschten Ergebnis geführt, es ergeben sich sogar Nachteile, was wiederum Einfluss auf zukünftige Entscheidungen haben wird.

Welche Restriktionen beeinflussen das Handeln der Bürger im Hinblick auf die Nutzenüberlegungen? Belegen Sie Ihre Antworten mit je einem passenden Beispiel aus dem Alltagsgeschehen.

Grafisch lässt sich das wie folgt darstellen:

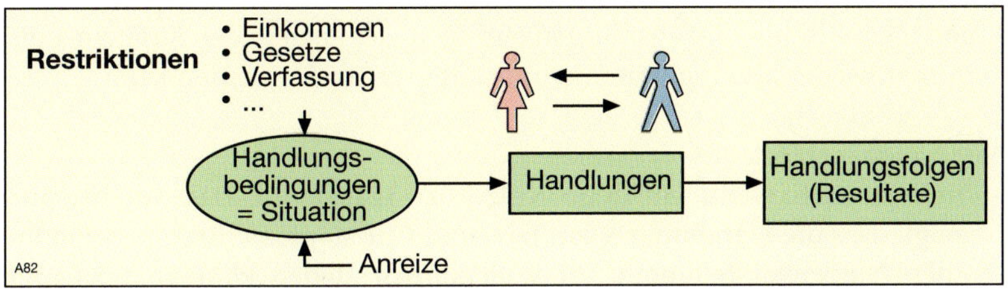

Der Homo Oeconomicus

Das ökonomische Verhaltensmodell unterstellt, dass die Menschen mit ihrem Handeln ihren eigenen Nutzen erhöhen wollen. Zur Erklärung wird in diesem Zusammenhang häufig das Modell des „homo oeconomicus" eingeführt, eine Arbeitsannahme für die Analyse wirtschaftlichen Handelns. Der „homo oeconomicus" gilt als ein ausschließlich wirtschaftlich denkender Mensch, der über die Fähigkeit des uneingeschränkten rationalen Verhaltens verfügt und ausschließlich den eigenen Nutzen maximieren will. Dieses gedankliche Konstrukt, das ausschließlich dazu dienen soll, bestimmte wirtschaftliche Verhaltensweisen und Entscheidungssituationen (Kauf, Verkauf, Produktion, Konsum) zu erklären, ist häufig aber gleichgesetzt worden mit einem konkreten Menschenbild, manchmal sogar mit einem „Ideal" eines wirtschaftlich handelnden Menschen. Dabei ist aber zu beachten, dass der Begriff des „Idealtypus", den der Soziologe Max Weber verwendet, für ein Gedankengebilde, das charakterisiert wird durch die einseitige Steigerung eines oder einiger Gesichtspunkte und durch Zusammenschluss einer Fülle von Einzelerscheinungen, die sich jenen einseitig herausgehobenen Gesichtspunkte fügen, keinesfalls zu verwechseln ist mit dem im wertenden Sinne verwendeten Begriff des Ideals als etwas Vorbildhaftes, Wünschenswertes.

Die Verwendung der homo oeconomicus-Annahme soll an einem Beispiel deutlich gemacht werden: Steigt z. B. der Preis für ein Produkt von 100 auf 120 Euro, dann wird angenommen, dass die Nachfrage auf Grund des erhöhten Preises sinkt, d. h. mit der homo-oeconomicus-Annahme wird keine Aussage über das Verhalten eines Individuums, z. B. Herrn Schneiders oder Frau Schmidts, getroffen, sondern es wird das Verhalten einer großen Zahl von Individuen beschrieben, wie sich diese bei einer Preissteigerung nach den festgelegten „Modelleigenschaften" – nämlich Rationalität und Eigeninteresse – normalerweise verhalten werden. Dabei bleiben andere Faktoren, die sehr wohl ein anderes Kaufverhalten beeinflussen können, außen vorgelassen. Der homo oeconomicus ist also ein „Konstrukt", das nicht das Entscheidungsverhalten von Herrn Schneider oder Frau Schmidt in der Realität beschreibt. Nicht jeder Konsument des Gutes A wird bei der Preissteigerung von 20 Euro das Gut weniger nachfragen, sondern es wird lediglich angenommen, dass vermutlich die meisten Konsumenten so handeln werden (vgl. Marktpreisbildungsmodell, S. 167 f.).

Das Konstrukt des homo oeconomicus soll helfen, Zusammenhänge von gesellschaftlichen Handlungsbedingungen und Handlungsfolgen bei fast allen problemhaltigen wirtschaftlichen Erscheinungsformen wie Armut, Arbeitslosigkeit, Inflation, Wirkungen von Steueränderungen, Ursachen von Umweltverschmutzung, Gründe für und Folgen von Fusionen, großer Unternehmen, Gestaltung der Wirtschaftsordnung im Bereich der sozialen Sicherung, usw. aufzuzeigen (vgl. auch Homan/Suchanek 2000, S. 424).

„Der ‚homo oeconomicus' ist ein ‚Idealtyp' und kein idealer Typ!" – Erläutern Sie diese Aussage, indem Sie klären, was unter „Idealtypus" zu verstehen ist und inwieweit man damit modelltheoretisch arbeiten kann.

Es gibt keine Wesen, die mit dem Begriff homo oeconomicus im Ganzen oder in ihrem Kern zutreffend beschrieben wären; jeder Mensch ist unendlich viel mehr als dieses – oder jedes andere – Gedankenmodell je begrifflich erfassen könnte.
Quelle: K. Homann/A. Suchanek: Ökonomik – Eine Einführung, Mohr & Siebeck, Tübingen, 2000, S. 423

1.4.10 Handlungs-, Interaktions- und Institutionentheorie

Die bisherigen Überlegungen in den Kapiteln 1.1 bis 1.4.8 lassen sich in einen theoretischen Bezugsrahmen einfügen, der auch in den Kapiteln 2 bis 6 immer wieder als eine Orientierungshilfe verwendet werden kann.

Wir haben festgestellt:

- Individuen handeln um ihren Nutzen zu realisieren. Das Autobeispiel zeigt, dass die Handlungen von Jens und Christoph zu ihren je persönlichen Nutzenvorstellungen im Widerspruch stehen können. Jens und Christoph haben unterschiedliche Vorstellungen, aber auch das gemeinsame Interesse, ihren Nutzen zu erhöhen. Daraus ergibt sich die nächste zentrale Frage:
- Wie können Jens und Christoph agieren, so dass sich ihre Interessen dennoch realisieren lassen?
- Und schließlich zeigt das Beispiel mit Jens, Christoph und Auto-Martens, dass es Institutionen und Regelsysteme gibt, die ganz wesentlich auf die Handlungen der Individuen einwirken und diese beeinflussen.

Handlungstheorie

All die Untersuchungen dazu, wie Menschen ihren Nutzen durch ihre Handlungen zu vermehren versuchen, werden als Handlungstheorie bezeichnet. Damit sind alle Untersuchungen gemeint, die sich mit den Plänen, den Zielen eines einzelnen Akteurs, z. B. von Jens und Christoph oder des Autohändlers Martens, auseinandersetzen. Jeder von ihnen versucht seine Ziele zu realisieren: Entweder schnell das Auto zu kaufen oder das benötigte Geld für den Amerikaaufenthalt zusammenzubekommen, die Wohnung zu vermieten, das Auto zu verkaufen usw.
Dabei hat jeder Akteur bestimmte Handlungsbedingungen zu beachten wie z. B. zeitliche, monetäre, soziale Gesichtspunkte.

Interaktionstheorie

Wir haben weiter festgestellt, dass die Ziele eines einzelnen Akteurs wesentlich beeinflusst werden von den Zielen und den Handlungen anderer Personen. Solange Robinson allein auf der Insel war, herrschte eine technische Knappheit. Robinsons Überlegungen, seine „Knappheit" zu verringern, d. h. etwas zu essen, zu trinken, eine Wohnung zu haben, richteten sich aus an seinen technischen Möglichkeiten, z. B. Wild zu schießen, Fische zu fangen, ein Brett herzustellen, Beeren zu sammeln usw.

Aus dieser technischen Knappheit, über die allein Robinson Entscheidungen unter Beachtung seiner Produktionsmittel traf, wurde mit Ankunft von Freitag eine „soziale Knappheit". Es kam eine weitere Person hinzu. Dadurch verbesserten sich zwar die Möglichkeiten für Nahrungs- und Unterkunftssicherung zu sorgen, aber es mussten nun auch zwei Personen versorgt werden. Das gemeinsam erwirtschaftete „Sozialprodukt" von Robinson und Freitag muss diese beiden Personen befriedigen und es müssen Entscheidungen über seine Verteilung getroffen werden (Verteilungsproblem).
Es ist wichtig die Interessen der anderen Akteure in einer Gesellschaft zu erkennen. Wie kann man ihnen trauen? Sind sie zuverlässig? Stimmen die Informationen? Versuchen sie mich zu übervorteilen? Diese Fragen, die sich ein Akteur stellt, können auch die gleichen Fragen des anderen Akteurs sein. Es gibt eine wechselseitige Abhängigkeit zwischen den Akteuren.

Daraus ergibt sich wiederum eine zentrale Frage:
Wie finden wir eine Form für Interaktionen, für Handel, für Tauschbeziehungen, die jeden Einzelnen besser stellt, als wenn er auf sich allein gestellt bliebe, wie z. B. Robinson in der Anfangszeit auf seiner einsamen Insel?
Es gilt: Zusammen erreicht man mehr, als wenn man nur für sich allein handelt. Aber dafür muss es gelingen das Misstrauen auszuräumen, das jeder Akteur dem anderen gegenüber hegen kann. Inwieweit können wir sicher sein, dass er sich an Regeln hält, um Unsicherheit beim anderen gar nicht erst aufkommen zu lassen?
Wie kann in einer Gesellschaft eine Zusammenarbeit zum gegenseitigen Vorteil erfolgen?

Die Institutionentheorie
Wir haben festgestellt, dass die Handlungen zwischen zwei oder mehreren Akteuren im Wirtschaftsgeschehen beeinflusst werden von der Summe aller Institutionen einer Gesellschaft. Die Institutionen sind die Spielregeln, die die Spielzüge der Akteure beeinflussen.

Handlungs-, Interaktions- und Institutionentheorie sind die drei Betrachtungsweisen des wirtschaftlichen Geschehens einer Wirtschaft. Sie zeigen uns, dass eine isolierte, nur aus einer Perspektive vorgenommene Betrachtung zu kurzschlüssigen Ergebnissen führen muss, wenn wir das Gesamtbild einer Wirtschaft erlangen wollen.
Im anschließenden Punkt 1.5 dieses Kapitels werden wir weitere Handwerkszeuge für die Analyse wirtschaftlicher Sachverhalte kennen lernen, mit deren Hilfe wir ein vertieftes Verständnis von Handlungs-, Interaktions- und Institutionentheorie erlangen können.

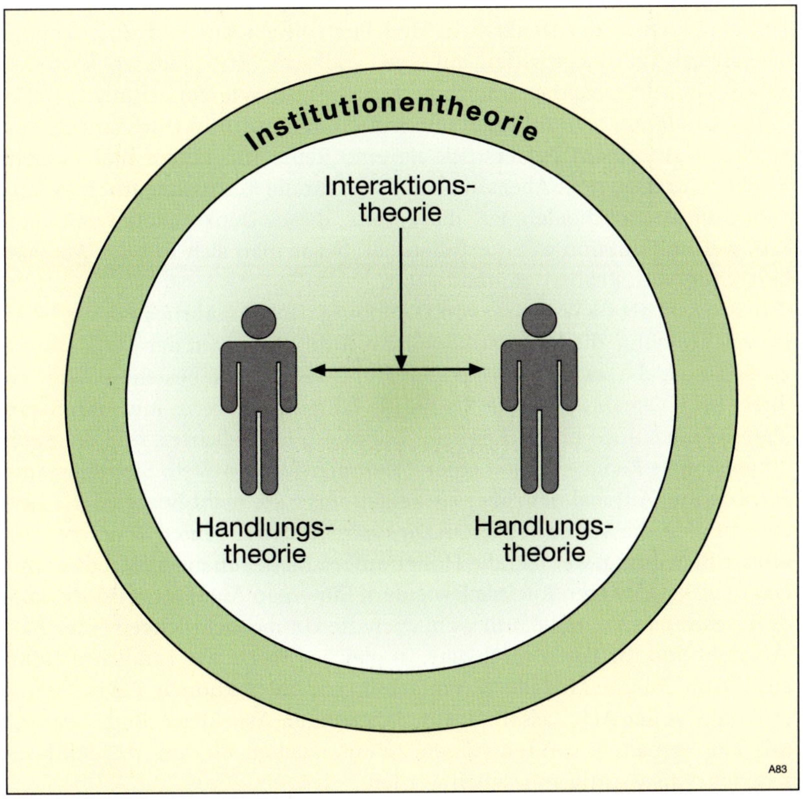

Erläutern Sie, was unter Handlungs-, Interaktions- und Institutionentheorie verstanden wird und welche Bedeutung diese Ansätze zur Erklärung gesellschaftlichen und wirtschaftlichen Geschehens haben.

1.5 Handwerkszeuge für die Analyse wirtschaftlicher Sachverhalte

1.5.1 Denkmodelle und ihre Funktion

A35

Die Funktion von Modellen

Jede wissenschaftliche Disziplin benötigt Instrumente für die fachspezifische Auseinandersetzung mit den je eigenen fachlichen Fragen. Dies gilt auch für die Auseinandersetzung mit ökonomischen Sachverhalten. Der Einsatz von Handwerkszeugen ist allerdings immer auch abhängig von den zu lösenden Aufgaben. In der Wirtschaftswissenschaft ist ein wichtiges Handwerkszeug zweifellos das „Denken in Modellen". Der richtige Einsatz kann sehr hilfreich sein für neue Erkenntnisse, allerdings kann die gedankenlose Verwendung auch zu erheblichen Problemen führen.

Um die Funktion des Denkens in Modellen zu erfassen, wird auf ein einfaches Beispiel zurückgegriffen, auf eine Landkarte: Eine Landkarte lässt sich als ein Modell bezeichnen und zeigt, wie eine abstrakte Vorstellung z. B. für einen Autofahrer sehr hilfreich sein kann. Eine Stadt, ein Dorf, eine Straße erscheint auf einem Papierstück als eine Reihe von Linien und Farben, Punkten, Kreisen usw. Aber vor allem ist es für die Konstrukteure einer Karte wichtig zu entscheiden, wer diese Karte, dieses Denkmodell, verwenden soll, welche Funktion es zu erfüllen hat, bevor man sich mit der Aufgabe beschäftigt die „Realität" zu reduzieren.
Will ich z. B. als PKW-Fahrer von Oldenburg nach Osnabrück fahren, ist es für mich wichtig, die Hauptstraßen bzw. Autobahnen auf der Karte schnell zu erfassen, die zwischen Oldenburg und Osnabrück bestehen. Will ich direkt nach Osnabrück in die Stadtmitte fahren, wird vermutlich ein Stadtplan für mich noch hilfreicher sein. Die meisten Landkarten sind die zweidimensionale Repräsentation einer dreidimensionalen Welt. Sie zeigen uns Straßen und Autobahnen, aber sie zeigen uns z. B. nicht Berge oder Täler, die den Weg, die Straße begleiten. Dies wäre jedoch für einen Wanderer von großer Bedeutung, wenn er die Höhenunterschiede sehen könnte, da er mit einem 25 kg schweren Rucksack wandert. Für einen Autofahrer jedoch würde die Komplexität und damit wohl auch die Unübersichtlichkeit einer Karte erhöht und ihr Lesen erschwert. In gleicher Weise wie Landkarten sind auch ökonomische Modelle Vereinfachungen, Abstraktionen, die bestimmte Details außer Acht lassen, um nur diejenigen Aspekte, z. B. des ökonomischen Verhaltens von Individuen, zu untersuchen, die vom „Modell-Konstrukteur" als wichtig angesehen werden.

Eine indische Fabel

Es gab einmal eine Stadt nur mit blinden Einwohnern. Ein König kam mit seiner Armee und Gefolge in die Nähe und kampierte dort. Er besaß einen mächtigen Elefanten, den er für Angriffe benutzte, weil das Riesentier den Feinden große Angst einjagte. Die Bürger waren neugierig, den Elefanten kennen zu lernen, und einige Blinde machten sich auf den Weg, um Näheres über den Elefanten herauszufinden. Da sie die Gestalt eines Elefanten nicht kannten, befühlten sie seine Teile. Jeder, der einen Teil gefühlt hatte, dachte, dass er den Elefanten kennen würde. Sie kehrten zu ihren Mitbürgern zurück, und es bildeten sich um sie neugierige Gruppen. Alle fragten nach der Form und nach der Beschaffenheit des Elefanten und lauschten andächtig. Der Mann, der das Ohr gefühlt hatte, sagte: „Der Elefant ist groß und rau, weit und breit wie ein Teppich." Ein anderer, der den Rüssel gefühlt hatte, sagte: „Ich weiß, wie es in Wahrheit ist. Der Elefant ist wie ein gerades und hohles Rohr, furchtbar und gefährlich." Wiederum ein anderer, der die Füße und Beine gefühlt hatte, sagte: „Nein, der Elefant ist mächtig und fest wie eine Säule."
Quelle: Hans Hielscher: Päda-Lotse, Heidelberg, 1979, S. 121.

Das Prinzip, dass aus der Sicht eines Modell-Konstrukteurs unwichtige Einzelheiten vernachlässigt werden, in gewisser Weise „weggeschnitten“ werden müssen, wird nach dem Philosophen William of Ockham (1285–1349) als **Ockhams Razor** bezeichnet.

Denken in Modellen

Modelle (ital. modello, zu lat. „Maß“, „Maßstab“) sind in den Wirtschaftswissenschaften Hilfsmittel des wissenschaftlichen Erkenntnisprozesses, die mit dem Ziel konstruiert werden, auf der Grundlage von Funktions-, Struktur- oder Verhaltensähnlichkeiten bzw. analoge Aussagen über ökonomische Phänomene zu entwickeln.

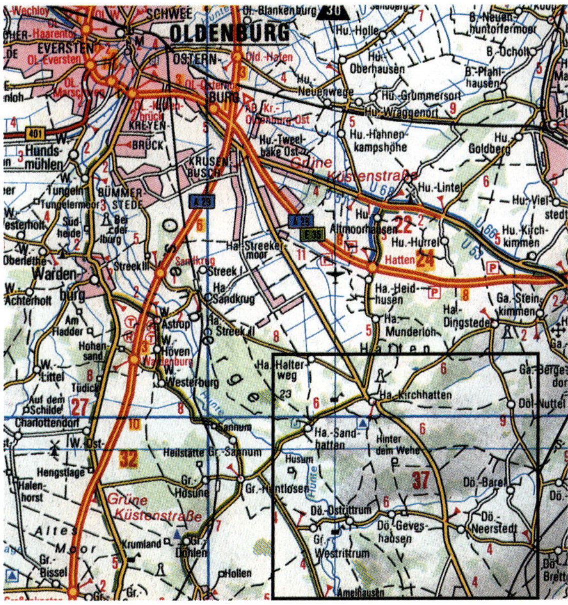

Autokarte

Fahrradkarte

Modellmerkmale

Für die Einschätzung der Leistungsfähigkeit von Denkmodellen ist die Unterscheidung von drei wesentlichen Modellmerkmalen erforderlich:

1. Das Abbildungsmerkmal

Modelle sind immer Modelle von einem Original. Die Abbildung ist eine gedankliche Konstruktion durch den Modell-Konstrukteur, weil dieser das Ziel hat, ein bestimmtes (hier: wirtschaftliches) Geschehen besser zu verstehen.

2. Das Verkürzungsmerkmal

Wenn ein Modell-Konstrukteur für seine Zwecke etwas abbildet, dann ist er gezwungen, Verkürzungen vorzunehmen, da nicht alle Eigenschaften eines „Originals“ im Modell erfasst werden, sondern nur jene Merkmale, die der Modell-Konstrukteur als bedeutsam ansieht.

3. Das Subjektivierungsmerkmal

Dieses Merkmal kennzeichnet die Tatsache, dass Modelle Aufgaben für bestimmte erkennende und/oder modellbenutzende Individuen erfüllen sollen, der Modell-Konstrukteur hat Absichten mit seinem Denkmodell.

Erläutern Sie die Funktionen der hier dargestellten Methodenmerkmale für die Analyse wirtschaftlicher Sachverhalte.

Weshalb Denkmodelle?
Die Wirtschaftswissenschaft ist weitgehend eine nicht experimentelle Wissenschaft. Sie kann ihre Aussagen nicht, wie das beispielsweise für bestimmte naturwissenschaftliche Bereiche möglich ist, im Labor überprüfen und nach den Ergebnissen des Laborexperimentes dann eine Entscheidung treffen:

Wenn beispielsweise Naturwissenschaftler nicht genau wissen, ob ein Raumschiff funktioniert, werden sie den Flug absagen oder verschieben. Wenn hingegen Ökonomen nicht wissen, ob eine politische Maßnahme funktioniert, kann die wirtschaftliche „Reise" deswegen nicht verschoben werden; der Ablauf ist unaufhaltsam, und die möglichen Reparaturen müssen ebenfalls unterwegs vorgenommen werden. Darüber hinaus geht diese Reise jeden an, und nicht nur einige wenige, die freiwillig mitfahren. Da alle gleichermaßen betroffen sind, kommt auch niemand daran vorbei, angesichts der ökonomischen Alternativen Stellung zu beziehen, wie unzureichend sein Wissen ihm auch vorkommen mag.
Quelle: L. C. Thurow: Gefährliche Strömungen, Wirtschaftspolitik in der Krise, Campus Verlag, Frankfurt a. M., 1984, S. 45, Übersetzung: Gerti von Rabenau

Max Planck,
Physiker, Nobelpreisträger, Begründer der Quantentheorie
* 29.04.1858
† 04.10.1947

1.5.2 Die Arbeit mit Denkmodellen in der Ökonomie

Die indische Fabel (vgl. S. 58) ist ein sehr anschauliches Beispiel für eine wissenschaftliche Vorgehensweise. Wer ein Problem besser verstehen will, sammelt alle bisherigen wissenschaftliche Ergebnisse, um zu einer Aussage zu kommen. Man könnte den wissenschaftlichen Erkenntnisprozess fast wie das Zusammenstellen eines Puzzles bezeichnen. Schritt für Schritt werden unterschiedlichen Erkenntnisse gewonnen, die erst nach und nach zu einer zufriedenstellenden Einsicht führen (siehe Abb. S. 58). Dieser Prozess ist nie abgeschlossen. Es gibt wissenschaftliche Schulen, die für bestimmte Erkenntnisse kämpfen, andere wiederum, die diese Erkenntnisse bestreiten und versuchen sie durch andere zu ersetzen oder zu modifizieren. Die Personen forschen manchmal ein Leben lang zu einem bestimmten Bereich und es ist keine Frage, dass sie sich mit ihrem „Lebenswerk" identifizieren und deshalb auch die Gefahr bestehen kann, sich gegen andere Einsichten zu sperren. Dafür gibt es in der Wissenschaftsgeschichte viele Beispiele. Manche neuen Ergebnisse sind sogar so revolutionär, dass mit ihnen jahrzehnte- oder gar jahrhundertelange Forschungsergebnisse hinfällig geworden sind.

Ein besonders eindrucksvolles Beispiel ist die Wandlung der Vorstellung von der Erde als Scheibe oder Kugel. Bis ins Mittelalter hinein war das Weltbild des ägyptischen Astronomen Ptolemäus vorherrschend. Vereinfacht ausgedrückt, ging dieser davon aus, dass die Welt eine Scheibe sei und die Sonne sich um die Erde drehe.

Nicolai Kopernikus (1473–1543) kam mit seinen wissenschaftlichen Beobachtungen jedoch zu einer völlig anderen Erkenntnis: Die Erde ist eine Kugel und die Erde dreht sich um die Sonne und nicht umgekehrt. Diese Auffassung war eine wissenschaftliche Revolution. Heute spricht man rückwärts betrachtet von der „kopernikanischen Wende" und bezeichnet damit solche Veränderungen, die das gesamte Weltbild verändert haben. Einige Wissenschaftler, die diese Theorie vertraten, kamen sogar in Konflikt mit der seinerzeit mächtigen Kirche, deren inquisitorische Richterkollegien häufig „Widerufung" forderten und standfeste Wissenschaftler auf den Scheiterhaufen schickten, wie z. B. Giordano Bruno (1548–1600).

Max Planck (1858–1947) hat einmal sinngemäß gesagt: Neue Einsichten pflegen sich nicht dadurch durchzusetzen, dass sie einfach alte ersetzen, sondern nur dadurch, dass ihre Vertreter aussterben und die nachwachsende Generation gleich von Anfang mit der neuen Wahrheit vertraut gemacht wird.

Auch in der Ökonomie gibt es Denkmodelle, die durch neue Einsichten ihre einmalige Aussagekraft völlig verloren haben. Wir werden dies am Beispiel des Denkmodells des Wirtschaftskreislaufs erkennen können.
Bei manchen Denkmodellen wird die Methodik immer mehr verfeinert, immer weitere Annahmen eingeführt, die das Denkmodell vor Widerlegungen schützen. Aber wenn der Grundansatz generell falsch ist, dann nützen auch weitere Detailannahmen nichts, d. h. das Modell lässt sich nicht mehr retten. Durch die immer detailliertere Analyse eines Teilgebiets verhält es sich wie mit einer berühmten Maltechnik gegen Ende des 19. Jahrhunderts, der Maltechnik der Pointillisten.

Sie setzten ihre Bilder durch viele kleine Punkte zusammen, um ihr Werk zu schaffen. Würde man sich jedoch in der Analyse eines einzelnen Punktes verlieren, dann gelingt es nie, eine Gesamtvorstellung von dem Gemälde zu erhalten (vgl. Abb. unten).

Von der Nähe betrachtet offenbaren sich ihre Bilder als eine Vielzahl farbiger Tupfer und Kleckse, von denen jeder einzelne – genau betrachtet und analysiert – über das Gesamtwerk gar nichts aussagt. Erst aus der richtigen Distanz, wenn man das System der Tupfer und Kleckse richtig erfassen kann, ergibt sich ein Bild – und damit eine Aussage. Das Ganze ist auch hier mehr als die Summe seiner Teile. Wir können noch so viele „Bildtupfer" oder „Quadrate" auswendig lernen, ordnen oder analysieren, über das System lernen wir nichts!
Quelle: Frederic Vester: Leitmotiv vernetztes Denken, München, 1988, S. 62

Natürlich heißt dies nicht, dass es auf Einzelkenntnisse nicht ankäme und man über Details nichts zu wissen bräuchte, aber es muss deutlich werden, dass Informationen in den richtigen Zusammenhang gestellt werden müssen, um zu einer zutreffenden Gesamtbewertung zu kommen.

Das Modelldenken in der Ökonomie unterliegt dieser Gefahr. Es ist immer wieder erforderlich, die Teilergebnisse in einem Gesamtzusammenhang zu sehen, damit der Stellenwert einer einzelnen Aussage besser eingeordnet werden kann.
In Kapitel 2 wird dieser wirtschaftliche Gesamtzusammenhang unser besonderes Interesse verlangen, wenn wir die Wirtschaftsordnung eines Landes in ihren grundlegenden Ordnungsformen kennen lernen. Die Eigentumsverfassung, die wir schon in Abschnitt 1.4.6 kennen gelernt haben, ist so eine wesentliches Ordnungsform, die einen hohen Einfluss auf das Handeln der Akteure in einer Wirtschaft hat.

„Zypressen in Cagnes" v. Henri-Edmond Cross, 1908

!

Auf welche Gefahr will der Hinweis auf die „Maltechnik des Pointillismus" im Zusammenhang mit der Arbeit mit Modellen aufmerksam machen?

A193

A194

1.5.3 Was es sonst noch zu beachten gilt!

Mikro- und Makroökonomie

Die Unterscheidung von Mikro- und Makroökonomie spielt für die Betrachtung wirtschaftlicher Vorgänge eine bedeutende Rolle.

Bildlich gesprochen könnte man Mikro- und Makroökonomie wie das Verhältnis von Baum und Wald unterscheiden. Wir können den einzelnen Baum betrachten, seine Gesundheit, warum er groß oder klein ist, ob er braune Blätter oder abgestorbene Äste hat usw. Oder wir sehen uns den Wald in der Gesamtheit an: Welche Baumstruktur hat der Wald, in welchem Zustand befindet er sich, hat er Schäden, was müsste getan werden, um den Wald zu schützen, ihn wirtschaftlich zu nutzen usw. Natürlich kann der einzelne Baum für sich betrachtet werden, aber schon beim zweiten Blick wird deutlich, dass die Position eines einzelnen Baumes, seine Qualität nur in Abhängigkeit zu den anderen Bäumen präzise bestimmt werden kann. Hat er braune Blätter, abgestorbene Äste, dann kann das zusammenhängen mit seinem Standort im Wald: Erhält er ausreichend Licht, steht er am Waldrand, führt eine Straße vorbei, ist der Baumbestand zu dicht, nehmen die Bäume sich gegenseitig das Licht weg, welche Qualität hat der Waldboden usw.? D. h. es mag richtig und notwendig sein, einen einzelnen Baum zu betrachten, aber präzise Aussagen zur Situation des Baumes sind abhängig von seinem Standort im Wald.

Mikro- und Makroökonomie sind ebenfalls nur zwei Betrachtungsweisen des einen wirtschaftlichen Geschehens, mit unterschiedlichen Erkenntnisinteressen und Zielen.

Übertragen wir unser Beispiel auf die Wirtschaft eines Landes: In der Mikroökonomie wird ein einzelnes Wirtschaftssubjekt (z. B. **ein** Unternehmen, **ein** privater Haushalt) analysiert. Welche Produkte stellt ein Betrieb wie her und wie wird er organisiert, welche Maschinenausstattung ist vorhanden, wie ist seine wirtschaftliche Situation, welche Personalführungskonzepte gibt es usw.?

Ob sich das Unternehmen jedoch in einer guten oder schlechten Verfassung befindet, diese Beurteilung kann nur im Vergleich mit anderen Unternehmen einer Volkswirtschaft vorgenommen werden: Welche Konkurrenten hat das Unternehmen, welche Marktposition besitzt es regional, national, international, in welchem Zustand befindet sich das Unternehmen insgesamt, wie ist seine internationale Wettbewerbsfähigkeit, welche erkennbaren Wirkungen hat die Steuerpolitik des Staates auf das Unternehmen usw.? Das einzelne sich in der Krise befindliche Unternehmen ist möglicherweise für die Gesamtbetrachtung völlig belanglos. Vielleicht ist es sogar gut, wenn es vom Markt verschwindet, weil es schlecht geführt ist, weil es veraltet ist, die Produkte keine Käufer finden, Subventionen verschlingt und das Unternehmen nur künstlich am Leben gehalten wird.

Aus einzelwirtschaftlicher Sicht können folgende Fragen gestellt werden:

- Wo liegen die Ursachen für die Krise des Unternehmens?
- Hat man zu spät die Veränderungen des Verbraucherverhaltens wahrgenommen?
- Ist falsch investiert worden?
- Lässt der gegenwärtige Standort keine Erweiterungsmöglichkeiten zu?
- Ist die Kostenstruktur schlecht?
- Hat die Kommune kein passendes Industriegelände zur Verfügung gestellt?
- Sind die Umweltgesetze nicht einzuhalten?

Wir sehen auch an diesem einfachen Beispiel: Mikro- und makroökonomische Betrachtungsweisen können aus bestimmten Erkenntnisinteressen durchaus sinnvoll analytisch getrennt werden, aber für die Beurteilung des gesamten Wirtschaftsgeschehens sind beide Betrachtungsweisen eng miteinander verknüpft.
Man könnte das bildlich auch so verdeutlichen: Stellen Sie sich vor: Sie machen ein Foto von einer Person, einem Gegenstand (Bild 1) und verwenden den Zoom Ihres Fotoapparates und zeigen die Person, den Gegenstand in seinem Umfeld (Bild 2), dies kann zu einer völlig anderen Interpretation führen. Zum Beispiel zeigt das erste Foto ein laufendes Kind (sicherlich kein ungewöhnliches Motiv), im zweiten Foto sehen Sie – wiederum das laufende Kind – aber darüber hinaus sehen sie einen heran stürmenden Hund. Die Analyse dieses Bildes kann zu völlig anderen Aussagen führen.

Trugschluss der Verallgemeinerung
Was für ein Individuum richtig zu sein scheint, muss für die Volkswirtschaft als Ganzes noch lange nicht vorteilhaft sein und umgekehrt. Es wird vom Trugschluss der **unzulässigen Verallgemeinerung** (engl.: the fallacy of composition) gesprochen.

Zur Verdeutlichung sei ein Beispiel angeführt:
Ein Landwirt weiß sehr wohl, dass er wirtschaftlich besser abschneiden kann, wenn er z. B. mehr Weizen produziert. Sein Einkommen ist das Ergebnis aus der Menge des Weizens in Zentner multipliziert mit dem Preis, den er für einen Zentner bekommt.
Ein Landwirt allein kann aber den Marktpreis für Weizen nicht beeinflussen, d. h. je mehr Weizen er produziert, desto höher ist sein Einkommen.
Produzieren aber alle Landwirte mehr Weizen, wird der Preis des Weizens fallen, d. h. Erklärungen, die offensichtlich plausibel und logisch sind, wenn man sie auf ein Individuum, z. B. einen einzelnen Unternehmer anwendet, können völlig falsch werden, wenn man sie auf das Verhalten aller Konsumenten oder Produzenten überträgt.

Weitere Beispiele:
- Wenn jemand beschließt zu sparen, und zwar auf Grund der schlechten Wirtschaftslage und seiner persönlichen Furcht vor Arbeitslosigkeit, kann das für ihn durchaus vorteilhaft sein. Sollten aber alle Bürger auf diesen Gedanken kommen, wird die Nachfrage nach Konsumgütern in einer Volkswirtschaft noch mehr zurückgehen und die Anzahl an Entlassungen zunehmen.
- Wenn eine Hausfrau beschließt, mehr Gemüse zu kaufen, werden die Preise für Gemüse kaum steigen. Sollten jedoch alle Hausfrauen zur gleichen Zeit beschließen, mehr Gemüse zu kaufen, wird es einen Preisanstieg für Gemüse geben.
- Wenn ein Arbeiter mehr Lohn erhält, dann ist das für ihn vorteilhaft. Sollten aber alle Arbeiter mehr Lohn empfangen, können Unternehmen dies als Begründung für eine Preiserhöhung anführen, die alle Einkommensempfänger wieder um die Einkommenserhöhung bringt.

!

Erklären Sie, was unter mikro- und makroökonomischer Betrachtungsweise zu verstehen ist und warum es leicht zum „Trugschluss der Verallgemeinerung" kommen kann.

Der kirchlichen Trauung geht zumeist ein Orgelspiel voraus. Man wird aber schlecht sagen können, dass die nachfolgende Trauung eine Folge des Orgelspiels ist – und erst recht ist es nicht so, dass immer dann, wenn eine Orgel in der Kirche spielt, zwangsläufig eine Trauung folgt.

- Wenn ein Arbeiter auf Grund seiner Mobilität in der Lage ist, in einer anderen Region oder in einer anderen Stadt einen Arbeitsplatz zu finden, dann ist das für ihn sicher vorteilhaft. Versuchen jedoch alle Arbeitslose, ihrer Arbeitslosigkeit auf gleiche Weise zu entkommen, kann dies aus nahe liegenden Gründen nicht gelingen: Die Arbeitslosigkeit verschiebt sich höchstens auf andere Regionen des Landes.
- Ein Preisanstieg in einer Branche kann für die betreffenden Unternehmen sehr vorteilhaft sein. Ein Preisanstieg in allen Branchen bringt jedoch keiner Branche einen Nutzen.

Danach ... also deswegen ... (post hoc, ergo propter hoc)
Wenn ein Ereignis A **vor** einem Ereignis B passiert, muss dies nicht bedeuten, dass A auch B verursacht hat. Für diesen Sachverhalt gibt es in der Ökonomie viele Beispiele.

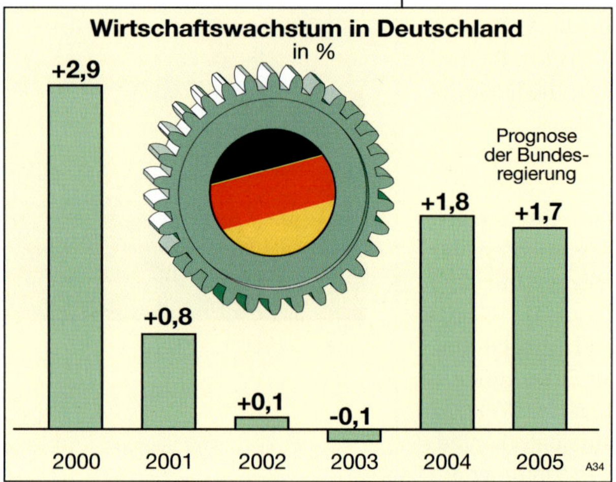

Prognosen
Sowohl Wirtschaftspolitiker als auch „normale" Bürger haben verständlicherweise den Wunsch zu wissen, wie eine wirtschaftliche Entwicklung in Zukunft verlaufen könnte: Um wie viel werden die Güterpreise steigen, welchen Verlauf könnte die Konjunktur in bestimmten Branchen (z. B. Bauindustrie, Metallindustrie) nehmen, wie werden sich Dollarpreis, Energiekosten und Arbeitslosenquote entwickeln?
Solche Voraussagen lassen sich nur machen, wenn von bestimmten Annahmen über erwartete Wirkungszusammenhänge ausgegangen wird, die z. B. auf Erfahrungen aus der Vergangenheit basieren. Liegen keine neuen Erkenntnisse vor, wird davon ausgegangen, dass die bisherigen Wirkungszusammenhänge auch zukünftig gelten.
Prognosen sind also nicht unabhängig von den ihnen zu Grunde liegenden **Annahmen** über **Wirkungszusammenhänge**. Verändern sich diese Annahmen, wird sich das auf die Wahrscheinlichkeit auswirken, mit der eine gestellte Prognose eintrifft. In allen Industriestaaten gibt es wirtschaftswissenschaftliche Institute, die in regelmäßigen Abständen zur Entwicklung der Weltwirtschaft Prognosen erstellen. Obwohl immer ausgefeiltere statistische Verfahren und immer differenziertere Daten zur Verfügung stehen, ist die Qualität von Prognosen nie ganz zufrieden stellend, weil die politischen, wirtschaftlichen und psychologischen Unwägbarkeiten zu groß sind. Welche psychologischen Faktoren z. B. in einer wirtschaftlichen Situation Einfluss auf das Konsumentenverhalten haben, ist so wenig eindeutig vorhersehbar wie die Reaktion eines Unternehmens auf die Ankündigung einer Steuersenkung oder -erhöhung für seine Investitionsentscheidungen. Erstellt beispielsweise ein Wirtschaftsministerium eine Prognose, dann wird es versuchen, die politischen Folgewirkungen seiner Prognose einzukalkulieren. Das gleiche gilt für Prognosen, die eine Oppositionspartei oder Reformgegner erstellen lassen, um sie für ihre Zielsetzungen in der politischen Auseinandersetzung zu verwenden. Prognosen werden somit auch zur Untermauerung bestimmter politischer Absichten benutzt, d. h. die ihnen zu Grunde liegenden Annahmen sind sehr genau zu prüfen, will man sich nicht in die Irre führen lassen.

Zeigen Sie auf – evtl. auch an konkreten Beispielen – inwieweit Prognosen wirtschaftswissenschaftlicher Institute von wirtschaftspolitischem Interesse sein können.

1.5.4 Kategorien zur Analyse wirtschaftlicher Sachverhalte

Wir haben uns in diesem einführenden Kapitel mit einigen wichtigen wirtschaftlichen Grundsachverhalten auseinander gesetzt. Wir wissen um die Bedeutung der Knappheit als einer Grundannahme von Wirtschaft und um die Bedeutung von Arbeitsteilung, Tausch, Wettbewerb, Rechtsordnung usw. Versuchen wir festzuhalten, welche Merkmale allen wirtschaftlichen Handlungen zu eigen sind, damit die unglaubliche Fülle von wirtschaftlichen Phänomenen uns nicht den Blick auf den ökonomischen Kern verstellt. D. h. wir müssen fragen, was ist wesentlich, was lässt sich immer wieder feststellen, so unterschiedlich die Beispiele auch auf den ersten Blick erscheinen mögen? Dass z. B. Knappheit eine zentrale Kategorie für alle Formen des Wirtschaftens darstellt, dies galt bei den „Römern und Griechen" in gleicher Weise wie im Mittelalter und auch das 21. Jahrhundert wird das Knappheitsproblem nicht lösen. Damit lassen sich solche Kategorien auf immer wieder andere Sachverhalte übertragen. Wer beispielsweise erkannt hat, dass die rechtlichen Regelungen, die Sitten und Gebräuche in allen Ländern einen Einfluss auf das wirtschaftliche Handeln haben, wird sich durch die Unterschiedlichkeit dieser Faktoren nicht überraschen lassen, sondern wird nach den Unterschieden geradezu suchen. Damit sollen uns die nachfolgenden Kategorien helfen, wichtige von unwichtigen Sachverhalten und Ereignissen zu unterscheiden. Sie helfen uns, unsere Vorstellungen von der Wirtschaft eines Landes zu ordnen, zu strukturieren und uns ein gedankliches Netzwerk zu liefern, um die Komplexität wirtschaftlicher Sachverhalte besser beherrschbar zu machen.

Kategorien

Zur Veranschaulichung soll auf unser Auto-Beispiel zurückgegriffen werden.

1. Wirtschaftliches Handeln ist bedürfnisgetrieben

Jens, Christoph sowie alle Menschen haben Bedürfnisse, die sie befriedigen wollen. Jens fürchtet den weiten Weg zur Universität und wünscht sich einen Mini. Christoph benötigt für seinen Auslandsaufenthalt an seiner amerikanischen Universität das Geld, um das Semester zu finanzieren. Und dafür verzichtet er auf seinen Mini und auf seine Wohnung.

2. Wirtschaftliches Handeln ist knappheitsbedingt

Jens erfährt, dass zur Befriedigung seiner Bedürfnisse seine Mittel nicht ausreichen. Immer und überall herrscht Knappheit als Diskrepanz zwischen den zahlreichen Bedürfnissen und den zur Verfügung stehenden Mitteln.

3. Wirtschaftliches Handeln ist entscheidungsbestimmt

Wirtschaftliches Handeln verlangt nach Entscheidungen. Zwar hat Jens die Finanzierung nicht gesichert und dennoch hat er sich für den Kauf entschieden und Christoph hat entschieden, den Wagen nicht an Jens, sondern an Auto-Martens zu verkaufen.

4. Wirtschaftliches Handeln ist risikobehaftet
Jens hat seine Entscheidung unter Risiko getroffen. Er weiß nicht, ob seine Oma, wie sonst immer, wieder für ihn einspringt und ihn unterstützt. Zwar wird ihn von mehreren Seiten die Reparaturanfälligkeit des Mini prophezeit, aber dieses Risiko nimmt er in Kauf, da der Wunsch den Mini zu besitzen, viel größer ist als die Vorsicht. Christoph war das Risiko zu hoch, mit dem Verkauf des Autos so lange zu warten, bis Jens die Finanzierung gesichert hat.

5. Wirtschaftliches Handeln ist nutzen- bzw. gewinnorientiert
Natürlich will Jens wie alle anderen Menschen mit seinen Handlungen für sich einen hohen Nutzen erreichen und Auto-Martens möchte mit dem Verkauf des Autos Gewinne erzielen, was das Ziel aller Unternehmen sein muss.

6. Wirtschaftliches Handeln ist arbeitsteilig
Selbstverständlich hätten Jens und Christoph den Tausch auch unter sich vereinbaren können, aber es zeigt sich, dass es erhebliche Vorteile hat, wenn Marktpartner zusammentreffen. Die Erfahrungen, die ein Auto-Händler in der Abwicklung von Autogeschäften hat, sind um ein Vielfaches höher als diejenigen von Jens und Christoph. Moderne Gesellschaften sind hochgradig arbeitsteilig organisiert, weil so die Knappheit besser verringert werden kann, als wenn jeder für sich alles allein erstellen, organisieren müsste.

7. Wirtschaftliches Handeln ist interdependent
Alle Handlungen beim Autokauf haben gezeigt, dass sie immer auch Auswirkungen auf die jeweiligen möglichen anderen Akteure haben können. Diese sind in gewisser Weise gegenseitig voneinander abhängig. Sie haben Rechte und Pflichten und sie müssen zusammenwirken, damit z. B. eine Markttransaktion zu Stande kommt. Insbesondere die hohe Arbeitsteiligkeit zeigt auch, wie die Störung eines Teilbereichs Auswirkungen auf andere Teilbereiche hat (vgl. Ausfall der Energieversorgung).

8. Wirtschaftliches Handeln ist ordnungsbedingt
Wirtschaftliches Handeln findet nicht in einem luftleeren Raum statt, sondern in einer konkreten Wirtschaftsordnung, die sich über einen langen Zeitraum entwickelt hat. Im BGB von 1900 sind schon die wesentlichen Bestimmungen enthalten, die auch heute noch für den Kauf von Sachgütern und Dienstleistungen eine Grundlage bilden, obwohl es in der Zwischenzeit zahlreiche Anpassungen gegeben hat. Der Autokauf basiert auf dem Kaufvertragsrecht. Der Kraftfahrzeugbrief sichert das Eigentum des Autokäufers. Die Grundlage dafür schafft die Eigentumsverfassung einer Wirtschaftsordnung. Die Leistungsfähigkeit einer Wirtschaftsordnung bestimmt die Leistungsfähigkeit einer Volkswirtschaft. Dies gilt auch für das Verständnis internationaler Wirtschaftsbeziehungen oder für das Verständnis der Auswirkungen der Unternehmensverfassung auf die Aktivitäten eines Unternehmens.

9. Wirtschaftliches Handeln vollzieht sich in Kreislaufprozessen
Wirtschaftliche Handlungen erzeugen Tauschprozesse der unterschiedlichsten Art. Die einen produzieren, andere bieten eine Dienstleistung an, sparen oder geben ihr Einkommen aus. Es entstehen Kreislaufprozesse durch millionenfache finanzielle Transaktionen in einer Volkswirtschaft. Auch hier lässt sich am Beispiel des Autokaufs zeigen, welche vielfältigen Güter und Geldströme Kreislaufprozesse auslösen.

10. Wirtschaftliches Handeln ist konfliktgeprägt
Wirtschaftliches Handeln zwingt die Akteure immer wieder die eigenen Ziele, Bedürfnisse, Motive mit denen der anderen Akteure zu konfrontieren und dabei kann es zu Konflikten kommen kann. Viele solcher Konfliktsituationen sind deshalb charakteristisch für wirtschaftliches Handeln und müssen von den Akteuren bewältigt werden. Jens und Christoph suchen in dem Autobeispiel nach Lösungsmöglichkeiten, um ihre unterschiedlichen Interessen realisieren zu können.

Verwenden Sie die angeführten Kategorien für die Analyse eines Beispiels aus Ihrem eigenen Konsumbereich und verdeutlichen Sie dabei die einzelnen Teilaspekte wirtschaftlichen Handelns.

Exkurs: Das Sozialprodukt und die Volkswirtschaftliche Gesamtrechnung (Teil 1)

1. Was kann mit Hilfe des Wirtschaftskreislaufs gelernt werden?

Nach der Bearbeitung dieses Exkurses sollten Sie wissen, dass

- die Idee des Wirtschaftskreislauf eine längere historische Entwicklung hat,
- ein Wirtschaftssubjekt verschiedene wirtschaftliche Funktionen in einer Volkswirtschaft übernehmen kann,
- zwischen Geld- und realen Strömen zu unterscheiden ist,
- das Grundmodell des Wirtschaftskreislaufs aus den Sektoren Privater Haushalt, Unternehmen, Staat, Ausland und dem Vermögensänderungskonto besteht,
- die Idee des Wirtschaftskreislaufs für die Analyse gesamtwirtschaftlicher Zusammenhänge und
- die Idee des Wirtschaftskreislaufs auch eine der theoretischen Grundlagen der Volkswirtschaftlichen Gesamtrechnung darstellt, mit der insbesondere das erwirtschaftete Sozialprodukt eines Landes berechnet wird.

Im Kapitel 1 haben wir bisher feststellen können, dass jedes Wirtschaftssubjekt mehrere ökonomische Aktivitäten ausüben kann. Stellen wir diese Tätigkeiten zusammen, dann lassen sie sich vier unterscheiden:

1. Sachgüter und Dienstleistungen werden produziert (Produktion),
2. Einkommen wird empfangen und verwendet (Einkommensentstehung und Einkommensverwendung),
3. Vermögen wird gebildet und anlegt (Vermögensänderung),
4. Kredite werden gewährt und aufgenommen (Finanzierung).

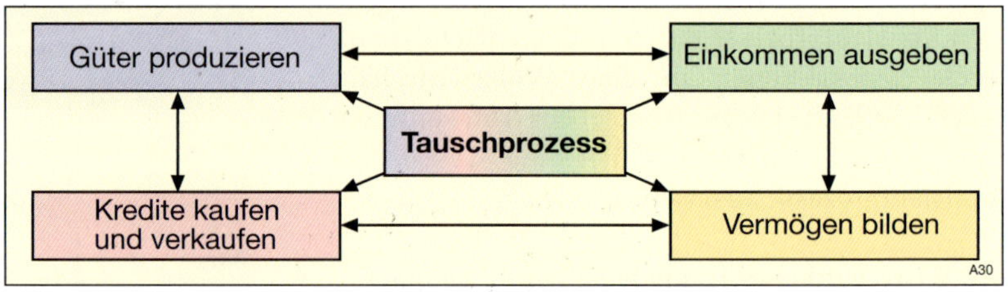

Aus diesen ökonomischen Tätigkeiten der vielen Millionen Menschen eines Landes entstehen zahlreiche Tauschprozesse, die sich für jeden Betrachter als ein verwirrendes und kompliziertes Gefüge von wirtschaftlichen Prozessen darstellen. Um für die Betrachtung dieser Prozesse eine höhere Überschaubarkeit herzustellen, hat sich im Laufe der letzten 250 Jahre ein Analyseinstrument entwickelt, das zu einem tieferen Verständnis der wirtschaftlichen Prozesse und ihre Zusammenhänge führen soll.

Eine wesentliche Aufgabe ist in diesem Zusammenhang die Berechnung des Sozialprodukts einer Volkswirtschaft und die Analyse der Komponenten des Sozialprodukts. Deshalb wird in diesem Exkurs wie folgt vorgegangen:

a) Mit der Hilfe eines einfachen Denkmodells wird der Grundgedanke der Sozialproduktsberechnung entwickelt und zwar zwischen lediglich drei Unternehmen (landwirtschaftlicher Betrieb, Molkerei, Einzelhandelsgeschäft) und den Privaten Haushalten.
b) Dieser Grundgedanke wird übertragen auf ein ausdifferenziertes Modell der Sozialproduktsberechnung, in dem auch der Staat mit seinen Aktivitäten und das Ausland berücksichtigt wird.

2. Das Sozialprodukt oder: Was haben wir in einem Jahr erwirtschaftet?
Für die Berechnung des Sozialprodukts einer Volkswirtschaft, z. B. das der Bundesrepublik Deutschland, benötigen wir einen Maßstab, mit dem man es messen kann. Die Industrieländer haben sich darauf geeinigt, den Wert des Sozialprodukts zu messen, der durch Preise ausgedrückt wird, die für Sachgüter und Dienstleistungen zu zahlen sind.

Wodurch erhalten Sachgüter und Dienstleistungen ihren Wert?
Wird der Wert des Sozialprodukts in Preisen, also in Geld, ausgedrückt, dann müssen wir wissen, wodurch Sachgüter oder Dienstleistungen ihren Wert erhalten.

Sachgüter und Dienstleistungen erhalten ihren Wert vor allem durch zwei Faktoren:

1. Güter werden mit Hilfe menschlicher Arbeitskraft hergestellt.
   Um Güter wie Autos, Brot, Medikamente oder Käse herzustellen, werden auch Maschinen und Werkzeuge benötigt. Entscheidend ist aber die menschliche Arbeitskraft, die Werte schafft, denn auch die Maschinen und Werkzeuge werden durch menschliche Arbeit hergestellt.
2. Die hergestellten Güter muss jemand haben wollen. Das heißt: Die Nachfrage der Konsumenten bestimmt wesentlich den Wert eines Produktes oder einer Dienstleistung. Ein Produkt, das niemand haben will, kann mit noch so viel menschlicher Arbeitskraft produziert worden sein, es wird sich nicht verkaufen lassen und beim Hersteller verbleiben.

Eine Modell-Volkswirtschaft: Von der Milch zum Käse
Ein Beispiel aus der Landwirtschaft: Die Milch im Euter der Kuh ist für die Volkswirtschaft wertlos. Sie wird nur dadurch wertvoll, dass sie gemolken und/oder weiterverarbeitet wird und die Verbraucher die Milch und/oder entsprechende Molkereiprodukte wie verschiedene Käsesorten, Jogurts usw. haben wollen.
Unsere kleine Modell-Volkswirtschaft soll deshalb nur aus drei Unternehmen bestehen: einem landwirtschaftlichen Betrieb, einer Molkerei und einem Lebensmittelgeschäft. Dies reicht, um zu erfahren, wie das Sozialprodukt einer Volkswirtschaft errechnet wird. Es wird auch nicht die aktuelle Situation in der deutschen Landwirtschaft in der Europäischen Union untersucht, sondern es geht nur um die Erfassung des Grundgedankens, die Erfassung der wirtschaftlichen Tätigkeit durch den Begriff des Sozialproduktes.

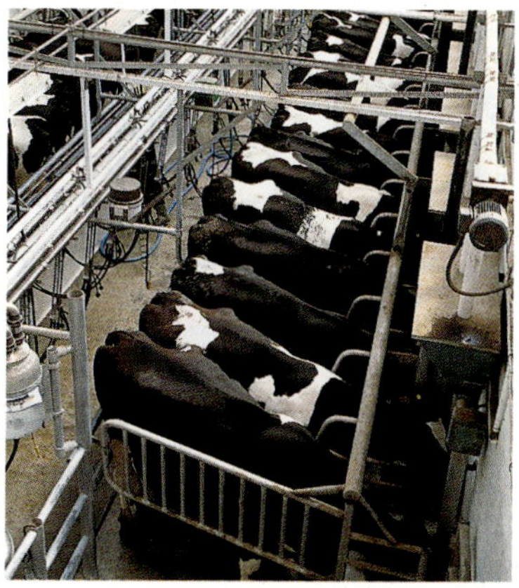

2 Die Wirtschaftsordnung als Institutionen- und Regelsystem

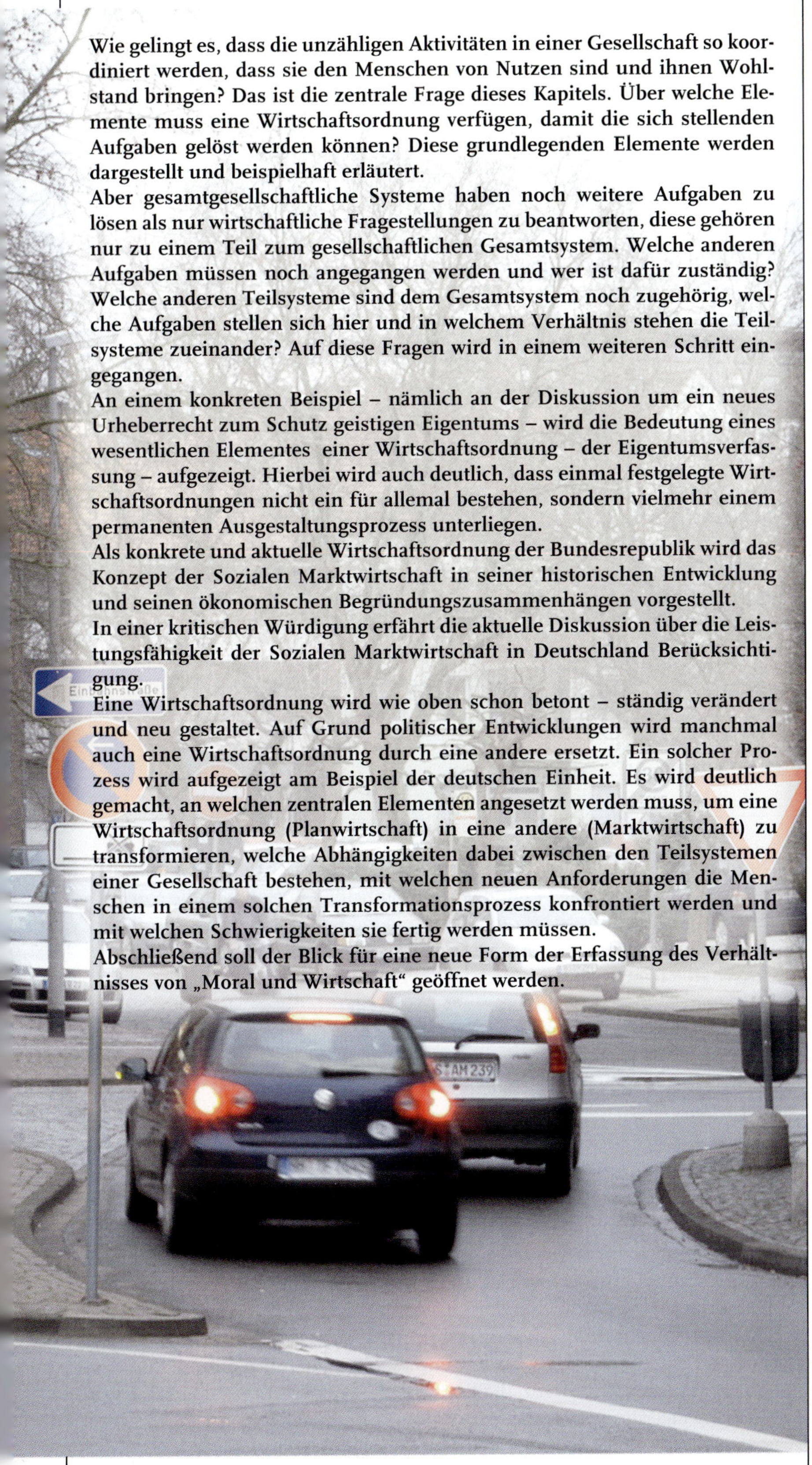

Wie gelingt es, dass die unzähligen Aktivitäten in einer Gesellschaft so koordiniert werden, dass sie den Menschen von Nutzen sind und ihnen Wohlstand bringen? Das ist die zentrale Frage dieses Kapitels. Über welche Elemente muss eine Wirtschaftsordnung verfügen, damit die sich stellenden Aufgaben gelöst werden können? Diese grundlegenden Elemente werden dargestellt und beispielhaft erläutert.

Aber gesamtgesellschaftliche Systeme haben noch weitere Aufgaben zu lösen als nur wirtschaftliche Fragestellungen zu beantworten, diese gehören nur zu einem Teil zum gesellschaftlichen Gesamtsystem. Welche anderen Aufgaben müssen noch angegangen werden und wer ist dafür zuständig? Welche anderen Teilsysteme sind dem Gesamtsystem noch zugehörig, welche Aufgaben stellen sich hier und in welchem Verhältnis stehen die Teilsysteme zueinander? Auf diese Fragen wird in einem weiteren Schritt eingegangen.

An einem konkreten Beispiel – nämlich an der Diskussion um ein neues Urheberrecht zum Schutz geistigen Eigentums – wird die Bedeutung eines wesentlichen Elementes einer Wirtschaftsordnung – der Eigentumsverfassung – aufgezeigt. Hierbei wird auch deutlich, dass einmal festgelegte Wirtschaftsordnungen nicht ein für allemal bestehen, sondern vielmehr einem permanenten Ausgestaltungsprozess unterliegen.

Als konkrete und aktuelle Wirtschaftsordnung der Bundesrepublik wird das Konzept der Sozialen Marktwirtschaft in seiner historischen Entwicklung und seinen ökonomischen Begründungszusammenhängen vorgestellt.

In einer kritischen Würdigung erfährt die aktuelle Diskussion über die Leistungsfähigkeit der Sozialen Marktwirtschaft in Deutschland Berücksichtigung.

Eine Wirtschaftsordnung wird wie oben schon betont – ständig verändert und neu gestaltet. Auf Grund politischer Entwicklungen wird manchmal auch eine Wirtschaftsordnung durch eine andere ersetzt. Ein solcher Prozess wird aufgezeigt am Beispiel der deutschen Einheit. Es wird deutlich gemacht, an welchen zentralen Elementen angesetzt werden muss, um eine Wirtschaftsordnung (Planwirtschaft) in eine andere (Marktwirtschaft) zu transformieren, welche Abhängigkeiten dabei zwischen den Teilsystemen einer Gesellschaft bestehen, mit welchen neuen Anforderungen die Menschen in einem solchen Transformationsprozess konfrontiert werden und mit welchen Schwierigkeiten sie fertig werden müssen.

Abschließend soll der Blick für eine neue Form der Erfassung des Verhältnisses von „Moral und Wirtschaft“ geöffnet werden.

Inhalt Kapitel II

2.1 Aufgaben und grundlegende Elemente einer Wirtschaftsordnung

2.1.1 Wozu ist eine Wirtschaftsordnung nötig?

„Das neue Gesetz verbietet Internetpiraterie und Kopierschutz-Knacken"

„Der Staat will mit seinen Immobilien mehr Geld verdienen!"

„Die Gewerkschaften fordern Arbeitszeitverkürzung!"

„Konsumenten sind verunsichert – sie halten ihr Geld zurück und sparen mehr!"

„Das Kartellamt droht wegen vermeintlicher Preisabsprachen mit hohen Bußgeldern!"

„Der Wettbewerb auf dem Strommarkt ist tot!"

„Absatzkrise bei Autofirmen – Die Nachfrage muss steigen!"

„Steuersenkung angekündigt! – Die Opposition zeigt Unverständnis"

1. Welche Wirtschaftsakteure werden mit diesen Schlagzeilen angesprochen und wie sind sie hier dem Wirtschaftskreislauf einzuordnen?
2. In welchen konkreten Handlungsrahmen sind die jeweils formulierten Feststellungen, Forderungen oder Äußerungen einzuordnen?
3. Geben Sie eine erste Begründung für die Notwendigkeit einer Wirtschaftsordnung im Sinne Euckens ab.

Diese kurze Zusammenstellung ausgewählter Überschriften aus dem Wirtschaftsteil verschiedener Zeitungen verdeutlicht, wie vielfältig die Vorstellungen, Entscheidungen, Handlungen und die Beziehungen der jeweiligen Akteure zueinander in einer Gesellschaft sind. Sie zeigt aber auch, dass alle wirtschaftlichen Entscheidungen und Handlungen innerhalb eines bestimmten Bedingungsrahmens gesehen werden müssen, denn Forderungen, Erwartungen und Befürchtungen können immer nur auf der Grundlage von ganz bestimmten Zielvorstellungen und eingeräumten Handlungsmöglichkeiten formuliert werden.

Parlamente, Parteien und Interessengruppen ringen um Steuervergünstigungen für Familien, Unternehmen, Regionen und Branchen. Unternehmensleitungen und Betriebsräte streiten um die sozialverträgliche Gestaltung des Strukturwandels, um neue Arbeitsmarktinstrumente, um die Verbesserung nationaler und internationaler Wettbewerbsfähigkeit ihres Unternehmens, um tatsächliche und vermeintliche soziale Besitzstände. Es wird gekämpft um die Ausstattung der sozialen Sicherungssysteme im Spannungsfeld von umfassender staatlicher Fürsorge einerseits und privater Selbstverantwortung andererseits. Es wird z. B. gerungen um die Förderung von Familien, das Verbot bestimmter Formen von Werbung, um die Grundprinzipien der Gesundheitspolitik, die Ausgestaltung des Schutzes geistigen Eigentums, um die Entwicklung und Durchsetzung angemessener Arbeitsmarktbedingungen mit Hilfe der Betriebs- und Unternehmens-

verfassung. Dieses Ringen um Ergebnisse muss nach festgelegten Spielregeln verlaufen – wenn es nicht zum Chaos kommen soll.
In Deutschland leben rund 80 Millionen Menschen mit unterschiedlichen Interessen, Wünschen und Lebensvorstellungen. Sie wollen essen, trinken, benötigen Kleidung, der eine will Jeans, der andere einen Frack. Jenny kauft eine Jugendzeitschrift, Herr Wenger benötigt einen Schlagbohrer für seine Hobbyarbeiten am Wochenende, Unternehmerin Steildorf besucht eine Messe, um sich dort über die neueste technische Ausstattung für ihren Druckereibetrieb zu informieren. Diese Reihe ließe sich beliebig fortsetzen. Hunderttausende unterschiedlicher Produkte und Dienstleistungen werden von den 80 Millionen Menschen des Landes benötigt. Zählt man die vielen Rohstoffe und Betriebsstoffe hinzu, die Unternehmen für ihre Produktion benötigen, sind es noch wesentlich mehr. Diese werden von vielen Tausenden von Betrieben hergestellt und angeboten: Es herrscht **Arbeitsteilung**, wer etwas haben will, muss tauschen, z. B. Arbeitskraft gegen Einkommen, Werkzeugmaschinen oder Brötchen gegen Geld.
Woher aber weiß z. B. ein Bäcker, wie viele Menschen seine Brötchen kaufen wollen, woher weiß ein Müller, dass der Bäcker ihm Mehl von einer bestimmten Qualität abkaufen wird? Güter müssen produziert, verkauft, transportiert und immer zu richtigen Zeit am richtigen Ort zur Verfügung stehen.

Walter Eucken (1891 – 1950)
Der Name Walter Euckens ist neben denen von Hans Großmann-Doerth, Franz Böhm und W. Röpke eng verbunden mit der sogenannten „Freiburger Schule" und dem „Ordoliberalismus". Er ist eine der herausragendsten deutschen Wissenschaftspersönlichkeiten des 20. Jahrhunderts und er hat das wirtschaftspolitische Denken nach dem Krieg wesentlich geprägt. Die deutsche Volkswirtschaftslehre war bis dahin von der „Historischen Schule" geprägt. Eucken lehnte jedoch die Auffassung, Volkswirtschaftslehre könne den Wirtschaftsverlauf nur illustrierend beschreiben, aber nicht erklären, weil sie keine Theorien aufstellen könne und dürfe, ab. Er forderte eine Wirtschaftswissenschaft, die auch empirisch arbeitet und sich nicht im Modelldenken erschöpft. Er wollte volkswirtschaftliche Konzepte entwickeln, die die Wirklichkeit untersuchen und Lösungsvorschläge für die Praxis liefern können. Dabei ist der zentrale Begriff die „Wirtschaftsordnung". Seine „Ordnungspolitik" basiert u. a. auf folgenden Grundgedanken:
Eine Volkswirtschaftslehre muss sich mit der Gestaltung der Wirtschaftsordnung befassen und wirtschaftspolitisch wirksam sein; beim Entwurf einer Theorie der Wirtschaftsordnung muss sie scharf vom Ablauf der Wirtschaft (Ablauftheorie) trennen. Ordnungspolitik tritt konsequent für die Marktordnung ein, fördert die Konkurrenz durch Wettbewerbspolitik und beschränkt somit den Einfluss wirtschaftlicher Machtgruppen. Der Staat gibt den Rahmen vor, innerhalb dessen die Individuen frei entscheiden. Immer wieder zentriert sich Euckens theoretisches Interesse auf die Frage nach der privaten Macht in einer freien Gesellschaft. Eucken war vehementer Vertreter der Marktwirtschaft, doch die Gefahren der Kartellbildung und Monopolbildung schätzte er besonders groß ein. Daher stellte er seinen „konstituierenden Prinzipien" (funktionsfähiges Preissystem; vollständige Konkurrenz; offene Märkte; Privateigentum; Vertragsfreiheit; währungspolitische Stabilität) eine Reihe von „regulierenden Prinzipien" (Monopolaufsicht; Umverteilung; Korrektur der Wirtschaftsrechnung; Auffangen anormaler Angebotsreaktionen) zur Seite.

Prof. Dr. Walter Eucken
Wie kann der modernen industrialisierten Wirtschaft eine funktionsfähige Ordnung gegeben werden? Diese Frage war erkenntnisleitend für Walter Eucken, von 1927–1950 Professor für Nationalökonomie an der Universität Freiburg.
Eucken trat als „Ordo-Liberaler" für eine „Ordnung der Wirtschaft" und für ein „Denken in Ordnungen" ein, um der Gefahr zu begegnen, dass mit vielen punktualistischen Eingriffen des Staates sich diese Wirtschaftsordnung selbst zerstört. Eucken, der sich einem christlichen Menschenbild verpflichtet fühlte, wurde, als 1933 der neue Rektor der Freiburger Universität Martin Heidegger nationalsozialistische Prinzipien (z. B. das Führerprinzip) an der Universität einführte, als Mitglied im Bonhoeffer-Kreis teilweise drangsaliert und von der Gestapo verhört.
1943 formulierte Eucken, u. a. gemeinsam mit Müller-Armack, die Denkschrift „Politische Gemeinschaftsordnung", in der bereits wichtige Prinzipien einer sozialen Marktwirtschaft angesprochen wurden. Nach dem Krieg beriet er u. a. Ludwig Erhard. Am 20. März 1950 starb er in London, wo er auf Einladung Gastvorlesungen hielt.

1. Erarbeiten Sie die Überlegungen Euckens zur Aufgabe des Staates in einer Marktwirtschaft.
2. Erläutern Sie die Forderung, eine Wirtschaftsordnung müsse wirtschaftspolitisch wirksam sein.
3. „Politische Freiheit ist ohne wirtschaftliche Freiheit nicht möglich!" Nehmen Sie dazu Stellung.
4. Stellen Sie die von Eucken „großen Wirtschaftsfragen", auf die Wirtschaftsordnungen Antworten finden müssen, heraus und erläutern Sie, warum gerade diese Fragen für die Gestaltung einer Wirtschaftsordnung von zentraler Bedeutung ist.

Eucken stellt die These auf, dass die Wirtschaftsordnung und die gesellschaftliche Gesamtordnung nicht unabhängig voneinander sind: Politische Freiheit ist ohne wirtschaftliche Freiheit nicht möglich, Zentralverwaltungswirtschaft und Demokratie schließen sich gegenseitig aus (Interdependenz der Ordnungen). Es geht ihm in seiner Ordnungsökonomik um eine menschenwürdige Ordnung, also einer Ordnung, die auch normativen Ansprüchen gerecht wird. Es gilt eine Wirtschaftsordnung zu errichten, die die geistig-seelische Existenz des Menschen mit den sehr nüchternen Fragen der wirtschaftlichen Lenkung verbinden kann. Bei einer funktionsfähigen und menschenwürdigen Ordnung geht es nicht allein um die Sicherung der Güterversorgung der privaten Haushalte, sondern auch um die Ermöglichung eines eigenverantwortlichen Lebens in individueller Freiheit. Mit der individuellen Freiheit sind aber auch Mühen und Risiken verbunden, wer aber die Eigenverantwortung ablehnt und die Vorsorge für das eigene Schicksal dem Staat zuweist, der gibt nach Eucken Schritt für Schritt seine persönliche Freiheit auf. Die Aufgabe des Staates besteht darin, die Rahmenbedingungen zu schafften, in denen die Einzelnen eigenverantwortlich planen und wirtschaften können. Außer der Verteidigung der Wettbewerbsordnung – zum Beispiel gegen Kartelle – gehört dazu insbesondere die Stabilität des Geldwertes. Deshalb muss die Verfügungsgewalt der Politik über die Geldmenge möglichst eingeschränkt werden. Letztlich ging die Unabhängigkeit der Bundesbank ebenso auf Eucken zurück wie die Einrichtung des Bundeskartellamtes.

Die Alltagserfahrung führt uns an die großen Wirtschaftsfragen

Ich stehe vor dem Ofen, der mein Zimmer heizt. Ein durchaus gewöhnlicher Ofen. Und doch genügt sein Anblick, um die wichtigsten Fragen zu entzünden [...] Heute habe ich Brot, Fleisch und Gemüse in bestimmten Mengen gegessen, habe den Ofen geheizt und habe einige Stunden elektrisches Licht in meinem Zimmer gebrannt. Einen Teil meiner heutigen Bedürfnisse habe ich damit befriedigt. Auf die Befriedigung von anderen Bedürfnissen mußte ich verzichten, weil mir die Mittel dazu fehlten. Genauso ging es den anderen Menschen. Warum wurde dieses große Ganze der gesellschaftlichen Produktion so gelenkt, daß die Menschen heute einen bestimmten Teil ihrer Bedürfnisse nach Brot, Fleisch oder anderen Konsumgütern befriedigten, einen anderen Teil nicht? Oder: Die gleiche Frage von der anderen Seite gesehen: Warum wird dieses Feld mit Weizen, jenes mit Tabak und ein drittes mit Zuckerrüben bebaut? Warum die Verteilung der Flur, die wir mit dem Flugzeug überfliegen, auf bestimmte Pflanzen? Und zwar werden Böden gleicher Qualität mit verschiedenen Früchten bebaut. Warum? Das Bild der Flur erweckt den Eindruck, daß der Boden nicht willkürlich auf die verschiedenen Verwendungen verteilt ist. Wovon hängen die Entscheidungen über die Verwendungsrichtung der Böden ab? Offenbar ist es eine wichtige Frage; denn von der Verwendungsrichtung ist wieder die Versorgung der Bevölkerung mit Brot, Tabak, Zucker und anderen Konsumgütern abhängig. Und wie werden die Arbeitskräfte in die einzelnen Verwendungen hineingelenkt? Warum wird das Eisen, an dem heute der Hüttenarbeiter A. arbeitet, später zu einem gewissen Teil zum Schiffsbau, zu einem anderen Teil zum Brückenbau, zu einem dritten Teil in der Kleineisenindustrie verwandt? Kurz: Warum und wie werden die vorhandenen Böden, die Arbeitskräfte und die vorhandenen halbfertigen und fertigen Produkte in bestimmte Verwendungsrichtungen gelenkt? Das ist die erste Frage.

Zweitens: Der Meister B., der in einer Werkzeugmaschinenfabrik tätig ist, erhält im Monat ein Gehalt von 400 Mark. Für seine Leistung, für seine Mitwirkung an der Herstellung vieler anderer Güter, bei deren Erzeugung diese Werkzeugmaschinen benutzt werden – zahlt ihm die Firma einen Geldbetrag von 400 Mark, und diese Summe benutzt er, um eine gewisse Menge von Konsumgütern zu kaufen. Warum erhalten der Mann und seine Familie einen bestimmten Teil des Stromes an Konsumgütern, der in diesem Jahre in Deutschland erzeugt wird? Warum nicht mehr und nicht weniger? Für viele Millionen ist die gleiche Frage zu stellen. Dabei sind die Anteile der einzelnen Menschen durchaus verschieden. Mancher erhält nur ein Viertel oder die Hälfte des Gehalts von B., andere mehr oder sehr viel mehr. C. hat ein Sparkassenguthaben und erhält daraus 40 DM Zinsen für den Monat. Warum? Wie erklärt es sich, daß sich der riesige Konsumgüterstrom eines Jahres in bestimmte Kanäle verteilt und schließlich in den einzelnen Haushaltungen in verschiedener Stärke und Zusammensetzung verschwindet? Man stößt auf diese zweite Frage – auf die Frage nach der Verteilung also – auch von einer ganz anderen Seite her. Ungezählte Menschen haben an der

Herstellung des Ofens, von dem wir sprachen, mitgewirkt. Sicher taten sie es nicht umsonst. Der Einzelhändler erhielt für ihn 80 Mark. Bestand ein Zusammenhang zwischen diesen 80 Mark und dem Einkommen der vielen Mitwirkenden? Wenn ja, welcher? Welchen Anteil erhielt der einzelne, angefangen vom Ofenhändler und von den Arbeitern in der Ofenfabrik? Auch hier eröffnet sich eine weite Perspektive bis hin zum Einkommen der Bergwerksbesitzer und Hochofenarbeiter und noch weiter.

Drittens: Die Produktion des Ofens erforderte Zeit, und viele Jahre verstreichen, während deren der fertige Ofen seine Nutzleistungen – die Heizung des Raumes – liefert. Und wenn auch die 80 Mark, die ich für ihn zahlte, mit dem Lohn der Bergarbeiter und Transportarbeiter und dem Einkommen aller übrigen Hersteller irgendwie zusammenhängen, so erhielten die meisten von ihnen ihr Einkommen schon lange, bevor ich den Ofen kaufte und ihn nun allmählich abnutze. Sehr viele Arbeiter, die unmittelbar und mittelbar an dem Ofen mitarbeiteten, verwandten ihr Einkommen zum Kauf von Brot, Fleisch und vielen anderen Konsumgütern schon längst, bevor der Ofen fertig wurde und in Benutzung gelangte; längst also, bevor er selbst dem Konsum diente. Wie wurde dafür gesorgt, daß die Konsumgüter für den Gebrauch der vielen Mitwirkenden Monate und Jahre früher zur Verfügung standen, als deren eigene Leistung ein menschliches Bedürfnis befriedigte? – Genau die gleiche Frage müssen wir gegenüber dem Einkommen des Meisters B. stellen. Vielleicht werden viele Jahre verstreichen, bis unter Mithilfe der Werkzeugmaschinen, an deren Herstellung er mitwirkte, Konsumgüter – z. B. Schuhe, Kleider, Holzwaren – fertig werden. Wie kam es, daß vor Monaten und Jahren die Produktion von Kleidern, Schuhen, Brot eingeleitet wurde, die B. in dieser Woche braucht, und wie wird heute die Produktion so in Gang gesetzt, daß für die Zukunft in der Konsumgüterversorgung keine Unterbrechungen eintreten? Wo wir auch hinsehen: Überall und stets drängt sich die Frage nach dem zeitlichen Aufbau der Produktion auf. Der Bauer A. in R. gewinnt heute 60 Liter Milch von seinen Kühen. Soweit er sie als Trinkmilch verkauft, dient sie der Milchversorgung von heute und morgen. Wird sie aber ganz oder teilweise an Kälber verfüttert, so dient sie der Milchversorgung der weiteren Zukunft. Das eine Mal wird die Produktion auf Befriedigung naheliegender Bedürfnisse, das andere Mal auf zeitlich fernerliegende, in weiterer Zukunft zu erwartende Bedürfnisse gerichtet. Wie erfolgt diese zeitliche Steuerung der Produktion? – Eine Tonne Schmiedeeisen, die heute fertig wird, kann zur Herstellung von Schuhmaschinen verbraucht werden. Die Schuhe sind Konsumgüter, und wenn eine Schuhmaschine in 15 Jahren verbraucht ist, sind alle Leistungen, die in dem Schmiedeeisen steckten, konsumreif oder annähernd konsumreif geworden. Oder aber das Schmiedeeisen findet beim Bau eines Hochofens Verwendung. Dann dauert es sehr viel länger, unter Umständen viele Jahrzehnte, bis die Leistungen konsumreif werden können. Man könnte auch sagen: Die Bedürfnisse in Gegenwart, in naher und ferner Zukunft kämpfen um Befriedigung. Wie wird der Kampf entschieden? – Alle Fragen, die mit Investieren und Sparen zusammenhängen, gehören hierher.

Mit der dritten berührt sich eine weitere, in unserer Reihenfolge die vierte Frage: Welche Schuhmaschinen die Schuhfabrik benutzt, welches Betriebssystem der Bauer im Landbau anwendet, welche Produktionsmethoden bei der Herstellung des Ofens gebraucht werden – alles das liegt nicht fest. Sehr viele technische Möglichkeiten bestehen gerade in neuerer Zeit, und aus der Zahl dieser Möglichkeiten muß der Industrielle, der Handwerker, Landwirt, Spediteur, Verkehrsunternehmer und auch jede Haushaltung auswählen. Fortwährend treffen wir Entscheidungen über die anzuwendende Technik: Mag es sich auch nur darum handeln, ob man zu Fuß gehen oder das Fahrrad oder das Motorrad oder den Kraftwagen benutzen soll. Diese Frage, welches Verfahren aus den vielen technisch möglichen Verfahren jeweils auszuwählen und anzuwenden ist, ist eine wirtschaftliche Frage. Warum wird sie in bestimmter Weise gelöst? Daß die Entscheidung oft von größter Tragweite ist und das Schicksal vieler Menschen bestimmt, lehrt ein Blick in die Geschichte. Wie umwälzend war vielerorts die soziale Umstellung, die allein durch die Einführung des mechanischen Webstuhls bewirkt wurde.

Fünftens endlich: Wo wurde der Ofen gebaut? Wo wurde das Eisen gewonnen? Woher das Erz bezogen? Warum kaufte ihn der Händler in einer Fabrik am Niederrhein, warum ist dort die Ofenfabrik entstanden, warum wurde das Eisen in Essen produziert, und warum das Erz in Schweden gekauft? Warum sind die Produktionsstätten von Kohle und Zement und Weizen und Bier in bestimmter Weise in einer Landschaft oder in ganz Deutschland, die Einzelhandelsgeschäfte, die Gasthäuser und die Handwerksbetriebe in Berlin in bestimmter Weise räumlich verteilt? – Würde man die Erdkugel aus der Vogelperspektive betrachten, so würde man bemerken, daß große und kleine Güterströme verschiedener Zusammensetzung Tag für Tag auf dem Lande und zur See bestimmten Punkten zustreben. Von Land zu Land – etwa zwischen Deutschland und Schweden – gehen alltäglich Güter hin und her. Aber ebenso – und das sei nicht übersehen – findet fortwährend ein Austausch zwischen den einzelnen Landesteilen, zwischen Stadt und Land, zwischen den Dörfern und innerhalb der Städte statt. Jede Fabrik bezieht Rohstoffe und Halbfabrikate von bestimmten Punkten und liefert ihre Produkte nach bestimmten Punkten. Die Produktion aller Güter vollzieht sich in gewisser räumlicher Anordnung, und von den Produktionsstätten bewegen sich zahlreiche große und kleine Ströme und Gegenströme von Gütern von Ort zu Ort. Wie erfolgt diese räumliche Lenkung der Produktion?

Quelle: W. Eucken: Die Grundlagen der Nationalökonomie, 9. Aufl. (Erstveröffentlichung 1940), Springer Verlag, Berlin, 1989, S. 1

2.1.2 Ordnungsformen und -elemente einer Wirtschaftsordnung

Wir wissen nun, wofür eine Wirtschaftsordnung zu sorgen hat, was sie leisten muss. Gelingt ihr dies, trägt sie bei zur Sicherung der Funktionsfähigkeit der Volkswirtschaft, zur zielgerichteten Koordinierung wirtschaftlicher Tätigkeiten und zur Förderung gesellschaftspolitischer Grundziele wie Freiheit, Sicherheit, Gerechtigkeit und Wohlstand.

Aber nach welchen Prinzipien gelingt es, das Verhalten von Menschen so zu beeinflussen und somit Prozessabläufe zu initiieren und zu prägen, dass in einem Gesellschaftssystem die angestrebten Ziele auch tatsächlich erreicht werden, die erreicht werden sollen? Und welche Organisationsprinzipien sind überhaupt möglich und miteinander vereinbar?

Wirtschaftsordnungen sind die Kombination einer ganz bestimmten, begrenzten Zahl von Ordnungsformen. Und als Klassifikationskriterien von Wirtschaftsordnungen werden z. B. die Formen der Planung und Lenkung, Eigentumsformen, Markt- und Preisbildungsformen, Formen der Betrieblichen Ergebnisrechnung (Unternehmensformen) sowie Formen der Geld- und Finanzwirtschaft angesehen.

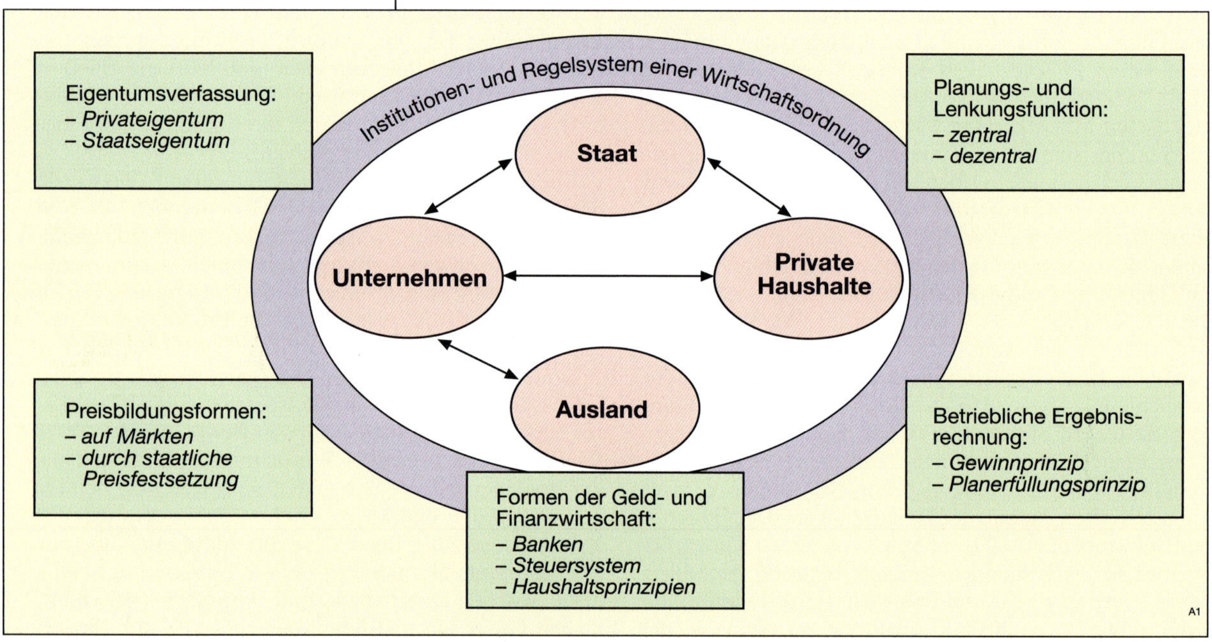

Ordnungsformen und -elemente einer Wirtschaftsordnung

Diese Ordnungsformen können unterschiedlich ausgeprägt sein – das Schaubild zeigt einige Möglichkeiten, die idealtypisch in marktwirtschaftlichen oder zentralverwaltungswirtschaftlichen Ordnungen wiederzufinden sind. Die Art und Weise, wie diese Elemente in einzelnen Gesellschaften konkret gefüllt werden, gibt Aufschluss über die jeweilige Wirtschaftsordnung. Die Vielfalt der konkret zu findenden Wirtschaftsordnungen gibt auch die Fülle der Kombinationsmöglichkeiten dieser Ausprägungsvarianten wieder.

Hier soll zunächst nur kurz mit beispielhaften Fragestellungen angedeutet werden, welche Ausgestaltungsmöglichkeiten in den jeweiligen Ordnungselementen zur Entscheidung anstehen. In den unterschiedlichen Kapiteln werden diese Ordnungselemente und die in Abhängigkeit von konkreten Wirtschaftsordnungsausprägungen festgelegten Ordnungsformen einen eigenen Stellenwert einnehmen.

Beispiel: Privateigentum

Formen des Eigentums (Kapitel „Wirtschaftsordnung")
Bei den Formen des Eigentums geht es u. a. darum festzulegen, ob es privates Eigentum geben soll und in welchem Umfang z. B. mit dem privaten Eigentum Rechte und Pflichten verbunden sind?
Oder gehört alles dem Staat und der entscheidet auch, was mit dem Eigentum geschieht?
Die Festlegung der Eigentumsform Privateigentum oder Staatseigentum ist die eigentliche „Wasserscheide" für die Wirtschaftsordnung – damit wird nämlich der Grundstein gelegt entweder für eine marktwirtschaftliche oder zentralverwaltungswirtschaftliche Gestaltung der Wirtschaftsordnung.

Beispiel: Staatseigentum

Formen der Planung und Lenkung (Kapitel „Wirtschaftsordnung")
Hier gilt es ein Planungs- und Lenkungssystem festzulegen, mit dem es in einer arbeitsteiligen Wirtschaft gelingen soll, die Abstimmung der Produktion mit den Bedürfnissen der Konsumentinnen und Konsumenten unter Knappheit zu koordinieren. Soll diese Aufgabe z. B. eine zentrale Behörde oder ein Planungsinstitut übernehmen oder gibt es andere, dezentrale Mechanismen, die dafür sorgen können, z. B. der Marktmechanismus?

Formen der Preisbildung (Kapitel „Privater Haushalt")
Hier geht es z. B. um Fragen wie
Wie entstehen Preise?
Wovon ist die Höhe der Preise abhängig?
Welche Funktionen sollen Preise übernehmen?
Werden Preise kontrolliert?
Erfolgt die Preisbildung z. B. auf dem Markt durch das Zusammenspiel von Angebot und Nachfrage oder legt der Staat die Preise fest?

Formen der betrieblichen Ergebnisrechnung (Kapitel „Betrieb")
Wie sollen die Unternehmensformen aussehen?
Wie werden die Ergebnisse des Wirtschaftsprozesses ermittelt und festgehalten?
Sind Gewinne für unternehmerische Aktivitäten ausschlaggebend oder ist es wichtig, aufgestellte Pläne zu erfüllen?
Arbeiten Unternehmen im Auftrag, nach einer Vorgabe, mit welcher Motivation? Unterliegen sie Planungs- und Kontrollinstanzen? Wer sorgt für die Produktionsmittel, in welcher Menge?
Wie wird die Arbeit entlohnt? Wie erfolgt der Absatz der Produktion?

Formen der Geld- und Finanzwirtschaft (Kapitel „Funktion des Staates" und Kapitel „Internationale Wirtschaftsbeziehungen")
Wie soll nach welchen Zielen und mit welchen Methoden die Geldversorgung der Wirtschaft durchgeführt werden?
Gibt es z. B. ein differenziertes Bankensystem?
Nach welchem System erfolgt der Tausch der eigenen mit anderen Währungen?
Und mit welchem System werden dem Staat die nötigen Gelder zur Finanzierung seiner Aufgaben zur Verfügung gestellt?

1. Erläutern Sie die im Schaubild auf vorhergehender Seite dargestellten „Ordnungselemente" einer Wirtschaft.
2. Begründen Sie, warum die konkrete Ausformung dieser Elemente darüber entscheidet, welche Wirtschaftsordnung sich herausbildet.
3. Untersuchen Sie (ggf. arbeitsteilig) die Wirtschaftsordnungen Chinas, der Ukraine, der Türkei und Spaniens und verwenden Sie als Analyseraster das vorgegebene Schaubild.

2.1.3 Gesellschaftssystem – Wirtschaftssystem – Wirtschaftsordnung

Die Ausführungen von Walter Eucken zeigen deutlich auf, welche wirtschaftlichen Probleme in einer Gesellschaft zu lösen sind.

Die Bedürfnisse (Wünsche) der Menschen sind nahezu unendlich, die zur Befriedigung der Bedürfnisse zur Verfügung stehenden Güter aber sind knapp. Und nur einige Produkte der Natur sind dazu geeignet, diese Wünsche unmittelbar zu erfüllen, sie müssen also umgewandelt und dann verteilt werden. Dabei übernehmen Menschen ganz unterschiedliche Aufgaben, sie haben sich auf ganz bestimmte spezialisiert, eine Arbeitsteilung ist vorgenommen worden, was notwendigerweise eine Zusammenarbeit erfordert. Innerhalb einer Gesellschaft sind die Menschen also voneinander abhängig und es muss innerhalb dieses gesellschaftlichen Systems ein Beziehungsnetz geschaffen werden, das es den Individuen ermöglicht miteinander in Beziehung zu treten.

Arbeitsteilige Gesellschaften bestehen aus unterschiedlichen Systemen – aus Teil- oder Subsystemen und jedes ist für spezifische gesellschaftliche Aufgaben zuständig. Es werden im Allgemeinen drei gesellschaftliche Teilsysteme angeführt:

- das politische System,
- das soziale System und
- das ökonomische System.

Gesamtsystem Gesellschaft

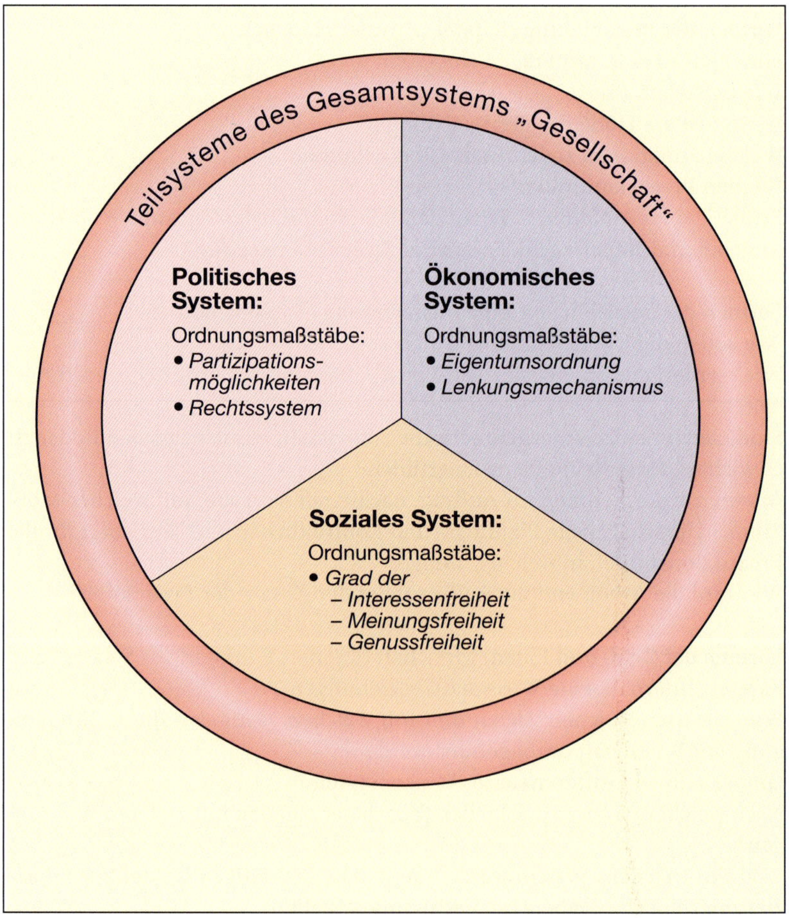

Wie die Bedürfnisbefriedigung erfolgt, bestimmen maßgeblich die Regelungen innerhalb dieser drei Systeme:

Als **politisches System/Regierungssystem** lässt sich die Gesamtheit aller politischen Einrichtungen und Verfahren bezeichnen, die regelmäßig mit Billigung der Verfassung oder der verfassungsgemäßen Organe an politischen Willensbildungs- und Entscheidungsvorgängen mitwirken, aus denen bestimmte Qualitäten der Verteilung von Gütern und Werten im Rahmen einer Regierungspolitik erwachsen.

Wie regelt das politische System die Inanspruchnahme von Gütern? Das wird in modernen Gesellschaften in der Rechtsordnung festgelegt. Wie ist staatliche Machtausübung legitimiert und geordnet? Werden den Individuen Persönlichkeitsrechte garantiert (z. B. Unverletzbarkeit der Person, freie Meinungsäußerung, Versammlungsfreiheit, Rechtssicherheit, Wahlfreiheit) und wie werden z. B. Kollektivgüter, von deren Konsum niemand ausgeschlossen wird, verteilt?

Als **soziales System** lässt sich die Gesamtheit aller Einrichtungen, Verfahren und zwischenmenschlichen Beziehungen bezeichnen, in denen sich wertgebundene Interessen und Bedürfnisse materieller oder ideeller Art entwickeln und in denen Güter und Werte zur Befriedigung dieser Interessen und Bedürfnisse genossen werden.

Die Handlungen der Menschen zur Befriedigung von Bedürfnissen hängen ganz maßgeblich vom kulturellen System als Teil des sozialen Systems ab, da sie z. B. durch Geschichtsbewusstsein, Tradition, Toleranz, nationalen Stolz, Religion oder Weltanschauungen bestimmt sind. Und das kulturelle System prägt somit in ganz erheblichem Maße auch die für erstrebenswert angesehenen individuellen und gesellschaftlichen Ziele.

Stellen Sie die jeweiligen Teilsysteme des „Gesellschaftlichen Systems" mit den entsprechenden Kennzeichen und Aufgaben im Einzelnen vor.

Dem **ökonomischen System** werden alle Handlungen zugeordnet, die dazu dienen sowohl Güter als auch Dienstleistungen zu produzieren und bereitzustellen.
Es ist hier zu entscheiden, was, wo, wann, wie, womit, von wem und für wen produziert wird.
Diese Allokations- (Lenkungs-) und Verteilungsprobleme sind in sachlicher, zeitlicher, räumlicher und personeller Hinsicht zu lösen.
Und wie sie gelöst werden, darüber gibt die jeweilige Wirtschaftsordnung Auskunft.

- Welche Ordnungsmaßstäbe sind konkret festgelegt worden?
- Wie ist die Eigentumsfrage geklärt, wie erfolgt die Preisbildung usw.?

Da die jeweiligen Teilsysteme interdependent sind und sich gegenseitig beeinflussen, sehen die Lösungsansätze für gesellschaftlich zu regelnde Fragen auch unterschiedlich aus. Totalitäre Diktaturen z. B. müssen die politische Machtausübung ökonomisch absichern. Sie entscheiden selbst über das Produktionsprogramm und die Verfügungsrechte.

interdependent (lat.): voneinander abhängend

Die Abbildung und die Hinweise zur Begriffsbildung auf nachfolgender Seite sollen diese Zusammenhänge veranschaulichen.

Der Zusammenhang zwischen Wirtschaftsordnung, Wirtschaftsverfassung, Wirtschaftssystem und sozialökonomischer Umwelt

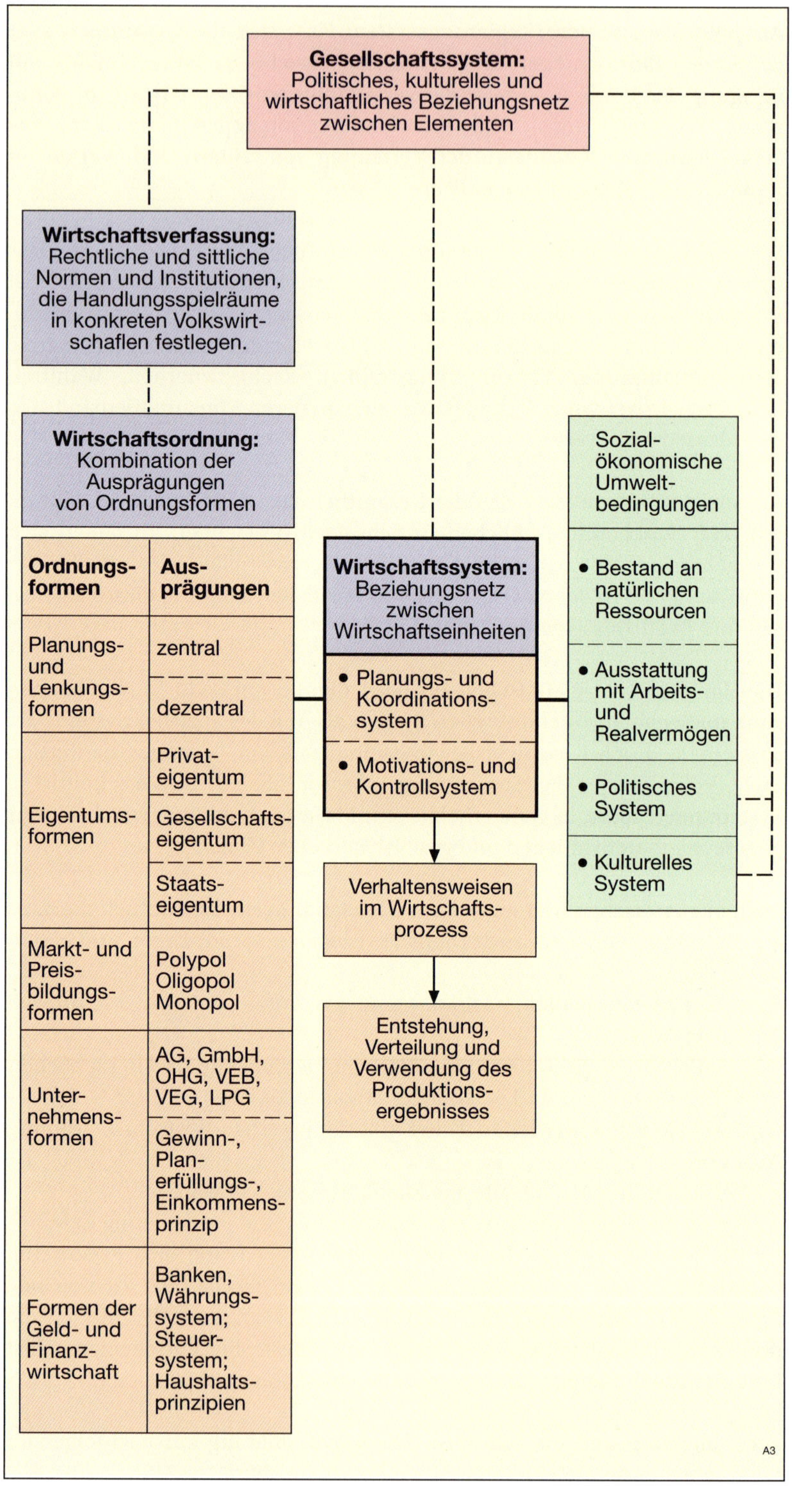

nach: J. Thieme: Wirtschaftssysteme, in: Vahlens Kompendium der Wirtschaftstheorie und Wirtschaftspolitik, Bd. 1, 7. Aufl., Verlag Vahlen, München, 1999, S. 12 ff.

AG: Aktiengesellschaft
GmbH: Gesellschaft mit beschränkter Haftung
OHG: Offene Handelsgesellschaft
VEB: Volkseigener Betrieb
LPG: Landwirtschaftliche Produktionsgesellschaft

1. Wirtschaftssystem (vgl. S. 80 f.)
Unter einem Wirtschaftssystem lässt sich die theoretische, lediglich gedachte Gliederung einer Wirtschaft, also das theoretische Beziehungsnetz verstehen. Dies gilt für die vorhandenen natürlichen und sachlichen Ressourcen, den Menschen in seiner Rolle als Konsument bzw. Produzent und die Produktions-, Distributions- und Konsumprozesse zwischen den Wirtschaftseinheiten.

2. Wirtschaftsverfassung
Unter einer Wirtschaftsverfassung versteht man die Gesamtheit aller vom Gesetzgeber im historischen Verlauf geschaffenen Regeln in Form von Geboten und Verboten, sittlichen Normen und Institutionen, die nicht nur die wirtschaftlichen Aktivitäten der Individuen, sondern auch den Wirtschaftsprozess eines Landes insgesamt maßgeblich beeinflussen.

Die ökonomische und soziale Leistungsfähigkeit einer Gesellschaft wird weitgehend durch die Ausgestaltung der Teilverfassungen der Wirtschaftsverfassung (Eigentums-, Markt-, Geld- und Finanzverfassung) bestimmt.

3. Wirtschaftsordnung
Unter einer Wirtschaftsordnung wird die realisierte Ausprägung eines Wirtschaftsystems beschrieben. Entsprechend kann man die Wirtschaftsordnung der Bundesrepublik, Russlands, Frankreichs usw. unterscheiden. Der Begriff Wirtschaftsordnung beschreibt ein in einem zumeist langfristigen historischen Prozess entwickeltes Institutionen- und Regelsystem. Er ist umfassender als der der Wirtschaftsverfassung, weil er einerseits systemprägende und -steuernde Ordnungselemente des Wirtschaftsgeschehens umfasst, die in ihrer Gesamtheit das Wirtschaftssystem bilden. Andererseits umfasst er auch die Vielfalt ordnender und regulierender Praktiken der Wirtschaftspolitik.

4. Sozialökonomische Umweltbedingungen
Zu dem die wirtschaftlichen Entscheidungen und Handlungen bedingenden Rahmen gehören einerseits die Wirtschaftsordnung, andererseits die sozialökonomische Umwelt.

Diese zweite Säule des Bedingungsrahmens umschließt die bereits genannten Faktoren, zu denen auch das politische und kulturelle Teilsystem einer Gesellschaft zu zählen sind. Ändert sich die Umwelt (z. B. Ressourcenerschöpfung), erfolgen Reaktionen im Wirtschaftsprozess (z. B. Ressourcensubstitution), die wiederum Umweltänderungen (z. B. Veränderungen des politischen Systems, Anhebung des Wissenstandes durch technische Fortschritte) auslösen können (vgl. Thieme, 1999, S. 10 f.).

Das innerhalb des geknüpften gesellschaftlichen Beziehungsnetzes einzuordnende Wirtschaftssystem weist charakteristische Strukturen auf, die die konkreten Abläufe wirtschaftlichen Geschehens und dessen Effektivität maßgeblich beeinflussen. Beachten Sie dazu das Zitat auf den nachfolgenden Seiten 84 und 85.

!

Erläutern Sie in einem Folienvortrag (oder mit Hilfe einer Power-Point-Präsentation) die in dem Schaubild (S. 82) dargestellten Zusammenhänge. Führen Sie zum besseren Verständnis konkrete Beispiele heran. Fertigen Sie mehrere Folien an und „bauen" Sie die Abbildung in Ihrem Vortrag sukzessive auf.

Charakteristische Strukturen eines Wirtschaftssystems

Entscheidungsstruktur

Die charakteristischen Strukturen des interdependenten Entscheidungsgeflechts und damit die charakteristischen Strukturen des Wirtschaftssystems werden durch die Entscheidungsstruktur, die Informationsstruktur, die Motivationsstruktur und die Koordinationsstruktur gebildet. Mit Entscheidungsstruktur ist die Art und Weise gemeint, in welcher in einer bestimmten Gesellschaft die Macht verteilt ist, Entscheidungen über wirtschaftliches Handeln zu treffen.

Rechtliche und soziale Regeln

Bei gegebener Systemumwelt und bei gegebener Informationsstruktur gibt es eine sehr große Menge alternativ möglicher Handlungen der Akteure, die auf getroffenen Entscheidungen beruhen. [...] Diese Kompetenzverteilung wird durch bestimmte, in der Gesellschaft vorfindbare rechtliche und soziale Regeln begründet.

Informationsstruktur

Die Informationsstruktur umfasst die bestehenden Formen und Kanäle des Sammelns, Verbreitens, Speicherns und Nutzens von entscheidungsrelevanten Informationen und damit die Art der Koordination von Einzelentscheidungen zu einem die ganze Wirtschaft überdeckenden Entscheidungsgeflecht. Entscheidungsrelevantes Wissen hinsichtlich der Umwelt (= Technologie, Verfügbarkeit von Ressourcen, Präferenzen etc.) kann von einem Wirtschaftssubjekt durch Beobachtung oder durch die Übertragung von Nachrichten gewonnen werden. Dabei sind die Möglichkeiten der Wissensgewinnung durch Beobachtung aus zwei Gründen begrenzt. Einmal deshalb, weil das Wissen um bestimmte Gegebenheiten inhärent [einer Sache innewohnend] persönlicher Art ist und von anderen daher gar nicht durch Beobachtung erfasst werden kann, und zum anderen deshalb, weil die Beobachtungskapazität jedes einzelnen Individuums in zeitlicher und räumlicher Hinsicht limitiert ist. [...]

Dem Prozess der Arbeitsteilung entspricht daher auch eine Wissensteilung. Die Begrenzung in den Möglichkeiten der Beobachtung kann teilweise durch Kommunikation zwischen den wirtschaftenden Akteuren überwunden werden. [...] Dabei muss man sich zwei wichtiger Begrenzungen einer jeden Informationsstruktur bewusst sein. Einmal sind Fehler bei der Beobachtung, beim Rechnen und bei der Übertragung von Informationen nie ganz zu vermeiden. Zum anderen steht der Prozess des Beobachtens, Rechnens und Übertragens von Nachrichten stets unter menschlicher Kontrolle, weshalb Manipulationen und Verfälschungen von Informationen eine ständige Möglichkeit darstellen. Auch die Informationsstruktur und die Prozesse der Koordination von Entscheidungen werden durch rechtliche und soziale Regeln begründet.

Motivationsstruktur

Da alle Entscheidungen interessenbedingt und auf die Erreichung von Zielen hin ausgerichtet sind, wird die Eigenart des volkswirtschaftlichen Entscheidungsgeflechts auch durch die Motivationsstruktur bedingt. Hierbei handelt es sich um die Formen und Mechanismen, die Leistungen stimulieren oder erzwingen, so dass das Entscheiden und Handeln nicht nur den jeweiligen Entscheidungs- und Handlungsträgern selbst, sondern auch anderen Wirtschaftenden Vorteile bringt.

Zur Motivationsstruktur führen Neuberger und Duffy aus: „The essence of the motivation structure is the mechanism by which agents can implement their decisions, i. e., the way in which they can get other agents to comply with their wishes. One agent can influence another agent's acts by limiting that agent's set of alternative acts, by controlling the events that will determine the consequences of the acts, by changing the utilities the agent attaches to these consequences, or by influencing the perceptions of the feasible acts, consequences, or utilities (by propaganda, advertising, brainwashing etc.)."

In Anlehnung an diese Charakterisierung der Motivationsstruktur eines Wirtschaftssystems lässt sich eine ihrer wichtigen Komponenten, nämlich die Anreizstruktur, darstellen als „[...] a specification of the procedures or rules by which the various members of a system are rewarded or penalized. Rewards and penalties, it should be noted, can refer in either money, actual goods and services, or nonmaterial items."

Anreizstruktur

Den Prozess, durch den sich Entscheidungen und Handlungen der verschiedenen Individuen zu Gruppenentscheidungen und -handlungen oder zu Gesamtentscheidungen und -handlungen zusammenfügen, bezeichnet man als Koordinationsstruktur, die sich mit den drei anderen genannten Strukturen überlappt. Als Beispiele für Koordinationsprozesse (Koordinationsstrukturen) sind zu nennen: Bürokratie, Märkte, zentrale Planung, Prozesse des Aushandelns, Schiedsverfahren, Mehrheitsentscheide sowie Kombinationen dieser Fälle. [...] Entscheidungs-, Informations-, Motivations- und Koordinationsstruktur eines Wirtschaftssystems manifestieren sich in den je vorzufindenden Formen, in denen die Verwendung von Produktionsfaktoren geplant wird (Formen der Planung), in den Formen der Ausübung von Eigentumsrechten an Gütern (Eigentumsformen), in den Formen der Preisbildung und der Entstehung des Tauschmittels Geld sowie in den Formen, in denen sich in den Einzelwirtschaften der Geschehnisablauf vollzieht.

Koordinationsstruktur

Die Geschehnisabläufe in den Einzelwirtschaften (Unternehmungen oder Betriebe, private, gesellschaftliche und öffentliche Haushalte) sind wiederum bedingt durch die jeweils für diese Einzelwirtschaften geltenden Rechtsformen, die Formen der inneren Willensbildung und die Form der durch das Wirtschaften verfolgten Zielsetzungen. Diese in je bestimmter Weise ausgeprägten Manifestationen der volkswirtschaftlichen Entscheidungs-, Informations-, Motivations- und Koordinationsstruktur und damit die charakteristische Eigenart des Entscheidungsgeflechts, der aus ihnen erwachsenden Handlungen und damit des Wirtschaftssystems wurzeln in bewusst gestalteten, rechtlichen und in historisch gewachsenen sozialen Regeln. Letztere stellen allgemein anerkannte normative Verhaltensmuster dar, die sich in Sitten, Gebräuchen, Gewohnheiten und allgemeinen Erwartungen dokumentieren. [...]

Quelle: G. Gutmann: Volkswirtschaftslehre: Eine ordnungstheoretische Einführung, 4. Aufl., Kohlhammer, Stuttgart, 1991

!

1. Geben Sie die wesentlichen Aussagen des Textes in einem Schaubild wieder. Verwenden Sie dabei auch die in der Randspalte herausgestellten Begriffe. Schwierig wird es sicherlich, wenn sich einzelne Bereiche „überlappen" – suchen Sie dafür eine angemessene Darstellungsweise.
2. Begründen Sie Ihren Kursteilnehmern das entstandene Schaubild, indem Sie es ihnen erläutern und stellen Sie auch dar, vor welchen Schwierigkeiten Sie standen.
3. Wählen Sie das informativste und anschaulichste Schaubild des Kurses aus.
   Wie könnte das hier beschriebene Verhältnis zwischen Final- und Modalzielen in dem von Ihnen erstellten Schaubild berücksichtigt werden?

Finalziele und Modalziele

Gutmann formuliert in seinen Ausführungen, alle Entscheidungen seien interessenbedingt und auf die Erreichung von Zielen hin ausgerichtet. Wenn Sie sich die Abbildung auf S. 82 noch einmal in Erinnerung rufen, wird ganz deutlich, dass Wirtschaftsverfassung und Wirtschaftsordnung einen „untergeordneten" Stellenwert einnehmen. So wie soziales (kulturelles) und politisches System der Erreichung gesellschaftlicher Zielsetzungen dienen, ist auch das wirtschaftliche System darauf ausgerichtet, seinen entsprechenden Beitrag zu leisten. Wirtschaftliche Ziele dienen als Mittel (Modalziele) zum Zweck, d. h. anderen übergeordneten gesamtgesellschaftlichen Finalzielen, Grundwerten (z. B. Freiheitsspielraum des Einzelnen, soziale Gerechtigkeit, sozialer Frieden, soziale Sicherheit, Förderung des Wohlstands). So, wie gesellschaftspolitische Ziele nicht objektiv sind, also Werturteile sind, sind wirtschaftspolitische Ziele ebenso grundsätzlich subjektiv. Ob eine Regierung beispielsweise der Bekämpfung der Arbeitslosigkeit oder eher der Inflationsbekämpfung Priorität einräumt, ist eine politische und damit normative Entscheidung, die von bestimmten gegebenen Rahmenbedingungen und Wertungen abhängt.

2.2 Wirtschaftsordnungen verändern sich – was Pop-Musik mit der Wirtschaftsordnung zu tun hat!

2.2.1 Die Bedeutung der Eigentumsverfassung in der Wirtschaftsordnung

Woran ist zu erkennen, ob eine Wirtschaftsordnung die Leistungsfähigkeit besitzt, die zur Erreichung der festgelegten Ziele geeignet ist? In den Augen vieler Experten hat die Ausgestaltung der Eigentumsverfassung die größte Bedeutung für die Leistungsfähigkeit einer Wirtschaftsordnung, denn sie hat maßgebliche Auswirkungen auf das wirtschaftliche Verhalten von Individuen. Wäre in einer Wirtschaftsordnung nicht geregelt, was Eigentum ist und was man mit seinem Eigentum machen darf, würde es – umgangssprachlich formuliert – „Mord und Totschlag geben". Es ergibt sich aber auch deshalb eine Notwendigkeit diese Regelungen vorzunehmen, weil in Anbetracht der gegebenen Knappheit von Ressourcen ein rationeller Einsatz der Produktionsfaktoren erforderlich ist. Dafür soll z. B. in einer marktwirtschaftlichen Ordnung die Festlegung des **Privateigentums** als zentrale Säule der Eigentumsordnung sorgen.

Eine eindeutige Zuweisung von Eigentumsrechten führt generell dazu, dass andere von der Nutzung ausgeschlossen werden können. Und das ist eine wichtige Voraussetzung für den rationellen Einsatz von Produktionsfaktoren (vgl. Gutman 1993, S. 50).

Am Beispiel des Fischfangs soll dies verdeutlicht werden. Solange es nicht möglich ist, eindeutige Eigentumsrechte an Fischbeständen zu vergeben und alle Fischer in den gleichen Gebieten fischen, besteht für den einzelnen Fischer kaum ein Anreiz, bei seiner Fangquote beispielsweise auf die Sicherung der Reproduzierbarkeit zu achten, da er nicht mit Sicherheit davon ausgehen kann, von den langfristigen positiven Effekten zu profitieren. Es kommt zur Überfischung zum Nachteil aller, im Falle des Walfangs bis zur annähernden Ausrottung der Tiere. Bestünde die Möglichkeit der Zuweisung eindeutiger Eigentumsrechte, so würden die einzelnen Fischer ihre Fangquoten so einrichten, dass sie auf lange Sicht erfolgreich ihrer Tätigkeit nachgehen könnten. Anders ausgedrückt sind diese Eigentumsrechte die Voraussetzung für die rationelle Nutzung von Ressourcen.

In einer marktwirtschaftlichen Ordnung ist es die erste Aufgabe der Rechtsordnung das Privateigentum zu schützen. Damit sind weitere Prinzipien verknüpft, beispielsweise die **Vertragsfreiheit** und das **Haftungsprinzip.**

Eine Marktwirtschaft kann nur funktionieren, wenn die Teilnehmer am Wirtschaftsgeschehen Verträge frei aushandeln können. Natürlich dürfen die Teilnehmer dabei nicht gegen geltende Gesetze verstoßen. Mit einem Dreizehnjährigen z. B., der lieber in einer Fabrik arbeiten würde, als weiter zur Schule zu gehen, könnte ein Unternehmen keinen rechtlich gültigen Arbeitsvertrag abschließen. Es würde sich um Kinderarbeit handeln und diese ist in Deutschland verboten. Außerdem ist der Dreizehnjährige noch schulpflichtig. In anderen Gesellschaften gibt es diese Altersgrenze beispielsweise nicht und es gehört zum „normalen Alltag", dass Dreizehnjährige in Fabriken arbeiten, z. B. in Asien. Wir können daran erkennen, dass es in unterschiedlichen Kulturkreisen auch unterschiedliche rechtliche Regelungen gibt.

Wenn in der Marktwirtschaft Privateigentum und Vertragsfreiheit zu den Grundrechten gehören, dann sind diese beiden Rechte erst dann sinnvoll, wenn es auch Regelungen für die Haftung gibt: Wenn die Vertragsparteien

Verträge aushandeln, dann müssen sie auch für die Folgen ihres Handelns geradestehen – das ist nur „recht und billig", wie man sagt. Die Rechtsordnung muss deshalb Strafen für Vertragsbruch, für das Nichteinhalten von Gesetzen, Auflagen und Richtlinien enthalten. Erst damit ist für alle Beteiligten die nötige Rechtssicherheit gewährleistet. Wobei die wirtschaftsverfassungsrechtlichen Normen in marktwirtschaftlichen Ordnungen so zu gestalten sind, dass sie dem Einzelnen einen möglichst breiten Spielraum für die an eigenen Zielen ausgerichteten Verhaltensweisen gewähren.

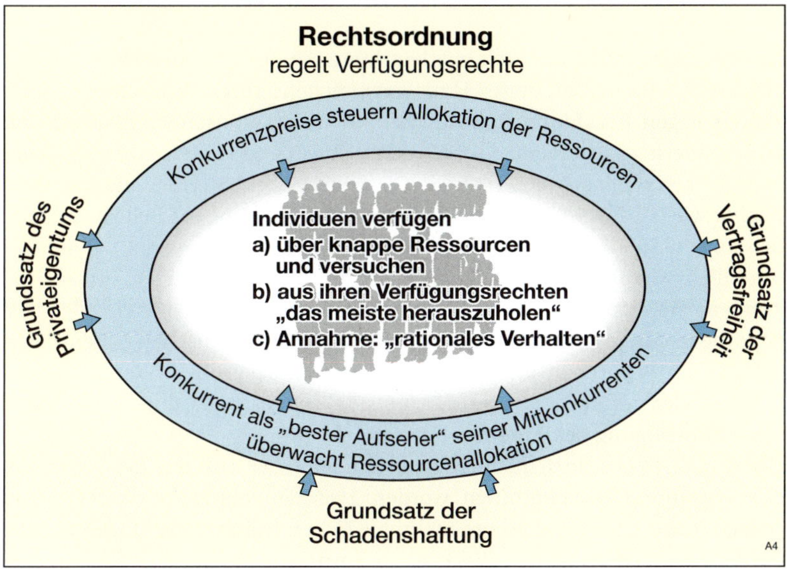

Was bedeutet „Privateigentum"?

In der Marktwirtschaft gilt Privateigentum. Wer etwas rechtmäßig erworben hat, darf mit seinem Eigentum so verfahren, wie er möchte, solange es rechtmäßig ist. Was heißt das im Einzelnen?

Wie oben schon erwähnt beschreiben die Eigentumsrechte (Property Rights) Rechte und Pflichten von Individuen, die sich aus der Existenz knapper Ressourcen ergeben, und die Ausgestaltung der Eigentums- und Verfügungsrechte beeinflusst die Allokation und Nutzung von wirtschaftlichen Gütern.

Wenn jemandem etwas privat gehört, kann er folgende Rechte nutzen:

1. das Recht einen Vermögenswert zu gebrauchen (ius usus), man bezeichnet es auch als das Entscheidungs- und Nutzungsrecht;
2. das Recht, die „Früchte" des Eigentums zu nutzen (ius usus fructus), z. B. darf sich ein Eigentümer eines Grundstücks die Produkte, die auf seinem Grund und Boden gewachsen sind (Getreide, Kartoffeln oder Obst), aneignen;
3. das Recht, das Eigentum zu verändern oder zu wechseln (ius abusus), z. B. Form und Farbe umzugestalten
4. das Recht, Eigentum und Vermögenswerte ganz oder zeitweise auf andere zu übertragen (ius successiones), z. B. Verkauf, Vererben, Vermieten oder Verpachten von Eigentum.

Das Recht an einem Gut kann sowohl bei einer Person vollständig vorhanden oder aber auch auf mehrere Personen gemeinschaftlich verteilt sein.

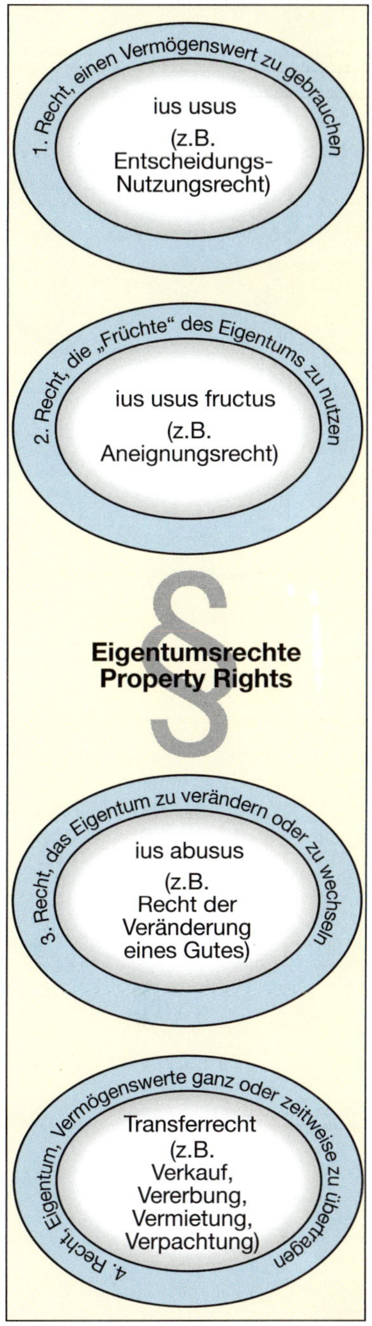

Damit wird deutlich, dass bei der Übertragung oder beim Erwerb von Eigentum nicht nur Güter gegen Geld getauscht werden, sondern dass mit jeder Transaktion vielmehr auch ein Tausch von Rechten stattfindet.

2.2.2 Das Urheberrecht – ein wesentlicher Bestandteil der Eigentumsordnung

Die Ausgestaltung der oben dargelegten Rechte kann sich jedoch bei den verschiedenen Gütern sehr unterschiedlich darstellen.
Welche Wirtschaftssubjekte in welchem Umfang an welchen Gütern Verfügungsrechte haben, ob sie diese mit anderen teilen müssen oder nicht und ob diese Rechte stark oder schwach sind, das wird in hohem Maße durch die bestehende Rechtsordnung (politisch-rechtliche Ordnung) einer Gesellschaft bestimmt, insbesondere durch die Eigentumsordnung.

Nehmen wir einmal an, Sie erwerben hierzulande ein neues Haus. Damit erhalten Sie das Recht, dieses Haus entsprechend Ihren Wünschen zu nutzen, es gegen Bezahlung zu vermieten, es Ihren Wünschen entsprechend zu verändern, es jederzeit zu verschenken oder zu verkaufen. Aber wie sieht es z. B. beim Erwerb einer Musik-CD aus? Haben Sie hier die gleichen Rechte wie bei Ihrem Haus oder gibt es Einschränkungen? Selbstverständlich dürfen Sie die CD im privaten Rahmen nutzen, aber wenn Sie die CD öffentlich vorspielen wollen, unterliegt ihre Nutzung einigen Einschränkungen. Sie dürfen sie auch nicht gegen Bezahlung vermieten oder das erworbene Gut gar verändern. Sie dürfen zwar den physischen Datenträger nach Ihren Wünschen umgestalten, mit Farbe besprühen oder auch zerkratzen oder zerbrechen, aber den musikalischen Inhalt dürfen Sie nicht ohne Einwilligung des Autors verändern.
Güter sind also unterschiedlich zu behandeln. Bei unseren Beispielen ist eine Trennung vorgenommen worden zwischen einem physischen Gut (Haus/Datenträger) und einem nichtphysischen Inhalt (Musik). Die Rechte der Schöpfer an „geistigen Werken" in Form von Musik, Literatur, pantomimischen Werken, Werken der Tanzkunst, Werken der angewandten und bildenden Kunst, Lichtbild- und Filmwerken müssen nach der Idee des „Privateigentums" in Marktwirtschaften ebenfalls gesichert und unrechtmäßige Nutzungen müssen verhindert bzw. sanktioniert werden. Denn warum sollte ein professioneller Autor oder Musiker überhaupt tätig werden, wenn er nicht davon ausgehen kann, dass er allein über die Verwertung seiner Produkte entscheidet und diese auch ökonomisch nutzen kann? Dazu fehlte dann ja jeder Anreiz, ausgenommen, er legte keinen Wert darauf, die „Früchte seiner Arbeit" zu ernten. Eine möglichst breite kulturelle Vielfalt liegt aber im gesamtgesellschaftlichen Interesse.

Der Schutz geistigen Eigentums ist im sogenannten „Urheberrecht" geregelt. Dieser Schutz ist aber mit besonderen Problemen behaftet – vor allem im digitalen Zeitalter. Gerade im Zusammenhang mit den technischen Möglichkeiten des „Kopierens von CDs" und dem „Herunterladen" von Filmen, Musik u. a. m. aus dem Internet wird seit einiger Zeit besonders heftig über die Eignung des bestehenden Urheberrechtes zum Schutz geistigen Eigentums gestritten und die unterschiedlichsten Interessensgruppen kommen in den Medien zu Wort. In der Bevölkerung fehlt oft auch das Bewusstsein darüber, dass die unrechtmäßige Aneignung geistigen Eigentums (z. B. durch den Kauf von kopierten CDs) vergleichbar ist mit einem Warendiebstahl im Kaufhaus. Aber während der Ladendiebstahl grundsätzlich als krimineller Akt bewusst ist, gilt das Kopieren von Musik oder Filmen eher als Kavaliersdelikt.

„Die CD-Brenner stoppen" –
Industrie und Politik gehen gemeinsam gegen das Kopieren vor
Bielefeld (WB). Wirtschaft und Politik unternehmen einen neuen Anlauf, um Musikschnorrern das Handwerk zu legen. Gemeinsam wollen sie das Brennen einer CD erschweren, nach Möglichkeit sogar ganz verhindern. Als Hebel wollen sie die Richtlinie der Europäischen Union benutzen, die die Übertragung des Urheberschutzes in nationales Recht verlangt. „Entertainment zum Nulltarif darf es nicht geben", betonte der ehemalige Europa-Chef der Bertelsmann Music Group, Thomas M. Stein.

Seit CD-Brenner „in vielen Kinderzimmern zur Grundausstattung" zählten und Rohlinge weniger als eine Kugel Eis kosteten, „bricht uns der Umsatz in gefährlichen Dimensionen weg", beklagte Stein. Die Musikindustrie habe im vergangenen Jahr durch privates Kopieren etwa 500 Millionen Euro eingebüßt. Gleichzeitig seien in Deutschland 133 Millionen CD-Rohlinge mit Musik gefüllt worden. Die Bundesregierung müsse die Richtlinie schnell umsetzen und die „Online-Piraterie" eindämmen. Die kinderleichte Vervielfältigung von Tonträgern gelte es durch technische Schutzsysteme zu stoppen.
Die existieren zum Teil schon. Es gibt nur ein Problem: Nicht alle CD-Player kommen mit den kopiergeschützten Silberlingen klar. Das wiederum ruft Verbraucherschützer und die Elektroindustrie selbst auf den Plan. [...]
Wirtschaft und Politik sind entschlossen, „kostenlose Raubkopien" nicht mehr hinzunehmen und CD-Brenner zu stoppen. Wir wollen den Diebstahl geistigen Eigentums nicht weiter zulassen", sagte der Mindener CDU-Bundestagsabgeordnete Steffen Kampeter in der Bundestagssitzung zur Lage der Rock- und Pop-Musik. [...] Die CDU fordert die Bundesregierung auf, noch vor der Sommerpause zu erläutern, wie sie das Kopieren künftig verhindern will. Der Kulturstaatsminister Julian Nida-Rümelin bekräftigte in der Bundestagssitzung: „Wir müssen gegen die Bedrohung, die sich gegenwärtig durch die Möglichkeit, digitale Kopien zu erstellen, für die künstlerische Kreativität und ihre wirtschaftliche Verwertbarkeit zeigt, sehr gründlich angehen."
Quelle: Dietmar Kemper, in: Westfälisches Volksblatt vom März 2002

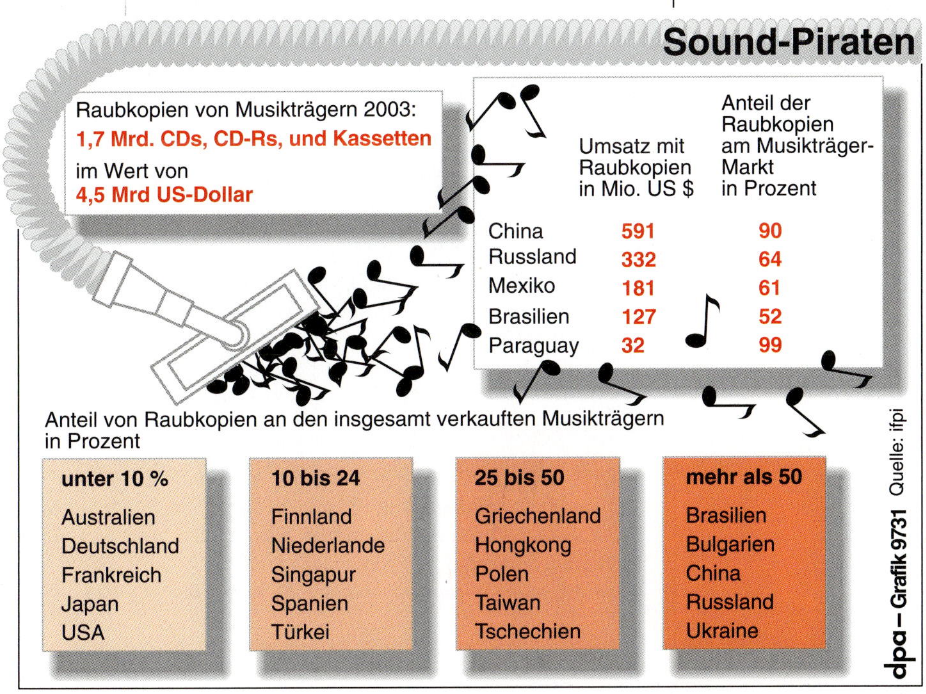

2.2.3 Historische und aktuelle Entwicklung des Urheberrechts Definition: Urheberrecht

Das Urheberrecht schützt den Urheber durch das Urheberpersönlichkeitsrecht und durch die Zuordnung von vermögensrechtlichen Verwertungsrechten in seinen geistigen, persönlichen und vermögensrechtlichen Beziehungen zu seinem Werk, dessen Rechtsschutz mit seiner Entstehung beginnt und im Unterschied zu den gewerblichen Schutzrechten keiner Hinterlegung oder Registrierung bedarf. Als dem Urheber zugängliche Werkarten nennt das UrhG Sprachwerke (Reden, Schriftwerke und Computerprogramme), Werke der Musik, pantomimische Werke und Werke der Tanzkunst, Werke der bildenden und angewandten Kunst, Bauwerke, Lichtbildwerke, Filmwerke sowie Darstellungen wissenschaftlicher und technischer Art [...], Bearbeitungen und Sammelwerke (§ 3), die den Schutz des Urheberrechts genießen, wenn sie eine persönliche geistige Listung darstellen, d. h. Eigentümlichkeit eines hinreichenden Grades an Gestaltungshöhe aufweisen (§ 211). Neuheit des Werks ist nicht erforderlich, die Gestaltungshöhe des Werks, für das Schutz begehrt wird, ist aber auf der Grundlage des Vergleichs mit vorbekannten Gestaltungen festzustellen. Keinen Urheberrechtsschutz genießen amtliche Werke.
[...] Neben diesen Werken stehen als verwandte Schutzrechte die sog. Leistungsschutzrechte, die den urheberrechtsschutzfähigen Werken nahe stehen, weil sie die wissenschaftlichen Ausgaben (§ 70), Lichtbilder (§ 72) und Darbietungen ausübender Künstler (§ 73 ff.) persönlichkeitsgeprägte Leistungen mit einem zumindest teilweisen Schutz des Persönlichkeitsrechts darstellen oder wie [...] die Herstellung von Tonträgern (§ 85) im Zusammenhang mit schöpferischen Leistungen erbrachte besondere technische, organisatorische oder unternehmerische Leistungen sind. Entsprechend unterschiedlich sind die Schutzfristen. Das Urheberrecht endet 70 Jahre nach dem Tod des Urhebers (§ 64), Leistungsschutzrechte sind regelmäßig auf 50 Jahre nach ihrer Erbringung [...] befristet [...], der Veranstaltungsschutz ist [...] auf 25 Jahre begrenzt. [...] Rechtsschutz: [...] Verletzungen des Urheberrechts lösen Unterlassungs- und bei Verschulden Schadensersatzansprüche, bei fehlendem Verschulden Ansprüche aus ungerechtfertigter Bereicherung (§ 812 BGB) aus, die durch Auskunftsansprüche und Vernichtungsansprüche sowie bei offensichtlichen Verletzungen durch die Möglichkeit der Grenzbeschlagnahmung ergänzt werden. [...]
Quelle: Gabler Wirtschaftslexikon, 16. Aufl. 2004, S. 3066–3068

Die wichtigsten Bestandteile des Urheberrechts sind:

Urheberpersönlichkeitsrecht
[...] (1) Der Urheber hat das Recht zu bestimmen, ob und wie sein Werk zu veröffentlichen ist; ihm ist es vorbehalten, vor Veröffentlichung des Werkes, seiner Beschreibung oder seines wesentlichen Inhalts den Inhalt öffentlich mitzuteilen (§ 12 UrhG).
(2) Recht auf Anerkennung der Urheberschaft am Werk (§ 13 UrhG).
(3) Bestimmung, ob oder mit welcher Urheberbezeichnung das Werk zu versehen ist (§ 13 UrhG).
(4) Recht, Entstellung oder andere Beeinträchtigungen des Werkes zu verbieten, die geeignet sind, seine berechtigten geistigen oder persönlichen Interessen am Werk zu gefährden (§ 14 UrhG).
(5) Zugang zu Werkstücken zur Herstellung von Vervielfältigungsstücken oder Bearbeitung des Werkes (§ 25 UrhG).
Quelle: Gabler Wirtschaftslexikon, 16. Aufl. 2004, S. 3066

Verwertungsrechte
[sind] dem Urheber zustehende Rechte zur wirtschaftlichen Verwertung seines Werks [...], die er durch Einräumung von Nutzungsrechten der wirtschaftlichen Verwertung durch Dritte zuführen kann.
Quelle: Gabler Wirtschaftslexikon, 16. Aufl. 2004, S. 3209

Musikurheberrecht
Urheberrecht an Musikschöpfungen, für dessen Schutzfähigkeit Formgebung und Gestaltung der musikalischen Idee maßgebend sind, entsprechend streng ist der Melodienschutz. Eine freie Benutzung kommt schon dann nicht mehr in Betracht, wenn die Melodie des benutzten Werks in dem neuen Werk erkennbar ist (§ 24 II UrhG). Die mechanischen Rechte und Aufführungsrechte werden i. d. R. von der Gesellschaft für musikalische Aufführungs- und mechanische Vervielfältigungsrechte (GEMA) wahrgenommen, der Musikverleger kann sie nur erwerben, wenn der Urheber keiner Verwertungsgesellschaft angeschlossen ist. [...]
Quelle: Gabler Wirtschaftslexikon, 16. Aufl. 2004, S. 2097

Konstruieren und recherchieren Sie unterschiedliche „Fälle", die einer rechtlichen Klärung bedürfen und bemühen Sie sich um eine Lösung.

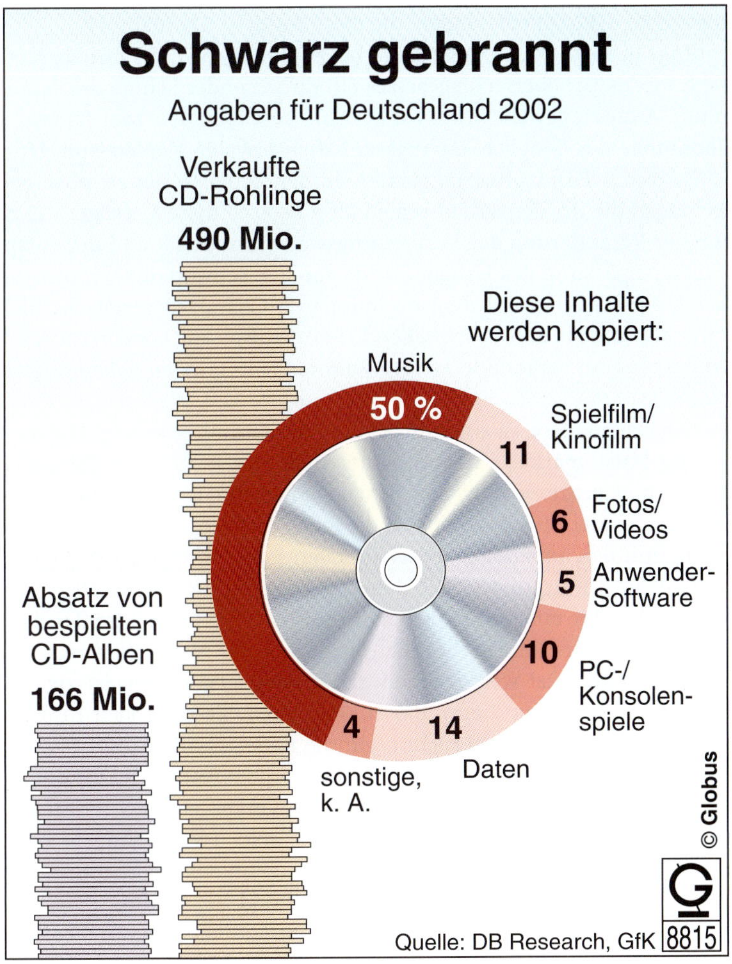

Entwicklung des Urheberrechts

Im Verlauf eines langwierigen historischen Prozesses hat sich schließlich im 18. Jahrhundert das Bewusstsein herausgebildet, dass „geistiges Eigentum“, u. a. in Form von musikalischen Werken, mit ebensolchen Rechten auszustatten sei wie materielles Eigentum. Fortan bestimmten technologische und gesellschaftliche Entwicklungen die Veränderung der gesetzlichen Umsetzungen im Urheberrecht. War es ursprünglich nur die Frage nach der Sicherung der Autorenrechte beim Verkauf von gedruckten Notensätzen und Partituren, so kam später im Zuge der erweiterten kommerziellen Verbreitung von Musik der Schutz von Aufführungen und Tonträgern unterschiedlicher Art hinzu. Die althergebrachten Regelungen mussten dabei immer wieder den Entwicklungen angepasst werden, um die legitimen Schutzbedürfnisse der Berechtigten weiter sichern zu können. Durch die zunehmende Komplexität der Musikwelt wurde es den einzelnen Akteuren (Autorinnen und Autoren, Musikerinnen und Musiker, Tonträgerproduzenten) mit der Zeit unmöglich, eigenständig die Einhaltung ihrer Rechte zu überwachen. Verwertungsgesellschaften (in Deutschland u. a. die Gesellschaft für musikalische Aufführungs- und mechanische Vervielfältigungsrechte, GEMA) entstanden, die diese Aufgabe übernahmen.

Allerdings dauerte es in Deutschland bis zum Jahr 1965, bis mit der Verabschiedung des Urheberrechtsgesetzes ein umfassender Schutz der Autorinnen und Autoren gewährleistet wurde. Und bereits in den 70er Jahren, mit Aufkommen der Möglichkeit massenhafter privater Kopien von Musikstücken durch Bandaufnahmegeräte, wurden Modifikationen notwendig. Dabei zeugt die im Zeitverlauf regelmäßig beobachtbare Verzögerung zwischen der Veränderung der Verbreitungswege von Musik und der entsprechenden Anpassung des Urheberrechts von der Schwerfälligkeit institutioneller Umgestaltung und dem evolutionären Charakter gesellschaftlicher Ordnungen, die nie eine abschließende Form aufweisen, sondern durch stete Anpassung an veränderte äußere Rahmenbedingungen gekennzeichnet sind.

Diese Anpassung bzw. Weiterentwicklung des Ordnungssystems ist im Bereich des Musikmarkts, wie andernorts auch, das Resultat umfangreicher Aushandlungsprozesse zwischen verschiedenen Interessensgruppen. Gerade im Bereich der Musik liegt dabei die enge Verflechtung der Wirtschaftsordnung mit den anderen gesellschaftlichen Subordnungen auf der Hand. Musik gilt als Kulturgut, weshalb neben den ökonomischen vor allem soziokulturelle Aspekte eine Rolle spielen, insofern als im Sinne des öffentlichen Interesses nur eine eingeschränkte Sicherung der Verfügungsrechte der Autoren durchgesetzt werden kann. Diskussionsgegenstand ist zu jedem Zeitpunkt der Umfang dieser Einschränkungen. Es stellt sich in diesem Zusammenhang also längst nicht mehr die Frage, ob die Autorin bzw. der Autor eines Musikstückes oder der Hersteller eines Tonträgers für die – wie auch immer geartete – Aufführung seines Werkes einen Vergütungsanspruch hat. Die Frage liegt vielmehr darin, welche Verfügungsrechte die Konsumenten über die private Nutzung hinaus mit dem Kauf eines Tonträgers oder einer Konzertkarte erwerben. Während Verwertungsgesellschaften, Künstler, Autoren, Produzenten und Tonträgerhersteller in dieser Auseinandersetzung eine möglichst umfassende Rechtssicherung verlangen, verfolgen z. B. die Hersteller von Aufnahmegeräten, Betreiber öffentlicher Bibliotheken aber auch Vertreter von Verbraucherinteressen andere Ziele. Der Staat hat hier die Aufgabe, die anstehende Neuordnung des rechtlichen Rahmens soweit möglich im Konsens zu lösen.

!

1. Stellen Sie einen Zusammenhang her zwischen den im Laufe der Zeit erfolgten Veränderungen im Urheberrecht und der Entwicklung technischer Vertriebsmöglichkeiten.
2. Warum erfahren „Kulturgüter“ urheberrechtlich gesehen eine andere Behandlung als „ökonomische Güter“?
3. Zeigen Sie den grundlegenden Interessengegensatz in der Diskussion um das Urheberrecht auf und beschreiben Sie dabei die Aufgabe des Staates.

Historische Entwicklung des Urheberrechts in Deutschland

17. Jhd.	Im ausgehenden 17. Jahrhundert Anfänge eines Rechtsgefühls für die wirtschaftlichen Interessen des Urhebers; Entwicklung einer Lehre des Verlagseigentums; Entscheidender Durchbruch durch die „Theorie des geistigen Eigentums“ innerhalb der Naturrechtslehre. Ausgangspunkt war der Kampf der Verleger gegen nicht autorisierte Nachdrucke; begründet wurde der Rechtsanspruch jedoch mit der schöpferischen Tat des Urhebers, der geistiges Eigentum erschaffen hat. Anerkennung des Urheberrechtsgedankens
1809	Erstmals ausdrückliche Anerkennung des Urheberrechts in den badischen Landrechten
1813	Bayrisches Strafgesetzbuch schützt erstmals Urheber
1837	Gesetz in Preußen zum Schutz des Eigentums an Werken von Kunst und Wissenschaft; erstes wirkliches Urheberrechtsgesetz im Bereich der Musik
1845	Bundesversammlung des deutschen Bundes schafft eine einheitliche gesetzliche Regelung und erweitert den Rechtsschutz auf 30 Jahre nach dem Tod
1870	Ein Gesetz des Norddeutschen Bundes erweitert den Schutz auf musikalische Kompositionen
1871	Reichsgesetz regelt den Schutz musikalischer Kompositionen; Einschränkung dadurch, dass Noten Aufführungsrechtsvorbehalte enthalten mussten. Um Verkäufe nicht zu gefährden, wurde oft auf derartige Zahlungen verzichtet
1901	Gesetz betreffend das Urheberrecht an Werken der Literatur und der Tanzkunst enthielt erstmals keine Vorbehalte mehr und überließ dem Urheber die ausschließlichen Befugnisse zur Aufführung seiner Werke; erstmals uneingeschränkter Urheberschutz für Musikwerke
1908	Novellierung nach der Revisionskonferenz der Berner Übereinkunft in Berlin berücksichtigt erstmals Film und Tonträger
1934	Gesetz zur Verlängerung der Schutzfrist; Sicherung des Urheberrechts bis 50 Jahre nach dem Tod
1965	Urheberrechtsgesetz (UrhG)
1972	Novellierung des Urheberrechtsgesetzes • intensiver und umfangreicher Schutz • neben Schutz der Urheber auch Schutz der Leistungsberechtigten (Tonträgerproduzenten) • Schutzfrist bis 70 Jahre nach dem Tod • Die Entwicklung technischer Vertriebsmöglichkeiten und die Anpassung des rechtlichen Rahmens

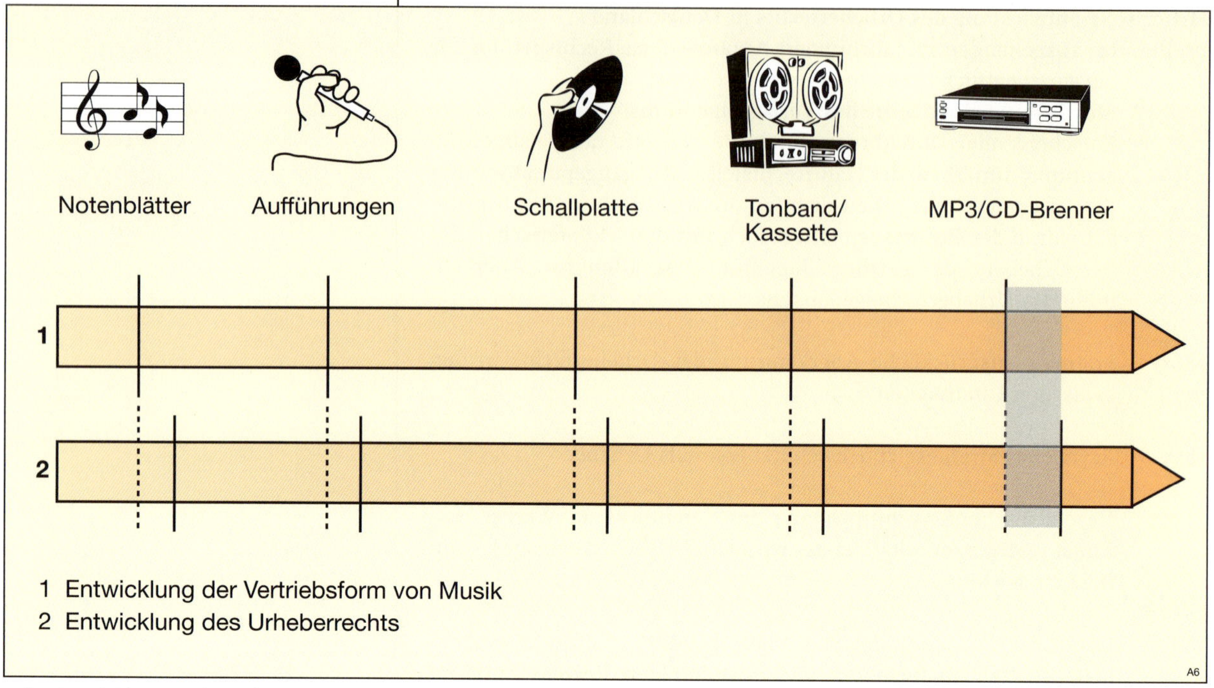

Die Entwicklung technischer Vertriebsmöglichkeiten und die Anpassung des rechtlichen Rahmens

Aktuelle Entwicklungen

Im Zeitalter der „digitalen Revolution" verschärft sich der beschriebene Konflikt durch neue technologische Möglichkeiten, welche den Bestand des klassischen Urheberrechts z. T. in Frage zu stellen scheinen. Im Internet finden sich unzählige Möglichkeiten, die den Tausch und das nicht autorisierte Herunterladen von Musik auf einfachem Wege ermöglichen, und die rechtliche Klärung der Frage, welche Formen eine Umsetzung legitimer Tauschmöglichkeiten darstellen und welche den Tatbestand der „Piraterie" erfüllen, erweist sich als äußerst schwierig. Hinzu kommen in Fällen des Rechtsbruchs massive Probleme im Bereich des Rechtsvollzugs, der Verfolgung und Sanktionierung. Darüber hinaus wird deutlich, dass eine rein nationale Regelung den Verhältnissen nicht länger entspricht: Eine globale Infrastruktur wie das Internet macht die Verabschiedung entsprechender internationaler Abkommen notwendig. Auch dies gestaltet sich als äußerst komplizierter Prozess.

Im Zentrum der Auseinandersetzung steht die Frage nach einer Beibehaltung des „Rechts auf Privatkopie". In Deutschland galt bis zum April 2003 dieses Recht insofern, dass auf der Basis der Beschlüsse verschiedener Instanzen der Justiz das Erstellen von Tonträgerkopien in begrenzter Stückzahl (fünf bis sieben) auch für gute Freunde und Verwandte als den Regelungen des Urheberechtsgesetzes entsprechend angesehen wurde. Die Vergütung der Autoren, Künstler und Hersteller erfolgte über pauschale Abgaben auf sogenannte Leermittel. Unter diesem Begriff werden alle Medien und Geräte gefasst, die zum Erstellen von Kopien urheberrechtlich geschützter Inhalte geeignet sind, wie z. B. Videorekorder und -kassetten, bespielbare Tonkassetten und -rekorder, Kopiergeräte usw.

Konkret bedeutet dies, dass beispielsweise mit dem Verkauf einer Tonleerkassette ein bestimmter Betrag des Verkaufspreises an die Autoren, Künstler etc. – über die GEMA – weitergeleitet wird.

Diese Bestimmungen stammen jedoch aus einer Zeit, als lediglich analoge Kopiermöglichkeiten bestanden, die einen deutlichen Qualitätsverlust im Vergleich zum Original beinhalteten.
Die neuen Möglichkeiten des massenhaften Klonens durch CD- und DVD-Brenner und die problemlose Distribution der Inhalte über das Internet machen es aus Sicht eines Großteils der Anbieter und Produzenten jedoch notwendig ein generelles Verbot der privaten Kopien einzuführen. Nur über diesen Weg seien die berechtigten Interessen der Anbieter zu schützen und der zu Beginn des 21. Jahrhunderts zu konstatierende Einnahmerückgang in der Musikindustrie zu stoppen.
Zudem sei über pauschale Abgaben auf Leermittel eine ausreichende Vergütung nicht länger zu gewährleisten, hier seien – soweit doch noch kopiert würde – Techniken zur individuellen Nutzungsabrechnung zu entwickeln.
Die Interessen der Konsumentinnen und Konsumenten, aber auch beispielsweise diejenigen öffentlicher Bibliotheken, stehen dieser Position konträr gegenüber. Hier erfolgt u. a. der Hinweis darauf, dass eine derartige Beschneidung der Eigentums- und Verfügungsrechte bei der Beibehaltung des Preises nicht toleriert werden könne. Auch wird argumentiert, dass das Informationsinteresse der Allgemeinheit im Bereich Kultur nicht auf Grund der ökonomischen Vorteile Einzelner derart beschnitten werden dürfe.
Die politischen Entscheidungsträger hatten und haben weiterhin vor diesem Hintergrund die schwierige Aufgabe die Interessen der Urheber zu schützen, ohne diejenigen der Öffentlichkeit in zu hohem Maße einzuschränken. Hinzu kommt die Problematik, dass nur internationale Übereinkünfte erfolgreich sein können.
Der Ausweg, der in einem ersten Schritt gefunden wurde, überzeugt wenig und lässt die Forderung nach klaren Ordnungsvorgaben unerfüllt erscheinen. Auf der Basis globaler diplomatischer Abkommen verabschiedeten die Kommission und das Parlament der Europäischen Union (EU) im Sommer 2001 eine Rahmenrichtlinie, die im April 2003 in Deutschland in nationales Recht umgesetzt wurde. In diesem neugestalteten Urheberrechtsgesetz wurde entsprechend der Vorgaben festgelegt, dass die Erstellung von Privatkopien im begrenzten Rahmen weiterhin erlaubt, die Umgehung technischer Kopierschutzmechanismen forthin jedoch verboten ist. Äußerungen auf bundesministerialer Ebene, man werde allerdings von der Verfolgung privater Einzelverstöße absehen, stellten die Effizienz der gefundenen Regelungen zudem von vorn herein in Frage.

!

1. Beschreiben Sie den aktuellen Diskussionsstand zur Notwendigkeit der Reform des Urheberrechts und kennzeichnen Sie die unterschiedlichen Positionen. Beziehen Sie dabei auch den unten angefügten Zeitungsartikel ein.
2. Stellen Sie dar, warum die Lösung des Konfliktes eine (wirtschafts-)ordnungspolitische Angelegenheit ist.

Verbraucherschützer kritisieren Entwurf für neues Urheberrecht
Der Bundesverband der Verbraucherzentralen kritisiert den von Bundesjustizministerin Brigitte Zypries (SPD) vorgelegten Entwurf für das neue Urheberrecht. Die Verbraucherschützer fürchten die „faktische Abschaffung“ der Privatkopie. Die Justizministerin hatte bei der Vorstellung ihres Entwurfes betont, es gebe kein Recht auf private Kopien. „Die Entscheidung, ob der Käufer eine Sicherungskopie einer Musik-CD oder DVD machen darf, wird künftig allein der Industrie überlassen“, so Patrick von Braunmühl, Vorstandsmitglied der Verbraucherzentralen gegenüber dem Nachrichtenmagazin Der Spiegel. Eigentlich habe die Regierung angekündigt, im zweiten Teil des neuen Urheberrechts auch die Rechter der Nutzer zu berücksichtigen.
Braunmühl hält den Politikern dagegen vor, mit dem „verklausulierten Paragrafenwerk“ die Rechte der Verbraucher weiter zu beschneiden. Der Gesetzentwurf bekräftigt, dass die Endkunden Kopien für den Privatgebrauch ausschließlich von Quellen anfertigen dürfen, die keinen Kopierschutz enthalten. Musik, Filme und andere Dateien dürfe man nur aus legalen Quellen aus dem Internet herunterladen. „Wie der Nutzer beurteilen soll, welche Angebote offensichtlich rechtswidrig sind, bleibt schleierhaft“, so der Verbraucherschützer.
Quelle: http://www.heise.de/newsticker, Meldung vom 27.11.2004

Neues Urheberrecht für das Online-Zeitalter

Der Bundestag hat mit Mehrheit ein neues Urheberrechtsgesetz beschlossen. Die bis zuletzt heftig umstrittene Gesetzesnovelle soll das aktuelle Recht den Notwendigkeiten des Online-Zeitalters anpassen, ohne die Interessen von Verbrauchern und Forschungseinrichtungen zu vernachlässigen.

Die Gesetzesnovelle soll das aktuelle Recht aus der „Papierzeit" beziehungsweise der analogen Medienwelt in das digitale Online-Zeitalter überführen. Es geht darum festzulegen, wer bestimmen darf, was zu welchen Bedingungen online genutzt werden darf. Bis zuletzt heftig umstritten war speziell eine Regelung, wonach Schulen und Forschungsstätten Publikationen kostenlos über ihr internes Netz einem begrenzten Personenkreis zur Verfügung stellen dürfen.

Obwohl eine Verbreitung im Internet verboten bleibt, liefen wissenschaftliche Fachverlage Sturm gegen den Paragraphen 52a. Sie befürchten massive Umsatzeinbußen, wenn etwa Universitäten oder Schulen nur noch ein einziges Abonnement einer Zeitschrift bestellen, um es dann digital im Hause zu verbreiten. Als Kompromiss wurde der entsprechende Paragraph zeitlich jetzt bis 2006 begrenzt. Dann – oder früher – soll erneut entschieden werden. Die Musikindustrie hofft vom gesetzlichen Schutz ihrer Kopierschutztechniken zu profitieren. Sie dürfen in Zukunft nicht mehr geknackt werden, um Musik-CDs zu kopieren.

Bundesjustizminister Brigitte Zypries (SPD) lobte das neue Gesetz als „für unsere Wissensgesellschaft richtungweisend". „Da, wo Lehrer früher Papiere und Fotokopien ausgeteilt haben, wird heute der Text auf den Computer der Schüler in der Schule gespielt und man kann daran arbeiten", sagte Zypries. Was den Paragraphen 52a angeht, verspricht sie: „Wir werden sorgfältig darauf achten, wie sich die Lage entwickelt und wie die Bestimmung angewandt wird." Nötigenfalls werde das Gesetz schon vor 2006 geändert.

„Hier wird in so starkem Maße in Eigentumsrechte eingegriffen, dass wir nicht zustimmen können", sagte dagegen Rainer Funke (FDP). „Hier wird auf unverhältnismäßige Weise in die Verwertungsrechte der Verlage und Autoren eingegriffen." Die FDP lehne auch die digitale „Privatkopie" ab, weil die kopierte Quelle nicht legal erworben sein müsse. „Was heute unter dem Rubrum Privatkopie stattfindet, ist eine existenzielle Bedrohung der Medienwirtschaft und des kreativen Potenzials." Das sieht Thomas Stein, Deutschlandchef der Bertelsmann-Tochter BMG Music, ähnlich: Er befürchtet urheberrechtliche „Datenwäsche", wenn von illegalen Kopien legale Privatkopien gezogen werden dürfen. So werde der Kampf gegen illegale Netzangebote noch schwieriger. Auch die Union zeigte sich mit dem Gesetz unzufrieden. „Wir hätten dieses Gesetz an entscheidenden Stellen deutlich anders gestaltet", sagte Günter Krings (CDU). Es sei aber gelungen, eine Reihe von Fehlentwicklungen zu entschärfen. Die Union hoffe darauf, in einem zweiten „Korb" von noch ausstehenden Regelungen – beispielsweise zur Präzisierung einer „angemessenen Vergütung" – wesentliche Verbesserungen zu erreichen. Die Union stimmte deshalb trotz Kritik zu.

Auf die zweite Stufe der Reform hoffen auch die Hardwarehersteller. Sie bemängeln die Zweigleisigkeit des Abkassierens: Auf der einen Seite sollen Produkte wie CD-Brenner, Drucker oder Kopierer pauschal mit Kopierabgaben belastet werden, und auf der anderen Seite werde dann für jede einzelne Kopie erneut kassiert. Wichtige Fragen im Zusammenhang der Privatkopie wie pauschale Abgaben auf IT-Geräte und die Kennzeichnungspflicht urheberrechtlich geschützter, digitaler Werke wurden im ersten Teil der Reform schlicht ausgeklammert, bedauert die Vereinigung der Druckerhersteller in einer Stellungnahme: „Alle Grundprinzipien des Eigentums und der Verhältnismäßigkeit scheinen außer Kraft gesetzt", meint deren Sprecherin Regine Stachelhaus resignierend. Das „Gesetz zur Regelung des Urheberrechtes in der Informationsgesellschaft" muss noch vom Bundesrat gebilligt werden.

Quelle: Handelsblatt, Nr. 073 vom 14.04.2003, S. 16, Autor: pos

1. Fassen Sie die unterschiedlichen im Text dargestellten Positionen zur Neugestaltung des Urheberrechts zusammen.
2. Ermitteln Sie die zwischenzeitlich vorgestellten Eckdaten des sogenannten „zweiten Korbes" des neuen Urheberrechtes. Welche Veränderungen / Ergänzungen sind festzustellen?

2.2.4 Debatte: „Recht auf Privatkopie!"

Wir schlagen Ihnen zum Abschluss dieser inhaltlichen Bearbeitung die Durchführung einer Debatte zum Thema „Recht auf Privatkopie" vor:

Variante A: Sie führen die Debatte in Ihrem Kurs durch und bilden eine Pro- und eine Kontra-Gruppe. Den Pro- bzw. Kontra-Part bei der Durchführung der Debatte kann auch jeweils eine Schülerin oder ein Schüler übernehmen. Sie können sich vorher z. B. in Gruppenarbeit mit entsprechenden Argumenten vertraut machen und dabei die erarbeiteten Unterrichtsergebnisse verwenden. Den aktuellen Entwicklungen entsprechend müssen neue Tatbestände berücksichtigt werden.

Variante B: Sie laden zu einer solchen Debatte Expertinnen oder Experten in die Schule ein. Für eine Anfrage bieten sich z. B. folgende Institutionen, Organisationen und Personengruppen an:

Pro „Recht auf Privatkopie"
- Verbraucherzentrale oder -beratungsstelle
- Verbraucherschutzverbände
- Bürgerinitiativen wie z. B. „Schutz der Privatkopie"
- Ggf. politische Parteien, z. B. Bundestagsabgeordnete
- Industrie (Computerhardware, z. B. Hersteller von CD-Brennern)

Kontra „Recht auf Privatkopie"
- Künstlerinnen und Künstler, Autorinnen und Autoren (in der Mehrzahl)
- Musikindustrie
- GEMA (Gesellschaft für musikalische Aufführungs- und mechanische Vervielfältigungsrechte)
- Ggf. politische Parteien, z. B. Bundestagsabgeordnete

Hilfreiche Internetadressen:

www.bmj.de: Unter dieser Adresse findet sich u. a. das aktuelle Urheberrechtsgesetz in Deutschland.

http://europa.eu.int/comm/internal_market/copyright/documents/documents_de.htm: Hier erhalten Sie die „Richtlinie des Europäischen Parlaments und des Rates zur Harmonisierung bestimmter Aspekte des Urheberrechts und der verwandten Schutzrechte in der Informationsgesellschaft".

www.heise.de/newsticker: Der Newsticker des Heise-Verlags liefert kontinuierlich die neuesten Meldungen zum Bereich „Urheberrecht im Informationszeitalter" und verfügt über ein umfangreiches Archiv mit hervorragender Suchfunktion.

www.ifpi.de: Die Interessenvertretung der Phonografischen Wirtschaft artikuliert auf ihren Seiten ihre Haltung in Fragen des Urheberrechts.

www.gema.de: Die Verwertungsgesellschaft fungiert in der Diskussion als Sprachrohr der Autoren und Komponisten.

www.privatkopie.net: Hier finden Sie die prominenteste Initiative zur Rettung der Privatkopie mit Hintergrundinformationen und Unterschriftenaktionen.

www.urheberrecht.org: Institut für Urheber- und Medienrecht e. V. mit Sitz in München

http://bundesrecht.juris.de/bundesrecht/urhg/: Das deutsche Urheberrechtsgesetz

www.jura.uni-sb.de/urheberrecht: Informationen zum Urheberrecht im Internet

Unabhängig davon, welche Position Sie in der Debatte vertreten, sollte auch die folgende Frage beantwortet werden: Welcher Zusammenhang besteht zwischen dem momentanen Streit um das „Recht auf Privatkopie" und einer Wirtschaftsordnung? Verfassen Sie vorab eine Stellungnahme, die der „Moderator" der Debatte als Eingangsstatement benutzen könnte.

Schwarzmarkt

Lebensmittelkarte

Hier besteht die Möglichkeit, Kenntnisse aus dem Geschichtsunterricht einzubringen: Informieren Sie in Kurzvorträgen Ihre Kursteilnehmer über

- die Weimarer Republik,
- die Weltwirtschaftskrise von 1929,
- Politik und Wirtschaft in Deutschland nach dem Krieg.

2.3 Soziale Marktwirtschaft als ordnungspolitisches Leitbild

2.3.1 Entstehung der Sozialen Marktwirtschaft nach dem Zweiten Weltkrieg

In den vorherigen Unterkapiteln ist deutlich geworden, dass eine Analyse einer Wirtschaftsordnung ansetzen muss bei den sie bestimmenden Ordnungselementen Eigentumsverfassung, Planungs- und Lenkungsform, Preisbildungsform, Form der betrieblichen Ergebnisrechnung und Formen der Geld- und Finanzwirtschaft. Die Bedeutung des Ordnungselementes „Eigentumsverfassung" für eine marktwirtschaftliche Ordnung ist aufgezeigt worden anhand der Behandlung der aktuellen Diskussion um das bestehende Urheberrecht, das auf Grund technischer und soziokultureller Entwicklungen nicht mehr die gewünschte Funktion innerhalb der Wirtschaftsordnung zu erfüllen scheint. Dabei ist auch deutlich geworden, dass die Ausgestaltung einer Wirtschaftsordnung ein permanenter Prozess ist, ein andauerndes Ringen einzelner Interessengruppen um für sie akzeptable Ergebnisse.
So ist auch die Wirtschaftsordnung in Deutschland entstanden und im folgenden Teil sollen die Schritte nachgezeichnet werden, die zur konkreten Wirtschaftsordnung in der Bundesrepublik, der „Sozialen Marktwirtschaft", geführt haben. Außerdem sollen die Gründzüge dieser Wirtschaftsordnung kurz dargestellt werden.

Nach dem Ende des zweiten Weltkriegs 1945 kam der Frage nach der zukünftigen Wirtschaftsordnung eine besondere Bedeutung zu und eine gewisse Zeit wurde auch nach 1945 die Kriegszwangswirtschaft (Regulierung der Gütermärkte, Bildung von „Schwarzmärkten" mit Tauschhandel, Lebensmittelkarten als Bezugsberechtigung) fortgesetzt. Natürlich konnte dies nur eine Übergangslösung sein. Vertreter, die eine „freie Marktwirtschaft" forderten, kamen kaum zu Wort, vielmehr wurden nun die Diskussionen um eine neue Wirtschaftsordnung wieder verstärkt von Kapitalismus-Kritikern beherrscht. Noch immer stand man unter dem Eindruck des politischen Misslingens der Weimarer Republik und der nach 1918 ausgebliebenen Sozialisierung, die eine Verbesserung der Lebensbedingungen großer Bevölkerungsteile mit sich bringen sollte. Der Schock der Weltwirtschaftskrise und der Hyperinflation der Zwanzigerjahre hatte sich fest im Gedächtnis der Bevölkerung eingenistet. Den vorhandenen Institutionen traute man nicht zu, solche Krisen zu verhindern oder zu bewältigen. Der Glaube, dass eher eine sozialistisch geprägte Wirtschaftsordnung solche Krisen mit ihren dramatischen ökonomischen, politischen und psychologischen Dimensionen erst gar nicht hätte entstehen lassen, machte sich breit. Auch wirtschaftswissenschaftliche Vertreter äußerten die Meinung, dass es eine gewisse Unvermeidlichkeit für einen Marsch in den Sozialismus gäbe, so z. B. Joseph Schumpeter in seiner 1942 erschienenen Monografie über „Capitalism, Socialism and Democracy".

Doch es sollte anders kommen. Als Beginn der Sozialen Marktwirtschaft in Deutschland kann der 20. Juni 1948, der Tag der **Währungsreform**, gelten, an dem allen Deutschen in der amerikanischen und der britischen Zone die Deutsche Mark ausgehändigt wurde. Jeder Bewohner der westlichen Besatzungszone erhielt 40 DM Startgeld. Es war Ludwig Erhard, der als damaliger Direktor der Verwaltung für Wirtschaft in den Zonen der Briten und

Amerikaner eine Wirtschaftsreform verkündete, in deren Rahmen die **Freigabe der Preise** einen besonderen Stellenwert einnahm und die noch von der Kriegszeit stammende Planwirtschaft damit nahezu schlagartig auf eine Marktwirtschaft umstellte.

Ludwig Erhard – Vater des deutschen „Wirtschaftswunders"
Im März 1948 wurde Ludwig Erhard Wirtschaftsdirektor der Zweizonenverwaltung („Bizone") und stand damit vor der Aufgabe die Neuordnung des Geldwesens durch eine Reform der allgemeinen Wirtschaftsordnung zu ergänzen. Ludwig Erhard übernahm am 20. September 1949 für die kommenden 14 Jahre das Wirtschaftsressort des ersten Bundeskanzlers der Republik, Konrad Adenauer. Grundlage für Erhards Wirtschaftspolitik war das Programm der Sozialen Marktwirtschaft, das Alfred Müller-Armack, Nationalökonom in Münster und seit den 40er Jahren mit Erhard befreundet, entworfen hatte. Erhard verfolgte eine Politik mit dem Ziel „Wohlstand für alle" und der Wiederaufbau der Deutschen Wirtschaft geht maßgeblich auf sein Wirken zurück. Die Wirtschaft musste seiner Meinung aus den Fesseln der staatlichen Bevormundung gelöst werden. Schon während der Besatzungszeit hob er als Direktor des Wirtschaftsrates eigenmächtig Bewirtschaftsbeschränkungen und Preisbindungen auf und wurde deshalb sogar in das Büro des amerikanischen Militärgouverneurs Lucius D. Clay zitiert. Erhards Programm war die Vermittlung eines festen Glaubens an die regulierende Kraft der freien Märkte.
Nach der Währungsreform ging die Schere zwischen Löhnen und Preisen erst einmal weit auf. In den ersten Tagen waren die Läden leer gekauft und die Preise kletterten in die Höhe. Der Abbruch des marktwirtschaftlichen Experimentes wurde verlangt und der „unfähige Politiker" Erhard sollte entfernt werden. Im November 1948 riefen Gewerkschaften zum Generalstreik auf „gegen die Anarchie auf den Warenmärkten und gegen das weitere Auseinanderklaffen von Löhnen und Preisen". Etwa neun Millionen Arbeiter folgten dieser Aufforderung. Die Auseinandersetzungen um die Wirtschaftsordnung dauerten an, sie standen ein halbes Jahr später im Mittelpunkt des Wahlkampfes, in dem Ludwig Erhard aber schon die „Wahllokomotive" der CDU/CSU war, weil sich der Erfolg der Wirtschaftspolitik zeigte.
1957 ernannte Adenauer ihn zum Vizekanzler der Republik, doch die Zusammenarbeit zwischen diesen beiden Männern verlief nicht immer harmonisch. Erhard verfolgte konsequent seine von ihm für richtig gehaltene klassische neoliberale Linie (vgl. S. 102). 1960 erreichte das Wachstum eine Traumhöhe von 8,6 %, die Löhne und Gehälter in der Metallindustrie stiegen um 8,5 % und „Arbeitslosigkeit" war allmählich ein selten gebrauchtes Wort.

Ludwig Erhard
4.2.1897 in Fürth geboren
1919–1925 Studium der Betriebswirtschaft, Nationalökonomie und Soziologie an der Universität Frankfurt/Main und Promotion
1928–1942 Assistent und später stellvertretender Leiter des „Instituts für Wirtschaftsbeobachtung der deutschen Fertigware" in Nürnberg
1945/46 bayerischer Wirtschaftsminister
1948 Direktor der Verwaltung für Wirtschaft des Vereinigten Wirtschaftsgebiets
1949–1963 Bundeswirtschaftsminister, Vizekanzler
1963–1966 Bundeskanzler
05. 05. 1977 in Bonn gestorben

2.3.2 Klassischer Liberalismus und Ordoliberalismus als ideengeschichtliche Quellen

Zur besseren Einordnung in ökonomische Begründungszusammenhänge sollen im Folgenden Grundzüge der Argumentation des Klassischen Liberalismus und des Ordoliberalismus angeführt werden.
Mit dem Konzept der Sozialen Marktwirtschaft suchte Müller-Armack einen Weg zwischen einer sich völlig selbst überlassenen Wirtschaft nach den Vorstellungen des klassischen Liberalismus und einer völligen Wirtschaftslenkung. Müller-Armack verwendete diesen Begriff erstmals in seinem 1947 erschienenen Buch „Wirtschaftslenkung und Marktwirtschaft".

Erstellen Sie ein Porträt von Ludwig Erhard und erläutern Sie seine grundsätzlichen Ansatzpunkte für die Neukonzeption einer Wirtschaftsordnung. Berücksichtigen Sie dabei auch den klassischen Liberalismus und den Ordoliberalismus (vgl. auch Kapitel 5.6).

In den 50er Jahren setzte sich Erhard für eine effiziente Wettbewerbspolitik ein, die 1957 zur Verabschiedung des Gesetzes gegen Wettbewerbsbeschränkung führte. Der im Laufe der Zeit entstandene Machtkampf zwischen Adenauer und Erhard, der in unterschiedlichen Auffassungen über die richtigen wirtschaftspolitischen Entscheidungen begründet war, endete letztendlich damit, dass Erhard am 16. Oktober 1963 zum Kanzler gewählt wurde. Mit dem Zerbrechen der Koalition mit der FDP im Oktober 1966 endete die Kanzlerschaft Erhards.

Das Wesen der Marktwirtschaft

Auf der Grundlage der Wettbewerbswirtschaft erbringt die freie Entschlusskraft des Einzelnen in einem von ihm frei erwählten Betätigungsfeld eine marktwirtschaftliche Leistung; die dazu gehörende Rahmenordnung sichert diesen Wettbewerb und zugleich die Umsetzung dieser Einzelleistung in einen allen zugute kommenden gesellschaftlichen Fortschritt sowie ein vielgestaltiges System sozialen Schutzes für die wirtschaftlich schwachen Schichten.
Quelle: Ludwig Erhard/Alfred Müller-Armack: Soziale Marktwirtschaft – Ordnung der Zukunft, Manifest '72, Berlin, S. 43

Selbstverantwortliche Vorsorge für die sozialen Lebensrisiken
Das Wesen dieser Marktwirtschaft besteht hauptsächlich darin, dass der Wirtschaftsprozess, das heißt Produktion, Güter- und Einkommensverteilung nicht durch obrigkeitlichen Zwang gelenkt, sondern innerhalb eines wirtschaftspolitisch gesetzten Ordnungsrahmens durch die Funktion freier Preise und den Motor eines freien Leistungswettbewerbs selbstständig gesteuert wird.
Freiheit, Selbstverantwortung und persönliche Initiative bei der Berufswahl, Erwerbstätigkeit und dem Konsum, die jedem als Produzenten und Verbraucher die Wahrnehmung der wirtschaftlichen Chancen eröffnen, sowie eine leistungsbedingte Einkommensverteilung sind die Antriebskräfte, die in der Marktwirtschaft zu einem Höchstmaß an Produktion und einer Steigerung des Wohlstands der gesamten Bevölkerung führen. Die Marktwirtschaft ist damit diejenige Wirtschaftsordnung, die ein Maximum an Produktivität, Wohlstandsmehrung und persönlicher Freiheit verbindet.
Quelle: Ludwig Erhard, Deutsche Wirtschaftspolitik, ECON-Verlag, Düsseldorf 1962, S. 302

Der Politikwissenschaftler Theodor Eschenburg (1904–1999), der ab 1933 bis Kriegsende 1945 als Geschäftsführer von Industrieverbänden tätig war, kam in dieser Zeit auch mit Erhard zusammen. In seinen Erinnerungen beschrieb er folgende Begebenheit:

„Lesen Sie das mal!"
Etwa zwei Monate später saßen wir wieder einmal im Hause Guths und pokulierten nach einem Luftangriff. Neben mir saß Erhard. [...]
Man sah in der geöffneten Tasche eine große Anzahl vervielfältigter Texte, etwa dreißig. Ein Exemplar reichte er mir [...] Die Arbeit wäre von ihm. „Hier, Herr Eschenburg, lesen Sie das mal! Aber lesen Sie es auch wirklich. Bei nächster Gelegenheit können wir darüber sprechen." Das Manuskript steckte ich in die Jackettasche, um es beim Ausziehen nicht zu übersehen. [...] Als ich gegen zwei Uhr nachts mit leicht schwindelndem Kopf auf dem Bettrand saß, hatte ich eigentlich keine Lust mehr zum Lesen. Aber instinktiv misstraute ich Erhards Gabe. So begann ich unwillig mit der Lektüre. Es handelte sich ungefähr um fünfzehn bis zwanzig Seiten. In den ersten Sätzen hieß es ungefähr: Nachdem einwandfrei feststeht, dass Deutschland den Krieg verloren hat, sei es die dringendste Aufgabe, die Reform seiner Währung vorzubereiten. Das hätte genügt, nicht nur den Autor und seine Familie, sondern jeden, der im Besitz des Papiers angetroffen wurde, an den Galgen zu bringen. Ich war sofort hellwach und las die Denkschrift von der ersten bis zur letzten Zeile. Die Selbstverständlichkeit, mit der sie von einem Nachkriegsdeutschland ohne Hitler ausging, und die Logik, mit der sie die Probleme einer Schuldenlast von Hunderten von Millionen erörterte, ließen mir den Atem stocken. Es war eine gespenstische, Angst und Bewunderung erregende Lektüre.
Quelle: Theodor Eschenburg: Letzten Endes meine ich doch. Erinnerungen 1933–1999, Siedler Verlag, Berlin, 2000, S. 74

pokulieren (lat.-mlat., veraltet): zechen, stark trinken

Es wäre ein aussichtsloses Unterfangen, wollte man in einer Zeit stärkster sozialer und gewandelter kultureller Überzeugungen die ökonomische Weltanschauung des Liberalismus erneut empfehlen. Wir haben heute zu konstatieren: Die beiden Alternativen, zwischen denen die Wirtschaftspolitik sich bisher bewegte, die rein liberale Marktwirtschaft und die Wirtschaftslenkung sind innerlich verbraucht, und es kann sich für uns nur darum handeln, eine neue dritte Form zu entwickeln, die sich nicht als eine vage Mischung, als ein Parteikompromiss, sondern als eine aus den vollen Einsichtsmöglichkeiten unserer Gegenwart gewonnene Synthese darstellt. Wir sprechen von „Sozialer Marktwirtschaft", um diese dritte wirtschaftspolitische Form zu kennzeichnen. Es bedeutet dies, dass uns die Marktwirtschaft notwendig als das tragende Gerüst der künftigen Wirtschaftsordnung erscheint, nur dass dies eben keine sich selbst überlassene liberale Marktwirtschaft, sondern eine bewusst gesteuerte, und zwar sozial gesteuerte Marktwirtschaft sein soll.
Quelle: Alfred Müller-Armack: Wirtschaftslenkung und Marktwirtschaft, Hamburg, 1947, S. 88

Alfred Müller-Armack (1901–1978)

Klassischer Liberalismus
Die Vertreter des klassischen Liberalismus (Adam Smith 1723–1790, John Stewart Mill 1806–1873, David Ricardo 1772–1823 oder Jean Baptiste Say 1767–1832) aber sahen den Wohlstand einer Nation im „größten Glück der größten Zahl". Adam Smith (vgl. auch Kapitel 1, S. 29 ff.) stellte 1776 in seinem Werk „Der Wohlstand der Nationen" fest, dass die zentrale Wirtschaftslenkung im Merkantilismus (vgl. Kapitel 5.6) versagte habe und forderte deshalb einen generellen Verzicht auf Bevormundung des Einzelnen durch den Staat. Als „Nachtwächterstaat" solle er lediglich Freiheitsrechte sichern und die innere bzw. äußere Sicherheit gewährleisten (Laisser-faire-Politik). Über die Produktion, die Art der Einkommenserzielung und die Einkommensverwendung sollen vielmehr private Unternehmen und Haushalte selbst entscheiden. Und der Leistungswettbewerb wird der Steuerungs- und Kontrollmechanismus sein, der Herrscher soll sich dabei heraushalten. Wenn eine Wirtschaftsordnung so gestaltet ist, dass sie Leistungen belohnt, Leistungsanreize bietet und leistungsmindernde Zwänge vermeidet, kann sich der Leistungswettbewerb entfalten.

Zur genauen geschichtlichen Einordnung vgl. Kapitel 5.6.

Wenn bestimmte Freiheitsrechte gesichert sind, ergeben sich keine Leistungsprobleme. Die Befürworter einer solchen Wirtschaftsordnung wollen folgende **Freiheitsrechte** gesichert wissen:
- Freiheit zur privaten Eigentumsbildung und -nutzung (freie Verfügbarkeit über Sachgüter und finanzielle Mittel)
- Konsumfreiheit (Freiheit der Verbraucher, Güter und Dienstleistungen ihrer Wahl zu kaufen)
- Gewerbefreiheit (Freiheit der Produzenten, Güter nach ihrer Einschätzung der Absatzmöglichkeiten zu produzieren und anzubieten)
- Freiheit der Wahl von Beruf und Arbeitsplatz (Freiheit des Individuums, sich ohne Berufslenkung für einen Beruf zu entscheiden, der den eigenen Neigungen und Fähigkeiten entspricht und einen Arbeitsplatz nach persönlichen Kriterien zu wählen)

Sind diese Freiheiten gegeben, kann der Einzelne seinem besonderen Interesse, seine wirtschaftlichen Ziele (z. B. Steigerung des Einkommens) zu verwirklichen, nachkommen. Starke wirtschaftliche Triebkräfte werden frei, der Leistungswettbewerb kann sich entfalten und damit zu Produktivitätssteigerung und verbesserten Güterversorgung führen. Als Kontrollmechanismus fungiert der Markt, der die vielen verschiedenen Einzelpläne der Wirtschaftssubjekte koordiniert und ein Chaos verhindert. Im freien Spiel

!

Befürworter einer „Neuen Sozialen Marktwirtschaft" sind u. a. die CDU-Vorsitzende Angela Merkel und der ehemalige Präsident der Bundesbank Hans Tietmeyer, der jetzt Kuratoriumsvorsitzender der Initiative „Neue Soziale Marktwirtschaft" ist. In diesem Artikel äußert sich Herr Tietmeyer zu der Frage: „Was ist heute sozial?"

1. Stellen Sie seine wesentlichen Aussagen zusammen und vergleichen Sie diese mit der Stellungnahme von Herrn Mussler.
2. Informieren Sie sich über die Forderungen der „Initiative Neue Soziale Marktwirtschaft" und klären Sie, was neu an diesen Forderungen gegenüber dem Standpunkt Müller-Armacks und Erhards ist.
3. Verfassen Sie eine kurze Stellungnahme dazu.

Was heißt heute sozial?

Viele sehen heute die Marktwirtschaft und die Forderung nach sozialem Ausgleich fälschlicherweise als etwas Getrenntes, ja Gegensätzliches an. Das Soziale könne nur außerhalb des Marktes erreicht werden. Ein gravierender Irrtum.

Kein anderer Begriff bestimmt heutzutage die politische Debatte so stark wie der des „Sozialen". Und es gibt anscheinend kaum eine schärfere Verurteilung von Reformkonzepten als durch das Prädikat „unsozial". Aber worin besteht eigentlich das Soziale in der Sozialen Marktwirtschaft?

Eine erste Antwort finden wir bei Alfred Müller-Armack, einem der Begründer unserer Wirtschaftsordnung. Er hat es als die Leitidee der Sozialen Marktwirtschaft bezeichnet, „auf der Basis der Wettbewerbswirtschaft die freie Initiative mit einem gerade durch die marktwirtschaftliche Leistung gesicherten sozialen Fortschritt zu verbinden".

Nach diesem Verständnis verdient sich die Soziale Marktwirtschaft das Prädikat sozial zunächst deshalb, weil sie eine leistungsfähige Wirtschaftsordnung ist. Ihre Vorzüge kommen allen zugute; sie nutzen der Gemeinschaft: Nur eine leistungsfähige Wirtschaftsordnung schafft Wohlstand für breite Schichten der Bevölkerung.

Nur sie bietet ihnen die Chance, aus eigener Kraft am Wohlstand teilzuhaben. Und nur sie schafft die wirtschaftliche Basis für die notwendige Absicherung gegenüber den großen Lebensrisiken sowie die Solidarität mit den wirklich Schwachen. Soziale Marktwirtschaft ist also nicht primär ein Umverteilungskonzept, sondern in erster Linie ein Konzept für eine dauerhaft funktionsfähige Marktwirtschaft, die zugleich Teil und Grundlage des sozialen Ausgleichs ist.

Die Verbindung von marktwirtschaftlicher Freiheit und sozialem Ausgleich im Konzept der Sozialen Marktwirtschaft ist im Laufe der Jahre immer häufiger missverstanden worden. Viele sehen heute die Marktwirtschaft und die Forderung nach sozialem Ausgleich fälschlicherweise als etwas Getrenntes, ja Gegensätzliches. Das Soziale kann nach dieser Auffassung nur außerhalb des Marktes, also durch staatliche Umverteilung oder durch Einschränkung des Wettbewerbs, erreicht werden. Soziale Gerechtigkeit wird dann oft gleichgesetzt mit Bestandsschutz und allein identifiziert mit der sogenannten Verteilungsgerechtigkeit.

Ein derartiges Verständnis von Sozialer Marktwirtschaft verkennt jedoch zweierlei. Erstens: Ein zentrales Element der sozialen Gerechtigkeit ist die Leistungsgerechtigkeit. Das, was jemand erhält, muss immer in einem vernünftigen Verhältnis zu seiner Leistung stehen.

Zweitens: Jeder Versuch staatlicher Umverteilung, der die volkswirtschaftliche Leistungskraft überfordert, ist zum Scheitern verurteilt. Die notwendige soziale Sicherung darf nicht in erster Linie eine Frage der guten Absichten sein. Sie muss den ökonomischen Möglichkeiten Rechnung tragen und zugleich Eigeninitiative und Eigenverantwortung fördern.

Der Sozialstaat ist aber bei uns im Laufe der Jahre zu einem Wohlfahrtsstaat geworden, der die Menschen bevormundet, ihnen immer mehr Lasten aufbürdet und immer weniger Gestaltungsmöglichkeiten lässt. Es gibt unzählige Beispiele dafür, wie die angebliche soziale staatliche Versorgung die Selbsthilfe und Eigenvorsorge der Menschen ersetzt und so auch ihre Leistungsbereitschaft immer weiter zurückgedrängt hat.

Deutliche Zeichen dieser Entwicklung sind ein Sozialbudget, das rund ein Drittel all dessen beansprucht, was wir in unserem Land erwirtschaften, sowie eine Staatsquote von fast 50 Prozent. Die staatliche Umverteilung hat aus der Sozialen Marktwirtschaft beinahe eine halbe Planwirtschaft gemacht. Ludwig Erhard hat schon früh vor dem „modernen Wahn des Versorgungsstaates" gewarnt, an dessen Ende der „soziale Untertan" und nicht der eigenverantwortliche Bürger steht.

Dass die Soziale Marktwirtschaft solidarisch mit denen sein muss, die sich nicht selbst helfen können, steht außer Zweifel. Jedoch richten sich die Wirkungen des ausgeuferten Sozialstaates in der Praxis zu oft gerade gegen die Schwachen in der Gesellschaft. Das sichtbarste Zeichen dafür ist die hohe Arbeitslosigkeit. Ist es wirklich sozial, wenn etwa ein Übermaß an Regulierungen am Arbeitsmarkt die Beschäftigten schützt, gleichzeitig aber den mehr als vier Millionen Erwerbslosen Beschäftigungschancen nimmt? Ich meine nein.
Wir müssen uns bei der Definition des „Sozialen" wieder auf die ordnungspolitischen Grundsätze der Sozialen Marktwirtschaft besinnen. Es kann nicht sozialstaatliche Aufgabe sein, Versorgung für alle zu gewährleisten und jedes denkbare Risiko für jeden Personenkreis abzudecken. Das ist falsch verstandene Solidarität, die der wirtschaftlichen Entwicklung und damit letztlich allen schadet.
Sozialstaatliche Umverteilung muss sich auf die wirklich Hilfsbedürftigen konzentrieren. Die elementarste Form des Sozialen liegt in der Sozialen Marktwirtschaft aber darin, jedermann die Chance zu eröffnen, aus eigener Kraft am Wohlstand teilzuhaben. Die eigentliche soziale Frage unserer Zeit lautet daher: Wie schaffen wir mehr wirtschaftliche Dynamik und mehr Arbeitsplätze? Oder anders gewendet: Sozial ist heute vor allem, was mehr Beschäftigung schafft.
Ich bin überzeugt, dass wir mit diesem Verständnis des Begriffs „sozial" besser die Widerstände gegen Reformen überwinden können, die für mehr Wachstum und Beschäftigung dringend erforderlich sind. Als Kuratoriumsvorsitzender der parteiübergreifenden Initiative „Neue Soziale Marktwirtschaft" setze ich mich daher zusammen mit anderen dafür ein, neu zu bestimmen, was der Sozialstaat leisten muss und leisten kann. Wir müssen umsteuern und uns wieder stärker an Ludwig Erhards Prinzipien der Eigenverantwortung, des Wettbewerbs und der echten sozialen Verantwortung – also des Handelns zum Nutzen der Allgemeinheit und der Solidarität mit den wirklich Schwachen – orientieren. Denn wenn uns das nicht gelingt, dann ist eine der größten Erfolgsgeschichten der Bundesrepublik Deutschland – die Soziale Marktwirtschaft – ernsthaft in Gefahr, an einer Inflation der Ansprüche zu scheitern.
Quelle: Handelsblatt Nr. 102 vom 31.05.02, S. 11, Autor: Hans Tietmeyer

Hans Tietmeyer

Stellen Sie die Elemente und Grundpfeiler der Sozialen Marktwirtschaft im Einzelnen dar und verdeutlichen Sie sie mit konkreten Beispielen.

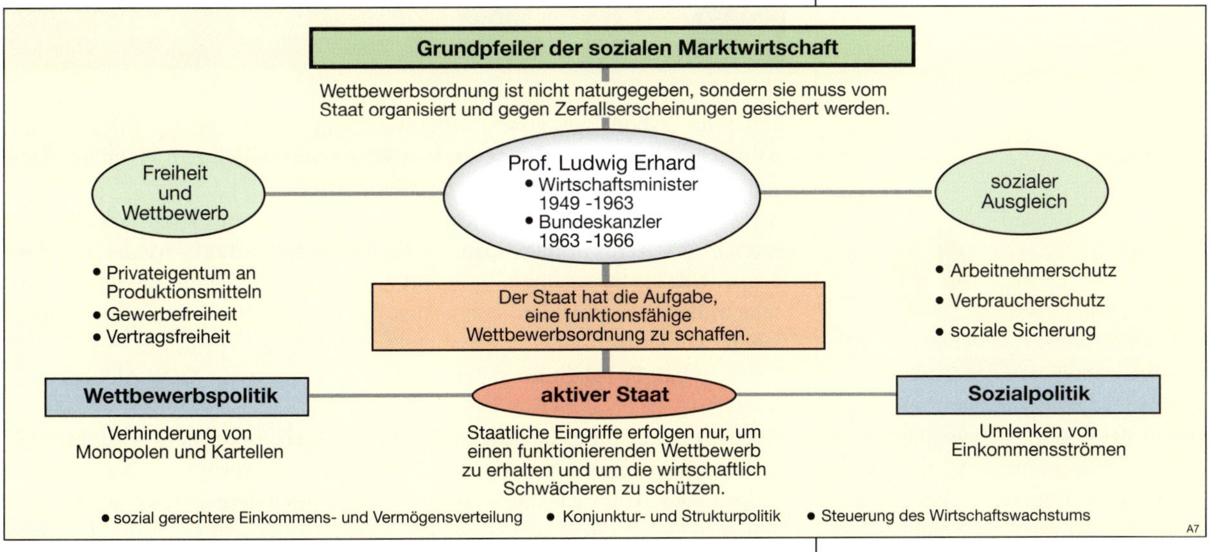

In Kooperation mit der Bundeszentrale für politische Bildung wurde zu GOOD BYE, LENIN! ein Film-Heft für den Schulunterricht erstellt. Es steht aber auch im Internetauftritt der Bundeszentrale für politische Bildung in einer kostenfreien pdf-Version zum Download und als Printausgabe zum Bestellen zur Verfügung. (www.bpb.de/publikationen)

2.4. Good Bye, Lenin (Marx) – Transformation einer Wirtschaftsordnung am Beispiel der deutschen Wiedervereinigung

2.4.1 Zum Einstieg: Good Bye, Lenin – der Film

Der Film „Good Bye, Lenin!“ von Wolfgang Becker (2003) reflektiert die politischen Ereignisse der deutschen Wiedervereinigung an Hand der fiktiven Geschichte der Ostberliner Familie Kerner.

Am 7. Oktober 1989 erleidet Christiane Kerner einen Herzinfarkt und sie erwacht erst acht Monate später – nach dem Mauerfall – wieder aus dem Koma. Um sie zu schonen, beschließen ihre beiden Kinder die neue politische Situation zu verheimlichen. Alex, der besonders stark an seiner Mutter hängt, will einfach jene „Normalität“ fortsetzen, die vor ihrem Herzinfarkt gegolten hat. Er belebt für sie auf 79 Quadratmetern die DDR-Alltagskultur wieder.

Doch die neue politische Situation lässt sich auch vor Kerners Wohnungstür nicht lange stoppen: Nicht nur das Verschwinden vertrauter Ost-Produkte fordert Alex' Improvisations- und Organisationstalent heraus, notgedrungen wird er zum Regisseur einer erfundenen Wirklichkeit. Denn die Kranke will fernsehen und die archivierten Sendungen der „Aktuellen Kamera“ können ihre Neugier nicht lange stillen.

Rückblickend erinnert sich der Protagonist Alex an seine Kindheit in der DDR. Er empfindet sie als sorglos und heiter, bis der Vater von einer Dienstreise aus Westberlin nicht mehr zurückkehrt. Für Alex hat er Land, Ideologie und vor allem seine Familie verraten.

Auszüge aus Interviews mit dem Autor B. Lichtenberg und dem Produzenten S. Arndt

[...] **X-Filme/X-Verleih:** *So gesehen muss die erste Frage doch die nach dem Motiv für diese Geschichte sein.*
Lichtenberg (Autor): Ich war eine Woche vor Mauerfall überhaupt das erste Mal in Berlin. Ab Frühjahr 1990 habe ich dann ein Jahr in Berlin gewohnt. Genau in dem Jahr, in dem GOOD BYE, LENIN! hauptsächlich spielt. Außerdem war ich damals etwa so alt wie die Hauptfigur und fand die Veränderungen, die anarchischen Momente dieser Zeit in Ostberlin sehr spannend. Dafür ist man gerade in diesem Alter sehr empfänglich. Auch Alex ist in einer Umbruchphase und parallel dazu die Gesellschaft, in der er lebt. Es geht um ein doppeltes Abschied nehmen, Abschied von der Jugend, Abschied von einem Staat.

X-Filme/X-Verleih: *Alex fällt der Abschied vom Staat ja schwer. Geht die Analogie so weit, dass man auch ungern Abschied von der Jugend nimmt?*
Lichtenberg: Ich glaube schon. Man will sich auf der einen Seite auf etwas Neues einlassen, was ja auch sehr aufregend ist. Auf der anderen Seite hat man Angst, den Boden unter den Füßen zu verlieren, orientierungslos dazustehen. Deshalb glaube ich, dass Alex die DDR nicht nur für die Mutter, sondern auch für sich selbst weiterleben lässt. Am Ende vielleicht sogar hauptsächlich für sich selbst. Die letzte große Lüge im Film hat ja hauptsächlich einen symbolischen Wert. Alex lässt etwas überleben. Der real existierende Sozialismus ist nicht aufgegangen, aber der Gedanke lebt weiter. [...]

X-Filme/X-Verleih: *Interessanterweise haben viele Leute dieses Jahr zwar erlebt, aber auch wieder vergessen.*
Arndt (Produzent): Erst sehr spät – da war der Film fast schon fertig – kamen wir in einem Gespräch darauf, dass es eigentlich um „Das vergessene Jahr" geht. Das würde ich gerne von den Zuschauern beantwortet haben: Ist dieses Jahr tatsächlich verdrängt worden und weshalb? War es eine derartige Überforderung? Gerade wir in Deutschland mit unserer harten D-Mark, mit unserer unveränderlichen Freundschaft zu der NATO. Auf einmal brach ja alles weg. Nichts mehr galt. Auf einmal ergab zwei plus vier eins. Ich habe das Gefühl, dass auf der einen Seite tatsächlich einfach unfassbar viel passiert ist, auf der anderen Seite aber offensichtlich irgendwann eine Art Stressfaktor einsetzte, der bewirkt hat, dass man tatsächlich nichts mehr aufnahm. Dass man ganz normal sein Leben lebte und sich ausschließlich darum kümmerte, wie es einem selbst damit geht. Aber was war wirklich genau wann? Wann war welche Wahl? Wann war genau die Währungsunion? Die Daten hat man nicht mehr im Kopf. Das finde ich interessant.

X-Filme/X-Verleih: *Es kann ja auch umgekehrt sein: Nicht nur, dass die Zuschauer die Antworten geben, sondern auch, dass sie nach Antworten suchen und sich an all das erinnern wollen, was sie vielleicht vergessen haben.*
Arndt: Ein Großteil des Publikums wird sich gar nicht mehr daran erinnern können, weil es damals zu jung war. Andererseits weiß ich noch sehr genau, wie ich zum ersten Mal im Osten ein Schild las mit der Aufschrift „Uschis Getränkestation" – im dritten Hinterhof, wo nie einer vorbeikommt. Und so hat sicher jeder seine eigenen Episoden. Wie bei mir wird die Szene in der Bank, als Alex und Anita ihr Geld umtauschen wollen, bei vielen Erinnerungen hervorrufen. Ich weiß noch, dass es einer der schrecklichsten Abende war, als ich zum ersten Mal Angst vor den Deutschen und der Wiedervereinigung bekam.
Ich fuhr mit dem Auto über den Alexanderplatz und da standen 5.000 Leute vor der Deutschen Bank, die sofort um Mitternacht ihr Geld umtauschen wollten.
Quelle: www.good-bye-lenin.de

Da sie die neue Realität das Leben kosten könnte, beschließt Alex, der heiß geliebten Mutter den vertraut verstaubten Alltag vorzuspielen und trimmt die inzwischen verwestlichte Plattenbauwohnung wieder auf DDR-Niveau. Allerdings muss Alex mit der Wiederkehr der alten „Normalität" einen riesigen Spagat zwischen zwei Realitäten leisten.

!

1. Der Autor B. Lichtenberg spricht in dem Interviewauszug von Anarchie und Orientierungslosigkeit nach der „Wende". Was könnte er in diesem Zusammenhang darunter verstehen?
2. Der Produzent S. Arndt sagt, dass die Menschen das Jahr 1990 vielleicht verdrängt haben oder erst jetzt nach Antworten suchen. Was halten Sie von seiner Vermutung?

Demonstration, Leipzig

In der Prager Botschaft

Währungsumtausch

2.4.2 Wie es zur Wiedervereinigung kam – Eckdaten der deutschen Vereinigung

Juli 1989: Tausende von DDR-Bürgern verlassen das Land über Ungarn nach Österreich oder flüchten sich in die Ständige Vertretung der Bundesrepublik Deutschland nach Ost-Berlin. Auch die bundesdeutschen Botschaften in Prag und Budapest werden belagert.

04. 09. 1989: Zum vierten Mal demonstrieren in Leipzig nach dem Friedensgebet in der Nikolaikirche mehrere hundert Menschen für „Reisefreiheit statt Massenflucht".

07. 10. 1989: Die DDR feiert ihren 40. Jahrestag. Zu den Feierlichkeiten sind hochrangige Staatsgäste aus der ganzen Welt eingeladen. Erich Honecker (Staatschef der DDR) und Michail Gorbatschow (sowjetischer Staatspräsident) treffen zu einem ausführlichen Meinungsaustausch zusammen, bei dem Gorbatschow Honecker erklärt, der einzige Weg, Massenausreisen und Demonstrationen zu bewältigen, bestehe in einem deutschen Weg der Perestroika.

18. 10. 1989: Die Sensation: Das ZK der SED entbindet Erich Honecker „aus gesundheitlichen Gründen" von seinem Amt als Generalsekretär der SED und wählt Egon Krenz zu seinem Nachfolger.

09. 11. 89: Eine neue Reiseregelung wird beschlossen; sie sieht eine kurzfristige Visaerteilung ohne Voraussetzungen vor. Noch am selben Abend prüfen viele tausend Menschen die Richtigkeit dieser Aussage und reisen, begrüßt von zigtausend West-Berlinern, teilweise nur für fünf Stunden nach West-Berlin. Auf Grund des gewaltigen Massenandrangs verlieren die Grenzkräfte der NVA schnell den Überblick. Am Brandenburger Tor klettern Tausende von Menschen auf die Mauer und feiern deren Fall.

10. 11. 1989: In West-Berlin sprechen Willy Brandt (ehemaliger Bundeskanzler) und Helmut Kohl (damaliger Bundeskanzler) vor dem Schöneberger Rathaus. Brandt: „Wir sind jetzt in der Situation, wo zusammenwächst, was zusammengehört." Das DDR-Innenministerium bestätigt im Fernsehen, die neue Reiseregelung sei dauerhaft, bald würden neue Grenzübergänge geschaffen.

13. 11. 1989: Alle Sperrgebiete an der Mauer und der Grenze sind mit sofortiger Wirkung aufgehoben, es besteht freier Zugang zu allen Ortschaften.

18. 03. 1990: Volkskammerwahlen. Die ersten freien, demokratischen Wahlen in der DDR. Insgesamt 24 Parteien und politische Gruppierungen treten an. Die Wahlbeteiligung ist extrem hoch und liegt bei 93,39 Prozent.

01. 07. 1990: Der Staatsvertrag über die Wirtschafts-, Währungs- und Sozialunion tritt in Kraft. Die Mark der DDR verliert ihre Gültigkeit. DDR-Kleingeld wird von den Banken noch längere Zeit angenommen und über die noch existierende Staatsbank der DDR gewechselt. Die Umstellung des Geldes findet ausschließlich über Konten statt. Alle auf Mark der DDR lautenden Forderungen und Verbindlichkeiten werden zum Kurs 1:2 umgestellt.

22. 07. 1990: Die Volkskammer führt die 1952 abgeschafften Länder (Mecklenburg-Vorpommern, Brandenburg, Sachsen, Sachsen-Anhalt und Thüringen) wieder ein. Diese werden nach der offiziellen Vereinigung am 3. Oktober die „Fünf Neuen Bundesländer".

22. 08. 1990: Die Volkskammer berät über den endgültigen Beitrittstermin zur Bundesrepublik Deutschland. Als Kompromissvorschlag erhält der 3. Oktober die Mehrheit.

31. 08. 1990: Im Palais unter den Linden in Ost-Berlin wird der „Vertrag über die Herstellung der Einheit Deutschlands" (Einigungsvertrag) unterzeichnet. Die DDR wird als „Beitrittsgebiet" bezeichnet.
03. 10. 1990: Um 0.00 Uhr ist die DDR mit der Bundesrepublik wiedervereinigt. Die offizielle Staatszeremonie findet in Berlin vor dem Reichstag statt.
nach: www.ddr-im-www.de.

Staatszeremonie zum Beitritt der DDR

2.4.3 Die DDR – ein sozialistischer Staat

Warum waren so viele Bürgerinnen und Bürger der ehemaligen DDR so unzufrieden mit ihrem gesellschaftlichen System, dass sie sich in der Hoffnung auf grundlegende Veränderungen und Verbesserungen Demonstrationen anschlossen, zu kirchlichen Veranstaltungen und Friedensgebeten aufriefen oder – wenn sie keine Hoffnung auf Änderungen hatten – sich sogar zur Flucht entschlossen?

Wie sah das politische System der DDR aus?
1946 wurde in der ehemaligen DDR, die nach dem Ende des Zweiten Weltkrieges der Sowjetischen Besatzungszone (SBZ) zugeordnet war, die Sozialistische Einheitspartei Deutschlands gegründet. Mit sowjetischer Hilfe wurde ihre Herrschaft als faktisch einzige bestimmende politische Kraft so weit gefestigt, dass sie den Aufbau einer sozialistischen Gesellschaft ohne massive Widerstände in Angriff nehmen konnte.

Flucht aus der DDR

Am 07. Oktober 1949 wird die Deutsche Demokratische Republik als sozialistischer Staat auf dem Gebiet der Sowjetischen Besatzungszone (SBZ) in Deutschland ausgerufen. Er versteht sich – nach sowjetischem Vorbild – als Diktatur des Proletariats. Die politische Macht übt die Sozialistische Einheitspartei (SED) aus, unter deren Führung die anderen noch zugelassenen Parteien und sonstigen Organisationen zu einer Allparteienblockregierung zusammengeschlossen werden.

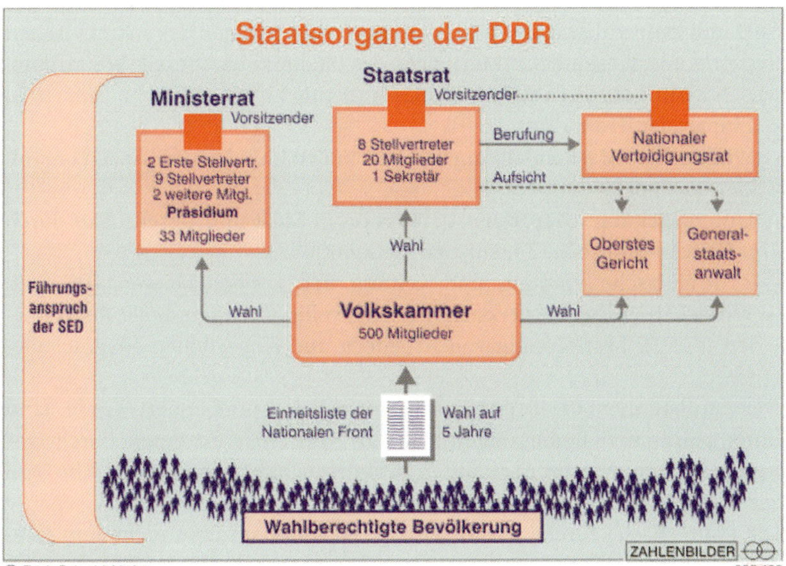

 555 125

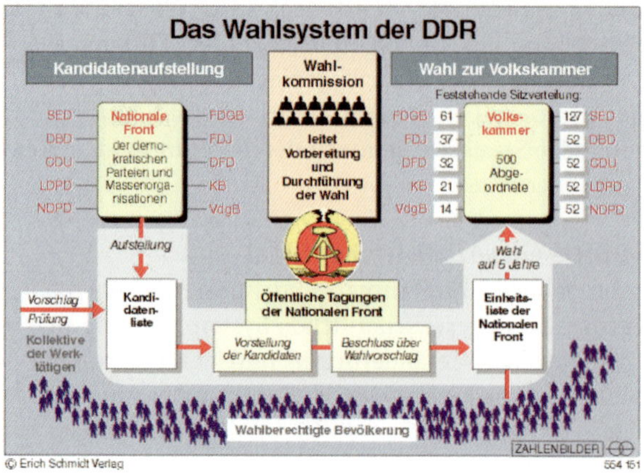

Die Organisationsprinzipien dieser Partei beruhten auf dem von Lenin entwickelten Grundsatz des „demokratischen Zentralismus“, der auf das gesamte politische Leben übertragen wurde. Er beinhaltete formal zwar die Wählbarkeit der Funktionäre und Parteigremien durch die Mitglieder, bedeutete zugleich aber auch straffe Parteidisziplin und bedingungslose Unterordnung. Die Schlüsselpositionen wurden faktisch von oben besetzt und nicht von unten gewählt. „Wer sich nicht der von Moskau vorgegebenen ‚Generallinie‘ fügte, hatte nicht nur keinen Platz mehr in den Reihen der Partei, sondern musste auch um sein Leben fürchten. Politische Verfolgung als Instrument der machtpolitischen Herrschaftssicherung gehört zur Gründungsgeschichte der DDR.“ (Bundeszentrale für politische Bildung, Informationen zur politischen Bildung, Heft 256, Deutschland in den 50er Jahren, S. 25). Die Partei war verpflichtet, alle anderen politischen und gesellschaftlichen Organisationen in der DDR „anzuleiten“. Das bedeutete in der Praxis die konsequente Kontrolle des gesamten politischen Lebens.

Stalin

Die Kommunistische Partei der Sowjetunion (KPdSU) war Vorbild für die SED und kannte damit die machtpolitischen Grundlagen des stalinistischen Systems an. Wesentliche Merkmale des Stalinismus (Jossif Wissarionowitsch Stalin, 1879–1953) lassen sich eindeutig ausmachen:

- Einparteien-Herrschaft
- Willkürliche Machtausübung von bürokratisch und zentralistisch organisierten Apparaten
- Unterdrückung jeder freien Diskussion in Staat und Gesellschaft durch politische Kontrolle, Zensur und Geheimpolizei
- Zentralistische Planung und Leitung der weitgehend verstaatlichten Wirtschaft, wobei Gewerkschaften eine völlig untergeordnete Rolle spielen und Mitbestimmung von Arbeitern und Angestellten ausgeschaltet ist.

Der „Aufbau des Sozialismus“, der 1952 offiziell proklamiert wurde, fand unter politischen Bedingungen statt, die von einer extremen Furcht vor Agenten, Spionen und Saboteuren gekennzeichnet waren. Politische Prozesse waren an der Tagesordnung.

Die evangelische Kirche war als einzige Großorganisation nicht dem Führungsanspruch der SED unterworfen. Sie geriet aber zunehmend zur Zielscheibe politischer Angriffe. Schülerinnen und Schüler mussten wegen ihrer Zugehörigkeit zur evangelischen Gemeinde z. B. die Oberschule verlassen.

Der Umgangsstil der politischen Führung gegenüber der Bevölkerung und wirtschaftliche Maßnahmen, die z. T. die Bevölkerung nicht akzeptierte,

!

Vergleichen Sie in diesem Zusammenhang auch die auf S. 121 dargestellten Merkmale gesellschaftlicher Subsysteme einer Zentralverwaltungswirtschaft.

z. B. überzogene Forderungen bezüglich der Arbeitsnormen (Arbeitsleistung pro Zeiteinheit) oder die einseitige Bevorzugung der Schwerindustrie gegenüber der Konsumgüterversorgung sorgten für eine explosive Stimmung, die sich am 17. Juni 1953 in einem Aufstand auf den Straßen entlud. Aber bereits am Mittag des 17. Juni rollten sowjetische Panzer durch die Straßen Berlins und anderer Städte und sorgten für eine Beendigung des Aufstands. Die Rädelsführer wurden verfolgt und verhaftet. Insgesamt wurden 1526 Angeklagte verurteilt (davon zwei zum Tode).
Diese Erfahrung wirkte sich in künftigen Krisen auf das politische Verhalten der Bevölkerung nachhaltig aus.
Systematisch wurde am Aufbau des Sozialismus weitergearbeitet; auch kleine Industrie- und Handwerksbetriebe wurden verstaatlicht, die Landwirtschaft kollektiviert, d. h., die privaten Bauern wurden zum Eintritt in die Landwirtschaftlichen Produktionsgenossenschaften (LPG) gezwungen. Wer sich weigerte, wurde verhaftet. Diese z. T. gewaltsamen Kollektivierungen führten zu einem dramatischen Anstieg der Flüchtlingszahlen, aber auch zu einer enormen Versorgungskrise, die wiederum die Fluchtbereitschaft der Bevölkerung erhöhte. Die festgelegten wirtschaftlichen Ziele wurden bei weitem nicht erfüllt. Hinzu kamen außenpolitische Unsicherheiten im Hinblick auf den „Viermächte-Status" Berlins. Diese Faktoren führten schließlich dazu, dass die DDR-Führung – mit Rückendeckung der Sowjetunion – durch den Bau einer „Mauer" in der Nacht vom 12. auf den 13. August 1961 West-Berlin vollständig von der DDR abriegelten, um den Flüchtlingsstrom nach Westdeutschland zu stoppen. In dem Zeitraum von 1949 bis 1989 sind bei Fluchtversuchen aus der DDR 899 Menschen getötet worden, 255 starben an der Grenze um West-Berlin.
Nach anfänglicher großer Verbitterung setzte in der DDR ein Prozess der Gewöhnung ein, die Folge war u. a. auch ein verstärkter Rückzug in das Privatleben. Der Staat hatte zwar Grenzen gesetzt und die Freiheit radikal reduziert, sorgte aber bei politischer Anpassung für ein Höchstmaß an sozialer Sicherheit.
Unter der Führung Erich Honeckers, der Walter Ulbricht im Mai 1971 ablöste, orientierte sich die SED von den Fernzielen auf die allmähliche Verbesserung des täglichen Lebens der Bevölkerung. Trotz allmählicher Verbesserungen blieb aber der Lebensstandard hinter dem z. B. Westdeutschlands weit zurück. Dieser wurde aber häufig von der Bevölkerung als Vergleichsmaßstab herangezogen und war Quelle ständigen Ärgers, der sich gegen die politische Führung richtete.
Der Reformkurs des sowjetischen Präsidenten Michail Gorbatschow verstärkte Ende der 80er Jahre den Druck auf die DDR-Führung, demokratische Reformen durchzuführen, zumal in anderen Ostblockstaaten solche Reformen vorgenommen wurden. Die demonstrative Ablehnung aber jeglicher Veränderungen in ökonomischer und politischer Hinsicht verschärfte die Krise in der DDR und führte im Spätsommer 1989 zu einer Massenflucht von Bürgern der DDR über die Tschechoslowakei und Ungarn in die Bundesrepublik. Die sich seit Mitte der Achtzigerjahre zunehmend formierten oppositionellen Gruppierungen versammelten sich in wöchentlichen Demonstrationen und wurden auf ihren Kundgebungen im Oktober/November 1989 von Hunderttausenden unterstützt. Die Führung der DDR verzichtete auf den Einsatz militärischer Mittel und die Bewegung entwickelte eine derartige Dynamik, dass dies am 18. Oktober zur Ablösung Honeckers, am 9. November 1989 zur Maueröffnung und zum Abbau der Grenzbefestigungen zur Bundesrepublik führte.

Aufstand 17. Juni 1953

! Stellen Sie die Entwicklung der DDR nach dem Zweiten Weltkrieg dar und kennzeichnen Sie sozialistische Elemente.

2.4.4 Wirtschaftsordnung in der ehemaligen DDR: Zentralverwaltungswirtschaft

Zur Erinnerung: Unter 2.1.3 haben wir auf die unterschiedlichen Teilsysteme einer Gesellschaft hingewiesen und grundlegende Elemente einer Wirtschaftsordnung aufgezeigt. Jede Wirtschaftsordnung gibt ihre eigene Antwort zur Art und Weise, wie die klassischen Grundprobleme des Wirtschaftens – Lenkungs-, Leistungs-, Interessen- und Verteilungsproblem – gelöst werden sollen.

In der ehemaligen DDR wurden die grundlegenden wirtschaftlichen Aufgaben anders angegangen als in Westdeutschland, das sich ja nach dem Ende des Zweiten Weltkrieges für eine marktwirtschaftliche Lösung entschieden hatte. In der Verfassung der DDR wird für die Wirtschaftsordnung Folgendes festgelegt:

Art. 9 (1) Die Volkswirtschaft der Deutschen Demokratischen Republik beruht auf dem sozialistischen Eigentum an den Produktionsmitteln. [...]
(3) In der Deutschen Demokratischen Republik gilt der Grundsatz der Leitung und Planung der Volkswirtschaft sowie aller anderen gesellschaftlichen Bereiche. Die Volkswirtschaft der Deutschen Demokratischen Republik ist die sozialistische Planwirtschaft. Die zentrale staatliche Leitung und Planung der Grundfragen der gesellschaftlichen Entwicklung ist mit der Eigenverantwortung der örtlichen Staatsorgane und Betriebe sowie der Initiative der Werktätigen verbunden.
Art. 14 (1) Privatwirtschaftliche Vereinigungen zur Begründung wirtschaftlicher Macht sind nicht gestattet.
Art. 15 (1) Der Boden der Deutschen Demokratischen Republik gehört zu ihren kostbarsten Naturreichtümern. Er muß geschützt und rationell genutzt werden. Land- und forstwirtschaftlich genutzter Boden darf nur mit Zustimmung der verantwortlichen Organe seiner Zweckbestimmung entzogen werden.

Damit wird das Ordnungselement „Planungs- und Lenkungsformen" ganz anders bestimmt als in der Marktwirtschaft. Nicht der Markt ist Koordinationsmechanismus, sondern der Staat soll zentral die Planung und Koordination aller wirtschaftlichen Aktivitäten vornehmen. Werden durch diese grundsätzliche Entscheidung auch die anderen Ordnungselemente in ihrer Festlegung bestimmt? Wie gestalten sich z. B. die Eigentumsformen, die Preisbildungsformen oder die betriebliche Ergebnisrechnung?

Eine staatliche Planung der Produktion setzt gesellschaftliches Eigentum an den Produktionsmitteln voraus. Privatbesitz an Produktionsmitteln lässt keine zentrale Planung zu. Um die kommunistische Utopie sozialer Gerechtigkeit und Gleichheit verwirklichen zu können, musste eine Eigentumsordnung geschaffen werden, die die staatliche Verfügungsgewalt über die Produktionsmittel festschrieb. Die neuen Eigentumsformen in der DDR unterscheiden staatliches (gesamtgesellschaftliches) und genossenschaftliches Eigentum werktätiger Kollektive. Enteignete Industriebetriebe wurden weitestgehend in „Volkseigene Betriebe" (VEB) umgewandelt. Volkseigene Betriebe einer Erzeugnisgruppe wurden zu Kombinaten zusammengefasst; damit konnte um die wirtschaftliche Effizienz durch eine stärkere Zentralisierung der Leitungsstrukturen erhöht werden. Genossenschaftliche Formen fanden sich im Wesentlichen im Handwerk und vor allem in der Landwirtschaft (landwirtschaftliche Produktionsgenossenschaften/LPG).

Arbeiterinnen einer LPG

Wirtschaftliche Planung in einer Zentralverwaltungswirtschaft

Die Koordination der Produktionseinheiten erfolgte über eine **zentrale Planungsbehörde**, die ausgehend von gesellschaftlichen Zielsetzungen und Produktionsmöglichkeiten wirtschaftliche Pläne entwickelte. Je nach zeitlicher Perspektive wurde unterschieden zwischen:

- Perspektivplänen, langfristige Pläne, die einen Zeitraum von 10–20 Jahren umfassen können.
- Mittelfristige Plänen („Fünfjahrespläne"), die mittelfristige Entwicklungsziele enthielten, in der Regel unverbindliche Orientierungshilfen waren und bei Bedarf revidiert werden konnten. Die Fünfjahrespläne von 1976–1980 und 1981–1985 hatten allerdings Gesetzesrang.
- Kurzfristigen Plänen, die sich auf ein Jahr bezogen und für die Betriebe verbindlich waren. Sie hatten Gesetzesrang, d. h., ihre Nichteinhaltung war ein Straftatbestand.

Organisation der Leitungsinstanzen

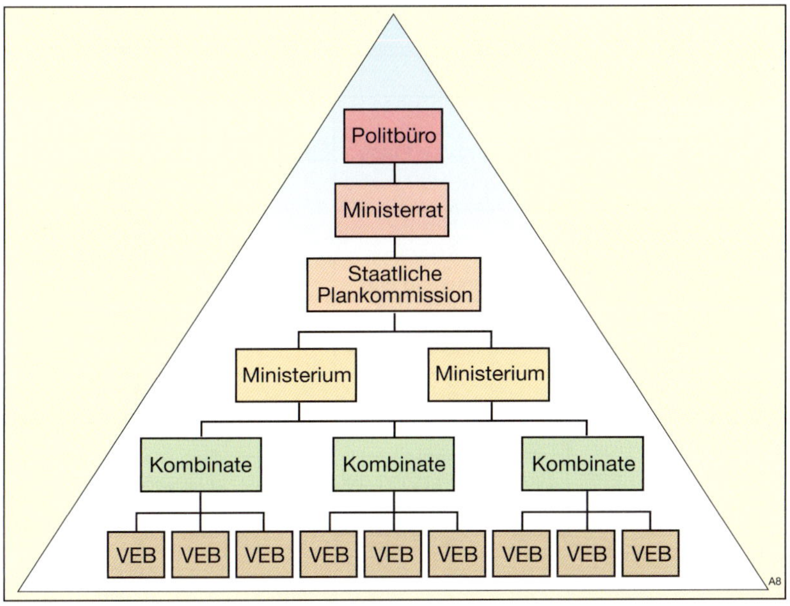

Das Kernstück der Planung bildeten die naturalen Güterbilanzen in Form von Bedarfs- und Produktionsbilanzen, die im Prinzip für jedes Gut aufzustellen waren. In der Bedarfsbilanz wurden Aufkommen und Verwendung eines Gutes gegenübergestellt. Natürlich konnten nicht für alle Güter Bilanzen erstellt werden. Allein die dafür notwendige Erfassung und Verarbeitung von Detailinformationen über vergangene, gegenwärtige und erwartete ökonomische Größen überstieg die Kapazität des Planungsapparates, selbst unter Verwendung moderner Computertechniken. Deshalb gab es aggregierte Planungsbilanzen (für Gütergruppen). Das Bilanzsystem umfasste ca. 4.600 Einzelbilanzen. Die übrigen Güter flossen als monetäre Größen in die Wertplanung ein. Außerdem benötigten die Betriebe Vergleichs- und Entscheidungsmaßstäbe, wenn sie z. B. Wirtschaftlichkeitsrechnungen vornehmen oder Verträge mit Lieferanten und Abnehmern abschließen wollten. Diesen in Geld ausgedrückten Maßstäben lagen die Güterpreise zu Grunde. In sozialistischen Planwirtschaften erfolgt auch eine staatliche Preisplanung, die Preise werden staatlich festgesetzt.

1. Was ist unter Zentralverwaltungswirtschaft zu verstehen? Stellen Sie ihre Funktionsweise vor.
2. Stellen Sie die grundsätzlichen Unterschiede zur marktwirtschaftlichen Ordnung heraus.
3. Inwieweit lässt sich auch hier ein genereller Zusammenhang herstellen zwischen dem politischen System und dem wirtschaftlichen System einer Gesellschaft?

Das System der staatlichen Preisfestsetzung basierte auf der Marx'schen Arbeitswertlehre, was auf die Praxis bezogen kurz gesagt bedeutet: Der Preis setzt sich aus den Produktionskosten und einem Zuschlag für Investitionen und Abführungen an den Staatshaushalt zusammen. Geld hatte in der Planwirtschaft nicht die Funktion des „Leistungsanreizes" wie in marktwirtschaftlichen Systemen.
Ob ein Betrieb erfolgreich gearbeitet hat, war daran zu erkennen, in welchem Maß der Plan erfüllt wurde. Es galt das Planerfüllungsprinzip. Betriebe konnten grundsätzlich nicht in „Konkurs gehen"; Sie konnten aber auf Grund einer Entscheidung der zentralen Planungsbehörde geschlossen werden.

Planungsprozess in der Zentralverwaltungswirtschaft der DDR

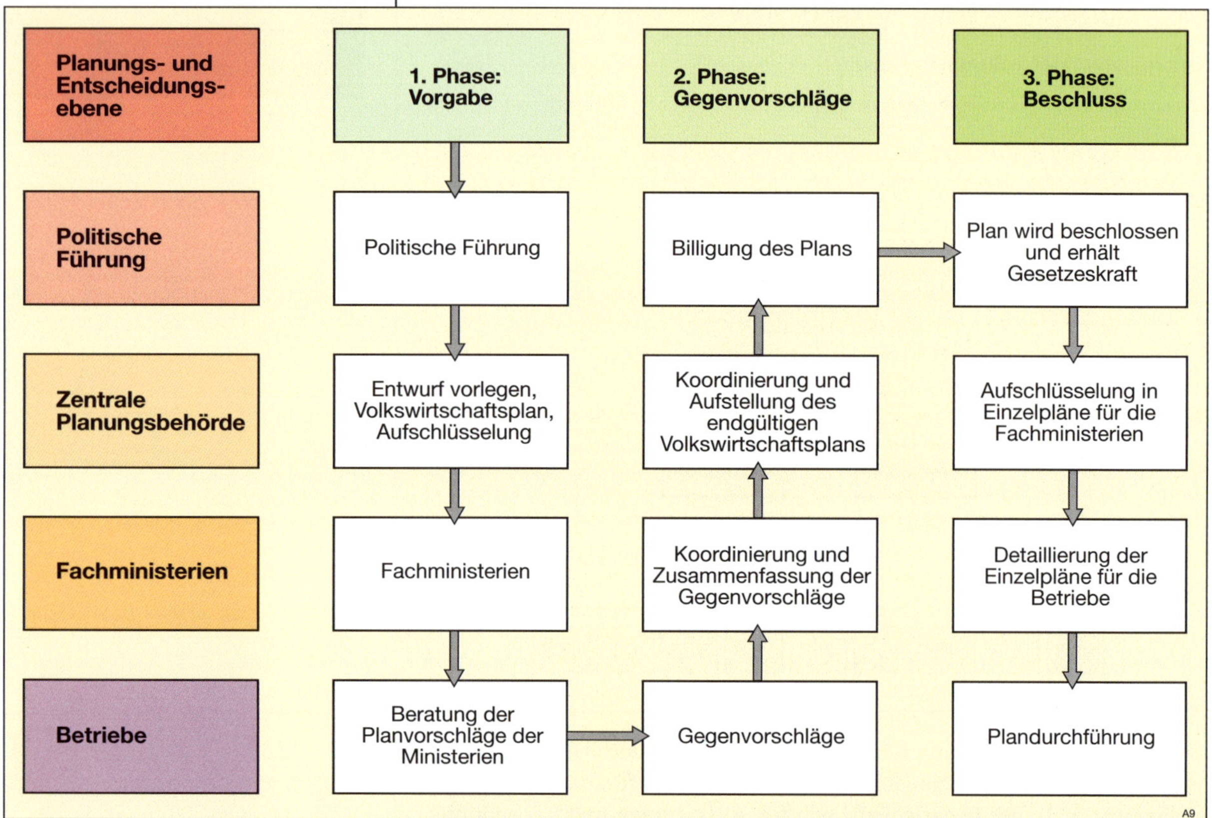

Planerfüllungsanzeige in einem volkseigenen Betrieb

Freibier und Sozialismus –
Eine Ansprache von Prof. Dr. B., München, 1976

„Da von mir theoretische Beiträge erwartet werden, möchte ich auch heute Abend einen solchen Beitrag leisten. Ich möchte erläutern, wie man durch Freibier zum Sozialismus kommen kann:

Als ersten Schritt verspricht die Regierung allen Bürgern im Lande Freibier. Jeder soll im Interesse der Gleichheit Bier umsonst erhalten. Um sicherzugehen, dass nur noch Freibier angeboten wird, muss als nächstes der Verkauf von Bier verboten werden. Niemand soll sich durch den Kauf von Bier besondere Privilegien verschaffen können. Das Verbot ist somit eine notwendige Maßnahme sozialistischer Gerechtigkeit zum Abbau unerträglicher Privilegien. Da alle Gastwirte Bier nunmehr kostenlos ausschenken, verdienen sie nichts mehr. Sie müssen deshalb in den öffentlichen Dienst übernommen werden. Dabei spielt die Parteizugehörigkeit eine wesentliche Rolle.

Zur Ordnung dieses wichtigen neuen Zweiges des öffentlichen Dienstes wird ein Beauftragter für Bierausschank berufen. Ihm wird zur Sicherung von mehr Demokratie ein drittelparitätisch besetztes Gremium zur Seite gestellt, in dem die Gastwirte, die Konsumenten und die Kellner vertreten sind.

Da die Regierung Freibier für alle versprochen hat, muss sie dafür Sorge tragen, dass ausreichend Freibier zur Verfügung steht. Sie muss deshalb die Produktion von Bier kontrollieren und Investitionen der Brauereien lenken. Da die Verantwortung des Staates für das Wohl der Bürger unteilbar ist und die Einhaltung des Freibierversprechens nicht am Profitstreben scheitern darf, ist die Verstaatlichung der Brauereien der nächste notwenige Schritt auf dem Weg zum Sozialismus.

Um die staatlichen Brauereiaufgaben wahrzunehmen, wird ein staatliches Bieramt errichtet und ein Präsident des Amtes berufen. Er trägt, zusammen mit den Unterbehörden, die Verantwortung für den Bierausstoß.

Die Brauereien wiederum sind vom Hopfenanbau abhängig. Ohne guten Hopfen kein gutes Bier. Die Regierung muss deshalb auch die Verantwortung für den Hopfenanbau übernehmen. Dazu muss das Bieramt durch die Hopfenbehörde erweitert werden.

Nach der Übernahme der Gastwirte in den öffentlichen Dienst, der Verstaatlichung der Brauereien und der Vergesellschaftung des Hopfenanbaus sind alle Voraussetzungen für die Einlösung des Freibierversprechens geschaffen.

Der Verwirklichung sozialistischer Gleichheit im Bierkonsum steht nichts mehr im Wege.

Dann treten jedoch Lieferschwierigkeiten auf. Der Bierausstoß bleibt hinter den Erwartungen zurück, da die Brauer mit dem Ausfüllen von Formularen und der Arbeit in den demokratischen Gremien beschäftigt sind. Um diesem Übelstand abzuhelfen, wird die Regierung den Bierausstoß durch die Zugabe von Wasser inflationieren. Das Bierangebot wird dadurch erhöht. Aber die Qualität wird schlechter. Deshalb sind dieser Biervermehrung Grenzen gesetzt. Und daraus folgt der nächste und abschließende Schritt zum Sozialismus. Das Bier wird rationiert: Freibier auf Bierkarten!

Da die Gastwirte im öffentlichen Dienst mehr Dienststunden machen, die Brauereien weniger produzieren und die Qualität des Bieres immer schlechter wird, sinnen die Bürger auf Auswege. Der direkte Weg zum guten Bier ist versperrt. Die sozialistische Bierordnung kann nur noch durch revolutionäre Maßnahmen verändert werden. Zur Revolution langt es jedoch nicht. So entwickelt sich ein grauer Markt für Bier. Hopfen wird heimlich angebaut – trotz Strafandrohung. Bier wird heimlich gebraut. Und Gastwirte verkaufen das neue, gute Bier heimlich gegen Entgelt – vor allem an die, die gute Beziehungen haben, und an die Mitglieder der Regierung.

Da wir von diesem Umweg zum guten Bier nichts halten: Deshalb sind wir gegen Sozialismus!“

Quelle: unbekannt

1. Dieser Text ist natürlich eine Satire voller Ironie und Spott. Worin besteht Ihrer Meinung nach die Kritik und woran bzw. an wem wird sie geübt?
2. Versuchen Sie, die Argumentation in einem „Pfeilschema“ darzustellen.

Karl Marx (1818–1883)

2.4.5 Karl Marx und Lenin als geistige Väter

Karl Heinrich Marx wurde am 5. Mai 1818 als Sohn eines jüdischen Rechtsanwalts geboren. Nach dem Besuch des Gymnasiums in Trier (1835 Abitur) studierte er Rechtswissenschaft, Medizin und später Philosophie in Bonn, Berlin und Jena. Aus der Beschäftigung mit der Philosophie Hegels entstand 1841 seine Dissertation.

Nach seinem Studium wurde Marx Chefredakteur der linksliberalen „Rheinischen Zeitung für Politik, Handel und Gewerbe". Nach ihrem Verbot 1843 emigrierte er nach Frankreich. Dort beschäftigte er sich mit dem Studium der französischen Sozialisten und der politischen Ökonomie. 1844 begann die Freundschaft mit dem Barmer Fabrikanten Friedrich Engels. Am Anfang des Jahres 1848 verfassten sie das „Kommunistische Manifest". Dort formulierten sie Gedanken, die in der späteren wissenschaftlichen Arbeit vor allem mit dem theoretischen Instrumentarium der „Mehrwerttheorie" und der „Entwicklungsgesetze des Kapitalismus" weiter entwickelt worden sind.

Die Schlussfolgerungen, die Karl Marx aus seiner Kapitalismuskritik zog, lassen sich im folgenden Heilsrhythmus zusammenfassen: Kapitalismus als These, Sozialismus als Antithese und Kommunismus als Synthese. Karl Marx starb 1883 in London. Der folgende Textauszug aus einem Lehrbuch zur Geschichte des ökonomischen Denkens macht seinen grundsätzlichen Argumentationsansatz deutlich.

Im Zuge der industriellen Entwicklung in England und anderen europäischen Ländern, die entgegen der Erwartungen ökonomische und soziale Not mit sich brachte, regt sich die erste fundamentale Kritik an der „neuen Ordnung". Die Bewegung des Sozialismus umfasst ein breites Spektrum von Kritikern: Die sogenannten Frühsozialisten, wie Charles Fourier (1772–1837) und Robert Owen (1771–1858), strebten mehr Gerechtigkeit und Gleichheit bei der Verteilung ökonomischer Güter an. P. J. Proudhon (1809–1865) verfolgte mit seiner Konzeption einer herrschaftslosen Gesellschaftsordnung eher anarchistische Vorstellungen. Berühmt ist die Aussage von Proudhon zum Charakter des Eigentums: „Eigentum ist Diebstahl" (La proprieté c'est le vol). An die Stelle des ohne eigene Arbeit erworbenen Eigentums wird ein „universelles Eigentum" der einzelnen Arbeiter gesetzt.

Karl Marx (1881–1883), der alle seine sozialistischen Vorläufer als „utopische Sozialisten" bezeichnete, gilt als Begründer des wissenschaftlichen Sozialismus. Der Sozialismus ist danach keine Utopie, kein bloßes Denkmodell einer idealen Gesellschaft, sondern wird auf Grund historischer Gesetzmäßigkeiten zwangsläufig kommen. Das umfangreiche Werk von Karl Marx enthält nicht nur ökonomische Aspekte, sondern philosophische, wissenschaftsgeschichtliche, soziologische und politische Dimensionen.

Nach Marx sind die gesellschaftlichen Bewusstseinsformen und der ihnen entsprechende politische und rechtliche Überbau abhängig von den jeweiligen Produktionsverhältnissen („Das Sein bestimmt das Bewusstsein"). Wesentliche Kennzeichen dieses sozialen „Unterbaus", d. h. der ökonomischen Struktur der Gesellschaft und der Art des ökonomischen Zusammenwirkens der Menschen, sind die Eigentums- und Verteilungsverhältnisse (Produktionsverhältnisse). Mit den Produktionsverhältnissen stehen die Produktivkräfte in einem dialektischen Spannungsverhältnis. Zu den Produktivkräften zählen zunächst alle jene Kräfte, die an den Menschen selbst gebunden sind, wie beispielsweise Qualifikation, Motivation und wissenschaftliche Naturerkenntnis; ferner gehören angewandte Technologien, Materialien und Organisationsformen der gesellschaftlichen Arbeitsteilung hinzu. Kurzum: Die Produktivkräfte spiegeln den Grad der Naturbeherrschung wider.

Da die Produktivkräfte sich ständig weiter entwickeln, geraten sie immer wieder in Widerspruch zu den sich vergleichsweise träge bewegenden Produk-

!

Verfassen Sie Kurzporträts von Marx und Lenin. Recherchieren Sie dazu weiteres Material.

tions- und Eigentumsverhältnissen, die ökonomische Machtstrukturen abbilden. Diese Widersprüche werden aufgehoben durch revolutionäre Veränderungen, in deren Ergebnis ein neues System der Produktionsverhältnisse entsteht. Dieses gibt den Produktivkräften Raum für ihre weitere Entwicklung. Da einem bestimmten Grad der gesellschaftlichen Arbeitsteilung eine bestimmte Klassenteilung entspricht, begreift der historische Materialismus – das geschichtstheoretische Konstrukt des Marxschen Systems – die Geschichte als eine Geschichte von Klassenkämpfen und erkennt die Ursachen des sozialen Wandels in dem dialektischen Verhältnis von Produktivkräften und Produktionsverhältnissen. [...] Die allgemeine Zielsetzung der Marxschen Theorie liegt darin, die ökonomischen Bewegungs- und Entwicklungsgesetze des Kapitalismus zu enthüllen. Die kapitalistische Wirtschaftsordnung ist bei Marx durch die Klassentrennung von Kapitalisten und Arbeitern gekennzeichnet. Für die Unterscheidung der beiden Klassen ist das Eigentum bzw. Nichteigentum an den Produktionsmitteln konstituierend. Die herrschende Klasse der Kapitalisten verfügt über das Eigentum an Produktionsmitteln, während die Arbeiter davon ausgeschlossen sind. Der Konflikt zwischen den beiden Klassen ist in erster Linie ein Verteilungskonflikt.
Quelle: B. Ziegler: Geschichte des ökonomischen Denkens: Paradigmenwechsel in der Volkswirtschaftslehre, Oldenbourg – Verlag, 1998 , S. 128 ff.

Marx prophezeite den Niedergang des Kapitalismus, weil er sich selbst zerstöre: Die Arbeiter, die von den Kapitalisten ausgebeutet werden, weil sie nur einen Teil des von ihnen erwirtschafteten Wertes in Form ihres Lohns bekommen, werden eine „sozialistische Revolution" herbeiführen. Die Kapitalisten werden zwar versuchen, ihre Position zu sichern. Die vielen Arbeiter aber, die nicht am Profit der Kapitalisten beteiligt werden, bilden die revolutionäre Basis. Und jeder weitere eingestellte Arbeiter vergrößert diese revolutionäre Basis, d. h., der Kapitalismus ist zu seiner Selbstzerstörung unweigerlich verdammt und der Sieg des Sozialismus ist nur eine Frage der Zeit. Der Verlauf der Geschichte hat anderes gezeigt.

Wladimir Iljitsch Uljánov – genannt Lenin
Die Hinrichtung seines älteren Bruders Alexander 1887 wegen Beteiligung an der Vorbereitung eines Attentates auf Alexander III. bewegte Lenin dazu, sich revolutionären Strömungen anzuschließen. Er gründete 1895 den „Kampfbund zur Befreiung der Arbeiterklasse" und wurde u. a. dafür mehrere Jahre ins Gefängnis und in die Verbannung nach Sibirien geschickt. 1899 trat er der russischen Sozialdemokratischen Arbeiterpartei (SDPR) bei und wollte diese neu organisieren. Seiner Meinung nach kam einer disziplinierten und straff organisierten Kaderpartei als „Vorkämpfer" der Arbeiterklasse die Aufgabe zu, die sozialistische Gesellschaft, die Diktatur des Proletariats zu errichten. Zu Beginn des Ersten Weltkrieges ging Lenin in die Schweiz und agitierte unablässig gegen den Weltkrieg als höchstes und letztes Stadium des imperialistischen Kapitalismus. 1917 gelangt er auf Umwegen wieder nach Russland und übernahm – nach dem Sieg der Revolution – am 25. 10 1917 die Regierung. Mit „revolutionärer Härte" und teilweise gewaltsamen Mitteln schaffte er ein diktatorisches Regime nach dem Ideal der „Diktatur des Proletariats". Als unangefochtene Autorität hielt er mit souveräner Beherrschung der marxistischen Theorie, deren Weiterentwicklung als Leninismus oder Marxismus-Leninismus bezeichnet wird, die wiederstrebenden Kräfte der Partei zusammen und leitete den Aufbau des Partei-, Staats- und Wirtschaftsapparates. Am 21. 01. 1924 starb er, sein Nachfolger war Stalin (1897–1953).

Wladimir Iljitsch Uljánov (Lenin) (1870–1924)

Was ist „Transformation"?

„Transformation" ist etwas anderes als eine „Reform". Reformen bedeuten Veränderungen im Rahmen des bestehenden Ordnungsgefüges. Eine Systemtransformation hat einen revolutionären Charakter, denn sie bezweckt eine grundlegende Umgestaltung der existierenden Ordnung. Diese grundlegende Umgestaltung kann auf unterschiedlichen Transformationswegen erfolgen, und zwar auf dem sogenannten **„asiatischen" Weg** (China und Vietnam) oder auf dem „europäischen" Weg. Beim asiatischen Weg verläuft die Transformation vorwiegend, wenn nicht ausschließlich, auf der ökonomischen Ebene. Die marktwirtschaftlichen Umwandlungen gehen kaum einher mit Demokratisierungsprozessen. Die Macht der herrschenden kommunistischen Parteien und ihrer Führung bleiben unangetastet. Das asiatische Modell verknüpft also die Marktwirtschaft mit mehr oder weniger totalitärer Herrschaft der kommunistischen Parteiführungen. Auf dem **europäischen Weg** erfassen die Umwandlungen zugleich die ökonomische und politische Ebene. Die Einführung der Marktwirtschaft wird durch Demokratisierung der Gesellschaft von rechtsstaatlichen Institutionen flankiert. Die europäische Version der Transformation wird demzufolge als „doppelte Transformation" bezeichnet. Soll also auf dem europäischen Weg eine sozialistische Planwirtschaft in eine kapitalistische Marktwirtschaft umgewandelt werden, muss ebenfalls bei allen Teilsystemen der Gesellschaft und den grundlegenden Ordnungselementen einer Wirtschaftsordnung angesetzt werden.

2.4.6 Aus Planwirtschaft soll Marktwirtschaft werden – wie transformiert man eine Wirtschaftsordnung?

Wie wird nun aus einer planwirtschaftlichen Ordnung eine marktwirtschaftliche? Wie wird aus so starren, rigide festgelegten Strukturen ein System mit marktwirtschaftlichen Strukturen? Wo setzt man an und was muss alles verändert werden?

Sie erinnern sich sicherlich, zu Beginn des Kapitels (vgl. S. 80) ist darauf hingewiesen worden, dass das Gesamtsystem „Staat" aus unterschiedlichen Teilsystemen – dem Regierungs-, Wirtschafts- und Sozialsystem – besteht, und dass es zwischen ihnen Wechselwirkungen gibt: Die Ausgestaltung eines bestimmten Teilsystems hat Auswirkungen auf die Ausgestaltung eines anderen Teilsystems. So herrscht z. B. die Meinung, dass die Idee eines zentralen Plans in der Zentralverwaltungswirtschaft, dem sich alle unterzuordnen haben, dem Grundgedanken der Freiheit widerspricht, denn dieser umfasst ja auch die Freiheit in der wirtschaftlichen Betätigung. Wenn einer zentralen Behörde alle Kompetenzen im Hinblick auf die Steuerung einer Wirtschaft und die Verwendung der vorhandenen Ressourcen zugestanden wird und diese außerdem noch mit diktatorischen Befugnissen ausgestattet ist, hat diese eine außerordentliche Machtposition inne. In einem marktwirtschaftlichen System dagegen entscheiden alle Individuen über die Verwendung der volkswirtschaftlichen Ressourcen. Wer an der Verfügbarkeit eines Gutes kein Interesse hat, muss seinen Anteil an den volkswirtschaftlichen Ressourcen, z. B. seine Arbeitskraft oder sein Kapital, nicht für die Bereitstellung dieses Gutes zur Verfügung stellen.

Deshalb findet man in der Wirtschaftssystemdebatte überwiegend die Einschätzung, dass die Marktwirtschaft das natürliche Gegenstück zur Demokratie ist und dass demgegenüber die Diktatur die politische Seite des ökonomischen Systems der Zentralverwaltungswirtschaft darstellt.

Idealtyp „Marktwirtschaft"

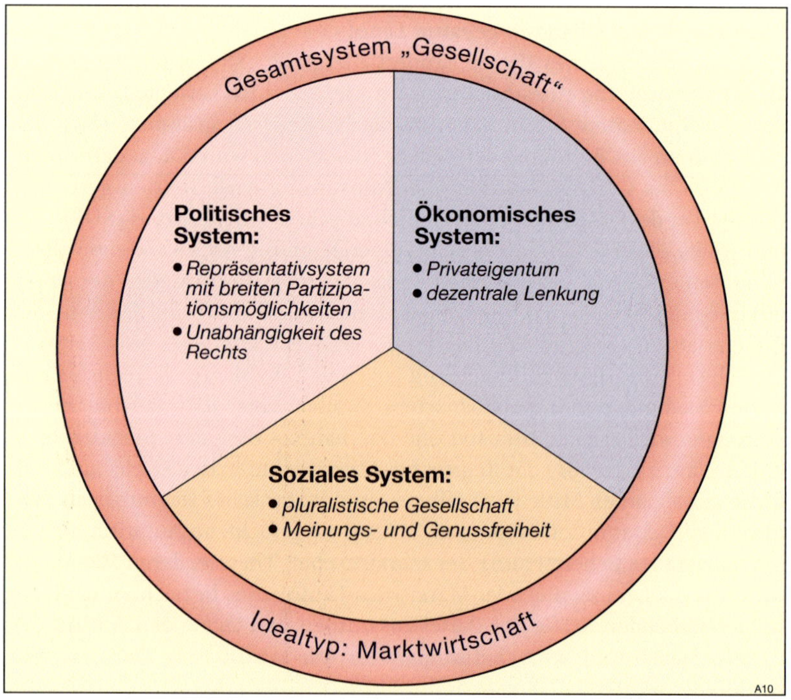

Die beiden Abbildungen machen deutlich, dass die „Inhalte“ aller Teilsysteme verändert werden müssen, wenn eine Wirtschaftsordnung in eine andere „transformiert“ werden soll. Wenn die wirtschaftlichen Aktivitäten nun nicht mehr zentral koordiniert und gelenkt werden sollen, sondern z. B. über den Markt durch Angebot und Nachfrage der einzelnen wirtschaftlichen Akteure, muss z. B. die Eigentumsfrage ganz anders beantwortet werden und eine entsprechende Eigentumsordnung festgelegt werden. Das heißt, das Regierungssystem muss in einer Verfassung den Handlungsrahmen entsprechend gestalten.

Wer soll auf welchem Wege und in welchem Maße woran partizipieren? Wie sollen Entscheidungen gefällt werden? Die politischen Einrichtungen und Verfahren müssen entsprechend der Verfassung festgelegt sein oder mit Billigung der verfassungsgemäßen Organe an politischen Willensbildungs- und Entscheidungsvorgängen mitwirken, aus denen bestimmte Qualitäten der Verteilung von Gütern und Werten im Rahmen einer Regierungspolitik erwachsen.

Diese grundsätzlichen Festlegungen wirken sich auch auf das Sozialsystem aus: die Gesamtheit aller Einrichtungen, Verfahren und zwischenmenschlichen Beziehungen, in denen sich wertgebundene Interessen und Bedürfnisse materieller oder ideeller Art entwickeln und in denen Güter und Werte zur Befriedigung dieser Interessen und Bedürfnisse genossen werden. Genau diese Auswirkungen sind ja hervorragend in dem Film „Good bye Lenin“ deutlich geworden! Die Menschen hatten Schwierigkeiten, sich von liebgewordenen Dingen und Gewohnheiten zu trennen; die Ergebnisse langjähriger Sozialisationsprozesse haben sich manifestiert und können nicht von heute auf morgen vergessen oder abgelegt werden.

Idealtyp „Zentralverwaltungswirtschaft“

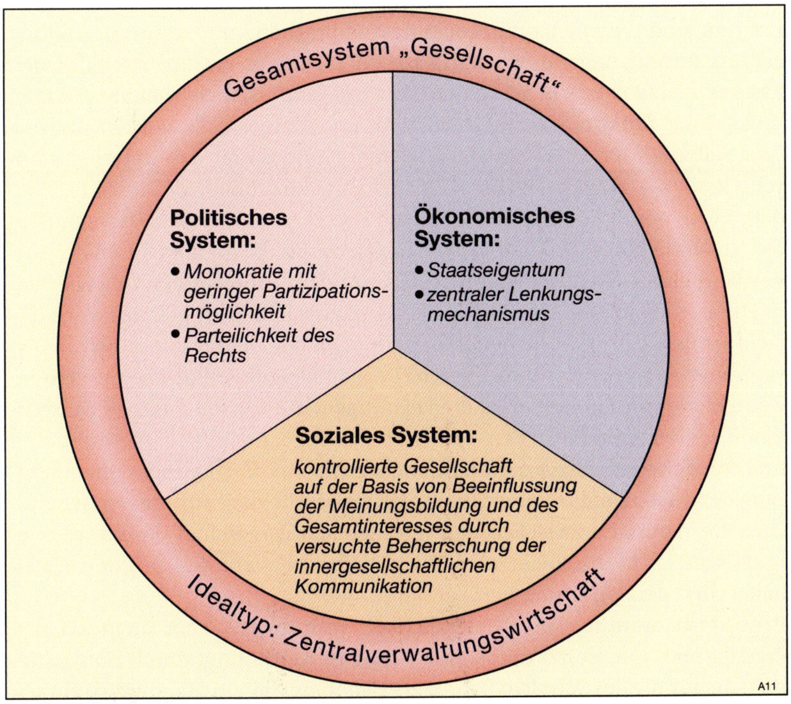

1. Erläutern Sie, was unter Transformation zu verstehen ist.
2. Beschreiben Sie den „asiatischen“ und den „europäischen“ Weg einer Transformation.
3. Nehmen Sie Stellung zu der These: „Die Marktwirtschaft ist das natürliche Gegenstück zur Demokratie.“
4. Führen Sie aus dem Film „Good bye Lenin!“ konkrete Beispiele an, die verdeutlichen, dass bei einem Wechsel des politischen Systems nicht ohne weiteres das „kulturelle“ oder „ökonomische“ System ausgewechselt werden kann.

Fundamentalbedingungen für Transformationsprozesse

Die Transformation eines Wirtschaftssystems ist kein instrumenteller, rein technischer Prozess, bei dem die ökonomische Grundstruktur schlicht durch eine andere ersetzt und dann möglicherweise mit gleicher Effizienz oder Ineffizienz das Wirtschaften fortgesetzt wird. Transformationsprozesse sind zumeist das Ergebnis einer tiefen Unzufriedenheit mit den Bedingungen und Ergebnissen des alten Wirtschaftssystems, sie sind die Auseinandersetzung mit den ex- und impliziten Werten und Normen dieses Wirtschaftssystems, sie sind der Bruch mit der politischen Ordnung und vieles mehr.

Es gibt deshalb einige Fundamentalbedingungen, die auf den Transformationsprozess nachhaltig einwirken (vgl. auch Donges u. a. 1992, S. 9 ff.).

Selbstverantwortung: In einem marktwirtschaftlichen System ist die Wurzel des Wohlstandes die Bereitschaft der Menschen zu arbeiten, zu sparen, Risiken zu übernehmen und vor allem Verantwortung zu übernehmen. Zwar wird damit nicht für jeden Bürger in gleicher Weise der Wohlstand gesichtet, aber es werden damit Voraussetzungen geschaffen. Wenn diese individuelle Verantwortung durch den Staat systematisch untergraben und zerstört wird, kann eine Wirtschaftsgesinnung mit der Stärkung der Selbstverantwortung der Bürger nur in einem langen Prozess neu entwickelt werden. Die „kopernikanische Wende" im Kopf ist der schwierigste Schritt. Der Bürger muss die Einsicht entwickeln: Ich bin für mich verantwortlich, für meine Kinder, für meine Familie; der Staat hat lediglich die Rahmenbedingungen dafür zu schaffen, dass ich mit meiner Arbeitskraft eine menschenwürdige Existenz sichern kann, und er hat mir durch die Schaffung eines Rechtsstaates die Möglichkeit zu geben, Vertrauen zu entwickeln in überprüfbare rechtsstaatliche Verfahren. Der Staat hilft nur dort, wo ich auf Grund von Krankheit, von Arbeitslosigkeit, von sonstigen sozialen Notlagen in Schwierigkeiten geraten bin, die ich allein nicht lösen kann.

Verlässlichkeit: Im wirtschaftlichen Geschehen einer Volkswirtschaft fallen Leistung und Gegenleistung, Leistungsversprechen und Leistungserfüllung zeitlich auseinander, d. h., Wirtschaften in einem marktwirtschaftlichen System bedeutet auch, dass man Warten und Unsicherheiten ertragen muss. Eine funktionierende Rechtsordnung kann dieses Warten und die Einschätzung der Unsicherheit erleichtern und damit das unternehmerische Risiko verringern, wenn auch nie ganz ausschließen. Dieses begründete Vertrauen – es ließe sich auch als Kredit eines Wirtschaftssystems in die Verlässlichkeit und in die Berechenbarkeit z. B. meiner Geschäftspartner bezeichnen – ist unabdingbar, um mit dem Problem der Unsicherheit in einer arbeitsteiligen Wirtschaft fertig zu werden. Z. B. bekomme ich das Geld zurück, das ich verliehen habe; hält mein Geschäftspartner sich an den vereinbarten Liefertermin; kann ich für meine eigenen Entscheidungen im Betrieb davon ausgehen, dass die Leistungen, die ich von anderen Beschäftigten von anderen Betrieben, vom Staat benötige, mir zur vereinbarten Zeit und zu den vereinbarten Konditionen auch zur Verfügung stehen. Entscheidend ist also die Entwicklung von Verlässlichkeit für die wirtschaftlichen Beziehungen zwischen den in einer Marktwirtschaft dezentral, d. h. jeweils für sich entscheidenden Wirtschaftseinheiten: den privaten Haushalten und den Unternehmen.

Privatrechtsordnung: Die Verlässlichkeit wird auch – aber nicht allein – erzeugt und unterstützt durch eine Privatrechtsordnung, durch Konventionen, die für die am Wirtschaftsprozess Beteiligten einen Handlungsrahmen bilden. Sie sichert z. B. jene wirtschaftlichen Verhaltensweisen, mit denen ein gedeihliches Zusammenwirken zwischen den Akteuren des Wirtschaftsprozesses bewirkt werden kann. Dazu gehört beispielsweise:

- **Vertragsicherheit:** Wer Verträge abschließt, muss die Gewähr haben, dass sie eingehalten werden oder dass sonst rechtliche Sanktionen erfolgen.
- **Besitzsicherheit**, d. h. die Möglichkeit mit meinem Besitz nach meinen Vorstellungen umgehen zu können, solange ich damit nicht in die Rechte eines anderen eingreife. Die Rechtsordnung muss mich vor Gewalt und Betrug schützen, sie muss mein Eigentum schützen und meine Vertragsfreiheit sichern.

In einem marktwirtschaftlichen System soll der Staat nur der Garant dafür sein, dass zwischen privaten Unternehmen geschlossene Verträge auch durch eine solide Rechtsordnung gesichert sind. Der Staat greift ein, wenn das Ergebnis dieses Vertrages z. B. gegen ein übergeordnetes zentrales Prinzip der Marktwirtschaft verstößt, z. B. wenn der Wettbewerb ausgeschaltet werden soll und Unternehmen keinen Marktzugang erhalten, Preise sich nicht nach Angebot und Nachfrage bilden können. Bei der Transformation eines Wirtschaftssystems ist die Dekretierung einer Privatrechtsordnung möglicherweise noch der einfachere Teil. Sie aber mit Leben zu erfüllen und Regelverletzungen zur Ausnahme zu machen und auch bei allen am Wirtschaftsprozess beteiligten Konsumenten, Unternehmen, Steuerzahlern, Arbeitnehmern eine entsprechende Gesinnung zu schaffen, dies ist zumeist ein Prozess von Jahrzehnten. Jede Rechtsordnung hat ihre natürlichen Feinde. Das sind diejenigen, die keine Steuern zahlen, die sich am Eigentum anderer bereichern wollen, die ihre eigene Machtposition unrechtmäßig ausbauen, die andere Menschen ausbeuten, die Rechte von Minderheiten erwerben und sich keiner demokratischen Kontrolle unterwerfen wollen.

Öffentliche Verwaltung: Wie kann diese Rechtsordnung neu abgesichert werden? In der Regel geschieht dies durch eine funktionierende öffentliche Verwaltung, d. h. durch Beschäftigte, die dem demokratischen Willen der Bürger Geltung verschaffen, die nicht korrupt sind, sich nicht bestechen lassen. Der Staat hat seine Beschäftigten deshalb auch angemessenen zu entlohnen, damit diese nicht tatsächlich oder vermeintlich gezwungen werden sollen, sich ihre Existenz durch Korruption, Lug und Betrug zu sichern, damit nicht auch jener in der ehemaligen Sowjetunion kursierende Witz Realität wird: Der Staat tut so, als ob er uns bezahlt; wir tun so, als ob wir arbeiten.

Die öffentliche Verwaltung, die den staatlichen Willen repräsentiert, muss ihr Handeln an der Rechtsordnung ausrichten. Im Transformationsprozess hat eine neu zu etablierende Verwaltung eine zentrale Funktion. Sie muss nicht nur die von den Parlamenten verabschiedeten Gesetze etablieren, sondern auch anwenden. Die Beschäftigten müssen ausgebildet werden, mit dem Geist des neuen Rechts vertraut gemacht werden, sie müssen daran gehindert werden, diese Gesetze zu unterlaufen und das Vertrauen der Bevölkerung in die Rechtsstaatlichkeit verspielen. Gleiche Sachverhalte müssen gleich entschieden werden, es darf keine Bevorzugung von Personen geben, Recht muss ohne Ansehen der Person gesprochen werden. Die Verwaltung muss sich als Dienstleistung für die Bürger verstehen, die Bürger sind nicht rechtlose Bettler, und Leistungen der Verwaltung sind keine Gnadenakte für den Bürger, sondern der Bürger hat einen Rechtsanspruch auf Dienstleistungen der Verwaltung, d. h., die Bürger sind nicht für die Verwaltung da, sondern die Verwaltung ist für die Bürger da.

Begründen Sie, warum die hier aufgeführten Bedingungen für den Transformationsprozess von planwirtschaftlich organisierten Wirtschaften zu einer marktwirtschaftlichen Ordnung fundamental sind.

Wie transformiert man eine Wirtschaftsordnung?
Beim Umbau einer sozialistischen Zentralplanwirtschaft in eine Marktwirtschaft, ob in Ostdeutschland oder in Osteuropa, stellen sich generell drei große Aufgaben:
- die Schaffung der institutionellen Infrastruktur,
- die monetäre Stabilisierung und
- die reale Anpassung der Volkswirtschaft.

Bei der **Schaffung der institutionellen Infrastruktur** geht es darum, die Anreizstruktur eines Wirtschaftssystems auszugestalten, also Regeln festzulegen, unter denen private Akteure handeln können. Dazu zählen das Rechtssystem einschließlich des Unternehmensrechts, eine deutliche Abgrenzung von privatem Sektor und Staat, die Bedingungen der staatlichen Finanzierung und der Ausgabentätigkeit und die institutionellen Rahmenbedingungen für die Märkte, auch für die Faktormärkte, also die Märkte für Kapital, Arbeit und Boden, für die Stellung der Notenbank und für das Bankensystem. Sie wissen, ein ganz zentrales Element der Wirtschaftsverfassung ist die Eigentumsordnung und es besteht Einigkeit darüber, dass eine Volkswirtschaft ohne privates Eigentum nicht erfolgreich umgebaut werden kann. Es muss eine geeignete institutionelle Infrastruktur geschaffen werden, denn ohne die institutionelle Ordnung kann die Transformation nicht gelingen.

Unter **monetärer Stabilisierung** versteht man die Herstellung eines stabilen Geldes. Es ist eine neue institutionelle Ordnung des Geldwesens zu schaffen, der die Wirtschaftssubjekte vertrauen. Die monetäre Stabilisierung ist deshalb untrennbar mit der geeigneten institutionellen Infrastruktur verknüpft, also mit der Unabhängigkeit der Notenbank, dem Verbot der Alimentierung des Staates durch die Notenpresse, einem zweistufigen Bankensystem und einem funktionsfähigen Kapitalmarkt.

Die **reale Anpassung in der Volkswirtschaft** gibt darüber Aufschluss, wie die Unternehmen ihre Aktivitäten auf die neuen Bedingungen umstellen. Im Vordergrund stehen dabei Produktion, Investition und Beschäftigung, also der Anpassungsprozess in den Unternehmen und seine Auswirkung für die Beschäftigung. Eine zentrale Frage ist, wie schnell und in welchem Ausmaß neue Unternehmen gegründet werden und wie der Umbau der alten Unternehmen gelingt. Die alten Unternehmen sind zu entflechten und neu abzugrenzen; es müssen neue Eigentumsverhältnisse hergestellt werden und schließlich müssen sich die Unternehmen an die neuen Marktbedingungen anpassen.

Doch womit beginnt man zuerst? Welches ist der richtige Zeitpunkt für den Einsatz der jeweiligen transformationspolitischen Maßnahmen (Timing-Problem). Damit verbindet sich auch die Notwendigkeit der richtigen Bestimmung des Zeitbedarfs für die einzelnen Maßnahmen. Wie schnell soll überhaupt vorgegangen werden? Eher zügig oder eher moderat und zeitlich gestreckt?
Darüber entstand auch bei der Vereinigung von Ost- und Westdeutschland eine heftige Diskussion zwischen Befürwortern einer zügigen Systemtransformation und den Anhängern einer moderaten Vorgehensweise. Der Austausch der Argumente wurde vorwiegend unter den Schlagwörtern **„Schocktherapie"** und **„Gradualismus"** geführt. Die Befürworter der Schocktherapie

> **!** Schocktherapie oder Gradualismus? – Formulieren Sie vor dem Hintergrund Ihres Wissens über Fundamentalbedingungen einer Transformation (S. 122 f.) selbst eine erste Stellungnahme zu dieser Frage.

legten Wert darauf, die Vorbereitungsphase des ordnungspolitischen Umbaus so kurz wie möglich zu gestalten und die Hauptaufgaben annähernd simultan in Angriff zu nehmen. Die Gradualisten wollten eine deutlich längere Vorbereitungsphase in Anspruch nehmen und die jeweiligen Maßnahmenpakete stufenweise umsetzen.

Im Folgenden finden Sie eine Darstellung des deutschen Transformationsprozesses von Horst Siebert, dem bekannten Wirtschaftswissenschaftler, der viele Jahre Präsident des renommierten Instituts für Weltwirtschaft in Kiel gewesen ist, und hier auf die Fragen zum Zeithorizont, zur Währungsumstellung und zur Ordnung des Geldwesens näher eingeht und auch darstellt, warum die deutsche „Vereinigung“ ein Sonderfall eines Transformationsprozesses darstellt.

Das Wort veraltet im Munde
Die wirtschaftspolitischen Orientierungen für die Zeit nach dem Fall der Mauer veränderten sich schnell. In Leipzig hatte jemand die Situation treffend mit dem Spruch gekennzeichnet „Das Wort veraltet im Munde“ – so rasch wechselten die wirtschaftspolitischen Vorstellungen, so hoch war die Abschreibungsrate für Konzeptionen darüber, wie es weitergehen sollte.
Im November 1989 [...] herrschte allenthalben noch die Vorstellung, dass die beiden autonomen deutschen Staaten sich in einem langwierigen Prozess von zehn Jahren allmählich aneinander angleichen würden. Nach dem Zehn-Punkte-Plan Kohls vom 8. November 1989 war beabsichtigt, konföderative Strukturen zwischen beiden Staaten zu entwickeln. Beide Volkswirtschaften sah man zunächst parallel nebeneinander, und in einem langfristigen Prozess von einem Jahrzehnt hätten sich – so die Vorstellung – die institutionellen Regelungen in West und Ost allmählich angenähert, wären die Gütermärkte integriert und die Produktion in Ostdeutschland auf die weltwirtschaftlichen Knappheitsrelationen umgestellt worden.

Im Januar und Februar des Jahres 1990 war die Zeitperspektive für die deutsche Vereinigung schon merklich geschrumpft. Die meisten hatten noch einen Zeithorizont von zwei bis drei Jahren, in dem die wirtschaftliche Integration vonstatten gehen sollte. Es gab die Vorstellung, dass in Deutschland zwei Währungen existierten, eine „Mark Ost“ und eine „Mark West“, und es war vorgeschlagen worden, dass beide Währungen von Frankfurt aus gesteuert würden, um der „Mark Ost“ Glaubwürdigkeit zu verleihen. Ein flexibler Wechselkurs zwischen beiden Währungen sollte dazu dienen, der ostdeutschen Wirtschaft die Anpassungslast beim Übergang in die Marktwirtschaft zu erleichtern. Die Politik war jedoch schon weiter. Am 6. Februar 1990 schlug Kohl die Währungsunion vor, also die Ausdehnung des Währungsgebietes der D-Mark auf die neuen Bundesländer.

Für die Wirtschaftswissenschaftler bedeutete dies, dass die natürliche Schrittfolge bei Integrationsprozessen aus politischen Gründen auf den Kopf gestellt wurde. Normalerweise wächst bei einer Verschmelzung von Volkswirtschaften zuerst die reale Wirtschaft zusammen, also der Warenverkehr, der Kapitalverkehr, die Arbeitsmärkte, und erst danach findet die monetäre Integration statt. Politisch waren die Währungsunion und der gewählte Umtauschkurs der Hebel, mit dem die Vereinigung vorangetrieben wurde, und das „gute Geld“, das die Politiker beim Wahlkampf im März 1990 den Bürgerinnen und Bürgern der damaligen DDR versprochen hatten, ermöglichte es, die politischen Bedingungen für die deutsche Integration zu verändern. Da international das Zeitfenster für die deutsche Vereinigung klein war, sprach aus politischer Rationalität alles für die Währungsunion.

!

1. Zeichnen Sie den in Deutschland gewählten Weg der Transformation nach und erläutern Sie, warum die deutsche „Vereinigung“ ein Sonderfall in einem Transformationsprozess war.
   Berücksichtigen Sie dabei auch folgende Gesichtspunkte:
   - Wie wurde die ursprüngliche Idee, zunächst zwei Währungen nebeneinander gelten zu lassen, begründet und warum ist diese Idee nicht realisiert worden?
   - Welche Probleme sahen Wirtschaftswissenschaftler bei einem Umstellungskurs von 1:1?
2. Diskutieren Sie im Kurs die Frage: „Ist mittlerweile zusammengewachsen, was zusammengehört?“ Begründen Sie unter Verwendung von Beispielen.

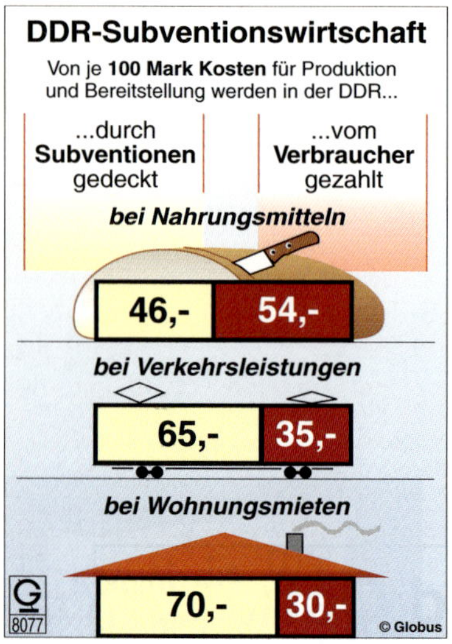

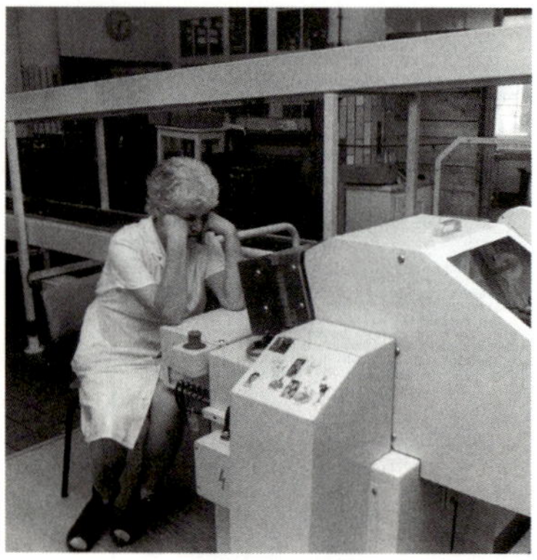

2.4.7 Bürger und Unternehmen im Transformationsprozess

Wesentliche Transformationsaufgabe in Ostdeutschland ist die reale Anpassung der Wirtschaft, insbesondere die Anpassung in den Unternehmen. Was bedeutete das eigentlich im Einzelnen für Bürger und Unternehmen?

Transformationsprozess aus der Sicht eines „Bürgers"

Bürgerinnen und Bürger sind Subjekte und Objekte des Transformationsprozesses und sie bewerten diesen Prozess vor allem dadurch, wie sich ihre eigene Lebenssituation verändert hat, positiv wie negativ.

Es sind u. a. auch die ökonomischen Resultate, die die Akzeptanz des Transformationsprozesses beeinflussen. Wenn die alte Ordnung mit der neuen Situation im Transformationsprozess verglichen wird, müssen wohl mindestens folgende Aspekte genannt werden:

Alte Wirtschaftsordnung

1. Jeder Beschäftigte bekam in etwa den gleichen (niedrigen) Lohn.
2. Die Löhne wurden aufgebessert durch bestimmte Zuschläge, Pensionen, subventionierte Lebensmittel, insbesondere bei den Grundnahrungsmitteln (z. B. Brot), durch niedrige Wohnungs- und Energiepreise, wie auch durch weitere Zuwendungen der Unternehmen, wie z. B. Urlaubsreisen.
3. Arbeit wurde garantiert, d. h., der Arbeitsplatz war ein Arbeitsplatz fürs Leben.
4. Die Ressourcenallokation fand durch zentrale Planung statt.
5. Es gab ein totalitäres Regierungssystem.

Neue Wirtschaftsordnung

1. Die Einkommen und Vermögen entwickeln sich weit auseinander.
2. Vielfältige neue Staatsaufgaben müssen durch zusätzliche „Steueraufkommen" finanziert werden und führen zu erhöhten Abgaben.
3. Die Arbeitsplatzsicherheit sinkt:
   a) Ein starker Anstieg der Arbeitslosigkeit mit negativen materiellen, psychologischen und sozialen Auswirkungen für die Beschäftigten, aber auch mit Kostenwirkungen für den Staat.
   b) Ein Anstieg von Armut. Betroffen sind insbesondere ältere Bevölkerungsgruppen.

   Die steigende Arbeitslosigkeit bewirkt einen weiteren Rückgang der Steuereinnahmen und Überforderung des Steuersystems. Ein Steuersystem hatte in einem planwirtschaftlichen System kaum eine Bedeutung, sein Fehlen wurde vielmehr als ein Sieg des Sozialismus interpretiert. Jetzt gibt es ein differenziertes Steuersystem, zusätzlich müssen viele Versicherungszahlungen (z. B. für die Kranken- und Rentenversicherung) geleistet werden. Die Suche nach Arbeit gestaltet sich oft mühselig und ergebnislos, weil die Etablierung eines Arbeitsmarktes langwierig ist und ein Arbeitsplatz-Informationssystem erst aufgebaut werden muss. Vorhandene Qualifikationen werden oft nicht mehr nachgefragt oder sind unzureichend. Qualifikationsmaßnahmen müssen in Anspruch genommen werden und trotzdem bleibt man arbeitslos, weil Arbeitsplätze fehlen.

Transformation aus der Sicht von Unternehmen

1. Unternehmen haben nun marktwirtschaftlich zu agieren, und zwar in einem Bedingungsfeld (gesamtwirtschaftlich, politisch, soziokulturell), das insbesondere durch **Unsicherheit hinsichtlich der politischen und rechtlichen Rahmenbedingungen** geprägt ist. Die bisherigen Informationsnetzwerke sind zerstört und der Betrieb ist mit Beschäftigten (Humankapital) zu führen, die in planwirtschaftlichen Systemen beruflich sozialisiert sind. Allein die benötigten Netzwerke sind in marktwirtschaftlichen Systemen, ungleich größer, da mehr Lieferanten, Abnehmer, beteiligte Behörden und Dienstleister vorhanden sind als in planwirtschaftlichen Systemen und diese Informationsnetzwerke müssen erst höchst mühsam aufgebaut werden.
2. Auf den Umstrukturierungsprozess eines ehemaligen planwirtschaftlichen Unternehmens hat das wettbewerbliche Umfeld einen wichtigen Einfluss. In der Tabelle sind **Dispositionsrisiken** zusammengestellt, die bei der Verlagerung von betrieblichen Funktionsbereichen oder bei Betriebsverlagerungen insgesamt sehr deutlich zeigen, was aus unternehmerischer Sicht in Rechnung zu setzen ist, um zu einer angemessenen Entscheidung zu kommen.

Finanzbereich	Personalbereich	Beschaffungsbereich	Produktionsbereich	Absatzbereich
z. B. • Steuererhöhungen • Zinserhöhungen • Streichung von Fördermaßnahmen • Mängel des Bankensystems • Aufbau neuer Investitionshemmnisse	z. B. • Probleme bei der Zusammenarbeit mit Mitarbeitern (sprachliche, kulturelle Unterschiede) • unterschiedliche Entlohnung • unterschiedliche Arbeitsmoral • Arbeitsmarkt	z. B. • Roh-, Hilfs- und Betriebsstoffe (schlechte Qualität, knapp, nicht vorhanden) • Lieferverzögerungen • starke Preisschwankungen • Vorschriften über lokale Zulieferer • schlechte Infrastruktur	z. B. • Infrastrukturelle Mängel z. B. bei der der Stromversorgung • behördliche Reglementierung • geringe Arbeitsproduktivität • Vorbehalte gegenüber ausländischen Investoren	z. B. • niedrige Kaufkraft der Bevölkerung (Inflation, hohe Arbeitslosigkeit) • mangelnde Vertriebskanäle • hohes Transportrisiko • mangelnde Verfügbarkeit von Markt- und Wettbewerbsmaterial • Missverständnisse bei Werbebotschaften

in Anlehnung an J. Müschen: Markterschließungsstrategien in Mittel- und Osteuropa, Deutscher Wissenschaftsverlag, Bergtheim bei Würzburg, 1998, S. 51

Dispositionsrisiken für betriebliche Funktionsbereiche

3. Was für den Einfluss der wettbewerblichen Situation für die Umstrukturierung von Unternehmen gilt, lässt sich am Beispiel der Qualität eines Faktormarktes, und zwar des Arbeitsmarktes, noch weiter differenzieren. Flexible Arbeitsmärkte sind durch die Privatisierung nicht auf einmal „da“, sondern es ist mit hohen Entwicklungskosten zu rechnen. Und dabei zeigt sich immer wieder, dass die auftretenden Prozesse interdisziplinären Charakter haben und über rein ökonomische Denkansätze allein nicht erklärbar sind. Mit welchem Erfolg kann man beispielsweise mehr Mobilitätsbereitschaft von Beschäftigten fordern, wenn diese überwiegend in ehemals staatseigenen, d. h. damit auch unternehmenseigenen Wohnungen wohnen und ein neuer Wohnungsmarkt sich noch nicht hinreichend herausgebildet hat?

Lesen Sie zunächst die Vorbemerkung und die Rollenkarten. Bilden Sie dann Gruppen und entwerfen Sie ein für das stattfindende Treffen mögliches Gesprächskonzept / Drehbuch.
In jeder Gruppe sollen alle Gesprächsteilnehmer, also Herr Patschke, Herr Winkler, Herr Franz und Herr Küttner mitarbeiten. So können innerhalb einer Arbeitsgruppe zahlreichere Faktoren Berücksichtigung finden, als wenn die Gruppenbildung z. B. lediglich spezifisch auf nur eine der Personen vorgenommen wird. Außerdem ist eine Koordination der einzelnen Gesprächsabläufe eher möglich.
Bei dem Entwurf des Gesprächskonzepts sollen Sie Ihre Kenntnisse über
- die Strukturen des politischen Systems der ehemaligen DDR und der Stellung des Bürgers,
- die entsprechenden Strukturen im ökonomischen System – mit seinen möglichen Vor- und Nachteilen,
- die Zusammenhänge zwischen den einzelnen Teilsystemen des Gesamtsystems Staat,
- den Ablauf des Transformationsprozesses,
- die unterschiedliche Bedeutung des Transformationsprozesses von Bürgern und Unternehmen einbringen. Außerdem finden Sie noch zusätzliche Materialien, die sich mit der tatsächlichen sozialstrukturellen Entwicklung im Osten Deutschlands nach 1989 beschäftigen und die für Ihre Aufgabe interessante Aspekte beinhalten. Der Textauszug bietet Datenmaterial zur Fundierung Ihrer jeweiligen Positionen und Argumentationen.

Vielleicht möchten Sie noch Rollenkarten für weitere Gesprächsteilnehmer schreiben (z. B. eine der Ehefrauen)?

2.4.8 Transformation gelungen? – Ein Rollenspiel

Der Privatisierungsprozess von einem planwirtschaftlichen zu einem marktwirtschaftlichen Unternehmen stellte an die betroffenen Menschen außergewöhnlichen Anforderungen und brachte entsprechende Konflikte mit sich. Die jeweiligen Einstellungen zum Transformationsprozess waren sehr unterschiedlich und hingen wesentlich vom persönlichen Schicksal ab. Deshalb erfolgen auch heute noch unterschiedliche Bewertungen der gesellschaftlichen Verhältnisse von früher und heute.
Zur Verdeutlichung der in diesem Zusammenhang von unterschiedlichsten Standpunkten aus vorgebrachten Aspekte schlagen wir die Durchführung eines Rollenspiels vor, das verschiedene Sichtweisen deutlich machen soll (nach: R. Künstner, Betriebe in der Transformation, in: arbeiten + lernen/Wirtschaft, Nr. 35, 1999, S. 42 ff.). Die in diesem Abschnitt zur ehemaligen DDR und zum Transformationsprozess erarbeiteten Ergebnisse sollen bei der Durchführung des Rollenspiels eingebracht werden.
Außerdem werden im Folgenden weitere Zusatzinformationen zur konkreten Rollenspielsituation und zur Verwendung für die Durchführung des Rollenspiels angeboten.

Ausgangssituation

Ehemalige Kollegen aus einem großen Chemiekombinat treffen sich nach längerer Zeit wieder. Sie tauschen Erinnerungen aus ihrer frühen Tätigkeit im Kombinat aus und sprechen über die Auswirkungen, die die Privatisierung des Unternehmens für den eigenen Lebensweg hatte.

Rollenkarte: Herr Franz

Persönliche Daten: 42 Jahre, hat im Chemiekombinat Chemiefacharbeiter gelernt und sich in der Betriebsakademie zum Meister qualifiziert.
Er verdiente zu DDR-Zeiten als Meister weniger als die Facharbeiter in seinem Meisterbereich und war oft der Prügelknabe, wenn der Plan nicht erfüllt wurde oder die Qualität nicht stimmte. Er wurde bei der Privatisierung übernommen, hat mehrere Fortbildungskurse im Stammwerk durchlaufen. Ihm wurde die Verantwortung für eine hochmoderne Chemieanlage übertragen. Sein Einkommen ist wesentlich höher als früher und die Arbeitsbedingungen haben sich grundsätzlich geändert. In seinem Arbeitsbereich gibt es keinen Staub und keine gesundheitsschädigenden Dämpfe mehr. Er hat inzwischen ein Haus gebaut und ist aus der Plattenbausiedlung ausgezogen.
Rollenbeschreibung: Herr Franz ist sehr zufrieden mit der Privatisierung des Unternehmens. Er hat seine Stellung als Meister behalten. Diese Stellung wird jedoch im Privatunternehmen höher bewertet als im VEB. Zu dem gestiegenen Ansehen kommen noch ein wesentlich besserer Verdienst und günstigere Arbeitsbedingungen. So kann er sich Dinge leisten, von denen er früher nur geträumt hat (Eigenheim, schickes Auto, Reisen in ferne Länder).

Rollenkarte: Herr Küttner

Persönliche Daten: 48 Jahre, Chemiefacharbeiter; war in der Karbidproduktion tätig, bis sie geschlossen wurde. Nach seiner Entlassung erhielt er einen Arbeitsplatz in einer Sanierungsgesellschaft. Diese Tätigkeit ist zeitlich befristet.
Rollenbeschreibung: Herr Küttner hat als Facharbeiter sehr gut verdient, weil die Arbeitsbedingungen in der Karbidfabrik sehr schlecht waren. Er hatte damit als Facharbeiter in der DDR einen verhältnismäßig guten Lebensstandard, auch der Urlaub war immer gesichert, da er bevorzugt billige Ferienplätze in den Betriebsferienheimen erhielt. Im Betrieb war er geachtet, weil er trotz der widrigen Arbeitsbedingungen seine Aufgaben zuverlässig erledigte.
Nun ist er zwar froh, dass er noch einen Arbeitsplatz in der Sanierungsgesellschaft hat. Sein Arbeitsvertrag ist jedoch zeitlich begrenzt. Eine Chance, einen

Arbeitsplatz auf dem unbefristeten Arbeitsmarkt zu finden, sieht er nicht, weil Chemiefacharbeiter nicht gebraucht werden. Er hat Angst vor der Arbeitslosigkeit. Seine Frau war früher als Verwaltungskraft im Chemiekombinat tätig und ist bereits seit längerer Zeit arbeitslos. So sieht er sich als Verlierer im Transformationsprozess. Er fühlt sich gesellschaftlich nicht mehr anerkannt und hat Sorge, dass er seinen bescheidenen Lebensstandard nicht mehr halten kann, wenn er arbeitslos wird. Wohin das führen kann, beobachtet er bei vielen ehemaligen Arbeitskollegen. Sie verfallen dem Alkohol, die Familie geht dadurch in die Brüche. Sie finden keinen Halt mehr.

Rollenkarte: Herr Patschke
Persönliche Daten: 32 Jahre; er hat im Chemiekombinat die Ausbildung zum Chemielaboranten durchlaufen und war danach in der Forschungsabteilung von Herrn Winkler tätig.
Als diese Abteilung im Zuge der Privatisierung geschlossen wurde, fand er eine neue Arbeitsstelle in einem Großunternehmen in Leverkusen.
Rollenbeschreibung: Herr Patschke ist mit seiner Arbeit zufrieden. Da er jedoch seinen Freundeskreis zu Hause hatte, ist er jedes Wochenende nach Hause gefahren (ca. 1.000 km hin und zurück). Er hatte Schwierigkeiten, einen neuen Freundeskreis vor Ort zu finden.
Inzwischen hat er sich eingelebt, eine eigene Wohnung bezogen und will in nächster Zeit eine Familie gründen. Er möchte nicht wieder zurück und versteht seine früheren Kollegen nicht mehr, die ihrer alten Tätigkeit nachtrauern. Er meint, die nostalgische Verklärung der Vergangenheit verhinderte den optimistischen Blick in die Zukunft. Außerdem habe das wenig mit der Realität der damaligen betrieblichen Tätigkeit zu tun.

Rollenkarte: Herr Winkler
Persönliche Daten: 52 Jahre; hat in der Betriebsberufsschule des Chemiekombinates die Berufsausbildung mit Abitur erfolgreich als Chemielaborant abgeschlossen. Danach studierte er an der Technischen Hochschule Chemische Verfahrenstechnik und schloss das Studium als Diplom-Ingenieur ab. Er ging wieder zurück ins Chemiekombinat und war dort in der Forschungsabteilung tätig. Sie wurde im Zuge der Privatisierung aufgelöst. Seit dieser Zeit ist Herr Winkler arbeitslos.
Rollenbeschreibung: Herr Winkler hat eine für die technische Intelligenz in der DDR typische Karriere durchlaufen. Schule, Berufsausbildung und Studium reihten sich nahtlos aneinander und danach war ein Arbeitsplatz entsprechend seiner Qualifikation gesichert. In der betrieblichen Tätigkeit gab es genügend Aufstiegschancen. Der Lebensweg war damit mehr oder weniger vorgezeichnet. Mit der Privatisierung des Chemiekombinates kam es zum schmerzlichen Bruch dieses Entwicklungsweges. Der weitere Aufstieg auf der Karriereleiter wurde durch den Absturz in die Arbeitslosigkeit abgebrochen. An Stelle verantwortungsvoller Forschungstätigkeit trat die Suche nach Arbeit. Durch das Arbeitsamt wurde er bereits in verschiedene Fortbildungskurse vermittelt. Aber alle seine Bewerbungen in Chemieunternehmen auch in den alten Bundesländern waren erfolglos. Immer wieder wurde ihm angedeutet, dass er zu alt sei. Seine Frau hatte mehr Glück. Sie ist ebenfalls Chemielaborantin und behielt ihren Arbeitsplatz. Herr Winkler ist frustriert. Früher eine geachtete Persönlichkeit mit guten Entwicklungschancen, fühlt er sich im Zuge des Transformationsprozesses ausgegrenzt. Er sieht keinerlei Perspektive. Es kränkt ihn auch, dass die Familie den bescheidenen Lebensstandard nur halten kann, weil seine Frau noch Arbeit hat. Damit fühlt er sich auch innerhalb der Familie zurückgesetzt. Er kann der Entwicklung der letzten zehn Jahre nichts Positives abgewinnen und macht die marktwirtschaftliche Ordnung für sein Schicksal verantwortlich.

Wenn Sie über die wirtschaftliche Entwicklung in Ostdeutschand seit 1990 recherchieren wollen, können Sie zahlreiches Datenmaterial unter den angegebenen Internet-Adressen finden und dazu einen Vortrag in Ihrem Kurs halten.

www.wiedervereinigung.de
www.bpb.de

2.4.9 Veränderungen in der Sozialstruktur in Ostdeutschland – Nachholende Modernisierung

Der Transformationsprozess in Ostdeutschland hat im gesamten gesellschaftlichen System zu enormen Veränderungen geführt. Der Austausch des politischen Institutionensystems, des Rechtssystems und der offiziellen Ideologie sowie die schnelle Transformation des ökonomischen Systems sind mit enormen Umbrüchen in der Sozialstruktur verbunden. R. Geißler bezeichnet die wesentlichen Tendenzen des sozialen Umbruchs als „nachholende Modernisierung" (vgl. R. Geißler, Modernisierung, in: Informationen zur politischen Bildung, Heft 269, Bonn 2000, S. 54 ff.) Es geht in erster Linie um den Abbau des Wohlstandsgefälles und seiner Ursachen des Leistungsdefizits. Geißler identifiziert acht Bereiche, in denen sich nachholende Modernisierung mit durchaus unterschiedlichem Tempo und unterschiedlicher Radikalität vollzieht:

Erwerbstätige nach Produktionssektoren 1950–1998
(in Prozent)

	West		
	Prim.	Sek.	Tert.
1950	25	43	33
1960	13	48	39
1970	9	48	43
1980	5	45	49
1989	3,7	41	55
1991	3,5	40	56
1998	2,6	34	64

	Ost		
	Prim.	Sek.	Tert.
1950	31	42	27
1960	17	49	34
1970	13	51	36
1980	11	52	38
1989	11	50	40
1991	7	42	51
1998	3,8	35	63

1. **Dezentralisierung und Pluralisierung der Elitenstruktur:** Die monopolistische sozialistische Machtelite wurde personell ausgetauscht und veränderte ihre Struktur grundlegend. Die ostdeutschen Angehörigen der neuen Eliten weisen im Vergleich zu den Westeliten einige Besonderheiten auf: mehr Aufsteiger aus der gesellschaftlichen Mitte, mehr Frauen, mehr Jüngere, mehr Ingenieure, Naturwissenschaftler und Theologen, eine stärkere Reform- und Linksorientierung.

2. **Entpolitisierung:** Die Bedeutung politischer Loyalitäten für sozialen Aufstieg, für Privilegien und Benachteiligungen wird auf westliches „Normalmaß" reduziert. Beruflicher und sozialer Erfolg orientieren sich stärker an fachlichen Leistungskriterien.

3. **Abrupte Schließung der Tertiärisierungslücke:** Bei der krisenhaften Umwälzung der Wirtschaftsstruktur – Arbeitsmarktkrise, Industriekrise, Agrarkrise – holte Ostdeutschland einen Tertiärisierungsrückstand von circa 25 Jahre quasi „über Nacht" – innerhalb von drei Jahren – auf. Der ökonomische Wandel wird von Umschichtungen begleitet: Die überdimensionierten Arbeiter- und Bauernschaften sind stark geschrumpft, die insgesamt unterentwickelten Dienstleistungsschichten expandieren.

4. **Schneller Wohlstandsschub:** Das West-Ost-Wohlstandsgefälle wurde deutlich verringert, aber nicht beseitigt. Die Stichworte dazu sind: rascher Anstieg der Renten, Löhne und Gehälter mit seinen Begleiterscheinungen (Motorisierungs- und Reiseboom, Ausstattungsschub der Haushalte, Verbesserung der Wohnqualität), Qualitätssprung im Waren- und Dienstleistungsangebot, Verbesserung der (übrig gebliebenen) Arbeitsplätze, der Infrastrukturen und Umweltbedingungen.

5. **Zunahme sozialer Ungleichheit – Differenzierung auf höherem Niveau:** Mit dem Wohlstandsschub vergrößern sich die sozialen Abstände zwischen oben und unten – im Hinblick auf Einkommen, Besitz und Arbeitsqualität sowie auf die damit verknüpften Lebensbedingungen und Lebenschancen – auf einem insgesamt höheren Niveau.

6. **Neuaufbau eines handwerklich-tertiären Mittelstandes:** Der fast vernichtete „alte" Mittelstand durchlief und durchläuft eine schwierige Phase des Neuaufbaus als wichtiger Leistungsträger. Quantitativ hat er inzwischen

fast den westdeutschen Umfang erreicht, qualitativ weicht er jedoch noch erheblich vom westdeutschen Muster ab: größere Unterschiede im Hinblick auf die soziale Herkunft, mehr Klein- und Kleinstbetriebe, geringere Einkommen und größere Polarisierung der Einkommen.

7. **Abflauen des Abwanderungsdrucks:** Der übermäßige Abwanderungsdruck von Ost nach West ist im Zuge des Wohlstandsschubs zurückgegangen, gleichzeitig haben die neuen Länder eine gewisse Sogwirkung auf westdeutsche Chancensucher aus gehobenen und höheren Schichten entfaltet. Die West-Ost-Wanderungen haben zugenommen mit vorteilhaften und auch nachteiligen Folgen: Nützlich ist der Transfer modernen Knowhows, konfliktträchtig dagegen die partielle westdeutsche Überschichtung Ostdeutschlands.

8. **Höhere Lebenserwartungen:** Die Verbesserung der Lebensbedingungen hat den Abstand in den Lebenserwartungen zwischen Ost und West deutlich verringert.

2.4.10 Projekt: Wächst zusammen, was zusammen gehört? – Eine Schulpartnerschaft

Theo goes Görlitz
„Alles wirkliche Leben ist Begegnung"
Schulpartnerschaften mit französischen, englischen oder polnischen Schulen sind Alltag im schulischen Leben. Seit dem Fall der Mauer stehen Fahrten nach Ostdeutschland kaum noch auf dem Fahrtenprogramm westdeutscher Schulen. Dabei können Austauschfahrten zwischen ostdeutschen und westdeutschen Schülerinnen und Schülern helfen Verständnis für Lebenssituationen zu entwickeln, Missverständnisse und Vorurteile abzubauen.
Als Anregung zu einem solchen Austausch soll hier eine Partnerschaft zwischen einem westfälischen Gymnasium in Paderborn und Schulen im sächsischen Görlitz und dem polnischen Teil der Stadt Zgorzelec beschrieben werden.
Der Grundkurs 11 Sozialwissenschaften des Gymnasium Theodorianum (Paderborn) hat im Schuljahr 2002/2003 einen Schüleraustausch nach Görlitz durchgeführt, wobei der Austausch als Unterrichtsprojekt vorbereitet wurde und dem regulären Unterricht angegliedert war. Einen Anreiz bietet die (geteilte) Stadt Görlitz durch die Lage als Grenzstadt zu Polen. Diese Stadt ist ein Symbol dafür, dass sich manches im Verhältnis zwischen Polen und Deutschland nicht so einfach überbrücken lässt. Die Stadt, die Jahrhunderte lang an der Gelenkstelle zwischen Sachsen und Schlesien, zwischen Böhmen und Preußen lag, also mitten in Europa, zerfiel 1945 in zwei Teile. Durch den Potsdamer Vertrag bekam Polen die deutschen Gebiete rechts der Neiße und damit auch den östlichen Teil von Görlitz zugeschlagen. Tausende vertriebene Deutsche suchten im westlichen Teil Zuflucht. Görlitz wurde mit ca. 104.000 Einwohnern zur Großstadt. In der Ost-Stadt, die von nun an Zgorzelec hieß, wurden Polen aus den östlichen Teilen des Landes angesiedelt. Die Grenze führte dazu, dass sich die beiden Stadtteile kulturell, städtebaulich und wirtschaftlich stark auseinander entwickelten.

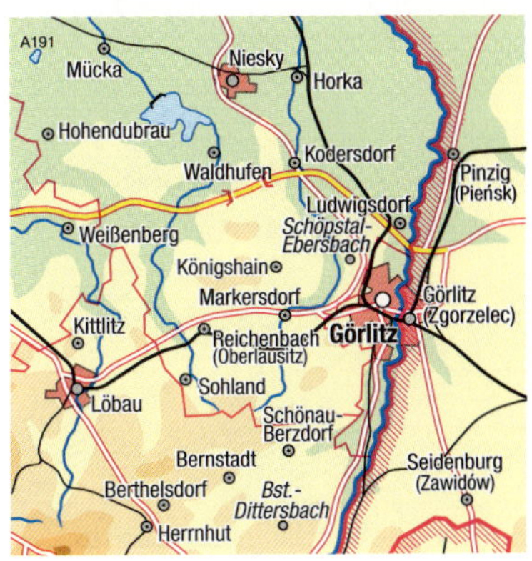

Die Städte Görlitz und Zgorzelec, mit ihren Versuchen der Zusammenarbeit, sind ein Zeichen für die deutsch-polnische Annäherung mit der Vision einer gemeinsamen Europastadt.

Die Jugendlichen aus den unterschiedlichen Städten konnten aufeinander zugehen und vor Ort erfahren, wie das jeweilige Gesellschaftssystem bzw. die unterschiedlichen Lebensbedingungen die Menschen geprägt hat. Innerhalb des Kursthemas „Wirtschaftsordnungen“ nahm der Transformationsprozess im Rahmen der deutschen Wiedervereinigung einen besonderen Stellenwert ein, der auch für die Vorbereitung des Austausches erkenntnisleitend sein sollte.
Zur Vorbereitung haben die Schülerinnen und Schüler zunächst ein „Görlitz-Papier“ erstellt, das über die historischen, wirtschaftlichen und sozialen Gegebenheiten informiert. Dabei konnten sie auch auf die Kenntnisse über zentralverwaltungswirtschaftliche Ordnungen zurückgreifen, die als Exkurs der marktwirtschaftlichen Ordnung gegenübergestellt wurde.
Nachdem die Informationen von den Schülerinnen und Schülern in Gruppen selbstständig erarbeitet und dem Plenum präsentiert wurden (teilweise anhand PowerPoint-Präsentationen), bereiten sie Expertengespräche vor, um vor Ort angemessene Gesprächspartner zu sein (siehe Programm).
Nach der Rückkehr erstellten die Schülerinnen und Schüler eine Hörfunksendung für das Lokalradio, in der ihre Eindrücke in Bezug auf die Umstellung von der Plan- zur Marktwirtschaft, die wirtschaftliche Situation von Görlitz und natürlich die Erfahrungen der Schülerinnen und Schüler im Mittelpunkt standen. Folgende Themenbereiche wurden für die Hörfunksendung ausgearbeitet:

Jugend in Görlitz und ihre Perspektiven
Auf Grund der hohen Arbeitslosigkeit und des damit verbundenen Lehrstellenmangels, die schlechte wirtschaftliche Lage, die Abwanderung der (jungen) Bevölkerung ist es für die Schülerinnen und Schülern von Interesse, wie die Jugendlichen in Görlitz ihre Perspektiven für die Zukunft konkret wahrnehmen und wie sie ihre Zukunft sehen. Wie sehen sie ihre beruflichen Pläne, wollen auch sie die Stadt verlassen usw. Die Schülerinnen und Schüler hatten Gelegenheit, das Leben der Jugendlichen in Görlitz mit den Möglichkeiten in Paderborn zu vergleichen. Außerdem untersuchten sie, was die Stadt unternimmt, um ihre Jugendlichen am Ort zu halten. Welche Freizeitmöglichkeiten bietet Görlitz den Jugendlichen? Gibt es besondere berufsorientierte Konzepte oder Anstrengungen die Jugendlichen in der Stadt zu halten usw.?

Von der Plan- zur Marktwirtschaft: Erkundung von Unternehmen und ihrem Wandel
Durch die Umstellung zur Marktwirtschaft hat sich auf der wirtschaftlichen Seite (im Osten Deutschlands) vieles verändert. Daher war es für die Schülerinnen und Schüler interessant zu untersuchen, wie die Betriebe und Unternehmen die Umstellung von der Plan- zur Marktwirtschaft verkraftet haben und wo eventuell noch Spuren des alten Systems zu erkennen sind. Die Umstellung wurde betrachtet: a) aus Verbraucherperspektive sowie b) aus Unternehmensperspektive und diese sind noch einmal zu differenzieren in Arbeitnehmer- und Arbeitgebersicht. Hier waren die Schülerinnen und Schüler aufgefordert, sich mit Ansichten, Meinungen und Befindlichkeiten der verschiedenen Personengruppen auseinander zu setzen. Dabei waren den Schülerinnen und Schülern die Exkursionen zu einzelnen Betrieben und die Interviewmöglichkeiten mit einigen Unternehmen der Stadt Görlitz eine große Hilfe. Diese Gespräche wurden auf Audiokassetten festgehalten und dienten als Grundlage für die Aufbereitung der Hörfunk-

sendung. Die Schülerinnen und Schüler haben dabei erkannt, dass nicht nur die institutionelle Umwälzung zu betrachten ist, die relativ schnell vollzogen war, sondern auch die sozialen u. a. Komponenten zu berücksichtigen sind. Das „System in den Köpfen" der Menschen zu ändern, gestaltet sich schwieriger und langwieriger als erwartet, sowohl für Unternehmer als auch für Verbraucher. Dieses wurde den Schülerinnen und Schüler während der Interviews mit Arbeitgeber und Arbeitnehmer schnell deutlich. Die Schülerinnen und Schüler waren stellenweise sehr betroffen, als einige Interviewpartner von ihrem persönlichen Schicksal und ihren Erfahrungen mit und während der Umstellung von der Plan- zur Marktwirtschaft berichteten.

Verhältnis Deutschland – Polen

Die Stadt Görlitz ist eine Grenzstadt, die durch die Neiße als Grenzfluss getrennt wird. Die Stadt hat arge wirtschaftlich Probleme. Viele Unternehmen verlegen ihren Sitz nach Polen, da dort die Produktionsfaktoren billiger sind. Zudem verlagert sich die Kaufkraft ebenfalls nach Polen. Viele Görlitzer fahren dorthin, um zu tanken und einzukaufen, da die Preise weit unter denen im deutschen Görlitz liegen. Durch die Lage der Stadt an der Außengrenze der EU befand sich Görlitz in einer künstlichen Randlage, die im Rahmen der EU-Osterweiterung vor allem auch für die Görlitzer eine besondere Bedeutung hat. Dieser Aspekt sollte deshalb ebenfalls bei dem Austausch Gesprächsgegenstand sein.

Informieren Sie sich im Internet über die Entwicklung der Städte Görlitz und Zgorzelec. Hat sich die Situation in der zweigeteilten Grenzstadt seit dem Beitritt Polens in die EU im Vergleich zu der im Text geschilderten Lage verändert?

Die Schülerinnen und Schüler haben Einblicke bekommen können, wie das Verhältnis dieser beiden Städte zueinander ist und welche Anstrengungen für eine bessere Zusammenarbeit unternommen werden. Bei den Besuchen der Städte Zgorzelec und Breslau konnten die Schülerinnen und Schüler ihr Bild vom Partnerland erweitern. Die Eindrücke wurden vertieft durch die Gespräche mit einem Dezernenten für internationale Beziehungen, dem Bundesgrenzschutz und den Jugendlichen vor Ort. Es wird spannend sein zu beobachten, wie sich die Standorte Görlitz und Zgorzelec durch die EU-Erweiterung ändern werden.

Tageskalender eines Schüleraustauschs

- 25.2. Ankunft der Paderborner am Bahnhof in Görlitz,
- 26.2. Treffen am Curie-Gymnasium Wilhelmsplatz, Begrüßung durch den Schulleiter
- 27.2 Unterrichtsteilnahme – Besuch verschiedener Unternehmen – Empfang im Rathaus durch H. Bambinek, Dezernent für internationale Beziehungen – Gemeinsames Kochen im Kreativ-Küchenstudio – Besuch der Sternwarte Görlitz – Unterrichtsteilnahme – Besuch der Hochschule für Wirtschaft und Soziales – Besuch der Landskron-Brauerei – Nächtliche Altstadtführung
- 28.2. Unterrichtshospitation – Treffen mit Beamten des Bundesgrenzschutzes – Gemeinsamer Bowling-Abend
- 1.3. Fahrt nach Wroclaw (Breslau) – Besuch des Mittelalter-Spectaculums
- 2.3. Abfahrt vom Bahnhof Görlitz

2.4.11 Vergleich von Wirtschaftsordnungen: Ein Resümee

Der „Wettkampf" zwischen den „marktwirtschaftlichen" und „zentralverwaltungswirtschaftlichen" Wirtschaftsordnungen scheint entschieden, nachdem nun auch in (fast) allen Ländern des sogenannten „Ostblocks" Bestrebungen zu verzeichnen sind, Bedingungen für marktwirtschaftliche Ordnungen herzustellen. Warum also sollte man marktwirtschaftliche und zentralverwaltungswirtschaftliche Ordnungen noch miteinander vergleichen?

Es geht nicht so sehr darum, durch den Vergleich zu beweisen, dass die eine oder andere Wirtschaftsordnung „besser" ist als die andere, sondern es ist zu fragen, ob sich nicht durch das Anstellen von Vergleichen die Möglichkeit bietet, grundsätzliche Erkenntnisse über die Auswirkungen institutioneller Regelsysteme auf wirtschaftliche Prozesse zu erlangen. Wenn bei der vergleichenden Untersuchung ganz bestimmte **Regeln** beachtet werden, bieten sie die Möglichkeit, komplexe Erscheinungen und vielfältige Zusammenhänge von Elementen auf ihre jeweilige **Prägungskomponente** und **Relevanz** zurückzuführen. Durch Reduktion komplexer Erscheinungen auf ein analytisch fassbares und zu bewältigendes Maß wird es oft erst möglich, den Kern einer Sache oder den wesentlichen Grund eines Problems freizulegen. Hierbei kann es geschehen, dass in dem scheinbaren Chaos von unübersehbar vielen Elementen und deren Zusammenhängen latent vorhandene Ordnungselemente auf Teilgebieten entdeckt werden.

Bei einem Vergleich ist es jedoch unabdingbar, die Vergleichsebenen oder -kategorien zu beschreiben, damit deutlich wird, welche Ordnungselemente z. B. einer zentralverwaltungswirtschaftlichen und einer marktwirtschaftlichen Ordnung miteinander verglichen werden. Vor allem hat man sogenannte „Überkreuzvergleiche" zu vermeiden, also beispielsweise der Vergleich eines Idealtypus mit einem Realtypus.

Quelle: Institut für Ökonomische Bildung, Oldenburg

Idealtypische und realtypische Vergleichsebenen

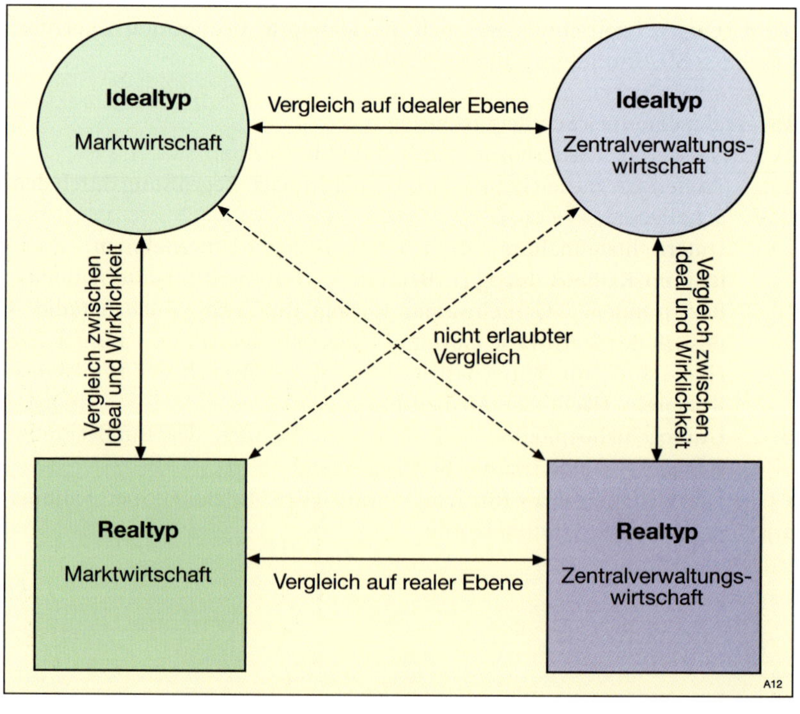

Diese Form des Vergleichs wird zumeist auf Grund ideologisch bedingter Erkenntnisziele vorgenommen: Eine Wirtschaftsordnung wird im Hinblick auf ihre idealtypische theoretische Ausprägung beschrieben, während die zu vergleichenden Ordnung vor allem im Hinblick auf die in der Realität auftretenden Funktionsmängel hin untersucht wird.
Die idealtypischen Vorstellungen z. B. der Sozialen Marktwirtschaft eignen sich kaum für einen Vergleich mit realtypischen Ausprägungen einer gescheiterten Wirtschaftsordnung. Dieser Fehler spiegelt sich sogar in den westeuropäischen Reformempfehlungen zu den mittel- und osteuropäischen Transformationsprozessen wider. Dies veranlasste den ehemaligen polnischen Vizepremier Prof. Balcerowicz, der die wesentlichen Grundlagen für eine vergleichsweise konsequenten Reformprozess in Polen legte, zu der Bemerkung: „Die Glaubwürdigkeit der westeuropäischen Reformvorschläge an die osteuropäische Adresse würde steigen, wenn man uns nicht dauernd empfehlen würde, etwas zu tun, wozu man selbst nicht fähig ist. Uns die Vorteile des Freihandels zu predigen und die Vorteile des internationalen Wettbewerbs sind eine Sache, die Märkte der EU für polnische Agrarprodukte zu öffnen, ist offensichtlich eine andere.“

> **!** Erläutern Sie den Ausspruch von Prof. Balcerowicz.

Bei der Betrachtung von Transformationsprozessen ist immer auch auf folgende Aspekte zu achten:
1. Jeder radikale Systemwechsel ließe sich auch als extremste Form eines Strukturwandels bezeichnen, bei dem nicht nur die alten Ordnungselemente aufgehoben werden, sondern auch eine tiefe Sinnkrise bei den betroffenen Bürgerinnen und Bürgern stattfindet. Dabei zeigt sich, wie entscheidend die Arbeits- und Lebenssituationen aller Bürgerinnen und Bürger von der Struktur einer Wirtschaftsordnung geprägt werden und weshalb es erforderlich ist, die grundlegenden Ordnungsformen und -elemente mit ihren Auswirkungen auf das Leben der Menschen zu kennen.
2. Am Transformationsprozess lässt sich sehr gut deutlich machen, dass eine Wirtschaftsordnung nicht allein Knappheitsprobleme zu lösen hat, sondern eingebunden ist in eine Gesellschaftsordnung und entsprechende Beiträge zur Verwirklichung gesellschaftspolitischer Ziele zu leisten hat. Es geht eben nicht ausschließlich darum „satt“ zu werden, sondern auch um die Realisierung gesellschaftlicher Grundwerte wie Freiheit, Sicherheit und Gerechtigkeit.
3. Es kann gezeigt werden, dass es sich bei der Transformation nicht nur um einen rein technizistischen Prozess handelt. Darüber hinaus findet eine grundlegende Auseinandersetzung mit neuen Verhaltensweisen, Menschenbildern und Wertsystemen statt. Die betroffenen Bürgerinnen und Bürger müssen eine Entwertung bisheriger Qualifikationen erfahren, wobei sie sich in den postsozialistischen Ländern nicht selten mit unrealistischen westeuropäischen Verhaltensanforderungen konfrontiert sehen.
Häufig vergleicht man auch nur jeweils ein Teilsystem von gesellschaftlichen Systemen. Mit dem Vergleich eines Teilsystems kann allerdings noch lange kein Urteil über ein Gesamtsystem gefällt werden.
Vergleichskriterien müssen vorhanden sein, um zu sinnvollen Aussagen zu gelangen, aber diese Vergleichskriterien müssen ganz genau geklärt und beschrieben sein. Auf jeden Fall muss berücksichtigt werden, dass der Vergleichende immer von den Wertvorstellungen seines „eigenen“ Systems geprägt ist, was tendenziell dazu führen kann, das eigene System stets vorteilhafter zu sehen als das Vergleichssystem.

> **!**
> 1. Beschreiben Sie die in diesem Text dargestellte Funktion von Wirtschaftsordnungsvergleichen.
> 2. Teilen Sie die Einschätzung der angeführten Vorteile und Gefahren?

3 Stellung der Privaten Haushalte im Wirtschaftsgeschehen

In Deutschland leben ca. 80 Millionen Menschen, die tagtäglich auf verschiedenen Märkten als Nachfrager von Gütern und Dienstleistungen auftreten, unzählige ökonomische Transaktionen vollziehen und ganz unterschiedliche Funktionen in der Volkswirtschaft erfüllen. Die einen sind Unternehmer, die anderen Arbeiter und Angestellte, manche suchen Arbeit oder sind auf Grund besonderer Umstände von staatlicher Hilfe abhängig. Wieder andere leben im Alter von der Rente, die sie sich im Laufe der Jahre erarbeitet haben. Kinder und Jugendlichen nehmen nach und nach immer mehr am ökonomischen Leben teil und bereiten sich auf die zukünftigen Herausforderungen vor. All diese Menschen leben in Haushalten, sei es allein, oder mit anderen zusammen.

Und allen ist gemeinsam, dass Sie ein Einkommen benötigen, um die eigenen Bedürfnisse befriedigen zu können – egal ob es darum geht sich (über)lebensnotwendige Nahrung und Kleidung anzuschaffen oder die Freizeit so angenehm wie möglich zu gestalten.

Deutlich wird: Die Privaten Haushalte gehören zu den zentralen Akteuren einer Volkswirtschaft. Und ihre Handlungen unterliegen im Rahmen der Wirtschafts- und Rechtsordnung – wie diejenigen der anderen Akteure auch – verschiedenen Restriktionen.

Um die wesentlichen Aspekte der Privaten Haushalte zu vermitteln, beschäftigt sich das vorliegende Kapitel in fünf Unterkapiteln mit

- der Stellung der Privaten Haushalte im gesamtwirtschaftlichen System,
- ihren wesentlichen Strukturmerkmalen,
- ihren Einkommensquellen und den Formen der Einkommensverwendung,
- ersten Fragen der Einkommensverteilung,
- dem Zusammenspiel von Angebot und Nachfrage auf Märkten,
- den Faktoren, die das Verhalten der Konsumentinnen und Konsumenten beeinflussen sowie
- den rechtlichen und
- ökologischen Aspekten des Konsums.

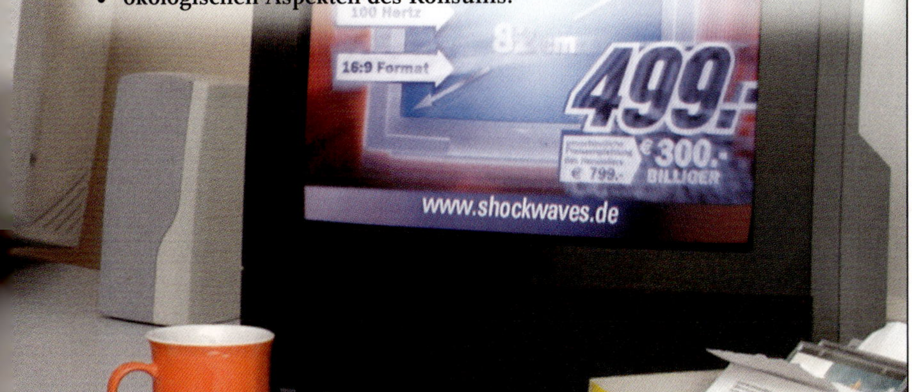

Inhalt Kapitel III

Kriterien für die Analyse von Konflikten

Konfliktgegenstand: Worum geht es bei dem Konflikt? Wird der Konfliktgegenstand in der Spielszene benannt oder verschleiert?
Konfliktursache: Wo liegen die Ursachen für den Konflikt?
Status (Stellung) der Konfliktparteien: Wer argumentiert gegen wen? Wer verbündet sich mit wem?
Austragungsweise: Wie wird der Konflikt ausgetragen? Sind die Auseinandersetzungen sachlich oder emotional (gefühlsbetont)?
Argumentation: Wie und durch welche Hinweise begründen die Konfliktparteien ihre Meinungen?
Konfliktverlauf: Was gibt den Anstoß zum Ausbruch des Konflikts?

Teilen Sie Ihre Klasse/Ihren Kurs in fünf Spielgruppen auf. Mindestens zwei Schüler sind Beobachter des Spiels. Die Gruppen schreiben jeweils eine Rollenkarte für die vier Personen des Rollenspiels. Sie können das Rollenspiel auch erweitern, z. B. um einen Freund der Familie, eine Freundin der Tochter etc.

1. Jede Gruppe wählt einen Spieler bzw. eine Spielerin für das Rollenspiel aus.
2. Spielen Sie die Szene zweimal mit unterschiedlichen Personen durch. Die anderen Gruppenmitglieder notieren Gedanken zum Spiel „ihrer" Person, die Beobachter konzentrieren sich auf die Interaktion der Personen.
3. Werten Sie das Rollenspiel gemeinsam aus. Nutzen Sie dabei das oben stehende Kriterienraster. Zuerst sollten Sie die beiden Beobachter zu Wort kommen lassen.

3.1 Was versteht man unter einem Privaten Haushalt?

In Kapitel I haben wir gelernt, dass auf Grund von Knappheit die Bedürfnisse größer sind als die zur Verfügung stehenden Ressourcen und dass es das Ziel allen wirtschaftlichen Handelns jedes Einzelnen ist, vor diesem Hintergrund eine maximalen Grad der Bedürfnisbefriedigung zu erlangen. Die Zusammenhänge werden noch einmal deutlich, wenn wir uns im Folgenden mit einer klassischen Alltagssituation in einer Familie auseinander setzen.

Der Konflikt der Familie Heistermann – Rollenspiel

Familie Heistermann ist ein Vier-Personen-Haushalt. Herr und Frau Heistermann haben ihrem siebzehnjährigen Sohn Fabian einen Computer versprochen. Jana, die 14 Jahre alt ist, wünscht sich schon seit längerem ein neues Mountainbike.

An dem Abend, an dem Herr Heistermann mit seinem Sohn den Computer kaufen will, kommt er verspätet mit dem Bus nach Hause. Sein Wagen ist auf dem Heimweg liegen geblieben und musste in die Werkstatt abgeschleppt werden. Der Motor des Wagens ist hin. Herr Heistermann würde am liebsten sofort einen neuen Wagen kaufen, wenngleich er ursprünglich den alten noch weiter fahren wollte. Einen neuen Wagen kann die Familie sich allenfalls leisten, wenn

- der Sohn auf seinen Computer verzichtet,
- die Tochter jetzt kein neues Fahrrad bekommt,
- auf die geplante Urlaubsreise nach Spanien verzichtet wird.

Die Mutter plädiert dafür einen preisgünstigen Gebrauchtwagen oder einen neuen Motor zu kaufen.
Das Problem der Familie Heistermann ist eines der ökonomischen Probleme, mit denen jede Familie fast täglich zu kämpfen hat. Wie soll man mit dem Einkommen auskommen?

3.1.1 Wie kann man den Begriff „Privater Haushalt“ definieren?

Bereits die Herkunft des Wortes „Ökonomie“ weist darauf hin, dass Haushalte die „Keimzellen“ wirtschaftlichen Geschehens darstellen. Das lateinische „oeconomicus“ geht auf griechische Ursprünge zurück. „Oikos“ bedeutet Haus, Haushalt, Gehöft und „oikonomia“ kennzeichnet die Haushaltsführung, die Verwaltung; entsprechend ist mit „oiko-nomikos“ die Haushaltsführung gemeint und der „oikonomos“ schließlich ist der Haushalter, Verwalter bzw. Wirtschafter.
Der Private Haushalt ist neben den Unternehmen und dem Staat der zentrale Akteur in einem marktwirtschaftlichen System, der Sachgüter und Dienstleistungen auf Märkten nachfragt und auf diese Weise die Nachfrage- und Angebotsstrukturen einer Volkswirtschaft wesentlich beeinflusst.
Wir definieren die Privaten Haushalte nach folgenden Dimensionen:
„Private Haushalte“ ist der Oberbegriff für eine aus einer Einzelperson oder einer Personenmehrheit (z. B. Ehepaar und Kinder) bestehende Einkommens-, Wohn- und Konsumeinheit.
Funktional betrachtet sind Private Haushalte Anbieter von Produktionsfaktoren, um Einkommen in Form von Erwerbs- und Vermögenseinkommen zu erzielen. Außerdem verwenden sie das Einkommen für die Nachfrage nach Gütern, um Bedürfnisse zu befriedigen und für die Vermögensbildung (Sparen).
Es lassen sich verschiedene Betrachtungsweisen des Haushalts unterscheiden: Der Haushalt als eine ökonomische Einheit umfasst jene Tätigkeiten, die mit der Einkommenserzielung und -verwendung zusammenhängen. Der Haushalt ließe sich aber auch als organisatorische Einheit sehen, die aus einer oder mehreren Personen besteht, mit dem Ziel, die Bedürfnisse der Mitglieder durch eine eigene Wirtschaftsführung zu befriedigen. Darüber hinaus ist es jedoch wichtig zu sehen, dass der Haushalt durch das Maß der sozialen Beziehungen der Haushaltsmitglieder untereinander geprägt ist. Diese Beziehungen bestimmen nicht nur die Art und Weise der Bedürfnisbefriedigung. Sie haben z. B. auch Einfluss auf die Entwicklung von Konsumwünschen. Aus dieser Perspektive lässt sich der Haushalt auch als eine soziale Einheit betrachten.
Insgesamt wird deutlich, dass der Haushalt für die Volkswirtschaft einerseits eine überragende ökonomische Bedeutung hat, andererseits die ökonomischen Aktivitäten in einem sozialen Zusammenhang stehen: Wir betrachten den Haushalt deshalb hier als eine sozioökonomische Einheit. Entsprechend kann man die verschiedenen Analyseebenen bei der Betrachtung der Privaten Haushalte unterscheiden.

1. Erläutern Sie die genannten Dimensionen an Beispielen aus Ihrem Erfahrungsbereich.
2. Erläutern Sie die Dimensionen des Begriffs „Privater Haushalt“ an der Beispielfamilie Heistermann.

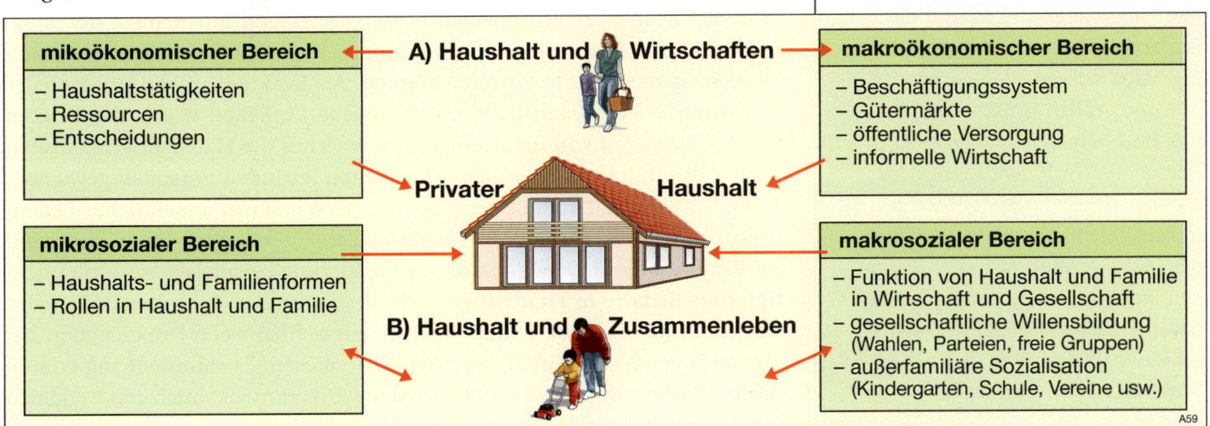

Typisierung und Strukturierung von Haushalten

Bis zu diesem Punkt haben wir die Privaten Haushalte ganz funktional als homogene Einheiten und Wirtschaftsakteure betrachtet. Haushalte sind jedoch ganz unterschiedlich ausgestaltet. Das betrifft sowohl die Zahl ihrer Mitglieder, die Zusammensetzung der Personen wie auch beispielsweise ihre Ausstattung mit Einkommen. Will man im Rahmen der Forschung nun Erkenntnisse über die Einkommensverteilung in einer Gesellschaft gewinnen, so benötigt man detailliertere Betrachtungsformen als die oben genannten. Es wurden deshalb im Laufe der Zeit verschiedene Formen der Typisierung und Strukturierung Privater Haushalte entwickelt und statistisch erfasst. Auch dabei geht es nicht um ein punktgenaues Abbild der Realität. Vielmehr wird – abhängig von der jeweiligen Fragestellung der Einkommensentstehung, -verwendung und -verteilung – eine bestimmte Lupe gewählt.

(1) Erfassung nach Haushaltstypen

Lange Zeit fand in der Bundesrepublik Deutschland eine Erfassung nach Haushaltstypen statt. Haushalte wurden nach soziostrukturellen Merkmalen typisiert und deren gesamte, freiwillig offenbarte wirtschaftlichen Leistungen erfasst. Als typisch galt ein „Vier-Personen-Arbeiterhaushalt mit mittlerem Einkommen“, konkret ein Ehepaar mit zwei Kindern, von denen eines unter 15 Jahre alt sein musste. 1954 und 1964 wurde diese Kategorie um den „Zwei-Personen-Haushalt von Rentnern und Sozialhilfsempfängern“ sowie den „Vier-Personen-Haushalt von Beamten und Angestellten mit höherem Einkommen“ erweitert. Man verfolgte das Ziel die gesamten wirtschaftlichen Aktivitäten und die soziale Wirklichkeit der Bundesrepublik zu erfassen, um insbesondere für den Bereich der Wohnungs- und Sozialpolitik benötigte Aussagen hinsichtlich der Bedürftigkeit und Möglichkeiten der Erfolgsmessung wirtschafts- und sozialpolitischer Maßnahmen zu erhalten. Der seit den 60er Jahren zu verzeichnende soziale Wandel führte dazu, dass eine hohe Diversifikation von Lebensformen (z. B. Patchwork-Familien) entstand, die durch das bisherige Raster nicht mehr erfasst wurde. Die drei „klassischen“ Haushaltstypen machen heute noch ca. 5 % aller Haushalte aus. Entsprechend stellte das Statistische Bundesamt seine Erfassungsmethode auf die der Haushaltsgrößen um.

(2) Darstellung nach der Höhe der Haushaltseinkommen

Seit 1964 wurden die Privaten Haushalte in der Bundesrepublik Deutschland nicht nur nach den o. g. Typisierungen erfasst, sondern auch nach der Höhe der Haushaltsnettoeinkommen. Die Begründung lag darin, dass mit Hilfe der Höhe der Einkommen bessere Aussagen hinsichtlich der Möglichkeiten der Einkommensverwendung geliefert und gleichzeitig Abweichungen genauer erfasst werden können. Als Reaktion auf die Kritik an der Erfassung Privater Haushalte als homogene Einheiten wurde das Prinzip des Äquivalenzeinkommens eingeführt, welches die Haushaltseinkommen nach Zahl und Alter der in den Haushalten lebenden Personen gewichtet. Denn für wirtschaftspolitische Fragen ist es schon von wesentlicher Bedeutung, ob das Einkommen eines Haushalts zur Versorgung einer oder mehrer Personen dient. So wird in dieser Typisierung beispielsweise berücksichtigt, dass Bedarfe in Haushalten nicht linear mit der Zahl ihrer Mitglieder wachsen und der Bedarf von Kindern andere finanzielle Dimensionen hat als von Jugendlichen und Erwachsenen. In diesem Zusammenhang erlaubt das Instrument des „Haushaltsäquivalenzeinkommens“ auch den Vergleich von Haushalten unterschiedlicher Größe.

Äquivalenzeinkommen / Haushaltsäquivalenzeinkommen:
Das Konzept des Äquivalenzeinkommens versucht der Tatsache Rechnung zu tragen, dass das Haushaltseinkommen abhängig von der Zahl und dem Alter der Haushaltsmitglieder gewichtet werden muss, dass aber gleichzeitig die Bedarfe nicht linear mit der Zahl der Mitglieder steigen. So macht es einen großen Unterschied, ob das Haushaltseinkommen einer Person zur Verfügung steht oder auf vier Personen verteilt werden muss. Gleichzeitig ist festzuhalten, dass ein Haushalt mit zwei Personen im Vergleich zu einem Ein-Personen-Haushalt keine zwei Kühlschränke, Herde und Waschmaschinen benötigt.

(3) Erfassung nach sozialer Stellung des Haupteinkommensbeziehers

Hier wird das Konzept der Differenzierung nach soziostrukturellen Kriterien, welches sich bereits bei den Haushaltstypen fand, ausgedehnt. Es findet eine Unterscheidung nach Haushalten mit einem Haupteinkommen aus selbstständiger Arbeit, Arbeitnehmerhaushalten und Haushalten von Transferbeziehern (Rentner, Arbeitslose etc.) statt, wobei die jeweilige Größe keine Rolle spielt. So wird es u. a. möglich einen Vergleich der Einkommen über unterschiedliche Haushaltsgrößen hinweg vorzunehmen. Die Aussagekraft dieses Ansatzes wird aber dadurch stark eingeschränkt, dass heutzutage kaum noch Haushalte ihr Einkommen aus einer einzigen Quelle beziehen. Gleichzeitig führt der soziale Wandel dazu, dass immer mehr „prekäre" bzw. unsichere Arbeitsverhältnisse entstehen und in der Folge häufige Wechsel von Arbeitsbeziehungen zu verzeichnen sind.

(4) Erfassung nach Haushaltsgröße

Liegt der Zweck der Kategorisierung vor allem in der Erfassung wirtschaftlicher und sozialer Realität, so ist die Haushaltsgröße ein handhabbares Fundament. In einer sich kontinuierlich verändernden Welt stellt die Haushaltsgröße quasi eine „neutrale" Größe dar, anders als der am „Normalfall" festhaltende Ansatz der Haushaltstypen. Die Veränderung der Haushaltsgrößen ist dabei sehr hilfreich bei der Erfassung des z. T. dramatischen Wandels in Gesellschaft und Wirtschaft, beispielsweise im Zuge umfassender demografischer Veränderungen im 21. Jahrhundert.

(5) Erfassung nach sozialer Lebensform

In den letzten Jahren kam zunehmend eine Systematisierung nach Art und Form des sozialen Verbundes der im Haushalt lebenden Personen hinzu. Als die zentralen Typen werden erfasst: allein lebende Personen, Paare mit bzw. ohne Kinder und allein Erziehende. Die Ergebnisse werden z. B. für den Familienbericht der Bundesregierung und damit im Rahmen der Diskussion um die Entwicklung und Besserstellung der Familien in der Gesellschaft benötigt. Allerdings hat sich gezeigt, dass die Deutung der Ergebnisse – z. B. die Höhe des Einkommens von Familien mit Kindern – z. T. sehr schwierig ist. So ist in aktuellen Statistiken vor allem das verhältnismäßig hohe Einkommen von Familien mit Kindern erstaunlich. Doch bedeutet dies, dass die Theorie vom „Armutsrisiko Kind" widerlegt ist?

Hieran wird deutlich, wie eingeschränkt z. T. die Aussagekraft solcher Statistiken ist. Zudem wird deutlich, dass es nicht die eine „richtige" Erfassungsmöglichkeit gibt, sondern alle ihre Vor- und Nachteile haben – abhängig von der zu untersuchenden Fragestellung.

1. Fassen Sie die Erfassungskriterien, die Ziele sowie die Vor- und Nachteile der jeweiligen Typisierung und Strukturierung Privater Haushalte zusammen.
2. Beschreiben Sie die Funktion der jeweiligen Erfassungstypen.
3. Ermitteln Sie arbeitsteilig aktuelle Daten zu allen Haushaltsgrößen und den sozialen Lebensformen. Nutzen Sie die Websites des Statistischen Bundesamtes und des Statistischen Landesamtes.

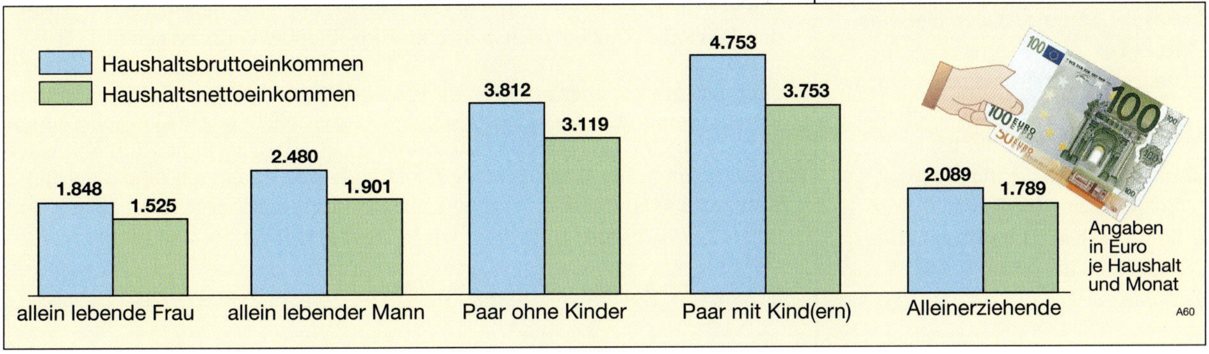

Quelle: Statistisches Bundesamt, Wiesbaden: Einkommens- und Verlaufsstichprobe 1. Halbjahr 2003

3.1.2 Die Beziehungen der Privaten Haushalte zu ihrer Umwelt

Der einzelne Private Haushalt steht mit seiner Umwelt über

- Güterströme,
- Geldströme und
- Informationsströme

in Verbindung.

Güterströme werden aus Sachgütern und aus Diensten (Dienstleistungen) gebildet. Im Falle der Erwerbsarbeit fließen Dienste an andere Einheiten und Einkommen in entgegengesetzter Richtung in den Verfügungsbereich des Haushalts. Käufe von Dienstleistungen, Ge- und Verbrauchsgütern führen zu einem Güterstrom in den Haushalt hinein und zu Geldströmen in umgekehrter Richtung. Da diese Ströme nicht automatisch, sondern auf Grund von Entscheidungen und Verfügungen ablaufen, benötigt der Haushalt Informationen, die ihm auf verschiedenen Wegen zufließen. Unterrichtet er die Umwelt über seine Bedürfnisse, Handlungsabsichten, Zufriedenheit usw., so resultiert daraus auch ein umgekehrter Informationsstrom.
Quelle: E. Kuhlmann: Verbraucherpolitik, Vahlen, München, 1990, S. 1 f.

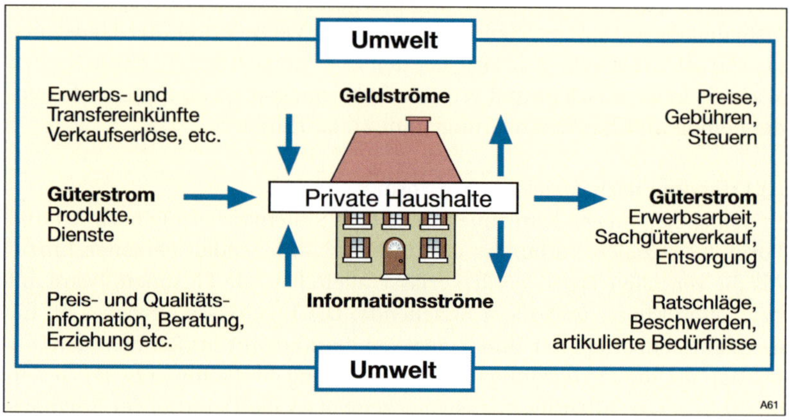

Die Beziehungen eines Privaten Haushalts zu seiner Umwelt

1. Erläutern Sie am vorliegenden Beispiel die Beziehungen zwischen den Privaten Haushalten und den anderen Akteuren im Wirtschaftsgeschehen.
2. Welche Ströme spielen hier eine Rolle?
3. Welche konkreten Auswirkungen haben die Verhaltensänderungen der Privaten Haushalte?
4. Erläutern Sie die möglichen Beziehungen der Privaten Haushalte zu ihrer Umwelt mit Hilfe konkreter Beispiele.

Einzelhandel kommt nicht aus der Krise

Der deutsche Einzelhandel muss die Hoffnung auf die Konjunkturwende einmal mehr begraben. Im dritten Jahr in Folge hat der Hauptverband des Deutschen Einzelhandels (HDE) gestern seine Branchenprognosen nach unten korrigiert. Die lange Flaute hat Folgen: Rund 4.000 Einzelhandelsunternehmen werden nach Schätzungen des Verbandes 2004 Insolvenz anmelden. Die Zahl der Geschäftsaufgaben werde mit etwa 30.000 wohl doppelt so hoch liegen wie die der Neugründungen. Der Verband rechnet damit, dass im laufenden Jahr rund 35.000 Arbeitsplätze im Einzelhandel verloren gehen. […]

„Die Diskussion über notwendige Einschnitte hat bei den Verbrauchern ein Dauerstimmungstief ausgelöst", klagte Franzen. Nicht nur die Unsicherheiten über die Steuer- und Arbeitsmarktreformen, sondern auch die Einschnitte der Unternehmen bei Weihnachts- oder Urlaubsgeld erzeugten eine dauerhafte Kaufzurückhaltung. Der Verband rechnet nach einer ersten Schätzung von plus 0,5 Prozent jetzt mit einem Umsatzminus von 0,5 Prozent für das laufende Jahr.
Quelle: Handelsblatt Nr. 181, 17.09.2004, S. 13, Autor: ire

Entscheidungsfelder und Entscheidungsprobleme für Private Haushalte und Unternehmen

Knappheit als ein Grundgesetz des Wirtschaftens berührt den Konsumenten in gleicher Weise wie den Produzenten von Gütern. Jeder Verbraucher merkt diese Knappheit an der Begrenztheit seines zur Verfügung stehenden Einkommens, man spricht von der sogenannten Budgetrestriktion und meint damit, dass die Ausgaben durch das Einkommen begrenzt sind.

Die Individuen der Privaten Haushalte haben grundsätzlich zwei Entscheidungen zu treffen:

- Welche Güter kann und will der Private Haushalt in welcher Menge konsumieren bzw. sparen (Konsum- und Sparentscheidung)?
- In welcher Form kann und muss sich der Private Haushalt an der Produktion, an der Bereitstellung von Sachgütern und Dienstleistungen beteiligen (Arbeitsangebotsentscheidung)?

Das heißt: Haushalte fragen Sachgüter und Dienstleistungen nach und bieten Arbeitskraft an. Wie lautet das Entscheidungsproblem einer Unternehmung? Sie erstellt Sachgüter und Dienstleistungen, bietet sie an und fragt Arbeitskraft nach.

In dem vereinfachten Modell des Wirtschaftskreislaufes lässt sich zeigen, dass die Angebots- und Nachfragepläne der Privaten Haushalte und der Unternehmungen über Märkte erfolgen. Der Preis ist auf diesen Märkten ein wesentliches Steuerungsinstrument.

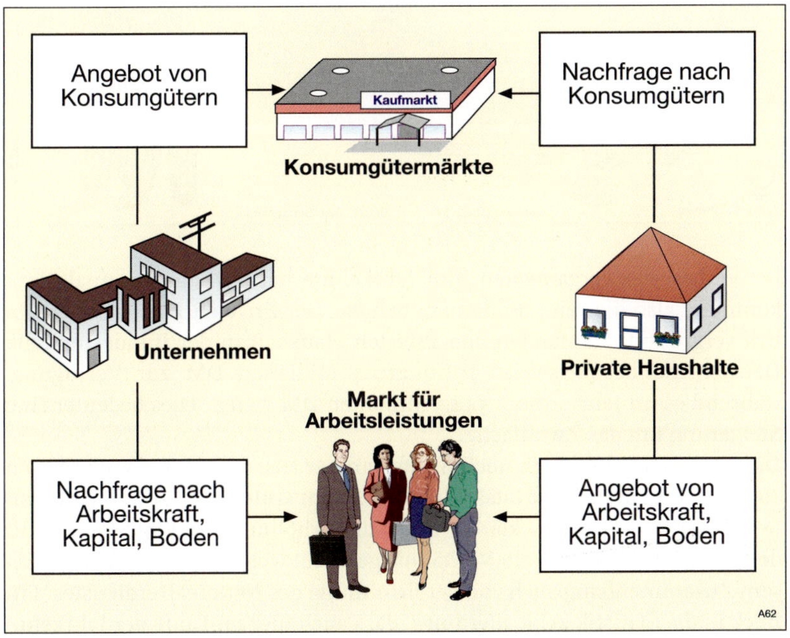

Angebots- und Nachfragepläne der Privaten Haushalte und der Unternehmen

Elemente von Entscheidungsproblemen

Der Entscheidende hat sich mit wechselseitig ausschließenden Handlungsmöglichkeiten (Alternativen) auseinander zu setzen.

Wer über Alternativen verfügt, muss diese bewerten, d. h., er muss nach einem Maßstab suchen, um sie vergleichbar machen zu können.

Der Entscheidende muss über eine Verhaltensregel oder eine Handlungsmaxime verfügen (eine Vorschrift), mit der eine Auswahl aus bewährten Alternativen getroffen werden kann.

Verdeutlichen Sie anhand von Beispielen den Gang von Entscheidungsproblemen von Unternehmen und Privaten Haushalten bei ihren wirtschaftlichen Aktivitäten.

3.2 Einkommensquellen und -verwendung

3.2.1 Statistiken zum Einkommen

Private Haushalte als Anbieter des Produktionsfaktors Arbeit. Um auf Gütermärkten aktiv werden zu können, benötigen Private Haushalte Geldmittel in Form von Einkommen und Vermögen. Um Einkommen zu erzielen, bieten sie auf den Märkten zumeist den Faktor Arbeit an. Dabei sind unterschiedliche Formen der Tätigkeit möglich – von der Voll- bis zur Teilzeit- und Nebenerwerbstätigkeit. In einem Haushalt lassen sich dabei oftmals verschiedene Formen gleichzeitig finden.

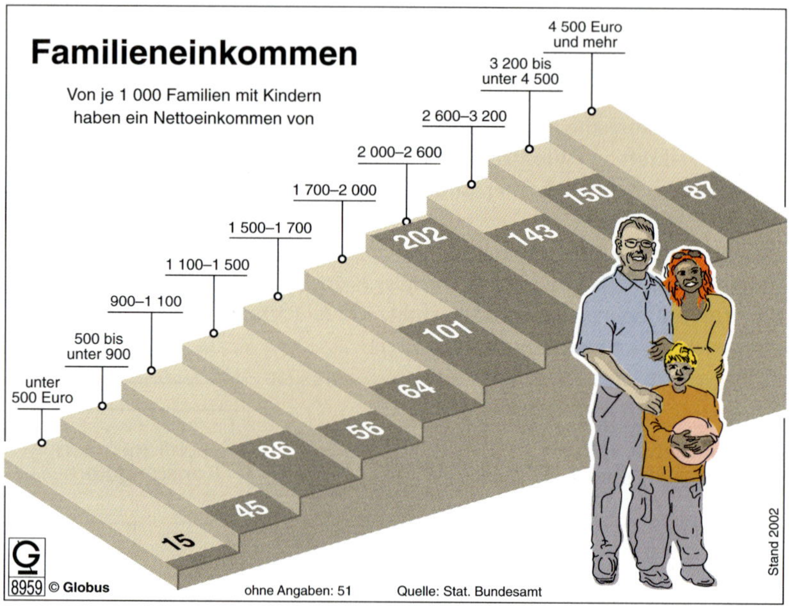

Im Verlauf der vergangenen fünf Jahrzehnte hat sich das nominale Einkommen, also die reine Einkommenshöhe, der Privaten Haushalte erheblich vergrößert. So standen den Privaten Haushalt in der Bundesrepublik Deutschland beispielsweise 1960 210,4 Millionen DM zur Verfügung, während es im Jahr 2000 2.544,3 Millionen DM waren. Dies bedeutet eine Steigerung um das Zwölffache.

Diese Werte sagen jedoch noch nichts darüber aus, ob sich das Einkommen auch real erhöht hat, also tatsächlich z. B. mehr Güter gekauft werden konnten. Um diese Frage zu klären, muss die Erhöhung der Einkommen mit derjenigen der Preise in ein Verhältnis gebracht werden. Man spricht in diesem Zusammenhang auch von der Ermittlung des Nettorealverdienstes. Ein Blick in die Statistik zeigt allerdings, dass auch hier im Laufe der Jahrzehnte eine deutliche Erhöhung zu konstatieren war. Betrug der Nettorealverdienst im Jahr 1965 pro Arbeitnehmer 21.594 DM, so lag er im Jahr 1990 bei 34.038 DM. Allerdings ist seit der deutschen Wiedervereinigung ein Rückgang dieses Durchschnittswertes zu verzeichnen, für das Jahr 2000 beispielsweise auf 29.839 DM.

Die über Jahrzehnte gestiegenen Reallöhne zeigen sich in Produktionszuwächsen, welche wiederum zu einem deutlichen Anstieg der Kaufkraft der Lohnminute führen und darin, wie viel Arbeitszeit zum Erwerb von Alltagsgütern 1960 und 2000 aufgewandt werden musste.

i

Nominaleinkommen: Einkommen in Geld bewertet, ohne Berücksichtigung der realen Kaufkraft

Realeinkommen: Einkommen unter Einbeziehung von Preisindices (Indikator für reale Kaufkraft)

!

1. Recherchieren Sie aktuelle Daten zur Einkommenssituation Privater Haushalte in Deutschland und Europa. Nutzten Sie dazu die Websites des Statistischen Bundesamtes und der Europäischen Kommission.
2. Welche Veränderungen lassen sich kurzfristig und langfristig feststellen? Wie lassen sich die Veränderungen jeweils begründen?

Jahr	Gesamtwirtschaftliches Arbeitsvolumen in Milliarden Stunden	Arbeitsvolumen je Erwerbstätigen	
		Stunden	1960 = 100
1960	56,43	2162	100
1965	55,27	2066	95,6
1970	51,91	1955	90,4
1975	46,67	1794	83,0
1980	47,21	1750	80,9
1985	44,90	1695	78,4
1990	45,87	1611	74,5
1991	59,45	1546	71,5
1995	57,16	1529	70,6
2000	57,03	1480	68,5

Veränderung des Arbeitsvolumens in Deutschland 1960–2000 (bis 1990 alte, danach alte und neue Bundesländer)
Quelle: Arbeit- und Spzialstatistik, Statistisches Taschenbuch 2004, Bundesministerium für Wirtschaft und Arbeit, Bonn, Tabelle 4.8

3.2.2 Einkommensarten

Die Privaten Haushalte beziehen ihr Einkommen aus unterschiedlichen Quellen. Generell unterscheidet man vier Einkommensarten:
Einkommen aus unselbstständiger Arbeit: Darunter werden alle Entgelte für Arbeitsleistungen verstanden, die von den Arbeitnehmern bei den Unternehmen oder dem Staat erzielt werden. Angestellte erhalten ihr Gehalt, Arbeiter ihren Lohn, Seeleute ihre Heuer, Politiker ihre Diäten etc. Auch die Ausbildungsvergütung zählt zu den Einkommen aus unselbstständiger Arbeit, ebenso wie der Sold der Soldaten. Hinzu kommen alle Entgelte aus dem Verkauf von Dienstleistungen an andere Private Haushalte (z. B. für Reinigungs- und Aufsichtsdienste).
Einkommen aus selbstständiger Arbeit: Die Einkünfte aus der Unternehmertätigkeit privater Haushalte werden in dieser Klasse zusammengefasst. Das können zum einen die Gewinne eines Unternehmens sein, die dem Unternehmerhaushalt zufallen, zum anderen kann es sich jedoch um die Erlöse aus freiberuflicher Tätigkeit (z. B. freie Journalisten) handeln. Die Volkswirtschaftliche Gesamtrechnung zählt außerdem alle Einkünfte aus Vermietung hierzu, da sie dies zu den unternehmerischen Tätigkeiten zählt.
Einkommen aus Vermögen: Das Vermögenseinkommen umfasst alle Einkünfte aus Zinsen, Dividenden, Beteiligungen und Ertrag bringenden Guthaben aus Banken, aus Mieteinnahmen aus Hausbesitz sowie Pachteinnahmen aus Grundstücksbesitz.
Transfereinkommen: Hierunter fallen alle Leistungen, die der Staat den Privaten Haushalten ohne konkrete Gegenleistung zukommen lässt. Es handelt sich hierbei beispielsweise um Arbeitslosengeld bzw. Arbeitslosenhilfe, Kindergeld, Renten- und Pensionszahlungen sowie die Sozialhilfe.

Viele Haushalte beziehen dabei ihr Einkommen parallel aus unterschiedlichen Quellen, beispielsweise wenn neben der Erwerbstätigkeit in einem Unternehmen noch eine Wohnung vermietet wird. Entsprechend steigt das Einkommen eines solchen Haushalts. In der Bundesrepublik Deutschland haben sich, wie die Statistik zeigt, in den letzten 40 Jahren das Volkseinkommen und das verfügbare Einkommen deutlich erhöht. Es handelt sich dabei nicht nur um eine nominelle Steigerung, sondern die Erhöhung des Einkommens ist für die Privaten Haushalte auch real spürbar.

Die **personelle Einkommensverteilung** fragt nach dem Einkommen von Personen und Personengruppen, unabhängig davon, wo dieses Einkommen herkommt.
Bei der **funktionellen Einkommensverteilung** geht es hingegen darum, welches Einkommen jemand auf Grund seiner Funktion im Produktionsprozess erhalten hat.
Anders ausgedrückt können wir sagen, dass im erstgenannten Ansatz die Verteilung der Einkommen einer Volkswirtschaft auf unterschiedliche Haushaltsgruppen und -typen, im zweiten seine Verteilung auf die Produktionsfaktoren Arbeit und Kapital untersucht wird.

Unter **verfügbarem privaten Einkommen** versteht man private Einkommen abzüglich der direkten Steuern und Sozialabgaben.

1. Warum wird in der nebenstehenden Statistik – entgegen den sonst gewählten Intervallen – die Veränderung zwischen 1990 und 1991 dargestellt?
2. Wie ist der Zuwachs zu erklären?

Jahr	Volkseinkommen (in Millionen DM)	Volkseinkommen je Einwohner (in DM) in jeweiligen Preisen	Verfügbares Einkommen der Privaten Haushalte (in Millionen DM)
1960	240,1	4.332	210,4
1965	358,5	6.115	310,0
1970	530,4	8.745	446,2
1975	800,6	12.944	667,9
1980	1.139,6	18.518	921,9
1985	1.406,8	23.071	1.119,9
1990	1.892,2	29.914	1.532,2
1991	2.282,8	28.541	1.898,7
1995	2.657,3	32.540	2.234,5
2000	2.945,6	35.861	2.544,3

Erhöhung des Volkseinkommens und des verfügbaren Einkommens der Privaten Haushalte, Deutschland 1960 bis 2000 (bis 1990 alte Bundesländer)
Quelle: Sachverständigenrat: Jahresgutachten 1995/96 und 2000/2001, Statistisches Bundesamt, Volkswirtschaftliche Gesamtrechnungen

3.2.3 Kinder und Jugendliche als Wirtschaftsfaktor

Nicht nur für die Privaten Haushalte generell, auch für die Gruppe der Kinder und Jugendlichen hat sich in den vergangenen Jahrzehnten die Einkommenssituation maßgeblich verändert. Sie stellen heute einen maßgeblichen Wirtschaftsfaktor dar. Im Jahr 2001 verfügten die ca. 11 Millionen Kinder und Jugendlichen in Deutschland im Alter von 6–19 Jahren über eine Kaufkraft von ca. 16 Milliarden Euro. Den 16- bis 19-Jährigen standen in diesem Jahr im Durchschnitt ca. 1.400,– Euro im Jahr bzw. ca. 116,– Euro pro Monat zur Verfügung. Insbesondere die älteren Jugendlichen geben ihr Geld dabei ohne Einfluss der Eltern aus. Mehr als drei Viertel sparen dabei einen Teil des Geldes.

Die Einnahmen der Kinder und Jugendlichen speisen sich dabei im Wesentlichen aus drei Quellen:

- Taschengeld,
- Geldgeschenke (v. a. zum Geburtstag und zum Weihnachtsfest),
- Einnahmen aus Jobs bzw. Berufstätigkeit.

Die Zahlen verdeutlichen die ökonomische Bedeutung dieser Gruppe für die anbietende Wirtschaft. Nicht umsonst geben die größten, im Bereich der Jugendzeitschriften aktiven Verlage – Bauer, Springer und seit 2002 Egmont Ehapa – jährlich die KidsVerbraucherAnalyse heraus, die neben den Zahlen zur ökonomischen Ausstattung der Jugendlichen v.a. die von ihnen bevorzugten Freizeitaktivitäten und zentralen Ausgabenbereiche für das jeweils vergangene Jahr durch umfangreiche Befragungen ermittelt. Denn die Interessen und Wertvorstellungen der Kinder und Jugendlichen unterliegen einem kontinuierlichen Wandel. Die folgende Tabelle (Ergebnisse der Studie aus dem Jahr 2001) fasst dabei die wesentlichen Ausgabenbereiche zusammen:

Ausgabenbereiche	**Jungen 16–19 Jahre**	**Mädchen 16–19 Jahre**
Disco/Konzerte etc.	30	33
Kino	25	24
Getränke	21	11
CDs	19	14
Speisen/Fast Food	19	14
Zeitschriften/Zeitungen	17	16
Bekleidung/Schuhe	16	34
Kinder-/Jugendzeitschriften/Comics	5	7
Kosmetik/Körperpflege	2	29

(Angaben in Prozent)

Obwohl die Kinder und vor allem die Jugendlichen im Elektronikbereich heute großzügig ausgestattet sind, liegen hier ihre zentralen Wünsche für zukünftige Anschaffungen. Neue Entwicklungen wie die Verbreitung des Internets, vor allem aber der Handy-Technologie haben dabei neue Bedürfnisse geweckt und Märkte geschaffen. Das Markenbewusstsein spielt hier, ähnlich wie bei Bekleidungsartikeln, aber beispielsweise auch im Food-Bereich eine wesentliche Rolle.

!

1. Recherchieren Sie aktuelle Daten zum Freizeitverhalten sowie zu den Einnahmen und Ausgaben der Kinder und Jugendlichen. Vergleichen Sie diese mit der nebenstehenden Tabelle.
2. Welche Veränderungen haben sich in den vergangenen Jahren ergeben? Worin liegen diese begründet?
3. Ermitteln Sie in Ihrem Kurs die wesentlichen Einnahmequellen und Ausgabenfelder und vergleichen Sie diese mit den Angaben in der Tabelle.
4. Prüfen Sie, in welchen Bereichen Marken eine große, in welchen eine geringe Rolle spielen. Diskutieren Sie mögliche Ursachen für diese Differenz.

3.2.4 Ökonomische Entscheidungen über die Verwendung des Einkommens

Auf der ersten Ebene muss der Haushalt die grundsätzliche Frage klären, in welchem Verhältnis das vorhandene Einkommen für den Konsum verwendet bzw. gespart werden soll. Ist die grundlegende Entscheidung gefallen, so differenziert sich die jeweilige Entscheidung auf den folgenden Ebenen weiter aus, wie die nachstehende Grafik verdeutlicht:

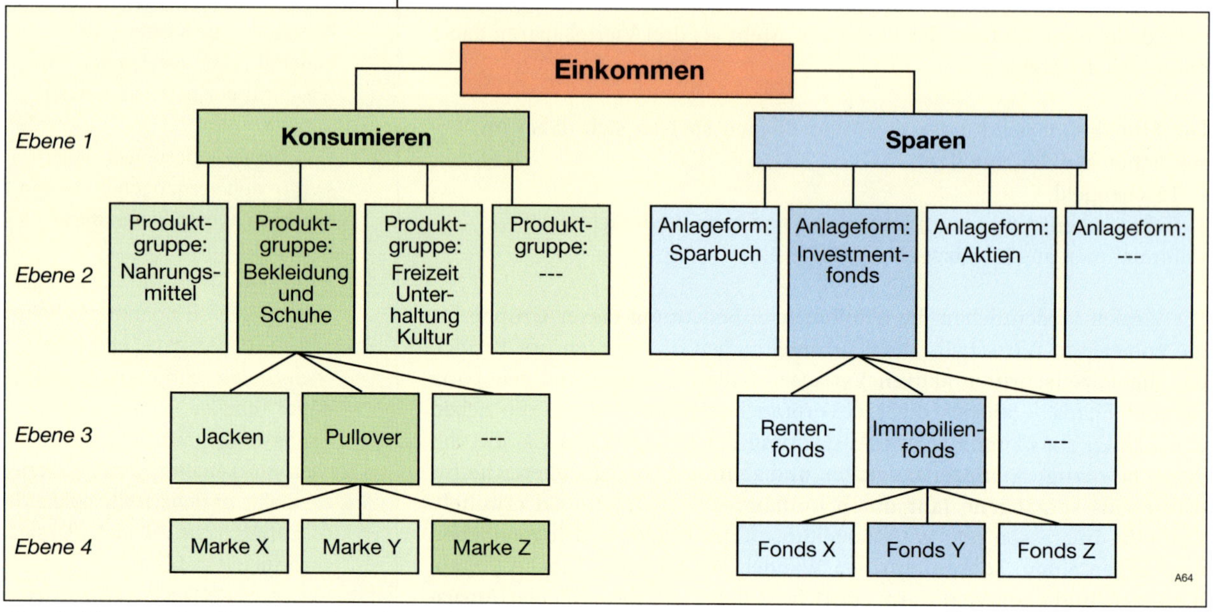

Entscheidungen über die Verwendung des Einkommens

Viele Haushalte benutzen – gerade wenn sie über wenig umfangreiche Mittel verfügen – Budgetpläne bzw. Haushaltsbücher, um sich einen Überblick über ihre Einnahmen und Ausgaben zu verschaffen. Sie skizzieren damit die fortwährende Abwägung zwischen alternativen Verwendungsentscheidungen. Budgetpläne bzw. Haushaltsbücher legen u. a. die Präferenzen des jeweiligen Haushalts, aber auch seine ökonomischen Restriktionen offen. Neben der Aufstellung aller Einnahmen, die bereits kategorisiert wurden, ist vor allem die Erfassung der Ausgaben von Bedeutung, um einer möglichen Verschuldung vorzubeugen. Hierbei sind die festen (fixen) von den veränderlichen (variablen) Ausgaben zu unterscheiden:

Stellen Sie Opportunitätskosten am Beispiel eigener Entscheidungen über die Einkommensverwendung dar.

Haushaltsplan:
Kategorien für feste Ausgaben (Beispiele)

- Miete einschließlich Nebenkosten oder Kosten für Wohneigentum einschließlich Nebenkosten
- Strom, Gas, Wasser, Heizenergiekosten
- Schadenversicherungen (private Haftpflichtversicherung, Hausratversicherung, sonstige Versicherungen)
- Personenversicherungen (Berufsunfähigkeitsversicherung, Risikolebensversicherung, private Krankenversicherung, private Unfallversicherung, private Rentenversicherung, private Pflegeversicherung, etc.)
- Kfz-Versicherung(en)/-Steuer.
- Steuern/Beiträge/Gebühren (Grundsteuer, Beiträge für Vereine, Verbände, Parteien, Gewerkschaften, Rundfunk- und Fernsehgebühren)

- Haushalt und Familie (Taschengeld, Haushaltshilfe, Kinderbetreuungskosten, Kindergarten, Kinderhort, Schule/Aus- und Fortbildung, Zeitung, Zeitschriften, Bücher, Fahrtkosten für öffentliche Verkehrsmittel)
- Telefon, Fax, Internet
- Weitere Zahlungsverpflichtungen (Kreditzinsen und Tilgungsraten, Unterhaltszahlungen)
- Monatliche Sparbeträge (Spareinlage, Sparvertrag, Bausparen, sonstige Sparformen, Kapitallebensversicherung, Rücklagen für Neuanschaffungen, Urlaub, Reparaturen)
- sonstige feste Ausgaben

1. Erstellen Sie für Ihren Haushalt einen Budgetplan. Ermitteln Sie das Verhältnis der fixen zu den variablen Ausgaben.
2. Welche fixen Ausgabeposten sind von besonderer Bedeutung?
3. Wo liegen besondere Unsicherheiten auf der Einnahme- wie auf der Ausgabenseite? Welche Mittel stehen zur Verfügung, diese Unsicherheiten einzudämmen?

Kategorien für veränderliche Ausgaben (Beispiele)

- Ernährung, Getränke, Außerhausverpflegung (Nahrungsmittel, Kantine)
- Genussmittel
- Kleidung, Schuhe
- Wasch- und Putzmittel
- Körper und Gesundheit (Körperpflege, Kosmetik, Hygiene, Friseur, Solarium, Sauna, Arzt, Arzneimittel)
- Porto, Geschenke, Spenden
- Bildung, Freizeit, Unterhaltung (Bücher, Zeitungen, EDV, Schreibwaren, Reisen, Urlaub, Kurse, Sport, Hobby, Theater, Kino, Kultur)
- Verkehr (öffentliche Verkehrsmittel, Taxi, Mitfahrer)
- Auto(s): Monatsdurchschnitt aller Betriebsausgaben (Benzin, Ölwechsel, Inspektionen, Pflege, Reparaturen, ggf. Garage)
- Wohnen (Hausrat, Anschaffungen, Reparaturen, Renovierungen)
- Sonstiges (Familienfeiern, Haustierhaltung, Anwalt, Steuerberater, Garten)
- Warenkorb und Wägungsschema

Warenkorb und Wägungsschema

Der Warenkorb
Der Preisindex für die Lebenshaltung will ein umfassendes Bild der Preisentwicklung vermitteln, soweit davon die privaten Haushalte betroffen sind. Es ist deshalb erforderlich, deren Verbrauchsgewohnheiten umfassend und sehr detailliert zu erfassen und den Berechnungen eines Verbraucherpreisindexes zugrunde zu legen. Es ist aber nicht möglich und auch nicht erforderlich, die Preise für alle angebotenen und von privaten Haushalten gekauften Waren und Dienstleistungen zu erheben. Es ist vielmehr ausreichend, aus der Fülle des Güterangebots einige hundert auszuwählen, die stellvertretend sowohl den gesamten Verbrauch als auch die Preisentwicklung der von den Haushalten nachgefragten Güter mit hinreichender Genauigkeit repräsentieren. Die Gesamtheit der ausgewählten Güter heißt Warenkorb. Der Warenkorb für die Preisindizes in der Bundesrepublik Deutschland umfasst zurzeit ca. 750 Waren und Dienstleistungen. Er ist identisch für Deutschland, das frühere Bundesgebiet, für die neuen Länder und Berlin-Ost und für alle speziell abgegrenzten Haushaltstypen. Diese Güterauswahl muss von Zeit zu Zeit daraufhin überprüft werden, ob sie noch den aktuellen Verbrauchsgewohnheiten entspricht. Es ist dabei nicht nötig, jede kurzfristige Konsumveränderung exakt abzubilden. Längerfristige Veränderungen im Verbrauchsverhalten müssen aber berücksichtigt werden. Darüber hinaus werden ständig neue Produkte angeboten, alte verschwinden vom Markt. Dies vollzieht sich aber nicht schlagartig, sondern über längere Zeiträume hinweg. [...]
Quelle: © Statistisches Bundesamt, Wiesbaden (http://www.destatis.de/basis/d/preis/vpinfo5.htm)

Ermitteln Sie unter der Internetadresse des Statistischen Bundesamtes das Wägungsschema der letzten drei Jahre. Welche Veränderungen haben sich ergeben?

Entsprechend spielen auch bei der Beurteilung und der Auswahl verschiedener Anlageformen bestimmte Bedürfnisse eine Rolle, die sich an die folgenden fünf Fragen koppeln:

1. Frage: Wie hoch ist die Wahrscheinlichkeit, das investierte Kapital und die erwartete Rendite tatsächlich fristgemäß (zurück) zu erhalten?
   Aspekt der Sicherheit
2. Frage: Wie hoch ist die Rendite des investierten Kapitals?
   Aspekt der Rentabilität
3. Frage: Wie schnell und zu welchen Kosten kann die Anlage auch „vorzeitig" veräußert werden?
   Aspekt der Liquidität
4. Frage: Wie zeit- und kostenaufwendig ist die Verwaltung der Anlageform?
   Aspekt der Bequemlichkeit
5. Frage: Wie interessant oder unterhaltsam ist die Beschäftigung mit der Anlageform?
   Aspekt des „Spaßfaktors"

Der letzte Aspekt des „Spaßfaktors" macht noch einmal den Zusammenhang zwischen Einkommenshöhe und den Entscheidungen für bestimmte Anlage- und Sparformen deutlich. Die Beschäftigung mit Anlageformen ist in den meisten Fällen nur dann spannend und unterhaltsam, wenn von der Wahl der Entscheidung nicht die eigene finanzielle Existenz abhängt. Der Aktienboom in den ausgehenden 90er Jahren, in dem viele Konsumentinnen und Konsumenten erstmals begannen, Teile ihres Einkommens in Erwartung hoher Gewinne – insbesondere in den Bereichen der neuen Technologien – in Aktien anzulegen und sich die Suche nach lukrativen Anlagemöglichkeiten quasi zum Volkssport zu entwickelte, scheint dem zu widersprechen. Allerdings war das Wehklagen vieler Kleinaktionäre nach dem Abflauen des Booms und dem Einbruch gerade im Bereich der neuen Märkte besonders groß. Die Risiken der Börsenspekulation, aber auch ihre oftmals notwendige langfristige Ausrichtung, die zuvor auf Grund hoher Gewinnerwartungen ignoriert wurden, sorgten nun dafür, dass Bürgerinnen und Bürger hohe Verluste hinnehmen mussten. Dies spricht keinesfalls gegen börsennotierte Aktien als Geldanlage, macht jedoch deutlich, dass die Entscheidung für eine bestimmte Anlageform der genauen Beurteilung bedarf:

1. Ermitteln Sie – durch eigene Recherche oder im Rahmen einer Expertenbefragung – die Vor- und Nachteile der folgenden Anlageformen: Sparbuch, Bausparvertrag, Sparbrief/Sparkassenbrief, Termingeld/Festgeld, Investmentfonds, Kunst, Antiquitäten und Lotterien.
2. Sie haben in Ihrer derzeitigen Situation 1.000,– Euro zur Verfügung, um sie entsprechend Ihren Bedürfnissen anzulegen. Ermitteln Sie die geeignete Anlage.

Anlageform	**Beurteilungsaspekte Sicherheit**	**Rentabilität**	**Liquidität**	**Bequemlichkeit**	**„Spaßfaktor"**
Girokonto	bei „eingesessenen" Banken und Sparkassen sehr hoch	i. d. R. keine oder nur sehr geringe Verzinsung; bei Überziehung hohe Belastung	sehr hoch; Guthaben jederzeit verfügbar	sehr hoch	gleich null
Börsennotierte Aktien	Risiko der Kursentwicklung und des Ausfalls der Dividende; Grundsatz: die Sicherheit der Aktienanlage steigt mit zunehmender Streuung und längerem Anlagehorizont	im langjährigen Durchschnitt ca. 10 % p. a., Dividende, Bezugsrechterlösen und Kurssteigerungen	hoch, da jederzeit ein Verkauf an der Börse möglich ist – zum jeweils aktuellen Kurs	hoch; zeitintensive Beschäftigung bei breit gestreutem Depot nicht erforderlich	sehr hoch für „interessierten Aktionär"

Quelle: U. Brauer/F.-J. Leven: Geldanlage und Vermögensbildung des privaten Haushalts, Deutsches Aktieninstitut, Frankfurt a. M., 2000, S. 100 f.

3.2.8 Vermögen und Armut

Einkommen und Besitz verteilen sich in der Gesellschaft unterschiedlich. Teile der Bevölkerung gelten als vermögend oder reich, andere hingegen sind von Armut betroffen. Doch bevor man in eine Diskussion um das Verhältnis von Vermögen und Armut, beispielsweise in der Bundesrepublik Deutschland, einsteigt, bedarf es der Definition der Begriffe.

Vermögen

Im Alltag spricht man zumeist dann von Vermögen oder einer „vermögenden Person", wenn diese über überdurchschnittlichen Besitz und umfangreiche Mittel verfügt. Im Sinne des bürgerlichen Rechts ist Vermögen die Summe der einer Person zustehenden geldwerten Güter, Rechte und Forderungen ohne Abzug der Schulden und Verpflichtungen. Um eine wissenschaftliche Definition vornehmen zu können, bedarf es jedoch weiterer Differenzierungen:

Zunächst muss man zwischen Brutto- und Nettovermögen unterscheiden. Unter Bruttovermögen versteht man die Summe aller zu Marktpreisen bewerteten Vermögensbestände, wie man sie etwa auch auf der Aktivseite einer Unternehmensbilanz findet, nur dass es sich hier um eine Bilanzierung des privaten Vermögens handelt. Dabei kommt es nicht auf die Höhe des Vermögens an; selbst ein kleines Sparguthaben stellt in diesem Zusammenhang einen Bestandteil oder sogar das einzige Element des Bruttovermögens dar. Die wichtigsten Vermögensarten, die ein privater Haushalt besitzen kann, sind: Gebrauchsvermögen (Wohnungseinrichtung, Kleidung, Auto, Schmuck, Münzen und Edelmetalle, Antiquitäten und Kunstwerke), Bruttogeldvermögen (Bargeld, Bankguthaben, Bausparguthaben, festverzinsliche Wertpapiere, Versicherungsguthaben, andere in Geldeinheiten bewertete Forderungen gegen Private, Firmen, den Staat und ausländische Schuldner), Grund- und Hausvermögen (einschließlich Eigentumswohnungen) sowie Beteiligungen an Unternehmen (Aktien, Investmentanteile, GmbH-Anteile und Anteile an Personengesellschaften und Einzelfirmen). Wenn man von der Summe des Bruttovermögens die Summe der Schulden (Verbindlichkeiten gegenüber Banken und anderen Gläubigern) abzieht, erhält man das Nettovermögen eines Haushalts.

Quelle: R. Hauser, W. Hübinger und H. Stein: Große Vermögen, kleine Vermögen und überhaupt kein Vermögen, zur Vermögensverteilung in Deutschland, in: Gegenwartskunde, Opladen, 1999, H. 4, S. 405 f.

Aus Sicht der Privaten Haushalte erfüllt Vermögen dabei fünf Funktionen:

- **Machtfunktion:** Vor allem das Produktivvermögen (z. B. Anteile oder Besitz von Unternehmen) verleiht wirtschaftliche und ggf. politische Macht.
- **Einkommenserzielungsfunktion:** Es entsteht Einkommen in Form von Zinsen, Dividenden, Mieten, Pachten etc.
- **Nutzungsfunktion:** Das Vermögen kann selbst genutzt werden.
- **Sicherungsfunktion:** Das Vermögen dient der individuellen Absicherung gegen Risiken.
- **Platzierungs- und Statuserhaltungsfunktion:** Vermögen fungiert als Starthilfe für die Kinder.

Die empirische Erfassung und Bewertung der gesamten Vermögensstände der Privaten Haushalte in Deutschland gestaltet sich dabei als äußerst schwierig, da sich beispielsweise Vermögenswerte wie Häuser, Grundstücke und Kunstwerke deutlich unterscheiden und selten auf den Markt kommen, wo eindeutige Preise festgelegt werden.

!

1. Erläutern Sie die unterschiedlichen Formen und Funktionen von Vermögen. Bewerten Sie die Bedeutung von Vermögen für die individuelle Lebensgestaltung.
2. Recherchieren Sie aktuelle Daten zur Vermögensverteilung in Deutschland.
   Stellen Sie heraus, wie die Entwicklung der Anzahl der Haushalte beschrieben wird, die als reich eingestuft werden. Vergleichen Sie Ihre Rechercheergebnisse.
3. Diskutieren Sie: Was lässt sich hinsichtlich der zu beobachtenden Vermögenskonzentration erkennen, und wie lässt sich diese beurteilen?

Trotz dieser Schwierigkeiten hat die Bundesregierung im Jahr 2000 zum ersten Mal einen offiziellen Armuts- und Reichtumsbericht veröffentlicht, der den Zeitraum zwischen 1983 und 1998 erfasste. Zwischenzeitlich haben auch einzelne Gemeinden einen Armutsbericht veröffentlicht.
Bezogen auf das in der Bevölkerung zu verzeichnende Vermögen ermittelte man auf der Basis der Nettoeinkommen 13.000 Einkommensmillionäre in Deutschland, deren mittleres Einkommen bei ca. 3 Millionen Mark (!) lag. Das durchschnittliche Privatvermögen westdeutscher Haushalte belief sich zu diesem Zeitpunkt auf ca. 254.000 DM, während es in den neuen Bundesländern nur bei ca. 88.000 DM, also etwa 35 % des westdeutschen Anteils, lag.
Die Verteilung von Vermögen in der Bevölkerung machen auch die auf die alten Bundesländer bezogenen Zahlen des Jahres 1998 deutlich. Demnach waren rund 42 % des Privatvermögens im Besitz der vermögendsten 10 % der Haushalte, während den unteren 50 % der Haushalte nur 4,5 % des Vermögens gehörten.

Armut
Wann ist ein Mensch arm? Diese Frage ist keineswegs so einfach zu beantworten, wie es im ersten Moment scheint. Die Wissenschaft kennt verschiedene Definitionen von Armut. Grundsätzlich wird dabei zwischen der absoluten und der relativen Armut unterschieden.
Absolute Armut: Der Begriff der absoluten Armut bezeichnet dabei die Unfähigkeit zur längerfristigen Sicherung der physischen Selbsterhaltung. Damit kann sowohl eine unmittelbare (z. B. Gefahr des Todes durch Erfrieren oder Verhungern) wie auch eine mittelbare (z. B. durch fehlende körperliche Widerstandskraft) Gefährdung der körperlichen Existenz gemeint sein. Diese Form der Armut findet sich heute noch in weiten Teilen der Welt.
Relative Armut: In den Gesellschaften der Industrieländer kann im Gegensatz dazu Armut nur als relative Armut gefasst werden. Es geht nicht mehr um die physische Selbsterhaltung, sondern um die – relative – Schlechterstellung einiger Personen/Gruppen gegenüber der Mehrheit der Bevölkerung. Die Festlegung der relativen Armutsgrenze ist dabei ebenso schwierig wie ihre empirische Erfassung. Generell werden zwei Konzepte der relativen Armut unterschieden:
Ressourcen-Definition: Sie geht davon aus, dass Armut immer dann vorliegt, wenn keine ausreichenden eigenen Geldmittel zum Handeln vorhanden sind. Diesem Konzept entsprechend ist also die Ausstattung mit Einkommen das einzige Definitionskriterium. Diese eindimensionale Definition von Armut wirft jedoch einige Probleme auf.

So liegt im Sinne einer Ressourcendefinition Armut dann nicht vor, wenn zwar ausreichende Geldmittel vorhanden sind, diese aber z. B. weitgehend in Alkohol umgesetzt oder verspielt werden und daher rundum miserable Lebensumstände bestehen. Andererseits muss eine Ressourcendefinition angesichts der finanziellen Ausstattung vieler Studierender zum Ergebnis der „Armut“ kommen, obgleich sich deren Lage durch Bildung, Kontaktmöglichkeiten, Zukunftsaussichten, Wohnmöglichkeiten, Gesundheitsbedingungen, geringe Ausgabenzwänge, Nebenverdienstmöglichkeiten etc. von der vieler Armer durchaus vorteilhaft abhebt.
Quelle: Stefan Hradil: Soziale Ungerechtigkeit in Deutschland, Opladen: Leske+Budrich, 1999, S. 239 ff.

Lebensdefinition: Es ist Konsens, dass die Ressourcendefinition Armut nur in eingeschränktem Maße erfasst und es eines mehrdimensionalen Ansatzes bedarf. Im Lebenslagenansatz werden entsprechend neben der Ausstattung mit Einkommen weitere Indikatoren erfasst, z. B. Arbeitslosigkeit, Bildungsstand, Wohnen, Gesundheit, Ernährung, Kommunikation und Freizeitgestaltung. Ziel ist es, neben der reinen materiellen Mangelausstattung auch die immaterielle Unterversorgung von Armut betroffener Menschen zu erfassen. Im Vergleich zur Ressourcendefinition stellen sich hier jedoch Probleme in Bezug auf die empirische Erfassung:

Es müssen Messverfahren für alle relevanten Dimensionen der Lebenslage ausgearbeitet werden; innerhalb jeder Dimension sind Unterversorgungsgrenzen (Armutsgrenzen) zu spezifizieren; und vor allem sind umfangreiche und komplexe Daten für alle Gesellschaftsmitglieder zu beschaffen. Weiterhin sind Gewichtungen und Kompensationsregeln festzulegen, die bestimmen, inwieweit die Unterversorgung in einer Dimension durch andere Lagebereiche kompensiert werden kann.
Quelle: Stefan Hradil: Soziale Ungerechtigkeit in Deutschland, Leske+Budrich, Opladen, 1999, S. 239 ff.

Darüber hinaus bedarf es nicht nur einer jeweils landesspezifischen, sondern auch einer kontinuierlichen Anpassung an gesellschaftliche und kulturelle Veränderungen (z. B. Bedeutungszuwachs des Bereichs „Freizeit“). Diese Schwierigkeiten führen dazu, dass die Lebenslagendefinition – trotz ihrer höheren Aussagekraft – nur selten zur Anwendung kommt und bei der Erstellung von Statistiken zumeist lediglich auf die Erfassung der Einkommenswerte zurückgegriffen wird. Bei der Setzung der jeweiligen Armutsgrenzen kommen dabei wiederum verschiedene Verfahren zur Anwendung, von denen die zwei wichtigsten genannt werden sollen:
Sozialhilfestandard: Es werden die Einkommenshöhen als Armutsgrenzen angesehen, die unterhalb derer Sozialhilfeleistungen gewährt werden. Es handelt sich in diesem Falle also um eine politische Operationalisierung, in der die Erfassung von Armut und die Einleitung sozialpolitischer Maßnahmen zusammenfallen. Probleme entstehen dadurch, dass die Gewährung von Sozialhilfe z. T. auf der Basis von Ermessensentscheidungen durch einzelne Personen erfolgt, Sozialhilfestatistiken in der Regel unvollständig sind und die erhebliche Dunkelziffer derer, die Sozialhilfe trotz Berechtigung nicht in Anspruch nehmen, nicht erfasst wird.
Relative Armutsgrenzen: Nach der von der Kommission der Europäischen Union Anfang der 80er Jahre des 20. Jahrhunderts festgelegten Grenze gelten all jene als arm, die weniger als 40 % (strenge Armut), weniger als 50 % (Armut) bzw. weniger als 60 % des durchschnittlichen Pro-Kopf-Haushaltseinkommens (Niedrigeinkommen) zur Verfügung haben. Es handelt sich in diesem Falle also um eine wissenschaftliche Übereinkunft, die eigentlich eine relativ willkürliche Grenzziehung darstellt. Die Aussagekraft bleibt eingeschränkt. Allerdings ist dieser Ansatz im Rahmen statistischer Erhebungen gut einsetzbar und er erlaubt Vergleiche auf internationaler Ebene. Laut Armuts- und Reichtumsbericht der Bundesregierung (2000) erhielten 1998 2,88 Millionen Menschen in 1,5 Millionen bundesdeutscher Haushalte Hilfe zur Selbsthilfe. Dies entsprach einem Bevölkerungsanteil von 3,5 %. Dabei waren Kinder und Jugendliche unter 18 Jahren mit einem Anteil von ca. 1,1 Millionen Personen die größte Gruppe (vgl. S. 165).

Armut in Europa auf dem Vormarsch – Drei Millionen Kinder in Deutschland betroffen
Das europäische Armutsnetzwerk EAPN sieht die Armut in Europa auf dem Vormarsch. 62 Millionen Menschen in der EU würden als arm gelten, weil sie weniger als die Hälfte des durchschnittlichen Einkommens verfügbar hätten. [...]
Die Vize-Sprecherin der Nationalen Armutskonferenz (NAK) wies auf das wachsende Problem der Kinderarmut in Deutschland hin. Fast drei Millionen Minderjährige seien bundesweit arm und damit benachteiligt – das sei jedes siebte Kind.
Quelle: dpa-Meldung, in: Nord-West-Zeitung, Oldenburg, 19.09.2002, S. 3

1. Recherchieren Sie die aktuellen Daten zur Armut in Deutschland und in Europa.
2. Welche Definitionen bzw. Armutsgrenzen wurden zu Grunde gelegt?
3. Welche Aussagen lassen sich hinsichtlich der Entwicklung der relativen Armut in Deutschland und in Europa machen?

Gründe für Armut

Es mag erstaunen, dass in einer Gesellschaft wie der deutschen angesichts eines im internationalen Vergleich hohen Lebensstandards und einem umfassenden sozialen Versorgungsnetzes Armut ein durchaus – wenn auch im Sinne relativer Armut – verbreitetes Phänomen ist.

Noch überraschender mag es sein, dass sich dabei die wesentlichen Gründe für die Verarmung bestimmter Bevölkerungsgruppen in den letzten Jahrzehnten nicht großartig verändert zu haben scheinen.

Geht man den Ursachen nach, so zeigt sich, dass fast stets erst das Zusammentreffen mehrerer Ursachen eine Notlage auslöst. So treten in der Regel Notlagen, die durch Leistungen der sozialen Sicherung nicht kompensiert werden, dann mit erhöhter Wahrscheinlichkeit auf, wenn das Arbeitseinkommen niedrig ist und nicht regelmäßig verdient worden ist (ohne dass in den „verdienstfreien" Zeiten Leistungen aus der Arbeitslosenversicherung bezogen werden). Ein bloß niedriges Arbeitseinkommen begründet heute meist weder während des Arbeitslebens noch im Alter (Rente nach Mindesteinkommen) eine dauernde Notlage; Gleiches gilt von einem unregelmäßigen, aber hohen Arbeitseinkommen. Verstärkend, gelegentlich auch auslösend, kann ein nicht nur vorübergehender, überdurchschnittlich hoher zusätzlicher Bedarf (z. B. an Wohnraum, Leistungen zur Erhaltung oder Besserung der Gesundheit o. a.) hinzutreten. Im Wesentlichen gibt es drei Ursachenkomplexe für die soziale Notlagen auslösende Konstellation „dauernd niedriges und unregelmäßiges Arbeitseinkommen":

- Eine unzureichende Schul- und Berufsausbildung führt vielfach in niedrig entlohnte und von Arbeitslosigkeit bevorzugt betroffene Arbeitsplätze und zum Ausweichen auf Gelegenheitsarbeit.
- Nicht nur vorübergehende Gesundheitsschäden haben zur Folge, dass viele gut entlohnte körperliche Tätigkeiten nicht ausgeübt werden können, der Arbeitsplatz häufig gewechselt werden muss und Arbeitsunterbrechungen eintreten, die nicht immer durch Leistungen aus der Kranken- und Arbeitslosenversicherung abgedeckt werden.
- Soziale Anpassungsschwierigkeiten (z. B. extremes Lernunvermögen, Aggressivität) versperren häufig den Zugang zu gut entlohnten Tätigkeiten und bedingen Arbeitsplatzwechsel und Arbeitsunterbrechungen.

Das Vorliegen einer dieser Grundkonstellationen führt in der Regel nicht schon zu gering entlohnter und unregelmäßiger Berufstätigkeit und damit zu Notlagen. Ganz anders jedoch, wenn diese Konstellationen kumulativ auftreten. [...]

Besonders betroffen sind einkommens- und bildungsschwache Schichten. Mehr noch: Wir stoßen hier nicht selten auf Benachteiligungszyklen: Kinder aus den geschilderten Randgruppenfamilien haben keine Chance, aus diesen Gruppen herauszukommen. Ihnen wird zwar im Prinzip Hilfe nicht versagt. Die Hilfen erreichen sie aber entweder nicht rechtzeitig oder nicht ausreichend, oft auch nicht in der richtigen Kombination. Entscheidende Bedeutung bei der Überwindung dieser Benachteiligungszyklen kommt der schulischen und beruflichen Bildung zu. Sie vor allem ermöglicht – wenn sie erfolgreich ist – den Aufstieg aus der Randgruppe. Wer andererseits ein bestimmtes Bildungsziel, nämlich den Hauptschulabschluss nicht erreicht, sieht zunächst den Weg in eine benachteiligungsfreie Zukunft verstellt. Oft genug ist die Folge: keine Berufsausbildung, keine gut entlohnte Berufstätigkeit, kein sicherer Arbeitsplatz in Krisenzeiten, keine ausreichende Alterssicherung.

Quelle: H. Ehrenberg und A. Fuchs: Sozialstaat und Freiheit, Suhrkamp, Frankfurt a. M, 1980, S. 77 ff.

1. Analysieren Sie den nebenstehenden Text und beschreiben Sie das Zusammenspiel der drei wesentlichen Ursachenkomplexe für Armut mit den eigenen Worten. Erläutern Sie insbesondere den Begriff der „Benachteiligungszyklen".
2. Übertragen Sie die im Jahr 1980 gemachten Aussagen auf die aktuelle Situation in der Bundesrepublik Deutschland. Welche Erklärungen haben weiterhin uneingeschränkte Gültigkeit, an welchen Stellen hat sich die Situation verändert? Sind weitere Ursachenkomplexe im Laufe der Zeit hinzugekommen?
3. Recherchieren Sie, welche Bevölkerungsgruppen im besonderen Maße von Armut betroffen sind. Stellen Sie mögliche Ursachen zusammen.
4. Welche Maßnahmen werden getroffen, um Armut in unserer Gesellschaft dauerhaft zu bekämpfen?

Hilfe zum Lebensunterhalt

Unter dem Begriff „Hilfe zum Lebensunterhalt“ versteht man in Deutschland alle Leistungen an Personen, die ihren Lebensunterhalt nicht oder nur ungenügend aus eigenen Mitteln oder Leistungen (z. B. Zahlungen von Verwandten) bestreiten können. In begründeten Fällen können auch Menschen staatliche Unterstützung erfahren, die zwar den notwendigen Lebensunterhalt aus Einkommen oder Vermögen bestreiten, aber einzelne für den Lebensunterhalt notwendige Tätigkeiten nicht verrichten können.

Spricht man vom notwendigen Lebensunterhalt, so meint man damit im Besonderen die Sicherstellung von Unterkunft, Ernährung, Hausrat, Heizung, Körperpflege sowie die Befriedigung persönlicher Bedürfnisse im täglichen Leben. Im letztgenannten Punkt sind in einem abgegrenzten Umfang auch die Aufrechterhaltung der Beziehungen zur Umwelt sowie die Teilnahme am kulturellen Leben enthalten.

Bei der Hilfe zum Lebensunterhalt werden grundsätzlich zwei Formen unterschieden: regelmäßige und einmalige Leistungen. Die Regel ist die laufende ständige Hilfeleistung, in deren Rahmen einmal im Monat die festgelegten Beträge an die Hilfsempfänger gezahlt werden.

Zu den einmaligen Leistungen zählt man u. a. Beihilfen zur Beschaffung und Instandhaltung von Kleidung, Wäsche und Hausrat, Transport-, Umzugs- sowie Bestattungskosten, Beihilfen zur Einrichtung alters- bzw. behindertengerechter Wohnung, zur Winterbefeuerung aber auch Weihnachthilfen.

Solche einmaligen Leistungen erhalten nicht nur Empfänger der regelmäßigen Leistungen, sondern auch Personen, die ansonsten in der Lage sind ihren Lebensunterhalt weitgehend selbst aufzubringen. Bestimmten Personengruppen wird in diesem Zusammenhang ein erhöhter Bedarf zugestanden, z. B. Rentnern, erwerblosen Personen, alleinstehenden Frauen in der Schwangerschaft, alleinerziehenden Müttern mit einem Kind unter sieben Jahren oder mehreren Kindern, Tuberkulosekranken und Menschen mit körperlichen oder geistigen Behinderungen.

Die Diskussion darüber, was zur „Hilfe zum Lebensunterhalt“ zählt und wer Anspruch darauf hat, ist seit langem umstritten. Insbesondere die Veränderung der demografischen Faktoren in Deutschland – mit einer zunehmenden „Vergreisung“ der Gesellschaft – stellt dabei die zukünftige Frage des zu Beginn des 21. Jahrhunderts vorzufindenden Systems in Frage. Gleichzeitig stellt sich die Frage, inwieweit die Ausgestaltung des Systems ggf. falsche Anreize bezüglich der selbstverantwortlichen Mittelbeschaffung schafft. In diesem Zusammenhang ist die am 01.01.2005 umgesetzte Zusammenlegung von Arbeitslosenhilfe und Sozialhilfe zu verstehen.

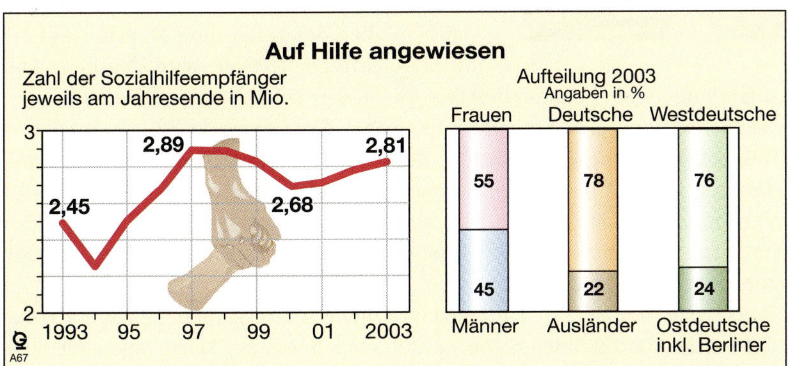

Sozialgesetzbuch (SGB) I, § 9
Wer nicht in der Lage ist, aus eigenen Kräften seinen Lebensunterhalt zu bestreiten oder in besonderen Lebenslagen sich selbst zu helfen, und auch von anderer Seite keine ausreichende Hilfe erhält, hat ein Recht auf persönliche und wirtschaftliche Hilfe, die seinem besonderen Bedarf entspricht, ihn zur Selbsthilfe befähigt, die Teilnahme am Leben in der Gemeinschaft ermöglicht und die Führung eines menschenwürdigen Lebens sichert.

Recherchieren Sie die aktuelle Ausgestaltung der Sozialhilfe (Empfänger, Höhe, Einschränkungen).

3.3 Märkte

3.3.1 Was sind Märkte?

Nachdem wir festgestellt haben, was wir unter „Privaten Haushalten" verstehen, welche Stellung sie im gesamtwirtschaftlichen Zusammenhang innehaben und aus welchen Quellen sie Einkommen beziehen bzw. wie sie es einsetzen, wenden wir uns nun den Orten zu, an denen sie wirtschaftlich aktiv werden – den Märkten. Auf den ersten Blick fällt auf, dass es unterschiedliche Märkte gibt.

Nehmen wir z. B. den Hamburger Fischmarkt: Der findet immer an den gleichen Wochentagen zu festgelegten Uhrzeiten am gleichen Ort statt. Ebenso wie jeder Wochen- oder Flohmarkt in jeder x-beliebigen Stadt. Und Gleiches gilt z. B. auch für die Börsenmärkte, egal ob sie in Franfurt am Main, New York oder Tokio lokalisiert sind. Stets gilt: Es treffen sich Anbieter und Nachfrager zu festen Zeiten an den immer gleichen Orten um miteinander Handel zu treiben.

Diese Beispiele verdeutlichen, dass Märkte immer Orte darstellen, an denen Angebot und Nachfrage aufeinander treffen. Dies gilt auch, wenn ich auf dem Weg zur Arbeit an einem Zeitungsstand im Vorbeigehen eine Euromünze hinlege und eine Zeitung mitnehme oder wenn ich im Supermarkt einen Liter Milch kaufe. Grundsätzlich werden Märkte nach den Gütern bzw. Dienstleistungen unterschieden, die auf ihnen gehandelt werden. So gibt es beispielsweise Märkte für

- Verbrauchsgüter,
- Investitionen,
- Kapital,
- Geld,
- Immobilien oder
- Arbeit.

Unterhalb dieser Ebene gibt es dann wiederum zahlreiche Verästelungen, beispielsweise Teilarbeitsmärkte, wie schon in Kapitel I gezeigt wurde. Über die Tatsache hinaus, dass sich in allen der genannten Märkte Anbieter und Nachfrager treffen, wird deutlich, dass unabhängig vom gehandelten Gut die beiden Seiten unterschiedliche Interessen verfolgen: Der Konsument auf dem Wochenmarkt hat das Interesse, möglichst günstig einzukaufen, der Betreiber eines Gemüsestandes will dagegen möglichst viel Geld einnehmen. Arbeitnehmer streben eine hohe Vergütung an, während das Ziel der Arbeitgeber darin liegt, die Arbeitskraft und das Know-how der Arbeitnehmer möglichst kostengünstig einzusetzen.

Das Ganze reduziert sich auf gegensätzliche Interessen bezüglich der Höhe der Preise – auf Anbieterseite werden stets hohe, auf Nachfragerseite stets niedrige Preise angestrebt.

!

Führen Sie weitere konkrete Beispiele für die verschiedenen Märkte an und skizzieren Sie die Angebots- und die Nachfrageseite auf diesen Märkten.

3.3.2 Märkte und Preisbildung

Bezogen auf den Markt, ist es das entscheidende Untersuchungsziel herauszufinden, wie Angebot und Nachfrage auf Märkten zusammenspielen. Es geht darum, das Verhalten der Anbieter und der Nachfrager auf Märkten in Beziehung zu setzen. Die erstgenannte Gruppe bestimmt das Angebot, die letztgenannte die Nachfrage. Was passiert nun mit der Nachfrage, wenn sich aus irgendeinem Grund das Angebot verringert oder vergrößert. Und wie reagiert die Angebotsseite auf eine Verringerung bzw. Ausweitung der Nachfrage?

Die Entwicklung der Nachfrage nach einem Gut hängt von unterschiedlichen Faktoren ab: dem Preis des Gutes, den Preisen anderer Güter, dem zur Verfügung stehenden Einkommen, der Nutzenschätzungen der Nachfrager. In der Realität kann es vorkommen, dass mehrere Einflussgrößen gleichzeitig wirksam werden. Für normales Nachfrageverhalten gilt jedoch, dass bei einem steigenden Preis die Nachfragemenge sinkt. Steigen das Einkommen und die Wertschätzung jedoch, so erhöht sich die Gütermengennachfrage. Und sind die Effekte aus Einkommen und Wertschätzung in ihrer Wirkung auf die Nachfragemenge stärker als die Wirkung der Preiserhöhung, so steigt die Nachfrage nach dem Gut.
Man kann in diesem Fall also drei auslösende Faktoren (Preissteigerung, Einkommenssteigerung, steigende Wertschätzung) und eine Wirkung (steigende Nachfragemenge) erkennen. Tatsächlich hat jedoch jeder Faktor eine eigene Wirkung entfaltet.
Will man die Frage klären, wie sich die Nachfrage nach einem Gut verändert, wenn sich dessen Preis erhöht, so muss sein Einfluss von den Einflüssen der übrigen Faktoren isoliert werden. Die vollständige Antwort müsste demnach lauten: „Wenn der Preis eines Gutes steigt und wenn im Betrachtungszeitraum die Preise anderer Güter, das Einkommen und die Nutzenschätzungen der Güter gleich bleiben, sinkt die Nachfragemenge.“
In Kurzform lautet die Antwort: „Wenn der Preis eines Gutes steigt, sinkt ceteris paribus (c. p.) die Nachfragemenge.“
Quelle: H. J. Albers u. a.: Volkswirtschaftslehre, Haan-Gruiten, Europa-Lehrmittel, 1998, S. 12

Der Fokus wird im Marktmodell also auf die Frage gerichtet, wie Preise entstehen und wie ihre Veränderung Angebot und Nachfrage beeinflussen. Um eine derart isolierte Betrachtung zu ermöglichen und zu Ergebnissen zu kommen, müssen gewisse Annahmen im Modell vorausgesetzt werden:

- Die Individuen verhalten sich streng rational in dem Sinne, dass sie jederzeit versuchen, den für sich größten Nutzen zu erreichen.
- Es herrscht vollständige Konkurrenz, in der viele Anbieter auf viele Nachfrager treffen.
- Es herrscht vollständige Markttransparenz insofern, dass jeder Marktteilnehmer auf beiden Seiten über den vollkommenen Überblick bezüglich der Marktdaten wie Güterqualität, Preise und Standort des Marktes verfügen.
- Die gehandelten Güter sind homogen, d. h., sie sind absolut identisch.
- Räumliche (z. B. guter Standort), persönliche (z. B. Verwandtschaftsbeziehungen) und zeitliche Präferenzen (z. B. frühzeitige Information) spielen keine Rolle.

Wir wollen an dieser Stelle noch einmal ausdrücklich darauf hinweisen, dass es sich hierbei um ein Modell – mit all seinen Erklärungsmöglichkeiten, aber auch Einschränkungen – handelt. Beachten Sie in diesem Zusammenhang die Ausführungen zum „Denken in Modelle“ in Kapitel 1.

Es wird deutlich, dass reale Märkte selten überhaupt eine dieser Annahmen erfüllen, geschweige denn alle. Das bedeutet nicht, dass das Marktmodell deshalb die Fähigkeit verliert, wesentliche Erkenntnisse zu liefern. Es geht um die Fokussierung auf eine konkrete Fragestellung, die die Setzung anderer Variablen notwendig macht.

Nachfragefunktion

Wir beginnen mit der Untersuchung des Nachfrageverhaltens, also mit der Frage, wodurch die nachgefragte Menge eines bestimmten Gutes bestimmt wird, welche Gütermenge die Nachfrager kaufen wollen und bezahlen können. Aus den vorherigen Ausführungen wird deutlich, dass sich die Nachfrage auf Grund vieler Faktoren ändern kann: Die Preise verändern sich, das Einkommen steigt oder sinkt, die Preise eines verwandten Gutes wandeln sich, Geschmäcker, Vorlieben oder die Erwartungen variieren. Entsprechend der Ceteris-paribus-Regel wollen wir jetzt jedoch alle Variablen außer dem Preis konstant halten. Dann stellen wir fest: Steigt der Preis, sinkt die Nachfrage bzw. umgekehrt: Sinkt der Preis, so steigt die Nachfrage. Ein beliebiges Beispiel kann dies verdeutlichen: Ist Orangensaft kostenlos zu bekommen, so werden alle große Mengen Orangensaft konsumieren. Mit steigendem Preis wird die Nachfrage sinken, bis ein Preis erreicht wird, für den niemand mehr Orangensaft kaufen wird.

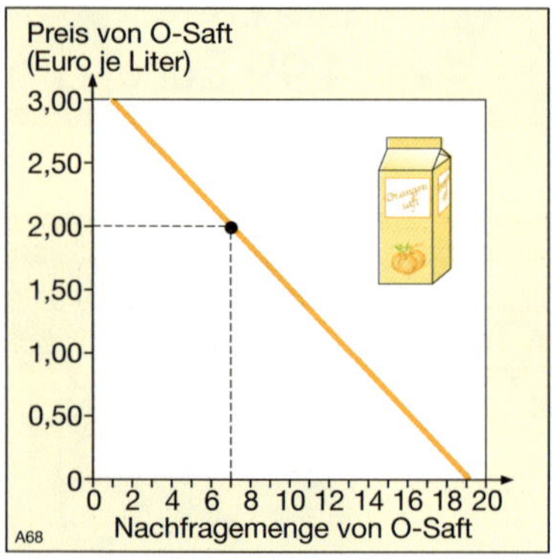

Nachfragekurve

Die Marktnachfragekurve zeigt die nachgefragte Gesamtmenge eines Gutes (= horizontale Achse) bei unterschiedlichen Preisen des Gutes (= vertikale Achse).
Gehen wir jetzt davon aus, dass sich die Nachfrage nach dem Gut aus einem Grund abseits der Entwicklung des Preises verändert, so resultiert dies in der Verschiebung der Nachfragekurve nach rechts oder links. Nimmt die Nachfrage ab, so findet man eine Verschiebung nach links, nimmt sie zu, so findet man eine Verschiebung nach rechts.

Angebotsfunktion

Richten wir unseren Blick nun auf die Seite der Anbieter. Auch die Bestimmungsgründe, was und wie viel der Einzelne anbietet, können hier variieren. So spielt die Höhe des Preises eine wesentliche Rolle; es können aber auch die Inputpreise, technologische Faktoren (z. B. in Zusammenhang mit den Produktionskosten) oder wiederum Erwartungen in die Zukunft eine Rolle spielen. Doch auch hier beschränken wir den Blick dem Modell entsprechend auf den Einfluss der Preise.
Der Einfluss der Preise bei den Anbietern kann einen im Vergleich zur Nachfragerseite gegensätzlichen Verlauf nehmen. Wir stellen fest: Bei steigenden Preisen erhöht sich das Angebot, während es bei sinkenden Preisen zurückgeht. Auch dies kann an unserem Beispiel wieder verdeutlicht werden: Sind für Orangensaft nur sehr geringe Preise zu verlangen, so lohnt sich der Aufwand für den Anbieter nicht. Sind jedoch die Preise sehr hoch, so wird der Anbieter versuchen, so viel Orangensaft wie möglich anzubieten.
Die Marktangebotskurve zeigt die angebotene Gesamtmenge eines Gutes (= horizontale Achse) bei unterschiedlichen Preisen des Gutes (= vertikale Achse).
Vergleichbar mit der Nachfragekurve verschiebt sich auch die Angebotskurve nach links, wenn das Angebot aus einem Grund abseits der Veränderung des Preises abnimmt, und entsprechend nach rechts, wenn es zunimmt.

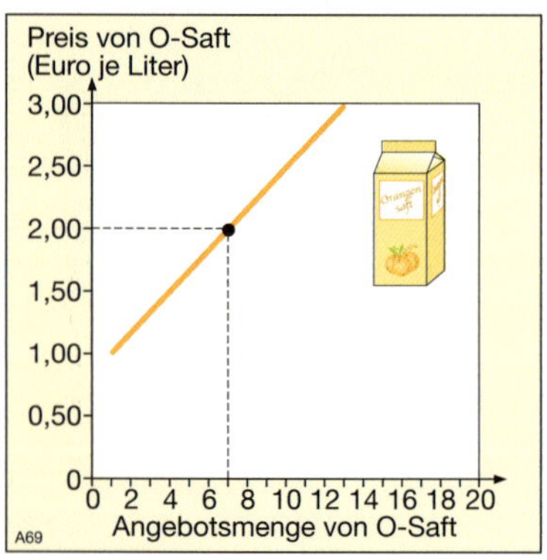

Angebotskurve

Gleichgewichtspreis

Im nächsten Schritt gilt es nun, Angebot und Nachfrage auf einem Markt in Beziehung zueinander zu setzen. Die grafische Darstellung verdeutlicht, dass sich die Angebots- und Nachfragekurven in einem Punkt treffen. Es handelt sich hierbei um das Marktgleichgewicht. Der Preis, an dem sich beide Kurven schneiden, heißt Gleichgewichtspreis, die Menge Gleichgewichtsmenge.

Gleichgewicht wird definiert als die Situation, in der sich verschiedene Kräfte in der Waage halten bzw. gleich sind. Entsprechend gilt für den Gleichgewichtspreis, dass die Menge, die die Nachfrager erwerben wollen, exakt der Menge entspricht, die die Anbieter verkaufen wollen. Man spricht in diesem Zusammenhang auch vom Markträumungspreis, weil zu diesem Preis beide Seiten zufrieden und der Markt geräumt ist.

An einem Beispiel verdeutlicht: Bei einem Preis von 1,– Euro für eine Flasche Orangensaft wird der Markt geräumt.

Was passiert, wenn der Preis ober- bzw. unterhalb dieses Gleichgewichts liegt? Gehen wir zuerst davon aus, dass der existierende Preis über dem Gleichgewichtspreis liegt. Bei einem Preis von 1,50 Euro pro Flasche entsteht ein Angebotsüberschuss. Die Anbieter sind nicht in der Lage, ihre Menge abzusetzen, da diese oberhalb der Nachfrage liegt. Die Reaktion der Anbieter wird die Senkung des Preises bis zur Erreichung des Gleichgewichts liegen, um den Überschuss abzubauen.

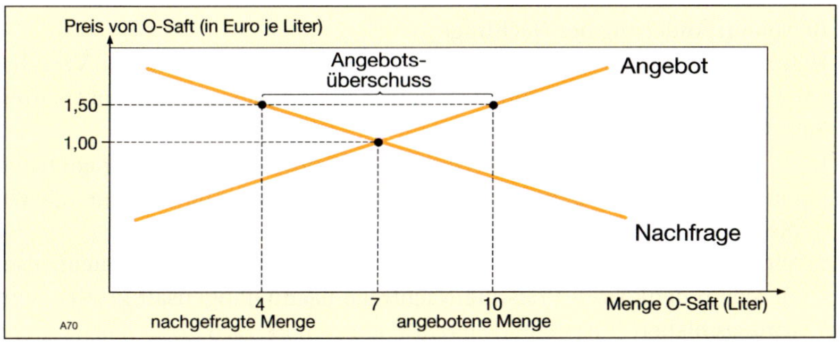

Gleichgewichtspreis mit Angebotsüberschuss

Angenommen, der Preis für eine Flasche Orangensaft liegt bei 0,50 Euro, so tritt der umgekehrte Fall ein: Es herrscht eine Güterknappheit und die Nachfrager können nicht die Menge bekommen, die sie erwerben wollen. Es handelt sich um einen Nachfrageüberschuss. Die Anbieter können sich in dieser Situation eine Erhöhung des Preises bis zum Erreichen des Gleichgewichts erlauben ohne Absatz zu verlieren.

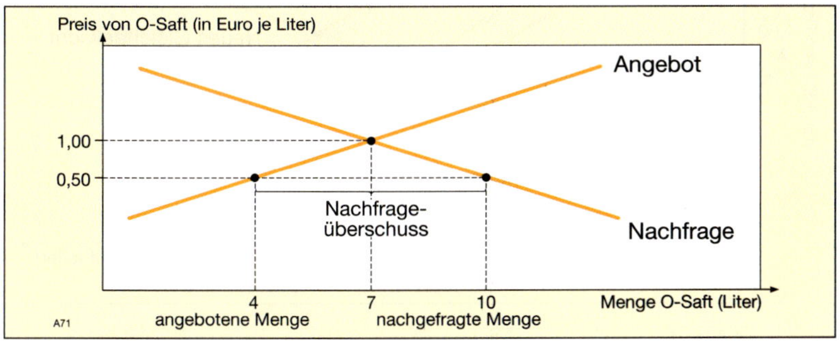

Gleichgewichtspreis mit Nachfrageüberschuss

Die Elastizität von Angebot und Nachfrage
Bislang sind wir davon ausgegangen, dass die Nachfrage bei fallendem Preis steigt und das Angebot abnimmt, unabhängig von der Art des Gutes. Aber gilt dies wirklich? Bewirkt beispielsweise die Preisveränderung im Markt für Orangensaft die gleiche Reaktion wie auf dem Markt für Benzin? Um hier genauere Aussagen im Modell treffen zu können, führen wir an dieser Stelle ein weiteres Analyseinstrument ein: die Elastizität. Unter der Elastizität versteht man das Maß der Reaktionsmöglichkeit von Anbietern und Nachfragern auf Veränderungen der Marktlage.

Elastizität der Nachfrage
Dem Gesetz der Nachfrage entsprechend vergrößert ein Preisrückgang die Nachfragemenge eines Gutes. Die Preiselastizität der Nachfrage misst, wie die Nachfragemenge auf eine Preisänderung reagiert. Die Nachfrage gilt als elastisch, wenn Preisänderungen relativ große Veränderungen der Nachfragemenge beeinflussen. Findet man hingegen auf Seiten der Nachfrage kaum oder keine Reaktionen auf die Veränderung des Preises, so spricht man von einer unelastischen Nachfrage.
Die Erklärungsansätze, warum ein Gut einen bestimmten Grad bezüglich der Elastizität aufweist, sind vielfältig. So weisen z. B. lebensnotwendige Güter im Vergleich zu Luxusgütern eine unelastische Nachfrage auf. Und auch die Abgrenzung der Märkte spielt eine Rolle: Breit abgegrenzte Märkte weisen eine weitgehend unelastische Nachfrage auf, eng begrenzte Märkte haben im Gegensatz dazu eine elastische Nachfrage, da sich zu eng definierten Gütern viele geeignete Substitute finden lassen. Orangensaft zeichnet sich beispielsweise durch eine hohe Elastizität der Nachfrage aus, weil der Verbraucher bei Preiserhöhungen auf viele andere Getränke ausweichen kann. Die weit gefasste Gruppe der flüssigen Nahrungsmittel verfügt jedoch über keine Substitutionsmöglichkeiten. Auch in einem anderen Zusammenhang spielt die Konstruktion eines Marktes eine Rolle: Lebe ich in einer Region, in der nur ein Bäcker existiert, so werde ich auf Preiserhöhungen bei Brot als Nachfrager anders reagieren als der Bewohner einer Stadt, der auf kurze Distanz verschiedene Bäcker findet.
Die Formel für die Berechnung der Preiselastizität der Nachfrage lautet:

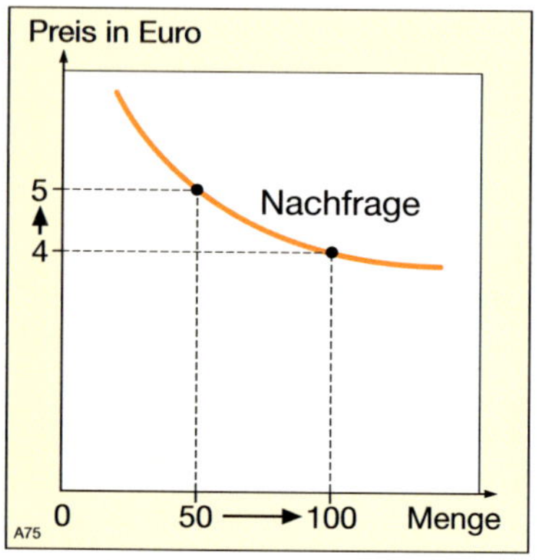

Elastizität der Nachfrage

$$\textbf{Preiselastizität} = \frac{\textbf{Prozentuale Änderung der Nachfragemenge}}{\textbf{Prozentuale Preisänderung}}$$

Nehmen wir z. B. an, der Preis für eine Flasche Orangensaft steigt von 1,– Euro auf 1,10 Euro, also um 10 %. Gleichzeitig sinkt die nachgefragte Menge von 10 auf 8 Flaschen, also um 20 %, so ergibt sich folgende Formel: 20 : 10 = 2. Dies bedeutet, dass im Verhältnis die Mengenveränderung zweimal so hoch ausfällt wie die Preisveränderung. Positiv definiert gilt: Je höher der Wert der Preiselastizität, desto größer ist die Reagibilität bei der Nachfrage. Nachfragekurven werden nach ihrer Elastizität klassifiziert. Ist die Preiselastizität der Nachfrage größer als 1, so gilt sie als elastisch; liegt sie unterhalb von 1, so gilt sie als unelastisch. Eine Preiselastizität von 1 wird in diesem Zusammenhang als Einheitselastizität bezeichnet. In der Darstellung gilt folgende Regel: Je flacher die Nachfragekurve, desto größer ist die Preiselastizität der Nachfrage. Eine vollkommen unelastische Nachfrage wird entsprechend als senkrechte Gerade, die vollkommen elastische Nachfrage würde als horizontale Gerade dargestellt werden. Bei den beiden letztgenannten Möglichkeiten handelt es sich allerdings um theoretische Konstrukte, denen sich in der Realität nur angenähert wird.

Die Berechnung der Preiselastizität der Nachfrage kann beispielsweise dann zum Einsatz kommen, wenn berechnet werden soll, ob bei einem bestimmten Gut durch die Erhöhung des Preises zu Umsatzgewinnen oder -verlusten kommen wird. Die Berechnung des Umsatzes geschieht durch die Multiplikation von Preis und Menge. Werden z. B. bei einem Preis von 1,– Euro 100 Flaschen Orangensaft nachgefragt, so entspricht der Umsatz 100,– Euro. Erhöht sich den Preis auf einen 1,20 Euro reduziert sich die Nachfragemenge auf 80 Flaschen, was einem Umsatz von 96,– Euro (1,2 x 80) entspricht. Die Schlussfolgerung wäre, dass eine Preiserhöhung in diesem Falle auf Anbieterseite keinen Sinn machen würde.

Elastizität des Angebots
Dem Gesetz des Angebots zufolge führen Preiserhöhungen zur Erhöhung der Angebotsmenge, Senkungen im Gegensatz dazu zu Mengenverringerungen. Die Preiselastizität des Angebots gibt – analog zur Preiselastizität der Nachfrage – an, wie die Angebotsmenge auf Preisänderungen reagiert. Sie gilt als elastisch, wenn Änderungen des Preises große Mengenveränderungen nachziehen, und als unelastisch, wenn dies in geringem Maße der Fall ist. Diese Reagibilität hängt in entscheidendem Maße von der Flexibilität eines Unternehmens zu Mengenänderungen des produzierten Gutes ab, beispielsweise durch die Variation von Betriebs- und Maschinenlaufzeiten. Auch der zeitliche Raum der Betrachtungsperiode kann bei der Beurteilung der Elastizität des Angebots von wesentlicher Bedeutung sein. Auf lange Sicht sind Unternehmen oftmals besser in der Lage, Produktionskapazitäten auf mehr oder weniger Güter auszurichten, z. B. durch die Errichtung neuer Produktionsstätten, als dies kurzfristig möglich ist. Die Formel zur Berechnung der Preiselastizität des Angebots eines Gutes lautet:

$$\textbf{Preiselastizität} = \frac{\textbf{Prozentuale Änderung der Angebotsmenge}}{\textbf{Prozentuale Preisänderung}}$$

Bleiben wir wieder bei unserem Beispiel: Der Preis für eine Flasche Orangensaft steigt um 10 % von 1,– Euro auf 1,10 Euro. Die Produktion eines Anbieters wird deshalb von 1.000 auf 1.200 Flaschen am Tag, also um 20 % gesteigert. Daraus resultiert ein Faktor der Preiselastizität von 2. Die Veränderung der angebotenen Menge ist doppelt so groß wie die Preisveränderung. Auch hier gilt, dass ein Faktor < 1 für ein unelastisches, ein Faktor > 1 für ein elastisches Angebotsverhalten steht.

Bezüglich der grafischen Darstellung gilt auch hier: je flacher die Angebotskurve, desto elastischer die Preiselastizität. Entsprechend werden auch die vollkommene Elastizität des Angebots in Form einer horizontalen und ein vollkommen unelastisches Angebot in einer senkrechten Gerade dargestellt. Abhängig von der Struktur des Marktes kann die Preiselastizität eines Angebots nicht konstant verlaufen, sondern sich im Verlauf der Zeit verändern. Denkbar sind beispielsweise Unternehmen, die über die Möglichkeit verfügen, verschiedene Produktionsstätten einzusetzen bzw. abzuschalten. Hier kommt der bereits erwähnte Langzeiteffekt zum Tragen. Kapazitätsgrenzen können in diesem Zusammenhang eine wichtige Rolle spielen. Bewirkt die Veränderung des Preises z. B. in der ersten Phase eine deutliche Vergrößerung der angebotenen Menge (> 1), so verkleinert sich diese im zweiten Abschnitt deutlich (< 1), bis schließlich keine Mengenanpassung mehr möglich ist (= 0, vollkommen unelastisches Angebot).

!

Versetzen Sie sich in die Rolle des Direktors eines Kunstmuseums in Ihrer Stadt/Gemeinde und klären Sie die Frage, ob zur Verbesserung der Finanzlage die Erhöhung der Eintrittspreise geeignet ist.
Die Preiselastizität der Nachfrage spielt in diesem Zusammenhang eine wesentliche Rolle. Beschreiben Sie in einem ersten Schritt die Auswirkungen einer elastischen und einer unelastischen Nachfrage auf die Entwicklung des Umsatzes bei einer Preiserhöhung.
Klären Sie anschließend, welche Form der Nachfrage für Ihr Angebot besteht und begründen Sie Ihre Aussage.
Entscheiden Sie sich abschließend auf der Basis der gesammelten Erkenntnisse für oder gegen die Erhöhung der Eintrittspreise im Museum. Begründen Sie Ihre Entscheidung.

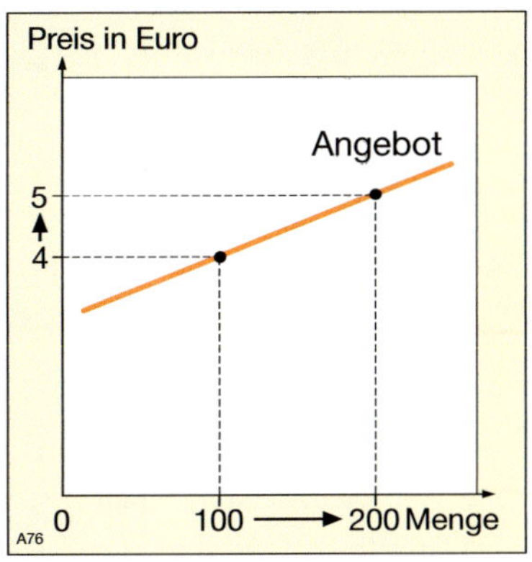

Elastizität des Angebots

3.3.3 Wie funktionieren Märkte? – Wirtschaftsordnung, nicht Chaos

Nachdem wir erfahren haben, wie Märkte im Modell funktionieren, wenden wir unseren Blick nun auf das reale Marktgeschehen. Es fallen als Erstes die enormen Dimensionen des Netzes wirtschaftlicher Aktivitäten auf, die unser tägliches Leben – oftmals unbemerkt – beeinflussen:

Die Leistungen des Marktes

Es ist natürlich einfach, es als gegeben hinzunehmen, dass die Wirtschaft wie selbstverständlich funktioniert. Wenn wir in den Supermarkt gehen, finden wir dort alles, was wir brauchen – Brot, Hähnchen oder Bananen – in den Regalen. Wir bezahlen dafür, nehmen den Einkauf mit nach Hause und essen uns satt. Die einfachste Sache der Welt! Oder doch nicht?

Erst bei näherer Betrachtung erkennen wir das dicht gewobene Netz wirtschaftlicher Aktivitäten, die erforderlich sind, um die Regale zu füllen. Die Lebensmittel, die wir kaufen, sind vielleicht schon durch fünf oder zehn „Hände" gegangen, bevor sie uns erreichen, sie sind tage- oder monatelang aus allen Staaten und Ecken dieser Erde zu uns unterwegs gewesen und haben dabei eine Reihe von Stationen – von den Landwirten über die Lebensmittelindustrie, die Verpacker, Spediteure, Großhändler bis hin zu den Einzelhändlern – passiert. Die Mengen, um die es hier geht, sind Ehrfurcht gebietend: 6 Milliarden Hähnchen, 3 Milliarden Kilo Bananen etc. So betrachtet grenzt es an ein Wunder, dass unsere Nahrung in der richtigen Menge produziert und an den richtigen Ort transportiert wird, und dass sie schließlich in genießbarer Form auf unseren Tellern landet.

Das eigentliche Wunder aber besteht dann, dass dieses ganze System ohne Zwang oder zentrale Lenkung funktioniert. Man bedenke: Hier beteiligen sich buchstäblich Millionen von Unternehmen und Konsumenten an freiwilligen Geschäftsbeziehungen, und ihre Handlungen und Interessen werden unsichtbar von einem System von Preisen und Märkten koordiniert. Niemand entscheidet konkret darüber, wie viele Hähnchen produziert werden sollen, wohin all die Großtransporter zu fahren haben, wo neue Supermärkte eröffnet werden. Und dennoch finden wir schließlich unsere Nahrungsmittel im Geschäft genau dort, wo wir sie suchen.

Selbstverständlich geht es hier nicht nur um Lebensmittel. Die Märkte vollbringen ähnliche Wunder in allen Bereichen überall rund um uns – wir müssen uns nur die Mühe machen, unsere Wirtschaft sorgfältig zu beobachten. Tausende verschiedener Güter werden von Millionen Menschen produziert, freiwillig, ohne zentrale Lenkung oder umfassenden Plan. Tatsächlich funktioniert der Großteil unseres Wirtschaftslebens, von wenigen Ausnahmen wie Militär, Polizei oder Schulwesen abgesehen, ohne staatliche Intervention, und gerade das macht die Stärke der Marktwirtschaft aus.

Eine Marktwirtschaft ist ein überaus komplexer Mechanismus zur Koordinierung von Menschen, Handlungen und Geschäftsbeziehungen durch ein System der Preise und Märkte. Zugleich stellt der Marktmechanismus ein Kommunikationsmedium zur Sammlung des Wissens und der Aktivitäten von Milliarden unterschiedlicher Einzelpersonen dar. Ohne jede zentrale „Intelligenz" und ohne Vorausberechnung löst er die Probleme der Produktion und Verteilung mit ihren Milliarden unbekannter Variablen und Beziehungen, Probleme, die jeden der schnellsten Supercomputer unserer Tage bei weitem überfordern würden.

Niemand hat den Markt geplant, und doch funktioniert er. In einer Marktwirtschaft sind kein einzelner Mensch und auch keine einzelne Organisation für Produktion, Konsum, Verteilung und Preisgestaltung verantwortlich.

Man kann sich einen Markt allgemein als einen Mechanismus vorstellen, mit dessen Hilfe Käufer und Verkäufer Preise ermitteln und Waren und Dienstleistungen austauschen und es gibt für beinahe alles einen Markt, von der Kunst bis zum Abfall (oder zu den Recyclingstoffen, wie sie heute heißen).

!

1. Was ist ein Markt und welche wesentliche Aufgabe übernimmt er im Rahmen der dezentralen Lenkung des Wirtschaftsprozesses?
2. Warum kann in einem marktwirtschaftlichen System kein einzelner Mensch und keine einzelne Organisation verantwortlich sein für das, was zu produzieren, zu konsumieren ist und mit welchen Preisen die Produkte oder Dienstleistungen zu versehen sind?
3. Wie lässt sich begründen, dass der Markt als Mechanismus aufgefasst werden kann, mit dessen Hilfe Käufer und Verkäufer Preise ermitteln sowie Waren und Dienstleistungen austauschen?
4. Inwiefern lassen sich die Grundgedanken zur Leistungsfähigkeit des Marktmechanismus auch auf Faktormärkte (Grund, Boden, Arbeitskraft) übertragen?

Ein Markt kann zentralisiert oder dezentralisiert sein, wie wir es vom Immobilien- oder Arbeitsmarkt kennen. Ein Markt kann ausschließlich elektronisch existieren, was für viele Finanzgeschäfte und -dienstleistungen gilt, die über Computer und Telefon abgewickelt werden. Bestehen bleibt in allen Fällen die Eigenschaft des Marktes, Käufer und Verkäufer zusammenzubringen, sodass sie über Preise und Produktionsmengen bestimmen können. Ein Markt ist ein Mechanismus, mit dessen Hilfe Käufer und Verkäufer miteinander in Beziehung treten, um Preis und Menge einer Ware oder Dienstleistung zu ermitteln. In einem Marktsystem hat alles seinen Preis, nämlich den Wert der Ware ausgedrückt in Geld [...] Die Preise stellen dabei jene Bedingungen dar, zu welchen die Haushalte und Unternehmen bereit sind, bestimmte Waren auszutauschen. [...]
Quelle: P. A. Samuelson, W. D. Nordhaus: Volkswirtschaftslehre, 15., deutsche Ausgabe, Ueberreuter, Wien/Frankfurt, 1998, S. 50 f.

Der Markt als Informationssystem und die Funktion des Preises
Nehmen wir an, dass sich irgendwo in der Welt eine neue Verwendungsmöglichkeit für irgendein Rohmaterial, sagen wir Zinn, ergeben hat, oder dass eine der Bezugsquellen für Zinn ausgeschaltet worden ist. Es ist für unseren Zweck belanglos – und es ist sehr bezeichnend, dass es sehr belanglos ist –, welche der beiden Ursachen das Zinn knapper gemacht hat. Alles, was die Verbraucher von Zinn zu wissen brauchen, ist, dass ein Teil des Zinns, das sie früher verwendeten, jetzt anderswo nutzbringender verwendet wird und dass sie infolgedessen mit dem Zinn wirtschaftlicher umgehen müssen. Die große Mehrheit von ihnen braucht gar nicht einmal zu wissen, wo der dringendere Bedarf aufgetreten ist, oder welchen anderen Bedarfs wegen sie mit dem Angebot besser haushalten müssen.
Wenn nur einige von ihnen unmittelbar von der neuen Nachfrage Kenntnis haben und ihre Produktion danach umlenken, und wenn die Menschen, die von der neuen Lücke, die dadurch entstanden ist, wissen, sie ihrerseits aus anderen Quellen füllen, wird die Wirkung sich rasch durch das ganze Wirtschaftssystem ausbreiten und nicht nur alle Verwendungen von Zinn beeinflussen, sondern auch jene ihrer Ersatzmaterialien und den Ersatz vom Ersatz, die Versorgung mit allen Dingen, in deren Erzeugung Zinn verwendet wird, und deren Ersatz usf.
Und all dies, ohne dass die große Mehrheit derer, die bei diesen Ersetzungen mitwirken, irgendetwas über die eigentliche Ursache dieser Veränderungen weiß. Das Ganze funktioniert als ein Markt, nicht weil irgendeines seiner Mitglieder das ganze Feld überblickt, sondern weil der begrenzte Gesichtskreis des Einzelnen den des anderen genügend überschneidet, dass durch viele Zwischenglieder die relevante Information allen übermittelt wird. Wir müssen das Preissystem als einen Mechanismus zur Vermittlung von Informationen ansehen, wenn wir seine wirkliche Funktion verstehen wollen.
Das Bedeutungsvollste an diesem System ist die Wirtschaftlichkeit, mit der es das Wissen ausnützt, d. h. wie wenig die einzelnen Teilnehmer zu wissen brauchen, um die richtige Handlung vornehmen zu können. In abgekürzter Form, durch eine Art von Symbol, wird nur die wesentlichste Information weitergegeben, und zwar genau an die, welche es angeht.
Es ist nicht nur ein Gleichnis, wenn man das Preissystem als eine Art von Maschinerie zur Registrierung von Veränderungen bezeichnet, [...] die die Einzelnen Produzenten instand setzt, nur mit Hilfe der Beobachtung von ein paar Zeigern, [...] ihre Tätigkeit an Änderungen anzupassen, von denen sie nie mehr zu wissen brauchen, als sich in der Preisbewegung widerspiegelt.
Quelle: F. A. von Hayek: Die Verwertung des Wissens in der Gesellschaft, in: Individualismus und wirtschaftliche Ordnung, Erlenbach-Zürich: Eugen Rentsch, 1952

!

1. Warum ist der Preismechanismus ein Mechanismus zur Vermittlung von Informationen, und welche Anreize ergeben sich für Individuen, diese Informationen zu suchen und zu nutzen?
2. Warum lässt sich der Preismechanismus als eine „Art von Maschinerie zur Registrierung von Veränderungen" bezeichnen?

Funktionen des Wettbewerbs

Wer sich mit dem Preismechanismus auseinandersetzt, muss sich auch zwingend mit der Funktion des Wettbewerbs als einem konstitutiven Merkmal funktionierender marktwirtschaftlicher Systeme befassen, weil sonst wesentliche Antriebskräfte des wirtschaftlichen Handelns unverständlich bleiben. Diese Thematik wird später eingehend behandelt, weshalb hier nur die wesentlichen Aspekte skizziert werden.

Der Wettbewerb hat nicht nur eine ökonomische, sondern auch eine bedeutsame gesellschaftspolitische Dimension. Zuallererst hat der Wettbewerb die Entfaltungsmöglichkeiten der persönlichen Freiheit zu gewährleisten. Er soll verhindern, dass die individuellen Tauschprozesse in einer Volkswirtschaft beschränkt werden. Dies bedeutet aber auch die Freiheit unternehmerischer Tätigkeit (Vertragsfreiheit, Gewerbefreiheit, Investitionsfreiheit), die Freiheit der Auswahl von Konsumgütern durch die Konsumenten und die Freiheit in der Wahl des Arbeitsplatzes durch die Arbeitnehmer.

Wir sprechen von wirtschaftlichem Wettbewerb deshalb dann, wenn Unternehmen miteinander wetteifern und danach trachten, sich mit ihren Leistungen für die Kunden, die Konsumenten, gegenseitig zu übertreffen. Es geht um die Erfüllung sehr konkreter Bedürfnisse von Konsumenten nach Sachgütern und Dienstleistungen.

Im Hinblick auf die Marktversorgung erfüllt der Wettbewerb vor allem die folgenden fünf Funktionen:

Steuerungsfunktion: Der Wettbewerb soll das Angebot an Sachgütern und Dienstleistungen so steuern, dass es den Wünschen der Konsumenten entspricht.

Allokationsfunktion: Bei einem gut funktionierenden Wettbewerb werden die Produktionsfaktoren Arbeit, Boden, Kapital immer zu dem Ort „wandern", an dem ihre höchste Entlohnung erfolgt, d. h., die Arbeit wird ihren höchsten Lohn und Boden und Kapital werden ihren höchsten Zins suchen.

Innovations- und Anpassungsfunktion: Durch die Lenkung des Faktoreinsatzes nach der Produktivität soll die Wirtschaft immer wieder ein Höchstmaß, man sagt ein Optimum, an gesamtwirtschaftlicher Effizienz erreichen. Sind die Anbieter gezwungen, die größtmögliche Produktivität zu erreichen und zugleich ihre Produktpalette den sich immer wieder verändernden Verbraucherwünschen anzupassen, lässt sich dies nur mit immer neuen Produkten und Produktionsmethoden, d. h. durch „Innovationen", verwirklichen.

Verteilungsfunktion: Hat sich ein Unternehmen durch seine Produkte eine gute Marktstellung erobert und damit die erforderlichen Gewinne erzielt, hat dies auch Konsequenzen für die Arbeitnehmer. Sie erhalten gute Löhne und ihre Arbeitsplätze sind auch gesichert.

Kontrollfunktion: Der Wettbewerb soll dafür sorgen, dass die wirtschaftliche Macht begrenzt und kontrolliert wird. Bei funktionierendem Wettbewerb kann kein Anbieter oder Nachfrager seine Position zu einer marktbeherrschenden Stellung ausbauen. Hier ist eine wichtige Aufgabe des Staates, dafür zu sorgen, dass dies wo immer möglich verhindert wird.

Man könnte den Wettbewerb in der Formulierung eines deutschen Nationalökonomen als das „genialste Entmachtungsinstrument" bezeichnen. Vor allem die Innovations- und Anpassungsfunktion des Wettbewerbs beinhaltet das „dynamische Element" einer Volkswirtschaft, denn sie gibt die entscheidenden Impulse für die technische, wirtschaftliche und soziale Weiterentwicklung.

Erläutern Sie in eigenen Worten die Aussage, beim Wettbewerb handele es sich um das „genialste Entmachtungsinstrument". Verdeutlichen Sie Ihre Ausführungen.

Märkte aus institutionentheoretischer Sicht

Wir haben gesehen, dass sich das idealtypische Modell des Marktes in der Realität kaum bzw. nicht finden lässt und dass beispielsweise die Preisbildung nicht ausschließlich durch die Nachfrage, sondern durch viele verschiedene Faktoren beeinflusst wird.

Douglas C. North, Wirtschaftswissenschaftler und Nobelpreisträger, macht im folgenden Text deutlich, dass bereits einfache Transaktionen – wie beispielsweise der Kauf einer bestimmten Menge Orangen auf einem Wochenmarkt – bei den Beteiligten Kosten (die Transaktionskosten vgl. Kapitel 1) verursachen und in ein umfassendes institutionelles Geflecht eingebunden sind, welches wiederum den Tausch erst ermöglicht.

Der Orangenkauf

Ich kaufe allwöchentlich auf dem (natürlich jedermann zugänglichen) Markt um die Ecke eine bestimmte Menge Orangen (1980 waren es 14 Stück für einen Dollar). Ich kaufe Orangen, um daraus Saft zu pressen: Daher wünsche ich Orangen, die wesentlich mehr Saft als Fruchtfleisch enthalten und außerdem säuerlich sind. Was ich in dem Tauschakt tatsächlich gern festlegen würde, ist eine bestimmte Menge Orangensaft mit einer Kombination organischer Eigenschaften, die den von mir gewünschten Geschmack ergeben. Warum werden Orangen nicht so verkauft, dass ich genau das bekommen kann, was ich will? Teilweise werden sie so verkauft. Valencia-Orangen sind Saft-Orangen und werden gesondert von Navel- oder anderen Essorangen angeboten. Aber Saftmenge und Geschmack, die ich aus den gekauften Orangen erhalte, lassen sich nicht ohne hohe Kosten genau festlegen. Wäre die Messung dieser Eigenschaften kostenlos oder mit nur geringen Kosten möglich, so könnte ich genau die Kombination erwerben, die ich will. Stattdessen werden Käufe nach Anzahl, Gewicht, Größe, Länge usw. vorgenommen; und es werden Produktivmittel darauf verwendet, sicherzustellen, dass diesen objektiv messbaren Merkmalen entsprochen wird.
Der Verkäufer der Orangen kauft sie von einem Großhändler; in den Kisten, die er bekommt, sind einige Orangen nicht mehr von einwandfreier Beschaffenheit. Er gewärtigt einen Verlust bei diesen Orangen, denn wenn er versucht, sie mir für meinen Dollar zu verkaufen, so werde ich zu einem anderen Stand des öffentlichen Marktes gehen und meine Orangen dort kaufen. Kurz gesagt, der Wettbewerb einer großen Anzahl von Verkäufern beschränkt die Verhaltensmöglichkeiten des einzelnen Händlers. Schwindelt er mir ein paar der verdorbenen Orangen unten in meine Tüte, sodass ich sie nicht bemerke, bevor ich zu Hause bin? Das könnte er tun, wenn er nicht erwartet, mich jemals wieder zu sehen, denn nur so kann er diese Orangen, die ihm andernfalls einen Verlust bringen, loswerden. Aber ebendeshalb gehe ich jede Woche zum selben Händler, Morris. Er weiß, dass ich nicht wiederkommen werde, wenn er mir verdorbene Orangen in meine Tüte packt. Ich bin als Kunde, der wiederkommt, wertvoll; die Gewinnsucht wird also durch die Erwartung von Wiederholungskäufen beschränkt. Morris hingegen nimmt seinerseits meinen Scheck über einen Dollar, ohne nachzuforschen, ob dieser auch gedeckt sei, oder ob der Dollar, den er bekommt, wenn er meinen Scheck einlöst, fraglos von seinem Großhändler oder irgendjemandem anderen, von dem er Güter oder Dienstleistungen kaufen will, angenommen wird.

Es sollte nicht nur auf der Hand liegen, dass dieses einfache Beispiel in seinen Wesenszügen durchaus vielschichtig ist, sondern auch, dass wir nur seine Oberfläche betrachtet haben. Der Transaktion liegen eine komplizierte Rechtsordnung und deren Durchsetzung zugrunde; sie wird durch diese überhaupt erst möglich. Sowohl Morris wie ich gehen davon aus, dass wir Eigentumsrechte an den Orangen bzw. am Dollar haben und dass diese Rechte in einem Gerichtshof durchgesetzt werden können. Morris nimmt ein Stück Papier als rechtmäßiges Surrogat für die Verfügungsgewalt über eine bestimmte Menge anderer Produktivmittel und weiß, dass er dieses Papier für solchen Zweck verwenden kann. Kurz gesagt: Die Unsicherheit wird durch eine anerkannte Struktur von Eigentumsrechten und deren Durchsetzung vermindert oder vollständig beseitigt.

Ich fasse die Aussage des oben stehenden Beispiels zusammen: Man muss die Menge eines Gutes messen können, damit es ausschließlich Eigentum eines Einzelnen sein und Tauschwert haben kann. Wo die Kosten der Messung sehr hoch sind, wird das Gut ein Mittel in öffentlichem Eigentum sein. Die Messtechnik und die Geschichte der Maße und Gewichte sind ein wesentlicher Teil der Wirtschaftsgeschichte, da mit Senkung der Messungskosten die Transaktionskosten geringer wurden. Die 14 Orangen meines Beispiels sind lediglich eine Behelfsgröße für die gewünschte Menge, nämlich eine festgelegte Menge Saft mit einem bestimmten Geschmack. Die Trennung von Orangen nach Sorten oder die Klassifizierung nach der Qualität sind Schritte in der gewünschten Richtung: Aber solange irgendeine Eigenschaft eines Gutes, das wirtschaftlichen Wert besitzt, nicht gemessen wird, weichen private und soziale Kosten voneinander ab.

Informationskosten werden durch das Vorhandensein einer großen Zahl von Käufern und von Verkäufern gesenkt. Unter diesen Umständen verkörpern Preise dieselbe Information, für deren Beschaffung bei Fehlen eines organisierten Marktes die einzelnen Käufer und Verkäufer erhebliche Suchkosten aufwenden müssten. Der Opportunismus wird durch den Wettbewerb großer Zahlen von Marktteilnehmern (und durch den direkten Tausch) beschränkt. Opportunismus heißt dabei im gegenwärtigen Stand unserer Untersuchung so viel wie die Fähigkeit eines Tauschpartners, auf Kosten des anderen Tauschpartners durch Verletzung der Tauschbedingungen nach Abschluss des Vertrages einen Gewinn zu ziehen.

Die Übertragung von Eigentumsrechten unter einzelnen Eigentümern durch Verträge auf dem Markt setzt die Ausschließlichkeit ihres jeweiligen Eigentumsrechts voraus. Nicht nur müssen die Rechte messbar sein, sie müssen auch durchsetzbar sein. Man bemerke, dass der Übertragungsvorgang zwei Phasen hat: In der ersten Phase geht es um die Kosten der Bestimmung und Durchsetzung von Ausschließlichkeit ohne Rücksicht auf einen Tauschakt, in der zweiten geht es um die Kosten, die mit der Verhandlung und Durchsetzung des Tauschvertrages bzw. der Eigentumsübertragung verbunden sind.
Ein Dritter, nämlich der Staat, kann die Transaktionskosten durch Schaffung einer unpersönlichen Rechtsordnung und deren Durchsetzung senken. Da die Einrichtung der Gesetze ein öffentliches Gut ist, sind mit ihr erhebliche Skalenerträge verbunden. Gibt es eine Rechtsordnung, so sind Verhandlungs- und Durchsetzungskosten bedeutend verringert, da die Grundregeln des Tausches bereits formuliert sind.

Bevor ich mein Beispiel beiseite lasse und weitergehe, will ich schließlich ein weiteres Argument anführen. Selbst wenn Morris gewusst hätte, dass er mich nie wieder sehen würde, würde er wahrscheinlich keine verdorbenen Orangen in meine Tüte hineingeschwindelt haben; ebenso weiß ich, dass ich für meine Person keine zwei Orangen heimlich in die Tasche gesteckt haben würde, während Morris mir beim Einfüllen der Orangen in die Tüte den Rücken zukehrte und keine Gefahr bestanden hätte, dass ich entdeckt würde. Der Grund hierfür ist, dass wir beide den Tausch als gerecht oder rechtmäßig betrachten und durch diese Überzeugung in unserem Verhalten beeinflusst werden.
Quelle: Douglas C. North: Theorie des institutionellen Wandels, Mohr, Tübingen, 1988, S. 35 ff., Übersetzung: Dr. Monika Streissler

!

1. Verdeutlichen Sie an Beispielen aus dem Text, welche Voraussetzungen gegeben sein müssen, damit Händler Morris und Kunde North miteinander Handel treiben können.
2. Analysieren Sie den Text:
   - Welche Kosten entstehen beim Kauf der Orangen?
   - Welche Institutionen helfen die Kosten zu reduzieren?

Die Einrichtung von Institutionen verursacht Kosten; gleichzeitig helfen sie Transaktionskosten zu senken (vgl. S. 46 ff.). Man stelle sich vor, für jede einzelne Transaktion müsste immer wieder ein entsprechender Rahmen durch Aushandeln entwickelt werden, die Kosten wären selbst für einfachste Tauschhandlungen extrem hoch. Gleichzeitig beeinflussen weitere Faktoren das Verhalten der Akteure: persönliche Präferenzen, aber auch gesellschaftlich akzeptierte Verhaltensweisen, die z. B. Diebstahl oder Betrug in einem gewissen Rahmen verhindern. Verhaltenssicherheit entsteht durch das Vorhandensein der verschiedenen Institutionen; diese erst ermöglichen Transaktionen der beschriebenen Art.

Um also eine über das idealtypische Modell hinausgehende Betrachtung von Märkten zu erreichen, müssen wir zunächst feststellen, dass die langfristige Leistungsfähigkeit einer Wirtschaft von der Qualität der Institutionen einer Volkswirtschaft abhängt. Als Institutionen gelten in diesem Zusammenhang alle Spielregeln einer Gesellschaft, die die Unsicherheit für alle Beteiligten am Wirtschaftsprozess mindern und somit Regeln für menschliche Interaktionen kreieren.

Verfügungsrechte über konkrete Güter

In einer arbeitsteiligen, komplexen Welt sind wirtschaftliche Strukturen und Prozesse dann effizient gestaltet, wenn die „Reibungen" bei den Transaktionen möglichst gering gehalten werden können, d. h. die Kosten für das Gewinnen von Informationen, die Durchführung von Verhandlungen, für die Koordination, Steuerung, Kontrolle so weit wie möglich zu minimieren sind. Gerade die hochgradige nationale und internationale Arbeitsteilung macht es erforderlich, für die Koordination von Produktion und Konsumtion einen wirksamen Mechanismus zu suchen. Diese Leistung soll in einem marktwirtschaftlichen System der Markt erbringen. Er ist der zentrale Lenkungsmechanismus für die wirtschaftlichen Aktivitäten der Wirtschaftssubjekte. Die hohen Aufwendungen für den Warentausch (Informationskosten, Transportkosten) werden durch die „Institution" Geld als Tauschmittel, Recheneinheit, Zahlungsmittel sowie als Wertaufbewahrungsmittel entscheidend erleichtert (vgl. Kapitel 1.3.8, S. 31 ff.).

Sehen wir uns den Markt genauer an, dann ist er eine Institution, ein Organisationsmechanismus, der durch die Bekanntgabe einer Zeit, eines Ortes, eines Preises sowie der Art und Qualität eines Gutes (Sachgut, Dienstleistung) Verkäufer und Käufer zusammenführt. Auf dem Markt werden deshalb nicht einfach Güter gegen Geld getauscht, tatsächlich werden „Verfügungsrechte über konkrete Güter" gehandelt.

Die alleinige physische Übergabe konkreter Güter oder des Geldes ist noch keine Markttransaktion, sondern mit der Übergabe eines Produktes, eines Sacks Kartoffeln, eines Kilogramms Fleisch, eines Autos werden Verfügungsrechte getauscht. Der Käufer erwirbt das Recht, ein konkretes Gut auf eine bestimmte Art zu nutzen, und der Verkäufer bekommt mit dem Geld des Käufers das Verfügungsrecht, damit wieder andere Güter zu kaufen. Schon ein erster Blick zeigt, dass beim Kauf eines Produktes zwischen Käufer und Verkäufer eine Fülle von Fragen im „Hintergrund" bestehen und die Tauschaktion „begleiten". Die eher triviale Vorstellung, Märkte seien Orte, an denen Sachgüter und Dienstleistungen gegen Geld getauscht würden, lässt sich deshalb mit einfachen Beispielen schnell konterkarieren.

!

Verdeutlichen Sie in einem Schaubild die zahlreichen Aspekte, die bei einer einfachen alltäglichen Kaufhandlung ins Spiel kommen.

Schauen wir uns nun die institutionelle Ausgestaltung eine konkreten Marktes, in diesem Fall eines regelmäßig stattfindenden Jahrmarkts, an. Der „Stoppelmarkt“ findet einmal im Jahr in der niedersächsischen Stadt Vechta statt.

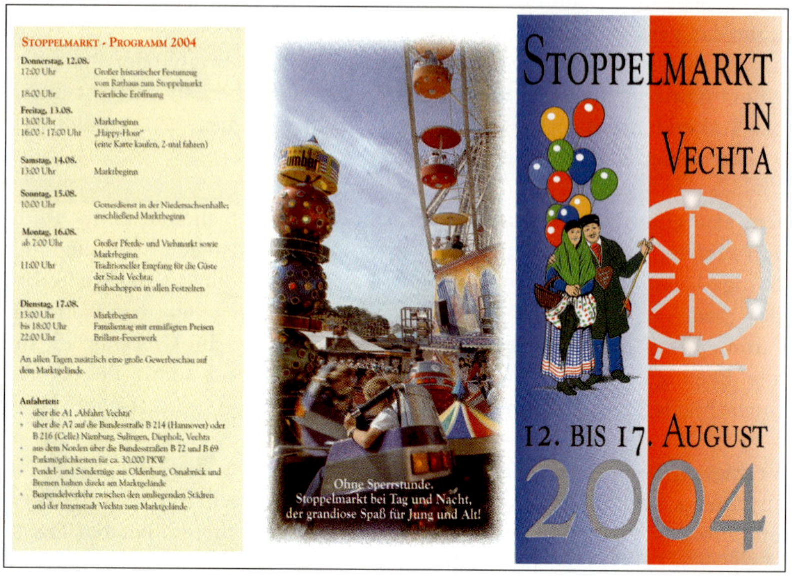

Stoppelmarkt - Programm 2004

Donnerstag, 12.08.	
17:00 Uhr	Großer historischer Festumzug vom Rathaus zum Stoppelmarkt
18:00 Uhr	Feierliche Eröffnung
Freitag, 13.08.	
13:00 Uhr	Marktbeginn
16:00 - 17:00 Uhr	„Happy-Hour“ (eine Karte kaufen, 2-mal fahren)
Samstag, 14.08.	
13:00 Uhr	Marktbeginn
Sonntag, 15.08.	
10:00 Uhr	Gottesdienst in der Niedersachsenhalle; anschließend Marktbeginn
Montag, 16.08.	
ab 7:00 Uhr	Großer Pferde- und Viehmarkt sowie Marktbeginn
11:00 Uhr	Traditioneller Empfang für die Gäste der Stadt Vechta; Frühschoppen in allen Festzelten
Dienstag, 17.08.	
13:00 Uhr	Marktbeginn
bis 18:00 Uhr	Familientag mit ermäßigten Preisen
22:00 Uhr	Brillant-Feuerwerk

An allen Tagen zusätzlich eine große Gewerbeschau auf dem Marktgelände.

Anfahrten:
- über die A1 „Abfahrt Vechta“
- über die A7 auf die Bundesstraße B 214 (Hannover) oder B 216 (Celle) Nienburg, Sulingen, Diepholz, Vechta
- aus dem Norden über die Bundesstraßen B 72 und B 69
- Parkmöglichkeiten für ca. 30.000 PKW
- Pendel- und Sonderzüge aus Oldenburg, Osnabrück und Bremen halten direkt am Marktgelände
- Buspendelverkehr zwischen den umliegenden Städten und der Innenstadt Vechta zum Marktgelände

STOPPELMARKT VECHTA 2005

vom 11. August bis 16. August

• Bewerbungsschluss: 15. November 2004 •
Bewerbungen mit den üblichen Angaben sind zu richten an:
Stadt Vechta, Amt 60-Marktverwaltung
Postfach 15 51 , 49364 Vechta

Interview mit Herrn Meier, dem „Marktbeauftragten“ der Stadt Vechta:

Herr Meier, was ist der Stoppelmarkt?

Meier: Der Stoppelmarkt ist ein seit 700 Jahren gefeiertes Volksfest in Vechta. Er wird immer Mitte August abgehalten, früher auf einem gerade abgeernteten Kornfeld, daher der Name. Er war schon früh ein überregionaler Handelsplatz und eine Begegnungsstätte zwischen Bremen, Hamburg, Friesland und Westfalen. Heute hat der Markt jährlich ungefähr 700.000 Besucher, womit er zu den vier großen überregionalen Märkten in Norddeutschland zählt.

Dies muss dann ja ein attraktiver Markt für die Marktteilnehmer sein!

Meier: Aber nicht jeder kann teilnehmen! Jedes Jahr im Herbst wird von uns eine Ausschreibung veranstaltet, dazu schalten wir eine Anzeige in den beiden Schausteller-Zeitungen „Der Komet“ und „Die Kirmes Revue“. Die Schausteller müssen sich dann bis zum 15. November bewerben. Jedes Jahr sind dies ungefähr 1.800 Bewerbungen, von denen wir ca. 500 annehmen.

Nach welchen Kriterien wählen Sie die Schausteller aus?

Meier: Wir haben drei Kriterien: Bekanntheitsgrad, Bewährtheit und Attraktivität, wobei wir jedes Jahr aufs Neue entscheiden müssen.

Frage: Und was geschieht dann mit den Ausgewählten?

Meier: Wir erstellen einen Plan für das Stoppelmarktgelände, und die Schausteller erhalten die Aufforderung, das Standgeld zu bezahlen.

Das Standgeld?

Meier: Kosten für die Straßenreinigung, die Werbung und das Wasser. Strom wird zusätzlich nach Verbrauch berechnet.

Fallen für die Schausteller noch weitere Kosten an? Beispielsweise für das Gesundheitsamt?

Meier: Das Gesundheitsamt kontrolliert, dies ist jedoch für die Schausteller mit keinen Kosten verbunden. Die Schankbetriebe müssen noch eine Schankerlaubnis beantragen.

Und dann kann gefeiert werden?

Meier: Bei uns noch nicht, bis die ersten Schausteller Ende Juli anreisen, müssen wir uns noch um die Werbung, z. B. durch Plakate, Werbespots, Drehorgelspieler oder Anzeigen und um den traditionellen Stoppelmarktumzug kümmern. Auch müssen die Stellplätze für die Wohnwagen der Schausteller angemietet werden, der Stoppelmarktplatz selber gehört der Stadt Vechta.

Wer heißt eigentlich wir?

Meier: Ich und eine Halbtagskraft. Daneben müssen wir aber noch die anderen Volksfeste koordinieren oder aber den samstäglichen Wochenmarkt.

Und wie läuft das beim Wochenmarkt ab?

Meier: Genauso wie beim Stoppelmarkt, nur etwas kleiner.
Interview: aus: K. Brakhage: WIS!, Vertiefende Einheit I.2 „Markt und Preis", Institut für Ökonomische Bildung, Oldenburg, 2001

!

1. Fassen Sie zusammen, welche Institutionen im Rahmen der Organisation und Durchführung des Stoppelmarktes eine Rolle spielen.
2. Untersuchen Sie die institutionellen Rahmenbedingungen eines beliebigen Marktes in Ihrer Gemeinde. Was muss alles geregelt werden, bevor Menschen Handlungen auf diesem Markt vollziehen können?

GESCHICHTLICHES

Seit bereits über 700 Jahren wird in Vechta immer Mitte August Stoppelmarkt gefeiert. Erstmals wurde der Stoppelmarkt anno 1298 in einem Brief erwähnt, der den Kaufleuten freies Geleit zu eben diesem Markt, der damals noch innerhalb der Stadtmauern abgehalten wurde, zusicherte. Mitte des 16. Jahrhunderts musste der Stoppelmarkt aufgrund der auch in Vechta grassierenden Pest auf ein freies Feld vor die Stadt verlegt werden. Dieses Feld, auf dem noch die Stoppeln des kurz zuvor abgeernteten Korns standen, verlieh dem Markt seinen Namen: Stoppelmarkt. Schon damals war der Stoppelmarkt überregionaler Umschlagplatz und Treffpunkt zwischen den Handelslinien Friesland, Bremen, Hamburg und Westfalen.

ALLGEMEINES

Heute befindet sich das Stoppelmarkt-Gelände auf der befestigten, 160.000 qm großen Westerheide. Sie lädt mit ihrer 6 km langen Geschäftsfront zum fröhlichen Trubel ein. Mit mehr als 500 Schaustellern, 20 wetterfesten Restaurationszelten, 23 Belustigungs- und Großfahrgeschäften und mit über 700.000 begeisterten Besuchern jedes Jahr hat sich der Stoppelmarkt zum bedeutendsten Vergnügungsmarkt im nordwestdeutschen Raum entwickelt.

STOPPELMARKT-GELÄNDE IN DER ÜBERSICHT:

Fahr- und Belustigungsgeschäfte

1 ‚Stockwerk-Go-Cart-Bahn'
2 ‚Top Spin'
3 ‚Riesenrad'
4 ‚Break Dancer'
5 ‚Kristallgrotte'
6 ‚Freifall Turm'
7 Autoskooter ‚Formel Eins'
8 ‚Super-Looping the Loop'
9 ‚Tanz der Teufel'
10 ‚Piraten-Fluss'
11 ‚Mystery'
12 ‚Night Fly'
13 ‚Die Krake'
14 ‚Chaos'
15 ‚Der Wellenflug'
16 Autoskooter ‚Top in'
17 Musik-Express
18 ‚Take off'
19 ‚Wilde Maus'
20 ‚ Sky Trip'
21 ‚Dynamic Trip'

Schaugeschäfte

22 ‚Berliner Luft'
23 Boxbude ‚The Ring'

Restaurationszelte

24 Niedersachsenhalle
sowie weitere 19 Großzelte

Gewerbeschau

auf 20.000 qm,
überwiegend in Großzelten

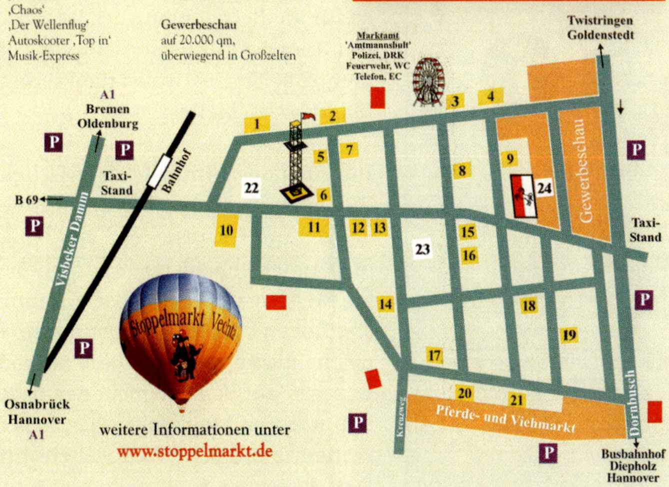

weitere Informationen unter
www.stoppelmarkt.de

Kein Herz für „Neue Ordner“
Es wird gehökert wie noch nie, auch Kurioses wie z. B. jener Datenordner, der sich auf dem Desktop eines Mac-Users befand: „Es handelt sich hier um einen ‚nagelneuen Ordner‘, erstellt unter MacOS 9“, kündigte der Spaßvogel mit dem eBay-Namen „Powerbookuser“ seinen tollen, aber leider herrenlosen Ordner an. „Ich trenne mich von diesem Ordner, da ich ihn fälschlicherweise auf dem Desktop erstellt habe und jetzt nicht weiß, wohin damit. Bevor er aber in den Papierkorb wandert, versuch ich nun auf diesem Wege, dem Ordner ein neues Zuhause auf einem anderen Apple-Rechner zu verschaffen.“
Der gebotene Betrag übersprang gerade die 200-Euro-Granze, da stoppte eBay die Aktion. Die Versandart rief die obersten Auktionshüter auf den Plan. Die Lieferung des „Neuen Ordners“ sollte versandkostenfrei per E-Mail erfolgen. Das aber ist bei eBay nicht erlaubt. „Es ist nicht erlaubt, Artikel bei eBay anzubieten, die über das Internet bereitgestellt oder versendet werden“, heißt es in den Allgemeinen Gescäftsbedingungen der Online-Auktionäre.
Quelle: A. Krüger: Bieten bis der Arzt kommt, 13.11.2003, www.telepolis.de

Bei eBay wechselte 2003
- alle zwei Sekunden ein Kleidungsstück,
- alle 14 Sekunden ein Roman,
- alle drei Minuten ein Auto,
- alle sechs Minuten ein Gartenzwerg,
- alle acht Minuten ein Sofa,
- alle 36 Minuten ein Traktor und
- alle drei Stunden ein Bagger

den Besitzer bzw. die Besitzerin.

Märkte im 21. Jahrhundert: Beispiel eBay

„eBay wächst weiterhin explosionsartig“. So lautete die Überschrift eines Artikels in Spiegel online am 22.01.2004. Und weiter hieß es: „Das Auktionshaus eBay ist inzwischen eine etablierte Marke, wächst jedoch weiter wie ein Start-up-Unternehmen. Im angelaufenen Geschäftsjahr konnte der US-Konzern Umsatz und Gewinn um mehr als 70 Prozent steigern.“
Quelle: www.spiegel.de/wirtschaft/0,1518,282988,00.html

Dabei stellt das US-amerikanische Unternehmen eBay nichts anderes als einen Marktplatz zur Verfügung, auf dem sich mittlerweile in 28 Ländern die Anbieter und Nachfrager von unterschiedlichsten Gütern und Dienstleistungen regelmäßig treffen und Tauschhandel betreiben.
Die Zahlen des deutschen eBay-Marktes für das Jahr 2003 sind dabei sehr erstaunlich: Mehr als 16 Millionen Nutzerinnen und Nutzer wurden in jedem Monat registriert, wovon ca. 10.000 ihren Lebensunterhalt als professionelle Anbieter verdienten. Der Umsatz stieg dabei im Vergleich zum Vorjahr um 78 % auf 2,17 Milliarden Dollar.

eBay: Das klassische Modell in modernem Gewand
eBay präsentiert eine moderne Form der Marktorganisation, wobei bemerkenswerter Weise eine stärkere Annäherung an den Modellmarkt zu verzeichnen ist, als dies üblicherweise der Fall ist: Anbieter und Nachfrager treffen sich zu festen Zeiten an einem festen Ort. Dabei handelt es sich allerdings nicht um einen festen Zeitrahmen für alle Transaktionen: Für jeden einzelnen Tauschvorgang wird der Zeitpunkt (das Auktionsende) festgelegt, ansonsten besteht zu jedem Zeitpunkt an jedem Tag die Möglichkeit, ein Angebot einzustellen oder die Nachfrage in Form eines Gebotes zu formulieren. Und der „feste Ort“ ist lediglich eine Adresse im Internet, das Aufsuchen des Marktplatzes ist also (die notwendige Computerausrüstung vorausgesetzt) jederzeit unter Aufwendung im Vergleich geringer Kosten möglich. Findet der Flohmarkt in meiner Stadt nur sonntags zwischen 11.00 und 17.00 Uhr an einem Ort statt, den ich lediglich unter Zuhilfenahme eines Verkehrsmittel erreichen kann, bietet eBay gänzlich andere Möglichkeiten. Durch den Auktionsmechanismus kommt zudem de facto bei jedem einzelnen Gut und jeder einzelnen Dienstleistung immer derjenige Nachfrager in den Genuss des Zuschlags, der bereit ist für die Befriedigung der Bedürfnisse den höchsten Geldbetrag einzusetzen. In diesem Zusammenhang kommen die klassischen Marktmechanismen zum Tragen, wobei die Preise in der Regel jedoch unter dem üblichen Marktniveau bleiben.

Informationsasymmetrien zwischen Anbietern und Nachfragern
Wir müssen nur an das Beispiel des Autokaufs im ersten Kapitel zurückdenken um festzustellen, dass bei jedem Handel Anbieter und Nachfrager über unterschiedliche Informationen verfügen und Institutionen geschaffen werden müssen, diese Asymmetrie abzubauen, sollen Transaktionen stattfinden können. Und man kann festhalten, dass Transaktionen im Internet heute immer noch mit besonderen Unsicherheiten verbunden sind. Bezogen auf das Beispiel eBay bedeutet dies konkret, dass der Nachfrager i. d. R. keine Möglichkeit hat, neben der vom Anbieter eingestellten Information und einem Foto weitere Informationen über das Gut zu erhalten. Den Anbietern fehlt andererseits die Möglichkeit beispielsweise die Zah-

lungsmoral der Nachfrager durch persönliche Nachfrage zu ermitteln. Diese sehr unsichere Situation birgt die Gefahr, dass viele potenzielle Anbieter und Nachfrager von einer Teilnahme absehen.

Um dem entgegenzusteuern wurden auch bei eBay Institutionen eingerichtet, die geeignet sind, die Verteilung der Informationen auf beiden Seiten zu verbessern. Hierbei spielt die Bewertung der Transaktionspartner eine wesentliche Rolle. Nach Abschluss einer Transaktion haben beide Seiten die Möglichkeit, die Zuverlässigkeit des Tauschpartners hinsichtlich z. B. Produktqualität, Pünktlichkeit und Zahlungsmoral zu bewerten. Die entsprechenden Eintragungen werden einem eBay-Namen fest zugeordnet und eine nachträgliche Löschung ist nicht möglich. Die Veröffentlichung der Bewertungen sorgt dafür, das zukünftige Tauschpartner eine bessere Möglichkeit haben, die Zuverlässigkeit des Anbieters bzw. Nachfragers zu überprüfen. Dabei hat sich gezeigt, dass das System durchaus in der Lage ist schwarze Schafe abzuschrecken. Insbesondere auf Anbieterseite ist der Erhalt guter Bewertungen wichtig: So liefert zumeist schon die Drohung schlechter Bewertungen ausreichende Anreize für ein positives Verhalten.

Gefahren bei Internetauktionen
Trotz solcher und weiterer Einrichtungen gibt es immer wieder auch kriminelle Aktivitäten auf derartigen Internetplattformen: Es wird Geld kassiert, der Versand der Ware bleibt jedoch aus. In diesem Zusammenhang kommt es auch häufig zu Fälschungen der Bewertungsprofile. Und es ist auch schon zum Klau von Passworten und deren Missbrauch gekommen. Um solchen Verstößen zu begegnen, greift eBay auf klassische Mittel im Rahmen der Rechtsordnung zurück: Der Vermittlung von Verhaltenshinweisen, den Aufbau technischer Sicherheitssysteme und die tägliche Überprüfung der Aktivitäten im Netz durch mehr als 100 Mitarbeiterinnen und Mitarbeiter.

Rechtliche Aspekte
Darüber hinaus spielen weitere rechtliche Aspekte eine Rolle, so z. B. die Frage nach der Steuerpflicht der Anbieter. Insbesondere derjenige Anbieter, der gewerblichen Handel mit Gewinnerzielung betreibt und sich speziell zu diesem Zweck mit Waren eindeckt, unterliegt festen Regeln. Hier ist eine Gewerbeanmeldung und ab einem gewissen Umsatzbetrag die Entrichtung von Gewerbe- und Umsatzsteuer fällig.
Und selbstverständlich spielt bei eBay ebenso wie bei allen anderen Internetplattformen die Frage nach dem sicheren Zahlungsverkehr eine Rolle. Hier werden kontinuierlich Verbesserungen vorgenommen, um die Vertrauensbasis der Nutzerinnen und Nutzer zu vergrößern.

Gleiches gilt für den sehr sensiblen Bereich des Datenschutzes: Doch gerade hier haben sich in der Vergangenheit Probleme ergeben. In den USA bemängeln Daten- und Verbraucherschützer, dass eBay regelmäßig den US-amerikanischen Ermittlungsbehörden auf Anfrage umfangreiche persönliche Daten von Nutzerinnen und Nutzern weiterleiten, ohne diese darüber zu informieren oder judikative Organe einzuschalten. Die rechtliche Grundlage dazu bildet ein Passus in den Allgemeinen Geschäftsbedingungen (vgl. S. 211), dem jeder zustimmen muss. Dieser findet sich auch bei der deutschen Präsenz.

1. Verdeutlichen Sie, wie sich – entsprechend dem Marktmodell – bei eBay der Gleichgewichtspreis auf Grund der Ausgestaltung von Angebot und Nachfrage herausbildet.
2. Finden Sie Beispiele für das Zusammentreffen einer hohen Nachfrage und eines geringen Angebots bzw. den umgekehrten Fall und beschreiben Sie die jeweilige Preisentwicklung.
3. Vergleichen Sie eBay mit einem Flohmarkt in Ihrer Stadt bzw. Gemeinde. Welche Gemeinsamkeiten und Unterschiede stellen Sie fest?
4. Welche Informationsmöglichkeiten hat der Flohmarktkunde gegenüber dem eBay-Kunden bezüglich der Einholung von Informationen? Gibt es auch Vorteile auf Seiten des eBay-Kunden?
5. Verdeutlichen Sie, an welchen Stellen das freie Marktgeschehen bei eBay nur im Rahmen vorgegebener Regeln und Normen stattfinden kann.
6. Sammeln Sie in Ihrem Kurs die bislang mit Internetmarktplätzen gesammelten Erfahrungen und versuchen Sie in diesem Zusammenhang die große Popularität von eBay zu erklären.

3.4 Einflussfaktoren auf das Verbraucherverhalten

Nach dem ökonomischen Erklärungsansatz folgen Individuen bei ihren Handlungen stets dem Prinzip der Nutzenmaximierung. Gleichzeitig sind ihre Handlungen vielfältigen Einschränkungen unterworfen, beispielsweise dem eigenen Einkommen und der Höhe der Preise der gewünschten Güter. Zusammenfassend lässt sich also festhalten, dass wir es mit einer „Nutzenmaximierung unter Restriktionen" zu tun haben.

Den Handlungen liegen also Handlungsbedingungen zu Grunde. Gleichzeitig kann festgestellt werden, dass Handlungen auch Folgen nach sich ziehen können, die wiederum Bedingungen für zukünftige Handlungen darstellen können. Dies wird besonders deutlich, wenn wir uns mit den Einflussfaktoren auf das Konsumentenverhalten auseinander setzen.

Das Handeln der Mitglieder der Privaten Haushalte spiegelt sich in den Einkommensverwendungs- und/oder Sparentscheidungen wider. Warum Konsumentinnen und Konsumenten sich für bestimmte Konsumgüter in dieser oder jener Form entscheiden, d. h. welche Faktoren das Konsumentenverhalten beeinflussen, ist wesentlicher Inhalt zahlreicher Ansätze zur Erklärung des Konsumentenverhaltens, die jedoch eine unterschiedliche Reichweite und Erklärungskraft besitzen. Von zwei Fragen kann ausgegangen werden:

- Zunächst ließe sich aus Konsumentensicht fragen: Welche Faktoren beeinflussen mein Verhalten als Konsument und wie kann ich mein Konsumverhalten so ausrichten, dass ich meine Interessen als Nachfrager nach Sachgütern und Dienstleistungen realisieren kann?
- Aus der Sicht eines Unternehmens ließe sich dagegen als Anbieter von Sachgütern und Dienstleistungen für Männer und Frauen, für Jugendliche und Kinder, für Telefonbesitzer oder junge Mütter, für Computer-Freaks oder Autofahrer fragen: Wie erreichen wir diese Personen oder Personengruppen mit unseren Sachgütern und Dienstleistungen?

Ein Unternehmen, das seine Produkte und Dienstleistungen an Konsumenten verkaufen will, benötigt deshalb Informationen darüber, wie sich Käufer in Gruppen oder als Einzelkäufer verhalten, wie sie diese Produkte und Dienstleistungen wahrnehmen, warum sie bestimmte Produkte nur in bestimmten Geschäften kaufen und vieles mehr. Diese Informationen sind aus der Interessenlage des Anbieters erforderlich, um die richtigen absatzpolitischen Instrumente einzusetzen, wie z. B. Preise, Serviceleistungen, Werbung, Sortimentpolitik und Distributionswege.

Wir stellen im Folgenden drei Erklärungsansätze dar: den ökonomischen, den psychologischen und den soziologischen Erklärungsansatz. Danach werden wir der Frage nachgehen, wie die Erkenntnisse dieser Forschungsrichtungen in die Strategien der anbietenden Wirtschaft einfließen.

Bereits zwölf Prozent der 13- bis 24-Jährigen in Deutschland sind verschuldet, durchschnittlich mit 1.810 Euro. Das Handy steht dabei schon an Platz vier der Gründe für Kredite, nach dem Auto, Ausgehen und Kleidung. Zu diesem Ergebnis kommt eine Studie des Münchner Instituts für Jugendforschung, bei der bundesweit 1.228 Jugendliche nach ihren Schulden befragt wurden.

3.4.1 Ökonomische Erklärungsansätze des Konsumentenverhaltens

In den Privaten Haushalten herrscht eine Vielzahl von Bedürfnissen. Jedes Mitglied hat seine eigenen Wünsche und Ansprüche und ist bestrebt, seine individuellen Bedürfnisse zu erfüllen (vgl. S. 144). Dies ist jedoch nur möglich, wenn dem Privaten Haushalt genügend finanzielle Mittel zur Verfügung stehen. Und dies wiederum hängt unmittelbar von den Preisen der gewünschten Güter ab.

Die drei wichtigsten Faktoren, die den Konsumplan eines Haushalts bestimmen, sind also: die Bedürfnisse der Konsumenten, die Güterpreise und das zur Verfügung stehende Einkommen. Rein ökonomische Erklärungsansätze des Konsumentenverhaltens untersuchen vorrangig die Wechselbeziehung zwischen Güterpreisen und Gütermengen. Dabei wird das Menschenbild des „Homo oeconomicus" zu Grunde gelegt, das bereits in Kapitel 1 vorgestellt wurde.

- Der „Homo oeconomicus" besitzt eine vollständige Marktübersicht, d. h., er kennt alle Produkte, alle Dienstleistungen mit ihren Preisen – also alle entscheidungsbedeutsamen Alternativen.
- Der „Homo oeconomicus" versucht seinen persönlichen Nutzen zu maximieren und verhält sich auch immer nach dieser Maxime.
- Der „Homo oeconomicus" hat eine unbegrenzte Kapazität zur Informationsverarbeitung.
- Der „Homo oeconomicus" trifft seine Entscheidungen, ohne sich durch andere Personen und/oder durch Erfahrungen bei früheren Kaufentscheidungen beeinflussen zu lassen.

Es wird in diesem Zusammenhang also mit der Annahme operiert, dass das Entscheidungsverhalten des Individuums rein zweckrational ausgerichtet ist und sich nach dem „ökonomischen Prinzip" vollzieht. Diese Arbeitsannahme verwendet das ökonomische Prinzip als einen reinen Durchführungsgrundsatz, der beschreibt, auf welche Weise der Handelnde ein Ziel zu erreichen versucht. Es geht dennoch nicht um den Inhalt des Handelns, sondern um die Art und Weise, wie das Ziel erreicht wird. Das ökonomische Prinzip wird dabei wie folgt differenziert:

Minimalprinzip – ein gegebenes Ziel wird mit möglichst wenig Mitteln erreicht.

Maximalprinzip – mit den gegebenen Mitteln ist ein möglichst großer Nutzen zu erreichen.

Es liegt auf der Hand, dass das Verhältnis zwischen den eigenen Bedürfnissen, den zur Verfügung stehenden Mitteln und den Preisen der Güter das Verhalten der Privaten Haushalte auf Märkten maßgeblich beeinflusst. Eine Markterkundung zur Ermittlung von Preisunterschieden und Einsparmöglichkeiten kann verdeutlichen, wie groß die Handlungsspielräume der Privaten Haushalte im Hinblick auf die Umsetzung des Minimal- bzw. Maximalprinzips theoretisch sind.

1. Führen Sie eine Markterkundung zu den Einsparmöglichkeiten bei Markenbindung / Bezugsquellenflexibilität und Markenflexibilität / Bezugsquellenbindung durch. Zu welchen Ergebnissen kommen Sie?
2. Wie treffen Sie persönlich im Alltag Ihre Kaufentscheidungen?
3. Vergleichen Sie Ihr Kaufverhalten mit dem Leitbild des „Homo oeconomicus".

Wir vergleichen Einsparmöglichkeiten

Produkte	Größte Preisunterschiede (a) bei gleichen Marken in verschiedenen Geschäften		(b) bei verschiedenen, austauschbaren Produkten im jeweiligen Geschäft		Durchschnittliche Ersparnis (a) bei Markentreue und flexibler Bezugsquelle		(b) bei Markenflexibiblität und Bezugsquellenbindung	
	von €	bis €	von €	bis €	von €	bis €	von €	bis €
(1) Kompakt-Vollwaschmittel (1,5 kg) (2) Spülmittel (500 ml)								
(3) Margarine (500 g) (4) Nuss-Nougat-Creme (400 g)								
(5)a) Erbsen (Konserve, 400 g) b) Spinat (Tiefkühl, 450 g) c) Apfelmus (720) g								
(6)a) Papiertaschentücher 12 Päckchen b) Toilettenpapier (10 Rollen, 2-lagig)								
(7) Kaffeefilter Gr. 4 (100) St.)								
(8) Kaffee (500 g) (9) Mineralwasser (0,7 l)								
(10) a) Shampoo (250 ml) b) Zahnpasta (75 ml)								

Doch reicht der ökonomische Erklärungsansatz aus, um das Verhalten von Konsumentinnen und Konsumenten ausreichend erklären zu können? Versuchen wir einmal, das „Homo oeconomicus“-Modell auf eine einfache Kaufhandlung zu übertragen:

1. Welche Schwierigkeiten entstehen beim Kauf des Regenschirms?
2. Welche Annahmen des „Homo oeconomicus“-Modells scheinen bei aller Entscheidungskraft in der Realität auf Grenzen zu stoßen?

Kauf eines Regenschirms
Ich brauchte seinerzeit einen neuen Regenschirm. Es war zu überlegen, wie ich in meiner Rolle als Arbeitnehmer die in der freien Marktwirtschaft mir obliegende Pflicht der Auswahl am besten treffen könnte. In Köln gibt es, so nahm ich an, etwa 50 Läden, in denen man einen Regenschirm kaufen kann. Diese müsste ich pflichtgemäß alle aufsuchen […]
Dann gibt es schätzungsweise 200 Sorten Regenschirme für Herren. Da es ein schwarzer Regenschirm mit gebogener Krücke sein sollte, mag sich die Sortenzahl auf 100 ermäßigen. Nun aber geht es mir um einen möglichst dauerhaften Regenschirm, dessen Stoff, Stock und Mechanik lange halten und auch bei starkem Wind lange brauchbar bleiben sollen.
Ich fand bald heraus, dass, allein um die Güte der Regenschirmstoffe auf Haltbarkeit und Wasserdurchlässigkeit zu prüfen, ein Kursus nötig sei, den ein Freund auf Wochen Dauer schätzte. Auch die Mechanik sei, so meinte er, in ihrer Qualität verschieden, und man müsse schon etwas davon verstehen, wenn man eine sachkundige Auswahl treffen wolle. Diese Überlegungen führten dahin, dass ich, um mich und meine Familie mit dem nötigen Hausrat und der nötigen Bekleidung zu versehen, meinen Beruf aufgeben und dazu noch einen Assistenten anstellen müsste. Dieses bedenkend, verzichtete ich auf jede Konkurrenzprüfung, ging in den nächsten Laden und kaufte unter den 10 vorgelegten Schirmen einen ohne lange Prüfung und zahlte dafür, was gefordert wurde.
Quelle: E. Schmalenbach: Der freien Wirtschaft zum Gedächtnis, Schmalenbach-Gesellschaft, Köln, S. 58, zit. nach: F. J. Kaiser/H. Kaminski: Telekolleg II, Volkswirtschaftslehre, 8. Auflage, TR-Verlagsunion, München, 1999, S. 36 f.

Bei der einfachen Betrachtung des eigenen alltäglichen Handelns wird ebenfalls offensichtlich, dass auch andere Faktoren als die Ausstattung mit Ressourcen und die Preise von Gütern Kaufentscheidungen beeinflussen.

Um dies zu verdeutlichen, werden wir uns im Folgenden eine weitere klassische Alltagssituation ansehen. Interessant wird es v. a. zu beobachten sein,
- wie sich die Bedürfnisse der Hauptpersonen im Verlauf der Episode verändern,
- wodurch diese Veränderungen jeweils verursacht werden und
- welche Übertragungsmöglichkeiten auf andere – gleichfalls alltägliche Situationen denkbar sind.

„Schnell noch mal zum Metzger ..."
Frau Kelter fehlen noch einige Lebensmittel für das Mittagessen. Die Zeit drängt. Die fünfjährige Tochter Anna freut sich schon auf das Einkaufen und wartet bereits an der Tür. Als Erstes muss Frau Kelter schnell zum Metzger: „Ein Pfund Gehacktes, 2 Kasslerkoteletts und 1/2 Pfund feine Leberwurst:" – „Darf es dieses Stück sein? Es wiegt 300 Gramm." – „Ja, ist gut, packen sie's ein."
„Na, Anna, magst du eine Scheibe Wurst? Hier, bitte."
„Was sagt man denn, Anna?", ermahnt Frau Kelter ihre Tochter. Anna schweigt und nimmt die Scheibe Wurst. Frau Kelters Stimme wird lauter: „Was sagt man, Anna?" Anna schweigt und isst weiter.
„Ach, lassen Sie doch, Frau Kelter. Ich kenne das von meiner Kleinen auch. Manchmal sind sie schon schwierig."

Vor dem Metzgerladen: Frau Kelter trifft ihre Nachbarin: „Übrigens, Frau Kelter, wenn Sie heute Salat machen wollen, bei Komet ist er heute am billigsten."
„Oh, ja, schönen Dank für den Tipp!" Ein Blick zur Uhr. Frau Kelter beeilt sich. Anna stürzt – sie weint. „Pass doch auf!" Hinein in den Supermarkt. Salat kauft Frau Kelter auch. Lange Schlange vor der Kasse. Anna zieht am Mantel der vor ihr stehenden Frau. Erstaunter Blick, Zurechtweisung durch die Mutter.
Anna hat die Schokoladenriegel in der Gondel an der Kasse gesehen. „Mama, kaufst du mir einen Riegel?"
„Nein, wir haben noch welche zu Hause." – „Ich möchte aber jetzt einen." Anna fängt laut an zu weinen, die Kunden schauen vorwurfsvoll. Frau Kelter legt einen Riegel neben den Salat und noch andere Kleinigkeiten auf das Band. „17,30 bitte!"

Weiter geht's. Ein Blick ins Schaufenster von „Christine". Ist dort nicht die hübsche Bluse, die ich schon immer für meinen Rock haben wollte? Und sogar herabgesetzt für nur 25 Euro! Also hinein!
„Aber Frau Kelter, das macht Sie doch alt und passt ganz und gar nicht zu Ihrem Typ. Sehen sie dort – würde das nicht viel besser passen? Allerdings ein paar Euro teurer ..." „Hm, ein stolzer Preis!"
„Aber fühlen Sie doch mal, Frau Kelter, diese Qualität ist doch ihren Preis wert!" Frau Kelter kann sich nicht entschließen. Anna krabbelt unter den Kleiderständer, sie reißt eine Bluse herunter. „Anna ...!" „Aber, das macht doch nichts, wir waren doch alle mal klein. Finden Sie diese Bluse denn nicht chic? Machen Sie sich doch nicht älter, als Sie sind!" Ein Blick zur Uhr – allerhöchste Zeit! Anna weint – sie hat sich am Kassentisch gestoßen.
„Ich nehme sie." – „40 Euro bitte."

Herr Kelter wartet schon ungeduldig und brummt: „Schon wieder kein Essen fertig und das heute, wo ich um zwei Uhr wieder im Büro sein muss. Was hast du denn da für eine Bluse gekauft? Mein Gott, du bist doch kein Twen mehr ..." „Du hast doch keine Ahnung! Die passt genau zu meinem Rock."
„Pass mal auf, was Karin dazu sagen wird."
„Karin, Karin, was geht mich Karin an? Ich weiß selbst, was mir steht!"
„Und was kostet der Fummel?"

Auch in diesem Falle handelt es sich wieder um eine Alltagssituation, die so oder ähnlich vielen bekannt sein dürfte. Und es wird ganz deutlich, dass Frau Kelters Kaufentscheidungen keineswegs nur auf ökonomischen Überlegungen basieren. Vielmehr spielen unterschiedliche Faktoren eine Rolle. Man spricht in diesem Zusammenhang von den „soziologischen Einflussfaktoren" auf das Konsumentenverhalten.

!

1. Welche unterschiedlichen Faktoren beeinflussen die Kaufentscheidungen von Frau Kelter?
2. Wie und auf welche Art verändern sich ihre Bedürfnisse?

Gary S. Becker

Gary S. Becker

Kurzbiografie

Gary S. Becker wird am 2. Dezember 1930 in Pottsville, Pennsylvania, einer Kleinstadt im Kohlerevier der USA, geboren und wächst in Brooklyn, New York, in einfachen Verhältnissen auf. Becker ist ein ausgezeichneter Schüler und erhält schon im Alter von siebzehn Jahren einen Studienplatz an der renommierten University of Princeton, wo er Ökonomie und Mathematik studiert. 1955 promoviert er an der University of Chicago und veröffentlicht 1957 das Buch „The Economics of Discrimination", das auf seiner Dissertation beruht. Seitdem ist Becker in Forschung und Lehre tätig. Gleichzeitig übernimmt er ein Forschungsprojekt im National Bureau of Economic Research in Manhattan, dessen Ergebnisse er 1964 als Grundlage für sein Buch „Human Capital" heranzieht. Seit 1985 schreibt er zusammen mit seiner zweiten Frau Guity Nashat Becker regelmäßig in der Wirtschaftskolumne der Business Week.
1992 erhält er den Nobelpreis für Wirtschaftswissenschaften für seine „Ökonomie des menschlichen Handelns".
Gary S. Becker lebt derzeit in Chicago und hat dort einen Lehrstuhl für Ökonomie und Soziologie.

Hauptgedanken und Wirkung

Beckers ökonomischer Ansatz beruht auf der Auffassung, dass die mikroökonomische Theorie nicht nur für Märkte im engen Sinne gilt, sondern auch auf alles menschliche Verhalten anwendbar ist. Er geht davon aus, dass jedes Individuum das, was es will, rational verfolgt. Demnach heirate ein Mensch, wenn dadurch sein Nutzen höher ist als die Kosten des Alleinbleibens oder der weiteren Suche nach einem Partner.
Kinder sind für Becker langlebige Konsumgüter, deren „Produktion" von den Kosten für ihre Erziehung ebenso abhängt wie von ihrem erwarteten Nutzen für die Eltern. Da Frauen heutzutage nicht mehr nur für Haushalt und Erziehung verantwortlich sind, sondern auch Einkommen erwirtschaften, wird die Zeit, die für die Versorgung von Kindern zur Verfügung steht, knapper. Steigende Kosten und mangelnde Zeit sind, so Becker, die ausschlaggebenden Faktoren, weshalb in den Industrieländern der Kinderwunsch zurückgeht.

Eine wichtige Anwendung findet Beckers Analysemodell in seinen Untersuchungen über Erziehung und berufliche Bildung, also über Investitionen in Humankapital – ein Begriff, den Becker prägte. Individuen, so Becker, entscheiden über ihre Schulbildung, Berufsausbildung und medizinische Behandlung sowie über anderweitige Verbesserungen ihres Wissens und ihrer Gesundheit, indem sie Nutzen und Kosten abwägen. Dem Nutzen entsprechen dabei kulturelle und ideelle Gewinne sowie verbesserte Einkommens- und Beschäftigungsmöglichkeiten. Die Kosten hängen dagegen vor allem von dem Zeitaufwand für diese Investitionen, z. B. Schulbildung, ab.
Einer der ersten Untersuchungsgegenstände Beckers war die Kriminalität. Für Becker ist Kriminalität nicht die Folge sozialer Unterdrückung, sondern ökonomisches Kalkül. Verbrecher wollen wie alle anderen Menschen ihren Nutzen maximieren und handeln in dem Sinne rational. Ein Individuum wird zum Straftäter, wenn der erwartete Nutzen aus dem Verbrechen höher ist als der Nutzen aus einer legalen Tätigkeit.

Mit seiner Theorie des ökonomischen Denkens, die das menschliche Handeln stark durch ökonomische Anreize beeinflusst sieht, folgt Becker Ökonomen wie Adam Smith oder Karl Marx, die sogenanntes nichtmarktmäßiges Verhalten in ihre Analysen mit einschlossen. Becker allerdings wendet die Wirtschaftstheorie auf alle Bereiche des menschlichen Handelns an.

Wesentliche Werke

- Becker, Gary S. (1971): The Economics of Discrimination (1957); 2nd edition, Chicago, Illinois: University of Chicago Press
- Becker, Gary S. (1964): Human Capital, New York: Columbia University Press
- Becker, Gary S. (1976): The Economic Approach to Human Behavior, (deutsch: Der ökonomische Ansatz zur Erklärung menschlichen Verhaltens (1993); 2. Auflage, Tübingen: J. C. B. Mohr), Chicago, Illinois: University of Chicago Press
- Becker, Gary S. (1981): A Treatise on the Family, Cambridge, Massachusetts: Harvard University Press

Menschliches Dasein aus ökonomischer Sicht

Ein bedeutender Schritt zur Erweiterung der traditionellen Analyse des individuellen rationalen Wahlverhaltens besteht in der Integration einer viel reichhaltigeren Auswahl an Haltungen, Präferenzen und Erwartungen in die Theorie. Dieses Vorgehen ist entscheidend für alle von mir ausgewählten Beispiele. Die Untersuchung zur Diskriminierung umfasst in den Präferenzen die Abneigung oder die Vorurteile gegenüber Mitgliedern bestimmter Gruppen, etwa den Schwarzen oder Frauen. In der Analyse über illegales Handeln wird von potenziellen Kriminellen angenommen, dass sie sowohl die Gewinne als auch die Risiken in ihre Entscheidung einbeziehen – einschließlich der Wahrscheinlichkeit, gefasst zu werden, und der Höhe der Strafe. In der Humankapitaltheorie berechnen die Menschen rational Nutzen und Kosten von bestimmten Aktivitäten, wie beispielsweise Schulbildung und Berufsausbildung, aber auch Ausgaben für Gesundheit, Ortswechsel und die Verbesserung von Fähigkeiten, die ihren Lebensweg entscheidend beeinflussen. Der ökonomische Ansatz der Familie nimmt an, dass sogar ganz persönliche Entscheidungen wie Heirat, Scheidung und Familiengröße durch das Abwägen von Vor- und Nachteilen der möglichen Alternativen getroffen werden. Die Gewichtung wird durch Präferenzen bestimmt, die wesentlich von Altruismus und Pflichtgefühl oder Verantwortung gegenüber Familienmitgliedern abhängen.

[...] Obwohl der ökonomische Ansatz zur Erklärung des Verhaltens auf einer Theorie individueller Wahlhandlungen beruht, beschäftigt er sich nicht nur mit Individuen. Er benutzt die Theorie auf der Mikroebene als ein wirksames Instrument, um Folgerungen auf der Gruppen- oder Makroebene abzuleiten. Um zu Ergebnissen über das Gruppenverhalten zu gelangen, verwendet das Konzept der rationalen individuellen Wahl Annahmen über die Technologie und andere Bestimmungsgrößen von Chancen, Gleichgewichten in Markt- und Nichtmarktsituationen, Gesetzen, Normen und Traditionen. Gerade weil die Theorie zu Schlüssen auf der Makroebene führt, ist sie für Politiker ebenso interessant wie für all jene, die Unterschiede zwischen Ländern und Kulturen analysieren.

Quelle: G. S. Becker/K.-D. Grüske: Die Nobelpreisträger der ökonomischen Wissenschaft, Band III, Verlag Wirtschaft und Finanzen, Düsseldorf, 1994, S. 226 f.

Finden Sie weitere Bereiche menschlichen Handelns, auf die sich der von Becker entwickelte Erklärungsansatz anwenden lässt.

3.4.2 Soziologische Beeinflussungsfaktoren des Konsumentenverhaltens

Man unterscheidet bei der Betrachtung von Konsumentinnen und Konsumenten zwischen der näheren und der weiteren Umwelt. Während unter der erstgenannten alle Personen und Gruppen gefasst werden, zu denen das Individuum in regelmäßigem Kontakt steht (z. B. Familie, Freundinnen und Freunde, Arbeitskolleginnen und -kollegen), versteht man unter dem Begriff der weiteren Umwelt alle Personen und Gruppierungen, zu denen keine regelmäßigen persönlichen Beziehungen bestehen. Hierzu zählen soziale Hintergrundsysteme wie Kultur und Subkultur, große soziale Organisationen (von Gewerkschaften bis zur Großstadt) und einzelne Personen wie Politiker und Berühmtheiten des kulturellen Lebens.
Menschen sind also in ihrem alltäglichen Leben in eine Vielzahl von Gruppen eingebunden, die sich dadurch auszeichnen, dass zwischen ihren Mitgliedern wiederholte und nicht nur zufällige wechselseitige Beziehungen bestehen.

Generell unterscheidet man zwischen zwei Arten von Gruppen:
Die **Sekundärgruppen** sind eher Großgruppen, wobei die Mitglieder relativ unpersönliche Beziehungen zueinander haben. Das können Betriebe, Vereine und großstädtische Gemeinden sein. Die funktionale Organisation sowie die bewusste Zweck- und Zielorientierung stehen im Vordergrund.
Primärgruppen zeichnen sich dagegen in der Regel durch eine geringe Anzahl von Mitgliedern aus, zwischen denen ein enger emotionaler Kontakt besteht. Typische Beispiele für Primärgruppen sind die Familie und der engste Freundeskreis.

Listen Sie weitere Primär- und Sekundärgruppen auf.

In Gruppen gelten in der Regel bestimmte Verhaltensnormen bzw. Auffassungen darüber, wie sich die Gruppenmitglieder in bestimmten Situationen verhalten sollen. Die Erwartungen hinsichtlich der Einhaltung dieser Normen sind bei den einzelnen Gruppenmitgliedern nicht selten unterschiedlich. In der Familie wird sich beispielsweise das Kind in bestimmten Situationen anders verhalten als der Vater, die Mutter oder die ältere Schwester.
Für Kinder und Jugendliche sind zwei Primärgruppen von besonderer Bedeutung: die Familie und die Bezugsgruppen, und hier speziell die Peergroups.

Familie

Die zentrale Primärgruppe stellt die Familie dar. Im Gegensatz zu anderen Gruppen dieser Kategorisierung ist sie – in Abhängigkeit von der jeweiligen Kultur – durch eine in weiten Teilen festgelegte Rollenstruktur, vor allem jedoch durch die besondere Qualität der emotionalen Beziehungen zwischen den einzelnen Mitgliedern gekennzeichnet. Die gefühlsmäßigen Bindungen sind dabei überdurchschnittlich stabil, was sich u. a. in einem besonders starken Zusammengehörigkeitsgefühl äußert. Studien haben dabei deutlich gemacht, dass bereits Kinder und Jugendliche einen erheblichen Einfluss auf die familiären Kaufentscheidungen haben.
Generell ist jedoch festzuhalten, dass mit zunehmendem Alter der Einfluss von Bezugsgruppen außerhalb der Familie zunimmt. Freundesbeziehungen werden wichtiger, die Bedeutung der Familie für gemeinsame und individuelle Kaufentscheidungen sinkt dagegen.

Bezugsgruppen
Unter Bezugsgruppen werden solche Gruppen verstanden, nach denen sich ein Individuum richtet, unabhängig davon, ob es dieser Gruppe angehört oder nicht. Diese Bezugsgruppen bestimmen weitgehend die Art und Weise, wie das Individuum seine Umwelt und sich selbst wahrnimmt, sie beurteilt und daraus die Normen für sein Verhalten ableitet. In der Regel werden Bezugsgruppen in zweifacher Weise wirksam:
Einmal haben sie eine komparative (vergleichende) Funktion, d. h., sie liefern Maßstäbe, an denen sich das Individuum mit seinen Wahrnehmungen, Einstellungen, Meinungen, Urteilen messen kann.
Zum anderen haben Bezugsgruppen auch eine normative Funktion, d. h., sie liefern Verhaltensregeln, die von den meisten Mitgliedern einer Bezugsgruppe akzeptiert werden.

Peergroups
Für Jugendliche stellt die Peergroup eine wesentliche Bezugsgruppe im Rahmen der täglich zu fällenden Konsumentscheidungen dar. Es handelt sich dabei um Gruppen von Gleichaltrigen, die von einem bestimmten Alter an einen stärkeren Einfluss auf das Verhalten der Jugendlichen haben als die Familie.
Die Gruppenmitglieder weisen eine Reihe von Gemeinsamkeiten auf, wie z. B. Alter, Geschlecht oder soziale Rolle (Schüler, Lehrling usw.). In „seiner" Peergroup fühlt sich der Jugendliche geborgen, weil er mit Gleichgesinnten zusammen sein kann. Mit ihr kann er sich identifizieren, sie gibt ihm Verhaltenssicherheit. Die Gruppe wird die höchste Instanz in Bezug auf Fragen des Geschmacks (z. B. Kleidung, Musik) oder im Hinblick auf bestimmte Verhaltensweisen (z. B. Freizeitverhalten). Will man in seiner Gruppe „in" sein, muss man sich oftmals danach richten, was von ihr akzeptiert wird. Man muss über bestimmte Produkte (Musikgruppen, Kleidung, technische Geräte usw.) Bescheid wissen bzw. sie besitzen, will man dazugehören.

Kehren Sie zum Anfang dieses Kapitels zurück und erarbeiten Sie, welche Bezugsgruppen das Verhalten einzelner Mitglieder der Familie Heistermann beeinflussen können und welche Rolle diese bei der familiären Diskussion spielen.

Meinungsführermodell
Innerhalb solcher Bezugsgruppen bzw. Peergroups beeinflussen Individuen das Kaufverhalten und die Konsumentscheidungen der Mitglieder auf unterschiedliche Weise. Dieser Tatsache trägt das Meinungsführer-Modell Rechnung.
Unter dem Begriff „Meinungsführer" werden Personen verstanden, die in ihrer Gruppe eine Schlüsselstellung in Bezug auf einen bestimmten Meinungsgegenstand innehaben. Dies kann Musik, Mode, aber auch Fernsehen oder Autos sein. In einer Gruppe können dabei verschiedene Meinungsführer eine Rolle spielen, differenziert nach den unterschiedlichen Meinungsgegenständen.
Meinungsführer werden um Rat gefragt, geben Ratschläge und vermitteln Informationen. Kurzum: Sie gelten für einen bestimmten Meinungsgegenstand als besonders sachverständig und kompetent, ihre Ansichten und Urteile werden von vielen Gruppenmitgliedern anerkannt und/oder übernommen. Selbst Institutionen – wie z. B. die Stiftung Warentest – können Meinungsführer sein, z. B. für Preis- und Qualitätsvergleiche. Und die Werbung macht schafft z. T. „künstliche" Meinungsführer.

Die Bedeutung des Meinungsführer-Modells ist nur im Rahmen von einstufigen und zweistufigen Kommunikationssystemen zu verstehen.

Unter der einstufigen Kommunikation wird die unmittelbare Ansprache eines Empfängers durch einen Kommunikator (eine aktive Person oder die Massenmedien) verstanden
Im Rahmen der zweistufigen Kommunikation werden hingegen die Informationen, die die Massenmedien verbreiten, von Meinungsführern aufgenommen und dann an den weniger „aktiven" Teil der Bevölkerung weitergegeben. Massenmedien senden Kaufimpulse aus, für die manche Empfänger empfänglicher sind als andere. Diese Meinungsführer sind in bestimmten Bereichen immer auf dem Laufenden, sie wissen, welche neuen Produkte auf dem Markt sind und was gerade „in" ist. Darüber hinaus sind sie zumeist besonders kontaktfreudig und gesellig, halten mit ihrem Wissen, mit ihren Einschätzungen und Urteilen nicht hinter dem Berg und beeinflussen damit Gruppenmitglieder ganz erheblich.

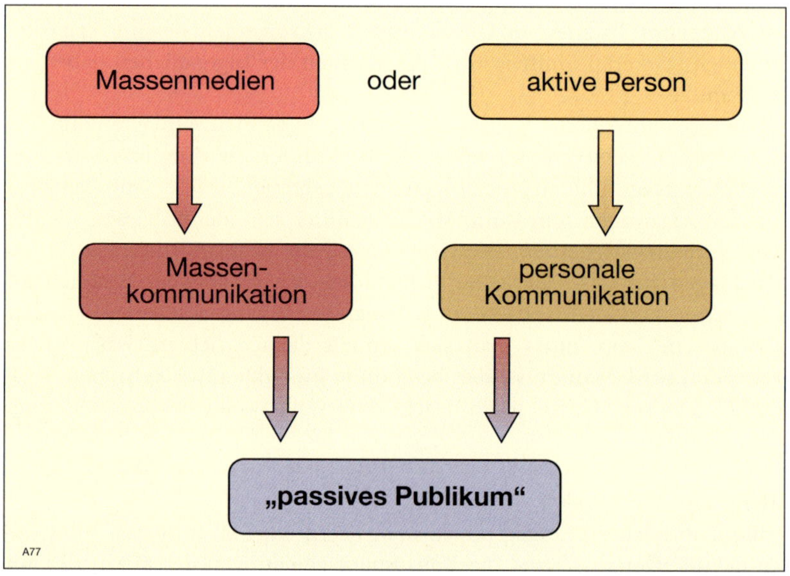

Eigentlich lege ich doch nur Platten auf ...
Das Klingeln an der Tür weckt mich, der Paketdienst steht vor der Tür. Fünf dicke Packen Vinyl werden mir überreicht, na, wenigstens arbeiten die Promotionabteilungen der Plattenfirmen noch ordentlich. Es ist Samstag, also schnell an den Technics und reingehört, vielleicht kann ich das eine oder andere heute Abend im Club gleich spielen. Die neue „XY" ist auch dabei, aber auch einiges Unbekannte. Zum Glück gibt's die beigelegten Infozettel und Fachmagazine. Nebenher VIVA gucken, ohne Ton, nur um zu checken, was gerade in der Heavy-Rotation läuft. Und die neueste Media-Control-Top-100-Liste muss ich mir auch noch aus dem Internet besorgen. Oh, der Track kommt gut, griffige Hookline, den werde ich mal zum Aufwärmen zwischen elf und zwölf auflegen. Mal sehen, wie viele diesmal nach dem Titel und Label fragen. Manche sind aber auch wirklich verrückt. Letztens kommt einer an und fragt mich, was ich denn zu Hause für 'ne Anlage stehen habe und welches Mischpult ich benutze, er wollte es halt auch mal probieren. Und, ungelogen, am nächsten Wochenende sehe ich den Typen mit dem exakt gleichen Fubu-Shirt, das ich am vorherigen Samstag anhatte. Gibt's das, ist das jetzt Prominenz?

1. Wieso handelt es sich bei dem DJ um einen Meinungsführer?
2. Wovon wird er beeinflusst, was beeinflusst ihn?
3. Erläutern Sie die einstufige und die zweistufige Kommunikation am Beispiel des DJs und des Trend-Scouts (S. 193).

Trend-Scouts bei der Arbeit
Daniel Hartjen ist ständig auf der Jagd. Ganz gleich, ob er in Hamburger Clubs Reggae- oder Soul-Platten auflegt, seine Kumpel im Skateboard-Laden besucht oder durch St. Pauli schlendert. Immer hat er ein Ohr für die neuesten Klänge und vor allem ein Auge auf junge Leute mit ausgefallenen Klamotten. Denn Daniel arbeitet als Trendscout für die Hamburger Jugendmarketing-Agentur „T-Factory". Wer ihm auffällt, den fragt der 24-Jährige, ob er nicht vorbeikommen und erzählen wolle, was gerade angesagt sei.

Für die großen Ketten:
Denn statt dem „letzten Schrei" hinterherzurennen, lässt Daniel die Szene-Kenner zu sich in die Agentur kommen. „In neun Städten in Deutschland und Österreich arbeiten wir jeweils mit 200 Jugendlichen zwischen 11 und 29 Jahren zusammen. Die laden wir zweimal im Jahr zu einem Gruppengespräch ein", erzählt „T-Factory"-Gründer Bernhard Heinzlmaier. Seine Agentur erstellt Jugendstudien für Unternehmen wie H&M, VIVA, Coca-Cola oder Nestlé.

Was steht im Kurs?
Dazu diskutieren die jungen Leute mit Daniel in gemütlicher Runde darüber, welche Mode und Marken ihnen bei der nächtlichen Pisten-Tour aufgefallen sind oder wie hoch Hiphop-Musik derzeit im Kurs steht. Danach schreibt er ein Dossier mit Kurzporträts über verschiedene deutsche Hiphop-Gruppen und gibt es an den Auftraggeber weiter. Der bekommt auf diese Weise wertvolle Informationen, maßgeschneidert und aus erster Hand.

Immer informiert:
Daniel kennt sich in der Szene aus, nicht nur, weil er schon immer dazugehört hat. Er liest auch ständig Lifestyle-Magazine wie „Spex" oder „Backspin", um stets einen Wissensvorsprung zu besitzen. Seit drei Jahren arbeitet er für die Agentur; von seinem Lohn könnte ein Student bequem leben. „Bei uns arbeiten häufig Leute, die in verschiedenen Jugendszenen drin sind. So wirken sie glaubhaft und verstehen auch die Sprache der Jugendlichen", sagt Heinzlmaier. Und das mache Trendscouts so wertvoll.

Eigene Trend-Abteilungen:
„Die Märkte splitten sich immer stärker auf, und die Konkurrenz wird immer härter. Da sind viele Firmen unsicher, wie sie ihre Produkte gestalten sollen. Deshalb sind Trendscouts heutzutage wichtiger denn je", sagt Chris Häberlein, Gründerin der Berliner PR-Agentur „Häberlein & Mauerer", die ebenfalls Trendscouts und Trendforscher beschäftigt.
„Fast jede Marketing- oder PR-Agentur hat mittlerweile eine Abteilung, die sich speziell um Trends kümmert", erzählt Häberlein.

Trend muss auch Lebensstil sein:
„Trotzdem muss man auch auf seine innere Stimme achten", sagt Daniel. „Wer nur darauf schaut, was sich schnell in bare Münze umsetzen lässt, liegt schnell daneben." Beispiel: Die Discomusik ‚Two-Step' floppte seiner Meinung nach vor zwei Jahren, weil sie voreilig hochgejubelt wurde. „Ein Trend setzt sich meistens nur dann durch, wenn er in den Lebensstil der Jugendlichen natürlich eingebunden ist. Und das war beim ‚Two-Step' nicht der Fall." Trends müssen sich langsam aufbauen: „Wenn ich an einem Wochenende zwei Leute mit einer nie da gewesenen Hose sehe und einen Monat später schon zehn, dann kann man vorsichtig von einem Trend sprechen."
Quelle: dpa, zitiert nach: www.t-online.at, 19.1.2003

Familiäre Kaufentscheidungen

Im familiären Verbund erfüllen die verschiedenen Mitglieder unterschiedliche Rollen im Rahmen familiärer Kaufentscheidungen. Dabei fällt auf, dass der Einfluss der einzelnen Mitglieder bei unterschiedlichen Gütern variiert. Neben soziodemografischen Faktoren wie Berufstätigkeit, Alter und Zugehörigkeit zur „Unter-, Mittel- oder Oberschicht" spielen bei Kaufentscheidungen des Haushaltes auch solche Persönlichkeitsmerkmale wie „Bedürfnis nach Liebe und Zuneigung", „Autoritarismus" (absoluter Autoritätsanspruch) und „Geschlechterrollenorientierung" eine wichtige Rolle.
Werden kollektive Kaufentscheidungen als familiäre Gruppenentscheidungen getroffen, dann stehen diese Entscheidungen in steigendem Maße unter dem Druck von sozialen Einflüssen, die von außen kommen. Dieser soziale Einfluss kann aus unterschiedlichen Quellen stammen. Zum einen kann er direkt von außerhalb der Familie kommen, z. B., wenn die Entscheidung, ein Produkt zu kaufen, auf den Einfluss eines Familienfreundes zurückgeht.
Es kann sich aber auch um einen indirekten Einfluss von außerhalb der Familie handeln. Die Familienmitglieder versuchen dann, mit ihrer Kaufentscheidung bestimmten gesellschaftlichen Konsumnormen zu entsprechen, die sie sich zu Eigen gemacht haben. Der Einfluss kann allerdings auch von den Familienmitgliedern selbst ausgehen, z. B. durch die persönliche Machtausübung eines Familienmitgliedes, das seine „Ansprüche" aus seiner Rolle des „Verdieners" ableitet.

Aus Untersuchungen geht hervor, dass der Anteil gemeinsamer Entscheidungen durchgehend sehr hoch ist. Ihre Zahl steigt in dem Maße, wie sich die Familie dadurch mit ihren finanziellen Mitteln festlegen muss und eine hohe soziale Sichtbarkeit (Prestige) gegeben ist. Bei Produkten, bei denen schon vielfache Erfahrungen vorliegen und die fast täglich gekauft werden, wird naturgemäß keine gemeinsame Beschlussfassung mehr vorgenommen: Um eine Schachtel Streichhölzer oder ein Pfund Mehl für den Sonntagskuchen zu kaufen, braucht man eben in der Regel keinen Familienrat.
Studien belegen, dass bereits kleinere Kinder direkt Einfluss auf die Kaufentscheidungen in bestimmten Bereichen nehmen. Die zentrale Frage lautet in diesem Zusammenhang: Welchen Einfluss nehmen Kinder auf die Kaufentscheidungen ihrer Eltern?

Ein Beispiel: Atkin (1978) analysierte das Interaktionsverhalten beim Kauf von Frühstücksflocken. Er beobachtete einkaufende Familien mit Kindern zwischen drei und 12 Jahren (überwiegend Mütter mit Kindern) in Supermärkten vor Regalen, in denen Cornflakes angeboten wurden. Die Ergebnisse seiner Interaktionsanalyse werden in der Abbildung auf S. 195 zusammengefasst.

Die Anwendung von Beobachtungsmethoden durch Atkin ist hervorzuheben, weil auf Grund von Befragungen, insbesondere der Eltern, der Einfluss der Kinder auf Kaufentscheidungen leicht unterschätzt wird. Nach der Befragung wurde kein Einfluss der Kinder ermittelt, dagegen ergab sich nach der Beobachtung ein beträchtlicher Einfluss. In 66 % der von Atkin präsentierten Fälle ergreift das Kind die Initiative und erbittet oder fordert die von ihm bevorzugte Frühstücksflockenmarke. Die vom Kind geäußerten Präferenzen kommen vor allem durch Werbung und Verkaufsförderung zu Stande.

Wie sich aus der Abbildung ergibt, reagieren die Eltern auf Forderungen der Kinder mehr als auf Bitten. Alles in allem stimmen sie den Vorschlägen der Kinder in den meisten Fällen zu. In dieser Untersuchung wird deutlich, mit welchem Erfolg bereits kleine Kinder ihre Konsumwünsche artikulieren und ihre Markenwahl bei den Eltern durchdrücken können. Vergleichbare Ergebnisse fanden Böcker und Thomas (1983) für Schokoladenriegel, die ja ebenfalls in die Konsumkompetenz von Kindern fallen.

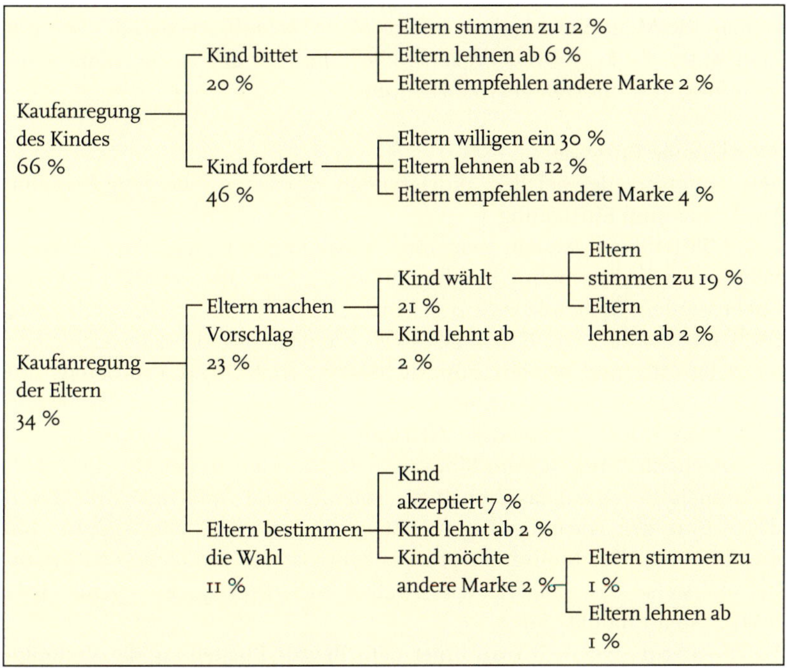

Eltern-Kind-Interaktion beim Kauf von Frühstücksflocken
nach: W. Kroeber-Riel/P. Weinberg: Konsumentenverhalten, 8. Auflage, Vahlen, München/Wien, 2003, S. 468

	1996	1986
Stereoanlage	72	57
Computer	65	65
Fernseher	60	46
Mofa/Motorrad	59	60
Videorecorder	52	43
Fotoapparat	48	27
Filmkamera	48	27
Elektrische Küchengeräte	14	17
Waschmaschine/Wäschetrockner	10	14

Einfluss der 12- bis 17-Jährigen auf den Einkauf der Familie
Quelle: Verlagsgruppe Bauer, in: Wirtschaftswoche, 51/11. 12. 1997, S. 73

Jugendliche verfügen bereits über umfangreiche eigene Mittel und fällen in erheblichem Maße selbstständige Entscheidungen bei der Anschaffung von Gütern für den eigenen Bedarf. Aber auch bei den familiären Kaufentscheidungen spielen sie eine besondere Rolle. Die Konsumforscher Kroeber-Riel und Weinberg halten dazu fest:

Wenn man auf Grund der vorliegenden Untersuchungen den Einfluss der Jugendlichen auf die einzelnen Phasen des Entscheidungsprozesses bezieht, so scheint es, dass Jugendliche vor allem in frühen Entscheidungsphasen von Familienentscheidungen mitwirken. Sie bringen Produkte und Marken ins Gespräch und treten häufig für Neuerungen ein. [...] Kinder und Frauen sind oft die „Anreger" in der Familie. Von ihnen stammen die ersten Initiativen und Wünsche, die eine Familienentscheidung auslösen und zu einem Kauf führen.
Quelle: W. Kroeber-Riel/P. Weinberg: Konsumentenverhalten, 8. Auflage, Vahlen, München/Wien, 2003, S. 469

Die Wirtschaft weiß um diese Funktion der Jugendlichen und bemüht sich um eine entsprechende Ansprache in ihrer Werbung.

3.4.3 Psychologische Erklärungsansätze des Konsumentenverhaltens

Werden bei den soziologischen Erklärungsansätzen vor allem die Faktoren untersucht, die von außen das Verhalten der Individuen beeinflussen, so konzentriert sich der psychologische Untersuchungsansatz insbesondere auf jene Prozesse, die im Inneren der Personen ablaufen. Hierbei unterscheidet die Theorie zwischen den sogenannten aktivierenden und den kognitiven Prozessen. Während die erstgenannten alle Vorgänge zusammenfassen, die mit inneren Spannungen und Erregungen in Verbindungen stehen, die Menschen also mit innerer Antriebskraft „versorgen“, so fasst man unter die kognitiven Prozesse alle Vorgänge der Informationswahrnehmung und Informationsverarbeitung.

Aktivierende Prozesse

Man unterscheidet bei den aktivierenden Prozessen zwischen Emotion, Motivation und Einstellung.
Unter **Emotionen** versteht man innere Erregungsvorgänge, die als angenehm oder unangenehm empfunden und mehr oder weniger bewusst erlebt werden. Sprachliche Muster sind z. B. „Es ist angenehm“ oder „Ich fühle mich wohl“. Emotionen gelten als die grundlegenden menschlichen Antriebskräfte und werden zumeist bewusst erlebt, sind also bereits mit einer kognitiven Komponente verknüpft. In Abgrenzung zur Motivation fehlt ihnen jedoch die konkrete Zielrichtung.
Entsprechend definiert man **Motivation** als Emotionen, die mit einer Zielrichtung in Bezug auf das Verhalten verbunden sind. Sprachlich drückt sich das z. B. in den Formulierungen „Ich will xy erreichen“ oder „Ich möchte dies tun“ aus. Der Motivationsprozess baut also auf Emotionen auf, wenn beispielsweise das zielgerichtete Streben nach Prestige zum Kauf eines bestimmten Produkts führt.
In Erweiterung versteht man unter dem Begriff **Einstellung** die Verknüpfung von Motivation mit einer kognitiven Gegenstandsbeurteilung. Formulierungen wie „Ich halte xy für gut“ oder „Ich ziehe xy vor“ drücken dies aus. Die Einstellung lässt sich also verstehen als Haltung gegenüber einem Gegenstand.

Nehmen wir an, jemand hat eine starke Vorliebe für schnelle Reisen (schnelles Autofahren, schnelles Reisen mit der Bahn, schnelles Fliegen usw.). Diese Vorliebe äußert sich etwa wie folgt:
Emotional: Die Person fühlt sich wohl, wenn sie schnell Auto fährt, ja sie fühlt sich schon wohl, wenn sie ein schnelles Auto sieht oder an ein schnelles Auto denkt: Eine bestimmte äußere oder innere Stimulierung führt dazu, dass die Person Gefühle der Freude, des Glücks, des Rausches usw. hat. Diese Emotionen sind als subjektives Erleben der eigenen inneren Zustände zu verstehen. Die sprachliche Mitteilung solcher persönlichen Empfindungen ist besonders schwierig und erfordert interpersonelle Verständigungsregeln.
Motivational: Die Person wird (wiederum bei entsprechender Stimulierung) bestrebt sein, mit schnellen Verkehrsmitteln zu reisen und auch ein schnelles Auto zu benutzen. Die Motivation gibt dieses Bestreben wieder. Sie drückt eine Tätigkeits- oder Zielorientierung aus und wird als Handlungsbewusstsein erlebt.
Einstellungsbezogen: Auf Grund ihrer Motivation, schnell zu fahren, wird die Person solche Sachverhalte, die dieses schnelle Fahren ermöglichen, positiv einschätzen, sie wird z. B. ein schnelles Auto positiv beurteilen. Einstellungen zeigen also eine Einschätzung der Umwelt an. Sie werden als objektbezogene Haltungen erlebt. Aus der positiven Einschätzung eines Gegenstandes folgt im

Allgemeinen auch die Bereitschaft, in positiver Weise zu reagieren (etwa das schnelle Auto zu kaufen). Die begriffliche Differenzierung erfolgt also hinsichtlich des subjektiven Erlebens: Emotionen sind nach innen – auf das eigene Erleben – gerichtet, Motivationen auf ein Handeln, Einstellungen auf Objekte. Wie ähnlich diese drei genannten Aspekte sind, erweist sich, wenn man die Begriffe auf einen konkreten Reiz bezieht. Der Anblick eines schnellen Autos wird angenehm erlebt (Emotion), löst den Wunsch aus, damit zu fahren (Motivation) und äußert sich in einer positiven Einschätzung des Autos (Einstellung). In allen drei Fällen erfolgt eine positive Hinwendung zum Auto.
Quelle: W. Kroeber-Riel/P. Weinberg: Konsumentenverhalten, 8. Auflage, Vahlen, München/Wien, 2003, S. 54 ff.

Kognitive Prozesse
Unter dem Begriff der kognitiven Prozesse versteht man alle gedanklichen bzw. rationalen Vorgänge, mit deren Hilfe Individuen Kenntnisse von sich und ihrer Umwelt erhalten. Es geht dabei v. a. auch darum, das Verhalten gedanklich zu kontrollieren und willentlich zu steuern. Im Rahmen der Erklärung des Konsumentenverhaltens unterscheidet man drei Formen kognitiver Prozesse: Informationsaufnahme – Informationsverarbeitung – Informationsspeicherung.
Die Aufnahme und Verarbeitung von Informationen ist durch drei Merkmale gekennzeichnet: den Grad der Aktivität, Selektivität und Subjektivität. Informationen können sowohl aktiv (Informationssuche) als auch passiv (zufällig) gesammelt werden. Dabei nehmen Individuen Informationen selektiv auf; d. h., sie wählen in ihrer subjektiv wahrgenommenen Welt aus der riesigen Menge von Reizen einige aus, wobei bislang gemachte Erfahrungen und gehegte Erwartungen eine wesentliche Rolle spielen. Nur so ist eine Bewältigung der massenhaften Informationen überhaupt möglich. Eine wesentliche Aufgabe der Werbung ist es darum, überhaupt erst einmal die Aufmerksamkeit des Betrachters auf sich zu richten. Hierzu werden wiederum aktivierende Komponenten visuell und verbal eingesetzt.
Die Wahrnehmung enthält über die Entschlüsselung der aufgenommenen Reize hinaus auch die gedankliche Weiterverarbeitung und die Beurteilung des wahrgenommenen Gegenstands. Im Rahmen der Produktbeurteilung spielen die zur Verfügung stehenden Informationen und die Programme zur Verarbeitung der Informationen als Einflussgrößen eine wesentliche Rolle. Die Forschung hat dabei festgestellt, dass Konsumenten zur Entscheidungsvereinfachung neigen, d. h., dass sie in der Regel bei der Produktauswahl aus einem großen Angebot nur einen relativ kleinen Teil der angebotenen (direkten und indirekten) Informationen nutzen, die sogenannten Schlüsselinformationen. Hieran wird die Bedeutung eines positiven Images eines Produkts besonders deutlich. Dies gilt insbesondere, weil sich die Menschen für das Verständnis und die Beurteilung von Reizen Produkt- und Markenschemata bedienen. Darüber hinaus hat sich gezeigt, dass Umweltreize das Wahrnehmungsfeld einer Person unbewusst beeinflussen können.
Hinsichtlich der Speicherung von Informationen spielt das „Lernen" eine wichtige Rolle, also die Veränderung des Verhaltens auf Grund von gemachten Erfahrungen. Verschiedene Lerntheorien setzen sich mit dieser Materie auseinander. Festzuhalten ist, dass Konsumenten Informationen, die an sie herangetragen werden, mit ihrem vorhandenen Wissen in Beziehung setzen.

1. Erklären Sie die unten abgedruckte Aussage mit eigenen Worten.
2. Verdeutlichen Sie die Aussage mit Hilfe eines aktuellen Beispiels aus der Werbung.

Für das Verständnis des Konsumentenverhaltens kann die Bedeutung von Subjektivität, Aktivität und Selektivität der Wahrnehmung nicht genug hervorgehoben werden. Nicht das objektive Angebot bestimmt das Verhalten der Konsumenten, sondern das subjektiv wahrgenommene Angebot. [...] Die grundlegende Konsequenz für das Marketing liegt auf der Hand: Es genügt nicht, objektive Leistungen anzubieten. Es muss auch dafür gesorgt werden, dass diese Leistungen von der Umwelt wahrgenommen werden.
Quelle: W. Kroeber-Riel/P. Weinberg: Konsumentenverhalten, 8. Auflage, Vahlen, München/Wien, 2003, S. 275

Bürgerliches Gesetzbuch
§ 433 Vertragliche Hauptpflichten
(1) Durch den Kaufvertrag wird der Verkäufer einer Sache verpflichtet, dem Käufer die Sache zu übergeben und das Eigentum an der Sache zu verschaffen. Der Verkäufer eines Rechtes ist verpflichtet, dem Käufer das Recht zu verschaffen und, wenn das Recht zum Besitz einer Sache berechtigt, die Sache zu übergeben.
(2) Der Käufer ist verpflichtet, dem Verkäufer den vereinbarten Kaufpreis zu zahlen und die gekaufte Sache abzunehmen.

§ 929 Einigung und Übergabe
Zur Übertragung des Eigentums an einer beweglichen Sache ist erforderlich, dass der Eigentümer die Sache dem Erwerber übergibt und beide darüber einig sind, dass das Eigentum übergehen soll. Ist der Erwerber im Besitz der Sache, so genügt die Einigung über den Übergang des Eigentums.

§ 105 Nichtigkeit der Willenserklärung
(1) Die Willenserklärung eines Geschäftsunfähigen ist nichtig.
(2) Nichtig ist auch eine Willenserklärung, die im Zustande der Bewusstlosigkeit oder der vorübergehenden Störung der Geistestätigkeit abgegeben wird.

Klären Sie mit Hilfe der angegebenen BGB-Paragrafen die jeweilige Rechtslage:

1. Wer ist zu welchem Zeitpunkt Eigentümer des Fernsehers (Fall 1)?
2. Hat Herr K. Anspruch auf Lieferung bzw. Herausgabe durch Herrn S.?
3. Wer ist der Eigentümer des Fahrrads (Fall 2)? Begründen Sie Ihre Meinung.

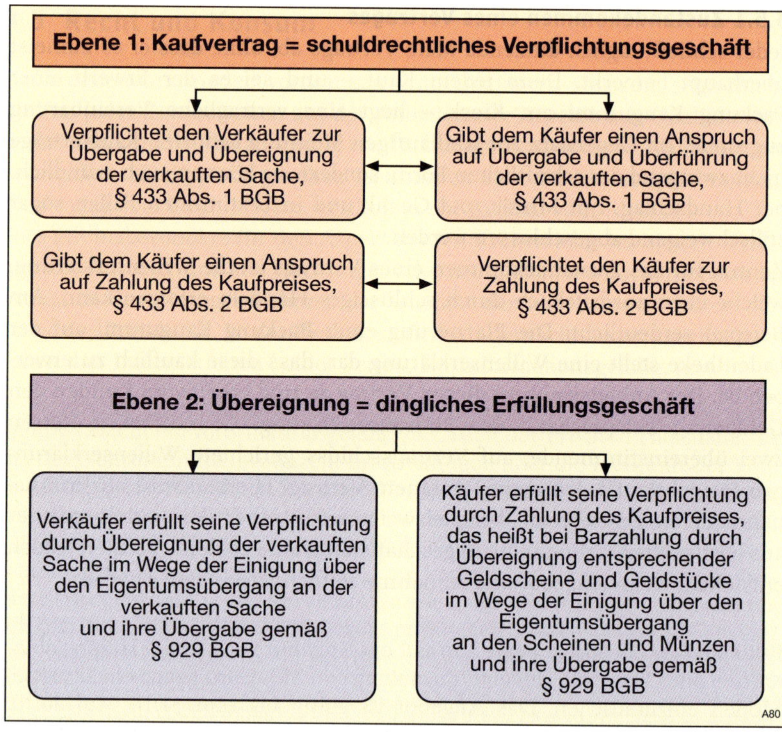

Es ist für unser Wirtschaftssystem unabdingbar, dass es klar und eindeutig ist, wem das Eigentum an einer Sache zuzuordnen ist. Deshalb werden die Wirksamkeit der Verpflichtungsgeschäfte und der Erfüllungsgeschäfte jeweils gesondert (abstrakt voneinander) betrachtet.
Ist das Verpflichtungsgeschäft aus irgendwelchen Gründen unwirksam oder angreifbar, so hat dies auf das Erfüllungsgeschäft durch Übertragung des Eigentums grundsätzlich keine Auswirkung. Ist das Erfüllungsgeschäft in Ordnung, kauft ein weiterer Käufer vom berechtigten Eigentümer – auch wenn das Verpflichtungsgeschäft, das dessen Eigentumserwerb zu Grunde liegt, oder das Erfüllungsgeschäft, mit dem der Eigentümer seine Verpflichtung erfüllt, nicht in Ordnung ist.
Die Bedeutung des Abstraktionsprinzips wird immer dann deutlich, wenn im Rahmen eines Vertragsgeschäfts Probleme auftreten. Dies verdeutlichen die beiden folgenden Beispiele.

Fallbeispiel 1:
Am 10.11. kauft Herr K. mit schriftlichem Vertrag von Frau P. ein Fernsehgerät für 800,– Euro. Beide vereinbaren, dass Auslieferung und Zahlung am 15.11. erfolgen sollen. Am 12.11 bietet Herr S. 1.000,– Euro für das Gerät und Frau P. willigt mündlich ein. Einen Tag später bezahlt Herr S. das Gerät und holt es ab. Als Herr K. am 15.11 zu Frau P. kommt, erfährt er, was passiert ist.

Fallbeispiel 2:
Peter und Mark sind sich einig, dass Mark das alte Fahrrad von Peter haben kann. Mark freut sich, da er am nächsten Tag Geburtstag hat. Peter übergibt ihm das Fahrrad. Am darauf folgenden Tag fordert Peter die Rückgabe des Rades. Mark betont, dass er davon ausgegangen sei, dass er das Fahrrad geschenkt bekommen habe. Peter wiederum merkt an, dass er es ihm nur geliehen habe.

3.5.2 Minderjährigen-Recht

Eine wesentliche Grundvoraussetzung für den Abschluss von Verträgen ist das Alter der Transaktionspartner. Im Zivilrecht beginnt die Rechtsfähigkeit mit der Vollendung der Geburt. So kann ein Neugeborenes bereits etwas besitzen oder erben. Die Fähigkeit, über die Rechte zu verfügen, setzt darüber hinaus jedoch die **Geschäftsfähigkeit** voraus. Hierbei gilt:

- Alle Personen, die das siebente Lebensjahr noch nicht vollendet haben, gelten als geschäftsunfähig.
- Alle Personen im Alter von 7 bis 18 Lebensjahren gelten als eingeschränkt geschäftsfähig.
- Volljährige Personen gelten als geschäftsfähig, sofern keine anderen Einschränkungen vorliegen.

Im Falle der eingeschränkten Geschäftsfähigkeit kommen eine Vielzahl von Regelungen zum Tragen, die das BGB in den §§ 107 bis 113 regelt. Auf Grund der Komplexität der Einschränkungen und Ausnahmen ist es im Alltag oft nicht einfach zu klären, ob eine von einem Jugendlichen durchgeführte Transaktion, wenn Probleme auftreten, rechtmäßig ist oder nicht.

§§ 110 BGB, der sogenannte Taschengeldparagraf, räumt jedoch ohne Nennung von Summen Kindern und Jugendlichen zwischen 7 und 18 Jahren das Recht ein, rechtmäßig Güter und Dienstleistungen erwerben können, wenn sie dies aus eigenen, zu diesen Zwecken bestimmten Mitteln (z. B. Taschengeld) finanzieren. Ratenzahlungen, Kreditgeschäfte, Clubmitgliedschaften u. Ä. sind in diesem Zusammenhang jedoch untersagt.

Fallbeispiel:

Der 17-jährige Karsten trägt Zeitungen aus und darf das verdiente Geld nach dem Willen seiner Eltern beliebig verwenden. Um schneller mit der Arbeit fertig zu werden, kauft Karsten von seinem volljährigen Klassenkameraden Volker ein Fahrrad zum Preis von 200,– Euro.

100,– Euro zahlt Karsten sofort, den Rest will er in zwei Raten von seinem Verdienst bezahlen. Das Fahrrad wird sofort übergeben.

Nach Zahlung der ersten Rate erfahren die Eltern von dem Geschäft und genehmigen den Vertrag gegenüber Volker – drei Tage nach dem 18. Geburtstag von Karsten.

Da Karsten gemerkt hat, dass das Fahrrad doch nicht zur Beschleunigung des Zeitungsaustragens beiträgt, möchte er jetzt lieber auf einen Führerschein sparen. Obwohl er die letzte Rate zur Verfügung hat, sagt er Volker zwei weitere Tage später, dass er den Vertrag nicht gelten lassen will.

Bürgerliches Gesetzbuch

§ 1 Rechtsfähigkeit, Beginn bei Geburt
Die Rechtsfähigkeit des Menschen beginnt mit der Vollendung der Geburt.

§ 2 Eintritt der Volljährigkeit
Die Volljährigkeit tritt mit der Vollendung des achtzehnten Lebensjahres ein.

§ 104 Geschäftsunfähigkeit
Geschäftsunfähig ist:
(1) wer nicht das siebente Lebensjahr vollendet hat;
(2) wer sich in einem die freie Willensbestimmung ausschließenden Zustande krankhafter Störung der Geistestätigkeit befindet, sofern nicht der Zustand seiner Natur nach ein vorübergehender ist.

§ 105 Nichtigkeitsgründe bei Willenserklärungen
(1) Die Willenserklärung eines Geschäftsunfähigen ist nichtig.
(2) Nichtig ist auch eine Willenserklärung, die im Zustande der Bewusstlosigkeit oder vorübergehender Störung der Geistestätigkeit abgegeben wird.

§ 106 Beschränkte Geschäftsfähigkeit Minderjähriger
Ein Minderjähriger, der das siebente Lebensjahr vollendet hat, ist nach Maßgabe der §§ 107 bis 113 in der Geschäftsfähigkeit beschränkt.

1. Ist der Kaufvertrag wirksam zu Stande gekommen?
2. Prüfen Sie (unter Beachtung des Abstraktionsprinzips), wer Eigentümer des Fahrrads und des gezahlten Geldes ist. Recherchieren Sie dazu die Paragrafen §§ 107–§§ 113 des BGB.

3.5.3 Garantie und Gewährleistung

Jeder kennt die Situation: Man hat etwas gekauft, beispielsweise ein Fahrrad oder eine Stereoanlage, und nach wenigen Wochen tritt ein Mangel – beispielsweise in Form einer Funktionsstörung – auf, die Nutzung ist eingeschränkt bzw. unmöglich. Gut, dass es die Garantie gibt, und der Händler für die Kosten der Instandsetzung aufkommt. Schon beim Kauf einer Ware ist die Einräumung von Garantiefristen ein wichtiger Impuls für die Kundinnen und Kunden, denn längere Garantiegewährung zeugt von materieller Qualität und schafft Sicherheit – beispielsweise wenn ein Autohersteller mit einer lebenslangen Garantie gegen Durchrostung wirbt. Doch obwohl allen der Nutzen von Garantieregelungen bekannt ist und sie diese in Anspruch nehmen, ist das Wissen um die konkreten Rechte im Einzelfall bei vielen eher rudimentär. Oder kennen Sie den Unterschied zwischen Garantie und Gewährleistung?

Bürgerliches Gesetzbuch
§ 434 BGB Sachmangel
(1) Die Sache ist frei von Sachmängeln, wenn sie bei Gefahrübergaben die vereinbarte Beschaffenheit hat. Soweit die Beschaffenheit nicht vereinbart ist, ist die Sache frei von Sachmängeln,
1. wenn sie sich für die nach dem Vertrag vorausgesetzt Verwendung eignet,
sonst
2. wenn sie sich für die gewöhnliche Verwendung eignet und eine Beschaffenheit aufweist, die bei Sachen der gleichen Art üblich ist und die der Käufer nach der Art der Sache erwarten kann. [...]

§ 437 BGB Rechte des Käufers bei Mängeln
Ist die Sache mangelhaft, kann der Käufer, wenn die Voraussetzungen der folgenden Vorschriften vorliegen und soweit nicht ein anderes bestimmt ist,
1. nach § 439 Nacherfüllung verlangen,
2. nach den §§ 440, 280, 281, 283, und 311a Schadensersatz oder nach § 284 Ersatz vergeblicher Aufwendungen verlangen.

Die Garantie ist das vom Verkäufer oder Hersteller dem Verbraucher gegenüber gewährte Recht, innerhalb einer festgelegten zeitlichen Frist Mängel am Kaufgegenstand kostenfrei zu beheben. Es handelt sich also um ein freiwilliges Versprechen auf Seiten des Anbieters. Deshalb finden sich auch im Konkurrenzmarkt oftmals für vergleichbare Güter unterschiedliche Garantiegewährungen. Doch kann jetzt jeder Händler bzw. Hersteller selbst entscheiden, ob überhaupt und wenn ja, wie lange er Garantie gewährt? Nein! Die gesetzlich festgelegte Gewährleistung setzt hier den Rahmen, der in der Garantiegewährung nicht unterschritten werden darf. Die Regelungen der Gewährleistung sind im BGB in den Paragrafen 437 und folgende festgehalten. Im Zuge der europaweiten Rechtsanpassung wurden dabei die Rechte der Konsumenten deutlich verbessert: Heute beträgt die Frist, in der Händler bzw. Hersteller für die Mangelhaftigkeit ihrer Produkte haftbar gemacht werden können, mindestens zwei Jahre.
Gleichzeitig wurde die Beweispflicht in den ersten sechs Monaten umgekehrt. Die Beweispflicht, dass der Mangel nicht bereits zum Zeitpunkt des Kaufs vorgelegen hat, liegt nun auf der Seite der Anbieter. Im anschließenden Zeitraum muss weiterhin der Verbraucher belegen, dass der Mangel schon beim Kauf vorgelegen hat. Darüber hinaus gilt, dass Aussagen zum Produkt, also auch klassische Werbung, als Teil des Vertrags gelten. Das bedeutet, dass eine Abweichung als Mangel verstanden wird: Verbraucht das angepriesene „3-Liter-Auto" im Durchschnitt erheblich mehr als diese Menge, hat der Händler dafür einzustehen, wenn der Kauf gerade wegen des günstigen Verbrauchs zu Stande gekommen ist.

Insgesamt unterscheidet man vier Mängelrechte: Verbesserung, Austausch, Preisminderung und Wandlung. In diesem Zusammenhang gilt, dass die letzten beiden Varianten nur in Betracht kommen, wenn Verbesserung und Austausch z. B.

- unmöglich sind,
- nur mit unverhältnismäßig hohem Aufwand oder erheblichen Unannehmlichkeiten auf Verbraucherseite durchführbar sind,
- der Anbieter die Verbesserung bzw. den Austausch verweigert oder
- diese nicht in angemessener Frist vornimmt.

Die Wandlung, also die Rücknahme der Ware gegen Auszahlung des gezahlten Geldbetrags, ist bei geringfügigen Mängeln immer ausgeschlossen.

Prüfen Sie mit Hilfe der genannten Paragrafen und anhand konkreter Beispiele:
1. Wo treten die größten Probleme in Konfliktfällen auf?
2. Welche Funktion haben in diesem Zusammenhang z. B. Sachverständige?

3.5.4 Allgemeine Geschäftsbedingungen

Bei vielen Verträgen spielen die Allgemeinen Geschäftbedingungen, kurz AGB, eine wichtige Rolle. Der Volksmund spricht oft vom „Kleingedruckten" und davon, dass, wer die Mühen scheut, diese richtig zu lesen, oftmals ein „böses Erwachen" erlebt. Wenn das Bürgerliche Gesetzbuch (BGB) im Allgemeinen alle wesentlichen Rechtsprobleme ausreichend regelt, so scheinen die AGB einzig die Funktion zu haben, die Rechte der Konsumentinnen und Konsumenten einzuschränken. Oder?

§ 305 des BGB definiert sie als „alle für eine Vielzahl von Verträgen vorformulierten Vertragsbedingungen, die eine Vertragspartei (Verwender) der anderen Vertragspartei bei Abschluss eines Vertrages stellt. Gleichgültig ist, ob die Bestimmungen einen äußerlich gesonderten Bestandteil des Vertrages bilden oder in die Vertragsurkunde selbst aufgenommen werden, welchen Umfang sie haben, in welcher Schriftart sie verfasst sind und welche Form der Vertrag hat." Auch gehen Zweifeln bezüglich der Auslegung der Bestimmungen immer zu Lasten des Anbieters. In diesem Zusammenhang ist festzuhalten, dass es auch Vertragstypen gibt, die gesetzlich nicht eindeutig geregelt sind (z. B. Leasing-Verträge, Time-Sharing-Verträge), in denen die AGB die grundlegenden Rechte und Pflichten der Vertragspartner regeln.

AGB sind dann gültig, wenn der Käufer bei Vertragsabschluss

- ausdrücklich auf sie hingewiesen wird,
- die Möglichkeit hat, in zumutbarer Weise von ihrem Inhalt Kenntnis zu nehmen und
- mit ihnen einverstanden ist. Äußert sich der Kunde nicht zu den AGB, so gilt dies jedoch ebenfalls als Einverständnis.

Gerade der letzte Punkt macht deutlich, dass AGB keine uneingeschränkt geltenden Gesetze darstellen, sondern als Vereinbarungen zwischen den Vertragspartnern gelten. Käufer müssen sie nicht akzeptieren und andere Vereinbarungen zwischen Käufer und Anbieter sind ihnen jederzeit übergeordnet. Sicher gilt, dass AGB häufig Anwendung finden, um die Rechte der Käuferinnen und Käufer einzuschränken. Allerdings sind ihnen, über die bislang dargestellten Grenzen hinaus, im BGB enge Grenzen gesetzt. Grundsätzlich gilt, dass

- AGB nicht gegen die Grundgedanken des BGB verstoßen dürfen und
- die Käufer durch sie nicht unangemessen benachteiligt werden dürfen.

Im BGB findet sich eine Vielzahl von Klauseln, die AGB unwirksam werden lassen. Dadurch werden die Möglichkeiten auf Seiten des Anbieters

- vereinbarte Leistungen hinauszuzögern,
- von der Leistungspflicht zu lösen,
- die Rechte des Kunden bei Leistungsverzögerung einzuschränken,
- Gewährleistungsrechte einzuschränken oder aufzuheben und
- sich zukünftige Preiserhöhungen vorzubehalten

sehr stark bzw. vollständig eingeschränkt.

In Zeiten zunehmender Geschäfte via Internet kommt diesen Bestimmungen noch einmal eine besondere Bedeutung zu. Hier muss gewährleistet sein, dass die Verbraucherinnen und Verbraucher jederzeit Zugriff auf die zum Zeitpunkt des Vertragsabschlusses gültigen AGB haben und diese mühelos lesbar, übersichtlich und einfach abrufbar sein müssen. Vielfach bestehen hier noch Mängel, die im Zweifelsfall zur Ungültigkeit abgeschlossener Kaufverträge führen können.

Bürgerliches Gesetzbuch
BGB § 305c Überraschende und mehrdeutige Klausel

(1) Bestimmungen in Allgemeinen Geschäftsbedingungen, die nach den Umständen, insbesondere nach dem äußeren Erscheinungsbild des Vertrages, so ungewöhnlich sind, dass der Vertragspartaner des Verwenders mit ihnen nicht zu rechnen braucht, werden nicht Vertragsbestandteil.

(2) Zweifel bei der Auslegung Allgemeiner Geschäftsbedingungen gehen zu Lasten des Verwenders.

BGB § 306 Rechtsfolgen bei Nichteinbeziehung und Unwirksamkeit

(1) Sind Allgemeine Geschäftsbedingungen ganz oder teilweise nicht Vertragsbestandteil geworden oder unwirksam, so bleibt der Vertrag im übrigen wirksam.

(2) Soweit die Bestimmungen nicht Vertragsbestandteil geworden oder unwirksam sind, richtet sich der Inhalt des Vertrages nach den gesetzlichen Vorschriften.

(3) Der Vertrag ist unwirksam, wenn das Festhalten an ihm auch unter Berücksichtigung der nach Absatz 2 vorgesehenen Änderung eine unzumutbare Härte für eine Vertragspartei darstellen würde.

1. Recherchieren Sie im Internet die AGB verschiedener Anbieter. Welche Punkte werden in den AGB vor allem geregelt?
2. Stellen Sie fest, inwieweit diese AGB den gesetzlichen Vorgaben entsprechen.
3. Prüfen Sie, inwiefern die AGB auch zum Schutz der Verbraucherinteressen beitragen.

3.5.5 Verschuldung und Überschuldung

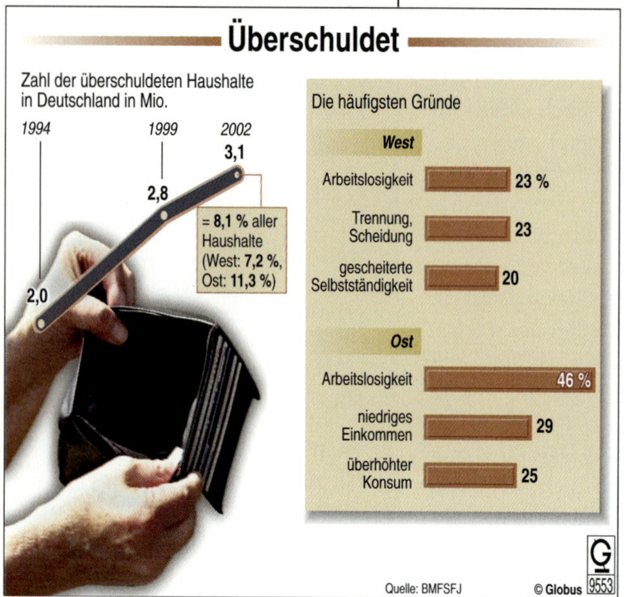

Ein wichtiger Bereich der Verbraucherpolitik ist (vgl. Kapitel 5) der Umgang mit der Verschuldung bzw. Überschuldung Privater Haushalte. Die Definition der Begriffe bereitet dabei einige Schwierigkeiten. Allgemein geht man davon aus, dass Verschuldung immer dann vorliegt, wenn ein Mensch Schulden hat, unabhängig davon, wie groß die mit diesen Schulden verbundene objektive und subjektive Belastung ist. Im Gegensatz dazu spricht man von der Überschuldung eines Haushalts, wenn dieser trotz Einschränkung seiner Lebenshaltung seinen Zahlungsverpflichtungen aus dem laufenden Einkommen nicht vollständig nachkommen kann. Als Indikatoren für Überschuldung gelten in diesem Zusammenhang z. B. Mietrückstände, Energiesperrung, Telefonsperrung, Stundung von Kreditraten, Kündigung von Kreditverträgen und Einkommens-, Sach- und Kontenpfändungen. Der Zustand der Überschuldung stellt sich dabei stets unterschiedlich dar, beispielsweise hinsichtlich des Umfangs und Struktur der Schulden, der Rückzahlungsbedingungen, den persönlichen und ökonomischen Gegebenheiten des Haushalts sowie externen Faktoren der Wirtschaftslage. Aus diesem Grund fällt es schwer, einzelne Faktoren als generelle Erklärungsmuster für Überschuldung zu verwenden. Insgesamt ergibt sich, dass das Vorhandensein von Schulden allein keinen objektiv negativen Tatbestand darstellt.

Schulden sind ein normales Instrument, das über die verschiedenen Perioden der Existenz von Einzelpersonen oder Familien hinweg zur Aufrechterhaltung eines gleich bleibenden und den während des gesamten Lebenszyklus zu erwartenden Einkünften entsprechender Konsumniveaus eingesetzt wird. Schulden zu haben […] stellt ein normales, in vielen Haushalten unvermeidliches Verbraucherverhalten dar. […] Wir können beobachten, dass viele gut informierte Verbraucher das Schuldeninstrument mit Erfolg einsetzen, um Ausgaben von einem Lebensabschnitt auf einen anderen zu verlagern, sofern sich die Gelegenheit und günstige Bedingungen hierzu bieten. […] Solange der Verbraucher noch zur Rückzahlung seiner Kredite in der Lage ist, kann es sich dabei um einen kontinuierlichen Prozess handeln, der außerhalb seines unmittelbaren persönlichen Umfelds nicht bemerkt wird.
Quelle: Studie von ORC Macro im Auftrag der EU-Kommission, Oktober 2001, zitiert nach: http://europa.eu.int/comm/consumers/cons_int/fina_serv/cons_directive/fina_serv06_en.pdf

Viele Anschaffungen, wie z. B. der Erwerb eines Autos, teurer Haushaltsgeräte oder eines Hauses, sind für den Großteil der Privaten Haushalte ohne die Aufnahme von Krediten überhaupt nicht denkbar. Problematisch wird es dann, wenn die Schulden eine untragbare Höhe erreichen und der Haushalt in seiner Existenz gefährdet ist. Und die Zahl der Haushalte, in denen dies passiert, wächst stetig. Insbesondere im Zeitraum von 1994 bis 2000 war ein sprunghafter Anstieg von knapp zwei Millionen auf insgesamt 2,7 Millionen überschuldeter Haushalte zu verzeichnen. Davon waren allein im Osten 870.000 Haushalte überschuldet, was einem Anteil von 12,5 % der ostdeutschen Bevölkerung entspricht.

1. Recherchieren Sie aktuelle Daten zur Verschuldung und Überschuldung deutscher bzw. europäischer Haushalte.
   Vergleichen Sie die Daten mit der Tabelle oben.
2. Wie lassen sich die Entwicklungen begründen?
   Diskutieren Sie mögliche Folgerungen, die die Privaten Haushalte, die Unternehmen und der Staat aus diesen Zahlen ableiten können. Berücksichtigen Sie dabei auch die aktuelle Werbung der Kreditinstitute.

Nicht nur die Zahl der ver- und überschuldeten Haushalte hat in den letzten Jahren zugenommen, auch der Anteil der Jugendlichen, die sich mit diesen Problemen auseinander zu setzen hat, erhöhte sich in den vergangenen Jahren deutlich.

Jeder Fünfte zwischen 15 und 20 Jahren in Westdeutschland und jeder Siebte in den neuen Ländern ist mittlerweile verschuldet, wie aus dem jüngst vorgestellten Armuts- und Reichtumsbericht der Bundesregierung hervorgeht. In einer Untersuchung des Instituts für Grundlagen- und Programmforschung aus dem Jahr 1989 gaben nur fünf Prozent der Jugendlichen in Westdeutschland an, finanzielle Schwierigkeiten zu haben. Wissenschaftler und Schuldnerberater bestätigen die zunehmende Verschuldung von Jugendlichen.
Quelle: Kerstin Reisdorf, Konsum auf Pump, na und?, in: Das Parlament, Nr. 21, 18. Mai 2001

Schuld an der zunehmenden Verschuldung scheint ein Trend zu sein, dass Jugendliche heutzutage wesentlich häufiger bereit sind, eher auf Pump zu konsumieren als zeitweise oder ganz darauf zu verzichten, möglicherweise auf Kosten des eigenen Renommes. Handy und Markenkult im Bekleidungsmarkt sind in diesem Zusammenhang nur Stichworte (vgl. S. 153). Dies bestätigt auch eine im Jahr 1999 an der Universität Oldenburg durchgeführte Studie, in der nur 24 von 1.000 befragten Jugendlichen der Jahrgangsstufe 5 bis 10 bereit waren, auf etwas zu verzichten, weil sie kein Geld dafür hatten. 2/3 der Befragten würden sich das Geld leihen. Die Forscher fassen ihre Ergebnisse u. a. in den folgenden Thesen zusammen:

These 1: Für viele Schülerinnen und Schüler ist die Finanzierung von Käufen bei als dringlich empfundenem Bedarf durch Kredite ein Akt selbstverständlicher Alltagsbewältigung, „Gewissensbisse" spielen dabei kaum eine Rolle. Die Bereitschaft, Schulden zur Finanzierung von Konsum zu machen, steigt mit dem Alter, die Option „Ansparen" nimmt signifikant ab.
These 2: Die Bereitschaft, auf die Befriedigung von Konsumwünschen bei einem zunächst gegebenen Mangel an eigenen Mitteln zu verzichten, ist relativ gering ausgeprägt. Sie nimmt mit zunehmendem Alter weiter ab. [...]
These 4: Die Erfüllung eingegangener (Kredit-)Verpflichtungen wird im Hinblick auf den Erfüllungszeitpunkt offensichtlich – umgangssprachlich ausgedrückt – etwas locker gesehen.
These 5: Bei dem Eingehen eines Schuldverhältnisses spielt die Frage, ob eine Rückzahlung (in der abgesprochenen Weise) realistischerweise möglich ist, bei einem nennenswerten Teil der Jugendlichen nicht gerade eine tragende Rolle. [...]
These 7: Schülerinnen und Schüler wissen um negative Folgen einer Nichteinlösung von Kreditverpflichtungen in der Welt Erwachsener. Sie selbst scheinen vor Negativerfahrungen im Sinne des Verspürens von Sanktionen (noch) bewahrt zu sein.
Quelle: T. Dannemann/A. Lewald: Forschungsprojekt Kinder, Jugendliche und Schulden, Kurzübersicht über Fragestellungen und wichtige Ergebnisse, nicht veröffentlicht, Oldenburg, 1999, S. 5 f.

Die Folgen sind absehbar und die Politik versucht stets, durch neue Regelungen Jugendliche vor der Gefahr der Ver- und Überschuldung zu schützen. Ein Beispiel hierfür war die Reglementierung der Möglichkeiten der Eröffnung von Girokonten durch Minderjährige. Nichtsdestotrotz kommen immer mehr Jugendliche in die Schuldnerberatungen.

Handy ist Schuldenfalle für Jugendliche
Das Mobiltelefon ist in vielen Fällen der Einstieg in die Verschuldung junger Leute. 72 Millionen Euro monatlich geben Jugendliche unter 18 Jahren insgesamt für Telefonieren und Verschicken von Kurznachrichten (SMS) aus – Tendenz steigend. Jeder fünfte zahlungsunfähige Schuldner ist jünger als 25 Jahre. Mit 211 Millionen Euro schlägt Kleidung allerdings noch stärker zu Buche. [...] Neue Schuhe sind jungen Leuten pro Monat 100 Millionen Euro wert. Ein Fallstrick ist nach der Erfahrung der erste Dispokredit bei der Bank für junge Menschen ab 18 Jahren.
Quelle: dpa/NordWest-Zeitung, Oldenburg, 05.02.2003, S. W 2

1. Recherchieren Sie in einem arbeitsteiligen Verfahren den Weg der Kreditgewährung, die Werbung für Kredite und die Modalitäten der Kontoführung bei unterschiedlichen Kreditinstituten. Vergleichen Sie die Ergebnisse Ihrer Recherchen.
2. Diskutieren Sie, welche Rolle Schulden im heutigen Alltag der Jugendlichen spielen.
3. Erstellen Sie einen Fragebogen zum Thema „Verschuldung Jugendlicher" und führen Sie in Ihrer Schule eine Umfrage durch. Fassen Sie die Ergebnisse zusammen und vergleichen Sie diese mit den Daten, Fakten und Thesen in diesem Buch.

Wenn im Albtraum die 24 Gläubiger erscheinen

Heute steht für Ewald Benz fest: „Ich kaufe nur dann etwas, wenn ich das Geld dafür habe." Das war 1984, als er mit 24 Jahren bei den Eltern auszog, gar kein Thema. In Stuttgart, wo der Junggeselle eine Stelle als Fahrer fand, verdiente er „gutes Geld". Doch Stuttgart erwies sich als teures Pflaster. Benz nahm Kredite auf, die er später vom Lohn nicht mehr abtragen konnte. Die Schulden stiegen und stiegen, zuletzt auf 74.000 Euro – obwohl Benz jeder pfändbare Euro genommen wurde. Der Mann lag nachts oft wach – eine schier ausweglose Situation, und das seit zehn Jahren. Doch endlich sieht er Licht. In diesem Frühjahr gab sich der 39-Jährige einen Stoß, ging zur Schuldnerberatung des Diakonischen Werks und stieß dort auf eine neue Rechtslage – eine Art Verbraucherkonkurs. Benz beantragte die Insolvenz. Binnen einiger Jahre kann er nun die erdrückenden Altlasten los sein – wenn er gemäß Auflagen solide lebt. Für ihn, seine Frau und Kinder, sagt Benz, „hat ein neues Leben begonnen".

Quelle: R. zu Klampen: Wenn im Albtraum die 24 Gläubiger erscheinen, in: Nordwest-Zeitung, 18.11. 2000

1. Stellen Sie den Ablauf des Insolvenzverfahrens grafisch dar.
2. Beschreiben Sie mit eigenen Worten die Veränderung der Anreize für die Schuldner, die die neue Insolvenzordnung setzt.
2. Welche gesamtgesellschaftlichen Vorteile hat diese Veränderung der Anreize?

3.5.6 Verbraucherinsolvenzverfahren

Bis zum Jahr 1999 hat sich die Situation für Herrn Benz und die vielen anderen verschuldeten Privatpersonen anders dargestellt. Konkurs und Offenbarungseid stellten keine Lösungen dar, weil hierdurch die Forderungen der Gläubiger nicht erloschen. De facto bestand so im Falle einer hohen Verschuldung keine Chance, in finanzieller Hinsicht wieder ein neues Leben führen zu können. Und das wiederum führte dazu, dass es für jemanden in dieser Situation keinerlei Anreize gab, eine neue Tätigkeit aufzunehmen, da anfallende Einkommen bzw. Erlöse komplett der Schuldentilgung zu dienen hatten. Der aus gesamtgesellschaftlicher und volkswirtschaftlicher Sicht negativ zu bewertende Gang in die Sozialhilfe war vorgezeichnet.

Die Insolvenzordnung von 1999, die erstmals für das gesamte Bundesgebiet geltende Regelungen einführte, entschärft diese Problematik. Im Zentrum steht das neue Insolvenzverfahren. Es gibt verschuldeten natürlichen Personen die Möglichkeit einer bislang unbekannten Restschuldbefreiung und stellt somit eine deutliche Verbesserung der Stellung der Verbraucherinnen und Verbraucher in diesem Problemfeld dar.

Ablauf des Insolvenzverfahrens

1. außergerichtliche Schuldenbereinigung

Bevor der Schuldner das gerichtliche Insolvenzverfahren einleiten kann, hat er sich zunächst um eine außergerichtliche Schuldenregulierung zu kümmern. Dies tut er, indem er einen Einigungsplan erstellt, der den Gläubigern seine Einkommens- und Vermögensverhältnisse offen legt und ihnen einen konkreten Vorschlag zur Schuldenbereinigung unterbreitet. Widersetzt sich (mindestens) einer der Gläubiger den Vorschlägen, ist die außergerichtliche Schuldenregulierung gescheitert. Dann lässt sich allerdings bei Gericht die Durchführung des Insolvenzverfahrens sowie Restschuldbefreiung beantragen.

2. gerichtlicher Schuldenbereinigungsplan

Zusammen mit dem Antrag auf Durchführung des gerichtlichen Insolvenzverfahrens reicht der Schuldner einen Schuldenbereinigungsplan ein.

3. vereinfachtes Verbraucherinsolvenzverfahren

Wenn der gerichtliche Einigungsversuch scheitert, eröffnet das Gericht das Insolvenzverfahren. Mit dessen Eröffnung stellt das Gericht das Vermögen des Schuldners unter treuhänderische Verwaltung.

4. sechsjährige Wohlverhaltensperiode

Während der Wohlverhaltensperiode hat der Schuldner den pfändbaren Teil seines Arbeitseinkommens an einen Treuhänder abzuführen. Dabei wird der entsprechende Betrag vom Arbeitgeber gleich an den Treuhänder überwiesen, welcher diesen Betrag gleichmäßig an alle Gläubiger verteilt. Solange die Wohlverhaltensperiode andauert, ist der Schuldner verpflichtet, eine angemessene Erwerbstätigkeit auszuüben. Bei Arbeitslosigkeit ist er verpflichtet, sich nachweisbar um eine angemessene Erwerbstätigkeit zu bemühen und jede zumutbare Tätigkeit anzunehmen. Arbeitet er noch nebenbei, so ist auch der Nebenverdienst anmeldepflichtig und an den Treuhänder abzutreten. Verstößt der Schuldner gegen diese Verpflichtungen (indem er z. B. einen Verdienst aus einem Nebenjob nicht meldet), kann ihm das Gericht sofort die Restschuldbefreiung versagen.

5. Restschuldbefreiung

Hat der Schuldner während der gesamten Wohlverhaltensperiode sein pfändbares Einkommen an den Treuhänder abgetreten, wird er von seinen restlichen Verbindlichkeiten befreit.

Nach Ablauf des Verfahrens besteht wieder eine langfristige Perspektive, sich eine neue Existenz aufbauen zu können. Allerdings gibt es Gründe, bei denen ein Gericht die Restschuldbefreiung auf Gläubigerantrag verweigern kann. Dies ist der Fall, wenn die Schuldnerin bzw. der Schuldner

- bereits wegen einer Konkurs- bzw. Insolvenzstraftat rechtskräftig verurteilt wurde,
- drei Jahre vor und im gesamten Zeitraum nach dem Antrag falsche Angaben über seine wirtschaftlichen Verhältnisse gemacht hat, um beispielsweise Kredite oder staatliche Transferzahlungen zu erhalten,
- in den zehn Jahren vor der Antragseröffnung bereits eine Restschuldbefreiung erlangt hat oder ihm diese versagt wurde,
- im letzten Jahr vor Antragseröffnung schuldhaft unangemessene Schulden gemacht bzw. vorhandenes Vermögen verschwendet hat oder
- in den für den Insolvenzeröffnungsantrag notwendigen Unterlagen schuldhaft falsche Angaben gemacht hat.

In den geschilderten Fällen wird das Insolvenzverfahren vom Gericht eingestellt und den Gläubigern steht wieder das uneingeschränkte Recht zu, die restlichen Forderungen geltend zu machen.
Die Restschuldbefreiung stellt den Anreiz für die Schuldnerinnen und Schuldner dar, ein entsprechendes Insolvenzverfahren zu eröffnen. Die institutionelle Ausgestaltung des Rahmens (Regeln des Insolvenzverfahrens, Einschränkungen, Sanktionen) erfüllt den Zweck, das Handeln der Individuen entsprechend den Interessen aller Beteiligten zu lenken.

Insolvenzen in Deutschland Gegenstand der Nachweisung	Dezember 2003	Veränderung gegenüber Dezember 2002 %	Jahr 2003	Veränderung gegenüber Jahr 2002 %
Insgesamt	8.276	+ 22,2	100.723	+ 19,3
darunter: Neue Länder	1.394	+ 10,6	18.390	+ 7,5
Unternehmen	3.136	+ 6,9	39.320	+ 4,6
darunter: Neue Länder	552	- 6,9	7.575	- 14,4
Übrige Schuldner	5.140	+ 33,8	61.403	+ 31,1
davon:				
– Verbraucher	2.946	+ 56,0	33.609	+ 56,8
– ehemals selbstständig Tätige und andere natürliche Personen	2.010	+ 14,5	25.401	+ 10,2
– Nachlässe	184	- 6,6	2.393	+ 1,1

A81

§ 305 Insolvenzordnung
Eröffnungsantrag des Schuldners
(1) Mit dem schriftlich einzureichenden Antrag auf Eröffnung des Insolvenzverfahrens (§ 311) oder unverzüglich nach diesem Antrag hat der Schuldner vorzulegen:
1. eine Bescheinigung, die von einer geeigneten Person oder Stelle ausgestellt ist und aus der sich ergibt, dass eine außergerichtliche Einigung mit den Gläubigern über die Schuldenbereinigung auf der Grundlage eines Plans innerhalb der letzten sechs Monate vor dem Eröffnungsantrag erfolglos versucht worden ist; der Plan ist beizufügen und die wesentlichen Gründe für sein Scheitern sind darzulegen [...]
2. den Antrag auf Erteilung von Restschuldbefreiung (§ 287) oder die Erklärung, dass Restschuldbefreiung nicht beantragt werden soll;
3. ein Verzeichnis des vorhandenen Vermögens und des Einkommens (Vermögensverzeichnis), eine [...] Vermögensübersicht, ein Verzeichnis der Gläubiger und ein Verzeichnis der gegen ihn gerichteten Forderungen; den Verzeichnissen und der Vermögensübersicht ist die Erklärung beizufügen, dass die enthaltenen Angaben richtig und vollständig sind;
4. einen Schuldenbereinigungsplan; dieser kann alle Regelungen enthalten, die unter Berücksichtigung der Gläubigerinteressen sowie der Vermögens-, Einkommens- und Familienverhältnisse des Schuldners geeignet sind, zu einer angemessenen Schuldenbereinigung zu führen; in den Plan ist aufzunehmen, ob und inwieweit Bürgschaften, Pfandrechte und andere Sicherheiten der Gläubiger vom Plan berührt werden sollen.
[...]

4 Unternehmen

Unternehmen sind zentrale Akteure einer jeden Volkswirtschaft. Primär sind sie Orte der Einkommenserzielung für Beschäftigte und Einkommensquellen für Unternehmerinnen und Unternehmer sowie Kapitaleigner. Aber v. a. werden in ihnen Produkte erstellt und Dienstleistungen bereitgestellt, um die vielfältigen Bedürfnisse der Bürgerinnen und Bürger eines Landes zu befriedigen.

Für Menschen, die einen wesentlichen Teil ihrer Lebenszeit in Unternehmen verbringen, bilden sich in Unternehmen zahlreiche soziale Beziehungen mit all den positiven und zuweilen auch negativen Auswirkungen auf die Entwicklung der Persönlichkeit aus. Gerade die Qualität dieser sozialen Beziehungen hat eine hohe Bedeutung für die Leistungsfähigkeit aller Beschäftigten.

Das Kapitel stellt den Versuch eines Gesamtüberblick dar, ohne den Anspruch auf Vollständigkeit zu erheben. In ihm wird bzw. werden

- die Funktionen von Unternehmen im Wirtschaftsgeschehen erfasst,
- die immer wiederkehrenden Aufgaben von Unternehmen (Beschaffung, Produktion, Absatz) untersucht,
- die wesentlichen Ziele unternehmerischer Tätigkeit (Zielsysteme eines Unternehmens) dargestellt,
- die Unternehmensverfassung (Beispiel: Rechtsformen) als wesentliche Grundlage des unternehmerischen Handels erkannt,
- die zentralen Aufgaben einer Unternehmensführung behandelt,
- die Funktionsbereiche Organisation, Personal, Marketing und Finanzierung veranschaulicht,
- die Stellung von Unternehmen im Rahmen der internationalen Wirtschaft betrachtet und
- aufgezeigt, welche Grundgedanken mit dem Rechnungswesen verfolgt werden.

Inhalt Kapitel IV

4.1 Das Unternehmen im Wirtschaftskreislauf

4.1.1 Bestimmungsfaktoren von Unternehmen

Es werden die volkswirtschaftliche von den betriebswirtschaftlichen **Produktionsfaktoren** unterschieden:
- volkswirtschafltliche Produktionsfaktoren sind Boden, Arbeit, Kapital.
- betriebswirtschaftliche Produktionsfaktoren sind Arbeitskraft, Betriebsmittel, Werkstoffe.

Unternehmen gibt es sowohl in marktwirtschaftlichen wie auch in zentralverwaltungswirtschaftlichen Ländern (z. B. Nordkorea, Kuba, Teile von China). Die Unterscheidung von Unternehmen aus markt- und planwirtschaftlicher Sicht weist auf fundamentale Unterschiede hin, die idealtypisch in Kapitel 2 beschrieben worden sind. Fest steht: In allen Wirtschaftssystemen muss es Wirtschaftseinheiten (= Unternehmen) geben, die den Bedarf der Bürger nach Sachgütern und Dienstleistungen befriedigen müssen.

Sie müssen
1. eine Kombination von Produktionsfaktoren (Arbeit, Betriebsmittel und Werkstoffe)
2. nach dem Prinzip der Wirtschaftlichkeit erstellen, wobei
3. das Prinzip des finanziellen Gleichgewichts zu beachten ist.

Diese drei Merkmale sind systemunabhängig, das heißt unabhängig von der geltenden Wirtschaftsordnung. Für ein Unternehmen in einem marktwirtschaftlichen System gelten darüber hinaus aber noch besondere Merkmale:
1. Autonomieprinzip
2. erwerbswirtschaftliches Prinzip
3. Prinzip des Privateigentums (und des daraus abgeleiteten Anspruchs auf Alleinbestimmung).

Das erwerbswirtschaftliche Prinzip und das Prinzip des Privateigentums gehören nicht zu den konstitutiven Merkmalen einer Unternehmung, wenn auch solche Unternehmen dazu gezählt werden, die nicht nach Gewinnmaximierung streben und die nicht in Privateigentum stehen. Hierbei handelt es sich um öffentliche Unternehmen und Verwaltungen, die als Organe der Gesamtwirtschaft vom Staat getragen werden und den Bedarf nach bestimmten Gütern (z. B. Straßen) und nach Dienstleistungen (z. B. Aufrechterhaltung der öffentlichen Ordnung) kollektiv oder über den Markt befriedigen. Öffentliche Betriebe und Verwaltungen existieren als besondere Wirtschaftseinheiten deshalb auch in marktwirtschaftlichen Systemen. Aber gegenüber den Unternehmungen, die gewinnorientiert arbeiten müssen, haben sie eine vergleichsweise untergeordnete Bedeutung.

1. Grenzen Sie die Bestimmungsfaktoren eines Unternehmens in der Marktwirtschaft von denen eines Betriebes in der Planwirtschaft bzw. von öffentlichen Unternehmen und Verwaltungen ab. Worin liegen die wesentlichen Ursachen für diese Unterschiede begründet?
2. Begründen Sie, warum es Bestimmungsfaktoren gibt, die vom Wirtschaftssystem unabhängig sind.

Hinweis: Greifen Sie für die Lösung der Aufgaben auf das Kapitel 2 zur Wirtschaftsordnung und ihren zentralen Ordnungsformen und Ordnungselementen zurück.

a) In der Marktwirtschaft muss jedes einzelne Unternehmen das Produktionsprogramm planen und entwickeln. D. h., das Unternehmen muss entscheiden
   - welche Produkte,
   - in welcher Vielfalt,
   - in welchem Umfang,
   - in welcher Qualität,
   - mit welcher Technologie,
   - innerhalb welcher Arbeitsabläufe und welchen Aufbaus des Unternehmens,
   - mit welchen Zielen

   produziert werden sollen.
   Ob sie erfolgreich sind oder nicht, zeigt sich für das Unternehmen spätestens dann, wenn sich die Produkte zu einem entsprechenden Preis auf dem Markt verkaufen lassen.

b) Für ein marktwirtschaftliches Unternehmen gilt, dass sich die Produktionsmittel in Privateigentum befinden (z. B. Eigentümer, Gesellschafter, Aktionäre). Diese Tatsache beeinflusst auch die Frage, wer die Leitung des Unternehmens wahrnimmt: die Eigentümer selbst oder ein eingesetztes Management (vgl. Kapitel 4.7).

Ganz anders sieht dies in einer zentral geleiteten (Plan-)Wirtschaft aus. Hier müssen Unternehmen zusätzliche Funktionen übernehmen, die denen marktwirtschaftlicher Unternehmen entgegenstehen.
So gelten
1. das Organprinzip,
2. das Prinzip der zentralen Planerfüllung (Ziel der Unternehmen ist es Planvorgaben zu erfüllen und nicht Gewinne zu erzielen) sowie
3. das Prinzip des Gemeineigentums, nicht des Privateigentums (vgl. auch Kapitel 2).

Weshalb sind Organprinzip, Prinzip dezentraler Planerfüllung und das Prinzip des Gemeineigentums für ein zentralverwaltungswirtschaftliches System zwingend und nicht durch andere Prinzipien austauschbar?

Fassen wir den Einfluss einer marktwirtschaftlichen Ordnung auf Unternehmen zusammen:

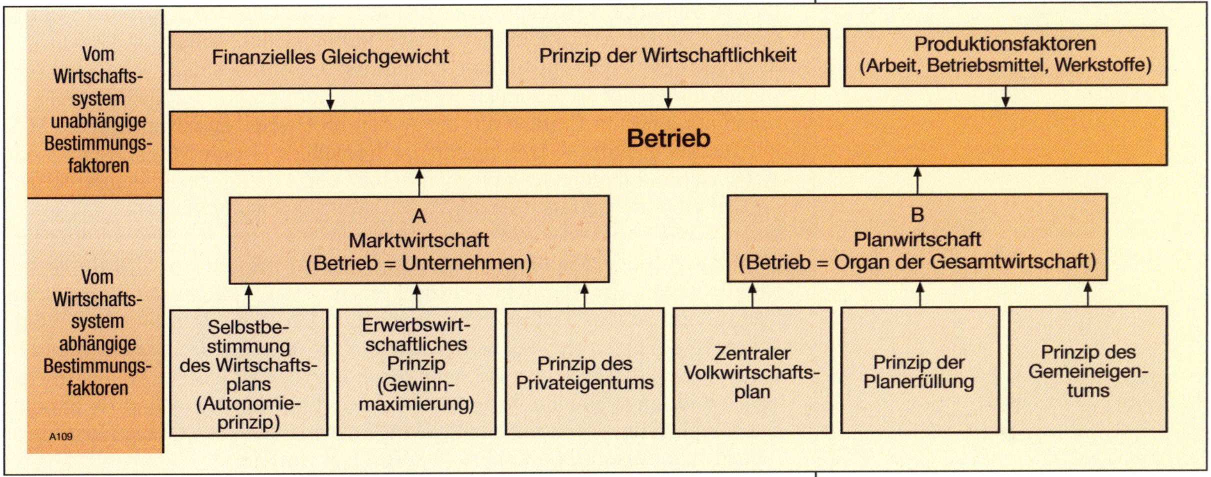

nach: H. Schierenbeck: Grundzüge der Betriebswirtschaftslehre, 16. unwesentlich veränderte Auflage, Oldenbourg, München/Wien, 2003, S. 24 f.

4.1.2 Der sozioökonomische Bezugsrahmen eines Unternehmens

Durch die Bundestags-, Landtags- und Kommunalwahlen entscheidet die Bevölkerung in demokratisch verfassten Gesellschaften darüber mit, welche politischen Rahmenbedingungen vom Staat her den Betrieben, den Haushalten und Interessenverbänden gesetzt werden sollen.
Der Staat, der durch eine Vielzahl öffentlich-rechtlicher Institutionen repräsentiert wird, greift in direkter und indirekter Form in den betrieblichen Arbeitsprozess ein. Bei indirekten Maßnahmen soll die Entscheidung der Betriebe in bestimmter Richtung beeinflusst werden, ohne dass sie unter den Prinzipien „freier Marktwirtschaft" in ihrer Entscheidungsfreiheit maßgeblich eingeschränkt werden. [...]
Durch gesetzliche Regelungen werden sowohl die Rahmenbedingungen für die betriebliche Arbeit gesetzt (Arbeits- und Sozialordnung) als auch für einzelne Aspekte der betrieblichen Arbeit gesetzliche Vorschriften erlassen (z. B. Arbeitsschutzgesetze, Erhebung von Steuern und Sozialabgaben, etc.). Je nach Größe und Bedeutung eines Betriebes besteht für diesen die Möglichkeit, un-

mittelbar mit dem Staat bzw. dessen Repräsentanten, etwa in Gestalt von Landesregierungen, Ministerien, Kommunalbehörden, etc., über bestimmte ökonomische Transaktionen zu verhandeln [...]. Insbesondere das Argument, Arbeitsplätze zu schaffen, lässt Betriebe in den Genuss von Steuerersparnissen und von Ausnahme- und Sondergenehmigungen kommen (z. B. hinsichtlich geringerer Auflagen für den Umweltschutz).
Auch Interessenverbände wie Gewerkschaften, Arbeitgeberverbände oder sonstige organisierte Interessengruppen (Lobby) können direkt mit Repräsentanten des Staates in Verhandlungen treten, um ihre Interessen zur Geltung zu bringen. Durch die Tarifverhandlungen zwischen Arbeitgeberverbänden und Gewerkschaften werden die Struktur und die Höhe des Arbeitsentgelts sowie die betrieblichen Arbeitsbedingungen unmittelbar beeinflusst. Allerdings erfolgt auf dieser Ebene nur die Festlegung der Rahmenbedingungen. Die Umsetzung erfolgt erst auf der betrieblichen Ebene. Hier kann der Betriebsrat über Haustarifverträge, Betriebsvereinbarungen, etc. die Interessen der Arbeitnehmer wahrnehmen.
Die unmittelbaren Beziehungen zwischen Betrieben und Interessenverbänden, z. B. die Mitgliedschaft in der Industrie- und Handelskammer (IHK) bzw. Handwerkskammer (HWK), sind durch die Selbstverwaltung der Verbände geregelt (im IHK- und HWK-Bereich besteht eine Zwangsmitgliedschaft): Der betriebliche Arbeitsprozess wird durch die Kammern vor allem durch gewisse Auflagen bspw. zum Unfallverhütungsschutz oder hinsichtlich des Standards der Berufsausbildung beeinflusst. Gewerkschaften wiederum versuchen durch ihre Vertrauensleute und eine Kooperation mit den Betriebsräten einen direkten Einfluss auf die Arbeit im Betrieb zu gewinnen (die Mitgliedschaft in einer Gewerkschaft ist freiwillig). Durch Mitgliedschaft der Arbeitnehmer in den Gewerkschaften bzw. der Arbeitgeber in den Arbeitgeberverbänden übertragen sie die Verhandlungsmacht auf die jeweiligen Interessenverbände. Wenn auch, insbesondere im Streitfall, die Verhandlungsergebnisse von den Mitgliedern bestätigt werden müssen, so wird durch die Mitgliedschaft ein Hierarchieprinzip konstituiert, durch das der Einzelne an Vereinbarungen für die Gesamtgruppe gebunden ist. Hiermit sind die wesentlichen Regelungen der auf den betrieblichen Arbeitsprozess einwirkenden Institutionen umschrieben. Betonen möchten wir, dass hiermit kein harmonisches Bild einer „heilen Arbeitswelt" gezeichnet werden sollte. Es handelt sich lediglich um die formalen Regelungen zwischen den einzelnen Institutionen, die zur besseren Orientierung aufgezeigt wurden.
Quelle: H. D. Mueller/A. Schmid: Arbeit, Betrieb und neue Technologien, Kohlhammer, Stuttgart, 1989, S. 50 f.

!

Erfassen Sie das in diesem Text dargestellte Beziehungsgeflecht in einem Schaubild.

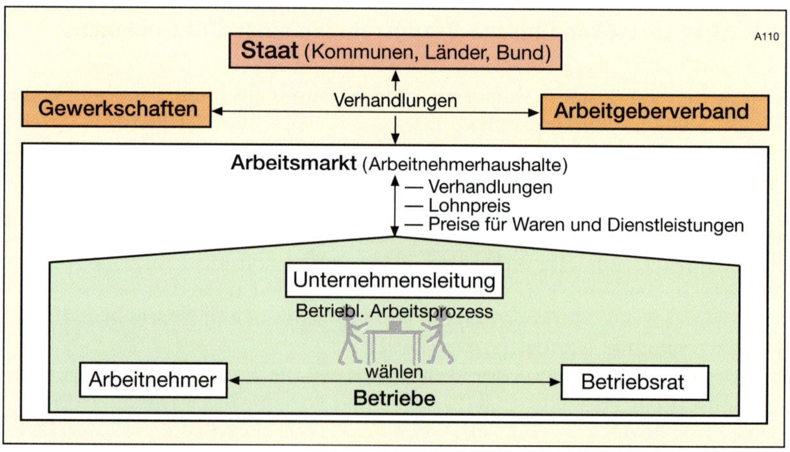

nach: H. D. Mueller/A. Schmid: Arbeit, Betrieb und neue Technologien, Kohlhammer, Stuttgart, 1989, S. 50 f.

4.1.3 Die Stellung der Unternehmen in der nationalen und internationalen Wirtschaft

Mit Hilfe des Wirtschaftskreislaufs lässt sich eine Einordnung des Unternehmens in die Volkswirtschaft vornehmen und den Begriff des Unternehmens näher bestimmen.

a) Was sind Unternehmen?

Unternehmen sind alle Institutionen, die vorwiegend Waren produzieren und Dienstleistungen bereitstellen und damit Einkommen erzielen wollen. Aus rechtlicher Perspektive unterscheidet man grundsätzlich Personengesellschaften (z. B. GmbH, KG) von Kapitalgesellschaften (z. B. Aktiengesellschaften) und Genossenschaften. Das Unterkapitel 4.7.1 liefert hierzu umfangreiche Informationen.

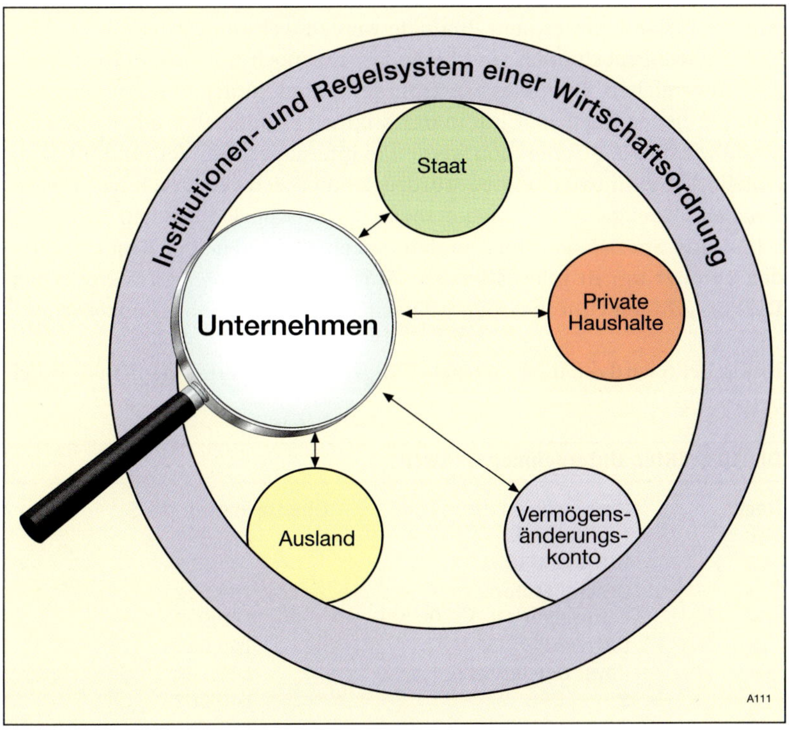

b) Unternehmen als Akteure der nationalen Wirtschaft

Unternehmen sind nicht nur zentrale Akteure in der Volkswirtschaft, sondern auch wichtige Institutionen der Gesellschaft. Die Mitglieder einer Gesellschaft fühlen sich zumeist gemeinsamen Normen und Werten verpflichtet. Sie erfüllen zahlreiche Funktionen, z. B. im Rahmen wirtschaftlicher Tätigkeiten. Wenn wir die Betrachtung auf diese beschränken, befassen wir uns mit dem wirtschaftlichen Teilsystem der Gesellschaft bzw. mit der Volkswirtschaft.

Wenn wir uns mit den Tätigkeiten, den internen Zusammenhängen und der Gestaltung der produktiven Einheiten einer Volkswirtschaft befassen, wenden wir uns der Betriebswirtschaft, d. h. der Disziplin zu, die sich wissenschaftlich mit Unternehmen auseinandersetzt (s. u.). Sie werden hier als produktive soziale Systeme betrachtet.

Sie stellen Güter und Dienstleistungen her, die sie an andere Wirtschaftseinheiten abgeben. Dabei geht es nicht nur um die Herstellung von

Erläutern Sie die Einordnung von Unternehmen aus volkswirtschaftlicher, betriebswirtschaftlicher und gesellschaftlicher Perspektive und verdeutlichen Sie diese mit Beispielen.

Gütern wie Schuhen, Haushaltsgeräten und Computern, sondern auch um die Bereitstellung von Dienstleistungen durch Handelsbetriebe, Banken, Versicherungen oder Transportunternehmen. Zentral für Unternehmen ist jedoch, dass ihre Aufgabe nicht allein in der Bereitstellung von Sachgütern und Dienstleistungen liegt. Vielmehr ist es von entscheidender Bedeutung, dass ein Unternehmen seine Existenz nur dann sichert, wenn seine Leistungen von anderen Wirtschaftseinheiten – von anderen Unternehmen und Haushalten – gegen ein zumindest kostendeckendes Entgelt abgenommen werden.

nach: W. Weber: Telekolleg II, Betriebswirtschaftslehre, 9. überarbeitete Auflage, TR-Verlagsunion, München, 1999, S. 6.

Stellen Sie eine Liste größerer Unternehmen Ihrer Region zusammen und ermitteln Sie, über welche regionalen, nationalen und internationalen Geschäftsbeziehungen sie verfügen.

c) Unternehmen als Akteure der internationalen Wirtschaft

Unternehmen schließen sich mit anderen Unternehmen sowohl im Inland wie im Ausland zusammen, Produkte werden weltweit vermarktet und höhere Führungspositionen sind heute fast nur noch mit Auslandserfahrungen zu erreichen. Produkte wie z. B. der Airbus in der Flugzeugindustrie oder ein neuer Gigabyte-Chip in der Mikroelektronik, aber auch Nutzfahrzeuge wie die Van-Generation werden in internationalen Verbundprojekten erstellt. Diese Entwicklung ist Ausdruck einer sich verstärkenden internationalen Arbeitsteilung. Talente sowie spezifische Fähigkeiten von Menschen und Spezialisierungen in den einzelnen Länder und Regionen werden genutzt um in internationalen Allianzen effizienter zu wirtschaften. Die 100 größten Unternehmen weltweit sind internationale Konzerne.

In Kapitel 6 wird die internationale Tätigkeit von Unternehmen ausführlich behandelt.

Vergleichen Sie die hier ausgewiesenen Umsatzzahlen mit dem Bruttoinlandsprodukt (BIP) einzelner Länder. Welchen Rang würden die obigen Unternehmen dabei in der Welt einnehmen?

Die 10 größten Unternehmen weltweit:

Rang	Unternehmen	Umsatz in Mrd. US-$
1	Exxon Mobil	210,392
2	Wal-Mart Stores	193,295
3	General Motors	184,632
4	Ford Motor	180,598
5	Daimler Chrysler	150,069
6	Royal Dutch/Shell Group	149,146
7	BP	148,062
8	General Electric	129,853
9	Mitsubishi	126,579
10	Toyota Motor	121,416

d) Unterscheidung Betrieb – Unternehmen

In der fachwissenschaftlichen Literatur wird oft eine Unterscheidung zwischen den Begriffen „Unternehmen“ und „Betrieb“ vorgenommen. Obwohl beide Begriffe in der Umgangssprache i. d. R. synonym verwendet werden, gelten Betriebe – streng ausgelegt – als technisch-wirtschaftliche Einheiten, die Sachgüter produzieren und Dienstleistungen bereitstellen, während der Begriff „Unternehmen“ die juristischen und finanziellen Einheiten beschreibt.

Für unseren Zusammenhang spielt diese Unterscheidung nur eine untergeordnete Rolle. Wir werden weitestgehend auf den Begriff des Unternehmens zurückgreifen und nur dort von Betrieben sprechen, wenn es der inhaltliche Zusammenhang unbedingt notwendig macht.

4.1.4 Gliederung von Unternehmen

Eine wesentliche Unterscheidung von Unternehmen erfolgt nach der Art der erbrachten Leistung. Hier lassen sich Produktions- und Dienstleistungsunternehmen unterscheiden.

Unternehmen

Produktionsunternehmen
erbringen Sachleistungen

Primärer Sektor:
- Rohstoffgewinnungsunternehmen (z.B. Erzbergwerk, Kohlengrube)

Sekundärer Sektor:
- Produktiv-/Investitionsgüterunternehmen (z.B. Maschinenfabrik, Walzwerk)
- Konsumgüterunternehmen
  - Gebrauchsgüterunternehmen (z.B. Möbelfabrik)
  - Verbrauchsgüterunternehmen (z.B. Nahrungsmittelindustrie)

Dienstleistungsunternehmen
erbringen Dienstleistungen

Tertiärer Sektor:
- Handelsunternehmen (z.B. Groß- und Einzelhandel)
- Verkehrsbetriebe (z.B. Bus, Bahn, Flugzeug)
- Versicherungsunternehmen
- Sonstige Dienstleistungsunternehmen (z.B. Friseur, Reinigung)

Dienstleistungsunternehmen arbeiten entweder konsumbezogen oder produktionsbezogen, d. h. wenn sie ihre Dienste für andere Unternehmen erbringen.

A112

Versuchen Sie einige für Ihre Region bedeutsame Unternehmen entsprechend zu klassifizieren.

Neben einer Gliederung von Unternehmen nach der Art der erbrachten Leistung kann man sie auch nach dem Verwendungszweck der Leistungen, der Zielsetzung und nach dem Wirtschaftszweig unterscheiden.

1. nach dem **Verwendungszweck** der Leistungen
   - Konsumgüterunternehmen
   - Produktivgüterunternehmen (Investitionsgüterunternehmen)

2. nach der **Zielsetzung**
   - erwerbswirtschaftliche Unternehmen
   - gemeinwirtschaftliche Unternehmen

3. nach dem **Wirtschaftszweig**
   - Urerzeuger (z. B. Agrarbetrieb)
   - Industrie
   - produzierendes Handwerk (z. B. Schreinerei)
   - Dienstleistung (a) (Einzel- und Großhandel)
   - Dienstleistung (b) (Verkehr, Versicherung, Kreditwesen, reparierendes Handwerk, Medizin usw.)

Die nebenstehende Grafik zeigt darüber hinaus, dass auch die Zahl der Mitarbeiter eine Gliederungsmöglichkeit darstellt.

4.1.5 Warum es Unternehmen und Unternehmer gibt – zwei Erklärungsansätze

Die Person des Unternehmers wurde in der ökonomischen Literatur des 20. Jahrhunderts weitestgehend ausgeblendet. Eine bekannte Ausnahme stellt das Werk des Österreichers Joseph Alois Schumpeter dar, der mit seiner „Theorie der wirtschaftlichen Entwicklung" zu Beginn des 20. Jahrhunderts eine Analyse und Beschreibung des Unternehmers gegeben hat. Der Unternehmer ist nach Schumpeter nicht der Erfinder, sondern der Innovator, der neue Ideen aufgreift und durchsetzt und damit aktuelle Strukturen zerstört um neue zu schaffen. Diesen Prozess nennt er entsprechend die „schöpferische Zerstörung". Unternehmensgründungen werden seit der These der schöpferischen Zerstörung überkommener Wirtschaftsstrukturen als Motor des volkswirtschaftlichen Strukturwandels angesehen.

Joseph Alois Schumpeter
* 08.02.1883 in Triesch (heute Tschechien)
† 08.01.1950 in Tarconic, Conneticut

- Jurastudium und Studium der ökonomischen Staatswissenschaften in Wien
- Professor der Wirtschaftwissenschaften an der Universität in Czernowitz (heute Ukraine)
- 1911 Professur an der Universität Graz
- ab 1932 Professur an der Harvard University
- 1949 Präsident der International Economic Association
- Schumpeter entwickelte eine Theorie der wirtschaftlichen Entwicklung des kapitalistischen Wirtschaftssystems, die er durch innerwirtschaftliche diskontinuierliche Veränderungen erklärte → Konjunkturtheorie.

Joseph Alois Schumpeter

Schumpeter gilt als einer der bedeutendsten Nationalökonomen des 20. Jahrhunderts. Der Österreicher hat sich in seinem wissenschaftlichen Werk vor allem mit den Bestimmungsgründen für die wirtschaftliche Entwicklung auseinander gesetzt und damit auch mit der Funktion des Unternehmertums. Noch heute werden Unternehmer, die mit der Einführung von Innovationen neue Märkte erschließen, d. h. neue Produkte und Verfahren entwickeln oder neue Organisationsformen schaffen, als sogenannte Pionier- bzw. „Schumpeter-Unternehmer" bezeichnet. Sie fördern den Konjunkturaufschwung und erzielen für eine befristete Zeit „Pioniergewinne", bis wieder andere „schöpferische" Unternehmer durch innovatorische Akte das „Alte" zerstören und „Neues" schaffen.

Der Wettbewerb zwischen Unternehmen ist somit ein permanenter Prozess „schöpferischer Zerstörung":

> Immer handelt es sich um die Durchsetzung einer anderen als der bisherigen Verwendung nationaler Produktivkräfte, darum, dass dieselben ihren bisherigen Verwendungen entzogen und neuen Kombinationen dienstbar gemacht werden.
> *Quelle: J. A. Schumpeter: Beiträge zur Sozialökonomik, hrsg. von Stephan Böhm, Böhlau, Graz, Wien, 1957*

Erläutern Sie, worin der Autor die Funktion des Unternehmers sieht und wie sich „wirtschaftliche Entwicklung" vollzieht.

Wesentliche Werke:

Schumpeter, J. A. (1912): Theorie der wirtschaftlichen Entwicklung, Leipzig: Duncker & Humblot

Schumpeter, J. A. (1939): Business Cycles. A Theoretical, Historical and Statistical Analysis of the Capitalist Process, 2. Vol.; New York and London: McGraw-Hill

Schumpeter, J. A. (1942): Capitalism, Socialism and Democracy, New York: Harper & Brothers Publishers

Die Unternehmerfunktion

Die Unternehmerfunktion ist nichts anderes als diese Führerfunktion auf dem Gebiet der Wirtschaft. In jedem Zeitpunkt arbeitet die Wirtschaft mit einen Fond gegebener Erfahrungen und auf Grund gegebener und routinemäßig vertrauter Daten. Jede Wirtschaftsperiode gleicht in den Grundzügen wie in der Masse der Einzelheiten der vorhergehenden und Aufgaben wie diese. Das liegt nicht nur daran, dass der stetige Kreislauf von Produktion und Konsumtion immer wieder [gleichsam bei jeder Umdrehung jahraus, jahrein] dieselbe objektive Situation schafft, die wesentlich immer dieselben Möglichkeiten darbietet und andere ausschließt, sondern auch daran, dass die Wirtschaftssubjekte mit wesentlich immer der gleichen, fest gewordenen und sich nur langsam ändernden Mentalität, denselben Kenntnissen und Erfahrungen, derselben Weite des Gesichtskreises, denselben Produktionsmethoden, Geschäftsgewohnheiten, Geschmacksrichtungen und im Besitz derselben Beziehungen zu Kunden, Lieferanten, Konkurrenten an sie herantreten und unter dem Druck der Notwendigkeiten des Alltags in der Regel herantreten müssen. Diese Tatsache, dass sich die Masse wirtschaftlichen Tuns jeweils in ausgefahrenen und vertrauten Bahnen bewegt, erklärt einerseits die relative Promptheit, die das Handeln auf wirtschaftlichem Gebiet auszeichnet und die sonst einen viel höheren Grad von Rationalismus, Aufgewecktheit und Energie erfordern würde, als dem Durchschnittsmenschen eigen ist, andererseits das Versagen des durchschnittlichen Wirtschaftssubjekts überall dort, wo es sich neuen Situationen gegenübersieht, wie z. B. in Krisen. Sie erklärt ferner den glatten, fast automatischen Ablauf der normalen Wirtschaftsperiode: Wie von selbst bietet sich das Produktionsmittel dem Produzenten, der gewünschte Konsumartikel dem Konsumenten dar, wie von selbst, d. h. mit Hilfe eines relativ minimalen Zusatzes zu der jeweils von den Jahrzehnten und selbst Jahrhunderten vorgetanen, unterbewusst und Gewohnheit gewordenen geistigen Leistung, geht jedes Element von Produktivkraft jahraus, jahrein den prinzipiell gleichen Weg, werden die der großen Masse nach von Wirtschaftsperiode zu Wirtschaftsperiode immer gleichen technischen Handgriffe und kommerziellen Überlegungen auf die Produzentenseite und die ebenfalls der großen Masse nach von Wirtschaftsperiode zu Wirtschaftsperiode immer gleichen Bedarfs- und Wertschätzungen und Nachfrageakte auf der Konsumentenseite vorgenommen.

Auf drei Arten erfolgt nun der Übergang von einem solchen gegebenen Zustand der Volkswirtschaft zu einem anderen, verändern sich die „Daten des Gleichgewichtszustandes“, vollzieht sich „wirtschaftliche Entwicklung“: Erstens durch stetiges Wachstum, besonders der Bevölkerung und des Apparats an produzierten Produktionsmitteln. Zweitens durch außerwirtschaftliche Ereignisse, die in die Wirtschaft hereinwirken, wie Naturereignisse, soziale Umwälzungen, politische Eingriffe. Drittens dadurch, dass manche Individuen über die wirtschaftliche Erfahrung und die erprobte und gewohnte Routine hinausgreifend in den jeweils gegebenen Verhältnissen des Wirtschaftslebens neue Möglichkeiten erkennen und durchsetzen. Diese dritte Art von Entwicklung ist die weitaus wichtigste, auch die beiden ersten wirken zum Teil – indem sie Anlässe zum Entstehen neuer Möglichkeiten bieten – durch sie hindurch. Im Erkennen und Durchsetzen neuer Möglichkeiten auf wirtschaftlichem Gebiet liegt das Wesen der Unternehmerfunktion. Diese wirtschaftliche Führerschaft betätigt sich also an Aufgaben, die sich in die folgenden Typen fassen lassen:

- die Erzeugung und Durchsetzung neuer Produkte […],
- die Einführung neuer Produktionsmethoden,
- die Schaffung neuer Organisationen der Industrie (Vertrustung z. B.),
- die Erschließung neuer Absatzmärkte,
- die Erschließung neuer Bezugsquellen.

Quelle: J. A. Schumpeter: Die Unternehmerfunktion, in: K. R. Leube: The Essence of J. A. Schumpeter, Die wesentlichen Texte, Manz, Wien, 1996, S. 167 ff.

1. Durch welche Merkmale sieht Schumpeter den Ablauf normaler Wirtschaftsperioden gekennzeichnet?
2. Schumpeter beschreibt verschiedene Typen „wirtschaftlicher Führerschaft“. Stellen Sie aktuelle Beispiele zusammen, die sich den fünf von Schumpeter benannten Typen zuordnen lassen.
3. Schumpeter beschreibt Arten der Bewältigung von Umordnungsprozessen. Stellen Sie diese zusammen und übertragen Sie sie auf die gegenwärtige wirtschaftliche Situation.

Ronald Coase
* 29.12.1910 in Willesden (London)

- Studium der Betriebswirtschaftslehre an der London School of Economics, Abschluss 1931
- 1932–1934 Lehrauftrag an der Dundee School of Economics und Commerce
- 1934–1935 Lehrauftrag an der Universität Liverpool
- ab 1935 Lehrauftrag an der London School of Economics
- 1964–1982 Lehrauftrag an der Universität Chicago
- 1991 Nobelpreis für Ökonomie

Coase hat in einer knappen, im Buch nur 22 Seiten umfassenden Studie den Anstoß für eine neue Forschungsrichtung gegeben: die Transaktionskosten-Ökonomie.

1. Erarbeiten Sie zunächst den im Text deutlich vorhandenen Argumentationsstrang zur Funktion von Unternehmen.
2. Begründen Sie die Auffassung von R. Coase, indem Sie die folgenden Aussagen in Ihre Argumentation erläuternd aufnehmen:
   - In Unternehmen kommt es permanent zu einer Allokation von Produktionsfaktoren.
   - Die Nutzung des Preismechanismus auf Märkten ist nicht kostenfrei.
   - Durch die Existenz von Unternehmen lassen sich die Kosten für die Nutzung des Preismechanismus senken.
3. Wodurch unterscheiden sich die Blickwinkel von Schumpeter und Coase bei der Beurteilung der Funktion von Unternehmen und Unternehmern?

Ronald Coase und „The Nature of the Firm"
Warum gibt es in marktwirtschaftlichen Ordnungen eigentlich Unternehmen, wenn der Preismechanismus eine so hohe Leistungsfähigkeit bei der Koordination von Angebot und Nachfrage hat (vgl. Kapitel 2)? Diese Frage stellte sich der berühmte Wirtschaftswissenschaftler Ronald Coase bereits in den 30er Jahren des 20. Jahrhunderts. Für seine Arbeiten erhielt er schließlich 1991 den Nobelpreis.
An dieser Stelle wollen wir seinen Ansatz kurz vorstellen:
In einem der meistzitierten wissenschaftlichen Aufsätze in der Geschichte der Ökonomie „The Nature of the Firm" (1937) setzt er sich mit folgendem Problem auseinander: Er stellt fest, dass die Allokation der Produktionsfaktoren nicht allein über Angebot und Nachfrage – über den Preismechanismus – auf Märkten erfolgt, sondern dass es innerhalb eines Unternehmens auch permanent zu einer Allokation von Produktionsfaktoren kommt, nämlich durch Anweisungen z. B. der Geschäftsführung. Coase kommt zu dem Ergebnis, dass auch die Nutzung des Preismechanismus auf Märkten nicht kostenfrei erfolgt. Er spricht von „Costs-of-Using-the-Prize-Mechanismn". Diese Kosten entstehen erstens für die Beschaffung von benötigten Informationen über Preise der zu erstellenden Güter und der einzusetzenden Produktionsfaktoren. Zweitens entstehen sie dadurch, dass mit den Abnehmern von produzierten Gütern und den Lieferanten von Produktionsfaktoren Verträge ausgehandelt werden müssen und abzuschließen sind. Deshalb kann es vorteilhaft sein, dass ein Teil der sonst über Märkte abzuwickelnden Aktivitäten in ein Unternehmen hineinverlegt wird und sich auf diese Weise die Kosten für die Benutzung des Preismechanismus auf Märkten senken lassen würden.
Die Frage von Coase ist auch gleichzeitig eine Frage nach der Existenz von Unternehmen: Warum gibt es in Marktwirtschaften eigentlich Unternehmen, wenn der Preismechanismus eine so hohe Leistungsfähigkeit bei der Koordination von Angebot und Nachfrage hat?
In seiner Nobel-Preis-Vorlesung beschreibt er, wie er sich der Frage, weshalb es Unternehmen gibt, näherte.

Im Sommer 1932 fand ich die Lösung. Sie bestand in der Erkenntnis, dass das Wirken des Preismechanismus mit Kosten verbunden ist. Die Preise müssen erst einmal ermittelt werden. Dazu muss man verhandeln, Verträge ausarbeiten, Kontrollen durchführen, Vorkehrungen zum Beilegen von Streitigkeiten treffen usw. Diese Kosten werden mittlerweile als Transaktionskosten bezeichnet. Ihre Existenz bewirkt, dass andere Koordinationsmechanismen als der Markt den Preismechanismus möglicherweise vorzuziehen sind, obwohl auch sie Kosten verursachen und verschiedenste Unvollkommenheiten aufweisen. Dennoch ist der Preismechanismus das einzige Koordinationsinstrument, das normalerweise von Ökonomen untersucht wird. Die Existenz von Unternehmen, in denen die Allokation von Produktionsfaktoren durch administrative Entscheidungen erfolgt, konnte damit geklärt werden, dass damit Kosten vermieden werden, die beim Ausführen dieser Transaktionen über den Markt entstehen.
Quelle: R. Coase, in K.-D. Grüske (Hrsg.): Die Nobelpreisträger der ökonomischen Wissenschaft, Band III, Verlag Wirtschaft und Finanzen, Düsseldorf, 1994, S. 185

Den Begriff der Transaktionskosten haben Sie schon im Kapitel 1 kennen gelernt.

4.1.6 Die Gründung eines Unternehmens (Leittextmethode)

Es besteht die Möglichkeit, die Bearbeitung der Inhalte des vorliegenden Kapitels am Beispiel der Thematik „Existenzgründung" über die schrittweise Erarbeitung eines „Gründungskonzeptes" mit Hilfe der Leittextmethode vorzunehmen. Die nachfolgenden Unterkapitel dienen in diesem Zusammenhang als „Informationsmaterialien".

1. Einführung

Bei der Gründung eines Unternehmens sind viele Faktoren zu beachten, und die Aspekte reichen von A wie Anmeldung bis Z wie Zinsen oder Zuständigkeiten.

Mit Hilfe von Leitfragen soll durch den „Existenzgründungsdschungel" geführt werden.

a) In dem ersten Schritt geht es um grundlegende Überlegungen, die vor der eigentlichen Gründung angestellt werden sollten und an deren Ende durchaus auch die Erkenntnis stehen kann, dass die Gründung eines Unternehmens als nicht geeignet erscheint.
b) Wenn der Entschluss, ein Unternehmen zu gründen, nach diesen ersten Überlegungen bestehen bleibt, steht die Planung der Unternehmensgründung an, von deren Genauigkeit Erfolg oder Misserfolg entscheidend abhängen. Die Planung umfasst die Bearbeitung von Fragen, die sowohl das Unternehmen selbst betreffen als auch die Beziehungen des Unternehmens zu seiner Umwelt.
c) Die letzte Gruppe von Fragen beschäftigt sich mit dem Unternehmen selbst, d. h., es wird ein Blick auf die Binnenstruktur des Unternehmens geworfen.

2. Aufgabenstellung

Ihre Aufgabe ist es, ein Unternehmen zu „gründen" und dabei ein Gründungs- bzw. Unternehmenskonzept zu entwickeln. Für eine Unternehmensgründung sind viele Dinge erforderlich, zunächst aber eine tragfähige Produkt- bzw. Geschäftsidee.

In der Unternehmensgründungsphase gehen Sie in Gruppenarbeit in der folgenden Weise vor:

a) Entwickeln Sie eine Geschäftsidee oder die Idee für ein Produkt oder eine Dienstleistung. Nutzen Sie kreative Techniken, um eine Idee zu entwickeln (z. B. Mind-Mapping).
b) Informieren Sie sich gemeinsam mit den anderen Gruppenmitgliedern darüber, was bei einer Unternehmensgründung alles zu beachten ist. Die Leitfragen geben Ihnen Hinweise, welche Informationen Sie benötigen.
c) Entwickeln Sie einen Arbeitsplan für die Unternehmensgründung.
d) Stellen Sie Ihr Unternehmenskonzept vor.
e) Zum Abschluss sollten Sie Expertinnen und Experten z. B. aus der Gründungsberatung der Industrie- und Handelskammer oder der Kreditabteilung einer Bank einladen und sie das Unternehmensgründungskonzept bewerten lassen. Die Überzeugungskraft Ihres Konzeptes wird z. B. in der (fiktiven) Erteilung eines Kredites deutlich werden.

Nach den bisherigen Einordnungen und Bestimmungen von Unternehmen werden nachfolgend zwei Möglichkeiten angeboten, sich mit dem Inhaltsbereich „Unternehmen" auseinander zu setzen.

1. Die klassische Form:
   Sie gehen schrittweise vor, wie Sie es aus Schulbüchern gewohnt sind, bearbeiten Texte, Grafiken, Statistiken, angegebene Aufgabenstellungen usw.
2. Die Leittextmethode:
   Sie verlangt Ihnen ein höheres Maß an Selbstständigkeit und Arbeitsdisziplin ab, was jedoch den Vorteil hat, dass Sie – wie Erfahrungen zeigen – zu einem vertieften Verständnis der Materie kommen können.

Selbstverständlich können Sie das weitere Kapitel für sich als Informationsquelle verwenden oder eine Mischform aus beiden Varianten wählen.

3. Grundlegende Überlegungen

In Abwandlung eines weitverbreiteten Sprichwortes könnte man sagen: Unternehmer werden ist nicht schwer, Unternehmer sein dagegen sehr. Wie schätzen Sie diese Aussage ein? Folgende Frage ist entscheidend: Eigne ich mich zur Unternehmerin bzw. zum Unternehmer? Also: Bin ich eine Unternehmerpersönlichkeit?

a) Zunächst braucht man eine Geschäfts- bzw. eine Produkt- oder Dienstleistungsidee. Womit wollen Sie den Markt erobern?
b) Wenn man ein Unternehmen gründet, verbindet man damit auch Wünsche und Ziele. Welche sind das?
c) Welche Gründe könnte es geben, dass Existenzgründer auch scheitern, dass also ihre Vorstellungen nicht wahr werden? Welche Möglichkeiten gibt es, Schwierigkeiten bei der Existenzgründung oder sogar ein Scheitern zu verhindern?
d) Welches sind also die einzelnen Schritte bei der Planung einer Unternehmensgründung? Wo kann ich mich über sie informieren?
e) Auch für Unternehmer gilt: Ohne Moos nichts los! Wie veranschlagen Sie die Kosten Ihres Unternehmens und welchen Gewinn streben Sie in den ersten Jahren an?

Planungsphase der Unternehmensgründung

4. Unternehmensgründung

a) Jetzt wird es ernst. Sie sollen jetzt mit der Planung der Unternehmensgründung und des Unternehmens beginnen. Welche Punkte sollte Ihr Gründungskonzept berücksichtigen? Machen Sie einen ersten Entwurf für das Konzept!
b) Für welchen Standort des Unternehmens entscheiden Sie sich? Wie können Standorte analysiert und bewertet werden?
c) Für eine Unternehmensgründung wird Kapital benötigt. Wofür brauchen Sie Geld? Welche Kapital- und Finanzquellen gibt es überhaupt?
d) Jedes Unternehmen hat eine Rechtsform. Was ist das? Welche Rechtsformen gibt es? Für welche entscheiden Sie sich und warum?
e) Ein Unternehmen hat Beziehungen zur Umwelt, z. B. müssen Vorschriften und Gesetze beachtet werden. Welche Anmeldeformalitäten und Vorschriften gibt es bei Ihrer Unternehmensgründung?
f) Der Staat ist immer dabei – insbesondere wenn es um das Geld geht. Welche Steuern zahlt ein Unternehmen bzw. ein Unternehmer?

5. Das Unternehmen

a) Ein Unternehmen muss auf dem Markt erfolgreich sein. Welche Aspekte sind hier zu bedenken und welche Instrumente sind wichtig?
b) Innerhalb des Unternehmens muss die Organisation stimmen und die betrieblichen Abläufe müssen funktionieren. Das ist auch vom beschäftigten Personal abhängig. Was muss bei der Einstellung des Personals beachtet werden?
c) Ein Unternehmen muss „umweltverträglich" sein – heute und in Zukunft. Was bedeutet es, ein „umweltgerechtes Unternehmen" zu sein?

6. Das Unternehmenskonzept

a) Geschäftsidee
- Welche Dienstleistung bzw. welches Produkt bieten Sie an?
- Welchen Nutzen hat Ihr Angebot?
- Was soll es kosten?

b) Marktanalyse
- Kennen Sie die Nachfrage für die von Ihnen angebotene Dienstleistung bzw. für Ihr Produkt?
- Wie groß ist der Markt?
- Wie wird sich die Auftragslage / die Nachfrage entwickeln?
- Welche Kundengruppen wollen Sie ansprechen?

c) Branchenanalyse
- Kennen Sie Ihre Mitbewerber?
- Was machen Sie besser als die Konkurrenz?

d) Standortanalyse / Fläche und Räume
- Gibt es genügend Kundschaft am Standort?
- Wie ist die Verkehrsanbindung des Standortes?
- Kennen Sie die marktüblichen Preise für Büroräume oder Gewerbeflächen?
- Wenn ja, wie hoch sind diese?

e) Rentabilitätsvorschau
- Werden Sie mit Ihrer Unternehmung ausreichend Gewinne erzielen können?
- Wie hoch sind die Kosten?

f) Finanzierung / öffentliche Förderung
- Haben Sie Ihren Kapitalbedarf bereits ermittelt?
- Wie können Sie sich das notwendige Startkapital beschaffen?
- Wie viel Eigenkapital steht Ihnen zur Verfügung?
- Haben Sie sich über öffentliche Fördermittel informiert?

g) Genehmigung
- Brauchen Sie für Ihr Unternehmen besondere Genehmigungen?
- Wenn ja, welche?
- Benötigen Sie eine spezielle Zulassung?
- Wenn ja, welche?

h) Personal
- Wie viele Mitarbeiter hat Ihr Unternehmen?
- Mit welcher Qualifikation?
- Wer übernimmt welche Aufgaben im Unternehmen?

i) Steuern / Abgaben
- Welche Steuern und Abgaben sind zu zahlen?

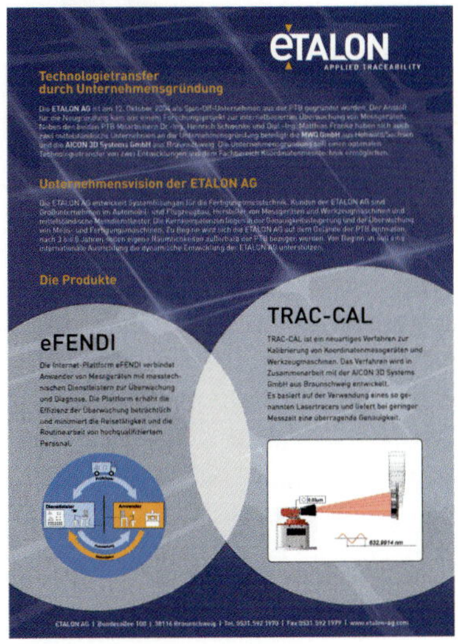

Entwicklung einer Werbeidee

Entscheidung für einen Standort

Klärung behördlicher Fragen

Zu Beginn dieses und der folgenden Unterabschnitte finden Sie jeweils die Beschreibung alltäglicher Arbeitsabläufe in der (fiktiven) **Meier-Papier-AG**. Diese sollen Ihnen helfen in einem ersten Schritt die wesentlichen Fragestellungen des jeweiligen thematischen Schwerpunkts zu erfassen. Gleichzeitig werden Sie immer wieder die Zusammenhänge zwischen den einzelnen Abteilungen und Aufgabenbereichen kennen lernen.
Wir haben zum Zweck der Veranschaulichung ein Großunternehmen mit der Rechtsform der Aktiengesellschaft gewählt, da an diesem Beispiel die unterschiedlichen Aspekte betrieblicher Funktionen und Vorgehensweisen umfassender als an einem klein- bzw. mittelständischen Unternehmen dargestellt werden können.

Die Meier-Papier-AG weist dabei folgendes Profil auf:
- Gründung: 1970
- Umgründung in AG: 1995
- Stammsitz: Stadt mit 120.000 Einwohnern in Nordrhein-Westfalen
- Tätigkeitsbereich: Herstellung von Papier aller Verwertungsarten
- Produktionsumfang: 500 Tonnen / Jahr
- Mitarbeiter: ca. 800

1. Stellen Sie die hier angesprochenen Aufgaben im vorgestellten Unternehmensbereich zusammen.
2. Welche Verknüpfungen bestehen zu anderen Abteilungen des Unternehmens?

4.2 Betrieblicher Leistungsprozess

Es hatte sich angedeutet, an diesem Vormittag – an dem der Ernstfall eingetreten ist – herrscht Panik. Der Hauptkunde benötigt kurzfristig eine große Menge Papier, doch die momentan gelagerten Holzreserven reichen nicht aus. Ursache für diese missliche Lage sind die fehlenden Lagerkapazitäten und die weltweit kurzfristig rasant gestiegenen Preise für den Rohstoff Holz, weshalb die angestammten Großhändler momentan keine ausreichenden Mengen an Holz zur Verfügung stellen können.
Der Vorstandsvorsitzende, Herr Rüter, ist besorgt über diese Situation und bestellt die entsprechenden Abteilungsleiter bzw. Stellvertreter in sein Büro: Herrn Wegener, zuständig für den Einkauf, Frau Rahner, verantwortlich für den Bereich Produktion und Herrn Siegert aus dem Vertrieb.

Herr Rüter: Ich brauche umgehend einen Situationsbericht. Und ich muss wissen, wodurch die Probleme verursacht werden.
Herr Wegener: Es haben sich zwar schon seit längerem Tendenzen abgezeichnet, aber dass sich das Angebot auf dem Weltmarkt derart reduzieren würde, konnte niemand erwarten – unsere Großhändler waren jedenfalls äußerst überrascht. Von unseren beschränkten Lagerkapazitäten brauche ich ja gar nicht erst anzufangen. Da bleiben uns kurzfristig wohl nur die einschlägigen Holzbörsen. Ich werde mich gleich im Internet in die entsprechenden Auktionen einloggen. Wir müssen aber damit rechnen, dass wir im Vergleich zu dem uns gewohnten Preis deutlich mehr zahlen müssen.
Herr Siegert: Der Auftrag kam in diesem Umfang auch wirklich sehr überraschend. Die Konkurrenz scheint schon Wind davon bekommen zu haben, jedenfalls wurde so etwas angedeutet.
Herr Rüter: Keine Frage, der Auftrag wird ausgeführt, selbst wenn er sich in der Bilanz wegen der hohen Beschaffungskosten negativ auswirken sollte. Das Schlimmste wäre, einen solchen Kunden an einen anderen Anbieter zu verlieren. Ist die Produktion denn in der Lage, das zu bewältigen?
Frau Rahner: Das wird eng. Wenn wir das Werk in Polen schon hätten, dann könnten wir gegebenenfalls ausweichen. So müssen wir aber Sonderschichten fahren und alles, was zeitlich nicht so stark gebunden ist, nach hinten stellen. Und eigentlich wollten wir ja nächste Woche anfangen, die Anlagen im laufenden Betrieb Schritt für Schritt technisch aufzurüsten – was das zeitweise Herunterfahren einzelner Produktionsstufen bedeutet hätte. Das wird sich natürlich jetzt verzögern. Aber wenn uns dann nicht noch etwas ausfällt, sollten wir es eigentlich schaffen – sofern das Holz da ist.
Herr Rüter: Dafür wird Herr Wegener schon sorgen. Also gut, in zwei Stunden erwarte ich einen neuen Statusbericht.

4.2.1 Der betriebliche Leistungsprozess im Gesamtzusammenhang

Sie wissen, dass der im Wirtschaftskreislauf dargestellte Akteur Unternehmen – so wie die anderen Akteure auch – als Summe aller Unternehmen einer Volkswirtschaft zu verstehen ist (vgl. Exkurs „Volkswirtschaftliche Gesamtrechnung“, S. 342 ff.). Wir betrachten im Folgenden aber ein einzelnes Unternehmen und fragen, worin die wiederkehrenden Aufgaben bestehen.

Die Abbildung zeigt, dass Beschaffung, Produktion und Absatz wesentliche, immer wiederkehrende Grundaufgaben des Unternehmens darstellen. Hinzu kommt die Aufgabe die personellen, finanziellen und die investiven Prozesse zu steuern. Zusammen genommen bestimmen diese sechs Funktionen den betrieblichen Leistungsprozess.

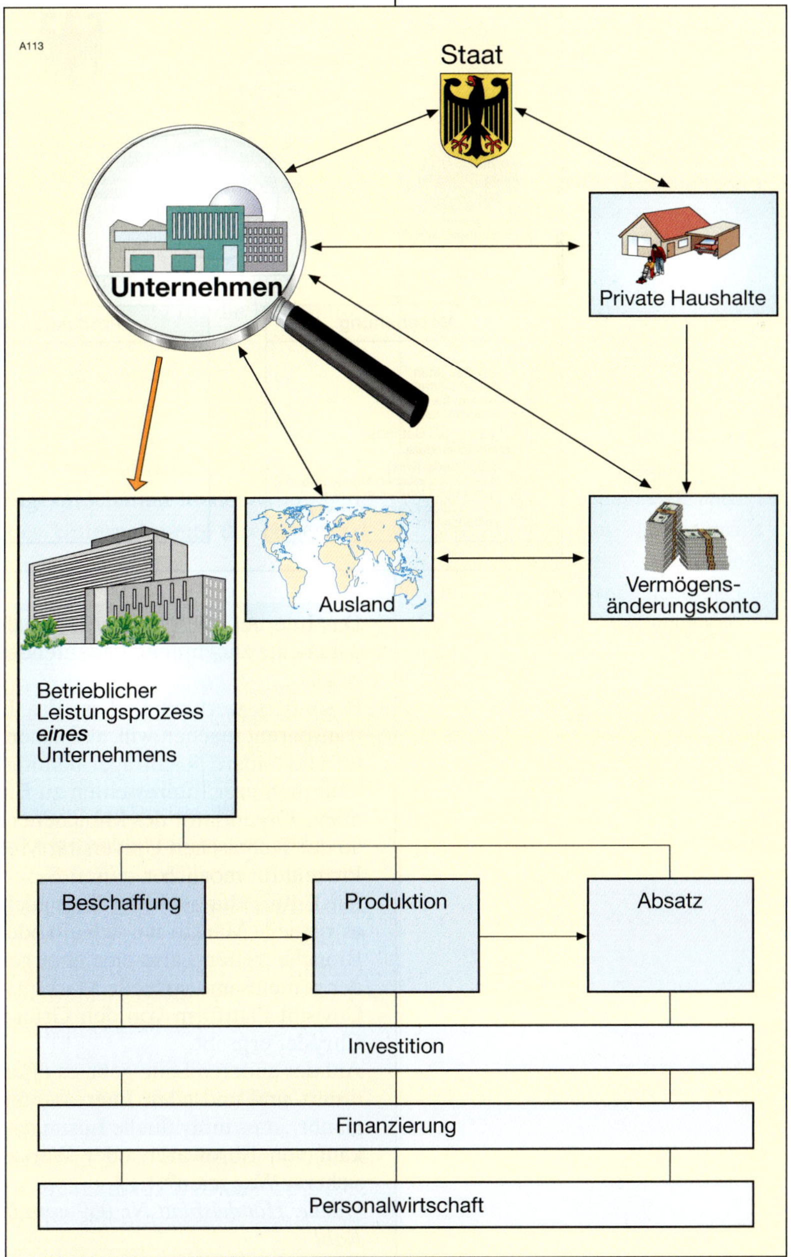

Wir werden uns in diesem Unterkapitel auf die Grundfunktionen Beschaffung, Produktion und Absatz konzentrieren. Auf die weiteren in der Grafik genannten betrieblichen Grundfunktionen werden wir in anderen Unterkapiteln näher eingehen.

An dieser Stelle nur einige kurze Hinweise:

Investition
Die Investition ist die Beschaffung von Einsatzgütern, für die Kapital benötigt wird, um z. B. neue Produktionsanlagen zu erstellen, die wiederum zu einer langfristigen, über mehrere Perioden führenden Leistungserstellung benötigt werden (vgl. Abschnitt 4.8).

Finanzierung
Beschaffung, Produktion, Absatz und die Vornahme von Investitionen müssen finanziert werden. Mit der Sicherung der Finanzierungsvorgänge im Unternehmen befasst sich dieser Bereich. (vgl. Abschnitt 4.8)

Personalwirtschaft
Der gesamte Leistungsprozess des Unternehmens wird von Menschen gestaltet, die auf Grund ihrer Qualifikationen sicherstellen, dass die betrieblichen Zielsetzungen erreicht werden können. Die Führung, Auswahl und die Bereitstellung sind hier die zu erledigenden Aufgaben (vgl. Abschnitt 4.6).

4.2.3 Produktion

Für die Betrachtung von Produktionsprozessen ist die Analyse des Verhältnisses von eingesetzten Produktionsfaktoren und erzielten Leistungen charakteristisch.

Als Produktion wird die Erstellung betrieblicher Leistungen bezeichnet. Damit ist aber nicht nur die Produktion von Autos, Fahrrädern, Butter und Käse gemeint, sondern auch alle Arten von Dienstleistungen – von der Rechtsberatung bis zur Taxifahrt.

In allen Fällen werden betriebliche Produktionsfaktoren eingesetzt. Dazu zählen z. B. die Werkstoffe, Betriebsmittel und die menschliche Arbeitskraft. Klassische Schritte bei einer Produktion werden wir uns am Beispiel der Fahrradproduktion ansehen (Seite 241 f.).

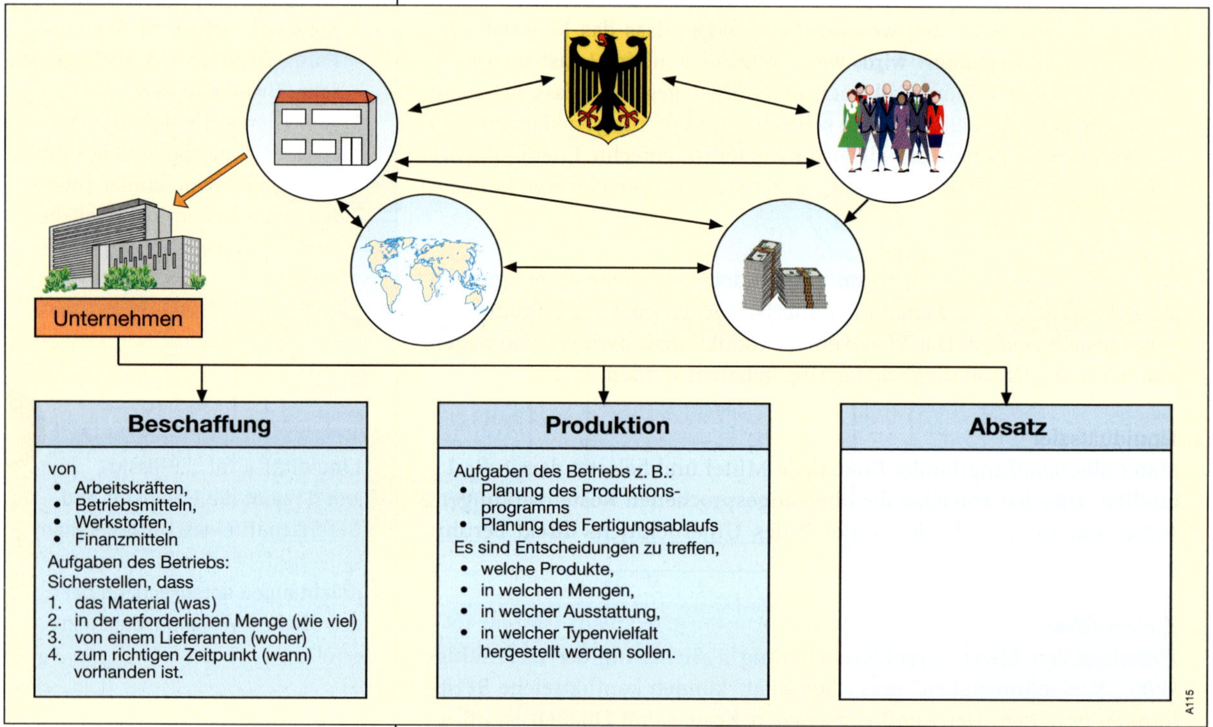

Wird die betriebliche Wertschöpfung ermittelt, beschränken wir die Betrachtung zunächst auf die Vorleistungen anderer Unternehmen, also insbesondere auf Werkstoffe und Betriebsmittel. Wenn wir jedoch die gesamte wirtschaftliche Leistungserstellung untersuchen, müssen wir die menschlichen Arbeitsleistungen in die Analyse einbeziehen.

Der Input wird Faktoreinsatz, der Output – also die erstellte Leistung – Faktorertrag genannt. Die Kombination der Produktionsfaktoren ist das Ergebnis betrieblicher Entscheidungen. Grundlage der Entscheidungen bildet dabei das ökonomische Prinzip: Ein bestimmter Faktorertrag soll mit möglichst geringem Faktoreinsatz erzielt werden oder mit einem gegebenen Faktoreinsatz soll ein möglichst großer Faktorertrag erwirtschaftet werden. Die Unternehmen versuchen, die Produktionsfaktoren nach dem ökonomischen Prinzip, also möglichst effizient einzusetzen. In Kapitel 1 haben wir das Minimal- und Maximalprinzip schon kennen gelernt (zu den betrieblichen Kennziffern vgl. auch Seite 336 f.).

Wie sieht beispielsweise der Produktionsprozess eines Fahrrades von der Anlieferung bis zur Auslieferung aus? Vereinfacht sind es folgende Schritte:

1. Anlieferung der Einzelteile
2. Vormontage in Baugruppe (In unserem Beispiel erfolgt keine Fertigung von Komponenten mehr, diese werden eingekauft.)
3. Lackierung
4. Montage
5. Qualitätskontrolle
6. Verpackung
7. Distribution

!

1. Beschreiben Sie – beispielsweise im Rahmen einer oder mehrerer Erkundungen – den Produktionsprozess für ein Produkt eines Unternehmens Ihrer Region.
2. Welche Unterschiede und welche Übereinstimmungen gibt es zum vorliegenden Beispiel?

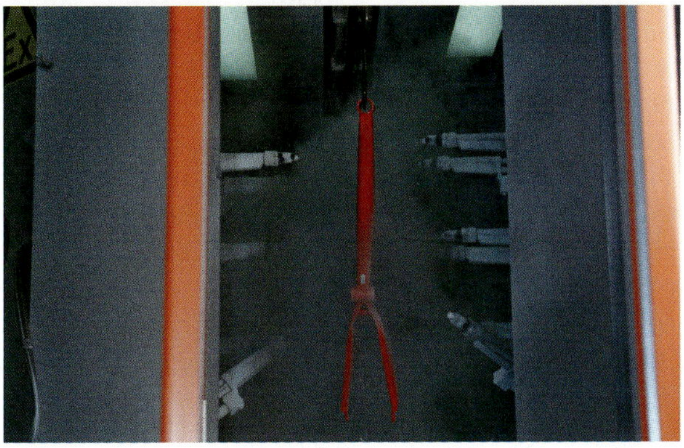

Die Arbeitsgänge sind weitgehend automatisiert, wie zum Beispiel die Einfarbenlackierung bzw. Pulverbeschichtung. Die Montage der Räder erfolgt am Band mit je acht Personen. In einem konkreten Werk in Niedersachsen gibt es z. B. insgesamt zwölf Fertigungsbänder, mit denen ca. 240 Räder pro Schicht gefertigt werden. In der Fertigung gibt es sogenannte Baugruppen, die am Stück bzw. in Gruppen gefertigt werden: Lenker mit Bremsen, alle Kabel, Gummigriffe und Schalteinheiten. Auch die Schutzbleche mit Streben, Gepäckträger mit Streben und Rahmen mit allen Lagern werden als Gruppe zusammengebaut. Diese Baugruppen werden am Band als Fließfertigung weiterverarbeitet und kommen komplett vormontiert auf das Band. Diese Verfahrensweise bietet sich zum Beispiel bei Gepäckträgern an, da die Montage der einzelnen Streben am Band den zeitlichen Fluss stören würde.

Es lassen sich verschiedene **Fertigungsarten** unterscheiden:

1. Reihenfertigung

Bei einer Reihenfertigung werden die Betriebsmittel und Arbeitsplätze in der Reihenfolge der Arbeitsgänge angeordnet. Sie sehen rechts das Beispiel einer Druckerei mit Setzerei.

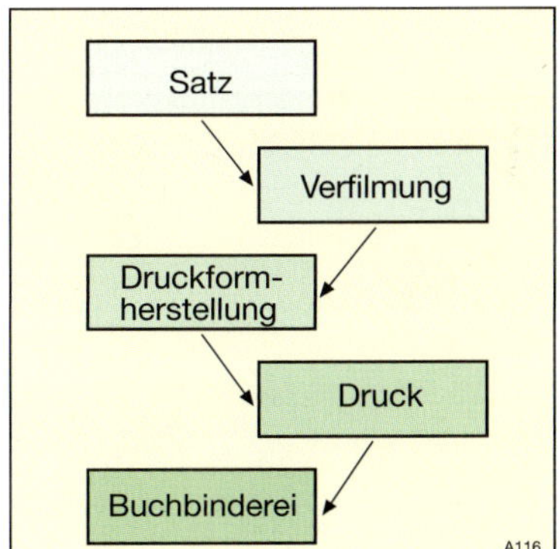

A116

Eine besondere Art der Reihenfertigung gibt es im Automobilbau zu sehen: Die Band- oder Fließfertigung. Das Besondere dabei ist, dass ein Zeittakt vorgegeben ist. Das Werkstück läuft auf einem Band an den Arbeitenden in einem bestimmten Zeittakt vorbei. Dabei wird es Teil für Teil vervollständigt oder kontrolliert.

2. Werkstattfertigung

Neben der Reihenfertigung gibt es die „Werkstattfertigung". Auch dieses Prinzip kann man an einem Beispiel erklären:

Ein Zahnrad ist Teil einer Flechtmaschine, mit der Drahtseile hergestellt werden. Um aus dem Rohling aus Stahl dieses Zahnrad herzustellen, sind folgende Bearbeitungsvorgänge notwendig:

1. Drehen, um einen maßgenauen oberflächenglatten Zylinder herzustellen.
2. Verzahnen (Fräsen), um die Zähne des Zahnrads herauszuarbeiten.
3. Bohren, um die mittlere Bohrung anzubringen.
4. Fräsen, um die Nut zu ziehen.

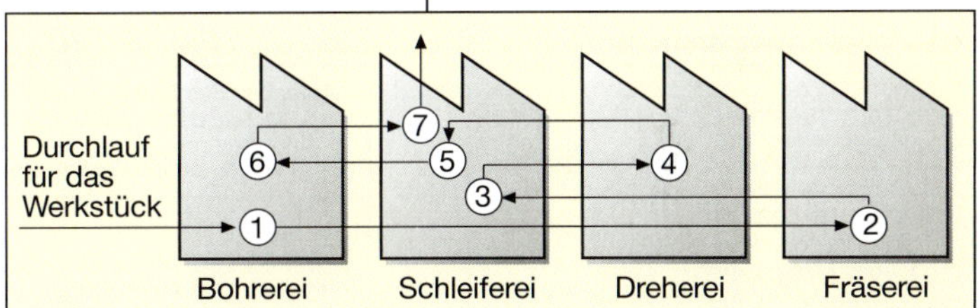

A117

Die Maschinen, die dazu benötigt werden, sind Bohrmaschinen, Schleifmaschinen, Drehmaschinen und Fräsmaschinen. An den Maschinen sind entsprechend qualifizierte Arbeitskräfte beschäftigt.

Bohr-, Dreh- und Fräsmaschinen sind in bestimmten Bereichen der Fabrikationshalle zu einzelnen Werkstätten zusammengefasst. Die Werkstücke werden zwischen diesen Werkstätten transportiert. Die Reihenfolge der Arbeitsgänge ist nicht exakt festgelegt.

Eine andere Form des Werkstattprinzips ist die Baustellenfertigung. Charakteristisch für diese Organisationsform ist die Anordnung der Produktionsstellen um das Produktionsobjekt herum, wobei zwischen innerbetrieblicher (z. B. Schiffsbau) und außerbetrieblicher (z. B. Brückenbau) Baustellenfertigung unterschieden werden kann.

3. Inselfertigung

Die modernen computergestützten Werkzeugmaschinen (CNC-Maschinen = Computer numerical control), mit denen man bei automatischem Werkzeugwechsel bohren, schleifen, fräsen und polieren kann, ermöglichen neue Formen der Fertigung. Dabei spricht man von Fertigungsinseln oder Fertigungsbereichen. In ihnen steht eine solche Maschine oder es werden mehrere zusammengefasst.

Die Werkstücke, z. B. Zahnräder oder Kettenräder, müssen nicht mehr von einer Werksabteilung zur anderen transportiert werden wie bei der Werkstattfertigung, sondern werden an einem Ort, eben der Fertigungsinsel „Zahnrad" oder „Kettenrad" bearbeitet. Dies erspart Zwischenlager, die in den einzelnen Werkstätten nötig wären, und kostspielige Transportwege.

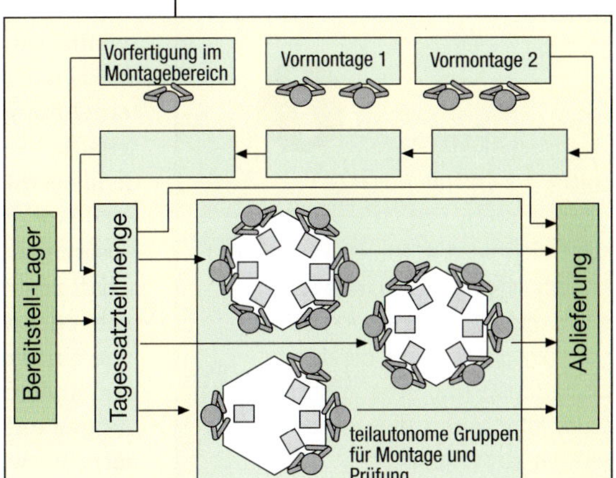

A118

4.2.4 Absatz

Mit „Absatz“ wird die zeitlich letzte Phase des betrieblichen Wertschöpfungsprozesses bezeichnet. Der Absatz schließt den betrieblichen Wertkreislauf, indem durch die Verwertung der Betriebsleistungen, also durch den Verkauf von Sachgütern und Dienstleistungen, der Rückfluss der im Unternehmen eingesetzten Geldmittel eingeleitet wird und damit die Fortsetzung der Produktion ermöglicht. Im täglichen Sprachgebrauch werden die Begriffe „Umsatz“, „Verkauf“ und „Vertrieb“ oft mit „Absatz“ gleichgesetzt. In der betriebswirtschaftlichen Fachsprache ist dies jedoch nicht der Fall. Die wichtigsten Unterschiede sind im Folgenden skizziert.

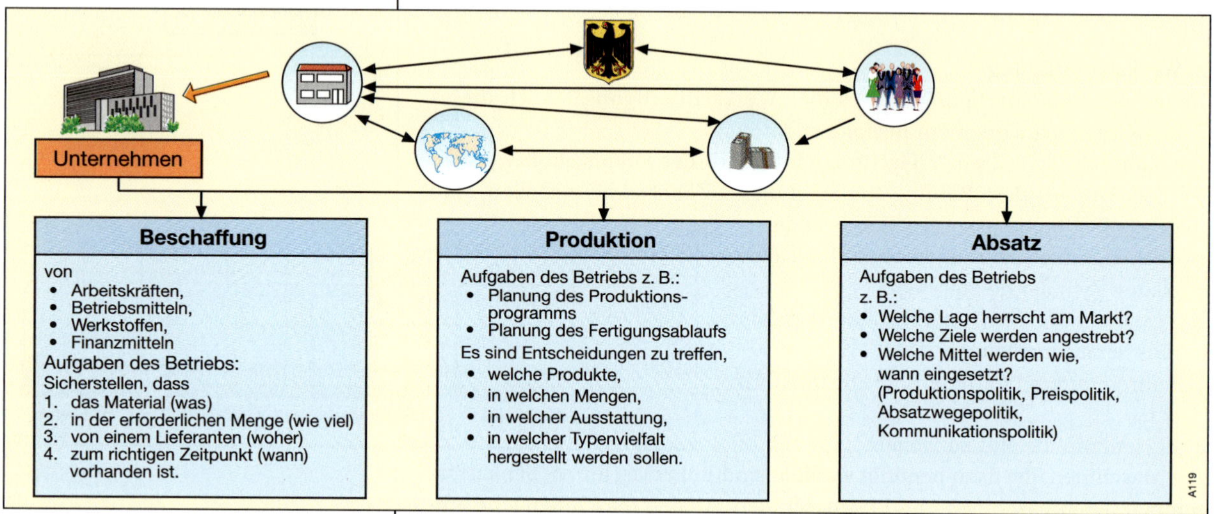

Wir machen hier zwischen Absatz und Vertrieb keinen besonderen Unterschied. Unter beiden Begriffen werden alle Tätigkeiten eines Unternehmens zusammengefasst, die dem Verkauf der hergestellten Güter und Dienstleistungen auf dem Markt dienen. Dazu gehören z. B. die Werbung oder die Festlegung des Sortiments. Der Verkauf hingegen ist nur ein Teil hiervon, nämlich die Abgabe der Güter oder Dienstleistungen gegen Entgelt. Wie der Absatz erfolgt, wie er organisiert ist, welchen Umfang er annimmt, hängt von einer Reihe von Faktoren ab, z. B. von den Regelungen einer Wirtschaftsordnung, von der Stellung der Unternehmung am Markt, von der Zielgruppe von der Art der hergestellten Produkte sowie von den gesetzlichen Vorschriften. Absatzprobleme stellen sich bei verschiedenen Wirtschaftsordnungen und Marktbedingungen auf unterschiedliche Art und Weise dar. In einer funktionsfähigen Marktwirtschaft müssen sich die Unternehmungen selbst um die Abnehmer bemühen. Das Ergebnis der wirtschaftlichen Tätigkeit wird vom Erfolg der Vertriebsmaßnahmen entscheidend beeinflusst. Es gibt jedoch Bedingungen, unter denen die Abnahme der Produkte mehr oder weniger gesichert ist. Dies hat Einfluss auf die aktiven Absatzmaßnahmen. Solche Bedingungen sind z. B. gegeben, wenn die Wirtschaft zentral gelenkt wird bzw. für die Verbraucher Bezugsscheinpflicht besteht oder wenn Hochkonjunktur herrscht. Aber auch die Marktverhältnisse sind ein wichtiger Faktor: Unter den Idealbedingungen der Marktwirtschaft sind andere Absatzmaßnahmen zweckmäßig als unter Wettbewerbsbedingungen mit nur wenigen Anbietern.

nach: W. Weber: Telekolleg II, Betriebswirtschaftslehre, TR-Verlagsunion, München, 1999, S. 75 ff.

Der Begriff **Marketing** wird oft mit Absatz gleichgesetzt. Das ist jedoch nicht ganz richtig. Wie wir in Unterkapitel 4.5 sehen werden, handelt es sich vielmehr um eine Art Unternehmensphilosophie, die darauf abzielt, den Nachfrager in das Zentrum aller unternehmerischen Aktivitäten zu stellen.

Wir wollen des Weiteren untersuchen, wie sich der absatzwirtschaftliche Prozess eines Unternehmens im Einzelnen darstellt. Hierzu lassen sich vier Fragen formulieren:

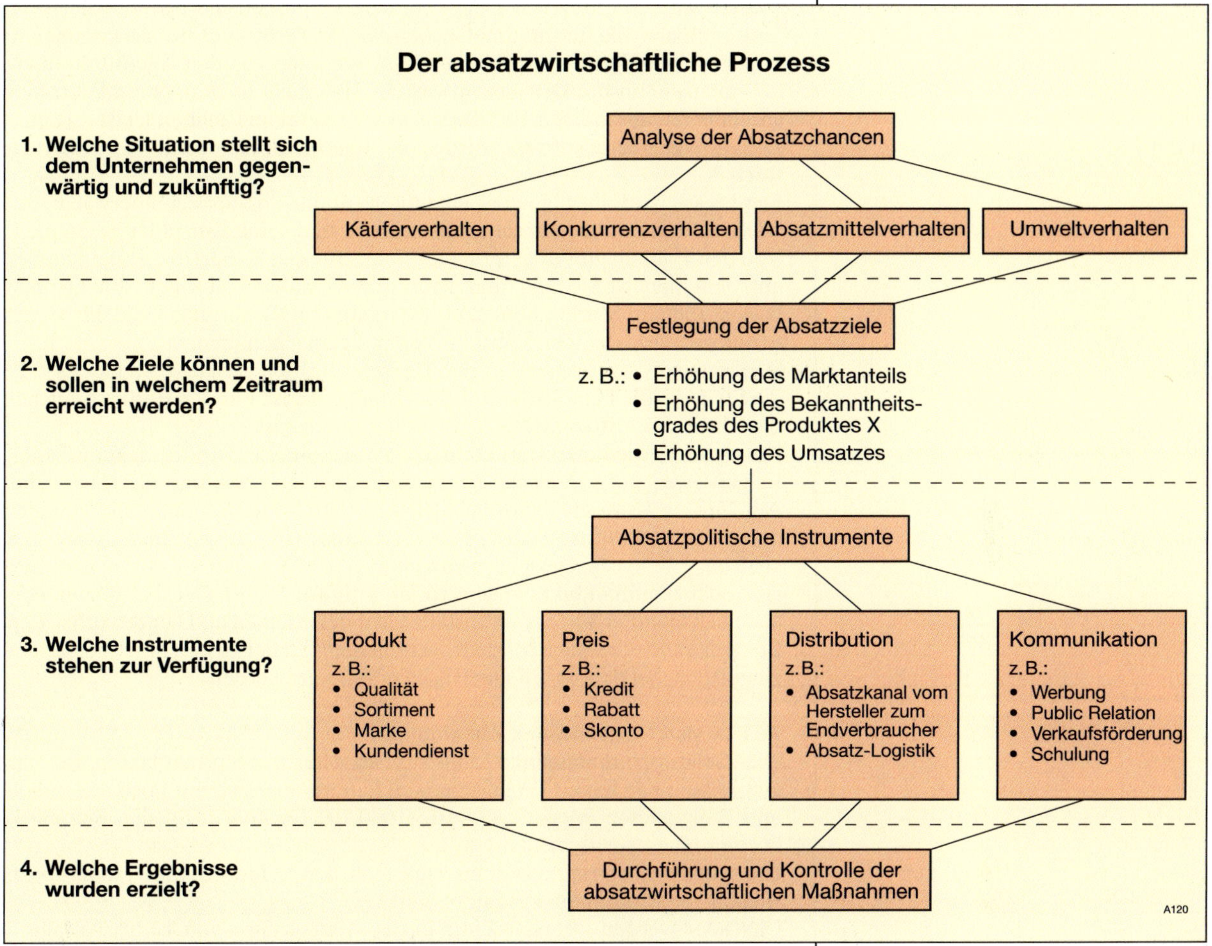

Erläutern Sie die vier in der Grafik dargestellten Fragen und dargestellten Zusammenhänge.

Auf der einzelwirtschaftlichen Ebene muss jedes Unternehmen versuchen mit seinen Produkten und Dienstleistungen in Konkurrenz zu anderen Anbietern Käufer zu gewinnen, die für Produkte und Dienstleistungen bereit sind, Geld auszugeben. Alle Maßnahmen eines Unternehmens müssen deshalb darauf ausgerichtet werden, mit ihrem Angebot am Markt erfolgreich zu sein. Das heißt die betrieblichen Grundfunktionen Beschaffung, Produktion, Absatz sind auf dieses generelle Ziel auszurichten, weil nur dann sichergestellt werden kann, dass das Unternehmen zu einem Ort der Einkommenserzielung sowohl für die Unternehmer wie auch für die Beschäftigten wird. Nur über den Erfolg am Markt lässt sich auf Dauer die Existenz eines Unternehmens in einer marktwirtschaftlichen Ordnung gewährleisten. Das Marketing eines Unternehmens hat deshalb die Aufgabe zu dieser Zielsetzung einen Beitrag zu leisten.

An dieser Stelle soll es lediglich darum gehen, eine Gesamtstruktur des absatzwirtschaftlichen Prozesses zu erkennen. Darüber hinaus wird insbesondere in Unterkapitel 4.5 vertieft auf weitere absatzpolitische Aspekte eingegangen.

Interview mit dem Geschäftsführer eines großen Fahrradwerkes in Niedersachsen

Welche Bedeutung haben Werbung und Marktforschung für Ihr Fahrradwerk?

Marktforschung ist sehr wichtig in unserem Unternehmen. Auf den wichtigen Messen werden die neuen Trends studiert. Es gibt eigene Farbforscher, d. h. Unternehmen, die für uns untersuchen, wie die Farbtrends für das kommende Jahr aussehen. Diese Aufgabe wird zum Teil auch von den Agenturen übernommen, die unsere Designs entwickeln, aber nicht unbedingt auf Fahrräder spezialisiert sein müssen. Für das stärkste Produkt im Fachhandel ist z. B. eine Design-Agentur beauftragt worden, die überhaupt nichts mit Fahrrädern zu tun hat.

Die Presse wird über einen sogenannten Monitoring-Service überwacht, der auch alle Artikel über unser Unternehmen und seine Fahrräder gesammelt. Von den Banken gibt es den Länder-Fokus für den Export. So ist man immer auf dem neuesten Stand und kann Entwicklungen absehen. Im Grunde basiert auch im Marketingbereich vieles auf den Erfahrungen, die die Mitarbeiter im Laufe der Zeit selbst im Verkauf gemacht haben.

Werbung wird vorwiegend in den Fachzeitschriften gemacht. So gibt es z. B. die SAZ, die die Hauptzeitschrift für den Handel ist. Für den Endverbraucher sind die Zeitschriften „Bike“ und „Tour“ interessant.

Ein weiteres wichtiges Marketing-Werkzeug ist die Präsentation auf Messen. Es gibt zwei große deutsche Fahrradmessen: die IFMA und die Euro-Bike. Auf Messen läuft das hauptsächliche Geschäft – hier kommen alle Händler hin und ordern für das nächste Jahr vor. Gewisse Trends kann man theoretisch auch vorgeben: zum Beispiel, wenn man die BMX-Räder wieder auferstehen lässt oder Mountainbikes in der Produktion zurückfährt. Darüber hinaus werden auch Händler-Events veranstaltet. Vor den Messen und vor der offiziellen Bekanntgabe der neuen Modelle werden die Händler zu einem großen Event eingeladen, bei dem ihnen alle Räder präsentiert werden.

Welche sind Ihre zentralen Zielgruppen?

Die Zielgruppe umfasst alle Menschen im Alter von 8 bis 90 Jahren. Bei uns gibt es kein Kinderrad-Programm, weil Kinderräder fast nur noch aus Indien und Bangladesch importiert werden und die Qualität nicht den Standards unseres Hauses entspricht.

Die sportive Zielgruppe liegt im Alter zwischen 12 und 20 Jahren und ist vorwiegend an Mountainbikes interessiert.

Cityräder werden in erster Linie in der Altersgruppe von 12 bis 90 Jahren gefahren, Trekking-/Reiseräder nehmen 12- bis 60-Jährige an. Das Produktionsprogramm ist im Allgemeinen sehr sportiv ausgerichtet.

Gibt es spezielle Anforderungen ausländischer Kunden?

Für den Export in andere Länder gibt es bei der Produktion einiges zu beachten, da es offensichtliche Unterschiede gibt: In Dänemark werden zum Beispiel keine Fahrräder mit anmontierter Beleuchtung gekauft, da es dort üblich ist, Batteriebeleuchtung zu benutzen. England hat die Bremsen anders herum, d. h. Hinterradbremse wird gegen die Vorderradbremse getauscht. In Süddeutschland gibt's mehr 26-Zoll-Räder, im Norden mehr 28-Zoll-Räder. Es lassen sich auch Unterschiede in den optischen Präferenzen ausmachen: In Russland werden bunte Farben bevorzugt – es darf auch mal Gold sein! Russland ist einer der größten Exportmärkte für unser Unternehmen, wo auf einem sehr hohen Preisniveau sehr viele sportive Räder verkauft werden.

Was ist der wesentliche Absatzkanal für Ihre Fahrräder?

Die Distribution erfolgt in erster Linie über den Fahrrad-Einzelhandel und über große Kaufhäuser.

4.2.5 Ein Klassiker der Betriebswirtschaftslehre: Prof. Gutenberg zur betrieblichen Leistungserstellung

Offenbar können Sachgüter nur dann gewonnen, veredelt oder hergestellt und Dienstleistungen bereitgestellt werden, wenn menschliche Arbeitsleistungen mit Arbeits- oder Betriebsmitteln zu einer produktiven Kombination verbunden werden. Danach stellen Arbeitsleistungen und Arbeits- und Betriebsmittel, unter denen hier die gesamte technische Apparatur eines Betriebes verstanden wird, zwei Faktoren dar, ohne die betriebliche Leistungserstellung praktisch nicht vollziehbar erscheint. Wenn es sich um Sachleistungs-, insbesondere Fertigungsbetriebe handelt, dann treten neben die Arbeitsleistungen und Betriebsmittel noch Sachgüter in Form von Rohstoffen, selbst hergestellten oder fertig bezogenen Teilen (zum Beispiel Armaturen), die Werkstoffe genannt seien.
Menschliche Arbeitsleistungen, Betriebsmittel und Werkstoffe sind produktive Faktoren. Da sie die Elemente darstellen, aus denen der Prozess der betrieblichen Leistungserstellung besteht, so sollen sie als betriebliche Elementarfaktoren bezeichnet werden. Eine Leistungserstellung, die außer Arbeitsleistungen und Betriebsmitteln auch den Faktor Werkstoff enthält, ist eine Produktion. Das System der Elementarfaktoren lässt sich zunächst so skizzieren: Der Elementarfaktor menschliche Arbeitsleistungen im Betrieb ist in zwei grundsätzlich voneinander verschiedene Arbeitsleistungen aufzugliedern, und zwar einmal in die objektbezogenen und zum anderen in die dispositiven Arbeitsleistungen. Unter objektbezogenen Arbeitsleistungen werden alle diejenigen Tätigkeiten verstanden, die unmittelbar mit der Leistungserstellung, der Leistungsverwertung und mit finanziellen Aufgaben in Zusammenhang stehen, ohne dispositiv-anordnender Natur zu sein. [...] Dispositive Arbeitsleistungen liegen dagegen vor, wenn es sich um Arbeiten handelt, die mit der Leitung und Lenkung der betrieblichen Vorgänge in Zusammenhang stehen. [...]
Unter dem zweiten Elementarfaktor Arbeits- und Betriebsmittel sollen alle Einrichtungen und Anlagen verstanden werden, welche die technische Voraussetzung betrieblicher Leistungserstellung, insbesondere also der Produktion, bilden. Dieser Faktor findet sich auch im Bereich der betrieblichen Leistungsverwertung und des Finanzwesens. Hier interessiert er jedoch nur im Zusammenhang mit der betrieblichen Leistungserstellung, insbesondere also der Produktion. Zu den Arbeits- und Betriebsmitteln gehören demnach alle bebauten oder unbebauten Betriebs-, Verwaltungs-, Wohn- und Abbaugrundstücke, die Gesamtheit aller maschinellen Apparaturen unter und über Tage [...], das gesamte Büro- und Betriebsinventar, Schaufenstereinrichtungen u. dgl., deren der Betrieb zur Erfüllung seiner Aufgaben bedarf. Zu den Betriebsmitteln gehören auch diejenigen Hilfsstoffe und Betriebsstoffe, die notwendig sind, um den Betrieb arbeitsfähig zu machen und zu erhalten. Betriebsmittel sind also produzierte Produktionsmittel, sofern sie nicht zu den Werkstoffen gehören.
Unter dem dritten Elementarfaktor Werkstoff werden hier alle Rohstoffe, Halb- und Fertigerzeugnisse verstanden, die als Ausgangs- und Grundstoffe für die Herstellung von Erzeugnissen zu dienen bestimmt sind. Nach der Vornahme von Form- und Substanzänderungen oder nach dem Einbau in das Fertigerzeugnis werden sie Bestandteil des neuen Produktes. Speziell von Rohstoffen wird dann gesprochen, wenn es sich um Werkstoffe handelt, die entweder in völlig unbearbeitetem Zustande oder nach der Vornahme gewisser, die Grundeigenschaften des Materials nicht wesentlich verändernder Veredelungen der Fabrikation dienen. Werkstoffe können aber auch halbfertige oder fertige Erzeugnisse sein (Armaturen, Zubehörteile u. a.). Als solche werden sie entweder im eigenen Betrieb hergestellt (selbst erstellte Teile) oder von anderen Betrieben bezogen (fremdbezogene Teile), sofern sie als Bestandteil neuer Erzeugnisse Verwendung finden. [...]

Erich Gutenberg (Mitte),
Betriebswissenschaftler
* 13.12.1897 in Herford
† 22.05.1984 in Köln

- Studium der Volkswirtschaftslehre in Würzburg
- 1921: Abschluss und Promotion in Halle/Saale
- 1925: Studium der Betriebswirtschaftslehre an der Universität Frankfurt/Main
- Professuren an den Universitäten Frankfurt/Main und Köln

Gutenberg lieferte grundlegende Beiträge zur betrieblichen Produktionstheorie und begründete eine neue Betriebswirtschaftslehre, in der der Betrieb als Gesamtheit der Teilfunktionen Produktion, Absatz, Finanzen begriffen wird und von der Unternehmensführung gesteuert wird.

Quelle: Erich Gutenberg: Grundlagen der Betriebswirtschaft, 1. Bd. Die Produktion, 24. Aufl., Springer, Berlin/Heidelberg/New York, 1983, S. 2 ff.

Wirtschaftsausschuss: Einrichtung in Unternehmen mit mehr als 100 ständigen Arbeitnehmern zum Zwecke der Zusammenarbeit zwischen Betriebsrat und Unternehmer sowie der gegenseitigen Unterrichtung in wirtschaftlichen Angelegenheiten.

Diesem Gremium gehören drei bis sieben Angehörige des Unternehmens (mind. ein Betriebsratsmitglied) an, die vom Betriebsrat für die Dauer seiner Amtszeit bestimmt werden und die mindestens einmal im Monat zusammentreten. Dem Ausschuss ist dabei unter Hinzuziehung des Betriebsrats der Jahresabschluss vorzulegen und zu erläutern.

1. Stellen Sie die hier angesprochenen Aufgaben im vorgestellten Unternehmensbereich zusammen.
2. Welche Verknüpfungen bestehen zu anderen Abteilungen des Unternehmens?

4.3 Unternehmensführung

Im vorhergehenden Abschnitt haben Sie bereits die (fiktive) Firma Meier-Papier-AG kennen gelernt. Der Vorstandsvorsitzende Dr. Rüter bereitet sich auf die Sitzung des Wirtschaftsausschusses vor und informiert die Kollegen und Kolleginnen des Vorstandes über die anstehenden Tagesordnungspunkte.

An die Kolleginnen und Kollegen des Vorstandes,

in Vorbereitung auf die Sitzung des Wirtschaftsausschusses in der nächsten Woche, auf der die vielfältigen organisatorischen Aufgaben, die in der nächsten Zukunft auf uns zukommen, besprochen werden sollen, habe ich noch einmal die Tagesordnungspunkte zusammengefasst:

TOP 1	Vorlage und Erläuterung des Jahresabschlussberichtes
TOP 2	Auslagerung von Teilen der Produktion nach Polen
TOP 3	geplante Ausweitung der Kapazitäten vor Ort durch den Aufbau zusätzlicher Produktions- und Lagerhallen
TOP 4	Personalentwicklung

Erlauben Sie mir noch einige kurze Anmerkungen zu den einzelnen Punkten.
In Vorbereitung unserer Expansion nach Polen wird die gebildete Task Force dem Vorstand ebenfalls in der kommenden Woche (Termin wird noch bekannt gegeben) einen ersten Bericht zu möglichen Problemen der Erweiterung und Vorschläge zu Umsetzungsmöglichkeiten liefern. Wir müssen in diesem Zusammenhang v. a. weitere Überzeugungsarbeit beim bislang skeptischen Betriebsrat leisten.
Dies gilt insbesondere auch für die im Rahmen der Expansion erforderliche Umstrukturierung der Ablauf- und Aufbauorganisation. In diesem Rahmen sind zahlreiche Qualifizierungsmaßnahmen für das Personal in verschiedenen Abteilungen einzuleiten. Darüber hinaus aktualisiert die Personalabteilung derzeit den Personalbedarfsplan und entwickelt die Anforderungsprofile für zukünftige Stellenausschreibungen. Trotz unserer Expansionsvorhaben werden wir nicht umhin kommen, in einigen Abteilungen – insbesondere in der Produktion – unseren hiesigen Personalbestand spürbar zu reduzieren. Genaue Zahlen gibt es zum derzeitigen Zeitpunkt noch nicht.
Noch ein Wort zum Marketing: Zwei Punkte sind hier von besonderer Bedeutung. Wie in unserer letzten Sitzung besprochen, kümmert sich die Marketingabteilung um eine Verbesserung der Distribution unserer High-Quality-Produktpalette. Des Weiteren sind meiner Ansicht nach in naher Zukunft Entscheidungen hinsichtlich einer besseren Außendarstellung unseres Unternehmens zu treffen. Gerade unsere Anstrengungen im Umweltschutz sind hier besser zu kommunizieren.

Mit freundlichen Grüßen

Dr. H. Rüter
(Vorstandsvorsitzender)

A121

4.3.1 Funktionen der Unternehmensführung (Management)

Unternehmen können ihre Zielsetzungen nur realisieren, wenn ihre vielfältigen Tätigkeiten im Wirtschaftsprozess zielgerichtet umgesetzt werden und koordiniert ablaufen können.
Dies ist im Kern die Aufgabe der Unternehmensführung oder des Managements. Die Hauptfunktion des Managements ist die Steuerung aller für eine Unternehmung notwendigen Aufgaben. Dazu gehört insbesondere im Hinblick auf bestimmte Unternehmensziele die Kombination der menschlichen Arbeitskraft mit den Betriebsmitteln und den Werkstoffen zu planen, zu organisieren und zu kontrollieren.

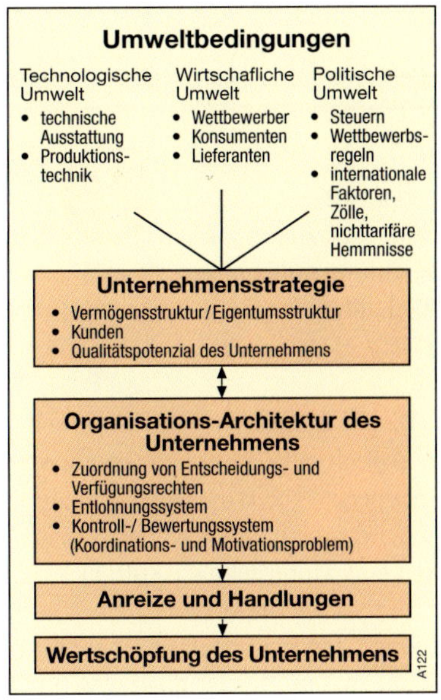

Der Begriff des Managements kann auf zweifache Art und Weise verwendet werden, und zwar als eine Institution und eine Funktion:

1. Wenn das Management als Institution betrachtet wird, gilt dies für alle leitenden Instanzen, d. h. für diejenigen Personen, die Entscheidungs- und Anordnungskompetenzen haben.
2. Bei der Betrachtung des Management als Funktion kommen die Teilaufgaben, die im Zusammenhang mit der Steuerung, Lenkung und der Kontrolle von Unternehmen stehen, in den Blickpunkt.

Bei einer arbeitsteiligen Aufgabenerfüllung ist Management auch immer mit Führung gleichzusetzen. Daher geht es darum, dass die Belegschaft eines Unternehmens sich der Bewältigung bestimmter betrieblicher Aufgaben gemeinsam widmet und nicht gegeneinander arbeitet.

Manager- und Eigentümerunternehmen

Für das weitere Verständnis des Managements ist die Unterscheidung zwischen Manager- und Eigentümerunternehmen wichtig. Unternehmen können entweder direkt vom Eigentümer geführt oder geleitet werden, oder ihm stehen Manager vor, die die Unternehmensentscheidungen treffen. Die Eigentümer haben in der Regel einen persönlichen Bezug zum Unternehmen und haften mit ihrem persönlichen Vermögen für Verbindlichkeiten des Unternehmens. Sie sind also – aus eigenem Interesse – bestrebt, dass das Unternehmen langfristig besteht und Gewinne für sie und die Mitarbeiter abwirft.
Auch Manager sind bei ihren Führungsaufgaben an der Erzielung von Gewinnen interessiert, doch kann sich der persönliche Bezug auf Grund der fehlenden eigenen Haftung anders gestalten. Wenn das Unternehmen in einer Krise steckt, reagiert ein Gesellschafter eventuell anders als ein Manager, der lediglich mit einen Arbeitsvertrag an das Unternehmen gebunden ist, der wiederum jederzeit aufgekündigt werden kann. Man spricht den Eigentümerunternehmer zu Recht einen gewissenhafteren und risikoloseren Führungsstil zu als dem Managerunternehmer. Entsprechend sind solche institutionellen Regelungen zu finden, die das Streben der Manager nach der Maximierung des eigenen Nutzens (vgl. Kap. I) berücksichtigen. Die Kopplung der Gehaltsentwicklung an die Entwicklung der Unternehmensgewinne stellt hier eine Möglichkeit dar (vgl. insgesamt Kapitel 4.7).

Zeigen Sie auf, inwieweit sich jeweils aus der Perspektive eines Manager-Unternehmens und eines Eigentümer-Unternehmens konkrete Entscheidungen innerhalb der drei unten angeführten Entscheidungsbereiche darstellen können.

Konstitutive Unternehmensentscheidungen

Unabhängig davon, wer das Unternehmen leitet, ist zwischen drei konstitutiven Entscheidungen zu differenzieren, mit denen sich alle Unternehmensführungen zu beschäftigen haben:

1. die Standortentscheidung,
2. die Wahl der Rechtsform,
3. die Entscheidung für oder gegen Unternehmensverbindungen.

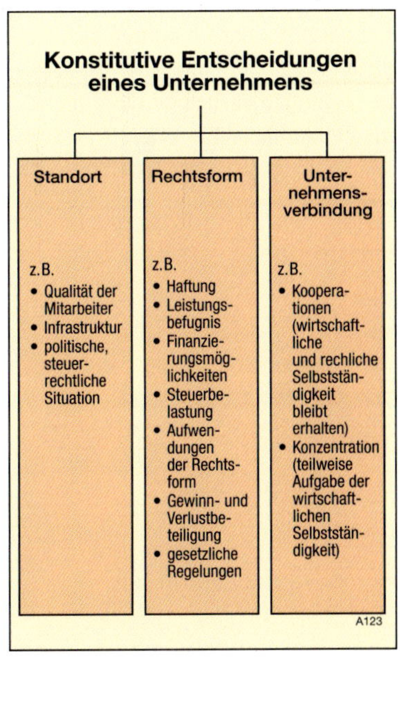

4.3.2 Aufgaben einer Unternehmensführung

Fast alle Unternehmen stehen im Wettbewerb mit anderen Unternehmen, viele sogar auf internationaler Ebene (vgl. auch Abschnitt 4.6) und müssen deshalb immer wieder über neue Produkte, neue Organisationsformen, über neue Marketingstrategien nachdenken. Dies kann nicht von einer einzelnen Person geleistet werden kann. Drei Aufgabenbereiche lassen sich unterscheiden, die allerdings eng miteinander verknüpft sind:

1. **Unternehmungsgestaltung**
   Eine funktionsfähige Aufbau- und Ablauforganisation mit entsprechenden Regeln sorgt dafür, dass das Unternehmen als handlungsfähige Einheit agiert.
2. **Lenkung**
   Kein Unternehmen handelt in einem luftleeren Raum, vielmehr werden die Unternehmensaktivitäten von den jeweiligen Umweltbedingungen (z. B. politische, rechtliche, nationale, internationale) beeinflusst, die sich stetig verändern. Dies macht es erforderlich, laufend Informationen zu sammeln, auszuwerten und neue Entscheidungen zu treffen und umzusetzen.
3. **Unternehmensentwicklung**
   Eine dauerhafte Aufgabe liegt darin, die Position des Unternehmens im Markt immer wieder zu bestimmen und neue Ziele und Verhaltensweisen zu entwickeln, um so seine Überlebensfähigkeit zu sichern. Hierbei ist es besonders wichtig, die Innovationsfähigkeit des Unternehmens zu fördern.

Grundsätzlich stellt sich die Frage: Wie ist eine Weiterentwicklung des Unternehmens unter Berücksichtigung der nationalen und internationalen wirtschaftlichen Situation möglich? Insbesondere ist es für ein Unternehmen entscheidend eine eigene unverwechselbare Unternehmenskultur zu entwickeln.

Mit dieser Unternehmenskultur werden die erwünschten Normen, Wertvorstellungen und Denkweisen im täglichen unternehmerischen Handeln verankert. Die gemeinsam geteilten Werte und Normen haben auf das unternehmensinterne Beziehungsgefüge sowie auf das Verhalten der Beschäftigen eines Unternehmens einen erheblichen Einfluss. Für die Entwicklung einer Unternehmenskultur wird deshalb eine „Vision" benötigt. Sie wird als unverzichtbarer Bestandteil der Führung angesehen, da das Potenzial in den Köpfen der Mitarbeiter, ihre Kreativität und Flexibilität ein wichtiger Erfolgsfaktor ist.

Im Management muss darüber nachgedacht werden, wie Aufgaben sinnvoll dezentralisiert werden können, damit ein Delegieren von Verantwortungen möglich wird. Soll die Initiative in einem Unternehmen von vielen Menschen getragen werden, so kann das nur gelingen, wenn sich diese Menschen auch mit ihren Aufgaben identifizieren und dafür durch eine leistungsstarke Unternehmensführung motiviert werden.

Für eine motivierende Unternehmensführung gelten die folgenden Kriterien als besonders wichtig:

1. Es muss Klarheit über Unternehmenszielsetzung und Organisation für alle herrschen.
2. Ein spezifisches Unternehmensklima muss gepflegt werden.
3. Ein kooperativer Führungsstil ist zu realisieren.
4. Es ist eine möglichst große Übereinstimmung zwischen Unternehmenszielen und denen der Mitarbeiterinnen und Mitarbeiter zu erzielen.
5. Es ist Selbstständigkeit und operativer Freiraum für den Einzelnen zu gewährleisten und ein gerechtes Entlohnungssystem zu praktizieren.

!

Wie bewerten Sie die nachfolgenden unterschiedlichen Aussagen zur Funktion von Unternehmenskulturen?

„Dieser Quatsch mit der Unternehmenskultur. Wir müssen Gewinne machen. Wenn wir keine Gewinne machen, dann haben wir am wenigsten eine Unternehmenskultur!"

„Das kann man doch überhaupt nicht fassen. Das ist doch was für Psychologen und Sozialtherapeuten."

„Wenn das Klima nicht stimmt, stimmt die Leistung nicht. Wenn die Leistung nicht stimmt, gibt es keinen Unternehmenserfolg!"

„Unternehmenskultur muss hart erarbeitet werden. Das gehört zu den wichtigsten Führungsaufgaben. Menschen, die 40 Stunden und mehr wöchentlich im Unternehmen verbringen müssen, investieren damit auch 40 Stunden ihrer Lebenszeit. Diese möchten sie unter sinnvollen, humanen Arbeitsbedingungen verbringen und nicht als betriebliche Funktion."

Fünf Führungsaufgaben (nach Malik)

Prof. Fredmund Malik von der Hochschule St. Gallen gilt als weithin anerkannter Experte für Unternehmensführung. Er hat fünf Aufgaben wirksamer Führung unterschieden:

Prof. Fredmund Malik

1. Für Ziele sorgen

Das Führen mit Zielen ist eine der am frühesten erkannten und auch beschriebenen Managementaufgaben. Das Grundprinzip des „Führens mit Zielen“ ist im Großen und Ganzen unbestritten. In zahlreichen Unternehmen, insbesondere in den stark dezentralisierten, ist es die einzige Art zu führen.

2. Organisieren

Die zweite Aufgabe wirksamen Managements ist das Organisieren. Effektive Menschen warten nicht darauf, bis sie organisiert werden, sie tun es selbst, für sich und ihre unmittelbar persönliche Aufgabe und für ihre Verantwortungsbereiche.

3. Entscheiden

Eine der wesentlichen Aufgaben von Führungskräften ist das Entscheiden. [...] Nur Führungskräfte entscheiden. Wer entscheidet, ist eine Führungskraft, unabhängig von Rang, Titel und Stellung. Und umgekehrt – gleichgültig, welche Position jemand hat, welcher Status, welche Privilegien und welche Kompetenzen damit verbunden sein mögen: Wer nicht entscheidet, ist keine Führungskraft.
In neun von zehn Fällen kommt man durch Einhaltung einer einfachen Vorgehensweise, einer Abfolge von Schritten, zu guten Entscheidungen.

Die Schritte sind:

a. die präzise Bestimmung des Problems,
b. die Spezifikation der Anforderungen, die die Entscheidung erfüllen muss,
c. das Herausarbeiten aller Alternativen,
d. die Analyse der Risiken und Folgen für jede Alternative und die Festlegung der Grenzbedingungen,
e. der Entschluss selbst,
f. der Einbau der Realisierung in die Entscheidung,
g. die Etablierung von Feedback.

4. Kontrollieren

Die vierte Aufgabe ist die unbeliebteste und in gewissem Sinne auch die umstrittenste. Die meisten Führungskräfte kontrollieren nicht gerne – im Gegensatz zu einem weitverbreiteten Meinungsklischee. Daher sind Leute, die von Kontrolle abraten, unabhängig von der Qualität ihrer Begründungen, in der Regel recht willkommen.

5. Menschen entwickeln und fördern

Kaum eine Führungskraft würde bestreiten, dass Menschen das wichtigste in einer Organisation sind. Zumindest wird niemand das öffentlich tun. [...] Es gehört daher zu den erstrangigen Managementaufgaben, Menschen zu fördern und zu entwickeln. Das ist Aufgabe jedes Managers, nicht etwa nur der Personalfachleute.

Zusammengestellt aus: F. Malik: Führen Leisten Leben, wirksames Management für eine neue Zeit, Deutsche-Verlags-Anstalt, Stuttgart/München, 2000, S. 174 ff.

4.3.3 Ziele von Unternehmen

Bekannt ist die Aussage: „Wer nicht weiß, wo er hin will, muss sich nicht wundern, wenn er ganz woanders ankommt!"

Jedes Handeln – nicht nur in einem Unternehmen – ist zielgerichtet. Nur wenn die Zielperspektive klar ist, kann man den Weg zum Ziel finden.

In einer marktwirtschaftlichen Ordnung gilt als wesentliches Ziel die Beachtung des erwerbswirtschaftlichen Prinzips, d. h., eine Volkswirtschaft kann dann am besten mit Sachgütern und Diensten versorgt werden, wenn jeder einzelne Unternehmer versucht, auf Dauer einen möglichst großen Gewinn mit dem eingesetzten Produktionsfaktoren zu erzielen.

In diesem Sinne könnte das erwerbswirtschaftliche Prinzip auch als eine Leitmaxime für unternehmerisches Handeln bezeichnet werden.

Die Zielkonzeption einer Unternehmung setzt sich aus einer Vielzahl von Einzelzielen bzw. Zielelementen zusammen, die gleichzeitig angestrebt werden. Die Aussage, in einem privatwirtschaftlichen Unternehmen sei die langfristige Gewinnmaximierung das oberste Ziel, ist zwar nicht falsch, aber es müssen Differenzierungen vorgenommen werden.

Bei näherer Betrachtung der Ziele lassen sich folgende Unterscheidungen machen:

1. Sachziele sind jene Ziele, die sich durch die wirtschaftlichen Aktivitäten einer Unternehmung verwirklichen lassen, z. B.
   - Leistungsziele (Höhe des Umsatzvolumens, Marktanteile, Art der Produkte),
   - Führungs- und Organisationsziele (Aufgabenteilung, Führungsstile),
   - Finanzielle Ziele (Liquidität, optimale Kapitalstruktur),
   - Soziale und ökologische Ziele (z. B. Arbeitsklima, Lohngerechtigkeit, Mitbestimmung, Umwelt- und Gesundheitsschutz).
2. Formalziele, die man auch Erfolgsziele nennt, haben im Vergleich zu den Sachzielen eine übergeordnete Stellung.
   Als klassische Erfolgsziele gelten:
   - Produktivität
   - Wirtschaftlichkeit
   - Rentabilität.

Vergleichen Sie hierzu auch den Exkurs „Rechnungswesen" (Seite 326 ff.).

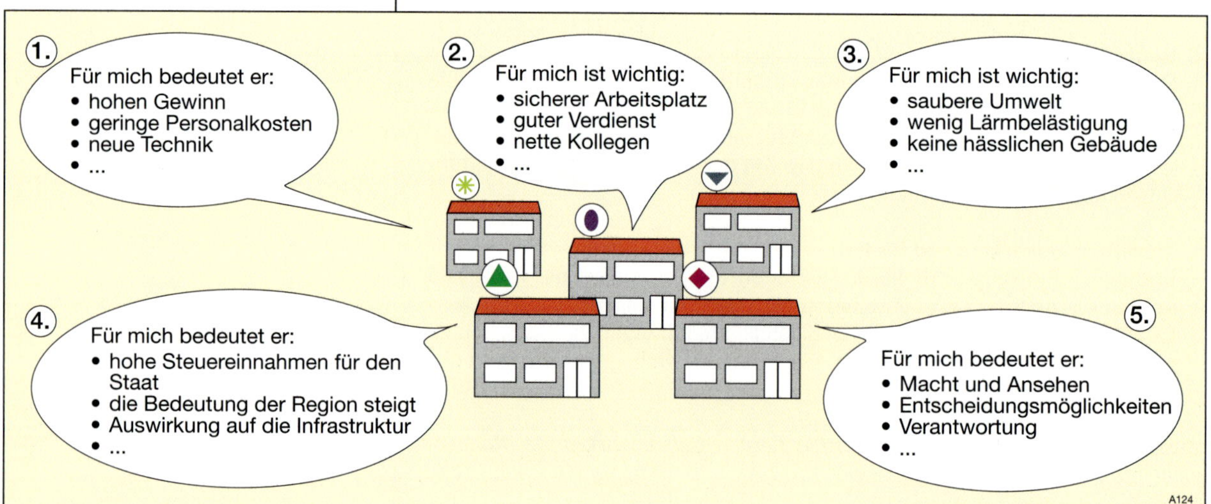

Einflussfaktoren auf das Zielsystem
Ganz unterschiedliche Faktoren können Einfluss auf die Ziele eines Unternehmens nehmen. Mindestens drei Gruppen von Einflussfaktoren sind zu unterscheiden:

1. Ansprüche der unmittelbar Beteiligten, das sind z. B. die Anteilseigner, das Management, die Belegschaft, die Kapitalgeber, die Lieferanten, die Kunden, die Kreditinstitute.
2. Die Unternehmensphilosophie bzw. die Unternehmenskultur, welche das Zielsystem der Unternehmung beeinflusst. D. h., die Werthaltungen und die Orientierung an spezifischen Werten bestimmen die unternehmenstypischen Denk- und Handlungsmuster der für das Unternehmen Verantwortlichen.
3. Gesellschaftliche Ansprüche auf das Zielsystem der Unternehmung, z. B. das Image des Unternehmens im Hinblick auf die ökologische und die soziale Verantwortung und die Zuweisung gesellschaftspolitischer Aufgaben an eine Unternehmung.

Das Zielsystem der Unternehmung setzt sich demnach zusammen aus einer Vielzahl von Einzelzielen, die teilweise gleichzeitig verfolgt werden sollen, wie zum Beispiel:

- wirtschaftliche Ziele,
- soziale Ziele,
- ökologische Ziele.

Selbstverständlich können zwischen diesen Zielen Konflikte bestehen, d. h., sie können zueinander in Konkurrenz stehen.
Ein Beispiel: Wer Kostenminimierung zu einem absoluten Ziel macht, könnte in Konflikt mit der Zielsetzung geraten, den Kundendienst zu verbessern. Die Ziele können sich aber auch gegenseitig ergänzen, z. B. kann eine Kostensenkung im Produktionsbereich zu einer Steigerung des Gewinns führen.

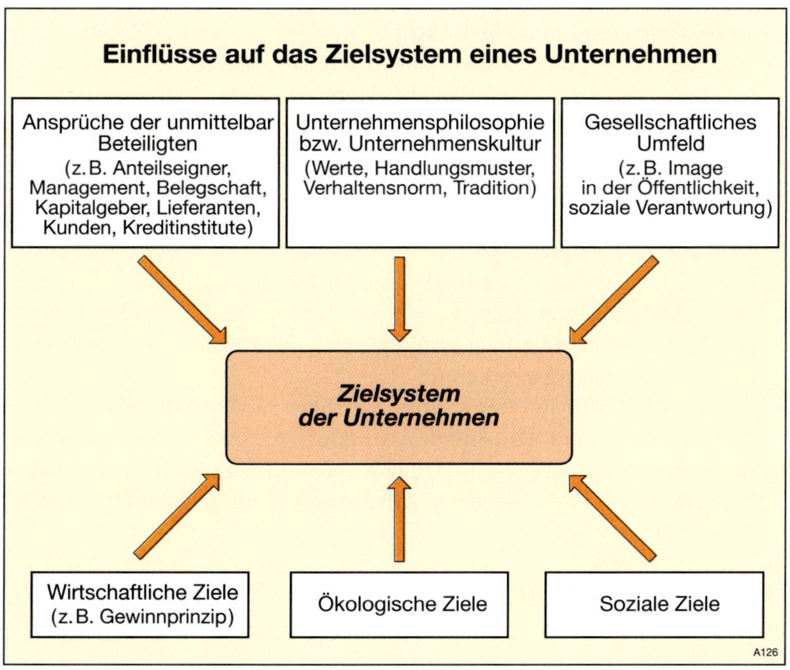

Untersuchen Sie Selbstdarstellungsbroschüren ausgewählter Unternehmen hinsichtlich der Formulierung unterschiedlicher Unternehmensziele.

Frederick Winslow Taylor
Ingenieur und Betriebswissenschaftler
* 20.03.1865 in Philadelphia
† 21.03.1915 in Philadelphia

- College-Abschluss im Ingenieurswesen am Stevens Institute of Technology in New Jersey
- Arbeitet als Modell- und Maschinenbauer bei „Hydraulic Works" und später in einem Stahlunternehmen, in dem er sich bis zur Position des Chefingenieur hocharbeitet.
- Sein besonderes Interesse galt dem Zusammenspiel von Arbeitsbedingungen und Leistung und wie eine höhere Produktivität durch persönliche Anreize erreicht werden könnte → Taylorismus: Methode zur Produktivitätserhöhung der physischen Arbeit in der industriellen Fertigung
- Arbeitete später als Berater für Unternehmen
- Veröffentlichungen u. a.: „The Principles of Scientific Management" (1911)

4.3.4 Ein Blick in die Geschichte der Unternehmensführung

Der Beginn der wissenschaftlichen Beschäftigung mit der Aufgabe der „Unternehmensführung" wird im Allgemeinen mit Frederick Winslow Taylor und seinem Werk „The Principles of Scientific Management" verknüpft. Zum Verständnis der Überlegungen von Taylor ist es wichtig sich des zeitgeschichtlichen Hintergrundes zu vergewissern.

Viele seiner Aussagen scheinen heute überholt zu sein und aus einer „vergangenen Zeit" zu stammen. Das ist zwar richtig, doch unabhängig davon markieren Taylors Arbeiten den Beginn der wissenschaftlichen Auseinandersetzung mit Fragen der Unternehmensführung auf empirischer Basis.

Wir befinden uns an der Zeitwende vom 19. zum 20. Jahrhundert. Mit neuen Produktionsmethoden entwickelten sich die industriellen Gesellschaften in den USA, in Großbritannien, aber v. a. auch in Deutschland in einem bis dahin nicht gekannten Maße. Und damit entstanden neue Fragen nach Verbesserung von Führungsmethoden, zum richtigen Einsatz menschlicher Arbeitskraft etc.

„In the past man has been first, in the future the system must be first." Frederick Winslow Taylor geht es nicht so sehr um die Gesamtorganisation als vielmehr um die Analyse und Gestaltung konkreter Arbeitsabläufe, wobei er die am Handwerk orientierte Einheit von Planung und Ausführung der Arbeit auflöst. Die Arbeit wird zur Erzielung möglichst hoher Spezialisierungsgewinne in kleinste Teilverrichtungen zerlegt. Die Kontrollierbarkeit der Arbeiter, denen Taylor systematische Drückebergerei unterstellt, wird erhöht.
Über die Kernprinzipien Taylors gibt die folgende Auflistung Auskunft:

- Trennung von Hand- und Kopfarbeit: Die Arbeitsplanung (Arbeitsvorbereitung) wird Aufgabe speziell vorgebildeter Ingenieure; die Arbeiter konzentrieren sich ganz auf die Ausführung der für sie geplanten Arbeitsverrichtungen. In hoch spezialisierten Kontrollen werden die Arbeitsergebnisse geprüft und überwacht.
- Zeit- und Bewegungsstudien stellen ein Instrument der Analyse der Arbeitsvorgänge dar. Alle Arbeitsbewegungen werden in Elementarbewegungen unterteilt. Die zweckmäßigsten Bewegungen werden ermittelt und alle überflüssigen ausgeschaltet. Jeder optimierten Bewegung wird eine Standardzeit zugeordnet, die zusammen mit Zuschlägen für Pausen, betriebsbedingte Störungen usw. die Normalzeit für die Ausführung einer Aufgabeneinheit ergibt.
- Es wird ein Leistungs- bzw. Akkordlohn auf der Basis der Normalzeit oder stückbezogen gezahlt.
- Die Personalauswahl erfolgt systematisch auf der Basis von exakt spezifizierten Anforderungsprofilen.
- Die wissenschaftliche Betriebsführung führt zu einer erheblichen Ausdifferenzierung der Organisationsstruktur: Aufgaben, die vorher von Arbeitern oder Vorarbeitern erledigt wurden, liegen jetzt bei Spezialisten beispielsweise in den Bereichen Arbeitsvorbereitung, Qualitätskontrolle, Personalwesen usw.

4.3.5 Zum Vergleich: Management in einem planwirtschaftlichen Unternehmen

Die Aufgaben eines Unternehmers sind wesentlich davon bestimmt, in welchem Gesellschaftssystem sein Unternehmen tätig ist. D. h., die Handlungsmöglichkeiten des Unternehmers werden von dem Institutionen- und Regelsystem einer Wirtschaftsordnung bestimmt (vgl. Kapitel 2). Deshalb wollen wir ganz konkret die Tätigkeiten eines Direktors in der ehemaligen Sowjetunion mit der Funktion eines Unternehmers in einem marktwirtschaftlichen System vergleichen. Solche Gegenüberstellungen sind sehr hilfreich, um die wesentliche Unterschiede herauszuarbeiten.

1. Als Vertreter der Gesellschaft und des Staates war der Direktor „der verlängerte Arm des Staates" und wurde gesteuert durch Kontrollziffern, Staatsaufträge, staatliche Wirtschaftsnormative und Limits, er war verantwortlich für die Erfüllung der Beschlüsse aller sowjetischen Machtorgane, der Verfügungen der Partei- und Gewerkschaftsorganisationen. Für die bessere Wahrnehmung solcher Funktionen wurde der Direktor in der Regel in die sowjetischen Machtorgane unterschiedlicher Ebenen gewählt sowie in die Parteiorgane und in die Verwaltungsorgane verschiedener gesellschaftlicher Organisationen.
   Bei diesen Aufgaben verwendete der Betriebsdirektor viel Zeit für die repräsentativen Funktionen. Ein erheblicher Anteil der Arbeitszeit wurde in der Regel von verschiedenen Sitzungen und von der Erfüllung der Aufgaben in den politischen Organen der Sowjetmacht sowie in den Partei-, Gewerkschafts- und anderen Organisationen auf unterschiedlichen Ebenen eingenommen.
2. Neben der wirtschaftlichen und technischen Verwaltung hatte der Direktor die Aufgabe, das soziale Leben der Belegschaft mitzugestalten. Der Direktor war an der Lösung der Belegschaftsprobleme interessiert, nicht nur weil die Erfüllung der Hauptaufgaben des Betriebes von der Kompetenz der Belegschaft abhing, sondern auch davon profitierte (politischer Einfluss), wenn die Belegschaft den Direktor akzeptierte und schätzte.
   Die Mehrheit der sozialen Aufgaben wurden vom Staat auf die Betriebe umgewälzt. Der Direktor musste praktisch alle lebenswichtigen sozialen Fragen innerhalb der Belegschaft regeln; darüber hinaus musste er die entsprechenden Interessen in den staatlichen, übergeordneten Parteiorganen vertreten. Die Liste der Aufgaben und Probleme, mit denen sich der Direktor zu befassen hatte, war ziemlich umfangreich und enthielt z. B. die Zuteilung von Wohnungen an die Beschäftigten; die Verteilung der Defizitwaren (Autos, Möbel, etc.) usw.
   Wir sehen, dass für die Lösung der vielschichtigen Aufgaben sehr unterschiedliche Interessen in Einklang zu bringen waren. Der Direktor war dabei allein für die getroffene Entscheidung verantwortlich; seine Entscheidungen standen aber unter dem direkten und indirekten Druck sowohl des Ministeriums als auch der lokalen Parteistrukturen sowie der Belegschaft.
3. Ein drittes Merkmal kennzeichnet die Tätigkeit der Betriebsdirektoren und die sehr eingeschränkte Wahl der Mittel und Methoden der Steuerung der Produktion. Es gibt Staatseigentum und nicht Privateigentum und der Betriebsdirektor erhält kein volles Verfügungsrecht über das Staatseigentum. Vielmehr handelt er unter der Last zahlreicher Instruktionen und Verordnungen der staatlichen Bürokratie; es gilt nicht das erwerbswirtschaftliche, sondern das Planerfüllungsprinzip.

Ein typischer Arbeitsplan des Direktors eines sozialistischen Unternehmens (am Beispiel des Generaldirektors von NPO „Sibelektrot-jashmash", Hersteller von Elektrogeräten):

7.30–8.30: Besichtigung der Werkshallen
8.30: Besuch der Baustelle eines Wohnhauses
9.00: Beratung im Bezirkskomitee der Partei anlässlich der Errichtung eines Krankenhauses
10.00: Sitzung im Bezirksrat anlässlich des Baus einer Straße zum Krankenhaus (der Direktor wird vertreten durch seinen Stellvertreter für Baufragen)
11.00: Beratung der Abteilungs- und Hallenleiter (1x in 10 Tagen), Frage über die materiell-technische Versorgung und Mangel an Personal
11.30–14.00: Telefongespräch mit dem Ministerium
14.00–15.00: Pause
15.00–15.45: Betriebsangelegenheiten
15.45–17.00: Sitzung des Präsidiums des Gewerkschaftskomitees
17.00–19.00: Plenum des Bezirkskomitees der Partei
19.00–20.00: Betriebsangelegenheiten, Produktionsplanungen in der UdSSR

Welche Tätigkeiten eines Direktors würden Sie nicht als übliche Führungsaufgabe eines Direktors eines marktwirtschaftlichen Unternehmens ansehen?

4.4 Die Organisation eines Unternehmens

Vorstandssitzung der Meier-Papier-AG, 13.02.2004
Frau Gehlen, Leiterin der technischen Abteilung im Bereich Produktion, referiert die bevorstehenden organisatorischen Veränderungen.

Frau Gehlen: ... ich fasse zum Abschluss meiner Ausführungen noch einmal zusammen:
Die notwendige technische Aufrüstung unserer Produktionsanlage in dem Bereich der Sieb- und Trockenpartie, die wir auf Grund des überraschenden Großauftrages zurückstellen mussten, wird zu Einschränkungen unserer Produktionskapazitäten in den Kalenderwochen 8 bis 12 führen. Die betroffenen Abteilungen sind informiert. Im Zusammenhang mit der Integration dieser neuen technischen Komponenten wird eine Mitarbeiterschulung in der 10. Kalenderwoche stattfinden.

Sehr viel umfangreicher wird jedoch die durch den Gang nach Polen notwendige Umstellung unseres Informations- und Kommunikationsnetzes. Dies betrifft alle Abteilungen und damit annähernd alle Mitarbeiter. Wie ich bereits dargestellt habe, werden wir in Zukunft die gesamte unternehmensinterne Kommunikation und Information mit Hilfe der neuen Kommunikationssoftware abwickeln – von der regelmäßigen Versendung von E-Mails bis zur Ausrichtung von Videokonferenzen. Zudem wird die unternehmensinterne Kommunikation in Zukunft in Teilen der mittleren Ebene und auf der Leitungsebene auf die englische Sprache umgestellt.

Die schrittweise technische Umstellung beginnt in der 13. KW. Ich weise noch einmal darauf hin, dass es unser Ziel ist, die Umstellung ohne größere Verzögerungen des Tagesgeschäftes zu bewerkstelligen. Allerdings werden geringe Störungen zwischenzeitlich nicht zu vermeiden sein, wir werden jeweils rechtzeitig informieren. Bleibt der Punkt der Mitarbeiterschulung. Hier werden umfangreiche Maßnahmen zu treffen sein – unsere Abteilung wird in der nächsten Woche einen detaillierten Vorschlag unterbreiten. Dieser wird auch unsere Vorschläge für die Ausschreibung der im Bereich der Netzadministration benötigten Stellen enthalten.

Herr Rüter: Vielen Dank für Ihre Ausführungen, Frau Gehlen.
Na, da steht uns ja in nächster Zeit einiges ins Haus. Zumal sich im Bereich der Aufbauorganisation natürlich auch etwas ändern wird. Die grundsätzlichen Verhandlungen mit unseren polnischen Gesprächspartnern dürften in nächster Zeit abgeschlossen sein, sodass wir dann sehr schnell die Reorganisation angehen müssen. Wichtig ist in diesem Zusammenhang natürlich, dass wir bei der „Neuschneidung" der Aufgaben der einzelnen Abteilungen und möglicher Zusammenlegungen sozialverträgliche Lösungen finden. Zum Teil arbeiten Mitarbeiter seit mehr als 20 Jahren zusammen, da ist es schwierig einfach jemanden von einem Tag auf den anderen dazuzusetzen. Hier müssen wir auch schnellstens handeln, weil mittlerweile schon die wildesten Gerüchte kursieren, man kennt das ja.

Zentral ist natürlich die Frage der Neuorganisation der Führungsebene. Bislang ist noch nicht entschieden, wie die Leitung des polnischen Werkes organisiert werden soll bzw. wie das Mischungsverhältnis von Führungskräften vor Ort und von uns delegierten Kräften auszugestalten ist.

!

1. Stellen Sie die hier angesprochenen Aufgaben im vorgestellten Unternehmensbereich zusammen.
2. Welche Verknüpfungen bestehen zu anderen Abteilungen des Unternehmens?

4.4.1 Das Organisationsproblem als Struwwelpeter-Geschichte

Auch wenn das Prinzip der Arbeitsteilung bei der Zubereitung des Mittagessens im Allgemeinen keine Anwendung findet, ist die Interaktion am Mittagstisch auf die Bedürfnissituation der einzelnen Essensteilnehmer ausgerichtet.
Eine effiziente Organisation des häuslichen Mittagstischs erfordert eine entsprechende Koordination durch Tischregeln sowie die Einhaltung durch den einzelnen Essensteilnehmer.

Divergierende Interessen einzelner können hier die Gesamteffizienz der Tischorganisation in Frage stellen.

nach: P. J. Jost: Ökonomische Organisationstheorie, Eine Einführung in die Grundlagen, Gabler, Wiesbaden, 2000, S. 8, 58, 116

1. Veranschaulichen Sie die Bilderfolge, indem Sie einen konkreten Fall aus einem der Bereiche Schule, Familie, Clique oder Verein entwickeln!

Prof. Dr. Dres. h. c. Arnold Picot
* 28.12.1944

- 1976–1984 Lehrstuhl für BWL an der Universität Hannover
- 1984–1987 Lehrstuhl der ABWL an der Technischen Universität München
- seit 1988 Fakultät für Betriebswirtschaft, Institut für Information, Organisation und Management der Ludwig-Maximilians-Universität München

Veröffentlichungen:
„E-Conomics – Strategies for the Digital Marketplace" (2000),
„Die Grenzenlose Unternehmung – Information, Organisation und Management: Lehrbuch zur Unternehmensführung im Informationszeitalter" (2003)

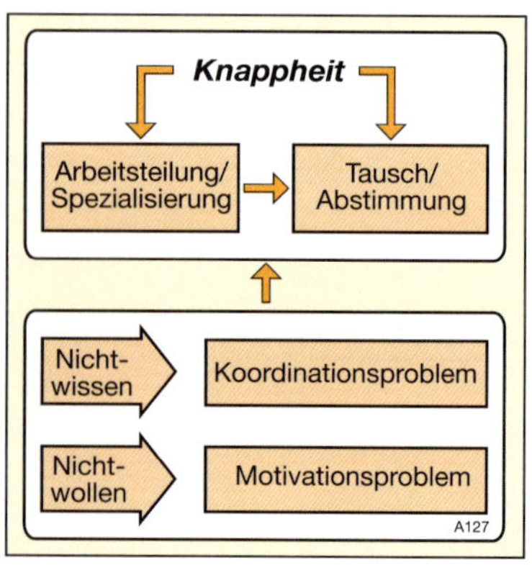

4.4.2 Das Organisationsproblem als Koordinations- und Motivationsproblem

Wir erinnern uns: Das Problem der Knappheit ist der Ausgangspunkt allen Wirtschaftens. Spezialisierung und Arbeitsteilung tragen in erheblichem Ausmaß dazu bei, das Knappheitsproblem zu reduzieren. Mit der Arbeitsteilung entsteht jedoch ein neues Problem: das der Abstimmung. Bei der Lösung geht es darum, Institutionen und Regelsysteme zu entwickeln, mit denen Arbeitsteilung, Spezialisierung und die erforderliche Abstimmung einen möglichst großen Beitrag zur Knappheitsbewältigung leisten können.

Einerseits wird ein Produktivitätsanstieg durch Arbeitsteilung/Spezialisierung erzielt, andererseits ist jedoch der Ressourcenverbrauch (Zeit, Kapital, Material usw.) für die Abstimmung zwischen Produzenten und Konsumenten in Rechnung zu stellen.
Eine möglichst produktive Arbeitsteilung/Spezialisierung und „reibungslose" Abstimmungsprozesse sind deshalb für die wirtschaftliche Entwicklung ausschlaggebend. Dabei sind nach Picot zwei Probleme zu lösen: das Koordinationsproblem und das Motivationsproblem (vgl. Abb. unten links).

a) Das Koordinationsproblem
Für die Planung und den reibungslosen Ablauf innerhalb eines Unternehmens muss gewährleistet sein, dass sich jeder Mitarbeiter über seine Funktion im Unternehmen bewusst ist. Das effiziente Funktionieren eines Unternehmens setzt voraus, dass die Mitarbeiter wissen, was sie tun müssen, um zur Erreichung der Unternehmensziele etwas beitragen zu können. Das bedeutet: Die Mitarbeiter müssen über alle Aspekte, die mit der Zielerreichung im Zusammenhang stehen, informiert sein. Davon kann man jedoch nicht immer ausgehen. Aus diesem (Koordinations-)Problem müssen vor- und nachgelagerte Arbeitsprozesse von der Unternehmensleitung geplant und abgestimmt werden, um einen reibungslosen Produktionsprozess zu gewährleisten. D. h., es geht hier um das Problem der Überwindung des Nichtwissens.

b) Das Motivationsproblem
Die Handelnden müssen außerdem sich und andere dazu bewegen, bestimmte Verhaltenserwartungen auch tatsächlich zu erfüllen. Eine Motivation im Sinne von Bereitschaft zur Erbringung erwarteter Leistungen und zur Einhaltung vereinbarter Spielregeln wird umso mehr von Bedeutung sein, je mehr ein Handelnder durch die Erfüllung der gestellten Aufgabe auch seine eigenen Interessen (Einkommen, interessante Arbeit usw.) fördert.
Man spricht in diesem Fall von einer anreizkompatiblen Organisationslösung, d. h., die Anreize, die sich aus einer Organisationslösung für die Beschäftigen ergeben, stehen zu den eigenen Interessen nicht im Widerspruch. Je weniger der Beschäftigte die Möglichkeit sieht seine persönliche Nutzenvorstellungen zu realisieren, desto größer können die Motivationsprobleme werden. Motivationsprobleme entstehen auch dadurch, dass Wirtschaftssubjekte bei ihren Entscheidungen eigene Ziele auf Kosten und zum Schaden anderer sowie ggf. unter Verletzung geltender Regeln verfolgen. Man spricht in diesem Zusammenhang von einem opportunistischen, auf den eigenen Vorteil bedachtes Verhalten. Das Motivationsproblem beschreibt also das Problem der Überwindung des Nichtwollens.

4.4.3 Aufbau- und Ablauforganisation

Die Organisation eines Unternehmens hat also die Aufgabe das Motivations- und das Koordinationsproblem im Sinne der Zielsetzungen der Beteiligten möglichst effektiv zu lösen. Dabei werden zwei Aufgaben unterschieden, und zwar die Aufbau- und die Ablauforganisation.

Die Aufbauorganisation kann mit der Anlage eines Straßennetzes verglichen werden. Die Ablauforganisation entspricht der Regelung des Verkehrs in diesem Straßennetz. So, wie nur das Vorhandensein des Straßennetzes und die genauen Regelungen des Verkehrsflusses einen reibungslosen Ablauf des Straßenverkehrs sicherstellen, so können die vielfältigen betrieblichen Aufgaben nur dann zufriedenstellend erledigt werden, wenn eine gut durchdachte Aufbau- und Ablauforganisation die Tätigkeiten in einem Unternehmen regelt und miteinander abstimmt.

Auf das Unternehmen übertragen können Aufbau- und Ablauforganisation wie folgt unterschieden werden:

1. **Aufbauorganisation**
   Mit der Aufbauorganisation wird geregelt, wer, wo, mit welchen Mitteln etwas tun soll. Sie regelt so die Zuordnung von Aufgaben zu den Mitarbeitern. Aufgabenbereiche werden abgegrenzt und mit entsprechenden Mitarbeitern besetzt. Es wird festgelegt, wer für bestimmte Aufgaben die Verantwortung trägt und Weisungen erteilen darf.
   Spezialisierung, Delegation und Arbeitsteilung sind somit die zentralen Bestimmungsfaktoren der Aufbauorganisation und stellen die Voraussetzung für einen reibungslosen Ablauf der Unternehmensprozesse dar.

2. **Ablauforganisation**
   Die Ablauforganisation regelt den Ablauf der betrieblichen Arbeitsprozesse und beantwortet die Frage, wie, wann und warum bestimmte Aufgaben erledigt werden müssen.

Aufbau- und Ablauforganisation bilden die formale Organisation eines Unternehmens.

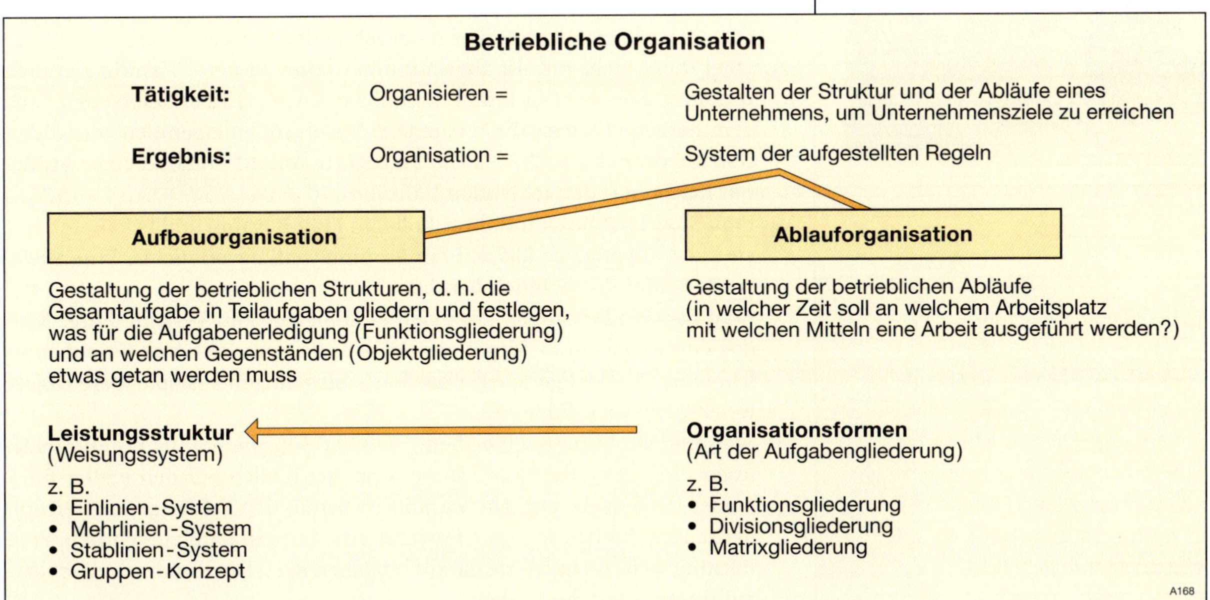

Fallbeispiel: Aufbau- und Ablauforganisation

Wie wichtig eine genaue Unterscheidung zwischen aufbau- und ablauforganisatorischen Maßnahmen für einen reibungslosen Geschäftsablauf ist, zeigen die in den nachfolgenden Fallsituationen geschilderten Probleme: Klar definierte Zuständigkeiten und die Abstimmung unter den Mitarbeiterinnen und Mitarbeitern sind unumgänglich.

Fallschilderung

Frau Wieland hat durch ein Erbe von ihrer Lieblingstante Frieda 60.000,– Euro zur Verfügung, um sich ihren lang ersehnten Wunsch zu erfüllen, eine kleine Boutique für Damenoberbekleidung zu eröffnen. Diesen Wunsch hegt sie schon seit Jahren, konnte ihn aber bisher auf Grund des fehlenden Eigenkapitals nicht realisieren. In der Zwischenzeit sind ihre Kinder im Studium und sie selbst hat eine nach ihrer Schulzeit abgeschlossene Berufsausbildung als Einzelhandelskauffrau (Fachrichtung Textil), sodass sie glaubt auch die fachlichen Voraussetzungen zu erfüllen. In ihrem Bekanntenkreis hatte sie schon oft verlauten lassen, dass sie nicht länger auf dem Sofa sitzen und warten wolle, bis ihr Mann um 19:00 Uhr von der Arbeit käme.

Sie hat in einer günstigen Geschäftslage einen kleinen Laden mit Nebenräumen als Lagermöglichkeiten mieten können. Büromöbel sowie die Erstausstattung Damenoberbekleidung (vorwiegend modische Kleider, Mäntel, Röcke, Blusen) sind bereits eingekauft, zwei Verkäuferinnen werden eingestellt.

Situationen:

In den ersten Wochen nach der Geschäftseröffnung ereignen sich u. a. folgende Vorfälle:

1. Die Verkäuferin Frau Siegel muss mehrmals kaufwillige Kunden wegschicken, da von einer gefragten Pulloversorte nur die Größen 34 und 36, nicht aber die häufig nachgefragte Größen 38 bis 42 vorhanden sind.
2. Da Frau Siegel diesen Mangel schnell beheben will, ruft sie in Abwesenheit von Frau Barning, ihrer Kollegin, den ihr bekannten Lieferanten (am Ort) an und bestellt 30 Pullover der fehlenden Sorte.
3. Über diese nicht mit ihr abgestimmte Aktion ist Frau Barning ziemlich verärgert. Sie sucht in ihrem Schreibtisch nach einem Lieferschein, aus dem hervorgeht, dass die fehlende Pullovergrößen eigentlich vorhanden sein müssten. Sie sucht deshalb im Lagerraum und entdeckt einen größeren Karton mit den fehlenden Pullovern.
4. Frau Siegel hat Streit mit ihrer Kollegin Frau Barning und behauptet, nur sie habe Zugang zur Kasse. Frau Barning weiß davon nichts. Eine anwesende Kundin ist peinlich berührt.
5. Frau Barning bemängelt, dass sich Frau Siegel beim Verkauf teurer Kleider einmische. Frau Siegel wendet ein, dass sie sich auf Grund ihrer früheren Tätigkeit gerade für das Verkaufsgelingen kostspieligere Objekte verantwortlich fühle.
6. Während der Mittagszeit bedient Frau Barning allein. Eine Kundin reklamiert eine gekaufte Bluse. Diese weist tatsächlich auf den ersten Blick Fehler im Gewebe auf. Die Kundin ist bereit, den Fehler gegen Verminderung des Preises von 50,– Euro auf 40,– Euro in Kauf zu nehmen. Frau Barning weiß nicht, ob sie darauf eingehen darf. Die Kundin verlässt daraufhin verärgert den Laden.

!

1. Benennen Sie die in diesen Beispielen offenkundig werdenden Probleme in der konkret vorzufindenden Aufbau- und Ablauforganisation.
2. Wie könnten diese Probleme jeweils verhindert werden? Entwerfen Sie schriftlich die erforderlichen Regelungen.

4.4.4 Leitungsstruktur und Organisationsformen

Neben der grundsätzlichen Unterscheidung zwischen Aufbau- und Ablauforganisation gibt es eine Vielzahl von Organisationsmodellen, mit denen man der jeweils besonderen Situation eines Unternehmens gerecht werden will. Sehr häufig gibt es zwischen den idealtypisch unterschiedenen Modellen auch Mischformen. Entscheidend ist die Funktionsfähigkeit eines Organisationsmodells, damit ein Unternehmen effizient, zielgerichtet und wirtschaftlich arbeiten und die grundsätzliche Zielsetzung des Unternehmens, Gewinne und Einkommen zu erzielen, auch möglich wird.

Im Nachfolgenden unterscheiden wir Organisationsmodelle in Hinblick auf ihre Leitungsstruktur und auf ihre Organisationsformen:

1. **Leitungsstruktur**

   In der Leitungsstruktur wird die Kommunikation im Unternehmen geregelt, d. h., es werden die Weisungsbefugnisse zwischen den einzelnen Stellen festgelegt.
   Das Einliniensystem folgt dem Grundsatz, dass ein Mitarbeiter immer nur von einer ganz bestimmten Person Weisungen erhält. Im Rahmen dieser „Einheitlichkeit der Auftragserteilung“ untersteht jede Stelle einer einzigen Instanz. Es bestehen also klare und eindeutige Regelungen und Zuständigkeiten.
   Im Mehrliniensystem spezialisieren sich einige Instanzen auf Teilschritte der Produktion. Ein Mitarbeiter kann nun Anweisungen von mehreren Personen erhalten. Weil die verschiedenen Zuständigkeitsbereiche nicht immer exakt voneinander getrennt werden können, können sich Anweisungen überschneiden.
   Das Stabliniensystem folgt im Grundsatz dem Einliniensystem. Es werden jedoch „Stabsstellen“ gebildet, die einzelne Instanzen beraten und unterstützen. Es bleibt eine klare Zuständigkeitsregelung aufrechterhalten. Da die Stäbe jedoch oft über ausgiebigere Informationen verfügen als die Inhaber der Linienpositionen, können die Stäbe die Entscheidungen und Anweisungen der Linie möglicherweise steuern.
   Bei den Gruppenkonzepten bzw. Teambildungen, die in jüngerer Zeit an Bedeutung gewinnen, sind die Mitglieder einer Gruppe insgesamt für die Bewältigung einer Aufgabe bzw. eines Arbeitsschrittes zuständig und verantwortlich. Innerhalb der Gruppe erfolgt die Verteilung der Aufgabengebiete und Zuständigkeiten. Die Gruppenleitung kann von den Mitgliedern abwechselnd übernommen werden. Man erhofft sich eine größere Arbeitszufriedenheit, da die Mitarbeiter nun mehr Einfluss auf die Gestaltung der Arbeit haben. Allerdings gibt es auch immer Gruppenmitglieder, die wenig Einfluss ausüben und dem Druck der anderen Mitglieder unterliegen.

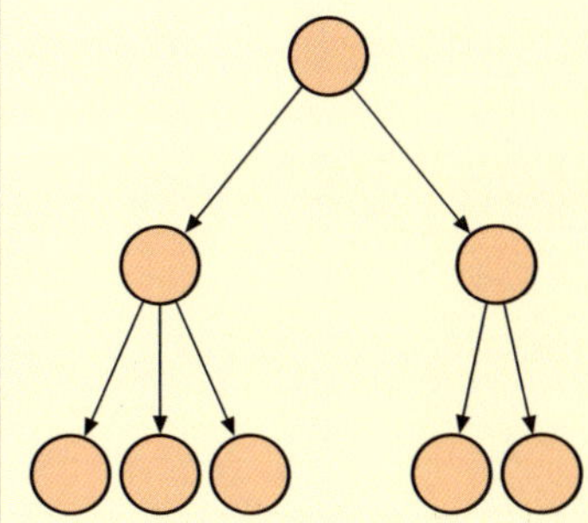

Abb. 1: Einliniensystem A128

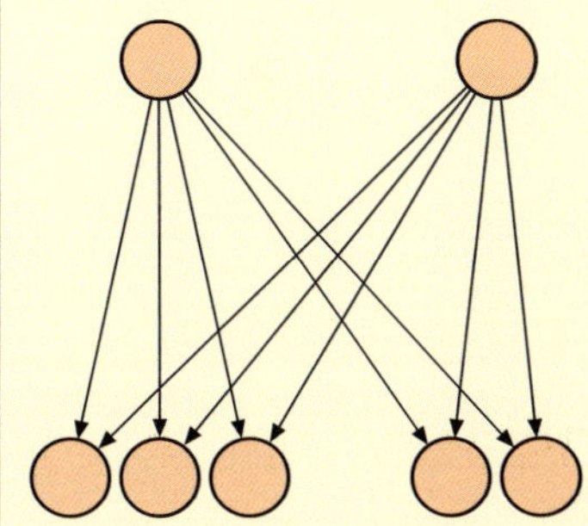

Abb. 2: Mehrliniensystem A129

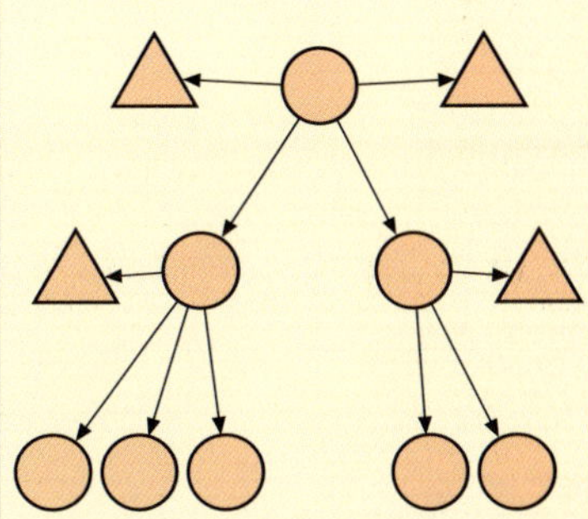

Abb. 3: Stabliniensystem A130

2. **Organisationsformen**

   Hinsichtlich der prinzipiellen Regelung der Unterstellungsverhältnisse wurde zwischen Einlinien- und Mehrliniensystemen unterschieden. Darüber hinaus kann man auch auf Abteilungsebene verschiedene Spezialisierungsformen unterscheiden, und zwar
   - nach Verrichtungen, sodass in der Konsequenz eine funktionale Organisation entsteht;
   - nach Objekten, sodass eine divisionale Struktur entsteht.

Stellen Sie Vor- und Nachteile der verschiedenen Systeme der Leitungsstruktur zusammen!

Funktionalorganisation:
Bei der Funktionalorganisation werden die Zuständigkeitsbereiche nach dem Verrichtungsprinzip gebildet. Es entstehen Teilbereiche wie Beschaffung, Produktion, Absatz und Finanzierung. Dem Vorteil der Spezialisierung der Beschäftigten kann der Nachteil gegenüberstehen, dass sich ein Ressortegoismus herausbildet. D. h., alle Probleme werden jeweils nur unter den für eine Abteilung wichtigen Gesichtspunkten gesehen und der „Blick über den Tellerrand" geht verloren.

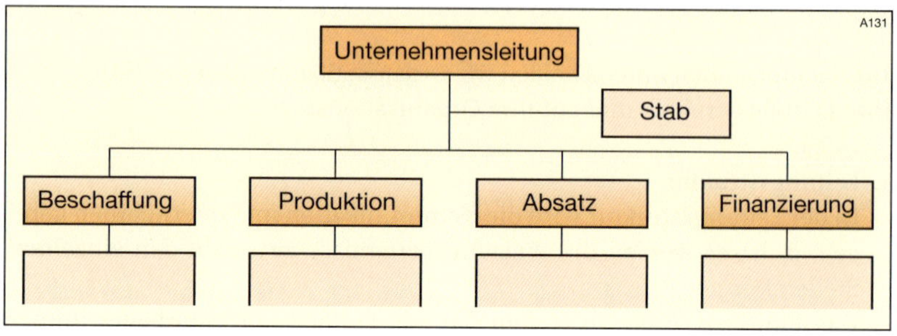

Divisionalisierung:
Hierbei werden relativ autonome Bereiche, Divisionen, unterhalb der Unternehmensleitung, nach Produktgruppen oder anderen Merkmalen gebildet.
Diese Geschäftsbereiche, auch Sparten genannt, können nach Produkten, Produktgruppen, Märkten, Problembereichen oder geografischen Bereichen eingerichtet werden. Sie sind dann für alle Teilbereiche (Beschaffung, Produktion, Absatz, Finanzierung usw.) zuständig. Es handelt sich um „Unternehmungen in der Unternehmung". Weil der Erfolg der Division, der Sparte, oft an ihrem Gewinn gemessen wird, spricht man auch von Gewinnzentren.
Divisionsmanager können Änderungsprozesse normalerweise besser einschätzen als Mitglieder der Unternehmensleitung. Sie können schneller reagieren, da sie besser mit dem Produkt und somit mit eventuell auftretenden Problemen vertraut sind. Die Entscheidungsaufgaben sind dezentralisiert, sodass die Unternehmensleitung sich auf die strategische Planung und die Kontrolle der Gewinnzentren konzentrieren kann. Unter dem Aspekt der Anpassungsfähigkeit, die sich aus wirtschaftlichen, technischen sowie rechtlichen Veränderungen für Unternehmen ergibt, ist die Divisionalisierung eine geeignete Organisationsform.

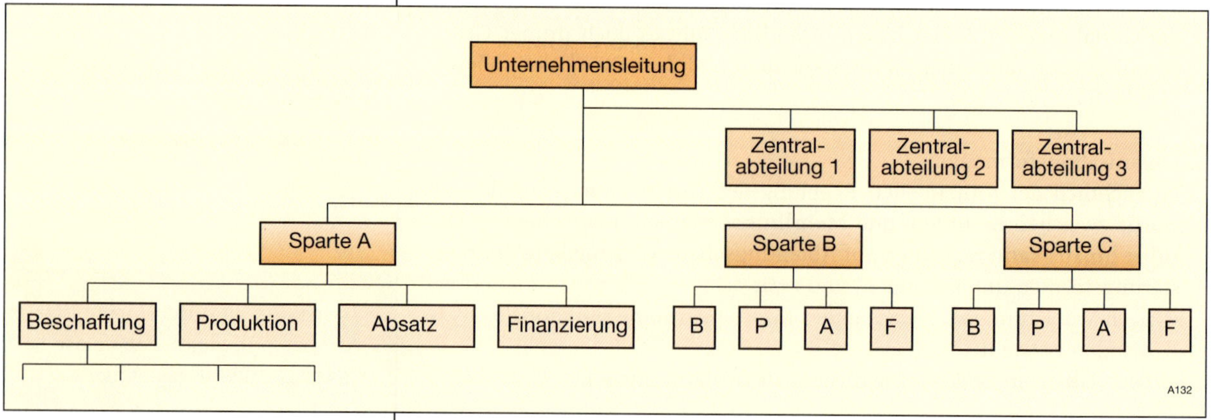

Matrix- oder Tensororganisation:

Bei der Matrixorganisation wird die traditionelle, nach Funktionen gegliederte Organisation (horizontal) von einer projekt- oder produktorientierten Struktur (vertikal) überlagert. Es kommt zu Kompetenzüberschneidungen, die allerdings auch gewollt sind. Probleme werden aus unterschiedlichen Sichtweisen angegangen, verschiedene Interessen finden Berücksichtigung und es werden eher innovative Lösungen für Probleme gefunden. Man will die Vorteile der Spezialisierung mit den Vorteilen der Koordination und Anpassung kombinieren. Eine Gefahr dieser Organisationsform sind allerdings „Reibungsverluste" zwischen einzelnen Bereichen.

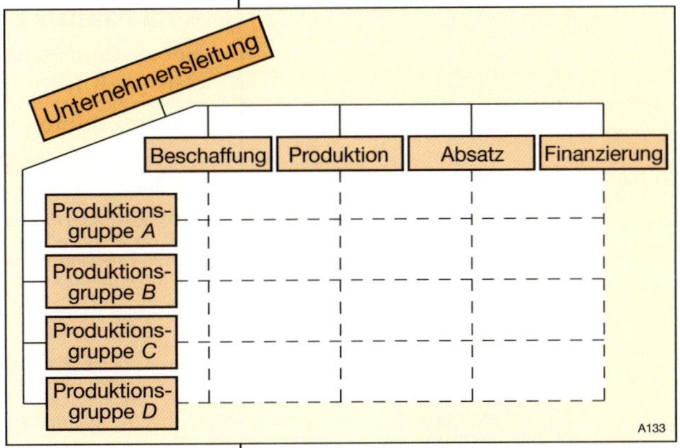

Zur Durchführung eines einmaligen, zeitlich begrenzten und komplexen Vorhabens, z. B. des Baus einer Großanlage, wird eine Gruppe unter der Leitung eines Projektmanagers gebildet, der dann für das Projektmanagement zuständig ist. Die personelle Zusammensetzung des Systems ist häufig interdisziplinär. Infolge der besseren Koordination der Projektaktivitäten, der ständigen Kontrolle des Projektvorgangs und des gesteuerten Zusammenwirkens von Spezialisten können Produkte in kürzerer Zeit entwickelt und die Kosten verringert werden.

Holdingstrukturen:

Eine bedeutende Organisationsform ist die Holding. Bei einer Holding kommt es zu einer Angliederung von Tochter- und Beteiligungsgesellschaften an das Stammhaus (Holding).

In den Tochtergesellschaften werden alle rechtlich vorgeschriebenen Organe gebildet. Sie sind rechtlich selbstständig. Jedoch werden die Beziehungen zwischen der Tochtergesellschaft und der Holding vertraglich festgelegt, z. B. über die Abführung von Gewinnen, über Kompetenzen zur Bestellung und Abberufung von Führungskräften usw. Die Autonomie der Tochtergesellschaft wird von der Holding gestärkt, um durch eine dezentrale Entscheidungsfindung die Möglichkeiten der jeweiligen Tochtergesellschaft besser zu nutzen und für die Holding gewinnbringend sein zu können.

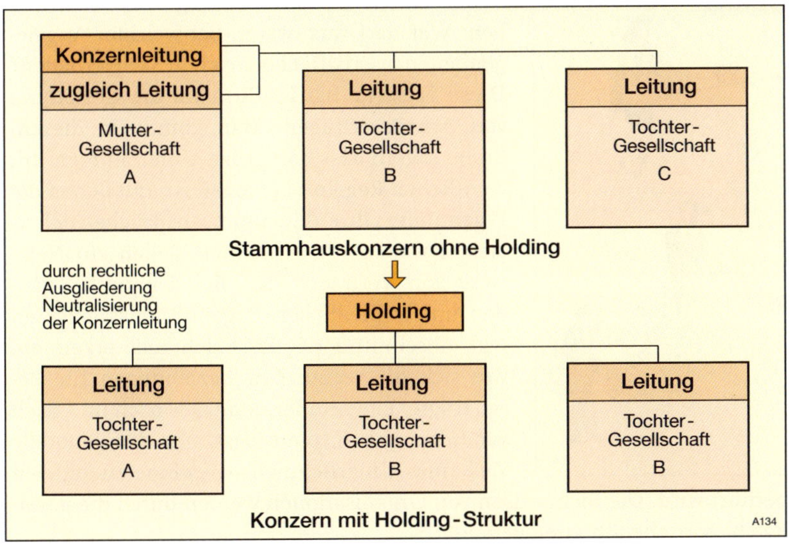

4.4.5 Formale und informale Organisation

Neben den bisher beschriebenen formalen Organisationsaspekten finden sich auch informale Informationsstrukturen, die in einem Unternehmen für den reibungslosen Ablauf von Arbeitsprozessen von wichtiger Bedeutung sein können. Dazu trägt z. B. die Qualität der zwischenmenschlichen Beziehungen zwischen den Beschäftigten in einem Unternehmen bei, die sich im Betriebsklima widerspiegelen. Das Betriebsklima bleibt nicht ohne Einfluss auf die Arbeitszufriedenheit, Leistungsbereitschaft, auf das Wohlbefinden und das Verhalten der Mitarbeiterinnen und Mitarbeiter. Andererseits wirken sich auch familiäre Verhältnisse und besondere Umstände auf das Arbeitsverhalten im Unternehmen aus. Menschen in einem Unternehmen sind nicht nur zu organisieren, zu verplanen, zu Stellenträgern zu machen, um die Unternehmensziele zu erreichen. Mitarbeiterinnen und Mitarbeiter haben Gefühle, werden von Stimmungen beeinflusst, haben Wünsche. Den einen Mitarbeiter mag man, den anderen nicht. Krankheit und Ärger in der Familie, Streit zwischen den Ehepartnern, den Kindern haben auch Einfluss auf die Arbeit. Oder: Eine alleinstehende Mutter mit der Dreifachbelastung von Familie, Haushalt und Beruf steht unter einem ganz anderen Arbeitsstress als ein Mann, der sich weitgehend auf seinen Beruf konzentrieren kann.

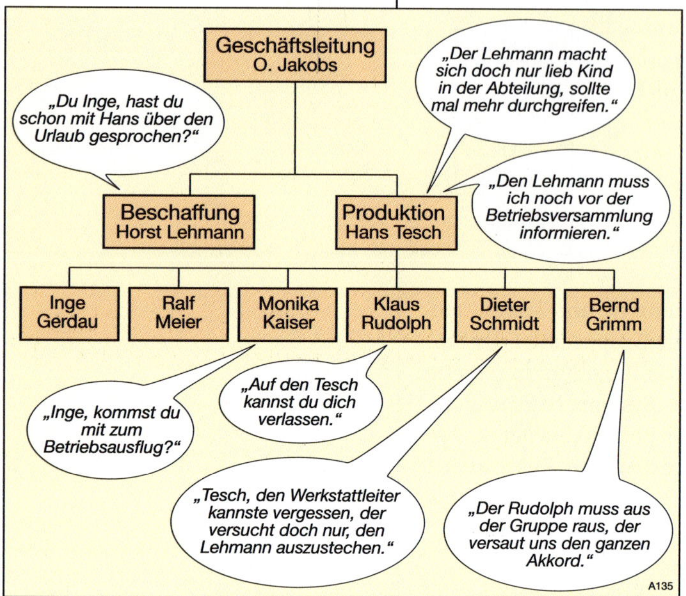

Unternehmen als ein Netzwerk von Verträgen

Die Organisation eines Unternehmens hat in erster Linie zum Ziel, dass damit die Erstellung von Sachgütern und die Bereitstellung von Dienstleistungen gewinnbringend erfolgen kann. Aber alle organisatorischen Regelungen besitzen in vielfacher Weise einen Rechtscharakter. Durch die Über- und Unterordnung von Personen werden gleichzeitig Kontrollfunktionen etabliert und Zuständigkeiten beschrieben: Wer darf was, wann, bei welchen Angelegenheiten, wer haftet bei welchen Sachverhalten? Diese Tatsache hat Einfluss auf die Gestaltung von Arbeitsverträgen. Man könnte in diesem Sinne sagen, dass das ganze Unternehmen mit rechtlichen Regeln überzogen ist, mit denen die Eigentümer ihre Eigentumsansprüche sicherstellen wollen. Unternehmen stellen ein Netzwerk von Verträgen dar. Bei den nachfolgenden unterschiedlichen Organisationskonzepten (vgl. Abschnitt 4.4.6) lässt sich auch erkennen, wie sich die rechtlichen Beziehungen für Beschäftigte, Eigentümer, Manager nach und nach verändert haben, ohne dass sich das generelle Ziel eines Unternehmens, Gewinne zu erzielen berührt wird. Die Sichtweisen von Organisationen werden durch die jeweilige historische Situation geprägt.

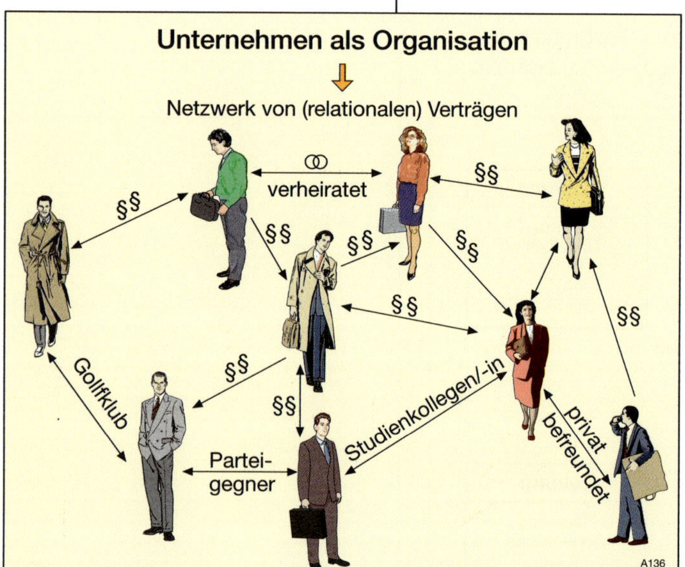

4.4.6 Unterschiedliche organisationstheoretische Ansätze

Seit es Unternehmen gibt, machen sich die Wissenschaftler Gedanken darüber, wie menschliche Arbeit organisiert werden sollte und welche sonstigen Zielsetzungen neben den ökonomischen verfolgt werden können. Unterschiedliche organisationstheoretische Ansätze lassen sich einer historischen Zeitleiste zuordnen, d. h., in ihnen spiegeln sich auch gesellschaftstheoretische Positionen und Haltungen der jeweiligen historischen Situation wider. Wir unterscheiden klassische von neoklassischen und sogenannten modernen Ansätzen.

1. **Klassische Ansätze**

a) **Der Bürokratieansatz**

Max Weber hat mit dem von ihm entwickelten Ansatz gezeigt, dass und wie es in Großorganisationen gelingt, die Handlungen der Individuen zweckmäßig aufeinander zu beziehen, regelhaft zu erfassen und reibungslos zu einem Ganzen zu verbinden. Mit der bürokratischen Organisation ist seiner Meinung nach das effizienteste Instrument gefunden, um komplexe Handlungssituationen zu steuern und den Gehorsam der vielen Mitglieder sicherzustellen. Der Kernpunkt der Bürokratie ist die Existenz einer durch generelle Regeln geschaffenen Ordnung (Organisationsstruktur) und die Anerkennung dieser Ordnung durch die Organisationsmitglieder. Durch die Regelbefolgung stabilisieren die Organisationsmitglieder die Verhaltenserwartungen nach innen und nach außen; die Großorganisation wird dadurch trotz ihrer Größe zu einer berechenbaren und beherrschbaren Einheit. Die Organisation ist in erster Linie ein System, das nach Befehl und Gehorsam funktioniert. Dabei spielt der Begriff der Herrschaft eine zentrale Rolle. Herrschaft muss legitimiert werden, d. h., es muss eine Rechtsgrundlage existieren, die alle Mitglieder annehmen und akzeptieren. Beim Bürokratieansatz erfolgt diese Legitimation kraft Satzung. Bei der Bürokratie handelt es sich also um eine Form der legalen Herrschaft, gekennzeichnet durch legal geschaffene, verstehbare Regeln. An diese halten sich nicht nur die Gehorchenden, sondern auch die Anordnenden. Die abstrakte Regelbindung und der Glaube an die Legitimität dieser Regeln ist das Besondere der legalen Herrschaft, und die bürokratische Organisation ist ihre reinste Verkörperung.

b) **Der administrative Ansatz**

Henri Fayol unterscheidet die folgenden fünf Basiselemente guter Betriebsführung (= Administration): Vorausschau, Organisation, Befehl, Koordination und Kontrolle. Organisieren ist Mittel zum Zweck. In diesem Rahmen entwickelte Fayol Managementprinzipien.

i

Max Weber
Soziologe
* 21.04.1864 in Erfurt
† 14.06.1920 in München

- studierte Jura, Nationalökonomie, Philosophie und Geschichte
- 1894: Professor für Nationalökonomie an der Universität Freiburg/Breisgau.
- 1897: Wechsel an die Universität Heidelberg
- 1990 Mitbegründer der „Deutschen Gesellschaft für Soziologie"
- Veröffentlichungen u. a.: „Wirtschaft und Gesellschaft", „Wissenschaft als Beruf"

i

Henri Fayol
* 29.7.1841 Istanbul,
† 19.11.1925 Paris;

- Französischer Bauingenieur und Verwaltungsfachmann
- Vertreter des Scientific Managements
- Fayol interessierte vor allem die wissenschaftliche Fundierung seiner eigenen Arbeit, der Unternehmensführung.
- Seine Aufgabenbereiche der Unternehmensführung erinnern stark an den Strukturtyp der Bürokratie.
- Eine nach Fayols gestaltete, bürokratische Verwaltung wird teilweise als ideale Ergänzung einer tayloristischen Arbeitsorganisation gesehen.
- Veröffentlichungen u. a.: „Administration industrielle et générale" (1915); deutsch: 1929: Allgemeine und industrielle Verwaltung, München

Marketing-Kurzsichtigkeit

Jeder wichtige Industriezweig befand sich irgendwann einmal in der Phase des Wachstums. Aber einige sitzen heute noch auf dem hohen Ross der Wachstumsbegeisterung und befinden sich bereits am Rande des Abgrunds. Andere, die als gereifte Wachstumsindustrien angesehen werden, haben ihr Wachstum tatsächlich bereits eingestellt. In jedem Fall liegt die Ursache für bedrohtes, gebremstes oder bereits zum Erliegen gekommenes Wachstum nicht in der Marktsättigung. Vielmehr ist Managementversagen die Ursache. Dieses Managementversagen hat seinen Ursprung ganz oben. Das Topmanagement ist nämlich letztlich für die breit angelegten strategischen Ziele und politischen Leitlinien eines Unternehmens verantwortlich und hat sich in seinen Positionen damit zu befassen. [...]

Es ist einfach ein Ding der Unmöglichkeit, auch nur eine einzige Branche von einiger Bedeutung herauszugreifen, für die die magische Bezeichnung „Wachstumsindustrie" nicht irgendwann einmal gepasst hätte. Die angenommenen Stärken jedes Industriezweigs lagen irgendwann einmal in der anscheinend ohne Herausforderung dastehenden Produktüberlegenheit. Es hatte den Anschein, als ob es für das branchentypische Produkt keinen effektiven Ersatz gäbe und geben würde. Aber war es nicht selbst zu einem nicht mehr zu bremsenden Ersatz für jenes Produkt geworden, über das es selbst triumphiert hatte? Und so fiel auf all diese Branchen, eine nach der anderen, letztlich wieder Schatten. Betrachten wir uns ein paar weitere Beispiele, diesmal solche, denen wir bisher wenig Aufmerksamkeit geschenkt haben: [...]

Gemischtwarengeschäfte. Viele Leute können sich nur schwer ins Gedächtnis zurückrufen, dass es jemals eine blühende Handelsform gegeben hat, die man als „Laden an der Ecke" bezeichnen könnte. Mit Macht und Effektivität ist der Supermarkt an die Stelle der kleinen Gemischtwarenläden getreten. Die großen Lebensmittelketten der Dreißigerjahre entgingen nur knapp der totalen Vernichtung durch die aggressive Expansion der unabhängigen Supermärkte. Der erste wirkliche Supermarkt wurde 1930 eröffnet, in Jamaica (Long Island) im Großbezirk New York. 1933 gab es bereits florierende Supermärkte in Kalifornien, Ohio, Pennsylvanien und an anderen Stellen der Vereinigten Staaten. Dennoch ignorierten die etablierten Ketten diese Neuentwicklung mit unglaublicher Großspurigkeit. Und als sie sich anschickten, davon Notiz zu nehmen, dann mit lächerlichen Etikettierungen wie „billig", „vorsintflutlich", „Kramladen" und „unmoralischer Opportunismus".

Aus der Unternehmensspitze einer der großen Ketten kam damals folgende Verlautbarung:

„Man kann sich nur schwerlich vorstellen, dass die Leute meilenweit fahren, um Lebensmittel einzukaufen und dabei noch auf den Service, persönlich bedient zu werden, verzichten, den die Ketten perfektioniert haben und an den sich die Frau Kundin gewöhnt hat."

Und noch 1936 vertrat man auf der Jahrestagung der National Wholesale Grocers beim Kongress der New Jersey Retail Grocers Association die Ansicht, dass es nichts zu fürchten gäbe. Damals hieß es, dass die Supermärkte nur für den extrem preisbewussten Käufer interessant seien und ihren Markt dadurch selbst einengten. Die Supermärkte, so glaubte man, müssten sich ihre Käuferschichten aus einem Umkreis von vielen Meilen heranziehen. Und wenn Imitatoren das Feld mit ähnlichen Geschäftsformen betreten würden, wären mit unausweichlich sinkendem Geschäftsvolumen Konkursanmeldungen en gros die logische Konsequenz. Die damals hohen Umsätze der Supermärkte wurden zum Teil dem Reiz der Neuheit zugeschrieben.

Grundsätzlich aber, und dessen war man sich sicher, wollten die Leute den bequemen Einkauf im Laden an der Ecke. Wenn die Ladeninhaber mit ihrer Kundschaft in unmittelbarer Nachbarschaft nur „mit ihrem Lieferanten kooperieren, ihre Kosten im Auge behalten und ihren Kundendienst weiter verbessern", dann würden sie in der Lage sein, der Konkurrenz standzuhalten, bis diese hinweggefegt sein würde.

Sie wurde niemals hinweggefegt. Vielmehr entdeckten die Ketten, dass ihr Überleben vom eigenen Einstieg ins Supermarktgeschäft abhängig war. Und damit wurde in großem Stil die Zerstörung ihrer riesigen Investitionen in die Gemischtwarenläden und in etablierte Vertriebswege und Verkaufsmethoden eingeläutet. Die Unternehmen, die „Mut zur Überzeugung" bewiesen, hielten resolut an der Gemischtwaren-Philosophie fest. Sie behielten ihren Stolz, verloren aber Kopf und Kragen. [...]
In Wahrheit gibt es nach meiner festen Überzeugung so etwas wie eine Wachstumsindustrie überhaupt nicht. Es gibt nur Unternehmen, die so organisiert sind und so betrieben werden, dass sie Wachstumsmöglichkeiten schaffen und daraus Kapital schlagen. Industrien, die sich auf einer Rolltreppe des Wachstums wähnen, werden erleben, dass sie diese unweigerlich in die Stagnation hinabführt. Aus der Geschichte jeder heute toten oder im Sterben liegenden „Wachstums"-Industrie wird der Teufelskreis der Selbsttäuschung sichtbar, der durch starke Expansion und unerkannte Verfallserscheinungen gekennzeichnet ist. Es gibt vier Bedingungen, die ein Eintreten in diesen Teufelskreis im Allgemeinen garantieren:
Der Glaube, dass Wachstum durch eine expandierende und wohlhabender werdende Bevölkerung bereits sichergestellt ist.
Der Glaube, dass es für das Hauptprodukt des eigenen Industriezweigs keinen konkurrierenden Ersatz geben kann.
Das zu große Vertrauen in die Massenproduktion und in die Vorteilhaftigkeit rapide sinkender Stückkosten bei steigendem Output.
Die ausschließliche Beschäftigung mit einem Produkt, das sich für sorgfältig kontrollierte wissenschaftliche Experimente, Verbesserungen und Kostensenkungen im Herstellungsprozess anbietet. [...]
So ändern sich die Zeiten [...]

Anfang und Ende
Für jeden Geschäftsmann ist der Standpunkt lebenswichtig, dass industrielle Betätigung in erster Linie ein Kundenwünsche befriedigender und kein güterproduzierender Prozess ist. Jeder Industriezweig beginnt mit dem Kunden und seinen Bedürfnissen, nicht mit einem Patent, einem Rohmaterial oder einem Verkaufstalent. Von den Bedürfnissen und Wünschen der Kunden ausgehend, entwickelt sich der Industriezweig rückwärts, wobei er sich zuerst um den Vertriebsmodus für seine Güter oder Dienstleistungen zu kümmern hat, durch den Nachfrage gedeckt und Kundenwünsche befriedigt werden. Alsdann geht die Rückwärtsentwicklung weiter hin zur Schaffung der Dinge, mit denen eine solche Befriedigung möglich ist. Wie diese Dinge produziert werden, bleibt dem Kunden oder Verbraucher gleichgültig: mithin kann auch eine ganz bestimmte Methode der Herstellung, oder was sonst immer noch eine Rolle spielen mag, nicht als lebenswichtiger Aspekt eines Industriezweigs angesehen werden. Schließlich geht die Rückwärtsbewegung noch weiter, bis hin zum Finden der Rohstoffe, die für die Produktherstellung erforderlich sind.
Die Ironie einiger auf technischer Forschung und Entwicklung ausgerichteter Industriezweige ist offenkundig: Die Wissenschaftler, die hoch oben in den Unternehmenshierarchien ausschlaggebende Positionen bekleiden, schieben alle wissenschaftlichen Grundsätze beiseite, wenn es um die Gesamtdefinierung ihres Unternehmenszwecks und ihrer Unternehmensbedürfnisse geht. Dabei verstoßen sie gegen die ersten beiden Regeln wissenschaftlicher Methodik: Die Probleme ihrer Unternehmen erkennen und definieren und daraufhin testfähige Hypothesen für deren Lösung entwickeln. Diese Wissenschaftler im Topmanagement greifen nur dann zur Wissenschaft, wenn es um bequemere Aufgaben geht, zum Beispiel um Laborexperimente oder Produktversuche.
Dass der Kunde (und die Befriedigung seiner sehnlichsten Wünsche) nicht als „das Problem" erkannt und erachtet wird, ist keinesfalls auf irgendeinen

1. Erarbeiten Sie die hier von Levitt formulierte Aufgabe, die er dem Management eines Unternehmens zur Sicherung des Wachstums zuschreibt!
2. Erläutern Sie den von Levitt beschriebenen „Teufelskreis der Selbsttäuschung" und gehen Sie dabei auch auf die Bedingungen dieses Teufelskreises ein!
3. Kennen Sie ein aktuelles Beispiel für die hier angesprochenen Managementfehler?

mysteriösen Glauben zurückzuführen, der besagt, dass ein solches Problem nicht existiert. Vielmehr hat das organisatorische Umfeld die Manager dazu gebracht, in die entgegengesetzte Richtung zu blicken. Bei dieser Einstellung und Betrachtensweise fällt dem Marketing lediglich die Rolle eines Stiefkindes zu.
Das soll nicht heißen, der Verkauf würde ignoriert. Weit gefehlt. Aber um es noch einmal klarzustellen: Verkauf ist nicht Marketing. Das Verkaufen [...] beschäftigt sich mit Tricks und Techniken, um Menschen dazu zu bewegen, ihr Geld gegen ein Produkt einzutauschen. Verkaufen befasst sich nicht mit den Wertvorstellungen, denen dieser Tauschakt unterliegt. Im Gegensatz zum Marketing betrachtet der Verkauf den gesamten Geschäftsprozess nicht als ein eng verflochtenes Bemühen, Kundenwünsche zu entdecken, zu kreieren, zu wecken und zu befriedigen. Der Verkauf betrachtet dagegen den Kunden als irgendjemanden irgendwo, an dessen locker sitzendes Geld man mit etwas List herankommen kann.
Genau genommen wird aber selbst dem Verkauf in einigen technologisch ausgerichteten Firmen nur wenig Aufmerksamkeit geschenkt. Weil es für den überquellenden Fluss neuer Produkte einen praktisch garantierten Markt gibt, hat man in diesen Unternehmen oftmals noch nicht einmal eine rechte Vorstellung davon, was einen wirklichen Markt eigentlich ausmacht. Es ist beinahe so, als lebten sie in einer Planwirtschaft: Ihre Produkte werden routinemäßig von der Fabrik zum Verkaufspunkt befördert. Die erfolgreiche Konzentration ausschließlich auf das Produkt lässt die Überzeugung aufkommen, das, was bisher getan wurde, sei genau das Richtige, wobei dem Gewitter, das sich über ihren Märkten zusammenbraut, kein Blick geschenkt wird.
Quelle: T. Levitt: Marketing-Kurzsichtigkeit, Harvard Business Manager, Original: „Marketing Myopia", Harvard Business Review, 9/1/75

Beschreiben Sie den hier deutlich gemachten Unterschied zuwischen „Marketing" und „Verkauf"!

4.5.4 Marketing-Instrumente: Produkt und Preis

Alles, was auf dem Markt als Objekt angeboten wird, gilt als Produkt: Gegenstände wie Gartenzwerge, Autos und Zahnbürsten, Dienstleistungen wie Reisen und auch der Haarschnitt beim Friseur. Aber auch Ideen und Organisationen können als Produkte gehandelt werden.

Quelle: Der Spiegel, 04.01.1947, S. 24

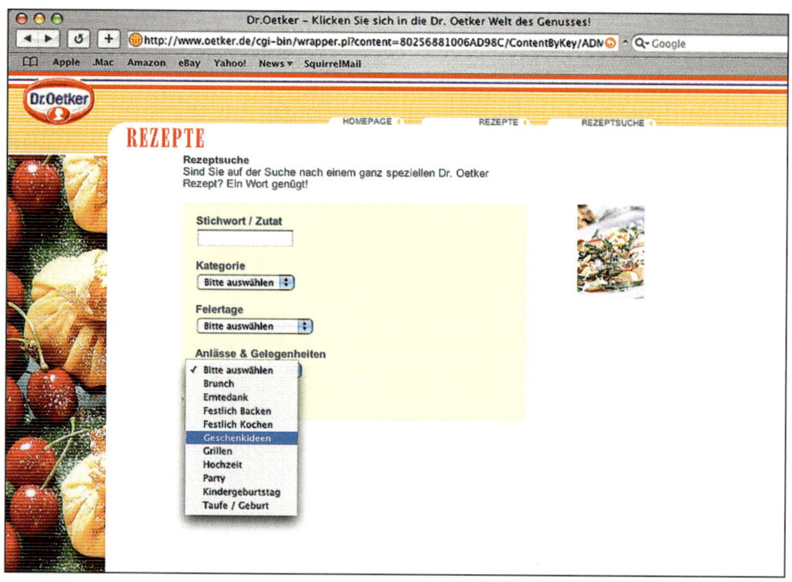

Quelle:http://www.oetker.de/cgi-bin/wrapper.pl?content=80256881006AD98C/rezeptsuche?openform, 06.06.2001

Hauptziel der Produktpolitik eines Unternehmens ist es, dass die Käufer seine Produkte möglichst positiv beurteilen und kaufen. Um diese Zielsetzung zu unterstützen gibt es verschiedene Möglichkeiten: Es fängt an bei der Gestaltung eines Produktes (z. B. Formen- und Farbgebung) und seiner Qualität. Zur Produktpolitik gehört aber auch die Überlegung, mit welchem Namen es auf den Markt kommen soll (Namenspolitik, Markierung).

Die Verpackung eines Produktes spielt ebenfalls eine wichtige Rolle sowie die Serviceleistungen und Garantieleistungen, die ein Unternehmen anbietet, und selbst die Rückgabemöglichkeiten können für einen Kunden eine Entscheidungshilfe beim Kauf sein. Besonders wichtig ist es für die Produktpolitik eines Unternehmens, zum einen neue Produkte zu finden und die Qualität der auf dem Markt befindlichen Produkte zu verbessern und zum anderen für bestimmte Kundengruppen die Produkte zu differenzieren und schließlich den richtigen Zeitpunkt zu treffen, veraltete Produkte aus dem Markt zu nehmen, um keine Markteinbußen zu erleiden.

Für Produkte eines Unternehmens wird ein sogenannter Produkt-Lebenszyklus unterstellt, der folgenden idealtypischen Verlauf hat:

- Entwicklung
- Einführung
- Wachstum
- Reife
- Rückgang

Lassen wir hier die Entwicklungsphase außer Betracht, dann gilt es in der Einführungsphase das Produkt auf dem Markt bekannt zu machen. Das Produkt bringt zumeist noch Verluste.

In der Wachstumsphase steigen die Umsätze beträchtlich, das Produkt erzielt einen Marktdurchbruch, d. h., es wird der Punkt erreicht, wo Gewinne erzielt werden (Break-even-Point).

Break-even-Point = Ermittlung des Punktes, bei dem ein Unterschreiten zu Verlusten und das Überschreiten zu Gewinnen führt.

In der Reifephase oder Sättigungsphase hält das Umsatzwachstum zwar noch an, es tauchen aber schon Konkurrenten mit Produktinnovationen auf, es beginnen Preiskämpfe. Die Marketing-Ausgaben zur Verteidigung der Marktposition eines Produktes steigen, die Gewinne beginnen abzubröckeln.

In der Phase des Rückgangs gehen Erträge und Umsätze rasch zurück, weil der Vergleich mit Konkurrenzprodukten am Markt negativ ausfällt. Es wird überlegt, ob ein „Relaunch" gemacht wird, d. h. ob das Produkt überarbeitet und verbessert werden soll, wie die Preisgestaltung zu verändern ist, ob das Design noch zeitgerecht ist und neue Werbekampagnen erforderlich werden.

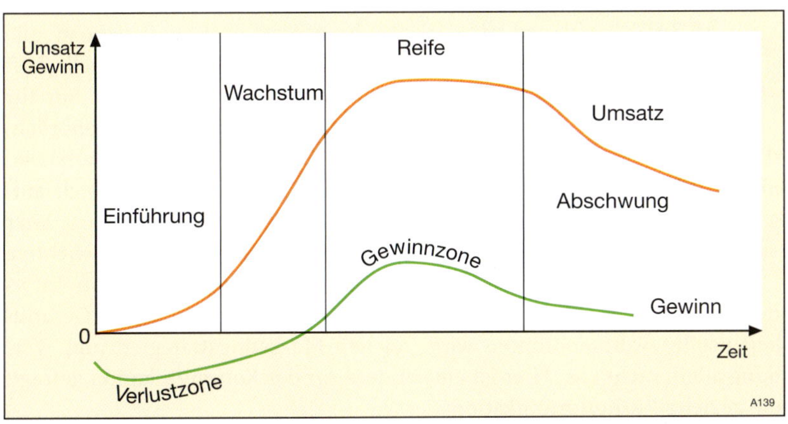

Outlet-Stores = Verkaufsstellen eines Unternehmens, in denen der Verkauf von Waren zumeist zu günstigeren Preisen erfolgt.

4.5.5 Marketing-Instrumente: Distribution und Kommunikation

Distribution

Produkte werden in der Regel nicht direkt vom Werk an die Konsumenten verkauft, sondern es gibt sehr unterschiedliche Absatzkanäle, über die diese an die Verbraucher gelangen können (z. B. Handelsvertreter, Makler, Einzel- und Großhandelsunternehmen, Marktveranstaltungen, Outlet-Stores, über das Internet).

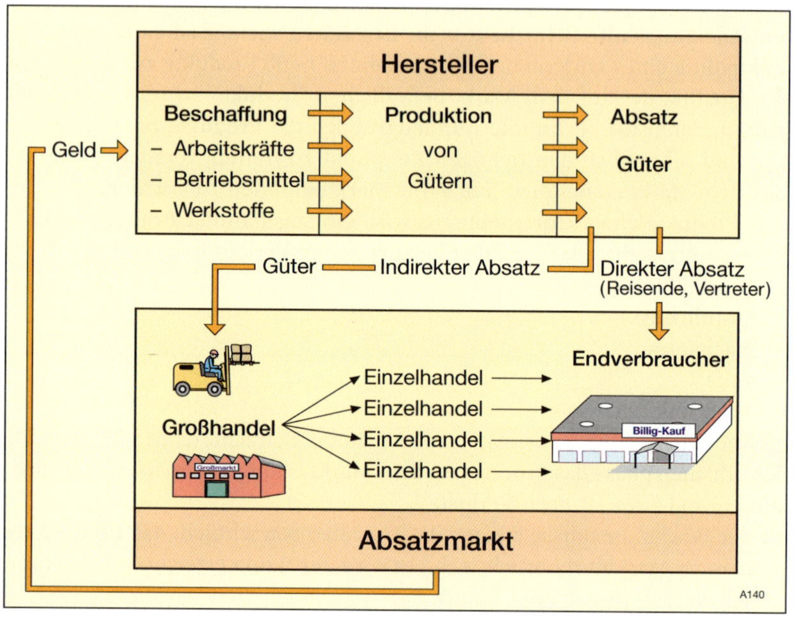

Kommunikationspolitik = alle Maßnahmen eines Unternehmens mit dem Ziel, Informationen über das Angebot und über das Unternehmen zu vermitteln.

Strategische Kommunikation – die Aufgabenfelder von PR-Agenturen

In der globalen Wirtschaft müssen sich Unternehmen, Marken, Produkte, Personen und Dienstleistungen gegen eine große Konkurrenz behaupten. Um aus der Fülle der Anbieter von Produkten und Dienstleistungen herauszustechen, ist es mittlerweile entscheidend, dass gleichzeitig mit dem Nutzwert eines Produktes oder einer Dienstleistung auch eine bestimmtes Image vermittelt wird. Der potenzielle Käufer/Nutzer soll so eine emotionale Bindung zum Produkt und letztendlich auch zum Unternehmen herstellen. Diese Entwicklung lässt sich auf nahezu alle Bereiche unserer Gesellschaft übertragen und gilt nicht nur für Unternehmen. Auch Behörden, Parteien oder soziale Organisationen müssen anders auf sich aufmerksam machen als früher. Hier spielt die Werbung eine wichtige Rolle zur Vermittlung von Information und Image. Damit aber auch das Unternehmen in seiner Gesamtheit positiv wahrgenommen wird, reichen Marketingstrategien und Werbung allein nicht aus. Hier ist eine andere Art der Kommunikation gefragt: die gezielte PR-Kommunikation.

Rang 2002 (2001)	Agentur	Sitz	* Nettohonorar 2002 in Mio. Euro	Nettohonorar 2001 in Mio. Euro
1 (1)	ECC-Agenturen	Düsseldorf	37,00	33,50
2 (2)	Weber Shandwick	München	16,80	19,48
3 (5)	Media Consulta	Berlin	13,50	10,30
4 (3)	Trimedia GCI Hering	Frankfurt/M.	12,20	11,90
5 (4)	Schuppener Gruppe	Düsseldorf	12,00	11,86

* *Nettohonorar bezeichnet den reinen Gewinn*

Die größten PR-Agenturen in Deutschland, seit 2001

Was sind Public Relations (PR)?

Der Begriff Public Relations bedeutet wörtlich „öffentliche Beziehungen". Dabei sind die öffentlichen Beziehungen von Unternehmen zu seinen Handelspartnern, zu seinen Kunden, zur allgemeinen Öffentlichkeit oder auch zu politischen Meinungsbildnern gemeint. Kommunikation ist im wirtschaftlichen Umfeld deshalb zu einem ganz eigenen Produktionsfaktor geworden und wird strategisch geplant und zielorientiert betrieben. Fast jedes größere Unternehmen hat mittlerweile eine Kommunikations- oder PR-Abteilung. Da es aber immer wichtiger wird, auf den verschiedensten Ebenen mit ganz unterschiedlichen Zielgruppen zu kommunizieren, greifen viele Unternehmen auf das gebündelte Know-how von PR-Agenturen zurück. PR-Agenturen beraten Unternehmen bezüglich ihrer Außenwirkung, entwickeln Strategien und erstellen Konzepte für Maßnahmen, um das gewünschte Image, die ganz persönliche Personality eines Unternehmens an die jeweilige Zielgruppe zu transportieren und positiv zu beeinflussen. Ein wichtiger Begriff in diesem Zusammenhang ist die Corporate Identity, die Unternehmensphilosophie. Eine eindeutige Abgrenzung zwischen Marketing, Werbung und PR-Arbeit ist nicht immer möglich, die Übergänge sind oft fließend. Man kann aber sagen, dass Ziele der PR-Arbeit eher langfristig und qualitativ hochwertig angelegt sind und Werbung meist auf einen kurzfristigen und eher quantitativen Erfolg zielt. PR-Agenturen greifen bei der Umsetzung von Projekten auch auf klassische Instrumente der Werbung, wie Anzeigen oder TV-Spots, zurück. Der Schwerpunkt liegt aber auf anderen Instrumenten, z. B. in Form von Geschäftsberichten, Vorträgen mit Experten, Unternehmensfilmen, Charity-Veranstaltungen, Pressemitteilungen und -konferenzen, der Kontaktpflege mit Journalisten und Ähnliches mehr.

In PR-Agenturen werden die Arbeitszeiten oft sehr flexibel gehandhabt ...

Wie sieht die tägliche Arbeit einer PR-Agentur aus?

Es gibt PR-Agenturen, die nur auf bestimmte Bereiche spezialisiert sind, wie den Finanzbereich (Financial Communication und Investor Relations) oder den IT/Technologie-Sektor. In der Regel bieten Agenturen aber die ganze Bandbreite von PR-Arbeitsfeldern an: Unternehmenskommunikation (Corporate PR), Marken- und Produkt PR (Brand & Consumer), Public Affairs/ Governmental Relations, Issues Management, PR für den Gesundheitssektor (Healthcare) oder auch für die Unterhaltungsbranche (Entertainment/Broadcast). Wie sieht ein typischer Arbeitsablauf in einer PR-Agentur aus? Dazu eine Fallstudie bzw. Projektdokumentation:

Case Study McDonald's Weltkindertag 2002
Kunde: McDonald's Deutschland Inc.

McDonald's Deutschland Inc. ist eine 100%ige Tochter der McDonald's Corporation, IL, USA. Mit über 30.000 Restaurants in ca. 120 Ländern und 46 Millionen Gästen pro Tag ist McDonald's weltweit Marktführer der Systemgastronomie. In Deutschland gibt es 1.211 McDonald's-Restaurants, von denen 815 von selbstständigen Franchise-Nehmern betrieben werden. Die McDonald's Kinderhilfe wurde 1987 nach dem Vorbild der Ronald McDonald House Charities gegründet und hilft seit 15 Jahren Familien mit kranken Kindern unter dem Motto „Nähe hilft heilen". In der unmittelbaren Umgebung von Kinderkliniken baut die McDonald's Kinderhilfe sogenannte Elternhäuser, in denen Eltern ein Zuhause auf Zeit erhalten, um ihren kranken Kindern nah sein zu können. Mittlerweile gibt es 13 solcher Häuser in Deutschland.

McDonald's Kinderhilfe

Projekt: Weltkindertag bei McDonald's 2002, 20. November
Anlass: UNICEF Weltkindertag, der jährlich (in den meisten Ländern) am 20. November begangen wird. Am 20.11.2002 engagierte sich McDonald's erstmalig weltweit und zeitgleich in fast allen McDonald's-Restaurants rund um die Welt. In knapp 30.000 McDonald's-Restaurants in ca. 120 Ländern fanden Aktivitäten für Kinder statt; gleichzeitig wurde Geld für die McDonald's Kinderhilfe, UNICEF und lokale Hilfseinrichtungen gesammelt. Jedem Land stand dabei die konkrete Umsetzung frei, von Seiten McDonald's Corp. waren den einzelnen Ländern keine Vorgaben gemacht.
Strategischer Ansatz und Umsetzung:
Das soziale Engagement, von McDonald's seit jeher in der Unternehmensphilosophie verankert, ist nach wie vor wenig bekannt in der Öffentlichkeit. Weder die lokalen und regionalen Aktionen werden zufriedenstellend und angemessen beachtet, noch das große Sozialprojekt von McDonald's Deutschland, die McDonald's Kinderhilfe, findet die verdiente Anerkennung und damit auch finanzielle Zuwendung. McDonald's Deutschland entschied sich für das von der Agentur vorgeschlagene zweigliedrige Projekt, welches die Ziele hatte, zum einen Kindern eine Plattform zu geben, ihre Wünsche zu äußern und gleichzeitig die McDonald's Kinderhilfe und das soziale Engagement des Unternehmens stärker bekannt zu machen: Einerseits waren am 20. November alle Kinder zwischen vier und 16 Jahren in die McDonald's-Restaurants eingeladen, nach dem Motto „Wenn ich Bundeskanzler wär'...", auf speziell gestalteten Malvorlagen ihre Wünsche für eine bessere Zukunft zu malen oder schreiben. Aus allen Einsendungen sollte „der größte Wunschzettel der Welt" entstehen und Anfang 2003 dem Bundeskanzler übergeben werden. Unter allen Teilnehmern wurden außerdem drei Reisen für die ganze Familie ins Eurodisneyland Paris verlost. Zum anderen wurde an diesem Tag und in der Kommunikation im Vorfeld deutlich auf die McDonald's Kinderhilfe hingewiesen, um die Bekanntheit der Organisation zu steigern und Spenden für die Organisation zu sammeln. Schirmherrin der Aktion war Prof. Dr. Rita Süssmuth, Bundestagspräsidentin a. D. und ehrenamtliche Aufsichtsratvorsitzende der McDonald's Kinderhilfe. Kommunikativ unterstützt wurde das Projekt durch den Medienpartner Super RTL, der gegen einen Produktionskostenzuschuss im Vorfeld der Aktion sowie am 20.11. selbst, Trailer ausstrahlte mit dem Aufruf an die Kinder, am 20.11. in den McDonald's-Restaurants malen zu gehen. Der Stiftehersteller Crayola stellte zum Einkaufspreis 60.000 Päckchen Buntstifte für die McDonald's-Restaurants zur Verfügung, damit die Kinder vor Ort malen konnten.

Maßnahmen:
- Super RTL: Ausstrahlung von 8 Kurzbeiträgen zum Thema: „Was würdest du tun, wenn du Bundeskanzler wärst?" in der Woche vor dem 20.11., am 20.11.02 Wiederholung der 8 Beiträge
- spezielle Programmierung, Gestaltung und Implementierung der Malaktion auf www.toggo.de inklusive Startbutton, eCards
- Ankündigung der Aktion auf www.mcdonalds.de inkl. Herunterlademöglichkeit der Malvorlage
- Platzierung je eines Posters pro McDonald's-Restaurant mit Aufruf für den 20.11. ab 2 Wochen vor Termin.
- Presseinformation in Newsaktuell zur Aktion 1 Woche vor Termin.
- Pressetermin im McDonald's-Restaurant Langenhagen/Hannover mit der Schirmherrin, Frau Prof. Süssmuth, einem Vertreter von Crayola, Vertretern von McDonald's und der McDonald's Kinderhilfe, dem Bürgermeister von Langenhagen sowie rund 25 Kinder des örtlichen Kindergartens.
- 14.2.2003: Auf Einladung von Bundeskanzler Gerhard Schröder Pressetermin im Bundeskanzleramt mit der McDonald's Kinderhilfe, McDonald's und 15 Kindern. In einer Plexiglaskiste wurden die über 5.100 Wünsche dem Kanzler überreicht – ca. 500 der gemalten und geschriebenen Wün-

Recherchieren Sie vergleichbare aktuelle PR-Aktionen für unterschiedliche Unternehmen!

sche waren auf einer Riesenpinnwand angebracht, Frau Süssmuth überreichte dem Kanzler medienwirksam persönlich die Wünsche der Hauptgewinner.

Ergebnisse:
- Einsendung von über 5.100 bemalten und beschriebenen Malvorlagen
- Hauptwünsche: Frieden, keine Gewalt, Umweltschutz, Spielplätze, bessere Schulen, etc.
- Positive Berichterstattung um den 20.11.2002 sowie den Kanzlertermin am 14.2.2003 herum
- Gesamtauflage Printmedien: 7.408.755
- dazu Berichterstattung in Hörfunk und TV – nicht immer unter Nennung von McDonald's, jedoch im Foto deutliche Sichtbarkeit des McDonald's Kinderhilfe-Logos, mit dem die Kinder T-Shirts bedruckt waren
- Imageausbau für McDonald's insgesamt
- bessere Bekanntheit der McDonald's Kinderhilfe
- Sammlung von Spenden für die McDonald's Kinderhilfe (nicht definiert, da in den regulären Sammelhäuschen in den Restaurants gesammelt).
- Auszeichnung: 2003 International Public Relations Associations (IPRA), Golden World Awards For Excellence In Public Relations (Category: Corporate Social Responsibility)

Quelle: Weber Sandwick Deutschland GmbH, Köln, Autorin: Ricarda Rückert, Vice President Corporate Affairs / Unternehmenssprecherin McDonald's Deutschland Inc.

Marketing-Mix

Sie haben verschiedene Instrumente des Marketing kennen gelernt. Die Aufgabe der Unternehmensführung besteht darin, diese Marketing-Instrumente zu koordinieren und mit den anderen betrieblichen Funktionsbereichen zu verknüpfen. Die Bezeichnung „Marketing-Mix" bedeutet, dass es darauf ankommt Instrumente so aufeinander abzustimmen, dass die unternehmerischen Ziele erreicht werden.

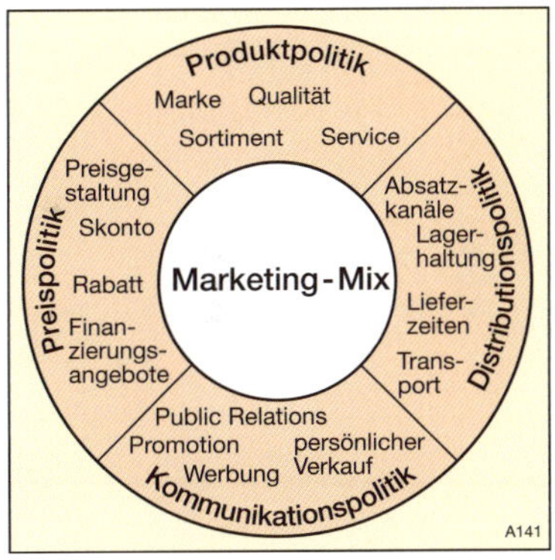

Aus der Sicht der Unternehmensleitung ist dies ein komplexer Entscheidungsprozess mit einem schwer vorhersagbaren Ergebnis. Es spielen auch intuitive Aspekte eine Rolle: Unternehmen versuchen sich in den Markt „hineinzufühlen" und Informationen aus den unterschiedlichsten Bereichen zu verbinden, und dennoch gibt es keine Erfolgsgarantie. Erfolgreiche Unternehmen unterscheiden sich von anderen auch dadurch, dass sie zuweilen bereit sind Risiken einzugehen, obwohl die Ergebnisse herkömmlicher Planung dagegensprechen.

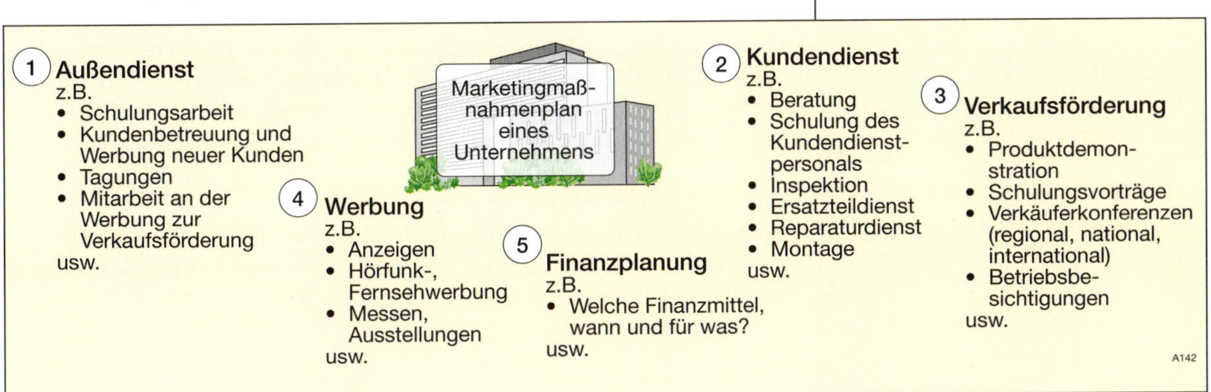

4.6 Personal

4.6.1 Die Aufgaben des Personalwesens

Mittwoch 17.04.2004, Dienstbesprechung in der Personalabteilung der Meier-Papier-AG.
Der Abteilungsleiter, Herr Lahn, bespricht mit seinen Kollegen die aktuellen Aufgaben.

Herr Lahn: Wir müssen wieder neue Ausbildungsplätze ausschreiben. Im Vergleich zum letzten Jahr haben sich die Zahlen leicht verändert: Wir benötigen eine Ausbildungsstelle zum technischen Zeichner, zwei Industriemechaniker, einen Prozessleitelektroniker, drei Ausbildungsplätze zum Industriekaufmann sowie einen Industrieelektroniker. Es wird keine Ausbildungsplätze zum Papiermacher in diesem Jahr geben. Die Qualifikationsanforderungen bleiben die gleichen wie im letzten Jahr.
Frau Menke, bitte veranlassen Sie die notwendigen Schritte. Darüber hinaus werden wir erstmals zwei Ausbildungsplätze zum Fachinformatiker im Bereich Netzwerk- und Systembetreuung anbieten. Die technische Abteilung hat uns das Anforderungsprofil zukommen lassen. Bitte erstellen Sie eine entsprechende Anzeige.
Frau Menke: Wird gemacht. Gehen wir mit den letztgenannten Stellen auch in die überregionale Presse?
Herr Lahn: Auf alle Fälle! In diesem Zusammenhang: Sind die Stellenausschreibungen für die Netzadministratoren am kommenden Wochenende platziert?
Frau Menke: Selbstverständlich, wie besprochen in den großen überregionalen Tageszeitungen. Wir haben die Bewerbungsgespräche auf den 18.06. terminiert. So werden wir noch genug Zeit zur Auswertung der Bewertungsunterlagen haben.
Herr Lahn: Gut. Und denken Sie daran, die Stellen auch intern auszuschreiben! Ein weiterer wichtiger Punkt, über den wir sprechen müssen, sind die notwendigen Qualifizierungsmaßnahmen im Rahmen der Reorganisation unseres Unternehmens. Herr Fitz, wie weit sind wir in den Planungen?
Herr Fitz: Nun, was die technischen Umstellungen in unserem Werk angeht: Hier stehen die Termine für die Schulungen und die Mitarbeiter sind bereits informiert. Ansonsten haben wir für den IT-Bereich einen ersten Schulungsbedarfsplan aufgestellt, allerdings wird eine konkrete Planung erst möglich sein, wenn endgültig über das zu verwendende technische System entschieden wurde. Dies wird aber wohl bis Ende des Monats der Fall sein.
Herr Lahn: Und nun zum unerfreulichsten Thema: Der neue Personalbedarfsplan steht fest und er weist aus, dass wir trotz unserer Expansionspläne im kommenden Jahr in den Bereichen Produktion und Vertrieb insgesamt 70 Stellen einsparen müssen. Wir müssen in den kommenden zwei Wochen einen Sozialplan ausarbeiten. Dies wird auch Thema des nächsten Treffens mit dem Betriebsrat sein.
Noch eins: Ich danke allen ausdrücklich auch im Namen der Geschäftsleitung dafür, dass die Umsetzung der letzten Tarifvereinbarungen so reibungslos vonstatten gegangen ist.

!

1. Stellen Sie die hier angesprochenen Aufgaben im vorgestellten Unternehmensbereich zusammen.
2. Welche Verknüpfungen bestehen zu anderen Abteilungen des Unternehmens?

Die Aufgaben des Personalswesen sind so umfangreich wie vielfältig. Denkt man in erster Linie an die bloße Einstellung von Arbeitnehmern, so sind damit noch eine Fülle von Arbeiten verbunden, die es im Voraus wie im Nachhinein zu bewältigen gilt.

Das personalwirtschaftliche Problem, welches sich einem Unternehmen stellt, liegt v. a. in der bedarfsgerechten Planung von menschlicher Arbeit. Es müssen jederzeit ausreichend Arbeitnehmerinnen und Arbeitnehmer zu Verfügung stehen, um den reibungslosen Produktionsprozess und die Erbringung der Dienstleistungen im Unternehmen zu gewährleisten.

Die Personalplanung zählt entsprechend zu den wichtigsten Aufgaben im Personalwesen. Damit einher geht die Entwicklung von Prognosen über den langfristigen Personalbedarf des Unternehmens und die Einleitung entsprechender Maßnahmen, um Mitarbeiterinnen und Mitarbeiter mit den erforderlichen Qualifikationen zu gewinnen.
In diesem Zusammenhang muss sich das Personalwesen selbstverständlich auch mit der Förderung und Qualifizierung der vorhandenen Mitarbeiterinnen und Mitarbeiter befassen, damit ihre Fähigkeiten den sich verändernden Anforderungen entsprechen.
Und auch der Abbau von Personal im Falle von Überkapazitäten zählt zu den zumeist unerfreulichen Aufgaben des Personalwesens. Dieser sollte sozial gerecht und – soweit möglich – unter Vermeindung von sozialen Härten erfolgen, was nicht immer zu realisieren ist.
Die Kontrolle von Personalkosten und die Steuerung dieser Kosten stellt ein weiteres Aufgabenfeld des Personalwesens dar.
Darüber hinaus erfolgt eine Beurteilung beim Ausscheiden eines Unternehmensmitgliedes.
Wie das gesamte Unternehmen, so verfolgt auch das Personalwesen bestimmte Ziele. Die o. g. Aufgaben können diesen Zielen zugeordnet werden:

1. **wirtschaftliche Ziele**
   Hierzu zählen die
   - effiziente Beschaffung, Bereitstellung und Erhaltung der benötigten Arbeitskraft sowie
   - die Freisetzung von Personal bei fehlendem Bedarf.

2. **soziale Ziele**
   Diese beziehen sich auf die Dimension der Unternehmung als ein soziales System. Erwartungen, Bedürfnisse, Interessen und Forderungen der Mitarbeiterschaft bezüglich der materiellen wie auch immateriellen Verbesserungen am Arbeitsplatz formen diese Ziele.

   Zu den sozialen Zielen zählen zum Beispiel
   - eine gute und leistungsgerechte Bezahlung,
   - die Sicherheit des Arbeitsplatzes,
   - eine angemessene Altersvorsorge,
   - die Verbesserung der sozialen Kontaktmöglichkeiten sowie
   - die Bereitstellung von Möglichkeiten zur persönlichen Weiterqualifizierung.

Finden Sie konkrete Beispiele für die hier formulierten wirtschaftlichen und sozialen Ziele des Personalwesens!

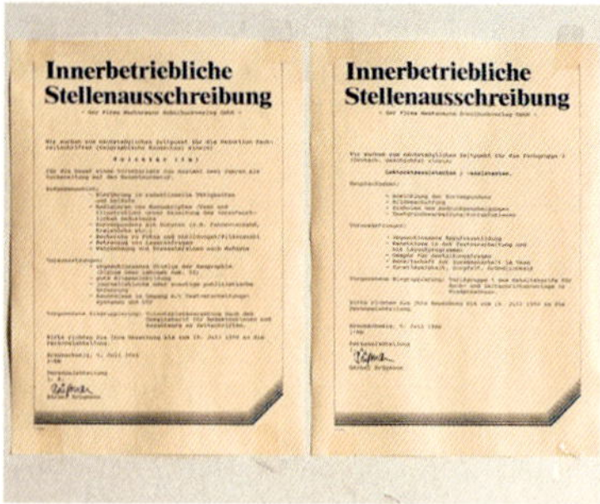

4.6.2 Personalbeschaffung

Unternehmen benötigen für den Produktionsprozess oder die Erbringung von Dienstleistungen Personal. Das Personalwesen hat die Aufgabe, das benötigte Personal in einem ausreichendem Umfang zur Verfügung zu stellen. Die Personalbeschaffung hat zwei Möglichkeiten, dies zu realisieren:

1. **innerbetriebliche Personalbeschaffung**
   Diese setzt einen betriebsinternen Arbeitsmarkt voraus. Im Rahmen der innerbetrieblichen Personalbeschaffung kann kurzfristig der Personalbedarf durch Mehrarbeit gedeckt werden. Langfristig bietet sich die Möglichkeit durch Versetzungen im Unternehmen.
2. **externe Personalbeschaffung**
   Zu den externen Maßnahmen zählen das Personalleasing sowie Neueinstellungen.
   Das Personalleasing wird oftmals über Zeitarbeitsfirmen abgewickelt (vgl. Abschnitt 4.6.6). Vorteile sind in der schnellen Beschaffung, dem geringen Risiko einer Fehleinstellung und der Vermeidung einer Auseinandersetzung nach Ablauf der Beschäftigungszeit zu sehen. Ein Hauptkritikpunkt (v. a. der Gewerkschaften) ist die Gefahr einer stetigen Reduzierung der Stammbelegschaften von Unternehmen.

Es existieren unterschiedliche Wege für ein Unternehmen auf seinen Personalbedarf aufmerksam zu machen. Hierzu zählt primär die Stellenausschreibung (intern wie extern). Diese kann herkömmlich in regionalen wie auch überregionalen Zeitungen erfolgen, vermehrt stellt allerdings das Internet eine interessante Plattform für die Rekrutierung von Personal dar. Auf diesem Weg kann das Unternehmen zudem schon im ersten Bewerbungsschritt die Fähigkeit und Bereitschaft des Bewerbers testen, sich mit den heute auch in vielen Arbeitsprozessen so bedeutenden Informations- und Kommunikationstechnologien auseinander zu setzen.

Die Vorteile, die eine interne Rekrutierung von Mitarbeitern oder eine Übernahme von eigenen Auszubildenden mit sich bringen, sind in den geringen Beschaffungskosten und der schnellen Stellenbesetzung zu sehen, jedoch ist das Angebot geringer als auf dem externen Arbeitsmarkt. Externe Einstellungen bieten zudem den Vorteil von neuen Impulsen für das Unternehmen.

Prinzipal: Arbeitgeber, Eigentümer
Agent: der abhängig Beschäftigte, der auf Anweisung des Prinzipals zu handeln hat

An dieser Stelle muss deutlich erkannt werden: Arbeitgeber und Arbeitnehmer verfolgen verschiedene Interessen und verfügen über unterschiedliche Informationen. Mit den daraus resultierenden Problemen befasst sich der Prinzipal-Agent-Ansatz in der Betriebwirtschaftslehre.

Ein kurzes Beispiel: Ein Arbeitgeber hat i. d. R. nicht die Möglichkeit, im Rahmen eines Vorstellungsgespräches die zukünftige Arbeitsbereitschaft des Bewerbers zu ermitteln. Er ist hier auf die ihm gelieferten Informationen angewiesen. Der Bewerber wiederum wird versuchen, sich im „besten Licht“ darzustellen um die Anstellung zu bekommen. Gleichzeitig kann er jedoch nicht sicher sein, ob die im Gespräch angekündigten Fortbildungsmöglichkeiten o. Ä. später tatsächlich ergriffen werden können oder nur dazu dienen, möglichst viele Bewerber zu erreichen.

Der sogenannte Prinzipal-Agent-Ansatz untersucht nun, mit Hilfe welcher Institutionen in Form von Verträgen, Normen u. Ä. entsprechende Dilemmastrukturen abgemildert werden können. Bezogen auf unser Beispiel stellt z. B. die gesetzliche Vorschrift einer Probezeit mit der Möglichkeit für beide Seiten, das Arbeitsverhältnis kurzfristig zu beenden, eine solche Institution dar.

Beispiel für eine Methode der Personalbeschaffung: das Assessment Center
Auf eine Jobanzeige in einer der großen überregionalen Zeitungen bewerben sich schon mal bis zu 500 Bewerber. Dies zeigt, mit welcher Menge unterschiedlicher Bewerber die Personalchefs einzelner Unternehmen konfrontiert werden können. Da bleibt nicht viel Zeit, um sich jedem Kandidaten und jeder Kandidatin einzeln in Ruhe zu widmen.
Die Methode des Assessment Centers bietet hier eine Reihe von Vorteilen: Durch die Vielseitigkeit der Übungen wird ein gewisses Maß an Arbeitsrealität simuliert. Die Bewerber können aktiv von ihren Fähigkeiten überzeugen und berichten nicht nur darüber. Durch die gleichzeitige Beobachtung mehrerer Bewerber kann eine objektivere Wahl für eine Person gefällt werden.
Auch für die Bewerber ergeben sich Vorteile: Sie können überprüfen, ob die Anforderungen, die an sie gestellt werden, mit ihren Neigungen und Interessen übereinstimmen. Zudem bekommen sie durch ein Feedback-Gespräch am Ende eine externe Beurteilung ihrer Stärken und Schwächen.
Ein Assessment Center kann zwischen ein bis drei Tagen dauern und wird mit bis zu zwölf Kandidatinnen und Kandidaten durchgeführt. Hinzu kommen ein bis zwei Moderatoren, die durch die Veranstaltung führen, die Aufgaben erklären sowie vier bis sechs „Beobachter“, die die einzelnen Kandidaten bei der Bearbeitung der Aufgaben begutachten.
Bei den gestellten Aufgaben kann es sich um Interviews, Tests, Gruppendiskussionen, Rollenspiele oder Fallstudien handeln. In relativ kurzer Zeit wird so eine große Bandbreite von Fähigkeiten abgefragt: Welche analytischen Fähigkeiten bringt ein Bewerber mit? Wie ist sein kommunikatives Verhalten? Präsentiert er sich als Teamplayer oder als Einzelgänger? Wie geht er mit Stresssituationen um? usw.
Für ein Assessment Center kann man sich mit speziellen Büchern gezielt vorbereiten und trainieren. Je öfter man bestimmte Aufgaben durchspielt, umso besser wird man mit der Zeit. Darüber hinaus sollte man sich ausführlich mit dem jeweiligen Unternehmen und dem Profil der ausgeschriebenen Stelle beschäftigen:
Am besten notiert man sich relevante Verhaltenskriterien, auf die man während des Assessment Centers besonders achten muss.

Mögliche Bestandteile eines Assessment Centers

- **Postkorb-Übung**
  Aufgabe: eine Reihe von Dokumenten/Schriftstücken sichten und sortieren. Sortiert werden muss nach Wichtigkeit, Dringlichkeit oder danach, ob es weitergegeben werden kann. Um realistisch nah am Arbeitsalltag zu bleiben, ist die Aufgabe in der Regel so entworfen, dass die Menge der Dokumente in der vorgegebenen Zeit gar nicht vollständig zu erledigen ist.
  Ziel: Der Bewerber soll demonstrieren, dass er Prioritäten richtig setzen und unter Zeitdruck wichtige Entscheidungen treffen kann.
- **Fallstudien**
  Aufgabe: schriftliche Lösung eines bestimmten Problems aus dem konkreten Arbeitsumfeld. Dabei könnte es beispielsweise darum gehen, dass sich Kunden des Unternehmens über die schlechte Qualität eines Produkts beschwert haben. Der Bewerber muss nun entscheiden, was zu tun ist.
  Ziel: Hier werden Fachwissen und Belastbarkeit, analytisches Denkvermögen und Auffassungsgabe überprüft.

assessment (engl.): Beurteilung, Einschätzung, Bewertung, Beurteilung von Bewerbungskandidaten eines Unternehmens.

Das **Assessment Center** ist ein spezielles Auswahlverfahren für neue Mitarbeiterinnen und Mitarbeiter. Nach Vorauswahlverfahren werden in mehrtägigen Veranstaltungen unterschiedliche Fertigkeiten und Fähigkeiten mit Hilfe spezifischer Aufgabenstellungen getestet.
Das Assessement Center dient als eignungsdiagnostisches Verfahren um insbesondere Verhaltensweisen und Verhaltensdefizite gleichzeitig von mehreren Beobachtern einschätzen zu lassen.
Die Organisation solcher Assessment Center hat viele Vorteile, ist jedoch gleichzeitig mit einem hohen Organisations- und Kostenaufwand verbunden.

Der „gute" Chef?
Die wichtigste Aufgabe eines Chefs besteht in der Motivierung seiner Mitarbeiter. Er muss sie aufbauen, wenn sie niedergeschlagen sind, und sie aufrütteln, wenn sie sich auf ihren Lorbeeren ausruhen."
„Motivation ist Chefsache! Sie müssen Menschen führen, und das heißt in erster Linie, sie zu Bestleistungen zu motivieren. Ihre Instrumente dafür sind Lob und Kritik. Zu viel Lob aber verfehlt die Wirkung, weil der Gelobte es sich auf seinen Lorbeeren bequem macht. Zu harte Kritik lähmt nur; jegliche Motivation geht verloren.
Quelle: Gablers Magazin 6-7.93, „Was gute Chefs auszeichnet", S. 58 ff.

4.6.3 Personalführung und -beurteilung

Führungsstile und -techniken
Durch die Personalführung muss es gelingen, Engagement, Leistung und Zufriedenheit der Mitarbeiter und Mitarbeiterinnen bei der Arbeit zu fördern. Eine gute Führungsarbeit zeichnet sich dadurch aus, dass die Führungskraft jeweils die entscheidende Verantwortung trägt, eine eigenverantwortliche und unternehmerische Grundhaltung von Vorgesetzten und Mitarbeitern existiert, Mitarbeitergespräche geführt werden, die Kommunikation partnerschaftlich geprägt ist und Verantwortung auch delegiert wird.

Der Stil einer Führungskraft ist dabei entweder patriarchalisch („väterlich", familiär, sozial u. Ä.), kooperativ (z. B. hält man viel von seinen Mitarbeitern und vertraut ihnen, ist teambezogen), autoritär (streng, anordnend, befehlend u. Ä.) oder bürokratisch (z. B. handelt nach Vorschriften, hält sogenannte Dienstwege ein). Einige Beispiele:

1. Der Betriebsinhaber genehmigt einem langjährigen Angestellten einen halben Tag Sonderurlaub, um private Dinge erledigen zu können; einem jungen Angestellten wird der Sonderurlaub bei gleichem Anliegen verwehrt, da sich der Firmeninhaber nicht sicher ist, ob ihm ein solches Entgegenkommen gebührend gedankt wird.
2. Es ist die Einführung eines neuen Produktionsverfahrens beabsichtigt. Sämtliche Meister werden um Rat gefragt und um Rat gebeten.
3. Der Geschäftsführer verfügt die sofortige Erledigung einer von ihm für dringlich gehaltenen Aufgabe.
4. Der Bürovorsteher verweist auf Grund der Bedenken eines Sachbearbeiters auf die Anordnung des Abteilungsleiters.

nach: R. Hambusch/R. Schmalohr: Wirtschaftsinformatik – Organisationslehre für Schule und Beruf, 6. Auflage, Darmstadt, 1995

Fallbeispiel: Personalführung in der Novum GmbH

Die Geschäftsführung der Novum GmbH hat für das Unternehmen mit Hilfe einer externen Beratungsgesellschaft eine neue Unternehmensstrategie entwickelt. Diese Neuausrichtung bedingt eine verstärkte Kunden- und Mitarbeiterorientierung. Aus diesem Grunde setzt die Geschäftsführung ein Projektteam ein, welches ein neues Unternehmensleitbild sowie Grundsätze der Mitarbeiterführung entwickeln soll. Die Novum GmbH ist in ihrer Führungskultur bisher dadurch gekennzeichnet, dass die Mehrzahl der Führungskräfte ihre Entscheidungen weitgehend selbst treffen. Sie sind dabei noch durch den Führungsstil des Unternehmensgründers geprägt, der als ein sehr strenger, aber dennoch beliebter Vorgesetzter, seine „Untergebenen" nicht an Entscheidungen beteiligte und auch die Kontrolle weitgehend selbst ausübte. Die neue Geschäftsführung will die Unternehmung zukünftig partnerschaftlich führen. Damit möchte sie einen Führungsstil im gesamten Unternehmen erreichen, bei dem die Eigeninitiative der Mitarbeiter stärker gefördert wird. Doch die Änderung im Führungsstil der Novum GmbH erfolgt leider nicht ohne Schwierigkeiten [...]
Quelle: E. Neef u. a.: Spezielle Wirtschaftslehre Industrie, Kieser Verlag, Neusäß, 1997, 320 ff.

1. Welche „Charaktereigenschaften" sind Ihrer Meinung nach erforderlich um einen Chef als „gut" zu bewerten?
2. Welchen Führungsstil zeigt der Führende in der jeweiligen Situation gegenüber seinen Mitarbeitern?
3. Überlegen Sie, welche Probleme bei der Einführung des neuen Führungsstils auftreten können!
4. Welche Möglichkeiten sehen Sie, die Mitarbeiter und Mitarbeiterinnen mit dem neuen Führungsstil vertraut zu machen?

Es gibt unzählige Management-Prinzipien, wobei im Kern die folgenden grundsätzlichen Techniken unterschieden werden können.

1. **Führen nach dem Ausnahmeprinzip (Management by Exception)**
   Die Mitarbeiter erhalten für abgegrenzte Aufgabenfelder Entscheidungsfreiheit und Vorgesetzte greifen nur in Ausnahmefällen ein.
2. **Führen durch Delegation von Verantwortung (Management by Delegation)**
   Die Mitarbeiter erhalten für bestimmte Bereiche Entscheidungsfreiheit und übernehmen die Verantwortung.
3. **Führen durch Zielvereinbarung (Management by Objectives)**
   Die Führungskraft gibt Ziele vor oder entwickelt sie zusammen mit den Mitarbeitern. Die Mitarbeiter bestimmen die Mittel zur Zielerreichung selbst und tragen dafür auch die Verantwortung.

Human Capital – der wichtigste Produktionsfaktor

[…] ich beharre auf meinem Credo: Tüchtige, motivierte, erfahrene Mitarbeiterinnen und Mitarbeiter sind das wertvollste Gut, das man wie seinen Augapfel hüten muss. Bisher ist unsere Gesellschaft mit der weltweit vorhandenen Ressource Arbeitskraft erstaunlich großzügig, um nicht zu sagen sorglos umgegangen: War genügend Arbeit vorhanden, wurden neue Mitarbeiter eingestellt. Reichte die Arbeit nicht mehr aus, wurden Mitarbeiter entlassen. Konjunktur- und Strukturkrisen der europäischen und insbesondere der deutschen Wirtschaft führen am Ende des 20. Jahrhunderts zu unangemessen hoher Arbeitslosigkeit. […] Die Kündigung eines Mitarbeiters, ganz gleich, von welcher Seite aus sie erfolgt, ist immer ein Unfall, an dessen Vermeidung von beiden Seiten mit Kraft und Einsatz gearbeitet werden muss, sollen Enttäuschungen vermieden werden. […] Wie also zwingt man die Fluktuationsrate nach unten? Meine Antwort lautet: Sowohl durch angemessene Bezahlung, attraktive Arbeitsregelungen und Sozialleistungen als auch durch die emotionale und intellektuelle Bindung der Mitarbeiter an „ihr“ Unternehmen. Das zweite ist meiner Erfahrung nach wichtiger als das erste. Fünf goldene Regeln für den Umgang mit Mitarbeitern […]: 1. Klare Vorgabe von Zielen. […] 2. Delegation von Aufgaben und Verantwortung, […] 3. Dank und Anerkennung für überdurchschnittliche Leistungen […] 4. Systematisierung der sozialen Kommunikation […] 5. Entwicklung der Mit-Arbeiter zu Mit-Menschen. […] Die wichtigsten Ziele im Umgang mit Mitarbeiterinnen und Mitarbeitern sind Motivation, Aktion und Autonomie, weil dadurch die Bindung an das Unternehmen verstärkt wird. Die Beschäftigten müssen so angesprochen werden, dass sie motiviert sind, ihre Arbeit zu tun, sie in ihrer Arbeit von sich aus aktiv werden und sie gegenüber ihren Kooperationspartnern innerhalb und außerhalb des Unternehmens ein Höchstmaß an Autonomie erreichen. […] Auch Vorgesetzte sind nicht perfekt. Wichtig ist nur, dass es in einem Unternehmen nicht nur für Lob und Anerkennung, sondern auch für Tadel und Verweis bestimmte Spielregeln gibt. Wichtig ist, dass sich die positiven und negativen Seiten des Umgangs mit Mitarbeitern in einem ausgewogenen Verhältnis befinden. Wichtig ist schließlich, dass alle Anordnungen und Weisungen, seien sie nun positiv oder negativ, mit Vernunft, Sachkenntnis und einer gewissen menschlichen Größe gegeben werden und, wo es sich machen lässt, mit Humor. […] Mir wurde plötzlich bewusst, dass die Würth Gruppe im In- und Ausland über eine unglaubliche Fülle an Menschen, Talenten und Begabungen verfügt – Kaufleute, Banker, Finanzfachleute, Ingenieure, Sekretärinnen und Fahrer, Mathematiker, Sportler, Musiker, Maler und Philosophen und Bastler[…] Wie können wir diesen Reichtum an menschlichem Geist, an Wissen und Wollen, an Dynamik und Enthusiasmus noch besser umsetzen? […]

Quelle: R. Würth: Erfolgsgeheimnis Führungskultur – Bilanz eines Unternehmers, Campus Verlag, Frankfurt/Main, 1995, S. 282 ff.

1. Erörtern Sie mögliche Vor- und Nachteile der angeführten Führungstechniken!
2. Eignen sich die jeweiligen Techniken für bestimmte Aufgaben besonders gut?

R. Würth

3. Beschreiben Sie die von Herrn Würth favorisierte Führungskraft und nehmen Sie bewertend Stellung.
4. Ermitteln Sie mit Hilfe von Geschäftsberichten oder Sozialbilanzen größerer Unternehmen (z. B. im Internet oder auf Anfrage bei der PR-Abteilung) die jeweiligen Grundsätze der Mitarbeiterführung!

1. Welche Gründe sprechen für eine derartige Leistungsbeurteilung?
2. Kriterien können unterschiedlich gewichtet werden. Welche Gründe gibt es dafür?

Die analytische Arbeitsbewertung
Bei dieser Methode wird nicht der Arbeitsplatz, sondern die Arbeitsaufgabe nach der Höhe der Beanspruchung einzeln bewertet. Man ermittelt für die Arbeitsaufgabe einen Arbeitswert, dem nach einer Arbeitswerttabelle ein Arbeitswertlohn zugeordnet wird. Wie errechnet sich nun der Arbeitswert? Zunächst werden der Arbeitsplatz und das Arbeitssystem genau beschrieben. Mit Hilfe dieser Arbeitsbeschreibung wird nun die Arbeitsaufgabe in Teilanforderungen [...] zerlegt. Jede Teilanforderung wird dann nach einem Punktesystem bewertet, das zwischen Betriebsrat und Unternehmen ausgehandelt wird. Diese Punkte werden mit dem sogenannten „Wichtefaktor" multipliziert. Die Wichtefaktoren werden in der Regel von Fachleuten durch Schätzung festgelegt und spiegeln das Verhältnis (die Wichtigkeit) der Anforderungen zueinander wider. Das Ergebnis der Multiplikation ergibt die Teilarbeitswerte, aus denen der Arbeitswert errechnet wird. Es gilt der Grundsatz: Je höher der Arbeitswert, desto höher der Lohn. Beide Verfahren unterscheiden sich hinsichtlich der Genauigkeit und hinsichtlich des Aufwandes, den sie verursachen. Die summarische Arbeitsbewertung ist einfacher durchzuführen. Neuerdings wird die analytische Arbeitsbewertung aber auch bei der Bestimmung von Lohngruppen herangezogen, weil das Verfahren genauer und gerechter zu sein scheint.

Das Genfer Schema (REFA-Schema)
Die meisten Methoden der analytischen Arbeitsbewertung orientieren sich an den Kriterien des sogenannten „Genfer Schemas", das schon 1950 auf einer internationalen Tagung von Arbeitswissenschaftlern in Genf entwickelt wurde. Vier Bereiche benennt das Schema:

1. **Geistige Anforderungen**
   Fachkenntnisse, Ausbildung, Erfahrung, Denkfähigkeit
2. **Körperliche Anforderungen**
   Geschicklichkeit, Muskelbelastung, Belastung der Sinne und Nerven
3. **Verantwortung**
   Betriebsmittel und Produkte, Sicherheit und Gesundheit, Arbeitsablauf
4. **Arbeitsbedingungen**
   Temperatur, Nässe, Schmutz, Gase, Lärm, Beleuchtung, Licht, Unfallgefahr

Dieser Katalog wird in der Praxis nicht nur sehr unterschiedlich gehandhabt und mit vielfältigen Untergliederungen versehen, er ist auch im Laufe der Zeit erheblichen Veränderungen und Variationen ausgesetzt gewesen.

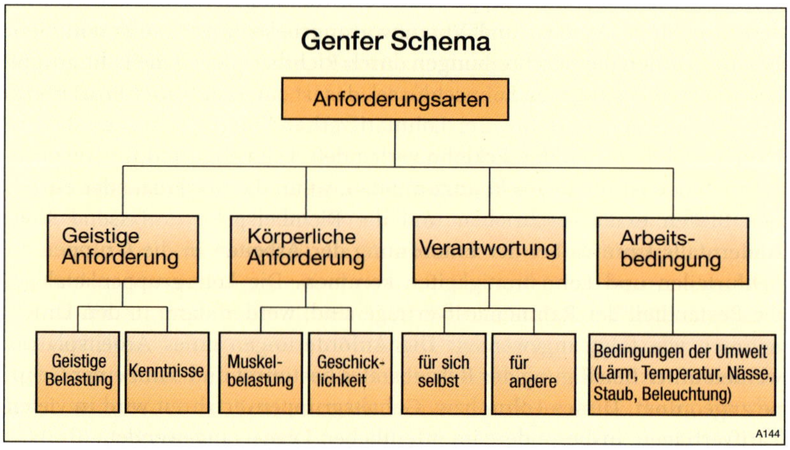

Das Arbeitszeugnis

Ein gutes Arbeitszeugnis sollte wahrheitsgemäß und von Wohlwollen geprägt sein. Der Arbeitgeber darf einem aus dem Unternehmen scheidenden Angestellten keine Steine in den Weg legen. Daher gibt es keine direkten negativen Formulierungen in Arbeitszeugnissen. Die Personalverantwortlichen haben aber ihre ganz eigene „Geheimsprache" entwickelt, um auch negative Beurteilungen positiv zu verpacken.

Wenn man also ein Zeugnis erhält, sollte man es auf bestimmte Kriterien überprüfen: sind alle erforderlichen Bausteine enthalten – denn auch eine fehlende Aussage lässt gewisse Rückschlüsse zu: Wie ausführlich sind die jeweiligen Bausteine oder enthalten sie nur oberflächliche Informationen? Das Ausstellungsdatum des Zeugnisses muss mit dem Kündigungsdatum übereinstimmen und in einem gutem Zeugnis muss dem Arbeitnehmer für seine Leistungen gedankt werden und „weiterhin" viel Erfolg gewünscht werden. Sonst sieht es danach aus, als wären bislang keine Erfolge zu verzeichnen gewesen.

Jedes Arbeitszeugnis hat also ein einheitliches Format, in dem die folgenden Bausteine enthalten sein sollten:

1. **Einleitung**
   Hier wird beschrieben, wer, was, wann und wo gearbeitet hat.

2. **Beschreibung der Position und der Aufgaben**
   Hier geht es um die spezielle Position, den Status im Unternehmen, die betreuten Projekte, den Verantwortungsbefugnissen des Arbeitnehmers. Dabei wird die wichtigste Aufgabe zuerst genannt.

3. **Beurteilung der erbrachten Leistung und eventuell besondere Erfolge**
   Hier wird u. a. die persönliche Motivation, die Arbeitsbereitschaft, die Belastbarkeit, das Denkvermögen, Fachwissen, die persönliche Arbeitsweise und die erreichten Erfolge des Arbeitnehmers beurteilt.

4. **Führungsleistungen**
   Bei Führungspositionen werden hier die Mitarbeiterzufriedenheit, die Zahl der Mitarbeiter, die Leistungen der Abteilung etc. aufgeführt.

5. **Beurteilung des Sozialverhaltens**
   Hier geht es um soziale Kompetenzen, wie Vertrauenswürdigkeit, Durchsetzungsfähigkeit, den Umgang mit Vorgesetzen und Kollegen, das Verhalten zu Externen, wie Kunden und Dienstleistern.

6. **Schlusssatz**
   Hier wird der Grund aufgeführt, aus dem das Arbeitsverhältnis beendet wird, z. B. aus betriebsbedingten Gründen oder auf eigenen Wunsch; eine Dankes- und Bedauernsformel sowie Zukunfts- und Erfolgswünsche dürfen genauso wenig fehlen wie Ausstellungsdatum und Unterschrift.

Formulierungen in Arbeitszeugnissen:

Frau/Herr XY hat die ihr/ihm übertragenen Aufgaben
... stets zur vollsten Zufriedenheit erledigt. = sehr gute Leistungen

... stets zur vollen Zufriedenheit erledigt. = gute Leistung

... zu unserer vollen Zufriedenheit erledigt. = befriedigende Leistungen

... im Großen und Ganzen zu unserer Zufriedenheit erfüllt. = mangelnde Leistungen

... ordnungsgemäß erledigt. = mangelhafte Leistung

... hat sich bemüht, die ihr/ihm übertragenen Aufgaben zu unserer Zufriedenheit zu erledigen. = unzureichende Leistungen

4.6.4 Ein wachsendes Problem: Mobbing

Anke arbeitet in einem mittelständischen Unternehmen in der Marketingabteilung. Sie hat zwei Kolleginnen und zwei Kollegen, mit denen sie eng zusammenarbeitet. Ihr Chef ist viel unterwegs und hat so wenig Einblick in die tagtägliche Arbeit seines Teams.

Anke kommt mit ihren Aufgaben gut zurecht, sie hat zu den meisten Kollegen ein gutes Verhältnis und auch ihr Chef ist sehr zufrieden mit ihrer Arbeit. Aber eine Kollegin aus ihrem Team hat es richtig auf sie abgesehen. Sie enthält ihr oft wichtige Informationen vor, leitet Telefonanrufe nicht weiter und verhält sich auch sonst sehr unkollegial – allerdings meistens, wenn sonst niemand anwesend ist.

Der Weg ins Büro am Morgen fällt Anke immer schwerer. Diese konsequente Sabotage wirkt sich sogar auf ihre Arbeit aus. Anke entschließt sich, einen Termin für ein Gespräch mit ihrem Chef auszumachen. Sie erzählt ihm ihr Problem. Ihr Chef reagiert etwas distanziert. Er fragt sie detailliert nach dem „Sabotage"-Verhalten der Kollegin aus. Anke kommt es im Gespräch langsam selbst vor, als würde sie überreagieren. Die Gemeinheiten ihrer Kollegin hören sich auf einmal wie Lapalien an und sie kann nicht mehr jede kleine Begebenheit detailliert wiedergeben. Ihr Chef verspricht ihr, ein Auge auf die Kollegin zu werfen und verhält sich erst einmal passiv. Es ändert sich nichts.

„to mob" (englisch)
= bedrängen, belagern

Solche Begebenheiten ereignen sich im tagtäglichen Büroalltag nur allzu häufig und sie werden heute als „Mobbing" bezeichnet. Mobbing gibt es schon so lange, wie Menschen miteinander arbeiten. Den Namen Mobbing erhielt das Phänomen durch den schwedischen Arbeitspsychologen Heinz Leymann, der in einer Studie den gezielten Psychoterror am Arbeitsplatz untersucht hat.

Welches Ausmaß das Mobbing-Problem mittlerweile hat, wird daran deutlich, dass die Bundesanstalt für Arbeitsschutz und Arbeitsmedizin einen eigenen Mobbing-Report herausgebracht hat. Demnach werden mehr als 800.000 Arbeitnehmer in Deutschland konsequent schikaniert. Das aggressive Verhalten unter Kollegen ist auch für den Arbeitgeber ein großes Problem. Durch Leistungsabfall, Krankheiten und Jobwechsel entstehen hohe Kosten. Dabei kann es jeden treffen, die Opfer sind nicht immer Außenseiter, sondern auch Führungspersonen und erfolgreiche Mitarbeiter.

Die Opfer sollten Tagebuch führen um genau schildern zu können, wann es zu welchen Schikanen gekommen ist. Oft scheitert eine Beschwerde oder sogar eine Anzeige daran, dass die Opfer nicht detailliert schildern können, was alles passiert ist. Hierzu gehören auch gegebenenfalls vorliegende Bescheinigungen vom Arzt oder Therapeuten.

Vor der Klage steht die Beschwerde, am besten zuerst beim Betriebsrat oder beim direkten Vorgesetzten. Einen Ausweg kann auch ein Aufhebungsvertrag bieten, bei dem idealerweise eine Abfindung vereinbart wird. Manchmal ist es besser, nicht bis aufs Äußerste an einem Arbeitsvertrag festzuhalten. Denn Psychostress – und nichts anderes bedeutet Mobbing – macht krank. Da ist auch der beste Vertrag nichts wert.

4.6.5 Arbeitsformen im Wandel: das Beispiel Zeitarbeit

Die globale Vernetzung, der wachsende Einfluss neuer Informations- und Kommunikationstechnologien, die sich stetig verändernden Wünsche der Konsumenten u. v. m. erfordern für Unternehmen ein hohes Maß an organisatorischer Flexibilität. Gleiches gilt für die Arbeitnehmerinnen und Arbeitnehmer hinsichtlich wachsender Qualifikationsanforderungen, notwendiger Mobilität und hoher Anpassungsfähigkeit. Der Wandel der Arbeits- und Beschäftigungsformen erfasst dabei annähernd alle Bereiche unternehmerischer Tätigkeiten.

In diesem Zusammenhang ist nicht nur eine Veränderung im Rahmen der generellen Aus-, Fort- und Weiterbildung von Arbeitnehmern zu konstatieren, sondern auch die Arbeitsformen, wie z. B. Zeitarbeit entwickeln sich zu einem festen Bestandteil des Arbeitsmarkts.

Der „Boom" der Zeitarbeit steht exemplarisch für den grundsätzlichen Wandel von Arbeits- und Beschäftigungsverhältnissen in unserer Zeit, mit dem gerade die Jugendlichen zu Beginn der beruflichen Ausbildung konfrontiert werden. Im Gegensatz zu früher, als eine jahrzehntelange Betriebszugehörigkeit die Regel war und als Nachweis von Zuverlässigkeit und Qualität galt, sind die Anforderungen der Unternehmen an Mitarbeiterinnen und Mitarbeiter heute v. a. durch einen hohen Grad an Flexibilität und Mobilität gekennzeichnet.

Die folgende Gegenüberstellung gibt einen kurzen Überblick über Chancen und Risiken dieser Arbeitsform:

Pro

Zeitarbeit ...

- bietet Chancen für Arbeitslose
- erhöht Einstiegschancen für Hochschulabsolventen und bietet generell Chancen für den Berufseinstieg bzw. Wiedereinstieg (z. B. nach Mutterschaft)
- bietet Chancen der Übernahme in feste (sichere, unbefristete, tariflich angemessen vergütete) Beschäftigungsverhältnisse bei Entleiherfirmen
- bietet Jobs zur Überbrückung, z. B. zwischen Beendigung und Neubeginn von Beschäftigung
- bietet Orientierungshilfen und die Möglichkeit des Sammelns von Berufs- und Betriebserfahrung
- kann helfen, „Löcher" im beruflichen Lebenslauf zu vermeiden und signalisiert zukünftigen („festen") Arbeitgebern den hohen Grad des eigenen Engagements

Kontra

- Sozialleistungen, Gehaltszahlungen und Urlaub liegen i. d. R. unterhalb der tariflichen Bestimmungen
- Zeitarbeit forciert den Zuwachs ungeschützter Arbeitsverhältnisse mit Niedriglöhnen, weitgehender Flexibilisierung, geringer oder fehlender sozialer Absicherung (Lohndumping und Tarifautonomie der Zeitarbeitsfirmen)
- Arbeitnehmer werden reduziert zum Produkt einer Dienstleistung/zur „Ware Mensch"
- „schwarze Schafe" unter den Zeitarbeitsfirmen vermitteln Mitarbeiterinnen und Mitarbeitern Einsätze, deren Anforderungen und Entlohnung nicht ihren Qualifikationen entsprechen
- schlechtes Image von Zeitarbeit erschwert zu einem späteren Zeitpunkt Zugang in direkte/feste Beschäftigungsverhältnisse

Was bedeutet Zeitarbeit?

Von Zeitarbeit oder auch Arbeitnehmerüberlassung wird immer dann gesprochen, wenn ein Zeitarbeitsunternehmen einem anderen Unternehmen zeitlich befristet einen Mitarbeiter zur Erbringung einer Arbeitsleistung überlässt. Dieses Geschäft basiert demzufolge auf einem Vertrag zwischen dem Verleiher (Zeitarbeitsfirma) und dem Entleiher (Kundenunternehmen) einer Zeitarbeitskraft. Diese Person steht in einem Arbeitsverhältnis mit der Zeitarbeitsfirma; die Vertragskonditionen werden per Arbeitnehmerüberlassungsvertrag vereinbart.

Die zeitlich begrenzte Überlassung von Arbeitnehmerinnen und Arbeitnehmern fungiert in Unternehmen sowohl als kostensparendes Flexibilisierungsinstrument wie auch als Möglichkeit zur (Vor-)Auswahl von Mitarbeiterinnen und Mitarbeitern. Derzeit werden in der Regel ca. 30 % aller Zeitarbeitskräfte vom Entleihbetrieb in ein eigenes Anstellungsverhältnis übernommen.

1. Ermitteln Sie die aktuelle Verbreitung der Zeitarbeit in Deutschland und in anderen Industrieländern.
2. Welche Prognosen werden bezüglich ihrer zukünftigen Verbreitung gestellt? Wie werden diese begründet?
3. Setzen Sie sich mit den angeführten Pro- und Kontraargumenten auseinander und nehmen Sie Stellung dazu.

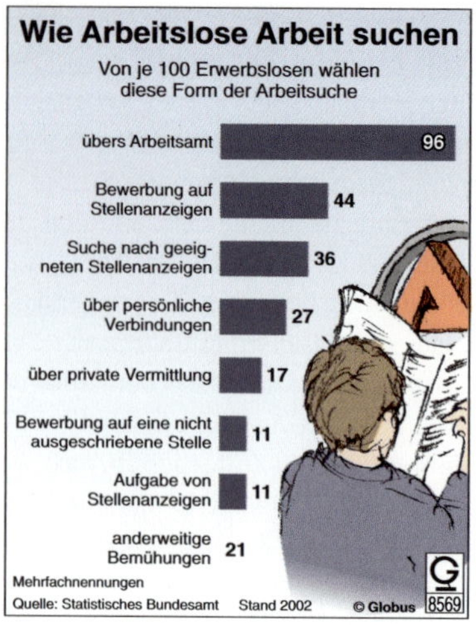

Wo kann ich mich informieren?

Ausbildung
- Bundesagentur für Arbeit
- Industrie- und Handelskammern
- Internet

...

Studium
- Zeitschriften
- Internet
- Bundesagentur für Arbeit
- Universitäten
- Fachhochschulen

...

www.bildungsserver.de
www.berufswahl.de
www.einstieg.de

4.6.6 Nach dem Abitur: Arbeitsplatz-, Studienplatzwahl und die Bewerbung

Was kommt nach dem Abitur?

Allerspätestens nach dem Abitur stellt sich die Frage, für welchen weiteren Weg man sich entscheiden soll. Macht man eine Ausbildung oder fängt man ein Studium an einer Universität oder doch eher an einer Fachhochschule an? Bei den zahlreichen Möglichkeiten, die sich eröffnen, ist es ratsam, sich zum einen darüber klar zu werden, welche persönlichen Interessen man hat und zum anderen, wie und wo man das Beste damit machen kann.

Wie kann ich mich informieren?

Wer eine Ausbildung anstrebt, kann neben der Bundesagentur für Arbeit auch die Industrie- und Handelskammer vor Ort oder in der nächst größeren Stadt kontaktieren und sich dort umfassend über Berufsbilder und Ausbildungsmöglichkeiten informieren. Die Industrie- und Handelskammern wissen auch, welche Unternehmen in der Region ausbilden und wo man sich bewerben kann.

Für die Wahl der Hochschule gibt es diverse Informationsmöglichkeiten. Viele Zeitschriften stellen sogenannte Hochschulrankings auf. Bei den Ergebnissen sollte man aber auf die jeweiligen Maßstäbe für die Beurteilung achten. Eine Hochschule ist nicht generell gut, entscheidend ist, ob das gewünschte Studienfach gut vertreten ist.
Die Universitäten zielen vor allem auf eine wissenschaftlich-theoretische Ausbildung. Das Hauptaugenmerk liegt darauf, dass die Studenten lernen, selbstständig wissenschaftlich zu arbeiten und Ergebnisse transferieren zu können. Für viele Studenten ist es anfangs schwer, alle Schritte selbstverantwortlich zu organisieren. Deshalb gibt es Einführungsveranstaltungen und Einrichtungen wie die Studienberatung, die Fachschaften der Studienfächer (vergleichbar mit der Schülervertretung in der Schule) usw.

Bei den Fachhochschulen reizen vor allem die kürzeren Studienzeiten und die stärker praxisorientierte Ausbildung. Die Lehrenden an den Fachhochschulen sind in der Regel Wissenschaftler, die mehrjährige praktische Erfahrung mitbringen. Fachhochschulen bieten durch ihre schulähnliche Organisation eine komprimierte Wissensvermittlung mit hohem Praxisbezug. Das Image der Fachhochschulen hat sich kontinuierlich verbessert. Die Einstellungschancen für FH- und Uniabsolventen auf dem Arbeitsmarkt hängen vorrangig vom gewählten Berufsbild ab. Generell kann man aber sagen, dass die Chancen in etwa gleich sind. Nur die Einstiegsgehälter von FH-Studenten sind bislang ein wenig geringer.

Den Berufswunsch sollte man nicht in erster Linie von aktuellen Trends und Angeboten abhängig machen, sondern von den eigenen Fähigkeiten und Interessen. Dafür ist es sinnvoll eine Selbstanalyse durchzuführen und ganz ehrlich die eigenen Schwächen und Stärken zu analysieren, z. B. im fachlichen, methodischen und im sozialen Bereich. Oftmals lässt sich so der Wunschberuf schon etwas besser eingrenzen.
Ist man sich darüber klar geworden, welcher Berufszweig oder Bereich das Richtige sein könnte, geht es an die Gestaltung der Bewerbungsunterlagen.

Wie bewerbe ich mich?

Die Bewerbung ist ein Werbeprospekt für die eigene Person. Sie beinhaltet zumeist folgende Teile:

1. Das Anschreiben

Ein gutes Anschreiben ist mit entscheidend für den Erfolg der Bewerbung. Wenn schon in den ersten Zeilen die Neugier des Personalverantwortlichen geweckt wird, ist auch die erste Hürde genommen. Das Anschreiben geht rechtlich gesehen in den Besitz des Unternehmens über und wird daher auf die Bewerbungsmappe lose aufgelegt. Ziel des Anschreibens ist es, auf maximal einer DIN-A4-Seite zu erläutern, wer man ist und warum man für die ausgeschriebene Stelle die richtige Person ist. Dazu ist die genaue Analyse des Anforderungsprofils notwendig. Eine selbstbewusste Darstellung der Fähigkeiten ist durchaus gewünscht, Phrasen, eine überzogene Selbstdarstellung und biografische Daten haben dagegen im Anschreiben nichts zu suchen. Formal gehören in das Anschreiben der Absender mit der vollständigen Postanschrift und Telefonnummer, die genaue Anschrift des Unternehmens mit Ansprechpartner – wenn vorhanden –, das Datum der Bewerbung und eine Betreffzeile in der der Grund für die Bewerbung steht, z. B. „Ihre Anzeige vom ...“.

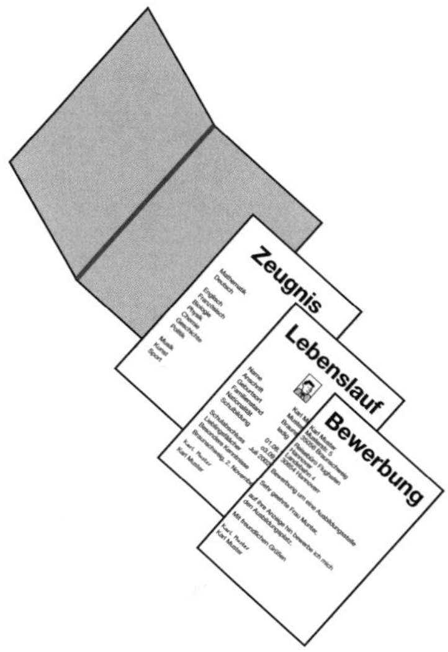

2. Deckblatt und Lichtbild

Auf dem Deckblatt wird aufgeführt, für welche Position man sich bewirbt und wo die Stelle ausgeschrieben wurde. Im unteren Drittel sollten der vollständige Name, die Adresse, Telefonnummern, E-Mail-Adresse und Familienstand stehen. So erhält der Personalverantwortliche alle wichtigen Daten auf einen Blick. Die Bedeutung eines qualitativ hochwertigen Foto ist nicht zu unterschätzen. Das Foto fällt direkt ins Auge und unterbewusst fällt hier schon die erste Entscheidung, ob einem jemand sympathisch ist oder nicht. Daher sind professionelle Fotos wichtig. Die Wahl der Kleidung hängt von der Stelle ab, auf die man sich bewirbt, aber in der Regel ist ein wenig „overdressed“ immer besser als zu locker. Mit einer dezenten Kleidung und auch dezenten Aufmachung bezüglich Frisur, Schmuck, Make-up kann man nichts falsch machen.

3. Lebenslauf

Über den Lebenslauf gehört auch die Überschrift „Lebenslauf“ oder „Tabellarischer Lebenslauf“. Der Lebenslauf soll übersichtlich in drei große Teile gegliedert sein: Berufliches, Ausbildung und Privates. Nach dem „Kopf“ mit den persönlichen Daten folgt bei Berufseinsteigern der Punkt „Ausbildung“, bei Berufserfahrenen der Bereich „Berufspraxis“. Generell sagt man, dass bei Berufseinsteigern der Bereich Ausbildung 80 Prozent und Privates 20 Prozent einnehmen sollte. Bei Berufserfahrenen teilt es sich in 60 Prozent Beruf, 30 Prozent Ausbildung und 10 Prozent Persönliches.

Mittlerweile hat sich in Deutschland die amerikanische Weise durchgesetzt, d. h. man beginnt mit den aktuellen Daten und geht dann rückwärts.

4. Zeugnisse

Hinter den Lebenslauf werden die Zeugnisse in guten Kopien beigefügt, die alle Angaben im Lebenslauf belegen müssen. Wichtig ist die gleiche Reihenfolge wie im Lebenslauf, von Schulzeugnissen über Praktikumszeugnisse, Belege von Sprachkursen und Weiterbildungen usw.

Für jede Bewerbungsmappe wendet ein Personalverantwortlicher in Großunternehmennur ca. 30 bis 40 Sekunden auf. Wenn die Bewerbung also die erste Runde überstehen soll, muss sie einen tadellosen Eindruck machen: keine Eselsohren haben, in einer ordentlichen Mappe „verpackt“ sein und vollständige Dokumente enthalten.

Fertigen Sie nach diesen Vorgaben eine eigene Bewerbungsmappe an.

4.6.7 Qualifikationsanforderungen

Erwartungen der Betriebe an Schulabgänger
Heinz Fischer, Bereichsvorstand Personal der Deutschen Bank in Frankfurt, über Anforderungen an den Nachwuchs

Herr Fischer, Unternehmen fordern Flexibilität von ihren Mitarbeitern. Was heißt das konkret?
Alle Tätigkeiten verändern sich stetig. Was einer heute lernt, muss er morgen umlernen und übermorgen vielleicht wieder verlernen. Jeder junge Mensch muss sich darauf einstellen, dass sich sein Berufsleben mehrmals völlig verändert. Dazu gehört neben dem Wechsel des Unternehmens auch der Wechsel vom Vollzeit- zum Teilzeitjob, vom Angestellten zum Selbstständigen oder gar der komplette Berufswechsel. Zudem wird es Lernphasen oder Zeiten der Arbeitslosigkeit geben. Der Schlüssel zum Erfolg ist daher Anpassungsfähigkeit.

Wenn ich dauernd um- und dazulernen muss – welchen Sinn hat dann noch eine Ausbildung?
Eine Ausbildung, die Fachwissen vermittelt, ist noch immer eine wichtige Basis. Aber die Unternehmen sind heute offener für Quereinsteiger. Vor fünf Jahren galt ein Bewerber, der öfters seinen Job gewechselt hat, als unstetig und wurde abgelehnt. Heute erkennt man, dass er damit auch seine Kompetenzen erweitert hat.

Überfordert der ständige Wechsel nicht viele Menschen?
Man muss die richtige Balance finden zwischen Veränderung und Stabilität. Jeder wird künftig Phasen durchleben, in denen er sehr flexibel sein muss und andere, die sehr stabil sind. Wichtig ist: Eine Balance zwischen Berufs- und Privatleben zu finden. Wer nur in den Job investiert, wird das Nachsehen haben.

Dient die geforderte Flexibilität nicht vor allem dazu, Mitarbeiter beliebig einzusetzen und zu entlassen?
Hire und Fire hat nichts mit Anpassungsfähigkeit zu tun. Wenn es einem Unternehmen schlecht geht, wäre es geschickter, allen Mitarbeitern das Gehalt um zehn Prozent zu kürzen, anstatt zehn Prozent der Mitarbeiter rauszuschmeißen. Aber es gibt heute keine Arbeitssicherheit mehr. Unternehmen können lediglich dabei helfen, die Beschäftigungsfähigkeit ihrer Mitarbeiter zu sichern.

Was raten Sie jungen Menschen?
Beobachten Sie die globalen Veränderungen, die Ihren Berufsweg beeinflussen können. Vor allem durch das Internet verändern sich viele tradierte Berufswege. Entwickeln Sie rechtzeitig Frühwarnsysteme und bereiten Sie sich auf den Wandel vor. Verbreitern Sie ständig Ihre Kompetenzen und schaffen Sie sich damit einen Vorsprung. Denn Karriere bedeutet künftig Kompetenzerweiterung und dabei gilt: Sie selbst sind der Kapitän Ihrer Lebensreise und damit verantwortlich für Ihren Erfolg.
Quelle: Bärbel Schwertfeger: Wirtschaftswoche: next Das Magazin für Erfolg in Studium und Beruf 1.2002, S. 27

Die Unternehmen messen diesen 17 vorgegebenen Eigenschaften von Lehrstellenbewerbern im kaufmännischen Bereich folgende Bedeutung zu:

	sehr wichtig/ wichtig	eher unwichtig
Leistungsbereitschaft	100	0
Einstellung zur Arbeit	100	0
Zuverlässigkeit	97	3
Verantwortungsbewusstsein	97	3
Konzentrationsfähigkeit	97	3
Teamfähigkeit	95	4
Logisches Denken	95	5
Initiative	95	5
Selbstständiges Lernen	95	5
Zielstrebigkeit	93	7
Kommunikatives Verhalten	92	8
Planvolles Arbeiten	90	10
Motivation	88	0
Kritikfähigkeit	84	16
Beständigkeit	83	7
Belastbarkeit	83	7
Kreativität	76	24

Quelle: Betriebsbefragung „Anforderungsprofile von Betrieben – Leistungsprofile von Schulabgängern" des Instituts der deutschen Wirtschaft Köln im Auftrag des Bundesministeriums für Bildung, November 1997 – Antworten in Prozent

Veränderte Qualifikationsanforderungen auf Grund der Internationalisierung der Wirtschaft

Durch die zunehmende Internationalisierung der Wirtschaft sind immer mehr international denkende und operierende Mitarbeiter gefragt. Die attraktive berufliche Chance im Ausland arbeiten zu können verlangt nach einer sorgfältigen Vorbereitung auf den Job in einem neuen Land. Da gilt es die Sprache zu lernen, sich die unterschiedlichen Mentalitäten zu verdeutlichen und die Bereitschaft zu haben eigene Gewohnheiten aufzugeben. Interkulturelle Kompetenz geht nämlich weit über die Fähigkeit hinaus, eine fremde Sprache zu sprechen. Vokabeln kann man pauken, aber Nuancen in der Sprache, lokale Besonderheiten und Verhaltensregeln im täglichen Miteinander lernt man erst in der Situation selbst.

Rahmenbedingungen und Mentalitätsunterschiede

Natürlich sind die Rahmenbedingungen immer vom jeweiligen Land und der Art des Unternehmens abhängig, aber es gibt einige grundsätzliche Dinge, die man beachten kann. Erst einmal sollte man interessiert und offen auf die Kollegen zugehen und genau beobachten, wie sie sich in bestimmten Situationen verhalten. Dabei kann man viel lernen. Offene Kritik ist zum Beispiel in den USA ein absolutes Tabu. Alles wird positiv verpackt und Smalltalk ist grundlegender Bestandteil im Businessleben. Dadurch erscheint auch alles ein wenig lockerer, die Hierarchien in den verschiedenen Abteilungen werden zum Teil nicht so eng gesehen wie vielleicht in Deutschland.

Die Verhaltensregeln für Telefonate, Business-Essen, Konferenzen und Meetings sollte man sich auch von den Kollegen abschauen und anfangs etwas zurückhaltend sein. Es gibt eine Reihe von Büchern, in denen solche Verhaltensregeln für den Job im Ausland stehen, aber die eigene Beobachtung ersetzen sie nicht. Kleine Nuancen, wie zum Beispiel im Humor oder die, für andere Nationalitäten meist gewöhnungsbedürftige, direkte deutsche Art können sehr ungehobelt und rüde wirken. Dagegen sollte man nicht beleidigt sein, wenn die deutsche Pünktlichkeit in anderen Ländern nicht so eng gesehen wird und die Kollegen später zum Termin erscheinen.

Neben den kulturellen Unterschieden spielen die rechtlichen Unterschiede eine wichtige Rolle. So gibt es im Arbeitsrecht viele Abweichungen, über die man sich vorher informieren sollte. Ein Beispiel: Bei Bewerbungen in den USA tauchen in den Unterlagen keine Informationen über Religion, Alter, Herkunft und auch kein Foto auf, da niemand diskriminiert werden soll. Andererseits sind die rechtlichen Bedingungen für Kündigungen viel einfacher als in Deutschland. Wenn man für eine deutsche Firma ins Ausland geht, bekommt man einen deutschen Vertrag, was sich vor allem hinsichtlich der Urlaubstage positiv auswirkt. In anderen Ländern haben Arbeitnehmer i. d. R. viel weniger Urlaub.

Was kommt nach der ersten Euphorie?

Wenn nach dem Arbeitsbeginn im Ausland die anfängliche Euphorie etwas nachlässt, kommt oft einer kleiner Kulturschock. Meist sind es die alltäglichen Kleinigkeiten, bei denen man sich umgewöhnen muss.

Diese Phase ist nicht ungewöhnlich und stellt sich in unterschiedlicher Ausprägung bei jedem ein. Die Kunst ist es, die neuen kulturellen Einflüsse auf das eigene und fremde Erleben und auf neue Situationen zu übertragen, d. h. dass man sich in bestimmten Alltagssituationen nicht mehr auf das eigene Gefühl verlassen muss, sondern gelernt hat, die landestypischen Verhaltensweise automatisch anzuwenden.

1. Erläutern Sie die angeführten zusätzlichen beruflichen Anforderungen.
2. Laden Sie jemanden in Ihren Unterricht ein, der im Ausland einer beruflichen Tätigkeit nachgeht und befragen Sie ihn in dieser Hinsicht.

Wie kann man sich vorbereiten?
Alle, die gerne im Ausland arbeiten möchten, sollten sich die Frage stellen: Möchte ich über einen längeren Zeitraum in einem anderen Land mit einer fremden Sprache und einer anderen Kultur leben? Wenn dies der Fall ist, kann man sich mit Sprachkursen, anhand von Büchern und zusammen mit Freunden, die vielleicht schon mal im jeweiligen Land waren, gut vorbereiten. Weiterhin sollte man die Eigenschaft besitzen, nicht die eigenen Fähigkeiten als das Maß aller Dinge zu sehen, dann wird man weniger Probleme haben, sich schnell überall einzugewöhnen und von anderen Kulturen erheblich zu profitieren. Eine gute Vorbereitung wäre auch ein Auslandssemester während des Studiums. Alle Universitäten haben Partneruniversitäten in anderen Ländern und bieten Austauschprogramme an. Hier kann man sich schon ein gutes Bild von der Mentalität in einem anderen Land machen und entscheiden, ob man bereit ist länger im Ausland zu leben.

Fähigkeit zum Umgang mit höherer Komplexität:
Die Internationalisierung der Unternehmen umschließt eine qualitative Veränderung der Anforderungen an die Leistung der Beschäftigten. Dies gilt nicht nur, aber in erster Linie für diejenigen Unternehmen, die weltweit tätig sind und sich auf eine Vielzahl von ökonomischen und kulturellen Veränderungen in den Umweltbedingungen einstellen müssen. Der Zwang zur internationalen Professionalisierung des Managements erstreckt sich nicht mehr nur auf die Großbetriebe, sondern auch auf die mittelständischen Unternehmen. Unabhängig von der Betriebsgröße geht es um die Erfüllung fachlich unterschiedlicher Anforderungen im Umgang mit neuartigen inhaltlichen Problemen und um einen internationalen Know-how-Transfer im methodischen Bereich.
Bereitschaft zu größerer Eigenverantwortung: Die Dezentralisierung der Entscheidungsprozesse im Rahmen modularer Organisationsstrukturen zwingt die Beschäftigten dazu, ihre traditionelle Haltung der Abhängigkeit von oberen Hierarchieebenen aufzugeben. An deren Stelle ist ein neues Maß an Eigenmotivation in Form einer Orientierung an der Konzeption des Intrapreneurships gefordert. Zu dieser Haltung zwingt auch der betriebsinterne Wettbewerb um Arbeitsplätze in einem globalen Netzwerk, wenn Globalisierungsstrategien mit Strategien zur Stärkung des eigenen Landesstandorts kollidieren. Eine Veränderung in den Grundeinstellungen der Mitarbeiter und Führungskräfte wird ebenfalls durch die konsequente Ausrichtung auf die Kundenbedürfnisse in unterschiedlichen Regionen ausgelöst. Der Zwang zu einer verstärkten Autonomie der Entscheidungsträger und damit verbundener höherer Verantwortung in den Auslandsgesellschaften erscheint unabdingbar.
Bereitschaft zum interkulturellen Lernen: International tätige Unternehmen sehen sich permanent dem Problem ausgesetzt, ein Mindestmaß an Abstimmung der Unternehmenskultur auf die lokalen Landeskulturen in den Betätigungsgebieten vorzunehmen. Diese Herausforderung ergibt sich auch für ursprünglich stark exportorientierte mittelständische Unternehmen. Ferner setzt sich die Forderung durch, dass die Stammhaus-Delegierten Grundkenntnisse in der Sprache des Gastlands erwerben, zumindest aber die wichtigsten Weltsprachen beherrschen müssen. Immer mehr Hochschulen kommen diesem Trend entgegen und machen die Kenntnis der englischen und französischen Sprache zur Vorbedingung des Studiums bzw. der Zulassung zu einem in der Regel stark international orientierten Studium. Auch die Reichweite mittelständischer Unternehmensaktivitäten lässt sich regional nur vergrößern, wenn die Bereitschaft zur Mitarbeit in interkulturell und unternehmensübergreifend zusammengesetzten Teams vorhanden ist.
Quelle: H. Kreikebaum: Organisationsmanagement internationaler Unternehmen, Grundlagen und neue Strukturen, Gabler, Wiesbaden, 1998, S. 80 f.

Veränderte Qualifikationsanforderungen durch neue Informations- und Kommunikationstechnologien

Bedeutung neuer Technologien
Die Bedeutung neuer Technologien nimmt stetig zu. Auf Grund der Globalisierung der Märkte sind sie zentraler Bestandteil der modernen Arbeitswelt. Waren in der Vergangenheit Aktenordner und Briefe wichtige Medien, so haben mittlerweile komplexe Computersysteme deren Existenz zwar nicht überflüssig gemacht, aber doch in ihrer Bedeutung wesentlich zurückgedrängt. Das Internet und seine vielfältigen Nutzungsmöglichkeiten haben in den letzten zehn Jahren das gesamte Wirtschaftsleben von Grund auf verändert. Vor allem die E-Mail dient in Unternehmen der schnellen und effektiven Kommunikation und hat den Brief oder das Telefax nahezu abgelöst. Täglich werden unzählige E-Mails rund um den Globus geschickt. Mit der weiteren Verbreitung der digitalen Signatur, die eine E-Mail wie die Unterschrift unter einen Brief eindeutig einem bestimmten Absender zuordnet, wird die Bedeutung in den nächsten Jahren weiter zunehmen. Der Gesetzgeber hat dieser Entwicklung schon vorgegriffen und für den Rechtsverkehr die E-Mail mit elektronischer Signatur der schriftlichen Urkunde mit handschriftlicher Unterschrift gleichgestellt.
Umgang mit dem Computer ist zu einer unverzichtbaren Grundvoraussetzung geworden. Fast alle Vorgänge werden mit Computern ausgeführt oder gesteuert. Die E-Mail dient dabei der internen Kommunikation in Unternehmen, aber auch der externe Kommunikation mit Kunden, Lieferanten und Partnern. Darüber hinaus können Unternehmen ihren Kunden weitere Nutzungsformen anbieten, z. B. in Form von Bestellvorgängen über das Internet. Dies wird als „Business to consumer“ oder kurz B2C genannt. Eine weitere Nutzungsmöglichkeit bieten „Business-to-Business“-Systeme (B2B), bei denen zum Beispiel ein Automobilproduzent und der Automobilzulieferer und deren jeweiligen Produktionsprozesse über das Internet verzahnt werden. In mittleren und großen Unternehmen gibt es in aller Regel eigene Datennetze (Intranet), auf die nur die Mitarbeiter Zugriff haben. Im Intranet liegen dann in einem Dateiordner zum Beispiel Vorlagen für Briefe und Vertragsentwürfe oder man kann auch allgemeine Informationen und Weiterbildungsmodule abrufen, die speziell auf die Bedürfnisse von Mitarbeitern in unterschiedlichen Bereichen zugeschnitten sind und problemlos in den Arbeitsalltag integriert werden können.

Video-Konferenz

!
Ermitteln Sie aktuelle Umsatzzahlen für die unterschiedlichen Nutzungsmöglichkeiten neuer Technologien.

Sensibler Umgang
Da das Computersystem in Unternehmen praktisch in jeden Bereich greift, erfordert der Umgang ein hohes Verantwortungsbewusstsein der Mitarbeiter. Eine E-Mail, die einen Virus enthält, kann ein komplettes Unternehmen lahm legen. Sehen wir uns folgendes Beispiel an: Ein Transportunternehmen steuert seine ganze Logistik, die Verladung von Containern, die Auslaufzeiten der Schiffe, die Buchungen von Bestellungen über ein spezielles Computerprogramm. Der Hauptteil der Korrespondenz wird per E-Mail abgewickelt. Wenn ein Computervirus, ausgelöst durch eine infizierte E-Mail, in das Netzwerk dieser Firma gerät, besteht die Gefahr die betrieblichen Abläufe massiv zu stören. Es könnten keine Buchungen ausgeführt, die Container nicht beladen werden, die Telefone würden unter Umständen nicht funktionieren. Dieser Ausfall kann z. B. für das Transportunternehmen hohe finanzielle Einbußen bedeuten.

Rechtsformen

Wichtige Wahlmöglichkeiten hinsichtlich der Gestaltung der Unternehmensverfassung ergeben sich aus den Rechtsformen, die der jeweilige gesetzliche Rahmen vorsieht.

Unternehmen können zwischen einer Reihe von Alternativen hinsichtlich der im Gesellschaftsrecht festgelegten Rahmenbedingungen für die Bildung von Organen, deren Zuständigkeiten und Verpflichtungen wählen. Diese Alternativen sind zu in sich stimmigen Konzeptionen zusammengefasst, die als Rechtsformen bezeichnet werden. Dabei spielen insbesondere die Enge der Bindung der Inhaber, deren Haftung und Leitungsbefugnisse sowie die Abstimmung dieser Regelungen eine zentrale Rolle.

Zunächst kann zwischen Rechtsformen des Privatrechts und des öffentlichen Rechts unterschieden werden:

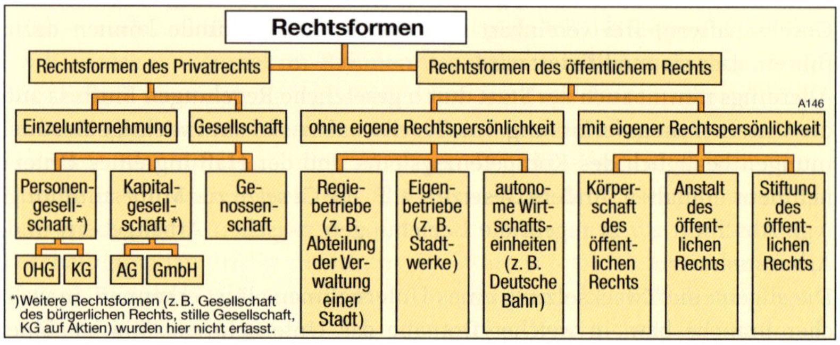

Für private Unternehmen kommen nur die Rechtsformen des Privatrechts in Frage. Für Außenstehende ist es wichtig, dass die Rechtsform und damit z. B. die Haftungsverhältnisse oder die Leitungsbefugnisse leicht zu erkennen sind. Zwar kann der Firmenname weitgehend frei gewählt werden, es muss aber durch einen Zusatz ein Hinweis auf die Rechtsform erfolgen.

An dieser Stelle sollen kurz die wichtigsten Rechtsformen des Privatrechts vorgestellt werden.

Einzelunternehmung / Personengesellschaft

Die Einzelunternehmung – Rechtsgrundlage §§ 1 bis 104 Handelsgesetzbuch (HBG) – wird von einer einzelnen Person (Kaufmann) betrieben. Sie haftet mit dem gesamten geschäftlichen und persönlichen Vermögen für mögliche Verbindlichkeiten bzw. Schulden des Unternehmens. Als Rechtsformzusatz hat der Kaufmann seiner Firma „eingetragener Kaufmann“ bzw. „e. K.“ anzuhängen. Die Einzelunternehmung wird vor allem gewählt, wenn kein hoher Kapitalbedarf vorliegt und eine einfache Leitungsstruktur zweckmäßig ist.

Personengesellschaften (Rechtsgrundlage §§ 705 bis 740 BGB) sind ähnlich konzipiert wie Einzelunternehmen; sie werden aber von mehreren Personen – den Gesellschaftern – getragen.

Die offene Handelsgesellschaft (Rechtsgrundlage §§ 105 bis 160 HBG, §§ 705 bis 740 BGB) besteht aus mindestens zwei Gesellschaftern, die – wie bei der Einzelunternehmung – voll mit ihrem gesamten Vermögen für die Schulden des Unternehmens haften. Die Firma muss die Bezeichnung „offene Handelsgesellschaft“ oder eine allgemein verständliche Abkürzung (z. B. OHG) enthalten. Die OHG wird als Rechtsform für solche Unternehmen gewählt, deren Tätigkeit sich in einem überschaubaren Rahmen bewegt.

Die besondere Form der Genossenschaft

Die Genossenschaft ist eine Rechtsform, die sich im 19. Jahrhundert gebildet hat. Sie stellt einen Versuch dar, das Risiko unternehmerischen Handelns auf viele Schultern zu verteilen. Ein bekanntes Beispiel sind die Raiffeisenbanken.

Genossenschaften sind Organisationen mit unbegrenzter Mitgliederzahl, welche die Förderung des Erwerbs und der Wirtschaft ihrer Mitglieder mittels gemeinschaftlichen Geschäftsbetriebes bezwecken. Im Sinne des BGB handelt es sich um Vereine. Der Genossenschaftsgedanke kommt v. a. in folgenden Punkten zum Ausdruck: gemeinschaftlich begründeter Geschäftsbetrieb, Gleichberechtigung der Mitglieder unabhängig von der Höhe der Kapitalbeteiligung, Selbstverwaltung durch die Genossenschaftsorgane (Vorstand, Aufsichtsrat, Generalversammlung). Im Vergleich zu anderen Rechtsformen besteht keine Mindestkapitalpflicht.

Die Kommanditgesellschaft (Rechtsgrundlage §§ 161 bis 177 HBG, aufbauend auf §§ 105 bis 160 HGB und §§ 705 bis 740 BGB) hat zwei Arten von Gesellschaftern, und zwar solche, die – genau wie bei der OHG – mit ihrem ganzen Vermögen (Komplementäre), und solche, die nur in Höhe ihrer Kapitaleinlage (Kommanditisten) haften. Die Geschäftsführungsbefugnisse liegen bei dem Komplementär bzw. bei den Komplementären. Für die Firma gelten sinngemäß die gleichen Regeln wie bei der OHG. Sie muss also die Bezeichnung „Kommanditgesellschaft" oder eine allgemein verständliche Abkürzung (z. B. KG) enthalten.
Die KG bietet – weil die Zahl der Kommanditisten prinzipiell nicht begrenzt ist – bessere Möglichkeiten der Kapitalausstattung als die OHG.

Kapitalgesellschaften
Während bei den Personengesellschaften Eigenkapitalgeber und Unternehmer vielfach identisch sind, befinden sich bei den Kapitalgesellschaften Kapitaleigentum und Unternehmensführung i. d. R. in verschiedenen Händen. Die Kapitalgesellschaft basiert auf der Trennung von Personen und Kapital. Die wichtigsten Kapitalgesellschaften sind die Aktiengesellschaft (AG) und die Gesellschaft mit beschränkter Haftung (GmbH).
Hauptmerkmal der **Aktiengesellschaft** (Rechtsgrundlage Aktiengesetz AktG) ist die Zerlegung des sogenannten Grundkapitals in viele Anteile (Aktien), die meistens auf dem Kapitalmarkt (Börse) gehandelt werden. Dadurch besteht die Möglichkeit, große Kapitalbeträge aufzubringen. Die Haftung der Anteilseigner ist auf die Höhe der Einlage beschränkt. Wegen dieser Haftungsbeschränkung und der Bedeutung der vielen großen Aktiengesellschaften bestehen besondere Vorschriften über die Veröffentlichung der Bilanzen, die Prüfung des Jahresabschlusses durch Wirtschaftsprüfer usw.
Die Leitung der AG liegt bei den gesetzlich vorgeschriebenen Organen, insbesondere beim Vorstand. Der Aufsichtsrat setzt sich aus Vertretern der Kapitalgeber- und der Arbeitnehmerseite zusammen, wobei die Arbeitnehmer bei Unternehmen zwischen 500 und 2.000 Mitarbeitern ein Drittel, in Unternehmungen mit mehr als 2.000 Beschäftigten sowie in der Montanindustrie (Eisen, Kohle, Stahl) nach unterschiedlichen Einzelregelungen die Hälfte der Mitglieder stellen.
Die Aktiengesellschaft ist die bevorzugte Rechtsform von großen Unternehmungen mit einem hohen Kapitalbedarf. Der Mindestnennbetrag des Grundkapitals beträgt allerdings nur 50.000 Euro, sodass auch kleinere Aktiengesellschaften gegründet werden können.
Die **Gesellschaft mit beschränkter Haftung** (Rechtsgrundlage ist das GmbH-Gesetz) ist wie die Aktiengesellschaft eine Kapitalgesellschaft. Die Haftung des einzelnen Anteilseigners ist also ebenfalls auf die Höhe seiner Einlage beschränkt. Die GmbH-Anteile werden nicht – wie die Aktien in den meisten Fällen – am Kapitalmarkt gehandelt. Die Zahl der Gesellschafter ist meistens klein, der Anteil des einzelnen Gesellschafters relativ groß. Das Stammkapital beträgt mindestens 25.000 Euro. Die Stammeinlage jedes Gesellschafters muss mindestens 100 Euro betragen.
Organe der GmbH sind stets die Geschäftsführer und die Gesellschafterversammlung. Bei größeren Beschäftigtenzahlen kann die GmbH auf Grund gesetzlicher Bestimmungen oder freiwilliger Festlegung auch einen Aufsichtsrat haben. Die Leitung der GmbH liegt bei einem oder mehreren Geschäftsführern. Die Rechtsform GmbH wird relativ häufig auch von Klein- und Mittelbetrieben gewählt.

Listen Sie die Firmennamen und Rechtsformen verschiedener Ihnen bekannter Unternehmen auf und versuchen Sie zu begründen, warum die einzelnen Unternehmen jeweils diese Rechtsform gewählt haben könnten.

Welche Rechtsform ist die richtige?

Die Wahl der Rechtsform ist für jedes Unternehmen eine wichtige Entscheidung. Ihr muss schon deshalb große Aufmerksamkeit gelten. Die folgenden Kriterien sind von besonderer Bedeutung sind:

Haftung

Im Vordergrund steht die Frage, ob sich die Haftung der Eigentümer auf das in das Unternehmen eingebrachte Gesellschaftsvermögen beschränkt (beschränkte Haftung) oder auch das Privatvermögen der Eigentümer einbezieht (unbeschränkte Haftung). Einzelunternehmung und Personengesellschaften sind durch unbeschränkte Haftung, Kapitalgesellschaften durch beschränkte Haftung gekennzeichnet.

Leitung

Die Leitung des Unternehmens umfasst die nach innen wirksame Geschäftsführungsbefugnis und die nach außen gerichtete Vertretung, die Dritten gegenüber wirkt. Die gesetzlichen Regelungen sehen einen engen Zusammenhang zwischen Aufbringen der Kapitalanteile und Haftung einerseits sowie Leitungsbefugnis andererseits vor.

Gewinn- und Verlustbeteiligung

Die Regelungen der Gewinn- bzw. der Verlustbeteiligung richten sich im Wesentlichen nach dem Ausmaß der persönlichen Mitarbeit der Gesellschafter im Unternehmen, dem Gewicht des Kapitalanteils und der Haftung.

Kapitalbeschaffungsmöglichkeiten

Die Kapitalbeschaffungsmöglichkeiten werden nur begrenzt von der Rechtsform beeinflusst. Die Bereitschaft zur Überlassung von Kapital hängt im Wesentlichen von den wirtschaftlichen Zukunftsaussichten des Unternehmens und der Haftungsmasse, allerdings auch von den Haftungsbedingungen ab. Der Kapitalmarktzugang ist den Kapitalgesellschaften vorbehalten.

Publizitätspflicht

Zwischen den verschiedenen Rechtsformen bestehen erhebliche Unterschiede hinsichtlich der Informationspflichten gegenüber Eigentümern und Öffentlichkeit. Zu diesen „Pflichten" zählen z. B. die Bilanz, die Gewinn- und Verlustrechnung oder ein Lagebericht. Am weitesten gehen die Publizitätsanforderungen bei einer Aktiengesellschaft.

Aufwendungen für die Rechtsform

Die unterschiedlichen Publizitätsanforderungen schlagen sich in unterschiedlich hohen finanziellen Aufwendungen für die Rechtsform nieder. Unterschiedlich hohe Aufwendungen ergeben sich außerdem in der Gründungsphase des Unternehmens, z. B. Kosten für den Eintrag ins Handelsregister oder für den Notar.

Steuerbelastung

Die unterschiedliche steuerliche Belastung von Unternehmungen mit verschiedenen Rechtsformen übt einen erheblichen Einfluss auf die Wahl der Rechtsform aus. Durch die Anwendung unterschiedlicher Steuerarten, durch unterschiedliche Bemessungsgrundlagen und unterschiedliche Tarifgestaltung ergeben sich hinsichtlich der Besteuerung des Gewinns und des Gewerbeertrags sowie des eingesetzten Vermögens und Gewerbekapitals verschiedene Belastungen. Gegenüber den Unterschieden in der laufenden Besteuerung, die durch Steuerbelastungsvergleiche ermittelt werden, treten die Unterschiede in der Besteuerung bei Gründung, Umwandlung und Kapitalerhöhung an Bedeutung zurück.

OHG?

GmbH?

Personengesellschaft?

AG?

KG?

Einzelunternehmung?

Fallbeispiele zur Wahl der Rechtsform bei Existenzgründungen

Fall 1: Der angestellte Meister Erich Karl ist in einem Elektroinstallationsbetrieb beschäftigt und will sich selbstständig machen. Ein wesentlicher Grund dafür ist, dass er „sein eigener Herr" sein will. Er hat vor, zunächst einen Gesellen in seinem Unternehmen zu beschäftigen. Er stellt sich vor, dass er es vor allem mit Privatkunden zu tun haben wird, also elektrische Anlagen und Leitungen in Privathäusern zu installieren und Reparaturen auszuführen. Diese Arbeiten sollen von ihm selbst und seinen Gesellen ausgeführt werden. Der Kapitalbedarf zur Gründung dieses Unternehmens ist sehr hoch. Eine ganze Reihe von Geräten (Prüfgeräte), Maschinen (Bohrmaschinen u. a.), Werkzeugen sowie ein gebrauchter Transporter sind vorhanden. Im Grunde wird er sich von seiner Hände Arbeit ernähren, aber eben als Chef des Unternehmens „Elektro-Karl" und nicht mehr als Angestellter.

Fall 2: „Elektro-Karl" will das Unternehmen erweitern, weil er den Auftrag erhält, die gesamte Elektroinstallation eines Geschäftszentrums vorzunehmen. Dafür ist eine Aufstockung des Personals, eine Erweiterung der Geschäftsräume, die Vergrößerung des Fuhrparks und die Ausweitung des Geräte-, Maschinen- und Werkzeugbestandes notwendig. Dies kann „Elektro-Karl" mit seinen bisherigen Möglichkeiten nicht realisieren. Vor allem deshalb, weil keine Bank bereit ist, den dafür notwendigen Kredit zu stellen. Die ihm noch aus der Meisterschule bekannte Anna Moser hatte damals den Elektrobetrieb ihres Vaters übernommen. Nach einigen Kontakten entschließen sich beide, den Auftrag in einem gemeinsamen Unternehmen „Elektro-Karlman" auszuführen.

Fall 3: Vor seiner Selbstständigkeit war Christoph Busse bei einem Signal- und Schaltanlagen-Unternehmen beschäftigt. Mit seinem neuen Unternehmen will er sich ebenfalls im Signal- und Schaltanlagenbau betätigen. Er erwartet größere Aufträge von der Deutschen Bahn und von Städten und Gemeinden. Er will zudem als Zulieferer für einen großen Elektrokonzern tätig sein. Die Aufträge, die er erwartet, bewegen sich in der Größenordnung von 5.000 bis 50.000 Euro und mehr. Es liegt auf der Hand, dass er für solch ein Unternehmen viel Personal, viele Geräte, Maschinen und entsprechende Geschäfts- und Produktionsräume braucht. Mit anderen Worten, der Kapitalbedarf dieses Unternehmens ist verglichen mit dem des Einzelunternehmens „Elektro-Karl" sehr viel höher. Bei der Höhe der Aufträge möchte der Unternehmensgründer für sich das Risiko reduzieren. Er hat im Übrigen vor einiger Zeit 34.000 Euro geerbt.

Wählen Sie in den drei Fällen die Ihrer Meinung nach beste Rechtsform und begründen Sie Ihre Entscheidungen.

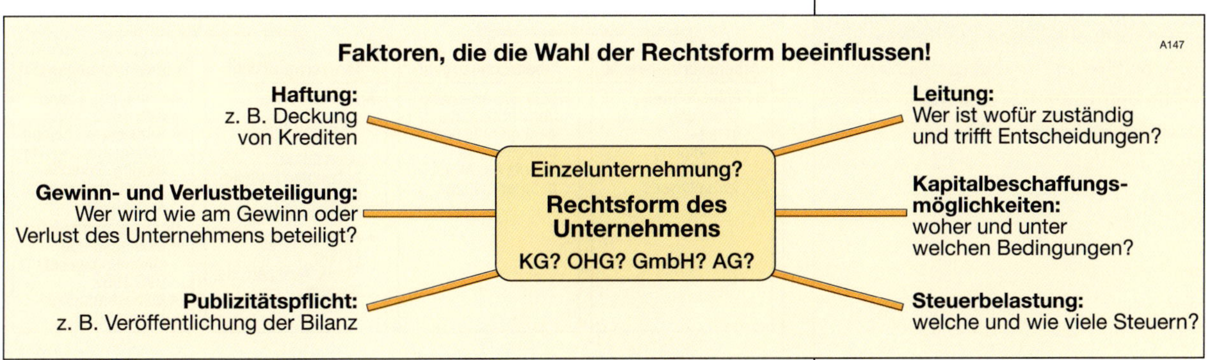

4.7.2 Arbeitsbeziehungen

Mit dem Begriff Arbeitsbeziehungen sind die Beziehungen zwischen Arbeitgebern und Arbeitnehmern gemeint. In Unternehmen, in denen Menschen miteinander arbeiten, sind Regelungen erforderlich um mögliche Konflikte lösen zu können. Viele dieser Regelungen sind im Arbeitsrecht enthalten (Arbeitsschutz, Tarifrecht, Mitbestimmungs- und Betriebsverfassungsrecht). Grundlage der Arbeitsbeziehungen ist der Arbeitsvertrag (AV), den Arbeitgeber und Arbeitnehmer miteinander schließen.

Die weitgehende Freiheit der Vertragspartner bei der konkreten Ausgestaltung des Arbeitsvertrages wird allerdings dreifach eingeschränkt durch

1. zwingendes Gesetzesrecht (z. B. Arbeitsschutzbestimmungen wie Verbot der Nachtarbeit für Jugendliche),
2. Tarifverträge (tarifliches Gesetzesrecht, z. B. hinsichtlich der Arbeitszeitregelungen),
3. die Vertragspartner selbst oder durch Betriebsvereinbarungen zwischen Arbeitgebern und Betriebsrat (nachgiebiges Gesetzesrecht, z. B. Urlaubsregelungen).

Alle Normen bzw. Regelungen dieser drei Gesetzesbereiche können nur in wenigen Fällen zu Lasten der Arbeitnehmer (z. B. weniger Lohn als im Tarifvertrag vorgesehen) verändert werden. Veränderungen zu Gunsten der Arbeitnehmer sind immer möglich. Arbeitsverträge können für unbefristete und für befristete Zeit abgeschlossen werden, wobei für die befristeten Arbeitsverträge umfangreiche gesetzliche Regelungen gelten.

Das deutsche System der Arbeitgeber-Arbeitnehmer-Beziehungen ist auf verschiedenen Ebenen geregelt: Regelungen auf der internationalen Ebene bestimmen diese Beziehungen ebenso wie ganz individualrechtliche Regelungen, die für die Gestaltung eines speziellen Arbeitsplatzes herangezogen werden können oder müssen. Die nachfolgende Grafik macht diese unterschiedlichen Regelungsebenen deutlich.

Wir werden uns im Weiteren einigen ausgewählten Themenbereichen besonders widmen:

- Betriebsverfassung – Rechte des Arbeitnehmers
- Mitbestimmung
- Kündigungsschutz
- Tarifpolitik

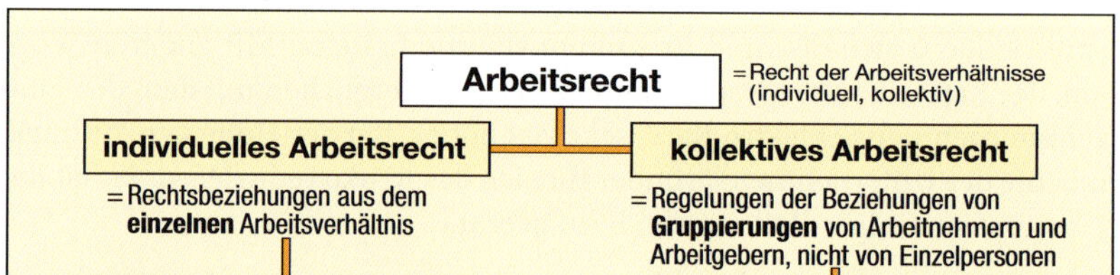

internationale Ebene:
- Konventionen
- Statuten / Richtlinien

nationale Ebene:
- Arbeitsschutzgesetze

Tarifebene:
- Tarifvertrag
- kollektive Vereinbarungen zwischen Arbeitgeberverbänden und Gewerkschaften

Unternehmensebene:
- Mitbestimmung in Leitungs- und Kontrollorganen von Kapitalgesellschaften

Betriebsebene:
- Betriebsverfassungsgesetz
- Partizipationsrechte der Arbeitnehmer / des Betriebsrates

Arbeitsplatzebene:
- Individualrechte der Arbeitnehmer
- arbeitsvertragliche Regelungen

1. Versuchen Sie eine Einordnung der ausgewählten vier Themenbereiche in die Übersicht.
2. Klären Sie die Unterscheidung „individuelles" und „kollektives Arbeitsrecht" und verdeutlichen Sie den Unterschied anhand konkreter Fälle.

Betriebsverfassung – Rechte des Arbeitnehmers
Arbeitnehmer haben viele fest umrissene Rechte. Beispielsweise in Fragen, die sich unmittelbar auf den persönlichen Arbeitsplatz beziehen, bestehen Informations- und Anhörungsrechte. So kann verlangt werden,

- dass darüber unterrichtet wird, wie sich neue Techniken auf den Arbeitsplatz auswirken,
- die Personalakte einzusehen,
- die Leistungsbeurteilung erläutert zu bekommen oder
- zu erklären, wie sich das Arbeitsentgelt zusammensetzt.

[...] Wenn in einem Betrieb der privaten Wirtschaft wenigstens fünf Arbeitnehmer über 18 Jahre beschäftigt sind, können sie einen Betriebsrat wählen. Allerdings müssen drei der Arbeitnehmer mindestens ein halbes Jahr zum Betrieb gehören (nur dann sind sie wählbar). Arbeitnehmer unter 18 Jahren sowie Auszubildende unter 25 Jahren können eine Jugend- und Auszubildendenvertretung wählen. Auf Unternehmensebene wird ein Gesamtbetriebsrat gebildet, auf Konzernebene kann ein Konzernbetriebsrat errichtet werden. Keinen Betriebsrat gibt es in Verwaltungen und Betrieben des Bundes, der Länder und der Gemeinden sowie in sonstigen Institutionen des öffentlichen Rechts. Für sie gelten statt des Betriebsverfassungsgesetzes das Personalvertretungsgesetz des Bundes bzw. – für den Bereich der Länder – die verschiedenen Landespersonalvertretungsgesetze. Leitende Angestellte [...] werden nicht vom Betriebsrat vertreten. Gibt es mindestens zehn leitende Angestellte im Betrieb, können sie einen Sprecherausschuss nach dem Sprecherausschussgesetz wählen. Auf Unternehmensebene kann ein Unternehmenssprecherausschuss gewählt werden. Daneben ist die Errichtung eines Konzernsprecherausschusses möglich.
Besonderheit: Die leitenden Angestellten können nur einen Sprecherausschuss wählen, wenn sich bei der ersten Wahl die Mehrheit von ihnen dafür ausspricht.

Wer ist für den Betriebsrat wahlberechtigt?
Alle Arbeitnehmer, die das 18. Lebensjahr vollendet haben, dürfen den Betriebsrat wählen. Betriebsratsmitglied können allerdings nur diejenigen werden, die seit mindestens sechs Monaten im Betrieb beschäftigt sind. Dazu zählen jedoch auch die Zeiten, die sie in einem anderen Betrieb desselben Unternehmens oder Konzerns gearbeitet haben.

Aufgaben des Betriebsrats
Der Betriebsrat soll u. a. darauf achten, dass die für die Arbeitnehmer geltenden Gesetze, Verordnungen und Unfallverhütungsvorschriften sowie die abgeschlossenen Tarifverträge und Betriebsvereinbarungen eingehalten werden. In einer Reihe von sozialen Angelegenheiten hat der Betriebsrat mitzubestimmen:

- wenn es um Fragen der Betriebsordnung und des Verhaltens der Arbeitnehmer geht;
- wenn betriebliche Arbeitszeitfragen geregelt oder Kurzarbeit oder Mehrarbeit eingeführt werden sollen;
- wenn allgemeine Urlaubsgrundsätze und der Urlaubsplan aufgestellt werden sowie festgelegt wird, wann der einzelne Arbeitnehmer seinen Urlaub nimmt, sofern sich Arbeitnehmer und Arbeitgeber im Einzelfall nicht einigen können;
- bei der Form, Ausgestaltung und Verwaltung von Sozialeinrichtungen, deren Wirkungsbereich auf den Betrieb, das Unternehmen oder den Konzern beschränkt ist;
- wenn technische Einrichtungen eingeführt oder angewendet werden sollen, die das Verhalten oder die Leistung der Arbeitnehmer überwachen;
- im Rahmen der gesetzlichen Vorschriften bei Regelungen, die Arbeitsun-

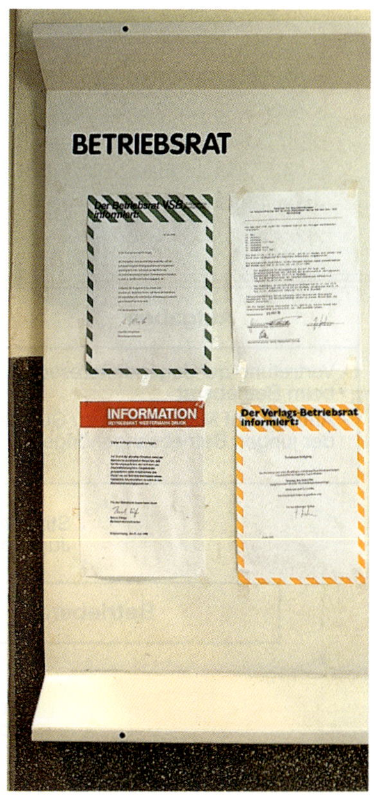

Informationen zum Kündigungsschutz

Die Kündigung ist eine einseitige und schriftliche Willenserklärung, die ohne die Annahme der anderen Partei rechtswirksam ist. Der Zugang dieser Erklärung reicht aus. Es wird generell zwischen der ordentlichen und der außerordentlichen (fristlos) beziehungsweise zwischen der verhaltensbedingten, personenbedingten und betriebsbedingten Kündigung unterschieden. Bei der außerordentlichen Kündigung muss ein wichtiger Grund vorliegen, so dass die weitere Beschäftigung des Arbeitnehmers für den Arbeitgeber nicht zumutbar ist. Die außerordentliche Kündigung ist daher eine unausweichlich letzte Maßnahme. Die ordentliche Kündigung, die grundsätzlich nur bei unbefristeten Arbeitsverhältnissen zulässig ist, muss soziale Aspekte und geltende Kündigungsfristen berücksichtigen.

Während der Probezeit, die nicht länger als sechs Monate sein darf, beträgt die Kündigungsfrist zwei Wochen. Bei einer Betriebszugehörigkeit von bis zu zwei Jahren beträgt die Kündigungsfrist vier Wochen, jeweils zum 15. des Monats oder zum Monatsende. Danach gelten Bestimmungen, die von der Dauer der Betriebszugehörigkeit abhängig sind. Bei der Sozialauswahl müssen Kriterien wie Familienstand, Status des Ehepartners, Anzahl der Kinder, Betriebszugehörigkeit usw. beachtet werden. Der Zwang zur Angabe von Gründen, die zur Auflösung des Arbeitsverhältnisses führen, wird entweder durch Tarifgesetze beziehungsweise Betriebsvereinbarungen vorgeschrieben, oder sie müssen bei einer außerordentlichen Kündigung auf Verlangen des Empfängers erfolgen.

Nachfolgend sollen die Merkmale der verschiedenen Kündigungsformen kurz erörtert werden:

- **Verhaltensbedingte Kündigung:** in dem Verhalten (Vertrauensmissbrauch, betrieblicher Bereich) der Person begründet, wobei einer Kündigung, wenn sie den Leistungsbereich betrifft, eine Abmahnung vorausgehen muss.
- **Personenbedingte Kündigung:** Gründe hierfür sind das Nachlassen der Leistungsfähigkeit, Qualifikationsmängel, Krankheit oder nicht vorhandene Anpassungsfähigkeit. Die Kündigung im Krankheitsfalle ist an strenge Bedingungen geknüpft und nur zulässig, wenn dies für den Arbeitgeber unzumutbare Folgen hat.
- **Betriebsbedingte Kündigung:** Dabei werden innerbetriebliche Umstände (Rationalisierung) und außerbetriebliche Umstände (Auftragsmangel, Umsatzrückgang) getrennt. Um die Wirksamkeit der Kündigung zu gewährleisten, müssen bei der Auswahl soziale Aspekte berücksichtigt werden.

Ohne die Unterrichtung des Betriebsrates ist eine Kündigung unwirksam. Bei der außerordentlichen kann der Betriebsrat innerhalb von drei Tagen schriftlich widersprechen. Bei der ordentlichen Kündigung beträgt die Frist hingegen eine Woche, wenn

- soziale Auswahlkriterien nach der subjektiven Wahrnehmung nicht ausreichend berücksichtigt worden sind,
- gegen gemeinsam vereinbarte Regelungen verstoßen wird,
- der Arbeitnehmer an einem anderen Arbeitsplatz weiter beschäftigt werden kann,
- Weiterbeschäftigung nach Schulungsmaßnahmen oder geänderten Vertragsbedingungen möglich ist.

Arbeitsrechtliche Regelungen unterliegen ständigen gesetzlichen Veränderungen. In konkreten Fällen wird deshalb immer juristischer Sachverstand erforderlich sein. Auch bei den Juristen gibt es für das Arbeitsrecht Spezialisten, weil die Fülle der Vorschriften fast unüberschaubar geworden ist.

Kündigungsschutz ist unmoralisch – Je weniger sich die Arbeitsmärkte bewegen dürfen, umso schwieriger die Jobsuche

Ziemlich grausam sind Bundesregierung und Opposition, wenn sie mit dem Arbeitslosengeld II die Langzeitarbeitslosen schneller in den Arbeitsmarkt drängen wollen. Grausam, nicht weil sie weniger Geld geben, sondern weil sie den Arbeitsmarkt nicht gleichzeitig öffnen. Nur ein Kündigungsrecht der Firmen ohne Einspruch von Gerichten und Gewerkschaften kann dies schaffen. Jedes Unternehmen stellt im Aufschwung Arbeitskräfte nur ein, wenn es sie widrigenfalls rasch wieder entlassen kann. Kündigungen aus wirtschaftlichen Gründen müssen umstandslos möglich sein, dürfen keine langen Fristen kennen und keine Kosten verursachen. [...] Die meisten Politiker sehen die Wirtschaft und die Arbeitsmärkte statisch [...]. Im einzelnen Betrieb aber fluktuiert die Auftragslage, er hat die richtigen Produkte oder auch nicht, oder alle Betriebe leiden unter schwacher Konjunktur. In allen diesen Fällen müssen sie die Arbeitskosten senken dürfen, sonst scheitern sie. Wenn sie sich so bewegen dürfen, werden sie produktiver und später wieder einstellen. Oder andere Unternehmen steigen auf, versuchen sich auf neuen Märkten und stellen Arbeitskräfte ein, aber nur, wenn sie auch wieder abbauen können, auch verschieben sich die Ansprüche der Produkte, der Prozesse, der Firmen, lernen Arbeitskräfte hinzu oder verlernen etwas, junge Kräfte bringen neue Fähigkeiten mit. Der Arbeitsmarkt ist ein Suchsystem, auf dem sich Fähigkeiten austauschen und sich jede Firma, jede Arbeitskraft verbessert, wenn sie eine passendere Kombination eingeht. Das Resultat eines solchen millionenfachen Suchprozesses ist eine Volkswirtschaft, die fit und deshalb vollbeschäftigt ist. Alle sind am richtigen Ort, alle Betriebe haben die richtigen Leute. Ein Kündigungsschutz verbaut den Suchprozess. Wenn die Vertreter der Beschäftigten und die Arbeitsämter vor Gericht ziehen und sperren können, bilden sie einen „Klub" der Arbeitsbesitzer, und sperren die Arbeitssuchenden aus. Die Arbeitsmärkte Großbritanniens, der USA, Australiens, Dänemarks oder der Schweiz drehen sich rasch. Wer arbeitslos wird, findet in den USA fünf Mal rascher eine neue Stelle als in den meisten Staaten Kontinentaleuropas. Wer eine schlecht bezahlte Stelle hat, steigt in allen Ländern innerhalb von fünf Jahren mit großer Wahrscheinlichkeit auf. Rasch drehende Arbeitsmärkte entmutigen die Arbeitslosen nicht, entwerten ihre Fähigkeiten nicht. [...] Aus ihrer statischen Weltsicht heraus versehen die Politiker auch die einzelnen Gruppen mit unterschiedlichem Kündigungsschutz. Wer diesen aber zwischen Klein- und Großbetrieben variiert, schafft zwei verschiedene Arbeitsmärkte. Wer zusätzlich Junge und Alte unterschiedlich schützt, macht daraus vier. Wer West und Ost anders behandelt, schafft acht, wer Invalide, Familienväter oder -mütter speziell schützt, macht sechzehn, zweiunddreißig daraus. Jede neue Variante ruft nach mehr Formularen, Kontrollen, Beamten. Kein Betrieb ist mehr frei zu entlassen oder einzustellen, keine Arbeitskraft kann sich mit einiger Aussicht auf Erfolg überall frei bewerben. [...] Der neueste Beschäftigungsausblick der OECD zählt die Kündigungsregeln der Industrieländer auf. Der Zusammenhang zwischen Kündigungsfreiheit und annähernder Vollbeschäftigung angelsächsischer Länder und europäischer Kleinstaaten mit freiem Arbeitsmarkt springt in die Augen. Oft genügt dort die mündliche Mitteilung. Selten werden Gruppen geschützt. Gerichte und Funktionäre dürfen nur diskriminierende Kündigungen wegen Rasse, Geschlecht, Gewerkschaftsarbeit beurteilen. [...]

Kündigungsregeln haben eine hohe moralische Qualität, aber nicht jene, derer sich die Regulierer rühmen. Umgekehrt – wer ökonomisch bedingte Kündigungen verhindern oder kontrollieren will, sabotiert die Rechte der Betriebsführung wie der Beschäftigten, die so auf einen verharschten Arbeitsmarkt verwiesen werden, wo niemand einstellt. Das ist in Wahrheit „der Abschied von der sozialen Marktwirtschaft", wie Müntefering gegen Kündigungsschutzlockerungen einwarf. [...]

Quelle: Die Welt vom 3.8.2004, Autor: Beat Kappeler

!

1. Formulieren Sie die Position Kappmeiers zum Kündigungsschutz und zeichnen Sie seinen Argumentationsgang nach.
2. Erläutern Sie die Aussage Kappmeiers „Der Arbeitsmarkt ist ein Suchsystem".
3. Welchen Zusammenhang stellt Kappmeier her, wenn er Gewerkschaften als „Arbeitsmarktmonopolisten" bezeichnet?
4. Kappmeier räumt dem Kündigungsschutz einerseits „hohe moralische Qualität" ein, aber andererseits führt er seiner Meinung nach unter bestimmten Bedingungen zum „Ende der sozialen Marktwirtschaft". Erläutern Sie diese scheinbar gegensätzliche Einschätzung.
5. Verfassen Sie in Form eines Leserbriefes eine Stellungnahme zur Position Kappmeiers.

Die Kombattanten des Streitgesprächs:

Reinhard Göhner ist Hauptgeschäftsführer der Bundesvereinigung der Deutschen Arbeitgeberverbände (BDA). Er ist Vorsitzender der gemeinsamen Mitbestimmungskommission von BDI und BDA, deren Reformvorschläge Ende November offiziell vorgelegt werden sollen. Göhner ist Mitglied mehrerer Aufsichtsräte.

Dietmar Hexel ist Vorstandsmitglied des Deutschen Gewerkschaftsbunds (DGB). Dort ist er unter anderem zuständig für die Bereiche Mitbestimmung, Rechtspolitik und Personal. Für seine Gewerkschaft, die IG Metall, war Hexel jahrelang Arbeitnehmervertreter in verschiedenen Aufsichtsräten.

Betriebliche Mitbestimmung

Streitgespräch: Mitbestimmung modernisieren – aber wie? BDA-Geschäftsführer Göhner und DGB-Vorstand Hexel über das Versagen der Aufsichtsräte, die Flucht ins Ausland und neue Gemeinsamkeiten

Herr Göhner, als eine Ursache für Krisen wie bei Karstadt und Opel hat Industriepräsident Michael Rogowski die Mitbestimmung im Aufsichtsrat ausgemacht. Sie hindere das Management, frühzeitig gegenzusteuern. Stimmt das?

Göhner: Ja. Bei Karstadt entscheidet Frau Wiethold im Aufsichtsrat als stellvertretende Vorsitzende über einen Sanierungspakt, den sie selbst als Verdi-Verhandlungsführerin ausgehandelt hat. Und das, nachdem sie ein Jahr zuvor noch mit mehr als 400 Streikmaßnahmen eine Öffnung des Flächentarifs im Einzelhandel verhindert hat. Ich glaube aber nicht, dass man die Mitbestimmung pauschal für Unternehmenskrisen verantwortlich machen kann. Der Reformbedarf ergibt sich aus der weltweiten Einmaligkeit des deutschen Mitbestimmungssystems und den Veränderungen des Gesellschaftsrechts durch die EU – Stichwörter Europa AG, Fusionsrichtlinie und Rechtsprechung des Europäischen Gerichtshofs.

Hexel: Und was ist mit den Vertretern von Banken in Aufsichtsräten, die zugleich Kreditgeber des Unternehmens sind? Mir ist nicht ein Fall bekannt, in dem Arbeitnehmervertreter im Aufsichtsrat eine Innovation ihres Unternehmens behindert haben. Es gibt aber unzählige Beispiele, wie die Mitbestimmung nötige Strukturveränderungen im Konsens mit den Arbeitnehmern ermöglicht und das Unternehmen gestärkt hat. Wegen dieser positiven Erfahrungen, die ja auch viele Manager anerkennen, sollten auch Sie weltweit für unser Modell werben, anstatt es schlecht zu reden.

Göhner: Deshalb will ich auch nicht die Mitbestimmung abschaffen, sondern die positiven Erfahrungen nutzen. Aber wir müssen sie grundlegend modernisieren. Die Gewerkschaften haben 30 Jahre lang für unser System geworben – vergeblich. Die Nachteile der deutschen Mitbestimmung haben sich weltweit herumgesprochen. Keiner außerhalb Deutschlands akzeptiert sie. Wir haben uns mit unserem Mitbestimmungssystem weltweit isoliert.

Hexel: Das ist eine propagandistische Behauptung. Sie treten gezielt eine Debatte los, um die deutsche Mitbestimmung zurückzudrängen. Wenn wir uns mal die Investitionstätigkeit ausländischer Konzerne in Deutschland ansehen, dann müssen auch Sie einräumen, dass die Mitbestimmung kein Hindernis ist.

Göhner: Sie verdrängen die Realität. Natürlich ist die Mitbestimmung in ihrer heutigen Ausprägung vielfach ein Hindernis. Nicht nur ausländische Unternehmen, sondern alle anderen europäischen Länder akzeptieren unser Mitbestimmungssystem nicht. Genau das zeigt doch die aktuelle Debatte zur EU-Fusionsrichtlinie.

Hexel: Ich erwarte ja gar nicht, dass andere EU-Staaten das deutsche System gleich in ihr nationales Recht übernehmen. Wenn ein fusioniertes Unternehmen seinen Sitz etwa in Rom nimmt, so sollte im Unternehmen ausgehandelt werden, welches Modell es anwendet. Aber wenn wir ein soziales Europa wollen, dann ist das noch lange kein Grund, in Deutschland alles zurückzudrehen und die Arbeitnehmer einfach an den Katzentisch zu setzen.

Göhner: Wir möchten, dass ein fusioniertes Unternehmen seinen Sitz nicht in Rom, sondern in Deutschland nimmt. Wir wollen, dass eine deutsche Holding nicht in ein anderes europäisches Land gehen muss, um unserem Mitbestimmungssystem zu entgehen. Deshalb will ich das Rad nicht zurück-, sondern nach vorn drehen. Ich bin zum Beispiel dafür, dass im Rahmen der betrieblichen Mitbestimmung die Betriebsräte mehr Rechte bei der Gestaltung von Arbeitsbedingungen bekommen. Die Zuständigkeit für Entscheidungen muss betriebsnäher werden und weniger von gewerkschaftlicher Fremdbestimmung beeinflusst sein. Das führt zu einem sozialen Europa, in dem niemand am Katzentisch sitzen soll – allerdings auch nicht wir Deutschen mit unserem isolierten Modell. […]

Herr Göhner, was konkret muss sich aus Sicht der Arbeitgeberverbände an der Mitbestimmung ändern?

Göhner: Die Vielfalt der Unternehmen von börsennotierten Aktiengesellschaften bis zu familiengeführten GmbHs verträgt kein einheitliches Mitbestimmungssystem. Deshalb sollen Arbeitnehmer und Arbeitgeber im Rahmen einer Vereinbarungslösung für ihr jeweiliges Unternehmen ein Mitbestimmungsmodell festlegen können, ähnlich der Rechtslage beim Europäischen Betriebsrat. Die Mitbestimmungskommission von BDA und BDI wird einen differenzierten Vorschlag dazu vorlegen. Ferner müssen die Aufsichtsräte verkleinert werden. Zwölf, 16 oder 20 Mitglieder, wie im Gesetz vorgesehen, sind einfach zu viel. Und es muss das Problem gelöst werden, dass bisher die Mitarbeiter von Auslandstöchtern deutscher Unternehmen im Aufsichtsrat nicht vertreten sind.

Hexel: Ich stimme zu, dass wir ausländische Arbeitnehmer stärker beteiligen sollten. Im Übrigen ist es heute schon so, dass wir kein bundeseinheitliches Mitbestimmungsmodell haben, das wissen Sie auch. Was die Größe des Aufsichtsrats angeht, bitte ich um etwas mehr Sachlichkeit. Zwei Drittel aller Aufsichtsräte in Deutschland haben die kleinstmögliche Anzahl von zwölf Mitgliedern. Nur 14 Prozent haben 20. Merkwürdigerweise hat das Leitunternehmen unserer Wirtschaft, die Deutsche Börse, freiwillig sogar 21 Mitglieder, von denen nur ein Drittel Arbeitnehmer sind. […]

Quelle: D. Creutzburg/H. Hauschild, Handelsblatt, Nr. 214, 03.11.04

Erarbeiten Sie die hier deutlich werdenden unterschiedlichen Positionen zur Mitbestimmung. Informieren Sie sich über die unten dargestellten Mitbestimmungsmodelle und versuchen Sie, die im Interview angesprochenen Schwierigkeiten im Verhältnis der beteiligten Gremien nachzuvollziehen. Beschreiben Sie das Problem, das sich in diesem Zusammenhang fusionierten Unternehmen mit internationalen Standorten stellt.

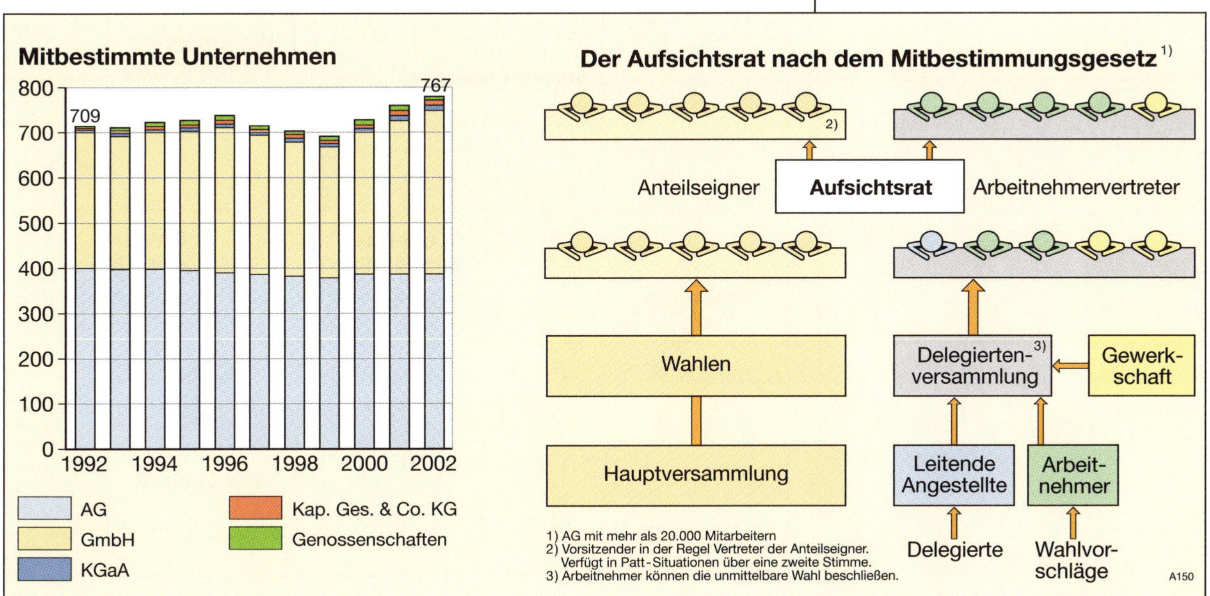

Betriebliche Mitbestimmungsmodelle

Mitbestimmung in Großunternehmen

Kapitalgesellschaften außerhalb der Montanwirtschaft (Bergbau und Stahlindustrie), die selbst oder zusammen mit abhängigen Tochterunternehmen mehr als 2.000 Arbeitnehmer beschäftigen, fallen unter das Mitbestimmungsgesetz von 1976. Dem Aufsichtsrat gehören nach diesem Gesetz zu gleichen Teilen Vertreter der Anteilseigner und der Arbeitnehmer an.
Dennoch haben die Anteilseigner ein leichtes Übergewicht – denn: Falls sich bei Entscheidungen im Aufsichtsrat wiederholt eine Stimmengleichheit ergibt, kann der Aufsichtsrat – der in der Praxis immer die Anteilseigner vertritt – eine zweite Stimme abgeben und so eine Mehrheitsentscheidung herbeiführen. Außerdem ist ein Sitz auf der Arbeitnehmerbank für einen leitenden Angestellten vorgesehen. Bei der Bestellung des Arbeitsdirektors haben die Vertreter der Arbeitnehmer – anders als in der Montanindustrie – kein Vetorecht.

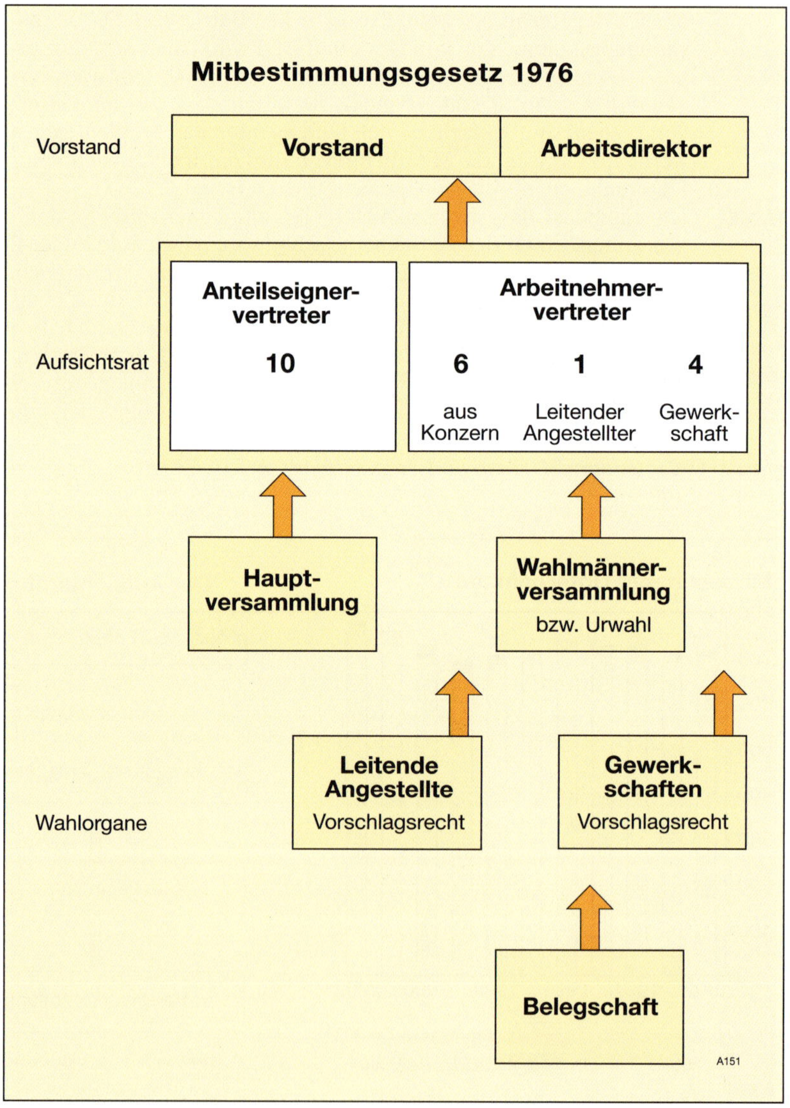

Mitbestimmung in der Montanindustrie
Die Montan-Mitbestimmung ist die älteste Form der Mitbestimmung im Unternehmen. Sie gilt für Kapitalgesellschaften des Bergbaus und der eisen- und stahlerzeugenden Industrie mit mehr als 1.000 Arbeitnehmern.

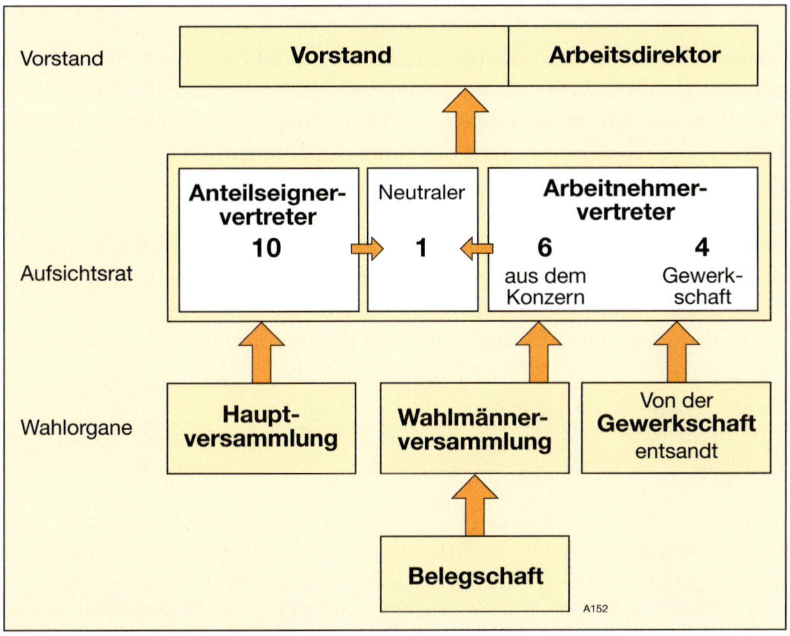

Mitbestimmung in kleineren Unternehmen
Bei Kapitalgesellschaften mit 500 bis 2.000 Arbeitnehmern muss der Aufsichtsrat zu einem Drittel mit Vertretern der Arbeitnehmer besetzt sein. Keine Mindestzahlen für Arbeitnehmer gelten dagegen bei Aktiengesellschaften und Kommanditgesellschaften auf Aktien, die vor dem 10. August 1994 gegründet wurden und keine Familiengesellschaften sind. Das bedeutet: Der Aufsichtsrat muss dann zu einem Drittel mit Vertretern der Arbeitnehmer besetzt sein, wenn die Gesellschaft weniger als 500 Beschäftigte hat. Zwar haben die Arbeitnehmer bei dieser Drittelbeteiligung kaum die Möglichkeit mitzuentscheiden. Sei erhalten jedoch wichtige Informationen.

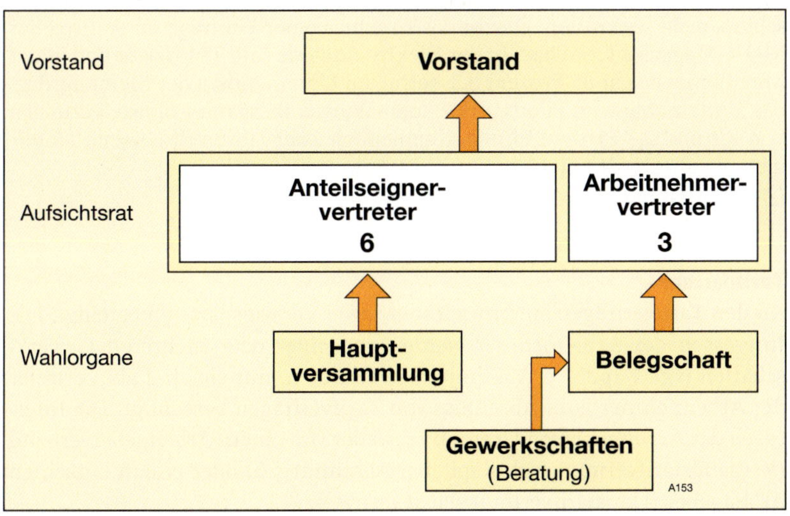

Stellen Sie die wesentlichen Unterschiede der Mitbestimmungsmodelle heraus.

Tarifpolitik

Die Tarifpolitik ist einer der herausragenden Bereiche zur Kennzeichnung der Beziehungen zwischen Arbeitgebern und Arbeitnehmern. Das gegenwärtige Tarifsystem und vor allem die Regelungsgewohnheiten sind das Ergebnis eines jahrzehntelangen Entwicklungsprozesses.

Alljährlich wird in der Bundesrepublik der Konflikt um die Einkommensverteilung durch Tarifverhandlungen neu gelöst, wenn Arbeitgeber und Arbeitnehmer auf der Grundlage des Tarifvertragsgesetzes in den tarifpolitischen Auseinandersetzungen die Höhe von Löhnen und Gehältern sowie die Gestaltung der Arbeitsverhältnisse aushandeln.

Während in der Nachkriegszeit vor allem Lohnerhöhungen im Mittelpunkt der tariflichen Auseinandersetzungen standen, traten Ende des 20. und zu Beginn des 21. Jahrhunderts z. B. Fragen zur Alters- und Beschäftigungssicherung und zur Qualifikation und Weiterbildung von Beschäftigten hinzu.

Der Pforzheimer Tarifabschluss

Am 12. Februar 2004 einigten sich die Tarifparteien in der Metallindustrie nach langen Verhandlungen in Pforzheim, die von Warnstreiks begleitet wurden, endlich auf einen Tarifvertrag: Neben einer Lohnerhöhung von insgesamt rund 2,5 Prozent wurden damals auch größere Gestaltungsspielräume für die Unternehmen für die Arbeitszeit und Sonderzahlungen vereinbart. Der Vertrag wird heute „Pforzheimer Abschluss“ genannt.
„Ziel dieser Vereinbarung ist es, am Standort Deutschland bestehende Arbeitsplätze zu sichern und neue Arbeitsplätze zu schaffen“, schreiben die IG Metall und der Verband der Metall- und Elektroindustrie in ihrem Vertragswerk. Im Klartext heißt dies: Sind für die Sicherung von Arbeitsplätzen abweichende Tarifregelungen nötig, können diese „befristet“ und einvernehmlich mit der Gewerkschaft speziell für das betroffene Unternehmen vereinbart werden. Dazu gehört unter anderem „die Kürzung von Sonderzahlungen, Stundung von Ansprüchen, Erhöhung oder Absenkung der Arbeitszeit mit oder ohne vollen Lohnausgleich“. [...]
Quelle: Hamburger Abendblatt, 22.10.2004

Tarifabschluss Metall- und Elektroindustrie – West-Tarifabschluss im Osten nicht verkraftbar

Die große Mehrheit der ostdeutschen Metall- und Elektrounternehmen kann nach eigener Angabe den jüngst ausgehandelten westdeutschen Tarifabschluss nicht verkraften. Das ist das Ergebnis einer Umfrage im Auftrag des MDR-Magazins Umschau: In der Elektroindustrie sind 78 Prozent und in der Metallbranche gar 85 Prozent der befragten Unternehmen der Meinung, dass der Tarifabschluss im Pilotbezirk Baden-Württemberg mit Lohnsteigerungen von 2,2 und 2,7 Prozent in den kommenden zwei Jahren das eigene Unternehmen überfordere. [...]
Quelle: www.mdr.de/umschau/1216078.html, v. 17.02.2004

1. Stellen Sie die in den kurzen Zeitungsartikelausschnitten genannten Verhandlungsergebnisse und deren Bewertung heraus.
2. Ermitteln Sie aktuelle Tarifverhandlungsrunden mit ihren entsprechenden Ergebnissen.
3. Kennzeichnen Sie den grundlegenden Konflikt zwischen den Verhandlungspartnern.

Tarifpartner

An den Tarifverträgen sind mindestens zwei Vertragsparteien beteiligt. Die Interessen der Arbeitnehmer werden von einer oder mehreren Gewerkschaften (vgl. Kapitel 5, Abschnitt 5.6) vertreten, nur sie sind als Vertreter der Arbeitnehmer zum Abschluss von Tarifverträgen berechtigt. Die Interessen der Arbeitgeberseite werden entweder von einem Arbeitgeberverband (Verbandstarifvertrag) (vgl. Kapitel 5, Abschnitt 5.6) oder einem einzelnen Arbeitgeber (Haustarifvertrag) selbst vertreten.

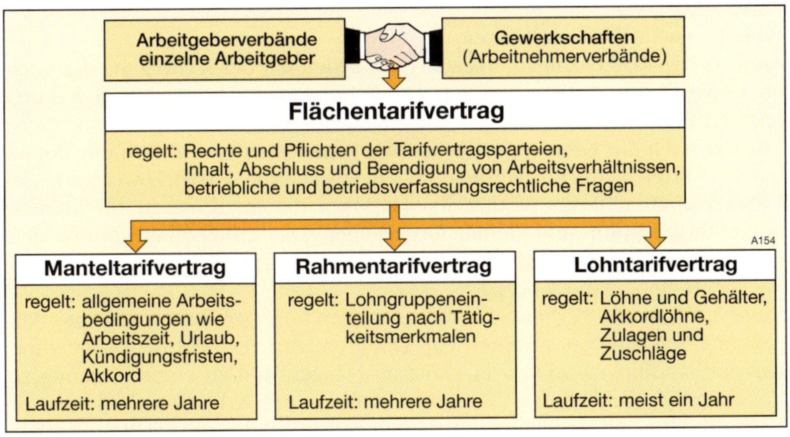

Gemäß Artikel 9, Absatz 3 des Grundgesetzes, in dem die Koalitionsfreiheit als demokratisches Grundrecht festgeschrieben ist, und dem Tarifvertragsgesetz herrscht in der Wirtschaft der Bundesrepublik Deutschland das Prinzip der Tarifautonomie. Das heißt, Arbeitgeber und Arbeitnehmer legen in freier Vereinbarung die Arbeitsbedingungen in den Unternehmen ohne regelndes Eingreifen des Staates fest. Die Tarifpartner, also die Verbände für die Arbeitgeberseite und die Gewerkschaften für die Arbeitnehmerseite, sind zuständig für Löhne, Gehälter und Ausbildungsvergütungen, für Pausenregelungen, Wochenarbeitszeit und den Urlaub. Diese Regelungen werden in entsprechenden Tarifverträgen vereinbart. Nur für eng begrenzte Vertragsinhalte, beispielsweise bezogen auf den Mindesturlaub oder die Lohnfortzahlung im Krankheitsfall, hat der Staat aus sozialpolitischen Erwägungen Untergrenzen vorgegeben, die von den Tarifpartnern respektiert werden müssen. Ebenso gibt es Obergrenzen, beispielsweise bei der täglichen Arbeitszeit.
Quelle: Bundesvereinigung der Deutschen Arbeitgeberverbände, Berlin; nachzulesen unter: http://www.arbeitgeberverbaende.de/tarifaut.htm

Wenn auch die Tarifautonomie Verhandlungen ohne die Mitwirkung des Staates gewährleistet, so haben staatliche Institutionen dennoch in gewisser Weise Einfluss auf die Tarifpolitik, wie das Schaubild verdeutlicht:

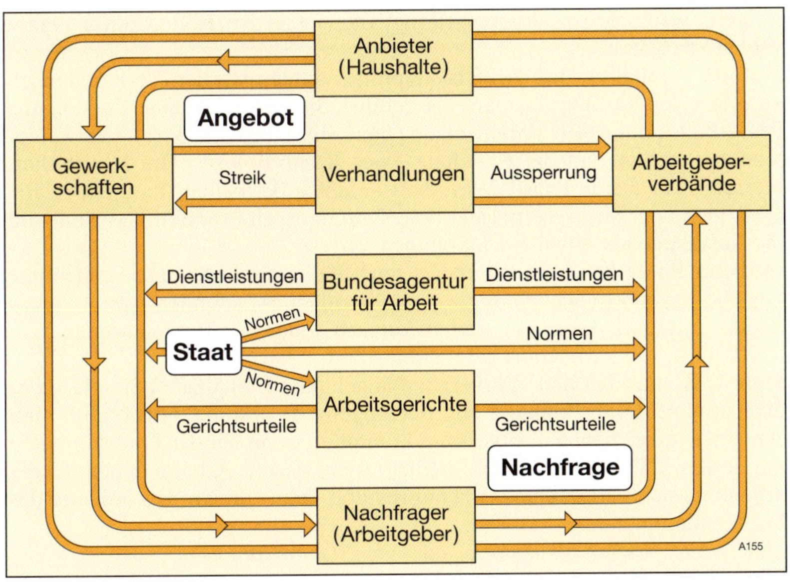

Bei der tarifpolitischen Willensbildung spielen die **Tarifkommissionen** eine wesentliche Rolle. Sie sind besetzt mit Funktionären und Mitgliedern der Gewerkschaften (z. B. Mitglieder von Betriebsräten oder Vertrauensleute aus den wichtigsten Betrieben des Geltungsbereichs des Tarifvertrags). Dieses Gremium bereitet die Tarifverhandlungen vor und stellt beispielsweise die Tarifforderungen, die Empfehlungscharakter haben, auf. Letztendlich entscheidet der Gewerkschaftsvorstand über die Ablehnung oder Akzeptanz eines Tarifergebnissen. Auch die Arbeitgeberseite bildet Tarifkommissionen, die sich aus den Repräsentanten der Unternehmen und Verbandsfunktionären zusammensetzen.

Ablauf von Tarifverhandlungen

Stufe 1: Die Tarifauseinandersetzungen werden mit der Kündigung des noch laufenden Tarifvertrags eingeleitet. Die Kündigung kann grundsätzlich durch jede der beiden Tarifvertragsparteien erfolgen.

Stufe 2: Nach der Kündigung des Tarifvertrags treten die Tarifkommissionen beider Parteien zu Tarifverhandlungen zusammen. Hierbei erläutern die Gewerkschaften ihrem Verhandlungspartner die im Kündigungsschreiben aufgeführten Lohn- und Gehaltsforderungen. Die Arbeitgeber unterbreiten ein Angebot. In der Regel weichen Forderung und Angebot in dieser Phase noch stark voneinander ab. […]

Stufe 3: Wenn alle Verhandlungsmittel ausgeschöpft sind, dann setzt das Allgemeine Schlichtungsverfahren ein. Dadurch wird versucht die festgefahrenen Verhandlungen wieder in Gang zu bringen und zu einer Einigung zu kommen. Die Schlichtung dient zur Erhaltung des Arbeitsfriedens und zur Verhinderung von Arbeitskämpfen. In der Regel sind die Schlichtungsstellen mit Beisitzern von Arbeitgeber und Arbeitnehmern und einem neutralen Vorsitzenden besetzt. Sie erarbeiten einen Einigungsvorschlag, der von den Tarifparteien angenommen oder abgelehnt werden kann. Im Falle der Annahme kommt es zu einem Abschluss eines neuen Tarifvertrages, im anderen Falle gilt die Schlichtung als gescheitert.

Mit dem Scheitern der Schlichtung erlischt die Friedenspflicht der Tarifparteien und es können nunmehr Arbeitskampfmaßnahmen eingeleitet werden.

Stufe 4: Bevor zum Streik aufgerufen wird, wird die Gewerkschaft noch eine Urabstimmung durchführen. Hierbei müssen alle Gewerkschaftsmitglieder in einem bestimmten Tarifgebiet auf einem Stimmzettel ankreuzen, ob sie für oder gegen einen Arbeitskampf sind. Voraussetzung für die Durchführung eines Streiks ist, dass mindestens 75 % der betroffenen Gewerkschaftsmitglieder sich für Streikmaßnahmen entscheiden.

Stufe 5: Das wichtigste Arbeitskampfmittel der Arbeitnehmer ist der Streik. Zum Streikaufruf sind allein die Gewerkschaften berechtigt. Sie besitzen als eine Art Gegenmacht zu den Arbeitgebern das Streikmonopol. Auf den Streik der Arbeitnehmer können die Arbeitgeber mit der Aussperrung reagieren. Hierbei wird den Arbeitnehmern von den Unternehmen der Zugang zu den Arbeitsplätzen verweigert. Während der Aussperrung ruhen die Rechte und Pflichten aus dem Arbeitsvertrag. Der Arbeitnehmer erbringt keine Leistung und erhält im Gegenzug keinen Lohn. Nach Beendigung der Aussperrung leben die Rechte und Pflichten aus dem Arbeitsvertrag wieder auf. Der Arbeitgeber kann eine Weiterbeschäftigung von Arbeitnehmern nur verweigern, wenn sie sozial gerechtfertigt ist, so z. B. bei Rädelsführern eines wilden Streiks.

Stufe 6: Parallel zu den Arbeitskampfmaßnahmen werden Verhandlungen zwischen den Tarifvertragsparteien geführt. Sie zielen auf eine Beendigung des Arbeitskampfes ab. Voraussetzung hierfür ist eine Annäherung der kämpfenden Parteien und die Erzielung eines Kompromisses. Die Bereitschaft hierfür ist in dieser Phase des Arbeitskampfes bei beiden Parteien relativ groß. Denn der Streik verursacht hohe Kosten durch Produktionsausfall und die Ausgesperrten erleiden Einkommensverluste.

In dieser Phase des Arbeitskampfes setzt häufig die besondere Schlichtung ein. Die besondere Schlichtung wird während eines laufenden Arbeitskampfes durchgeführt. In einem letzten Versuch sollen die festgefahrenen Verhandlungen wieder in Gang gebracht werden.

Stufe 7: Kommt bei den Tarifverhandlungen eine Einigung zu Stande, so ist eine erneute Urabstimmung zur Beendigung des Streiks notwendig. Zum Abschluss eines neuen Tarifvertrags kommt es, wenn bei der Urabstimmung mindestens 25 % der gewerkschaftlich organisierten Arbeitnehmer für die Annahme des Verhandlungsergebnisses und damit für die Beendigung des Streiks stimmt.

Quelle: http://www.bankazubis.de/awl/arbeitskampf.htm

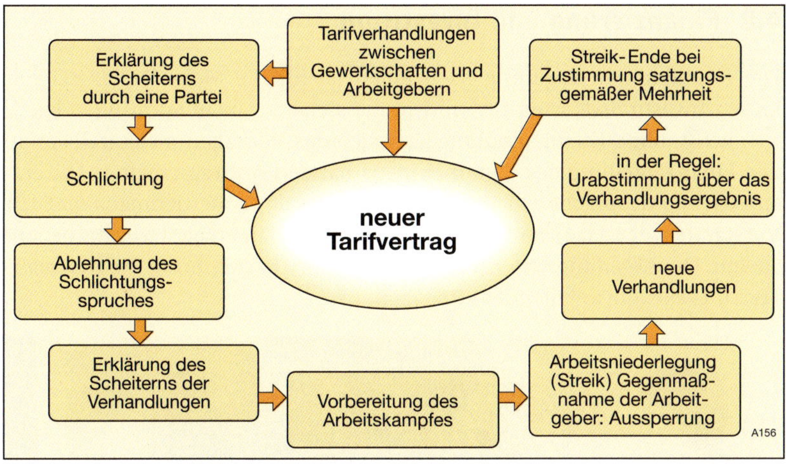

Verhandlungsbereiche in der gegenwärtigen Tarifpolitik

Natürlich geht es nach wie vor in erster Linie um die Aushandlung der Lohnhöhe. Derzeitig ist das Argument der Wettbewerbsfähigkeit des Standortes Deutschland im Rahmen der EU-Osterweiterung speziell, aber auch im Vergleich zu anderen Ländern ein besonders gewichtiges.

Die realen Lohnstückkosten müssen sinken, wenn die Produktivität der Unternehmen die Produktivität der auswärtigen Unternehmen nicht in dem Maße übersteigt, wie die deutschen Löhne über den ausländischen liegen. Die Stundenlohnkosten in der Industrie sind in Deutschland höher als wohl in allen anderen Ländern der Welt (vgl. Nolte, B., 2003, S. 185).

Ein zweiter gewichtiger Streitpunkt ist die Frage nach der Verbindlichkeit der ausgehandelten Ergebnisse. Lesen Sie dazu folgenden Zeitungsartikel:

Flächentarifvertrag
Wirtschaftsforscher fordert die Abschaffung

Nach Einschätzung von Dennis Snower, dem Präsidenten des Instituts für Weltwirtschaft, ist der Flächentarifvertrag ein Relikt des Wirtschaftswunders, das es möglichst schnell abzuschaffen gilt. Ginge es nach der Theorie, hätten landesweit einheitliche Regelungen nie eine Chance haben dürfen.

Kiel – „Hätten wir eine Welt, in der die Arbeit standardisiert ist, in der Menschen mit standardisierten Maschinenarbeiten und jeder dieselbe Produktivität hätte – unter solchen Umständen wäre ein Flächentarif in Ordnung", sagte der Wirtschaftswissenschaftler. Es hänge aber von den jeweiligen Umständen ab, wie produktiv jemand sei. In der Debatte über die Arbeitszeit in Deutschland setzt der Präsident des Kieler Institutes für Weltwirtschaft, Dennis Snower, vor allem auf mehr Flexibilität. „Meines Erachtens bestünde die geeignete Methode darin, den Leuten bei der Arbeitszeit mehr Spielraum zu geben", sagte Snower. „Wer länger arbeiten will, sollte die Möglichkeit haben, das zu tun." Dies wäre politisch leichter realisierbar, als sich darüber zu streiten, was vorgeschrieben werden soll. Es brauche aber auch nicht jedes Unternehmen längere Arbeitszeiten, sagte Snower angesichts von Forderungen nach einer generellen 40-Stunden-Woche. „Die Arbeit wird flexibler, und die Nachfrage nach Arbeitszeit wird auch flexibler", argumentierte der Ökonom. „Das hängt mit der Technologie und der Globalisierung zusammen – man kann sich diesem Phänomen nicht entziehen." Wenn man weiter das starre Instrumentarium aus der Vergangenheit nutze, werde einerseits die Arbeitslosigkeit steigen. Zum anderen würden Arbeitnehmer und Arbeitgeber zunehmend erkennen, dass das System nicht effizient sei.

Quelle: SPIEGEL ONLINE – 11. November 2004, 14:30

1. Untersuchen Sie momentan stattfindende oder abgeschlossenen Tarifverhandlungen daraufhin, in welcher Verhandlungsphase sie sich gerade befinden oder in welcher Phase ein Ergebnis gefunden wurde.
2. Arbeiten Sie die von Snower an den Flächentarifverträgen geäußerte Kritik heraus und erläutern Sie sie.

4.8 Finanzierung und Investition

Die Produktionsverlagerung nach Polen ist für die Meier-Papier-AG mit hohen Investitionskosten verbunden, die sie allein nicht aufbringen kann. Das heißt, ohne Kreditaufnahme lässt sich das Vorhaben nicht realisieren. Die Finanzabteilung des Unternehmens hat den Auftrag erhalten, für entsprechende Gespräche zwischen dem Vorstand des Unternehmens und den Vorständen der Hausbanken die notwendigen Unterlagen zusammenzustellen. Die Abteilungsleiterin Frau Krug bespricht mit ihrem Stellvertreter, Herrn Leske, die anfallenden Aufgaben.

Frau Krug: Wie Sie wissen, wird es in Kürze verschiedene Treffen unseres Vorstandes mit den Vorständen unserer Hausbanken geben. Ich wiederhole noch einmal die Zahlen: Für das gesamte Vorhaben sind Investitionen von ca. 2,5 Mio. Euro notwendig, davon müssen 1,2 Mio. Euro durch Kreditaufnahme gedeckt werden. Den derzeitigen Zinssatz für Unternehmenskredite von 8,5 % vorausgesetzt, müssen wir angesichts der aktuellen Kalkulation und der maximal möglichen jährlichen Tilgungsbeträge von einer Laufzeit von ca. acht Jahren ausgehen, wenn wir unsere Liquidität nicht gefährden wollen. Lassen Sie uns jetzt die anstehenden Aufgaben besprechen.
Herr Leske: Ich habe die gesamten zu erwartenden Finanzströme unseres Unternehmens für das nächste Jahr bereits in einem Liquiditätsplan zusammengestellt. Sie erhalten diesen morgen zusammen mit der letztjährigen Bilanz und der Gewinn- und Verlustrechnung.
Frau Krug: Und liegt mittlerweile die genaue Investitionsplanung vor?
Herr Leske: Die ist morgen früh fertig. Es fehlen noch die letzten Angaben aus der technischen Abteilung zu den exakten Umrüstungskosten. Und die Personalabteilung will innerhalb der nächsten zwei Stunden eine Aufstellung der Schulungskosten schicken. Die Präsentationsmappe zum Gesamtvorhaben aus der Marketingabteilung müssten Sie schon erhalten haben.
Frau Krug: Ja, danke. Das sieht ja schon gut aus. Hinein gehört noch die Rentabilitätsprognose rein. Fehlt nur noch die Übersicht über die laufenden Verbindlichkeiten.
Herr Leske: Die habe ich hier, können Sie gleich mitnehmen.
Frau Krug: Hervorragend, dann haben wir bis spätestens morgen Mittag ja alles zusammen und die Herren und Damen im Vorstand haben noch genügend Zeit, sich noch mal einzulesen. Danke für Ihre schnelle und gute Arbeit.

!

1. Stellen Sie die hier angesprochenen Aufgaben im vorgestellten Unternehmensbereich zusammen.
2. Welche Verknüpfungen bestehen zu anderen Abteilungen des Unternehmens?

4.8.1 Aufgabe der Finanzwirtschaft: Aufrechterhaltung der Zahlungsfähigkeit

Warum werden Unternehmen betrieben? Die Antwort ist einfach: Nicht um Sachgüter zu erstellen und Dienstleistungen zu erbringen, wie es häufig heißt. Das Hauptmotiv liegt darin, für die Eigentümer Einkommen zu erwirtschaften. Und auch die Beschäftigten, die Lieferanten und die Kreditgeber arbeiten mit und in einem Unternehmen, weil sie Einkommen erzielen wollen: Löhne, Gehälter, Zinsen, Dividenden usw.

Die Aufgabe der Finanzwirtschaft eines Unternehmens besteht darin, für einen Ausgleich der Finanzströme zu sorgen, d. h. für die Gelder, die in ein Unternehmen hinein- und die herausfließen.

Das wesentliche Ziel ist, die jederzeitige Zahlungsfähigkeit eines Unternehmens sicherzustellen, also „zu jedem Zeitpunkt liquide" zu sein. Illiquidität führt in letzter Konsequenz zum Konkurs und damit zum Ende eines Unternehmens.

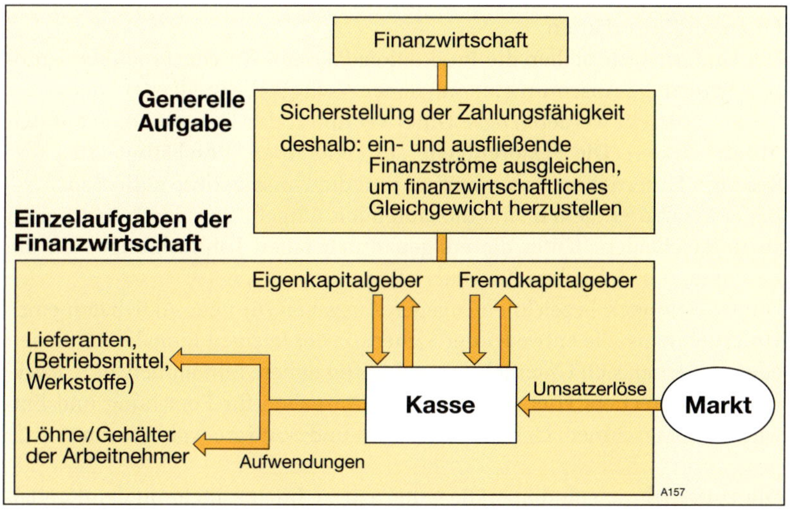

Man spricht vom dem finanziellen Gleichgewicht eines Unternehmens, das dann gegeben ist, wenn das Unternehmen zu jeder Zeit seinen fälligen Zahlungsverpflichtungen nachkommen kann und wenn die laufenden Einnahmen höher sind als die laufenden Ausgaben. Wenn eine Zahlungslücke entsteht, muss das Unternehmen die Chance haben, diese Lücke durch andere Zahlungsmittel zu schließen, z. B. durch Kredite von Banken.

Damit lassen sich die Entscheidungen eines Unternehmens in zweifacher Weise unterscheiden:

- Entscheidungen mit Bezug zur **Leistungssphäre**
  Das Unternehmen wählt Produkte / Dienstleistungen und Märkte aus, entscheidet sich für bestimmte Produktionsverfahren (vgl. Abschnitt 4.2), organisiert die Verwaltung, entscheidet sich für spezielle Marketingstrategien usw.

- Entscheidungen zur Steuerung der **Zahlungsströme**
  Hier geht es um die Einnahme und Ausgabe liquider Mittel.

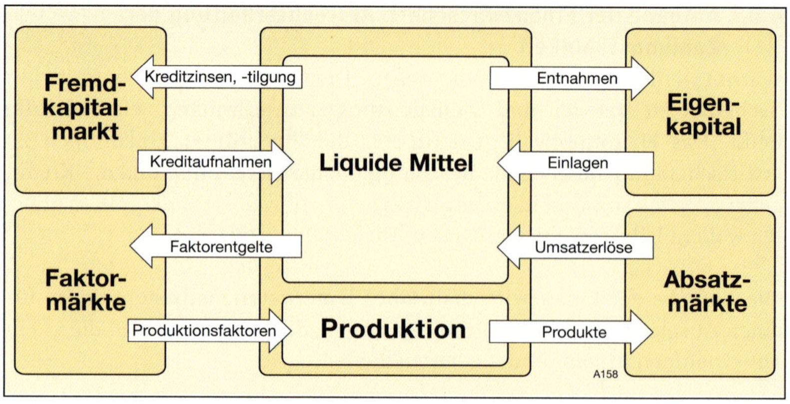

nach: F. Eisenführ: Finanzwirtschaft des Unternehmens, ÖBO-Baustein C08, Institut für Ökonomische Bildung, Oldenburg, 2003, S. 8

Wichtiger Hinweis:
In dem Exkurs „Grundgedanken des Rechnungswesens" lernen Sie ein Instrument kennen, das für Unternehmen im Zusammenhang mit der Thematik Finanzierung und Investitionen eine zentrale Bedeutung hat und Ihnen helfen wird, Finanzierungsströme eines Unternehmens noch besser zu erfassen.
Das Rechnungswesen gehört zwar nicht zu den besonders beliebten Inhalten des Wirtschaftsunterricht, jedoch hilft es dabei, betriebswirtschaftliche Denkweisen leichter nachzuvollziehen.

Im Folgenden konzentrieren wir uns auf die Steuerung der Finanzströme in einem Unternehmen. In einem ersten Schritt werden die dargestellten Finanzströme erläutert.
Die Faktormärkte stellen die Produktionsfaktoren für den Produktionsprozess bereit (vgl. Abschnitt 4.2), mit denen Sachgüter erstellt oder Dienstleistungen erbracht werden. Diese Güter veräußert das Unternehmen auf den Absatzmärkten. Die Faktorentgelte (an Lieferanten, Beschäftigte etc.) fließen vom Unternehmen ab, während ihm die Umsatzerlöse zufließen.
Bei den Faktorentgelten sind die laufenden Entgelte von den Investitionen zu unterscheiden. Unter die erstgenannten fallen Lohnzahlungen an die Beschäftigten, Ausgaben für Materialien usw.
Die Investitionen bezeichnen dagegen Ausgaben für neue Aktivitäten eines Unternehmens, die entweder der Sicherung der jetzigen Einnahmen dienen oder von denen sich Unternehmen zukünftig höhere Einnahmen, d. h. Rückflüsse versprechen. Hierzu zählen z. B. Ausgaben für Forschung und Entwicklung, Maschinen, Gebäude, Lizenzen und Software (vgl. Abschnitt 4.3).

Die Unternehmen sind über die Gütermärkte hinaus auch mit den Kapitalmärkten verbunden. Diese unterscheiden wir in Eigen- und Fremdkapitalmärkte:

- **Eigenkapitalmärkte**
  Hier agieren Personen und Unternehmen, die Einlagen in ein Unternehmen einzahlen und darüber Gewinnbeteiligungen und Mitspracherechte erhalten.
  Das Eigenkapital lässt sich als haftendes Kapital bezeichnen, das am Erfolg eines Unternehmens beteiligt ist, z. B. am Gewinn aus der Unternehmertätigkeit. Selbstverständlich gibt es auch ein Verlustrisiko, wenn die Kosten die Erträge übersteigen.
- **Fremdkapitalmärkte**
  Auf diesen Märkten werden Kredite zu fest vereinbarten Konditionen (z. B. Zinssatz, Rückzahlungszeitraum) angeboten und nachgefragt. Die Kreditgeber gewähren Kredite und erhalten dafür im Rahmen der Tilgung Zinszahlungen.

Ferner können Unternehmen auf Kapitalmärkten auch als Investoren auftreten um mit aktuell nicht benötigten Finanzmitteln Finanzerträge zu erwirtschaften.

4.8.2 Innen- und Außenfinanzierung

Neben der Unterscheidung von Fremd- und Eigenkapital ist die Unterscheidung zwischen Innen- und Außenfinanzierung von Bedeutung. D. h., es wird danach unterschieden, ob das benötigte Kapital selbst erwirtschaftet oder ob das benötigte Kapital der Unternehmung von außen zugeführt worden ist.

Geringe Eigenkapitalquote als Achillesferse
Die durchschnittliche Eigenkapitalquote liegt in Deutschland bei 18 Prozent, das ist im internationalen Vergleich äußerst niedrig. In den USA, aber beispielsweise auch in den Nachbarländern Belgien oder Niederlande, liegt die durchschnittliche Eigenkapitalquote der Unternehmen bei etwa 40 bis 50 Prozent.
Quelle: www.ihk-nuernberg.de

Die Kapitaleinlage, die zum Beispiel Herr Meier seiner Firma zur Verfügung stellen würde oder die von Gesellschaftern einer GmbH (vgl. Abschnitt 4.7) eingezahlt werden, sind Beispiele für eine Außenfinanzierung. Man spricht in diesem Fall auch von einer Beteiligungsfinanzierung (vgl. die Abbildung unten). Damit wiederum liegt gleichzeitig eine sogenannte Eigenfinanzierung vor, weil das Kapital von den Eigentümern des Unternehmens zur Verfügung gestellt wird.
Wird jedoch ein Kreditaufnahme erforderlich, dann handelt es sich um eine Außenfinanzierung in der Form einer Fremdfinanzierung.

Die Innenfinanzierung soll an zwei Beispielen verdeutlicht werden: Erstens kann die Innenfinanzierung dadurch erfolgen, dass nicht alle erwirtschafteten Gewinne ausgeschüttet werden und damit die Unternehmung sich durch die eigene Geschäftstätigkeit finanziert. Oder es werden neue Investitionen aus den Abschreibungen der vorhergehenden Jahre finanziert.

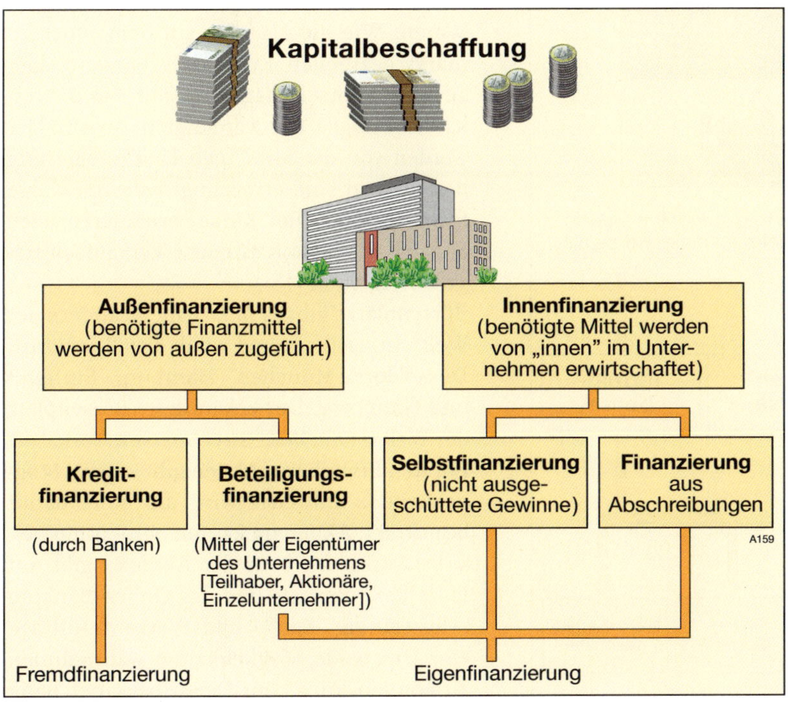

Basel II
Umgangssprachliche Bezeichnung für die Neufassung der Eigenkapitalvereinbarung von 1992 (Basel I) durch den in Basel tagenden Ausschuss für Bankenaufsicht.
Ziel dieser auch als Eigenkapital-Unterlegung bei der Kreditvergabe bezeichneten Vereinbarung ist es, die wirtschaftlichen Risiken im Kreditgeschäft der Banken zu verringern. Dazu sollen die Risiken von Kreditvergaben besser als bisher erfasst werden, z. B. indem ein neues Ratingverfahren eingeführt wird, das die Bonität von Unternehmen prüft und erkennbar macht. Weiter sollen für verschiedene Bereiche des Bankgewerbes erweiterte Offenlegungspflichten eingeführt werden. Basel II ist für den überdurchschnittlich stark von Krediten abhängigen Mittelstand bedeutsam, v. a. hinsichtlich Kreditvergabe und -konditionen.
Quelle: Der Brockhaus/Wirtschaft, Mannheim: Brockhaus, S. 74

Befragen Sie eine(n) mittelständische(n) Unternehmer(in) zu den Auswirkungen von Basel II auf das eigene Unternehmen.

4.8.3 Finanzinstitutionen am Beispiel der Börse

Wenn ein Unternehmen Kapital beschaffen muss bzw. anbieten will, kann es sich der Finanzinstitutionen bedienen, die es in einer Volkswirtschaft gibt. Sie treten sich als Kapitalanbieter und Kapitalnachfrager auf Märkten gegenüber.

Unterscheiden lassen sich Kapitalmärkte von Geldmärkten: Kapitalmärkte sind Märkte für langfristige Finanzierungen, während der Geldmarkt ein Markt für kurzfristige Finanzierungen darstellt.

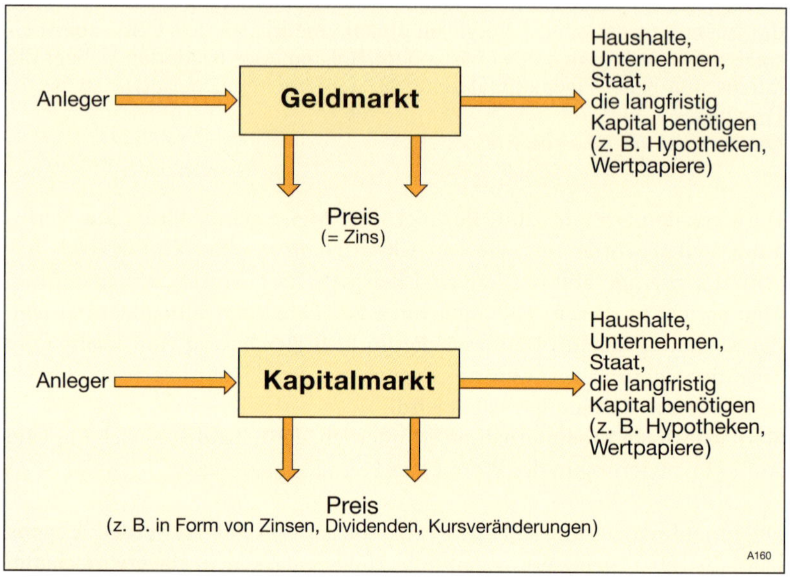

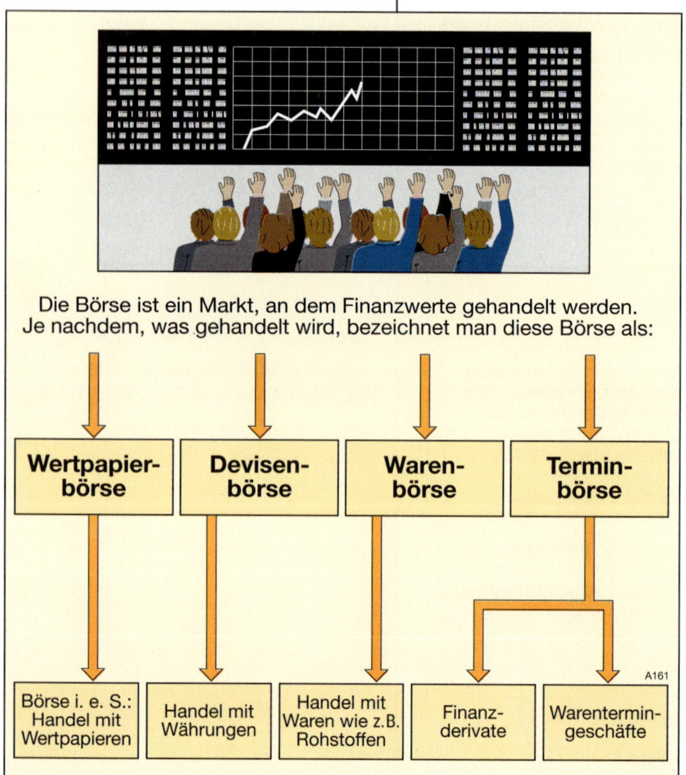

Die wichtigsten Kapitalmärkte sind die Börsen. Sie sind die Märkte für den Kauf und Verkauf von Wertpapieren, Devisen und Waren. Wie die Händler auf dem Wochenmarkt bearbeiten Kurs- oder Börsenmakler an den Börsen täglich Kauf- und Verkaufsaufträge. Die vereidigten Kursmakler werden von der jeweiligen Landesregierung bestellt und sind ermächtigt jederzeit Kurse festzustellen. Die Kurse orientieren sich danach, wie viele Kauf- oder Verkaufsaufträge vorliegen.

Börsenplätze gibt es in fast allen Ländern der Welt. In Deutschland sind dies Frankfurt, Düsseldorf, München, Hamburg, Stuttgart und Hannover. Der bekannteste Börsenplatz der Welt ist die Wall Street in New York.

Für den Erwerb von Aktien gibt es zwei Möglichkeiten. Entweder wird die Bank damit beauftragt, Aktien zu kaufen beziehungsweise zu verkaufen oder der Aktionär gibt mit Hilfe des Internets und des Online-Banking selbstständig Kauf- und Verkaufsaufträge ein. Um beide Möglichkeiten wahrnehmen zu können, muss ein Depot bei einer Bank

vorhanden sein. Ein Depot kann man sich problemlos bei seiner Hausbank einrichten lassen. Bei der Abwicklung einer Order fallen immer Gebühren an. Daher sollte man vor Einrichtung eines Depots einen Preisvergleich zwischen den Gebühren der einzelnen Banken vornehmen.
Die Aktiengesellschaften werden in verschiedene Indizes gelistet (siehe Marginalie). Für die Aufnahme müssen bestimmte Kriterien wie Marktkapitalisierung oder der Börsenumsatz erfüllt werden. Die beiden bekanntesten Indizes in Deutschland sind der DAX-30 und der TEC-DAX. In den USA sind dies der DOW-JONES und die NASDAQ. Weitere Indizes in Deutschland sind der M-DAX, S-DAX oder der Technology-All-Share Index. Im DAX 30 sind die größten deutschen Unternehmen gelistet.

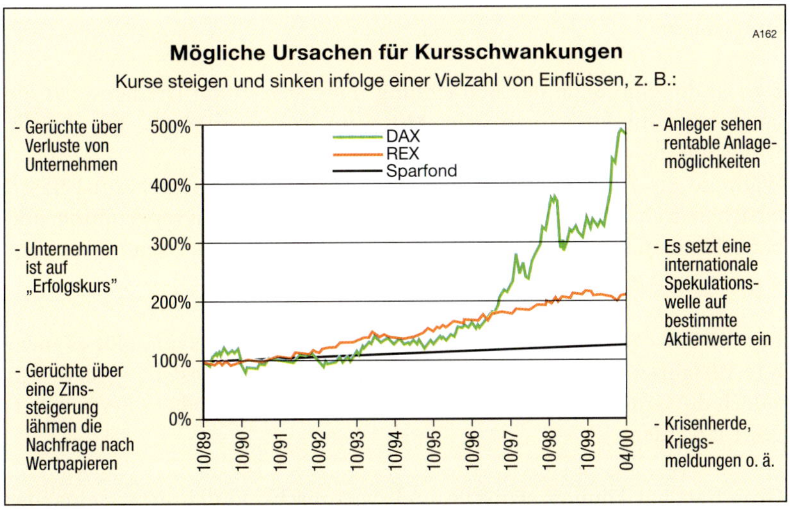

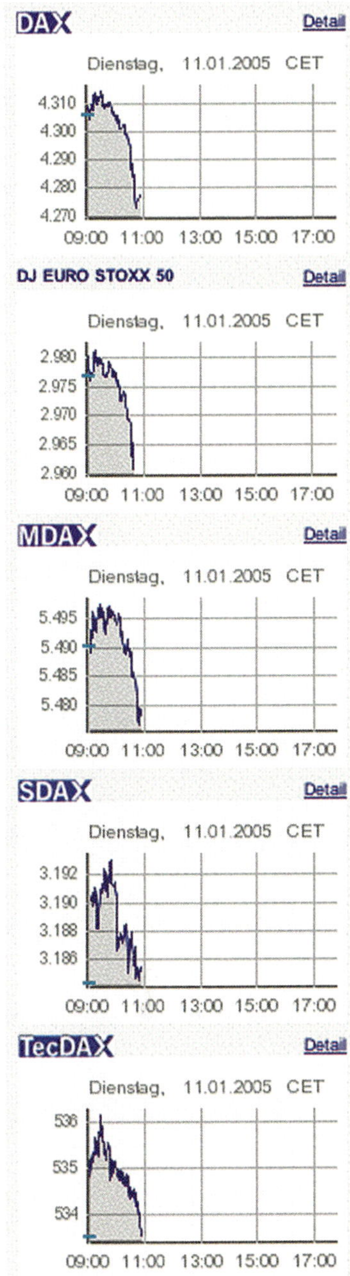

Eta oder El Kaida? Aktienkurse rutschen deutlich ab
[...] Das Attentat in Madrid hat an den Finanzmärkten für Turbulenzen gesorgt. In einem ohnehin schwachen Umfeld drückte die Verunsicherung nach dem Anschlag zusätzlich auf die Stimmung der Börsianer. Der Dow-Jones-Index der New Yorker Börse fiel um mehr als 1,5 %, der Euro-Stoxx-50 – Leitindex für den Euro-Raum – sackte um gut 2,5 %. Der Kurs des Euros stieg auf über 1,23 Dollar. Die Befürchtung, dass nicht die baskische Untergrundorganisation Eta, sondern die Islamistengruppe El Kaida Urheber des Anschlags gewesen sei, rückte die internationale Terrorgefahr wieder in den Fokus der Anleger. Das belastete den Dollar.
„Die Anschläge spielen an den Börsen eine gewaltige Rolle", sagte Fidel Helmer, Leiter des Aktienhandels bei Hauck & Aufhäuser. Zwar seien die Vorgaben für den europäischen Handel ohnehin schlecht gewesen. „Die Nachricht über die Anschläge, die unmittelbar nach Handelseröffnung eintraf, hat den Anlegern aber jegliche Lust auf Aktien genommen", so Helmer. Nun komme es darauf an, ob sich die Eta zu dem Anschlag bekenne. Werde die Befürchtung, dass El Kaida hinter dem Attentat steckt, nicht entkräftet, nehme die Verunsicherung noch zu. Für Aktien bestehe dann weiteres Rückschlagspotenzial.
Der Deutsche Aktienindex gab zeitweise mehr als 4 % nach. Der spanische Ibex 35 verlor 2 %. Angeführt wurden die Verluste vom Touristikkonzern Tui. Spanien ist das beliebteste Reiseziel der Deutschen. Auch Aktien von Fluggesellschaften wie Lufthansa und Versicherern gerieten unter Druck. Die Wall Street zeigte sich sehr verunsichert, nachdem ein angebliches Bekennerschreiben der El Kaida aufgetaucht war.
Quelle: Handelsblatt, Nr. 051, 12.03.04, S. 3, Autor: rad/rp/som

!

1. Welche Faktoren beeinflussen im vorliegenden Fall die Börsenkurse und Unternehmenswerte?
2. Finden Sie aktuelle Beispiele für vergleichbare Einflussfaktoren.

4.8.4 Investitionen

Investitionsbegriff
Ein charakteristisches Merkmal unternehmerischer Tätigkeit besteht darin, dass Mittel z. B. heute eingesetzt werden müssen, damit morgen oder im nächsten Jahr der Rückfluss von Mitteln erfolgt, der möglichst höher als die eingesetzten Mittel ist.

Mit dem Einsatz der Mittel haben Unternehmen also Erwartungen an die Zukunft. Unternehmen tätigen Investitionen, um ihre Existenz nicht nur auf dem jetzigen Stand zu sichern, sondern auch, um die wirtschaftliche Situation für die weitere Zukunft zu verbessern, eine bessere Marktstellung zu erlangen.

Das ist die eine Seite der Betrachtung. Eine Investition ist aber auch die langfristige Bindung finanzieller Mittel im Anlagevermögen, mit der die Umwandlung von Kapital in Vermögen erfolgt.
Während die Finanzierung sich mit der Frage der Mittelherkunft befasst, beziehen sich Investitionsentscheidungen auf die Mittelverwendung und betreffen damit die Aktivseite der Bilanz (vgl. den Exkurs „Grundgedanken des Rechnungswesens“, S. 326 ff.).

Bilanz	A163
Aktivseite	**Passivseite**
Vermögen - Anlagevermögen - Umlaufvermögen	**Kapital** - Eigenkapital - Fremdkapital
Verwendung der Mittel **Investition**	Herkunft der Mittel **Finanzierung**

Für die Einschätzung, ob eine Investition lohnend sein kann, gibt es mehrere Verfahren. Sie können hier nicht im Einzelnen dargestellt werden. Um jedoch die Grundidee solcher Verfahren zu verstehen, soll ein Beispiel dargestellt werden.

Grundsätzlich können statische und dynamische Verfahren voneinander unterschieden werden. Vereinfacht gesagt berücksichtigen die dynamischen Verfahren im Gegensatz zu den statischen Verfahren die Tatsache, dass Ein- und Auszahlungen zu unterschiedlichen Zeitpunkten stattfinden und durch Auf- bzw. Abzinsung (Diskontierung) vergleichbar gemacht werden müssen. Hier werden beispielhaft die Rentabilitäts- und die Amortisationsmethode vorgestellt.

Beispiel: Rentabilitätsrechnung
Investitionsvorhaben können anhand ihrer Rentabilität bewertet werden. Die Rendite eines Investitionsvorhabens wird ermittelt, indem der jährliche Gewinn / Cash-flow durch die Investitionskosten geteilt wird.

Beispiel:	Investitionskosten = 10.000,00 Euro Jährlicher Gewinn = 2.500,00 Euro
Rendite	= Jährlicher Gewinn: Investitionskosten x 100 = 2.500 Euro: (10.000 Euro x 100) = 25 %

Die Entscheidungsregel lautet: „Wähle die Investition mit der höchsten Rendite“.

Beispiel: Amortisationsrechnung
Investitionsvorhaben können anhand ihrer Amortisationsdauer bewertet werden. Die Amortisationsdauer ist die Zeit, die vergeht, bis die Anfangsauszahlung eines Investitionsvorhabens durch die Einzahlungsüberschüsse der Investition amortisiert werden.

Beispiel:	Investitionskosten	= 10.000,00 Euro
	Durchschnittlicher Rückfluss pro Jahr	= 2.500,00 Euro

Amortisationszeit = Investitionskosten:
Durchschnittlicher Rückfluss pro Jahr

= 10.000 Euro : 2.500 Euro p. a. = 4 Jahre

Die Entscheidungsregel lautet: „Wähle das Investitionsvorhaben mit der kürzesten Amortisationsdauer“.

Abschreibungen
(vgl. dazu auch Exkurs „Grundgedanken des Rechnungswesens“ S. 326 ff.)

Notwendigkeit der Abschreibungen
Investitionsgegenstände (d. h. Gegenstände des Anlagevermögens) sollen dem Unternehmen dauerhaft dienen. Da die meisten Anlagegüter (z. B. Gebäude, Maschinen, Fahrzeuge, Werkzeuge) aber einem ständigen Werteverfall unterliegen, ist ihre Nutzung zeitlich begrenzt und sie müssen folglich im Laufe der Zeit durch neue Anlagegüter ersetzt werden.

Abschreibungen sorgen für eine Verteilung der Ausgaben für Investitionsgüter über mehrere Perioden. Das bedeutet, dass die Anschaffungs- bzw. Herstellungskosten des abnutzbaren Anlagevermögens buchmäßig nach und nach als Aufwand auf die Jahre der Nutzung verteilt werden, d. h. planmäßig abgeschrieben werden.

Ursachen der Abschreibung
1. Technische Ursachen: technischer Verschleiß durch Gebrauch, ruhender Verschleiß (Verwitterung, Verrostung, Zersetzung), außergewöhnlicher Verschleiß (Katastrophenverschleiß)

2. Wirtschaftliche Ursachen: Nachfrageverschiebungen, Fehlinvestitionen, Ineffizienz (durch technischen Fortschritt, gesunkene Wiederbeschaffungskosten, Umsatzrückgang durch Modeveränderungen)

3. Rechtliche Ursachen: Entwertung durch gesetzgeberische Maßnahmen, zeitlicher Ablauf von Verträgen (Pacht-, Miet-, Leasing-, Franchiseverträge) oder Schutzrechten (Konzessionen, Patente, Lizenzen, Gebrauchsmuster)

Lucca Paciola gilt als „Erfinder" der doppelten Buchführung, mit der wirtschaftliche Vorgänge besser erfasst und beurteilt werden können.

Der Begriff Rechnungswesen gliedert sich in folgende Unterpunkte:

Rechnungswesen
- Buchführung
- Kosten- und Leistungsrechnung
- Statistik
- Planung

Exkurs: Grundgedanken des Rechnungswesens

In den Exkursen „Sozialprodukt“ (s. S. 68) und „Einführung in die Volkswirtschaftliche Gesamtrechnung“ (s. S. 342) haben wir an einfachen Beispielen kennen gelernt, wie für eine Volkswirtschaft der Wert der in einem Jahr erstellten Produkte und erbrachten Dienstleistungen errechnet werden kann.
Wir wechseln jetzt zur betriebswirtschaftlichen Perspektive und wollen ebenfalls an einfachen Beispielen erarbeiten, wie in einem Unternehmen die finanziellen Beziehungen erfasst und ausgewertet werden können, damit ein Unternehmen Informationen hat, um das betriebliche Geschehen zu planen, zu steuern und zu kontrollieren.
Nicht nur der Unternehmer bzw. die Unternehmerin ist bei allen Tätigkeiten und den umfangreichen Aufgabenbereichen daran interessiert mit dem Unternehmen Gewinn zu erzielen. Auch der Staat stellt – neben anderen – eine Interessengruppe dar. Entscheidet doch der zu versteuernde Gewinn über die Höhe der Steuereinnahmen des Staates. Gesetzlich ist jeder Kaufmann verpflichtet Bücher über die Geschäftsvorfälle in seinem Unternehmen zu führen. Das Handelsgesetzbuch (HGB) enthält in seinem 3. Buch „Handelsbücher“ eine Darstellung der handelsrechtlichen Rechnungslegungsvorschriften und ist somit gesetzliche Grundlage für die Buchführung, die einen Teilaufgabe des Rechnungswesens darstellt.
Wir können in diesem Unterkapital nur einen kurzen Einblick in den Charakter des Rechungswesens geben. Zur Verdeutlichung wählen wir die „Buchführung“ einer Videothek. Vorab machen wir Sie mit der notwendigen Begrifflichkeit vertraut.

Unser Hauptaugenmerk gilt der Buchführung. Die Bereiche Kosten- und Leistungsrechung, die Statistik und die Planung werden wir an dieser Stelle daher nur kurz vorstellen:

In der **Kosten- und Leistungsrechnung**, früher auch Betriebsbuchhaltung genannt, werden alle betriebsbezogenen Wertezuwächse (= Leistungen) und Werteverbräuche (= Kosten) erfasst, die durch die dem Unternehmen zugehörigen Tätigkeiten verursacht werden. Hieraus kann die KLR dann das Betriebsergebnis ermitteln: entweder Betriebsgewinn oder einen Betriebsverlust. Die Überwachung der Wirtschaftlichkeit eines Unternehmens ist somit eine Hauptaufgabe der KLR.

Die **Statistik** übernimmt im Rechnungswesen zwei wesentliche Aufgaben. Zum einen ist sie für die Aufbereitung und Auswertung der Zahlen der Buchführung und der Kosten- und Leitungsrechung verantwortlich mit dem Ziel betriebliches Geschehen zu überwachen und Informationen für die unternehmerische Planung zu gewinnen. Auf der anderen Seite führt sie mit Hilfe früherer Geschäftsdaten bzw. mit Geschäftsdaten von Unternehmern der gleichen Branche eine Vergleichsrechnung durch und kann somit wichtige Erkenntnisse für die Unternehmensleitung erbringen.

Die **Planung** hat die Aufgabe, zukünftige betriebliche Entwicklungen auf der Basis des Zahlenmaterials der anderen Teilbereiche des Rechungswesens in Form von Voranschlägen zu berechnen. Sie vergleicht Zahlen, die von der Geschäftsleitung vorgegeben wurden (Sollzahlen), mit denen, die tatsächlich erreicht worden sind (Istzahlen) und ermittelt aussagefähige Erkenntnisse über Abweichungen und deren Ursachen.

Buchführung
Das Herzstück und somit die Hauptaufgabe der Buchführung ist die Dokumentation aller Geschäftsvorfälle und die Ermittlung des Gewinns am Ende eines Geschäftsjahres. Das Geschäftsjahr eines Unternehmens muss zwölf Monate umfassen und ist fast immer identisch mit dem Kalenderjahr. Das Ziel der Buchführung ist eine systematische, transparente und verständliche Offenlegung der geschäftlichen Aktivitäten. Insbesondere schreiben Steuer- und Handelsrecht für buchführungspflichtige Unternehmen genau vor, wie die Buchführung zu erfolgen hat. Dies drückt sich in den sogenannten Grundsätzen ordnungsmäßiger Buchführung (GoB) (§ 238 HGB, § 243 HGB) sowie in der Abgabenordnung (AO) aus.

Inventur / Inventar
Bei der Gründung eines Unternehmens, juristisch spricht man auch „zu Beginn eines Handelsgewerbes“, sind Grundstücke, Schulden und sonstige dem Unternehmen zugehörigen Vermögensgegenstände wertmäßig zu erfassen (§ 240 Abs. 1 HGB). Diesen Vorgang nennt man Inventur. Sie ist am Ende jeden Geschäftsjahres zu wiederholen. Das Verzeichnis, in dem man dies alles in Staffelform – dies ist eine tabellarische Auflistung – zusammenstellt, heißt Inventar. Es dient als Grundlage für die Aufstellung der Bilanz und dazu, das betriebliche Vermögen nachzuweisen. So soll unter anderem verhindert werden, dass Vermögensgegenstände unkontrolliert verschwinden können.

Inventur:
Bestands**aufnahme** der Vermögensteile und Schulden und ihre Bewertung

↓

Inventar:
Bestand**verzeichnis** der Vermögensteile und Schulden an einem bestimmten Zeitpunkt

↓

Bilanz:
kurzgefasste Übersicht über Vermögen, Eigen- und Fremdkapital

Bilanz
Die Bilanz stellt das Verhältnis von Vermögen und Schulden dar. Sie soll darüber informieren, mit welchem Erfolg das Unternehmen in einem bestimmten Geschäftsjahr gearbeitet hat (Jahresergebnis). Der Saldo zwischen Vermögen und Schulden ist das Eigenkapital eines Unternehmens. Die Bilanz ist eine Kurzfassung des Inventars in Kontenform. Auf der linken Seite der Bilanz werden die Vermögensteile, auf der rechten Seite die Schulden bzw. Verbindlichkeiten (Fremdkapital) und das Eigenkapital als Ausgleich aufgeführt. Die Bilanz eines Unternehmens muss immer ausgeglichen sein, d. h., sowohl die Vermögensseite (Aktiva) als auch die Kapitalseite (Passiva) müssen gleiche Summen aufweisen. Die Seite der Aktiva zeigt also, in welcher Form das Kapital verwendet wurde (Kapitalverwendung), die Seite der Passiva zeigt, woher das Kapital stammt (Kapitalherkunft).

Bilanz

Aktiva	Passiva
Anlagevermögen	Eigenkapital
Umlaufvermögen	Fremdkapital
Bilanzsumme	Bilanzsumme

Aktiva / Passiva
Die Bilanz in der Marginalspalte zeigt, dass sich Aktiva und Passiva unterteilen lassen. Auf der Seite der Aktiva sehen wir eine Aufteilung in Anlage- und Umlaufvermögen, auf der Seite der Passiva eine in Eigen- und Fremdkapital.
Auf beiden Seiten existiert eine Ordnung, die angibt, nach welchem System sie gegliedert werden. Die Seite der Aktiva ordnet sich nach der Liquidität, also danach, wie schnell die Vermögensgegenstände theoretisch veräußert werden können, oben angefangen mit Grundstücken, die sich oftmals nur schwer liquidieren lassen, bis zum Posten Kassenbestand bzw. Bankguthaben. Die Seite der Passiva wird nach ihrer Fälligkeit geordnet, angefangen mit dem Eigenkapital, welches am engsten mit dem Unternehmen verbunden ist, bis hin zu Verbindlichkeiten aus Lieferungen und Leistungen (kurz: Verb. a. LL).

Eigenkapital
Das vom Unternehmer selbst in die Unternehmung eingebrachte Kapital nennt man auch das Eigenkapital. Es ist also eine Quasi-Verbindlichkeit des Unternehmens gegenüber dem Unternehmer. Dies bedeutet, dass das Unternehmen dem Unternehmer dieses Kapital schuldet.

Das Eigenkapital kann sich je nach Rechtsform und Rechnungslegungsvorschriften in folgende Unterpunkte aufgliedern:
- Gezeichnetes Kapital
  - Grundkapital bei Aktiengesellschaften (AG)
  - Kommanditkapital bei Kommanditgesellschaften
  - Stammkapital bei GmbH
  - Geschäftsguthaben bei Genossenschaften
- Kapitalrücklage
- Gewinnrücklage
- Gewinnvortrag bzw. Verlustvortrag

Das Eigenkapital dient der Eigenfinanzierung des Unternehmens und der Haftung gegenüber den Gläubigern, also gegenüber den Fremdkapitalgebern.

Fremdkapital
Das Fremdkapital eines Unternehmens stellt sozusagen die Schulden bzw. Verbindlichkeiten des Unternehmens dar. Zu ihnen zählen Hypotheken, Darlehen, andere Kredite, Verbindlichkeiten aus Lieferung und Leistung und sonstige Verbindlichkeiten. Fremdkapital ist im Gegensatz zum Eigenkapital nicht kostenlos, sondern oftmals mit zusätzlichen Aufwendungen (z. B. Zinszahlungen) verbunden.

Anlagevermögen / Umlaufvermögen
Die Aktiva enthält als einen Hauptgliederungspunkt das Anlagevermögen. Hier werden Vermögensgegenstände aufgeführt, die langfristig an das Unternehmen gebunden sind.
Beispiele:
- Grund und Boden
- Gebäude / Betriebs- und Geschäftsausstattung
- Maschinen
- Fahrzeuge
- Finanzanlagen / Beteiligungen
- Immaterielle Vermögensgegenstände (Rechte, Patente, Firmenwerte)

Dagegen beinhaltet das Umlaufvermögen diejenigen Vermögensgegenstände, die unmittelbar am Umsatz des Unternehmens beteiligt sind. Dies sind in einem produzierenden Gewerbe die Materialien zur Herstellung.
Andere Beispiele:
- Lagerbestände
- Rohstoffe
- Hilfsstoffe
- Betriebsstoffe
- unfertige Erzeugnisse / Leistungen
- fertige Erzeugnisse / Waren
- flüssige Mittel (Bankguthaben, Kassenbestand)
- Forderungen aus Lieferungen und Leistungen

Rechnungswesen am Beispiel einer Videothek

Wir haben uns bis zu diesem Punkt lediglich mit der Inventur, dem Inventar und der allgemeinen Ordnung der Bilanz eines Unternehmens beschäftigt. An dieser Stelle wollen wir uns nun den Tätigkeiten und Geschäftsvorfällen zuwenden, die in jedem Unternehmen anfallen können.

Am Beispiel der Gründung einer kleinen Videothek wollen wir das allgemeine Prinzip des Rechnungswesens verdeutlichen, welches sich in anderen Unternehmen vergleichbar – nur in anderen Größenkategorien – wiederfindet.

Zunächst benötigen wir entsprechendes Equipment, also die Betriebsausstattung, für die Gründung unserer Videothek „Schau mal rein".

Hierzu zählen:

1 DVD-Player I	350,00 Euro
1 DVD-Player II	350,00 Euro
1 Video-Rekorder	100,00 Euro
1 Fernseher	1.500,00 Euro
500 Filme à Euro 50,– (davon 300 DVD und 200 Videokassetten)	25.000,00 Euro
Bargeld	400,00 Euro
Gesamt	27.700,00 Euro

Wir finanzieren es durch:

DVD-Player aus Privatbesitz	700,00 Euro
Video-Rekorder aus Privatbesitz	100,00 Euro
Sparguthaben / Erbschaft	11.900,00 Euro
Darlehen (rückzahlbar in 40 Monatsraten, Zinssatz 6 %, berechnet auf den Jahresendstand)	15.000,00 Euro
Gesamt	27.700,00 Euro

Die Eröffnungsbilanz unserer Videothek „Schau mal rein" sieht am 01.01.2005 folgendermaßen aus:

Aktiva		Passiva	
Anlagevermögen		Eigenkapital	
2 DVD-Rekorder	700 Euro	Eigene Rekorder	800 Euro
Videorekorder	100 Euro	Ersparnisse	11.900 Euro
Plasma-Ferseher	1.500 Euro		
	2.300 Euro		12.700 Euro
Umlaufvermögen		Fremdkapital	
Filme	25.000 Euro	Darlehen	15.000 Euro
Kassenbestand	400 Euro		
	25.400 Euro		
Summe	27.700 Euro	Summe	27.700 Euro

Wichtige Hinweise zum gewählten Beispiel:

Zum Zweck der Vereinfachung werden einige Kostenfaktoren außer Acht gelassen. So werden bei der Erstausstattung z. B. weder das Mobiliar noch die weitere technische Ausrüstung (z. B. Kasse) berücksichtigt.

Darüber hinaus werden wichtige Kostenarten wie z. B. Personalaufwendungen, Miete, Energiekosten, Steuern, Versicherungen später nicht weiter aufgegliedert, sondern mit einer pauschalen Summe angesetzt. In realen Unternehmen finden diese natürlich Berücksichtigung.

Die Zahlen sind fiktiv und sollen lediglich dem Verständnis der Grundprinzipien des Rechnungswesens dienen.

Betrachten wir unsere Bilanz, erkennen wir, dass die Summe auf der Aktivseite identisch ist mit der auf der Passivseite, welches dem Prinzip der ausgeglichenen Bilanz entspricht.
Geschäftsvorfälle, wie z. B. der Verleih einer DVD, führen jedoch zu Veränderungen der Bestandskonten. Unter Bestandskonten verstehen wir die Gesamtheit von Aktiv- und Passivkonten. Die Bilanz wird am Anfang eines Geschäftsjahres aus Gründen der besseren Übersicht in Konten aufgelöst. Dies erfolgt in Form von Eröffnungsbuchungen, die die Anfangsbestände jedes Kontos festlegen. Jeder Bilanzposten (z. B. Farbfernseher) erhält sein entsprechendes Konto. Je nach Seite der Bilanz unterscheidet man in Aktiv- und Passivkonten, also ist das Konto „Farbfernseher“ ein Aktivkonto. Die linke Seite jedes Kontos wird mit „Soll“ (S) bezeichnet, die rechte Seite mit „Haben“ (H).
Jeder Geschäftsvorfall verändert mindestens zwei Posten in der Bilanz. Wir sprechen an dieser Stelle auch vom Prinzip der doppelten Buchführung. Ein Buchungssatz nennt zuerst das Konto, in dem im Soll gebucht wird, und danach das Konto mit der Habenbuchung.

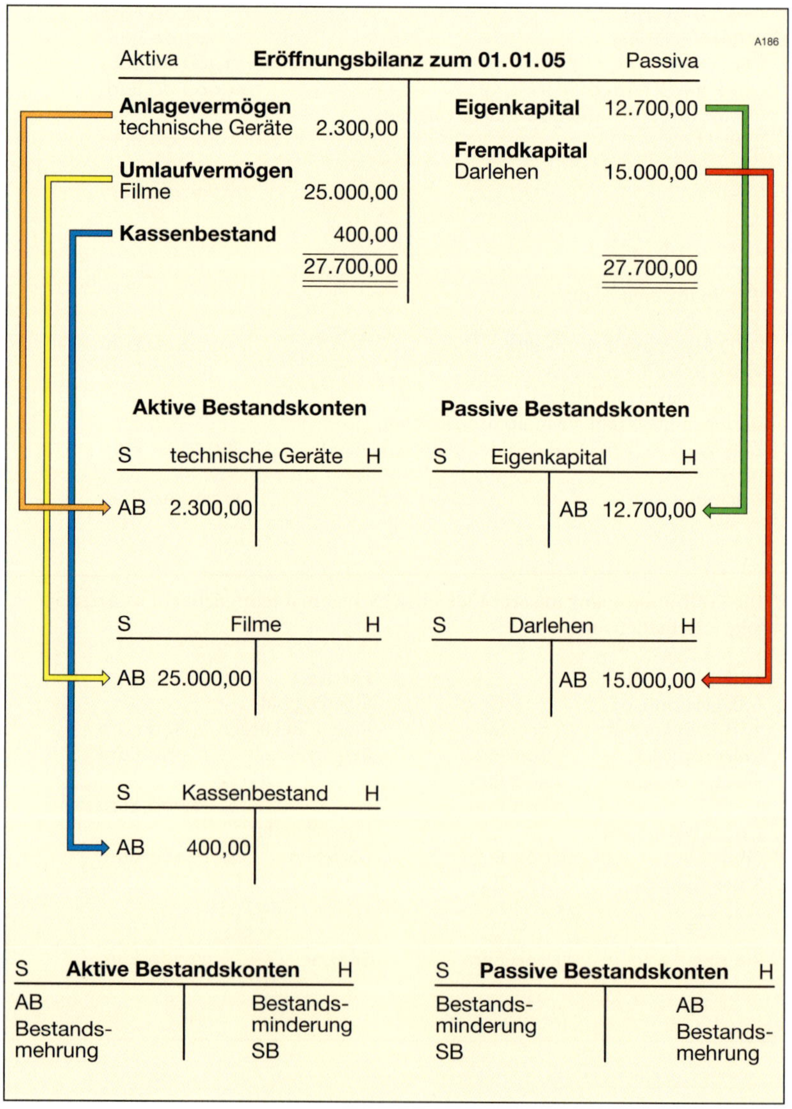

Wir sehen an den Konten, wie sich Buchungen auf diese auswirken. Das Aktivkonto erfährt durch eine Sollbuchung eine Bestandsmehrung, durch eine Habenbuchung eine Bestandsminderung. Den umgekehrten Fall haben wir bei den Passivkonten. Hier vermindert eine Sollbuchung den Bestand, eine Habenbuchung erhöht ihn. Es lässt sich jedoch ein allgemein gültiges Prinzip bei beiden Konten erkennen. Eine Buchung auf der Seite, auf der die Eröffnungsbuchung erfolgt ist, erhöht den Bestand, dementsprechend vermindert eine Buchung auf der jeweiligen anderen Seite den Bestand des Kontos.

Kehren wir zurück zu unserem Beispiel:
Nach einem Monat haben wir 200 Filme verliehen. Pro Verleih haben wir 3,00 Euro bar kassiert. Am Ende dieses Geschäftstages haben wir also einen Umsatz von 600,00 Euro erzielt und der Kassenbestand ist auf 1.000,00 Euro angewachsen.
Alle anderen Konten sind unverändert beblieben, so dass der Anfangsbestand mit dem Schlussbestand identisch geblieben ist. Da wir keine Aufwendungen in dieser Rechung annehmen, wäre unser Umsatz von 600,00 Euro identisch mit dem Gewinn. Doch wie sieht es wirklich aus?

Das übrige Jahr verläuft wie folgt, so dass sich am Ende des Geschäftsjahres diese Geschäftsvorfälle angesammelt haben: Anhand dieser Daten wollen wir nun den Gewinn unserer Videothek berechnen. Dazu bedienen wir uns der Gewinn- und Verlustrechnung (GuV), die neben der Aufstellung der Bilanz einen Teilbereich unseres Jahresabschlusses darstellt.

Geschäftsfälle	Einzelpreis (Euro)	Gesamt (Euro)
12.000 Filme verliehen	3,00	36.000,00
50 Filme gekauft	50,00	2.500,00
100 Filme verkauft	10,00	1000,00
Sonstige Kosten (mtl., z. B. Lohn, Energiekosten, Steuern)	2.700,00	32.400,00

GuV (Rechtsgrundlage § 242 Abs. 2 HGB)
Die GuV ist die Erfassung aller Erträge und Aufwendungen, die letztendlich eine Veränderung des Eigenkapitals zur Folge hat. Erträge und Aufwendungen fallen größtenteils im Zuge des Produktionsprozesses an. Bei unserer Videothek fallen Aufwendungen in Form vom Kauf der Filme und Fixkosten (Lohn, Miete etc.) an. Erträge in Form von Verkaufserlösen und Leihgebühren fließen an das Unternehmen zurück. Die GuV zeigt, wie erfolgreich sich die Wertschöpfungsprozesse im Unternehmen darstellen. Wenn die Erträge die Aufwendungen übersteigen, sprechen wir von einem Jahresüberschuss, der das Eigenkapital erhöht, von einem Jahresfehlbetrag, wenn die Aufwendungen die Erträge übersteigen. Das Eigenkapital vermindert sich dadurch.
Die GuV kann auf zwei verschiedene Arten gegliedert werden (Rechtsgrundlage § 275 HGB).

- Gesamtkostenverfahren: Alle Erträge und Aufwendungen werden in der GuV ausgewiesen.
- Umsatzkostenverfahren: Es werden nur die Erträge und Aufwendungen in der GuV ausgewiesen, die umsatzbedingt sind.

Kontoform/Staffelform

Die Kontoform beinhaltet eine Gegenüberstellung von Aufwendungen und Erträgen. Bei dieser Gliederung ist die Gesamtsumme der Aufwendungen bzw. der Erträge direkt ersichtlich. Dagegen erfolgt bei der Staffelform eine tabellarische Darstellung der Erfolgskomponenten.

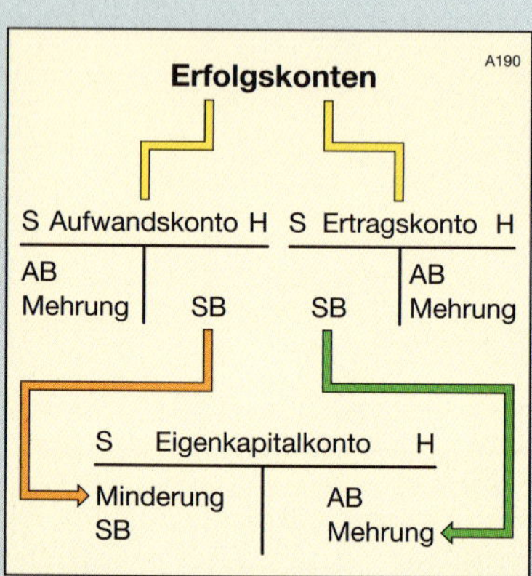

2. Staffelrechung

Betriebsergebnis
+/– Finanzergebnis
= Ergebnis der gewöhnlichen Geschäftstätigkeit

+/– Außerordentliches Ergebnis
Steueraufwand
= Jahresüberschuss bzw. -fehlbetrag

Bei der GuV kann entweder die Kontoform oder die Staffelform angewendet werden. Für Kapitalgesellschaften ist jedoch gem. § 275 Abs. 1 HGB die Verwendung der Staffelform vorgeschrieben. Mit GuV bezeichnet man also die Erfassung aller Erträge und Aufwendungen in einem Unternehmen. Damit wollen wir uns in den folgenden zwei Abschnitten näher befassen.

Ertrag

Als Erträge sind sämtliche Wertzuflüsse in das Unternehmen definiert. Sie erhöhen das Eigenkapital. Die Umsatzerlöse sollen aber nicht nur die Produktionskosten der Erzeugnisse decken, sondern darüber hinaus auch einen angemessenen Gewinn einbringen. Neben den Umsatzerlösen kann ein Unternehmen aber auch Einnahmen aus anderen Quellen erzielen. Wird z. B. eine Lagerhalle an ein anderes Unternehmen vermietet, so werden Erträge aus Vermietung und Verpachtung erzielt. Hat ein Unternehmen eine Geldanlage getätigt, so sind die jährlichen Zinseinnahmen als Zinserträge in der GuV auszuweisen.

Aufwand

Jeder Werteverzehr eines Unternehmens an Gütern und Dienstleistungen wird als Aufwand bezeichnet. Aufwendungen mindern das Eigenkapital der Unternehmung.
Beispielsweise werden zur Herstellung von Produkten Rohstoffe verarbeitet sowie Hilfs- und Betriebsstoffe verbraucht; außerdem müssen Maschinen, Arbeitskräfte und andere Produktionsfaktoren im betrieblichen Ablauf eingesetzt werden.
Wichtige Aufwendungen in einem Betrieb sind vor allem:

1. Aufwendungen für Personal, d. h. Löhne und Gehälter plus gesetzlicher und freiwilliger Sozialabgaben.
2. Materialaufwendungen, d. h. der Verbrauch von Roh-, Hilfs- und Betriebsstoffen. Beispiel: Bei einer Videothek stellt der Kauf von Filmen einen Materialaufwand dar.
3. Aufwendungen für Abschreibungen, d. h. Wertminderungen des Anlagevermögens. Beispiel: Die DVD-Player und der Videorekorder verlieren im Laufe der Jahre an Wert. Diese Wertminderung wird in der Bilanz unter dem Begriff Abschreibungen dokumentiert (vgl. unten).
4. Aufwendungen für Miete, Betriebssteuern, Verwaltung, Versicherungen, Werbung u. v. m.

Bilanz und Gewinn- und Verlustrechnung korrespondieren demnach miteinander. Während jedoch in der Bilanz als Zeitpunktbetrachtung („Bilanzstichtag") der Gewinn durch Vermögens- / Schuldenvergleich zwischen zwei Stichtagen ermittelt wird, ergibt er sich in der Gewinn-und-Verlust-Rechnung durch den Vergleich der Erträge und Aufwendungen des Geschäftsjahres, somit zeitraumbezogen.
Aufwendungen und Erträge sind also negative bzw. positive Erfolgsbeiträge des jeweils betrachteten Geschäftsjahres.

Sätze, die man sich merken muss!
Aufwendungen werden immer im **Soll** gebucht!
Erträge werden immer im **Haben** gebucht!
Bei **aktiven Bestandskonten** steht der Anfangsbestand immer auf der **Soll**-Seite!
Bei **passiven Bestandskonten** steht der Anfangsbestand immer auf der **Haben**-Seite!

Zurück zu unserem gewählten Videothek-Beispiel:
Wir wollen anhand der uns vorliegenden Daten die gesamten Erträge sowie die gesamten Aufwendungen ermitteln.

Erträge im Geschäftsjahr 2005	
12.000 Filme verliehen à 3,00 Euro	36.000 Euro
100 Filme verkauft à 10,00 Euro	1.000 Euro
Gesamterträge	37.000 Euro
Aufwendungen im Geschäftsjahr 2005	
50 Filme gekauft à 50 Euro	2.500 Euro
Sonstige Kosten (s. oben) mtl. 2.700 Euro	32.400 Euro
Gesamtaufwendungen	34.900 Euro
Zwischenrechnung: 37.000 Euro – 34.900 Euro = 2.100 Euro	

Der Gewinn unserer Videothek für das Geschäftsjahr 2005 beläuft sich somit auf 2.100 Euro.

Das Jahresergebnis gibt Auskunft darüber, wie rentabel ein Unternehmen im Geschäftsjahr gewirtschaftet hat. Seine Ermittlung ist Zielsetzung des Jahresabschlusses eines Unternehmens.

Jahresabschluss
Am Ende jeden Geschäftsjahres ist ein Handelsgewerbe verpflichtet einen Jahresabschluss durchzuführen. Dazu zählen die Bilanz, die GuV und darüber hinaus bei – größeren – Kapitalgesellschaften der Lagebericht und der Anhang. Große und mittelgroße Kapitalgesellschaften müssen dabei das Gliederungsschema für Bilanzen (§266 HBG) und für Gewinn-und-Verlust-Rechnungen (§275 HBG) einhalten.
Der Jahresabschluss dient der Feststellung des Geschäftsergebnisses und zeigt die Zusammensetzung des Betriebsvermögens.

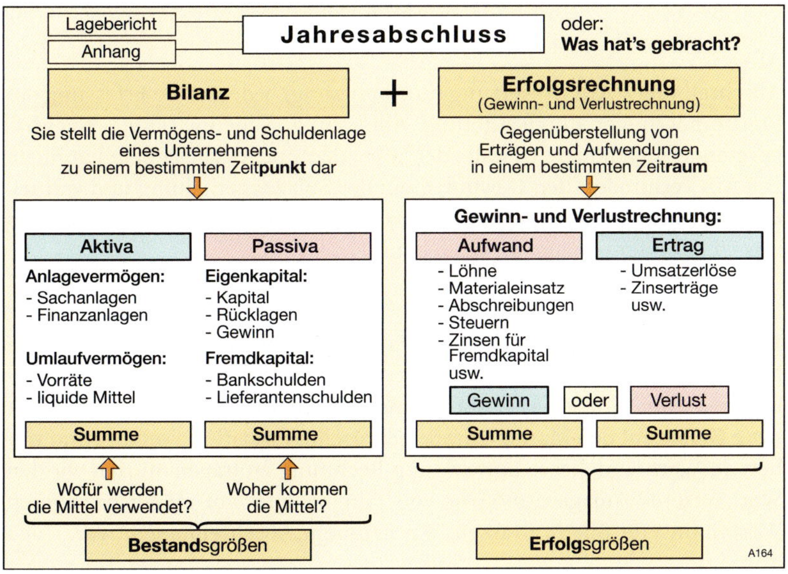

Weitere Bestandteile des Jahresabschlusses:

Lagebericht
Beim Lagebericht handelt es sich, ähnlich wie beim Anhang, um ein ergänzendes Informationspapier. Allgemein hat der Lagebericht den Geschäftsverlauf und die Lage der Gesellschaft darzustellen. Dazu zählen auch Prognosen über die voraussichtliche Entwicklung der Gesellschaft und der Bereich Forschung und Entwicklung (F&E-Bericht).

Anhang
(Rechtsgrundlage §§ 284 und 285 HBG, sowie §§ 313 und 314 HBG für den Konzernanhang)
Der Anhang hat die Aufgabe, bestimmte Einzelposten der Bilanz und der GuV bei Kapitalgesellschaften näher zu erläutern. Darüber hinaus nimmt er eine Korrektur- sowie eine Ergänzungsfunktion für bestimmte Posten der Bilanz und der GuV ein.

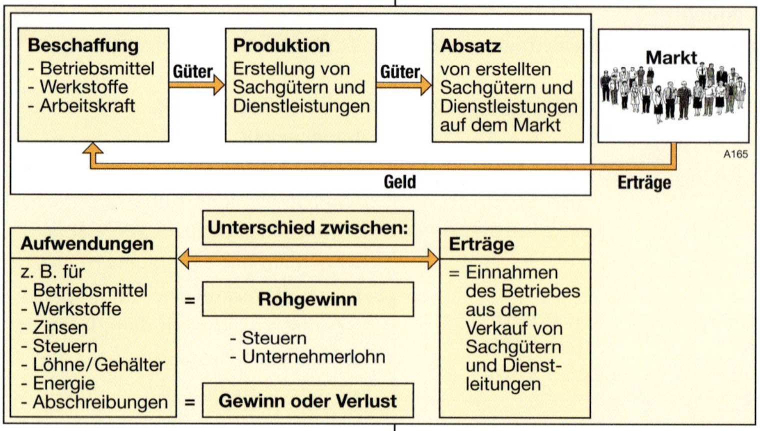

Sie haben betriebliche Vorgänge mit dem Instrumentarium des Rechnungswesens in vereinfachter Form analysiert. Die Abbildung zeigt Ihnen, wie Beschaffung, Produktion und Absatz (vgl. Kapitel 4.2) mit den damit monetären Strömen eines Unternehmens verknüpft werden können.

Abschreibungen: Eine besondere Form der Aufwendungen
Sie haben nun einen kurzen Überblick in die Buchführung erhalten. In realen Unternehmen fallen täglich eine Vielzahl von Geschäftsvorfällen an, die jeweils gebucht werden müssen. Erträge und Aufwendungen können sich also durch eine Vielzahl von Ereignissen ergeben, die sich direkt oder indirekt mit der eigentlichen Geschäftstätigkeit in Verbindung bringen lassen. Die wichtigsten wollen wir kurz vorstellen.

Aufwandsarten	Ertragsarten
Aufwendungen für Waren	Umsatzerlöse für Waren
Aufwendungen für Maschinen	Umsatzerlöse für Dienstleistungen
Reparaturkosten	Mieterträge
Energiekosten	Zinserträge
Löhne und Gehälter	Provisionserträge
Aufwendungen für Kommunikation	
Versicherungsbeiträge	
Zinsaufwendungen	
Abschreibungen (AfA)	

Abschreibungen stellen eine besondere Form von Aufwendungen dar. Deshalb wollen wir auf diese Form näher eingehen.

AfA
Abschreibung = AfA (Absetzung für Abnutzung) bedeutet die Erfassung der Wertminderungen durch Alterung, Abnutzung, Neuentwicklung, Nachfrageveränderung, höhere Gewalt oder Substanzminderung bei Beteiligungen. Die AfA vermindert den Gewinn, dient der Substanzerhaltung und vermeidet die Zahlung von Ausschüttungen / Steuern auf unechte Gewinne. Doch was ist darunter genauer zu verstehen?

Dazu ein Beispiel:
Wir haben in der Videothek ein Anlagevermögen von 2.300,– Euro (zwei DVD-Player, ein Videorekorder und ein Fernseher). Im Laufe der Zeit erfahren die Geräte eine gewisse Abnutzung, außerdem kommen immer wieder neue Geräte auf den Markt. Unsere technische Ausstattung veraltet und verliert an Wert. Um dieser Entwicklung Rechnung zu tragen, dürfen wir den Wert unseres Anlagevermögens von Jahr zu Jahr mit einem geringeren Wert in unserer Bilanz erfassen. Wir nehmen „Abschreibungen“ vor.

Welche Art der AfA verwendet wird, hängt von den handels- und steuerrechtlichen Vorschriften ab. Der Gesetzgeber hat den Unternehmen jedoch auch Wahlmöglichkeiten bezüglich der AfA gegeben. Die wichtigsten stellen wir kurz vor:

Lineare AfA	Degressive AfA
Bei der linearen AfA werden die Anschaffungskosten gleichmäßig auf die Jahre der Nutzung verteilt. Beispiel: Das Anlagevermögen hatten einen Anfangswert von 2.300,– Euro. Bei einer angenommenen Nutzungsdauer von fünf Jahren beträgt der Abschreibungsbetrag für unser Anlagevermögen gleichmäßig 460,– Euro pro Jahr.	Bei der degressiven Abschreibung wird der Abschreibungsbetrag durch die Anwendung eines gleichbleibenden Abschreibungssatzes (in Prozent) auf den jeweiligen Restwert des Anlagegutes berechnet. Der Gesetzgeber schreibt darüber hinaus vor, dass dieser Satz maximal das Doppelte der linearen AfA bzw. maximal 20 % der Anschaffungskosten betragen darf. Das Anlagevermögen darf über fünf Jahre abgeschrieben werden. Bei der degressiven Abschreibungsmethode beträgt im ersten Jahr der Abschreibungsbetrag 460,– Euro. Der Restbuchwert beläuft sich auf 1.840,– Euro. Am Ende des zweiten Jahres dürfen wir 20 % des Restwertes als Abschreibungsbetrag ansetzen. Dieses sind 20 % von 1.840,– Euro, also 368,– Euro. Wir haben somit am Ende des zweiten Jahres einen Restwert von 1.472,– Euro.

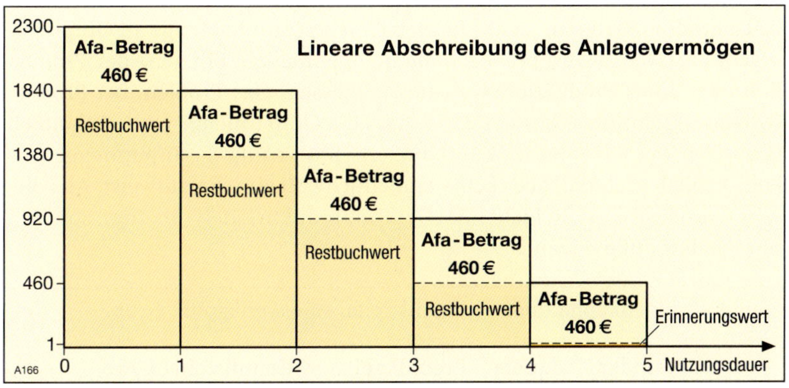

Ein Restbuchwert bzw. ein Erinnerungswert bleibt so lange in der Bilanz bestehen, bis der Gegenstand nicht mehr dem Betriebszweck dient, also verkauft oder ausrangiert wird. Eine Besonderheit ist in dem möglichen Übergang von der degressiven zur linearen AfA zu sehen. Umgekehrt ist dies nicht erlaubt. Der Übergang von der degressiven zur linearen Abschreibung ist aus steuerlichen Gründen dann zu empfehlen, wenn mit Hilfe der linearen Abschreibung ein größerer Abschreibungsbetrag pro Jahr erzielt werden kann.

Abschreibung nach Leistung

Bei der Abschreibung nach Leistung kann bei beweglichen Anlagegütern die Nutzungsdauer durch Leistungseinheiten ersetzt werden. Dies bedeutet, dass die voraussichtliche Gesamtleitung bei Anschaffung festgelegt wird.
Beispiel:
Die Anschaffungskosten für den betriebseigenen PKW betragen 30.000,– Euro. Es wird eine Gesamtleistung von 200.000 km festgelegt. Im ersten Jahr werden 60.000 km zurückgelegt, somit beläuft sich der Abschreibungsbetrag im ersten Jahr auf 9.000,– Euro (60.000 : 200.000 x 30.000,– Euro).

Betriebliche Kennziffern und Kennzahlen

Was sind Kennzahlen?
Kennzahlen sind Messgrößen, die die Funktion haben, in verdichteter Form (beispielsweise als Indexzahl bzw. als relative oder absolute Zahl) schnell und auf einfache Weise über einen betrieblichen Tatbestand zu informieren.

Die Kennzahlen aus dem betrieblichen Rechnungswesen, beispielsweise aus der Bilanz oder der Gewinn- und Verlustrechnung, die meist absolute Zahlen sind, können diese Aufgabe nur beschränkt erfüllen, weil sie nur zu bestimmten Zeitpunkten zur Verfügung stehen. Die betrieblichen Kennziffern Produktivität, Wirtschaftlichkeit, Rentabilität und Liquidität stellen die tragenden, ökonomischen Maßstäbe für Unternehmen dar, unabhängig von ihrer Größe, der Rechtsform oder dem Geschäftszweig. Diese Kennziffern lassen sich als mehrdimensionale Beurteilungskriterien betriebswirtschaftlichen Handelns auffassen.

!

Ermitteln Sie Kreditkonditionen von Banken für Unternehmen unter Berücksichtigung von Eigen- und Fremdkapitalquote (regional, überregional, branchenspezifisch)! Informieren Sie sich über die Umsatzrentabilität und Eigenkapitalrentabilität dreier beliebiger Branchen und versuchen Sie Anhaltspunkte für mögliche Differenzen zu finden.

Produktivität
Produktivität ist eine Beziehungszahl, der Mengengrößen zu Grunde liegen. Sie gibt Auskunft darüber, mit welcher Menge von Einsatzfaktoren (Arbeitsstunden, Material, ...) der Betrieb eine bestimmte Menge an Output erbracht hat. Damit wird praktisch die mengenmäßige Effizienz der Produktion oder eines Produktionsvorgangs gemessen. Das Problem bei Produktivitätsbetrachtungen besteht darin, dass die Outputmenge zwar einheitlich gemessen werden kann (z. B. produzierte Stückzahl), die Inputmenge (Arbeit, Kapital, Material) aber keine einheitliche Messgröße aufweist. Aus diesem Grund wird i. d. R. nicht mit „Gesamtproduktivitäten“ operiert, sondern mit „Teilproduktivitäten“.

Eigenkapitalquote = Eigenkapital : Gesamtkapital x 100

Fremdkapitalquote = Fremdkapital : Gesamtkapital x 100

Umsatzrentabilität = Jahresüberschuss bzw. -fehlbetrag : Umsatzerlöse x 100

Eigenkapitalrentabilität = Gewinn : Eigenkapital x 100

Von allen Produktivitätsbezeichnungen haben besonders die Arbeitsproduktivität, die Kapitalproduktivität und die Materialproduktivität Bedeutung.

Wirtschaftlichkeit
Wirtschaftlichkeit stellt die bewertete Produktivitätsbetrachtung dar. Da der Bewertungsmaßstab „Preis“ (Geld) einheitlich ist (Preise für Material, Arbeitskraft, Maschinenstunden usw.), können auch Aussagen zur Gesamtwirtschaftlichkeit eines Unternehmens getroffen werden.

Die Kennziffern Wirtschaftlichkeit und Produktivität können für unterschiedliche Zwecke verwendet werden: Die Geldgrößen (Wirtschaftlichkeit) dienen zur Beurteilung des Unternehmenserfolges (z. B. Unternehmensziel Gewinn), die Produktivität ist ein Maßstab für die Wettbewerbsfähigkeit des Unternehmens und damit ein Maßstab für die Sicherung langfristiger Erwerbs- und Ergebnisziele.

Rentabilität und Liquidität

Rentabilität und Liquidität sind zwei miteinander verbundene Größen, die als erfolgswirtschaftliche (Rentabilität) und finanzwirtschaftliche (Liquidität) Aussagen betrachtet werden können und die dazu dienen, die Ertragskraft eines Unternehmens zu kontrollieren. Unter Liquidität versteht man zunächst das Ausmaß der Fähigkeit eines Unternehmens, jederzeit seinen Zahlungsverpflichtungen nachkommen zu können. Kann ein Unernehmen dies nicht mehr leisten – also im Falle der Zahlungsunfähigkeit bzw. Illiquidität – ist es gesetzlich nach § 130a HGB dazu verpflichtet die Eröffnung des Insolvenzverfahren zu beantragen. Unter dem Begriff Rentabilität wird das Maß der Verzinsung des eingesetzten Kapitals (das Verhältnis von Gewinn zu Kapital) verstanden.

Zusätzliche Aussagen über die Gesamtrentabilität gibt der **„Return on Investment"** (ROI). Die Errechung geschieht wie folgt:

ROI = Umsatzrentabilität x Kapitalumschlagshäufigkeit

Wobei sich die Kapitalumschlagshäufigkeit ergibt aus:

Umsatz : Gesamtkapital

Kennzahlen für den schnellen Überblick

Wer einen schnellen Überblick über die wirtschaftliche Lage eines Unternehmens erhalten will, sollte einige Kennzahlen ermitteln, die aus dem Jahresabschluss zu berechnen sind. Die Berechnung dieser Kennzahlen erfolgt i. d. R. in der Controlling-Abteilung des jeweiligen Unternehmens, da die Kennzahlen für die Steuerung eines Unternehmens von Interesse sind. Sie dienen dazu,

- Sachverhalte sichtbar zu machen, die aus den absoluten Zahlen des Jahresabschlusses nicht ohne weitere Berechnung zu erkennen sind;
- Sachverhalte durch Verdichtung auf eine einzige Zahl komprimiert zu charakterisieren;
- Die Transparenz zu erhöhen und die wirtschaftliche Situation eines Unternehmens – auch im Vergleich zu anderen Unternehmen der Branche – zu beurteilen.

Einige wichtige Kennzahlen werden hier kurz vorgestellt. Darüber hinaus gibt es eine Vielzahl von Kennzahlen, die eine detailliertere Analyse des Unternehmens ermöglichen.

Eigenkapitalquote

Die Eigenkapitalquote drückt das Verhältnis von Eigenkapital zum Gesamtkapital aus, beschreibt also, welchen prozentualen Anteil das Eigenkapital am Gesamtkapital ausmacht.

Die Eigenkapitalquote ist ein wichtiges Instrument bei der Kreditverhandlung. Derzeit liegt die Eigenkapitalquote in Deutschland i. d. R. bei 25–35 %, schwankt aber erheblich von Branche zu Branche.

Fremdkapitalquote

Die Fremdkapitalquote drückt das Verhältnis von Fremdkapital zum Gesamtkapital aus, beschreibt demnach, welchen prozentualen Anteil das Fremdkapital am Gesamtkapital ausmacht.

Eine hohe Fremdkapitalquote zeigt eine starke Abhängigkeit des Unternehmens von Banken und anderen Geldgebern.

„Goldene Bilanzregel"

Die goldene Bilanzregel besagt, dass Anlagevermögen möglichst durch Eigenkapital und langfristiges Fremdkapital finanziert werden soll. Es wird damit begründet, dass das Anlagevermögen wegen seiner langen Zugehörigkeit zum Unternehmen auch langfristig finanziert werden sollte. Der Term, an dem die „goldene Bilanzregel" festgemacht wird, nennt sich Deckungsgrad. Er drückt das Verhältnis von Eigenkapital und langfristigem

5 Funktionen des Staates

In diesem Kapitel gehen wir zunächst der Frage nach, warum der Staat in einem marktwirtschaftlichen Wirtschaftssystem eingreifen und Wirtschaftspolitik betreiben muss. Es ist doch der Markt als Koordinationsmechanismus zwischen Angebot und Nachfrage, der alles bestens regelt! Am Beispiel der Ökologie wird verdeutlicht, warum in diesem Fall der Marktmechanismus nicht greifen kann (Kapitel 5.1).

Wenn also der Ruf nach Korrektur erschallt, stellt sich auch die Frage, wer denn überhaupt mit „dem Staat" gemeint ist und auf welche Weise wirtschaftliches Geschehen eigentlich beeinflusst werden kann. Sie werden in einem zweiten Abschnitt erfahren, dass staatliche Eingriffe nahezu „allgegenwärtig" sind und von vielerlei Institutionen wirtschaftspolitische Impulse ausgehen. Mit welchen Zielsetzungen erfolgen Einflussnahmen auf den unterschiedlichsten Ebenen, – es werden aber auch Grenzen staatlicher Eingriffe aufgezeigt, sogar von „Staatsversagen" wird die Rede sein müssen. Die Aufgabe von Entscheidungsträgern in politischer Verantwortung wird in verschiedenen demokratietheoretischen Ansätzen betrachtet.

Staatliche Maßnahmen können unterschiedlichen wirtschaftspolitischen Handlungsfeldern zugeordnet werden. Es wird zwischen Ordnungspolitik, Prozesspolitik und Strukturpolitik unterschieden. Was darunter zu verstehen ist und welche Maßnahmen jeweils diesen Handlungsfeldern zugeordnet werden können, erfahren Sie in Kapitel 5.3.

Anhand von Beispielen wird in Kapitel 5.4 die Arbeit in wirtschaftspolitischen Handlungsfeldern konkretisiert. Ausgewählt wurden die Aufgabenbereiche Wettbewerbspolitik, Stabilitäts- und Wachstumspolitik, Geldpolitik, Sozialpolitik und internationale Wirtschaftspolitik.

Die demokratietheoretische Grundlage unseres Gesellschafts- und Wirtschaftssystems beruht auf der Akzeptanz unterschiedlicher Interessen, die legitimer Weise artikuliert und vertreten werden. Welche Auswirkungen hat diese Tatsache auf die Gestaltung von Wirtschaftspolitik? Wir untersuchen Gruppenphänomene und organisierte Interessen im Hinblick auf Einflussmöglichkeiten auf die Wirtschaftspolitik in Kapitel 5.5. Dabei wird u. a. auch die Argumentation der Vertreter der „Neuen politischen Ökonomie" vorgestellt.

Abschließend beschäftigen wir uns mit unterschiedlichen wirtschaftspolitischen Konzeptionen, und zwar in der Reihenfolge ihrer historischen Entstehung. Damit soll der zeitgeschichtlichen Bedingtheit ihrer Entwicklung Rechnung getragen werden. Es geht nicht darum, zu klären, welche denn wohl die „bessere" oder gar „richtige" Konzeption ist. Die Beschäftigung mit ihnen dient der Orientierung im Streit der Positionen, der Klärung der den jeweiligen Auffassungen zugrunde liegenden Annahmen und relativiert somit den Geltungsanspruch ihrer Vertreter und Anhänger.

Inhalt Kapitel V

Wir beginnen dieses fünfte Kapitel ausnahmsweise mit einem Exkurs. Wir befinden uns nun an einer „Nahtstelle" zwischen betriebswirtschaftlicher Betrachtungsweise und der einer Volkswirtschaft.
Haben wir uns in den beiden vorausgegangenen Kapiteln mit den „Privaten Haushalten" und „Unternehmen" beschäftigt, so tritt nun ein dritter Akteur, der „Staat" hinzu, und mit ihm die Volkswirtschaftliche Gesamtrechnung.

Exkurs: Das Sozialprodukt und die Volkswirtschaftliche Gesamtrechnung (Teil 2)

Grundgedanken der Volkswirtschaftlichen Gesamtrechnung

Den Grundgedanken der Sozialproduktsberechnung aus unserem vereinfachten Milch-Käse-Beispiel werden wir auf die Berechnung des sogenannten BIP (Bruttoinlandsprodukts) in unserer Volkswirtschaft übertragen.
Dabei lernen wir in Grundzügen die Volkswirtschaftliche Gesamtrechnung (VGR) kennen. Die VGR lässt sich als eine gesamtwirtschaftliche Buchhaltung bezeichnen, mit der eine Fülle von Informationen aufbereitet werden, die für die Analyse des Zustandes einer Volkswirtschaft von großer Bedeutung sind.
Zunächst müssen wir untersuchen, welches die zentralen Akteure der Volkswirtschaft sind. Wir werden sie dann als **Sektoren** bezeichnen.
Bisher haben wir nur mit einem vereinfachten Kreislauf-Modell zwischen Unternehmen und den Privaten Haushalten operiert. Dieses Grundmodell werden wir Schritt für Schritt erweitern.

Die Sektoren der Volkswirtschaft

Um angesichts der großen Zahl von Wirtschaftseinheiten und der Vielfalt der wirtschaftlichen Vorgänge die Übersicht zu behalten, werden gleichartige Wirtschaftseinheiten zu Sektoren und gleichartige Vorgänge zu Aktivitäten zusammengefasst (aggregiert). Auf diese Weise kommen wir auf zunächst vier Sektoren:

1. Private Haushalte (households)
2. Unternehmen (nichtfinanzielle Kapitalgesellschaften (non-financial corporations) und finanzielle Kapitalgesellschaften (financial corporations)
3. Staat (general government)
4. Ausland, auch „Übrige Welt“ (rest of the world)

Es ist stets zu beachten, dass es sich hierbei nicht um die Betrachtung von einzelnen Personen oder Personengruppen, sondern von Funktionen handelt, die im Wirtschaftsprozess eines Landes ausgeübt werden. Nachfolgend werden die einzelnen Sektoren und ihre jeweiligen Tätigkeiten erläutert:

Als **Private Haushalte** (households) werden sowohl die in Haushalten wohnenden Personen bezeichnet, die im Hinblick auf die Einkommensverwendung gemeinsam wirtschaften (Mehrpersonenhaushalte), als auch allein wohnende und wirtschaftende Personen (Einpersonenhaushalte). Alle Einzelunternehmer, -kaufleute, -gewerbetreibende, selbstständige Landwirte, Händler, Gastwirte, Angehörige freier Berufe, selbstständige Heimarbeiter und sonstige selbstständig tätige Personen sind diesem Sektor zugeordnet. Der Sektor umfasst Selbstständigenhaushalte (mit und ohne Arbeitnehmer), Arbeitnehmerhaushalte, Haushalte von Vermögenseinkommensempfängern, Haushalte von Renten- und Pensionsempfängern, Nichterwerbstätigenhaushalte und sonstige Private Haushalte (Anstaltshaushalte).

In der Regel mit den Privaten Haushalten zusammengefasst wird aus statistischen Gründen der Sektor Private Organisationen ohne Erwerbszweck (non-profit institutions serving households), zu dem Kirchen, Parteien, Gewerkschaften, Religionsgemeinschaften, kulturelle und soziale Vereinigungen, Sport- und Freizeitvereine, Hilfswerke, karitative Einrichtungen, etc. gehören.

Unternehmen sind alle Institutionen, die vorwiegend Waren und Dienstleistungen produzieren bzw. erbringen und jene, die finanzielle Mittlerfunktion erbringen (Banken) und diese gegen Geld verkaufen. Die unternehmerischen Tätigkeiten werden in nichtfinanzielle Kapitalgesellschaften und finanzielle Kapitalgesellschaften aufgespalten. Zu den nichtfinanziellen Kapitalgesellschaften (non-financial corporations) zählen Kapitalgesellschaften wie AG, GmbH sowie Personengesellschaften wie OHG und KG, die rechtlich unselbstständigen Eigenbetriebe des Staates und der privaten Organisationen ohne Erwerbszweck, wie Krankenhäuser und Pflegeheime sowie die Wirtschaftsverbände. Die finanziellen Kapitalgesellschaften (financial corporations) umfassen jene Unternehmen, deren Hauptfunktion in der finanziellen Mittlertätigkeit liegt und/oder die hauptsächlich im Kredit- und Versicherungsgewerbe tätig sind, wie z. B. Banken, Versicherungen, Finanz-, Anlageberater, Börsen, u. a.

Zum Sektor **Staat** (general government) zählen der Bund, die Länder und Kommunen, d. h. die Gebietskörperschaften sowie die Sozialversicherungshaushalte (Rentenversicherungen der Angestellten und Arbeiter, Unfallversicherung, Arbeitslosenversicherung, Krankenversicherung). Ein Kennzeichen dieses Sektors ist es, dass er vor allem Güter für die Allgemeinheit ohne eine direkte entgeltliche Gegenleistung bereitstellt und sich dabei hauptsächlich aus Zwangsabgaben (z. B. Steuern) finanziert.

Im Sektor **Ausland**, auch „Übrige Welt“ (rest of the world) genannt, werden alle Wirtschaftseinheiten zusammengefasst, die ihren Sitz **außerhalb** der Bundesrepublik Deutschland haben und mit denen die Inländer über Im- und Exportbeziehungen in ökonomischer Interaktion stehen.
Eine weitere Untergliederung wird in der VGR für diesen Sektor in die „Europäische Union“ sowie „Drittländer und internationale Organisationen“ vorgenommen.

Vom Grundmodell des Wirtschaftskreislaufes zum erweiterten Wirtschaftskreislauf
In gleicher Weise wie beim Milch-Käse-Beispiel entwickeln wir das Grundmodell des Wirtschaftskreislaufs Schritt für Schritt.

Unternehmen und Private Haushalte
Wie wir schon in einem kurzen Exkurs in Kapitel 1 angesprochen haben, gehören zum Grundgedanken des Wirtschaftskreislaufs die Akteure Unternehmen und Private Haushalte.
Die Privaten Haushalte stellen den Unternehmen Produktionsfaktoren zur Verfügung. Zu diesen Produktionsfaktoren gehören die menschliche Arbeitskraft, aber auch Kapital (Sach- und Geldkapital) und Boden.

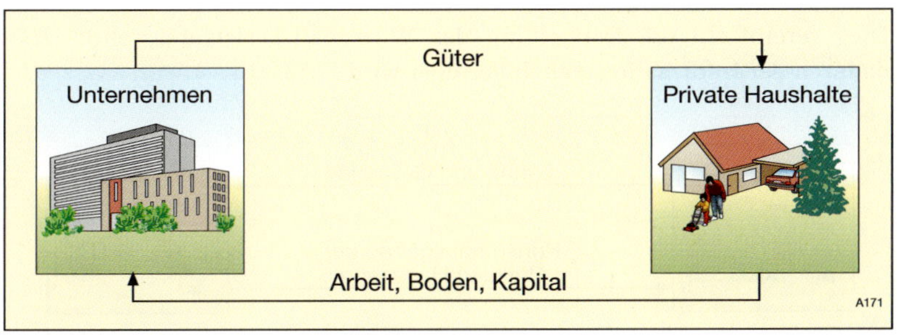

Für die Überlassung dieser Produktionsfaktoren haben die Unternehmen an die Privaten Haushalte Entgelte in Form von Löhnen, Zinsen, Gewinnen und Pachten zu zahlen. Dafür verwenden wir künftig immer die gleichen Abkürzungen. (Y_H^U). Mit den erhaltenen Faktoreinkommen können die Privaten Haushalte Konsumausgaben (C_H) tätigen. Dafür fließen von den Unternehmen Sachgüter und Dienstleistungen in die Privaten Haushalte.

Einfacher Wirtschaftskreislauf mit realen und monetären Strömen

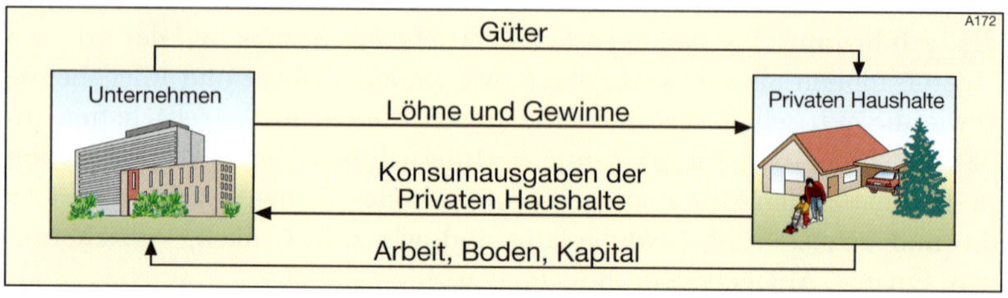

Werden alle Unternehmen einer Volkswirtschaft zusammengefasst oder aggregiert, wie es in der Fachsprache heißt, spricht man vom Sektor Unternehmen. Werden alle Privaten Haushalte einer Volkswirtschaft zusammengefasst, dann spricht man vom Sektor Private Haushalte.

Aggregation von Unternehmen und Privaten Haushalten zu Sektoren

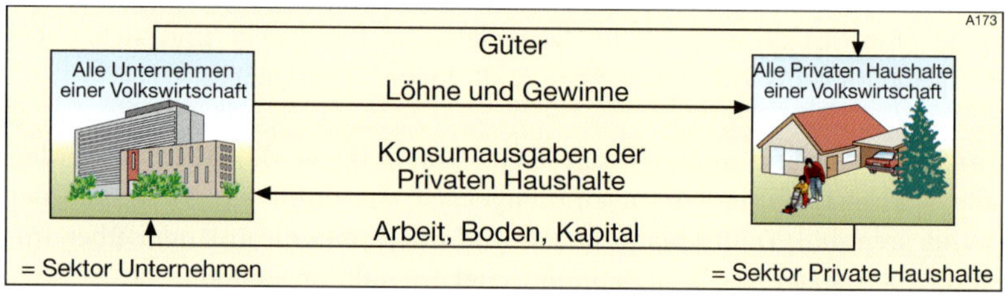

Da die Geldströme nichts anderes sind als das monetäre Spiegelbild der Güterströme können die Güterströme (reale Ströme) im weiteren Verlauf unserer Überlegungen weggelassen werden.

Einfacher Wirtschaftskreislauf mit Kennzeichnung der realen und monetären Strömen

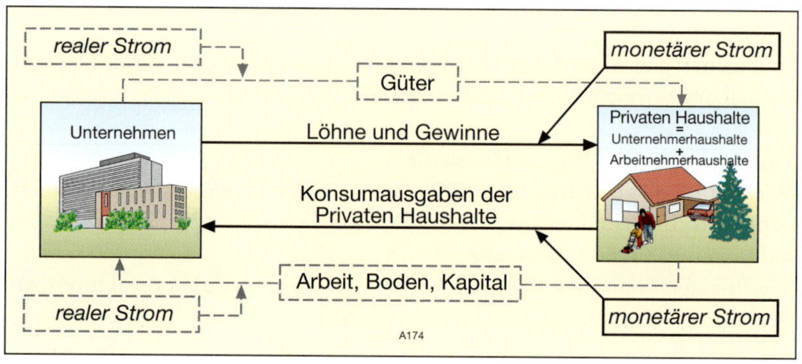

Dies vereinfacht die Darstellung des Wirtschaftskreislaufes, ohne dass dadurch der Informationsgehalt geringer wird.

Einfacher Wirtschaftskreislauf mit monetären Strömen

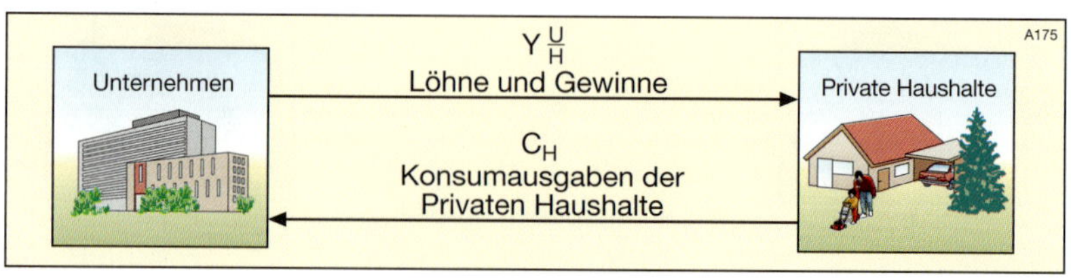

Wir haben bisher gesehen, dass zu den Einkommensquellen der Privaten Haushalte nicht nur das Einkommen aus unselbstständiger Arbeit (Arbeitnehmerentgelt) Y_H^U zählt – so der korrekte statistische Begriff für Lohn und Gehalt –, sondern auch das Einkommen aus Unternehmertätigkeit, also das Einkommen, welches der Unternehmer für sich persönlich erzielt, und das Einkommen aus Vermögen (G). Der im Kreislaufschema mit Y_H^U bezeichnete Geldstrom umfasst die Arbeitnehmerentgelte, den Unternehmerlohn sowie die Verzinsung des eingesetzten Kapitals und den Gewinn im engeren Sinne.

Warum ist das so?
Private Haushalte können, wie wir schon bei dem Milch-Käse-Beispiel gesehen haben, gedanklich in Arbeitnehmer-Haushalte und in Unternehmer-Haushalte unterschieden werden. (vgl. Seite 68 f.)

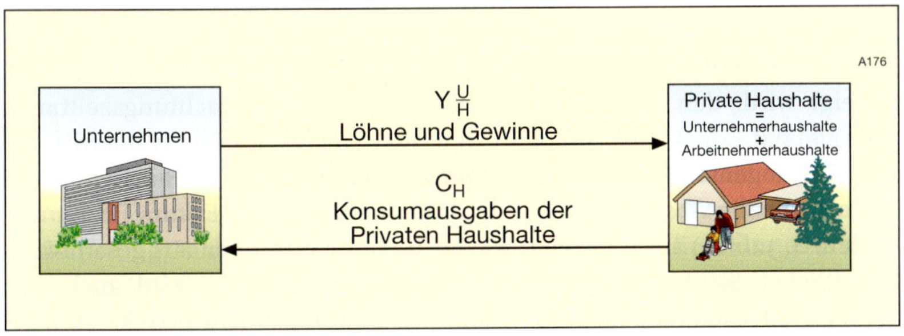

Einfacher Wirtschaftskreislauf mit Arbeitnehmer- und Unternehmer haushalten

Dies bedeutet, dass eine Person in einem Wirtschaftskreislauf sowohl ein Unternehmer-Haushalt sein kann, indem sie z. B. eine Garage für monatlich 25 Euro vermietet, aber auch ein Arbeitnehmer-Haushalt, der aus seiner Tätigkeit in einem Betrieb Einkommen aus unselbstständiger Arbeit in Form von Löhnen erhält. Damit wird deutlich, dass ein Wirtschaftssubjekt Einkommen aus verschiedenen Quellen beziehen kann und das Gesamteinkommen der Privaten Haushalte sich zunächst einmal aus den Löhnen und ausgeschütteten Gewinnen der Unternehmen zusammensetzt. Die staatlichen Einkommenszahlungen an seine Bediensteten werden hier zunächst nicht berücksichtigt. Welche Einkommensquellen der Private Haushalt also hat, entscheidet sich durch die Funktion, die das Wirtschaftssubjekt im Wirtschaftsprozess ausübt.
Die Unterscheidung von Einkommen aus unselbstständiger Arbeit und Einkommen aus Unternehmertätigkeit und Vermögen ist von erheblicher Bedeutung, wenn es um die Einkommensverteilung in einer Volkswirtschaft geht und die Aussagefähigkeit der Lohn- und Gewinnquote untersucht wird.

Das Vermögensänderungskonto
Wir wissen schon, dass Private Haushalte ihr zur Verfügung stehendes Einkommen nicht zu 100 Prozent konsumieren, sondern auch sparen wollen. In gleicher Weise wollen Unternehmen Investitionen tätigen, um eventuell veraltete Produktionsanlagen zu erneuern oder neue Technologien für das Unternehmen anzuschaffen. Aus diesem Grund ist das uns bisher bekannte Wirtschaftskreismodell zu erweitern, so dass auch diese wirtschaftlichen Aktivitäten abgebildet werden können.
Dafür ist das bisherige Kreislaufmodell um das sogenannte Vermögensänderungskonto zu ergänzen.

Das Bruttosozialprodukt berücksichtigt nicht die Gesundheit unserer Jugend, die Qualität ihrer Erziehung oder ihrer Freude am Spiel. Es schließt die Schönheit unserer Poesie ebenso wenig wie die Stärke unserer Ehe ein. Es erfasst weder die Intelligenz unserer öffentlichen Diskussionen noch die Integrität unserer Beamtenschaft. Es misst weder unseren Witz noch unseren Mut, weder unsere Weisheit noch unser Streben, weder unsere Liebe noch unsere Treue zum Vaterland. Es misst kurz gesagt alles, ausgenommen das, was das Leben lebenswert macht.
Quelle: Helmstädter 1994, S. 13, zitiert nach: Brümmerhoff 2002

820 Milliarden! Das sind Hausfrauen wirklich wert.
Familienministerin Renate Schmidt (59, SPD) sei Dank – endlich wissen wir jetzt, was Hausarbeit wie Essenkochen, Waschen, Kinderbetreuung in Deutschland wirklich Wert ist: 820 Milliarden Euro pro Jahr. Mehr als das Dreifache des Bundeshaushalts 2004 (257,3 Milliarden)!
Noch immer leisten Frauen mit durchschnittlich 31 Stunden pro Woche die meiste Hausarbeit, Männer beteiligen sich mit nur 19,5 Stunden daran. Würde eine Hausfrau nur wie eine Hausangestellte mit sieben Euro pro Stunde bezahlt, bekäme sie also 217 Euro netto pro Woche, der Mann nur 136,5 Euro.
Woher die Familienministerin das weiß? Sie hat das Statistische Bundesamt beauftragt zu erforschen, was die Deutschen so den ganzen Tag machen. 12.600 Menschen aus 5.400 Haushalten schrieben 37.700 Tagebücher voll.
Quelle: Böger, H., Bild am Sonntag

sich, Millionen Tonnen von Müll und Schrott müssen jährlich auf Deponien entsorgt werden. So verursacht die Güterproduktion Kosten, die die Allgemeinheit belasten und von ihr getragen werden müssen. In der Berechnung des Sozialprodukts erhöhen die Aufwendungen für die Beseitigung solcher Schäden jedoch das Sozialprodukt z. B. die Kosten, die durch Reparaturen als Folge eines Autounfalls entstehen. Sie erhöhen ebenfalls das Sozialprodukt, aber kaum jemand wird ernsthaft behaupten können, dass sich damit gleichzeitig der Wohlstand eines Volkes erhöht. Der Autounfall, der aus gesamtwirtschaftlicher Sicht als Wertminderung zu verbuchen wäre, stellt sich in der Sozialproduktberechnung als Wertschöpfung dar.
Die Sozialproduktberechnung erfasst auch nur solche Werte, für die es Marktpreise gibt. Die Hausfrauentätigkeit hat jedoch keinen „offiziellen" Marktpreis. Sie fällt deshalb bei der Sozialproduktberechnung heraus. Unbestreitbar ist, dass die vielfältigen Tätigkeiten der Hausfrau unentbehrliche und wichtige Werte schaffen, die sich zwar nicht angemessen in Marktpreisen ausdrücken lassen, sicherlich aber in einem erheblichen Maße den immateriellen Wohlstand eines Volkes beeinflussen. Auch die Do-it-yourself-Handwerksleistungen werden nicht berücksichtigt und zunehmend bereitet die „Schattenwirtschaft" – gemeint ist die Schwarzarbeit – dem Staat Probleme, da durch sie hohe Verluste bei den Steuereinnahmen entstehen. Die Werte, die durch Schwarzarbeit geschaffen werden, lassen sich statistisch nicht erfassen, sondern bestenfalls schätzen und erscheinen somit nicht im Sozialprodukt, da sie „schwarz", „unter der Hand", abgerechnet werden.
Der Wohlstand der Bürger hängt aber nicht nur von der Höhe des Sozialprodukts einer Volkswirtschaft ab, sondern auch von seiner Verteilung auf die einzelnen Bürger. So dürfen, wie das folgende Beispiel deutlich macht, keine Rückschlüsse von der Höhe des Volkseinkommens auf das Individualeinkommen gezogen werden: Angenommen zehn Personen erwirtschaften ein Sozialprodukt in Höhe von 100.000 Geldeinheiten (GE). Bei einer Gleichverteilung würde jede dieser Personen 10.000 GE erhalten. Erhält bei der Verteilung jedoch eine Person schon 55.000 GE, dann stehen den restlichen neun Personen bei einer Gleichverteilung jeweils nur noch 5.000 GE zur Verfügung. Insbesondere gerät bei der Kritik des BIP die fehlende Berücksichtigung der Haushaltsproduktion ins Blickfeld der Kritik.

Die Haushaltsproduktion und Illegales

Die Höhe des BIP hängt natürlich davon ab, was als Produktion angesehen wird. Man spricht hier von der Produktionsgrenze. Es ist eine wichtige Konvention der VGR, die Haushaltsproduktion nicht in der Produktionsgrenze zu berücksichtigen. Die Statistiken unterschätzen daher das wahre Niveau der Produktion einer Volkswirtschaft, wenn sie diese Leistungen nicht als Produktion ansehen.
Was im Haushalt an Essenszubereitung, Erziehung, Reinigung u. a. geleistet wird, wird also nicht im BIP gemessen. Würden sich jedoch zwei Hausfrauen „gegenseitig" auf einer monatlichen Vergütungsbasis von 1.000 Euro „anstellen", würde das BIP um 2.000 Euro wachsen. Die Entwicklung des gemessenen BIPs wird auch dadurch beeinflusst, dass im Zeitablauf Marktleistungen durch Haushaltsproduktion ersetzt werden und umgekehrt (eigene Essenszubereitung oder Restaurant, Handwerker oder Heimwerker, Hausangestellte oder eigene Kindererziehung usw.). So ist das BIP längerfristig (auch) gestiegen, weil durch die zunehmende Erwerbstätigkeit der Frauen die Marktproduktion zugenommen hat.

Warum also der Verzicht auf den Nachweis der Haushaltproduktion, der gern als Kritikpunkt an der VGR vorgebracht wird. Der Grund liegt schlicht darin, dass man die Haushaltsproduktion nur schwer schätzen kann. Zwar gibt es Zeitbudgetstudien, die einen interessanten Einblick in die Zeitverwendung der Bürger geben. Nur: selbst wenn man weiß, wie viel Zeit für Essenszubereitung, Reinigung usw. eingesetzt wird, ist bei einigen Formen der Zeitnutzung die Beurteilung doch unklar, z. B. kann es Lesen, Fortbildung oder Muße (oder beides), Fußballspielen mit den Kindern, Erziehung und/oder Freizeit usw. sein. Schwierig ist auch die Bewertung. Marktpreise liegen nicht vor. Soll und kann man Preise schätzen? Oder sind Opportunitätskosten (die entgangenen Einkommen der Erzieher) heranzuziehen? Dann haben wir allerdings das Problem, dass z. B. die Erziehung von der Gehaltsgruppe der erziehenden Person abhängt. Das zentrale Argument gegen die Einbeziehung der Haushaltsproduktion ist aber, dass die wichtigsten Benutzer der VGR-Ergebnisse zuverlässige und möglichst zeitnahe Informationen über die aktuelle Wirtschaftsentwicklung wünschen. Die Einbeziehung der Haushaltsproduktion ist nur mit vagen Schätzungen möglich. Dadurch könnten die für die Analyse der kurzfristigen Wirtschaftsentwicklung benötigten Angaben über die aktuelle Wirtschaftsentwicklung stark fehlerbehaftet werden.

Historische Entwicklung des Kreislaufgedankens

François Quesnay (Physiokraten)
Die Kreislaufbetrachtung ist keine Erfindung des 20. Jahrhunderts. Die Idee der Darstellung stammt ursprünglich vom Leibarzt der Marquise de Pompadour, François Quesnay (1694–1774), der das „Tableau économique“ entwickelte. Die bildhafte Bezeichnung „Kreislauf“ erfolgte in Analogie zum Blutkreislauf des Menschen. Für Quesnay war als Vertreter der Physiokraten der Boden, also die Natur, Quelle des Reichtums einer Volkswirtschaft und damit im „Tableau économique“ von zentraler Bedeutung.
Es zeigt sich, dass die gesellschaftlichen Bedingungen der damaligen Zeit Einfluss auf die Entwicklung des Kreislaufmodells hatten. Quesnay unter-

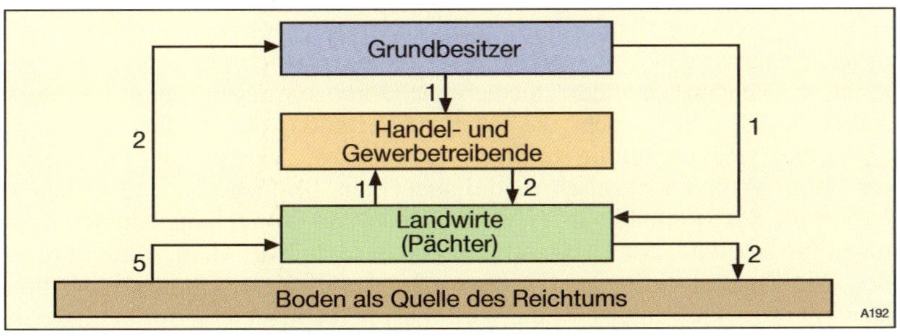

Kreislaufbild nach François Quesnay

schied die folgenden drei Sektoren: die Grundeigentümer, den Sektor Handel und Gewerbe und die Urproduktion, zu der Landwirtschaft und Bergbau gezählt wurden. Aus obiger Abbildung geht hervor, dass für Quesnay der Boden, also die Natur (Physis) Quelle des Reichtums einer Volkswirtschaft darstellte. Die Anhänger dieser Denkrichtung werden noch heute als „Physiokraten“ bezeichnet.

Die Zusammenhänge des „Tableau économique“ an einem Zahlenbeispiel: Die Landwirtschaft (produktiver Sektor) schafft pro Jahr Rohstoffe und Nahrungsmittel im Werte von 5 Mrd.; 2 Mrd. sind der Überschuss, der an die Grundbesitzer z. B. in Form von Pacht abgeführt wird. 1 Mrd. fließt durch die Käufe von Nahrungsmitteln durch den Sektor Grundbesitzer wieder zurück in den produktiven Sektor. 2 Mrd. werden von den Grundbesitzern für Käufe von gewerblichen Erzeugnissen beim Sektor Handel und Gewerbe ausgegeben. Die Angehörigen dieses Sektors können aber nur Rohstoffe zu be- bzw. verarbeiten. Sie müssen das, was sie an die Grundbesitzer verkaufen wollen (1 Mrd.), selbst in Form von Rohstoffen beim produktiven Sektor kaufen. Da dieser beim Sektor Handel und Gewerbe ebenfalls für 1 Mrd. Dienste in Anspruch nimmt, müssen auch diese Rohstoffe zur Be- und Verarbeitung vorher beim produktiven Sektor gekauft werden. So betragen die Käufe des Sektors Handel und Gewerbe beim produktiven Sektor insgesamt 2 Mrd. Die restlichen Erzeugnisse des produktiven Sektors im Werte von 2 Mrd. werden von diesem selbst benötigt z. B. für den Kauf von Saatgut und Futtermitteln. Wir sehen: Die zunächst von den Landwirten an die Grundbesitzer abgeführten 2 Mrd. sind wieder an die Landwirte zurückgeflossen. Von den restlichen 3 Mrd. der erzeugten Jahresproduktion (= 5 Mrd.) fließen 2 Mrd. nicht in den Kreislauf, sondern verbleiben den Landwirten für den eigenen Unterhalt, und die dritte Mrd. wird zum Kauf gewerblicher Erzeugnisse verwendet und wiederum vom Sektor Handel und Gewerbe für den Kauf landwirtschaftlicher Produkte ausgegeben. Damit ist der Kreislauf geschlossen.

Zur politischen Wirkung der Physiokraten

Die Ansichten der Physiokraten hatten einen gewissen Einfluss auf politische Regelungen. Zunächst einmal hielt man es für falsch, die Bauern zu besteuern, da dies den Vorratsbestand vermindern würde, der für ihren Lebensunterhalt im Verlauf der Reproduktion des Überschusses notwendig ist. Zweitens erschien es wünschenswert, die Anbaumethoden zu verbessern, um das Verhältnis von Überschuss zum Vorratsbestand zu erhöhen und damit den Anteil der Grundbesitzer heraufzusetzen. Auf diese Art und Weise würde die Nachfrage nach Handwerksprodukten erhöht und damit ganz allgemein der Reichtum der Nation. Dies waren Schlussfolgerungen, die aus der Analyse des Mechanismus einer Volkswirtschaft gezogen wurden. Der Hauptpunkt dieser Argumentation war jedoch rein metaphysisch. Er lieferte eine Rechtfertigung der bestehenden sozialen Ordnung. Wenn nur der Boden einen Überschuss abwarf, so hatten auch nur die Grundbesitzer das Recht ihn zu genießen.

Quelle: J. Robinson/J. Eatwell: Einführung in die Volkswirtschaftslehre, moderne Industrie, München, 1974, S. 32 f.

Karl Marx (1818–1883) entwickelte die Kreislaufidee weiter. In seinem Modell war jedoch nicht mehr der Boden, sondern die menschliche Arbeitskraft der zentrale Faktor und die wesentliche Quelle des Reichtums einer Volkswirtschaft.

Das Marxsche Kreislaufschema

Mit der Veränderung der Produktionsverhältnisse durch die Industrialisierung des 19. Jahrhunderts traten die sozialen Probleme der Produktion und Verteilung in den Vordergrund ökonomischer Betrachtung. Die auf Karl Marx zurückgehende Kreislaufanalyse ist deshalb vor allem eine Reaktion auf die gesellschaftlichen Konsequenzen der verstärkten Substitution von Arbeit durch Kapital im Zuge fortschreitender Arbeitsteilung und zunehmender Konzentration in Gewerbe und Landwirtschaft. Die Verarmung der selbständigen Handwerker, die Verelendung des Industrieproletariats und die unter diesen Umständen notwendige Kinderarbeit einerseits sowie die aufwachsenden Profiten aus der industriellen Produktion basierende Wohlstandssteigerung des Besitzbürgertums andererseits kennzeichnen für Marx die wirtschaftliche und soziale Situation des 19. Jahrhunderts. Wenn auch der Bezug zur strukturorientierten Konzeption der Physiokraten von Marx ausdrücklich hervorgehoben wird, so ist doch die Zielrichtung seiner ex-post-Analyse eine gänzlich andere: Sie hebt die Dominanz des Produktionsfaktors Arbeit hervor und versucht, die gegebene Verteilung des Produktionsergebnisses dieser Arbeit auf die sozialen Gruppen bzw. „Klassen" der „Kapitalisten" und „Arbeiter" kritisch zu durchleuchten. Im Gegensatz zu Quesnay basiert die Sektorenbildung bei Marx nicht auf der Vorstellung von der alleinigen Produktivität der Urproduktion und der Landwirtschaft, sondern trägt der Wirtschaftsstruktur in der Phase der beginnenden Industrialisierung Rechnung. […] [er unterteilt] die Wirtschaft in die beiden Sektoren „Investitionsgüterindustrie" (Sektor I) und „Konsumgüterindustrie" (Sektor II). In den zwischen beiden Sektoren fließenden Strömen von Einnahmen und Ausgaben sowie in den sektorinternen Transaktionen isoliert er als einzig wertschöpfenden Faktor die Arbeitskraft.

Quelle: D. Cassel/H. Müller: Kreislaufanalyse und Volkswirtschaftliche Gesamtrechnung – Einführung in die ex-post-Analyse des Sozialprodukts, G. Fischer Verlag, Stuttgart, 1975, S. 9 f.

Die heute verwendete Form des Wirtschaftskreislaufes geht auf **John Maynard Keynes** (1883–1946) zurück. Seine Untersuchungen zum Verständnis gesamtwirtschaftlicher Zusammenhänge waren bahnbrechend.

Er versuchte das Zusammenwirken der unterschiedlichen wirtschaftlichen Faktoren wie Einkommen, Beschäftigung, Staatshaushalt, Sparen, usw. aus der gesamtwirtschaftlichen Sicht, d. h. aus der Vogelperspektive zu betrachten und daraus Ansatzpunkte für das wirtschaftspolitische Handeln des Staates zu entwickeln (vgl. Kapitel 5).
Wesentliche Weiterentwicklungen in den letzten Jahrzehnten sind vom Nobelpreisträger **Sir Richard Stone** (* 1913) geleistet worden.

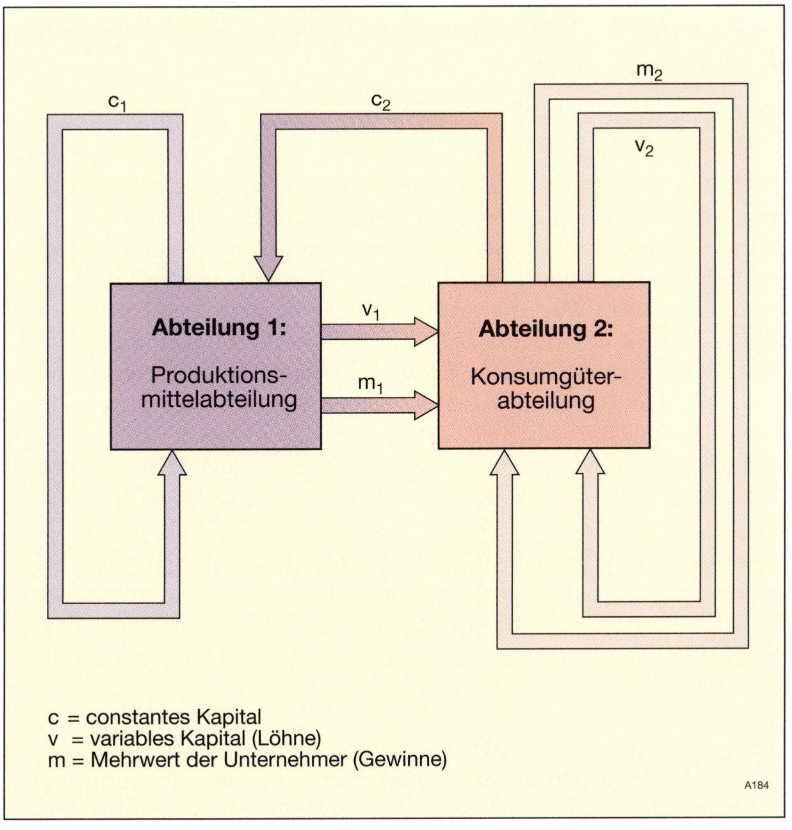

Marxsches Kreislaufschema

1. Bewerten Sie abschließend die Aussagekraft des Modells des Wirtschaftskreislaufs, indem Sie sich noch einmal vergegenwärtigen, was mit ihm dargestellt wird, was mit ihm aber auch nicht erfasst werden kann.
2. Zur Arbeit mit Modellen sei außerdem verwiesen auf die Seiten 58 bis 64. Hier können Sie sich noch einmal bewusst machen, was beim „Denken in Modellen" unbedingt beachtet werden muss.

5.1 Warum der Staat eingreifen muss

5.1.1 Warum der Markt versagt – Marktwirtschaft und Ökologie

Im 2. Kapitel ist dargelegt worden, dass ein marktwirtschaftliches System in einem entsprechenden ordnungspolitischen Rahmen ein Höchstmaß an Effizienz erreichen kann. Über die Preisbildung auf den Märkten erfolgt bei vollkommenem Wettbewerb die Koordination der wirtschaftlichen Aktivitäten wie von „unsichtbarerer Hand" (Adam Smith) zu aller Wohl, weil jeder nach individueller Nutzenmaximierung strebt und damit zur Steigerung des Gesamtwohls beiträgt.

Warum also muss der Staat überhaupt Wirtschaftspolitik betreiben – soll er sich doch heraushalten!
Doch man muss nur die Zeitungen aufschlagen und Nachrichtensendungen im Rundfunk und Fernsehen verfolgen, dann bekommt man eine ganze Palette von wirtschaftlichen Problemen präsentiert, und zwar nicht nur hier und jetzt, sondern auf der ganzen Welt und immerwährend.
Von zu geringem Wachstum ist z. B. die Rede, die Konjunktur stagniere und deshalb sei die Arbeitslosigkeit so hoch; Unternehmen wanderten ab, weil die Löhne zu hoch seien und die Umweltschutzauflagen die Investitionsbereitschaft lähmten; die Preise seien zu hoch, was besonders auch die sozial Schwächeren benachteilige; Unternehmen schlössen sich zusammen und bestimmten, was auf den jeweiligen Märkten passiere; der Leistungswettbewerb sei zu rigoros, zu viele fielen durch die Maschen des sozialen Netzes usw., usw.
Es gibt scheinbar Situationen, da stößt der Markt an seine Grenzen und es gelingt ihm nicht, Allokation und Verteilung der Ressourcen optimal zu gestalten – wie es in der Theorie behauptet wird. Unter welchen Bedingungen es dazu kommen kann, soll an dem Problemfeld „Ökologie" verdeutlicht werden.

Wie „preiswert" ist eine intakte Umwelt?
In einer Marktwirtschaft wird der Wert von Dingen durch Preise angezeigt: Ein hoher Marktpreis signalisiert einen hohen Wert und eine starke Nachfrage danach macht die Zahlungsbereitschaft der Nachfrager deutlich. Der Preis ist ein für alle sichtbarer Maßstab des Wertes. Steigen die Wertschätzung und damit die Nachfrage, steigt der Preis, der nun gleichzeitig Anreize für einen wirtschaftlichen Umgang mit dem knapper gewordenen Gut freisetzt. Die Preissteigerung sorgt dafür, dass das nun knapper gewordene Gut denjenigen zukommt, denen es diesen Preis „wert" ist, und diejenigen, deren „Wertschätzung" unterhalb des nun gestiegenen Preises liegt, scheiden als Nachfrager aus. Gleichzeitig ergeben sich für Anbieter und Nachfrager Anreize nach kostengünstigeren Alternativen zu suchen. Dieser Zusammenhang macht die besondere Leistungsfähigkeit der Marktwirtschaft aus.
Aber wie viel z. B. ist eine intakte Umwelt wert? Wie lassen sich die Werte von Umweltleistungen festlegen?

Der Wert von Umweltleistungen wird besonders dann deutlich, wenn Beeinträchtigungen in Form von Umweltschäden auftreten. Doch die eigentlichen Kosten des Schadens sind oft nicht messbar und man muss auf Größen wie Ausweich-, Beseitigungs- oder Vermeidungskosten zurückgreifen. Es lassen sich aber nicht alle Umweltschäden direkt in Geldeinheiten

ausdrücken, indem man auf die Marktpreise entsprechender Aktivitäten zurückgreift. Sogenannte Zahlungsbereitschaftsanalysen („Willingness-to-pay“-Analyse) fragen danach, wie viel man für eine intakte Umwelt zu zahlen bereit ist oder welchen Betrag Umweltnutzer zahlen müssen, damit man eine Beeinträchtigung der Umweltqualität hinzunehmen bereit ist („Willingness-to-sell“-Analyse).
Wie sieht es mit der Bewertung der Umwelt selbst aus? Was ist ein Regenwurm oder ein Vogel wert (Existenzwert)? Wie hinterlassen wir die Umwelt der nächsten Generation (Vermächtniswert)? Welchen Wert messen wir der natürlichen Umwelt für unsere eigene Zukunft zu (Optionswert)? Oder wie bewerten wir die Umweltleistungen, die wir heute in Anspruch nehmen (Nutzerwert)? – Fragen, auf die so ohne weiteres keine Antworten gegeben werden können! – Warum nicht?

Erläutern Sie, warum die Ökologie in marktwirtschaftlichen Systemen als „Problemfeld" gilt.

Öffentliche Güter
Die Umwelt ist ein öffentliches Gut, das jeder nutzen kann. Diese Tatsache ist für die Frage, warum die Marktwirtschaft die Umweltproblematik nicht hat verhindern können, ebenfalls von zentraler Bedeutung.

Öffentliche Güter werden ganz wesentlich von zwei Kriterien gekennzeichnet, und zwar durch
- Nichtrivalität im Konsum und
- Nichtausschließbarkeit vom Konsum.

Normalerweise können Waren und Dienstleistungen nur einmal konsumiert werden. Wenn ein Individuum ein bestimmtes Gut konsumiert – z. B. eine Pizza – ist dieses anderen Menschen nicht mehr zugänglich. Für einen weiteren Konsumenten müsste eine neue hergestellt werden. Es besteht Rivalität im Konsum. Nun gibt es aber Fälle, in denen der Konsum eines Individuums die Möglichkeiten anderer Individuen, dieselbe Ware oder Dienstleistung zu konsumieren, nicht einschränken, z. B. die Nutzung eines bestimmten Rundfunkangebotes. Es ist nicht auf einen bestimmten Konsumenten begrenzt und damit nicht rivalisierend.
Bei privaten Gütern kommen nur die Nachfrager in den Genuss eines Gutes, die den geforderten Preis dafür zahlen. Der Preis dient als Ausschlussmechanismus. Und deshalb finden sich im Markt Anbieter, die solche Güter herstellen. Bei öffentlichen Gütern ist das aber nicht so. Es gibt Situationen, in denen niemand vom Konsum eines Gutes oder einer Dienstleistung ausgeschlossen werden kann, obwohl er keine finanziellen Aufwendungen leistet, z. B. bei Maßnahmen zur Luftreinhaltung. Der Nutzen, den öffentliche Güter stiften, wie beispielsweise saubere Luft, kann nicht auf einzelne Konsumenten beschränkt werden. Ist ein öffentliches Gut erst einmal bereitgestellt, kann jeder es nutzen und er kann nicht von der Nutzung ausgeschlossen werden.

Smog

Wenn Nachfrager aber etwas nutzen können, dem sie Wert beimessen, ohne dass sie sich über einen Preis an den Kosten für die Bereitstellung beteiligen müssen, werden sie es auch nicht tun, sie werden eine „Trittbrettfahrerposition“ (Free-Rider-Problem) einnehmen, vor allem dann, wenn sie in der großen Gruppe der Trittbrettfahrer anonym bleiben können.
Das führt letztendlich dazu, dass im Markt kein Angebot an solchen Gütern und Leistungen zustande kommt, deren Nutzen breit gestreut und bei denen kein Ausschlussprinzip zur Anwendung kommen kann.
Das soll folgendes Beispiel verdeutlichen:

Benutzen Sie das Ihnen aus Kapitel 1 bekannte Modell der Dilemmastrukturen, um zu erklären, warum es sich bei der Umwelt um ein öffentliches Gut handelt, welches nicht auf Märkten zu handeln ist.

Eine Straßenbeleuchtung soll errichtet werden, die 5.000 Euro kostet. Es würden genau 1000 Personen dadurch einen positiven Nutzen erfahren. Theoretisch beträgt die Zahlungsbereitschaft des Einzelnen 10 Euro. [...] Wenn alle freiwillig zahlen würden, müsste jeder 5 Euro zahlen und hätte dadurch einen Nettogewinn von 5 Euro. Die Präferenzen werden allerdings nicht offenbart, und die Begünstigten werden nicht zahlen. Eine einfache spieltheoretische Analyse zeigt die Logik auf: Zahlt z. B. nur eine Person, aber alle anderen nicht, so wird der gezahlte Betrag zu gering sein, um zur Bereitstellung des öffentlichen Gutes zu führen. Zahlt die einzelne Person nicht, jedoch alle anderen, kann sie – unter der Annahme, dass das Gut dennoch bereitgestellt wird – einen Gewinn von 10 Euro erzielen, während alle anderen jeweils etwas mehr als 5 Euro – nämlich genau 5,005 Euro – zahlen müssten, d. h. nur etwas weniger als 5 Euro Nutzen haben. Für den Einzelnen ist dies die dominante Strategie, denn der Einzelne erreicht unabhängig von der Entscheidung der anderen immer einen höheren Nutzen, wenn er nicht zahlt. Folglich wird jeder Einzelne sich entsprechend verhalten und alle werden die Zahlung verweigern. [...] Die dominante Strategie für alle ist die Defektion (Anm.: von engl. defection: Davonlaufen, Verrat). Denn jeder muss damit rechnen, dass er der einzige Zahlungswillige ist. Er zahlt 5 Euro, ohne dass die Straßenbeleuchtung errichtet wird. Sein Nettonutzen ist dann – 5 Euro, sofern er die geleistete Zahlung nicht zurück erhält. Wenn alle kooperieren, haben alle den höchsten Nutzen, nämlich 5 Euro, weil die Straßenbeleuchtung gebaut wird. Somit liegt ein typisches Gefangenendilemma vor.
Quelle: Jürgen Donges/Andreas Freytag: Allgemeine Wirtschaftspolitik, 2 Aufl., Stuttgart 2004, S. 163

Hohe Umweltqualität hat ebenfalls Eigenschaftsmerkmale eines öffentlichen Gutes und in den Genuss einer intakten Umwelt kommt in aller Regel auch derjenige, der keinen Beitrag zu dessen Erhaltung oder Erstellung leistet. Wenn die Verhaltenserwartungen, die wir üblicherweise an Produzenten und Konsumenten richten, in der Wahrnehmung jeweils kostengünstiger (Produktions- und Konsum-)Alternativen bestehen, ist voraussehbar, dass Umweltleistungen „übernutzt" werden.

Externe Kosten

Märkte können ihre Funktion nur dann zufriedenstellend erfüllen, wenn die am Wirtschaftsprozess beteiligten Akteure auch mit den gesamten Folgen ihres wirtschaftlichen Handelns konfrontiert werden, wenn ihnen die Kosten und Nutzen, die sie verursachen, auch zugeschrieben werden.

Wenn wirtschaftliche Akteure bei der Verfolgung ihrer Interessen die Bedürfnisbefriedigung anderer beeinflussen, ohne dass sich diese einer solchen Beeinflussung entziehen können, sie also von Entscheidungskonsequenzen berührt werden, ohne dass sie die Entscheidungen selbst getroffen oder beeinflusst haben, spricht man von „externen Effekten". Diese müssen durchaus nicht immer negativ sein, aber sie liefern falsche Signale für die Koordination individueller wirtschaftlicher Handlungen. Sowohl bei den externen Nutzen (positiv) als auch den externen Kosten (negativ) gehen nämlich die Effekte nicht in das Kosten-Nutzen-Kalkül des Entscheiders ein.

Wenn Teile der durch Konsum oder Produktion verursachten Kosten auf andere (Unbeteiligte oder nachwachsende Generationen) abgewälzt werden, spricht man von einer Nichtberücksichtigung externer Kosten oder sozialer Zusatzkosten. Diese negativen externen Effekte sind für Umweltprobleme geradezu typisch. Beispielsweise ist es für ein Unternehmen unter Kostenaspekten vorteilhaft, Abwässer nicht oder nur unzureichend geklärt in Fließgewässer einzuleiten, da es so die Kosten der Abwasserreini-

Verwenden Sie diese Begriffe in einem Vortrag über „Marktversagen":
- Öffentliche Güter
- Ausschließbarkeit
- Trittbrettfahrer
- Nichtrivalität
- Konkurrenz im Verbrauch
- Fehlallokation
- Positive und negative externe Effekte
- Nutzen-Kalkül
- Externe Kosten
- Marktpreis
- Gefangenendilemma

gung spart. Dadurch werden aber nun an anderer Stelle am Unterlauf des Flusses Kosten verursacht, die andere tragen müssen, z. B. für die Trinkwasserreinigung. Der Schadstoffemittent verrechnet also in seiner Wirtschaftsrechnung geringere Kosten, als er tatsächlich volkswirtschaftlich verursacht hat. Je stärker nun das Ausmaß der Umweltbelastungen ist, desto größer ist die Differenz zwischen den einzelwirtschaftlich kalkulierten und volkswirtschaftlich entstehenden Kosten, und umso weniger funktioniert die Lenkungswirkung der gegebenen Preissignale.
Unter den oben beschriebenen Bedingungen versagen die Märkte, und da sie sich nicht selbst die Rahmenbedingungen setzen, sondern der Staat die Rahmenbedingungen für wirtschaftliches Handeln schafft, muss auch er durch geeignete Maßnahmen für einen wirtschaftlichen Umgang mit knapp gewordenen Umweltleistungen sorgen.

Was Strom wirklich kostet – Ergebnisse eines Versuchs, die Umwelt- und Gesundheitsschäden zu berücksichtigen
Was kostet der elektrische Strom – Nebenwirkungen eingeschlossen? Eine Frage, über die in Diskussionen für oder gegen bestimmte Energiesysteme immer wieder gestritten wird. Kohlekraftwerke emittieren Kohlendioxid und heizen die Erde auf, Atomkraftwerke setzen radioaktive Strahlung frei und bedrohen die Gesundheit der Bevölkerung. In der monatlichen Stromrechnung tauchen Kosten für Umwelt- und Gesundheitsschäden nicht auf, obwohl die Europäische Kommission in ihrem Papier „Energiepolitik für die Europäische Union“ schon 1996 forderte, diese externen Kosten zu „internalisieren“, das heißt, in die Rechnung mit einzubeziehen. Das scheiterte bisher jedoch daran, dass es kein allgemein akzeptiertes Konzept für die Berechnung der externen Kosten gab. [...]
Ursache für die hohen externen Kosten konventioneller Kraftwerke sind Feinstäube, die beim Verbrennen von Kohle und Öl entstehen. Diese winzigen Partikel lösen chronische Atemwegserkrankungen aus, verstärken Asthma und erhöhen die Sterblichkeit. Als Hauptkostenfaktor der Atomenergie haben die Forscher die Abraumhalden der Uranminen identifiziert. Diese setzen mehr Radioaktivität frei als die Atommeiler selbst. Windkraftparks schädigen die Umwelt bisher nur bei der Herstellung, daher die niedrigen externen Kosten. Diese könnten sich bei sehr großen Anlagen erhöhen, wegen der zunehmenden Lärmbelästigung und optischer Beeinträchtigung. Die Auswirkungen auf das Klima sind allerdings in all diesen Rechnungen nicht berücksichtigt, obwohl die Forscher sie zu den wichtigsten Schäden zählen, gleich nach der Beeinträchtigung der Gesundheit. Nach den vorsichtigen Schätzungen der Wissenschaftler heute würde der Treibhauseffekt die externen Kosten aller Energiesysteme verdoppeln. [...]
Quelle: Was Strom wirklich kostet, Süddeutsche Zeitung, 13.10.1998, V2/11

Verdeutlichen Sie am Beispiel „Strom“ das Phänomen der externen Kosten.

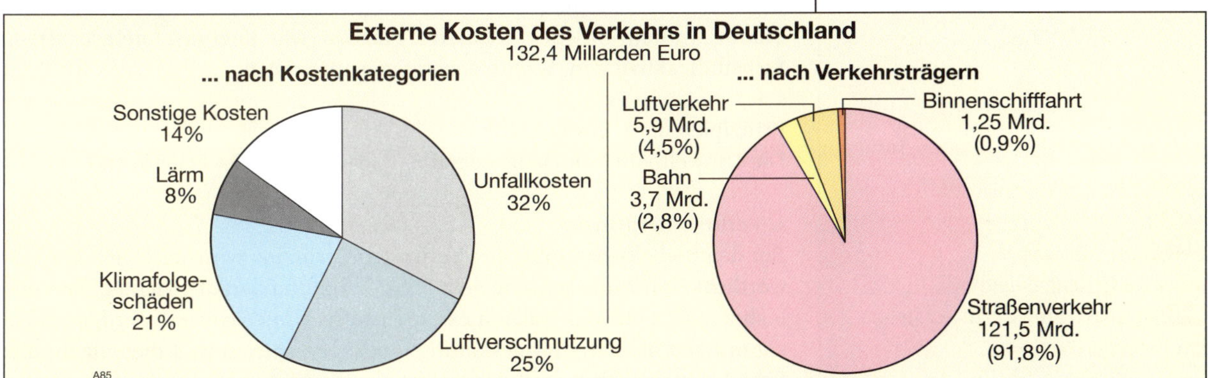

5.1.2 Der Staat greift ein – Strategien, Prinzipien und Instrumente der Umweltpolitik

Wenn der Markt „versagt", weil seine Mechanismen auf Grund bestimmter Bedingungen nicht greifen können, muss der Staat eingreifen und nach geeigneten politischen Maßnahmen suchen. Doch das ist häufig einfacher gesagt als getan. Denn zunächst muss ja geklärt werden, wozu die jeweiligen politischen Maßnahmen führen sollen und inwieweit diese Maßnahmen dazu geeignet sind.
Allgemein und bei fast allen beteiligten Gruppen erfährt für die Zielsetzung einer aktuellen Umweltpolitik das Leitbild der nachhaltigen Entwicklung („Sustainable Development") heute breite Zustimmung, aber die Vorstellungen über die Wege und Strategien zur Umsetzung sind sehr unterschiedlich.

„Im Ganzen liegt der Reichtum viel mehr im Gebrauch als im Eigentum." (Aristoteles)

Strategien
Um ökologische Nachhaltigkeit zu erreichen, ist die Erhöhung der Ressourcenproduktivität eine ganz wesentliche Zielsetzung. Wie können der Vergeudung und Verschwendung von Ressourcen Einhalt geboten werden bzw. diese besser genutzt werden? Es bieten sich im Wesentlichen zwei Strategien an. Die Effizienzstrategie ist darauf aus, Stoff- und Energieströme und den Umweltverbrauch zu verringern, indem der Produktkreislauf eines einzelnen Gutes verlängert wird. Anbieter sollen Produkte erstellen, die langlebig, materialoptimiert und reparaturgerecht aufzuarbeiten sind, um den gleichen Nutzen mit weniger Stoff- und Energieeinsatz zu erreichen. Bei Verbrauchsgütern sollen regionale und saisonale Produkte aus biologisch-organischem Anbau bevorzugt werden.

Wenn aber Haushaltsgeräte oder Autos z. B. immer sparsamer im Verbrauch werden, werden sie häufiger gekauft, d. h., die Effizienzsteigerung kann zu vermehrtem Konsum führen, was die Effizienzgewinne kompensiert. Suffizienzstrategien wollen diesen Effekten entgegentreten und den absoluten Güterverbrauch senken. Das kann erreicht werden, indem Käufe ganz vermieden werden und z. B. eigentumslos konsumiert wird (Dienstleistung statt Produkt) oder z. B. über zeitlich längeres oder gemeinschaftliches Nutzen von Gütern wie beim Teilen, Tauschen, Mieten und Leihen u. a. m. Während die Effizienzstrategie eher auf technischen Innovationen beruht, beruht die Suffizienzstrategie eher auf sozialen Innovationen. Verhaltensveränderungen sind gefragt, die häufig zu marktergänzenden oder -ersetzenden Institutionen führen oder vergessene neu beleben. Als solche sind z. B. die innovativen Tausch- und Nutzungsformen wie Tauschringe, Barter-Systeme (mehr Informationen unter www.tauschring.de) oder Car-Sharing-Initiativen oder kollektive Formen wie Energiegemeinschaften, Selbsthilfeaktivitäten, Wohnkooperativen anzusehen.

Prinzipien der Umweltpolitik
Die Umweltpolitik in Deutschland z. B. beruht auf drei Prinzipien:

Erläutern Sie, was unter „Effizienz-" und „Suffizienzstrategie" zu verstehen ist.

1. Verursacherprinzip
Bei der Berücksichtigung des Verursacherprinzips wird nach der Verantwortlichkeit für entstandene Schäden gefragt und darauf geachtet, dass die bisher auf Dritte abgewälzten externen Kosten internalisiert werden, d. h., sie müssen bei der Preisgestaltung eine Rolle spielen und diejenigen, die Schäden verursachen, sollen auch die Kosten dafür tragen.

Doch die Durchsetzung dieses Verursacherprinzips stößt auch auf Widerstände bzw. Schwierigkeiten. Ist denn immer eindeutig festzustellen, wer tatsächlich die Schäden verursacht hat, z. B. bei Altlasten (Identifizierungsproblem)? Oder wer hat denn in welchem Maße welchen Schaden angerichtet, z. B. an Waldschäden? Wie stark ist z. B. der Verkehr, und innerhalb des Verkehrssektors der motorisierte Individualverkehr, am Waldsterben beteiligt (Zurechnungsproblem)? Und wie soll nun bewertet werden, wie hoch z. B. die umweltbedingte Beeinträchtigung von Gesundheit und Wohlbefinden durch das Waldsterben anzusetzen ist (Bewertungsproblem)? Wie lange dauert eine solche Bewertung? Wie lange sollen gesundheitliche Beeinträchtigungen der Allgemeinheit in Kauf genommen werden? In Fällen, wo es darum geht, so schnell wie möglich Gefahr abzuwehren, ist unverzügliches staatliches Eingreifen erforderlich, und dabei kommt das Gemeinlastprinzip zur Anwendung. Hierbei werden die Kosten der Vermeidung bzw. der Beseitigung von Umweltschäden von der öffentlichen Hand aus Steuermitteln getragen. Dieses Prinzip muss aber als Notbehelf dienen, denn es verhindert ja nicht, dass umweltbelastende Aktivitäten einen Wettbewerbsvorteil behalten, weil die Anbieter davon ausgehen, dass die individuell verursachten Schäden von der Allgemeinheit getragen werden.

2. Vorsorgeprinzip

Am besten ist es wohl, wenn Umweltschäden von vornherein vermieden werden, also ein Vorsorgeprinzip zur Geltung kommt. Dieses Prinzip muss mit Anreizen verbunden werden, Umweltrisiken zu vermeiden.

Das kann beispielsweise auch durch eine konsequente Anwendung des Verursacherprinzips geschehen, denn die jeweilige Haftung für verursachte Schäden führt zu einer erhöhten Sorgfalt im Umgang mit Umweltrisiken. Je weniger das Vorsorgeprinzip zur Geltung kommt, umso mehr Nachsorge muss betrieben werden.

3. Kooperationsprinzip

Bei der Anwendung des Kooperationsprinzips sollen Geschädigte wie Schädiger an der Festlegung und Umsetzung umweltpolitischer Ziele beteiligt werden.

Die Bedeutung dieses Prinzips wird damit begründet, dass einerseits die politischen Instanzen auf Informationen der Betroffene angewiesen sind, andererseits glaubt man die Wirkungsbedingungen umweltpolitischer Maßnahmen bei gegebenen Handlungsspielräumen der Akteure kooperativ günstiger gestalten zu können als bei einer Umweltpolitik, die auf Konfrontation angelegt ist.

Führen Sie Beispiele für umweltpolitische Problembereiche an, in denen die unterschiedlichen Prinzipien Beachtung finden.

Instrumente der Umweltpolitik

Den jeweiligen umweltpolitischen Prinzipien entsprechend stehen den Verantwortlichen Instrumente der Einflussnahme zur Verfügung. Zur Systematisierung sollen im Folgenden drei konzeptionell unterscheidbaren Lösungsansätzen ausgewählte Instrumente zugeordnet werden:

1. Informations- und Aufklärungsstrategien (Moral Suasion)

Information und Aufklärungsmaßnahmen setzen auf freiwillige Verhaltensänderungen. Umweltinformation, -beratung und -bildung sollen dazu beitragen, dass über ein geschärftes Umweltbewusstsein umweltverträgliches Verhalten erzeugt wird. Doch sowohl der Alltag als auch empirische Untersuchungen zeigen, dass zwischen Bewusstsein und tatsächlichem Ver-

Die **Brent Spar**, 190 Kilometer nordöstlich der Shetland-Inseln im Meer verankert, diente von 1976 bis 1991 als Zwischenlager für Rohöl. Shell wollte aus technischen und finanziellen Gründen den ausgedienten Stahlkoloss mitsamt 130 Tonnen Ölschlamm, Schwermetallen und radioaktivem Abfall einfach im Meer versenken.

halten häufig eine große Kluft besteht, selbst dann, wenn ein hohes Umweltbewusstsein signalisiert wird. Das liegt u. a. auch daran, dass der Aufwand (Kosten) für umweltverträgliches Verhalten als zu hoch eingeschätzt wird. Man ist nicht bereit, die Zeit, die Mühe oder sogar das Geld, z. B. bei der Abfalltrennung, aufzubringen. Je geringer der Aufwand, desto höher die Bereitschaft zu umweltverträglichem Verhalten (Low-cost-Hypothese).
Viele sind zwar bereit, zum Einkaufen eine Einkaufstasche mitzunehmen, auf Getränke in Dosen zu verzichten oder Recycling-Toilettenpapier zu benutzen. Aber in sogenannten „High-cost-Situationen" treten Belange und Normen des Umweltschutzes in den Hintergrund und werden als eher unwesentlich für Entscheidungssituationen betrachtet: Nur wenige ziehen ernsthaft in Erwägung, aus Umweltschutzgründen kein Auto zu besitzen oder nicht mit ihm zur Arbeit zu fahren, seltener zu baden oder zu duschen, die Raumtemperatur abzusenken und anderes mehr.

Außerdem fällt ein umweltschädigendes Verhalten nicht so ohne weiteres auf, erst wenn in kleinen, überschaubaren Gruppen umweltbelastendes Verhalten sozial sanktioniert werden kann, ist eher eine erwünschte Verhaltensänderung zu erwarten. Und wenn gar in sogenannten „Face-to-face-Kontakten" oder bei häufig wiederholten Interaktionen eine wechselseitige Stabilisierung umweltbewussteren Verhaltens („Wie du mir, so ich dir") erfolgen kann, sind die Chancen auf Verhaltensänderung am größten.
Aber jeder weiß, dass das gute Beispiel der ökologisch Engagierten durch Trittbrettfahrer ausgebeutet wird („Gefangenendilemma"), und je anonymer die Entscheidungskontexte und je höher die Kosten der Verhaltensänderung, umso höher ist diese Gefahr. Das Umweltbewusstsein der Bevölkerung kann zwar als sehr hoch angesetzt werden, doch hat dies nur wenig Einfluss auf das konkrete Verhalten.

Dennoch muss es eine Aufgabe in einer Demokratie sein, über ein gestiegenes Umweltbewusstsein für eine weiter reichende Umweltpolitik zu sorgen, denn staatliches Handeln hängt auch von der Zustimmung der Wähler ab. Außerdem bestehen in Low-cost-Entscheidungssituationen gute Aussichten auf umweltverträglicheres Verhalten und diese können ja auch bei Unternehmen zu Wirkungen führen, indem sie zu einer stärkeren Beachtung ökologischer Aspekte zwingen. Als Beispiel wird hier oftmals auf die Abwanderung der Verbraucher von Shelltankstellen im Zusammenhang mit der zunächst geplanten Versenkung der „Brent Spar" im Atlantik verwiesen. Glaubwürdige Drohung mit Abwanderung kann Verstöße gegen soziale oder ökologische Normen verhindern.

2. Ordnungsrechtliche Auflagenpolitik
Der Grad der Abhängigkeit vom freiwilligen umweltverträglichen Verhalten der Bürger wird durch umweltbezogene Verhaltensvorschriften für Produzenten und Konsumenten verringert. Umweltauflagen, die mit hoheitlichem Zwang durchgesetzt werden können, sind treffsichere Instrumente, deren Einhaltung kontrolliert werden kann. Eine solche Umweltpolitik hat Deutschland in der Vergangenheit hauptsächlich betrieben und sie basiert auf einem ordnungsrechtlichen Ansatz. Die Umweltauflagen, die sich auf Produkte, Technologien oder Emissionen beziehen können, passen in das bestehende Rechts- und Verwaltungssystem. Besonders wenn schnelles Handeln geboten ist, um unmittelbare Gefahren abzuwehren, sind Umweltauflagen unverzichtbar.

Sie sind ökologisch treffsicher und auch politisch durchsetzbar, genügen aber oft nicht dem Kriterium der ökonomischen Effizienz; denn Umweltauflagen ändern nichts an den fehlerhaften Marktsignalen und Marktkräfte wirken somit weiterhin gegen intendierte ökologische Verbesserungen.
Umweltauflagen schreiben Produzenten und Konsumenten Aktivitäten zur Reduzierung der Umweltnutzungen vor, verhindern z. B. aber nicht, dass im Rahmen der Auflagen zulässige Restumweltnutzungen (z. B. Restemissionen) zum Nulltarif erfolgen. Und die Unternehmungen, die über die vorgeschriebenen Auflagen hinaus noch weiter gehende vornehmen, haben im Vergleich zu ihren Konkurrenten höhere Kosten. Aus ökonomischen Gründen werden sie weiter gehende Umweltverbesserungen unterlassen.

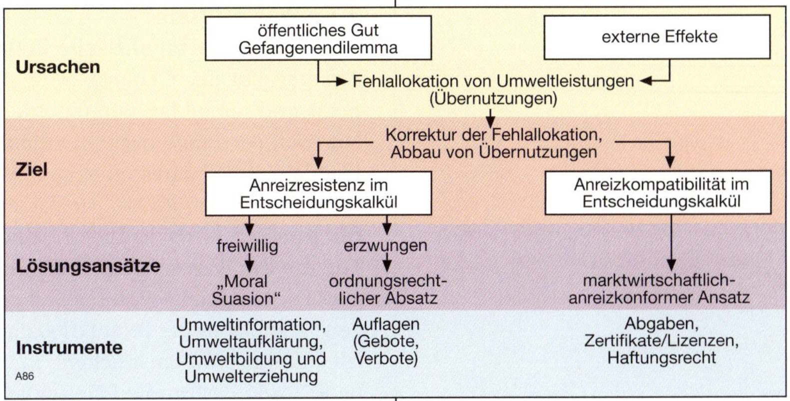

nach: Krol, G.-J. / Schmidt, A. Volkswirtschaftslehre 21. Aufl., 2002, S. 454

3. Marktwirtschaftlich – anreizkonformer Ansatz
Die bislang angeführten Kritikpunkte im Hinblick auf die Effektivität der umweltpolitischen Instrumente lassen nach anderen Instrumenten fragen. Als ökonomische bzw. marktwirtschaftliche Instrumente für die Umweltpolitik stehen Preislösungen (z. B. Umweltabgaben oder Ökosteuern) und Mengenlösungen (Emissionslizenzen) zur Verfügung. Über Steuern oder Umweltabgaben wird die Nutzung der Umwelt zu einem Kostenfaktor, an den sich sowohl Produzenten als auch Konsumenten mit ihrer Nachfrage anpassen.
Wenn bei Umweltnutzung Abgaben zu zahlen sind, dann wird die Nutzung so lange vermieden, solange die Kosten der Vermeidung geringer sind als die sonst zu zahlenden Abgaben. Bei niedrigen „Vermeidungskosten“ werden hohe Emissionen vermieden, bei hohen entsprechend weniger.
Wenn die Umweltnutzung zu einem Kostenfaktor wird, lohnen sich Anstrengungen zur Verringerungen von Umweltnutzungen auch ökonomisch. Von zentralem Stellenwert ist allerdings die Höhe der Abgaben: Werden sie zu hoch festgesetzt, ist die Wettbewerbsfähigkeit gefährdet, sind sie zu niedrig, können die ökologischen Wirkungen zu gering ausfallen.

Mengenlösungen z. B. in Form von handelbaren Emissionslizenzen richten sich nach den für jeweilige Belastungsregionen festgelegten Umweltqualitätszielen. Die wirtschaftlichen Akteure müssen Emissionslizenzen kaufen und ihr Preis richtet sich nach Angebot und Nachfrage. Es gibt einen staatlich festgelegten Bestand an Lizenzen für eine Region und z. B. emittierende Unternehmen müssen so viel Lizenzen kaufen, wie sie benötigen. Der Preis bestimmt sich durch die Konkurrenz aller Unternehmen, die Lizenzen brauchen. Bei starker Nachfrage nach Umweltnutzungen nimmt der Preis zu, der Anreiz, in Vermeidungstechnologien zu investieren wird größer und diese können bei hohen Lizenzkosten ökonomisch interessant werden.

1. Recherchieren Sie den aktuellen Stand des Emissionshandels in Deutschland und Europa.
2. Erläutern Sie, inwieweit es sich hier um einen anreizkonformen Ansatz handelt.
3. Welche Probleme treten im Rahmen der Umsetzung auf? Wie sind diese zu erklären?
4. Diskutieren Sie die unterschiedliche Effektivität der dargestellten umweltpolitischen Instrumente.

5.1.3 Was soll sein? – Wirtschaftspolitische Ziele und gesellschaftliche Grundwerte

Am Beispiel der Ökologie wird deutlich, dass der Staat u. U. eingreifen muss und seine Maßnahmen „zielbestimmt“ sein müssen.

Nun soll der Frage nachgegangen werden, ob es für wirtschaftspolitisches Handeln des Staates allgemein Vorgaben oder Leitlinien gibt, die es zu berücksichtigen gilt. So, wie das Phänomen der Knappheit Ausgangspunkt für jegliches wirtschaftliche Handeln ist (vgl. Kapitel 1), ist auch in der Theorie der Wirtschaftspolitik Knappheit Ausgangspunkt aller Überlegungen: Die knappen Mittel reichen nicht aus, um alle Bedürfnisse zu befriedigen. Wenn aber die Produktionsfaktoren und Ressourcen zur Bedürfnisbefriedigung nicht ausreichen, muss ausgewählt werden; und auswählen heißt, nach bestimmten Gesichtspunkten zu bewerten. Das bedeutet, dass der Staat sich bei der Entscheidung festlegen muss, welchen Aufgaben er sich in erster Linie widmet und in welcher Reihenfolge sowie Intensität, also: Was wird als wichtig erachtet, was nicht?

Soll z. B. ein zur Verfügung stehender Geldbetrag im Stadthaushalt für den Ausbau einer Schule oder für die Anschaffung eines neuen Feuerwehrautos verwendet werden? Soll eine freie Fläche als Gewerbegebiet ausgewiesen oder zum Spielplatz für Kinder werden?

Entscheidet man sich für das eine, muss auf anderes verzichtet werden. Wenn das Geld nicht für beides reicht, muss z. B. die Gemeinde bei einem Kauf eines neuen Feuerwehrautos auf die Verbesserung der Bildungsmöglichkeiten in der Stadt verzichten; in diesem Fall ist die angestrebte Erhöhung der Sicherheit wichtiger als die Verbesserung der Bildungsmöglichkeiten. Das sind eben die Opportunitätskosten (vgl. Kapitel 1) für die erreichte Sicherheit.

Aber natürlich wird von der Politik auch Effizienz verlangt: Die verfügbaren Mittel sollen nicht nur effektiv, also wirksam, eingesetzt werden, sondern mit den verfügbaren Mitteln soll die höchstmögliche Zielerreichung bewirkt werden, das besagt das ökonomische Prinzip. Zwar wird sicherlich eine neues Feuerwehrauto die Sicherheit einer Kommune erhöhen können, aber könnte z. B. nicht eine Fortbildung der Feuerwehrleute oder ein erhöhter Brandschutz an Gebäuden noch wirksamer sein?

Welche Hilfestellung können die Wirtschaftswissenschaften den Politikern in Entscheidungssituationen geben? Welchen Stellenwert nehmen in einer Wissenschaft von der Wirtschaftspolitik Werturteile ein?

Werturteile drücken aus, was sein soll. Es handelt sich um normative Aussagen mit Aufforderungscharakter. Sie beinhalten eine Stellungnahme, sind subjektiv. **Sachurteile** dagegen dienen der Formulierung von Aussagen über Erkenntnisse. Es sind theoretische Aussagen, die eine Anspruch auf Allgemeingültigkeit erheben. Sie müssen verallgemeinerungsfähig sein und dürfen sich nicht auf ein bestimmtes Land oder eine bestimmte Zeit beziehen. Sie müssen überprüfbar und gegebenenfalls widerlegbar sein. Theoretische Aussagen können Fragen beantworten wie „was ist, und warum?“, aber nicht – wie politische/normative Aussagen – „was sollte sein?“.

Allerdings können Wissenschaftler überprüfen, ob das (subjektiv) gesetzte Ziel logisch und objektiv richtig angegangen worden ist, ob das (wirtschaftspolitische) Handeln theoretisch widerspruchsfrei gewesen ist. Das Ziel selbst kann nicht extern auf Richtigkeit überprüft werden; wenn das möglich wäre, gäbe es keine wirtschaftspolitischen Debatten und Streitigkeiten, Wirtschaftspolitik wäre „entpolitisiert“ und man könnte sie einem Computer überlassen.

Beschreiben Sie das Verhältnis zwischen Wissenschaft und Politik.

Vor allem auf den Soziologen Max Weber (1864–1920) ist die Forderung zurückzuführen, in der Wissenschaft Sachaussagen und Werturteile auseinander zu halten.

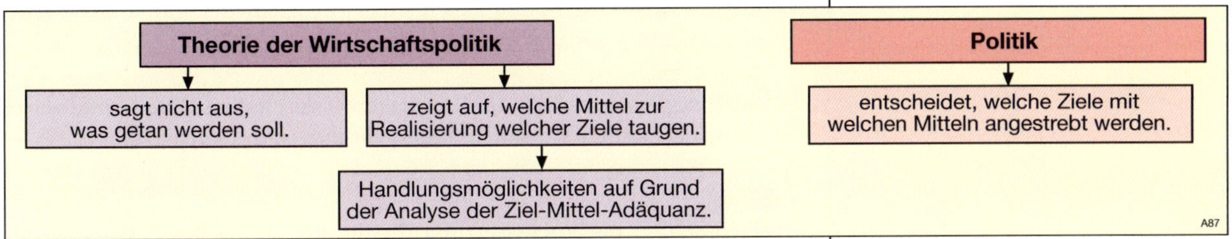

nach: H.-J. Schlösser: Die Funktionen des Staates in einer marktwirtschaftlichen Ordnung, Reihe ökonomische Bildung kompakt, Bd. 4, Westermann Verlag Braunschweig 2004, S. 14

Eine werturteilsfreie Wissenschaft zu betreiben bedeutet aber nicht, dass sich ein Wissenschaftler nicht auch einer besonderen Zielsetzung verpflichtet fühlen kann: So können beispielsweise bei der Auswahl des Forschungsgebietes normative Beweggründe durchaus eine wichtige Rolle spielen. Weil ein Wissenschaftler Armut und Hunger auf der Welt bekämpfen will, hat er sich als Forschungsgebiet z. B. die Entwicklungspolitik ausgewählt, ein Naturwissenschaftler vielleicht die Gentechnologie. Aber die Anforderungen an die Wissenschaftlichkeit der Arbeit werden davon nicht berührt. Die Aussagen müssen objektive Qualität besitzen, d. h., es muss entscheidbar sein, ob etwas wahr oder falsch ist. Die relevanten Prüfebenen sind dabei **logische Widerspruchsfreiheit** (Konsistenz) und **faktische Widerspruchsfreiheit** (Bewährung an den Fakten). Werturteilsfreiheit der Wissenschaft schließt aber auch nicht aus, dass über Werturteile geforscht wird. Sie können beschrieben, auf ihre Beziehungen untereinander geprüft und verglichen werden. Eine besondere Aufgabe der Wissenschaft ist die **Ideologiekritik**: die Aufdeckung von versteckten Werturteilen. Selbst Ziele können wissenschaftlich hinterfragt werden, denn sie können zugleich Mittel für andere Ziele sein. Und die Mittel selbst können Zielcharakter haben und sind auf „Nebenwirkungen“ hin zu überprüfen. Es gilt als „Spielregel“, dass normative Wertungen auch als solche kenntlich gemacht oder offen gelegt werden sollen.

!

1. Untersuchen Sie einen umfangreichen Artikel im Wirtschaftsteil einer Tageszeitung zu einem aktuellen Thema und trennen Sie
   - Sachaussagen,
   - Vorhersagen,
   - Vorurteile und
   - Werturteile

   voneinander.
2. Erläutern Sie, was unter einer „werturteilsfreien Wissenschaft“ verstanden wird.

Wirtschaftspolitische Ziele als Modalziele

In Kapitel 2 haben Sie bereits erfahren, dass ein gesellschaftliches System aus unterschiedlichen Teilssystemen besteht und dass Zusammenhänge zwischen ihnen bestehen. Danach hat das wirtschaftliche Subsystem einen funktionalen Stellenwert im Hinblick auf die Ausgestaltung des gesamtgesellschaftlichen Systems. Wirtschaftspolitik kann sich deshalb die Ziele letztlich nicht autonom setzen, sondern diese sind den jeweiligen gesellschaftlichen Grundwerten verpflichtet und damit eingebunden in die **Finalziele** der Gesellschaftspolitik. Keine Gesellschaft kann ohne jeglichen Konsens über Werte existieren. In freiheitlichen Staaten werden z. B. im Grundgesetz und in der Verfassung Grundwerte formuliert, die sich auch häufig in Reden von Parlamentariern, Regierungsvertretern und anderen Persönlichkeiten des öffentlichen Lebens wiederfinden. Solche Grundwerte sind im Zeitablauf einem Wandel unterworfen und unterscheiden sich auch von Staat zu Staat, wobei aber auch zu Recht von internationalen Wertegemeinschaften gesprochen werden kann.

!

Untersuchen Sie die europäische Verfassung auf die für die Länder der europäischen Union verbindlichen gesellschaftlichen Grundwerte.

In marktwirtschaftlich und demokratisch geprägten Ländern sind durchaus gemeinsame Grundwerte zu entdecken, denen man sich verpflichtet fühlt. Wirtschaftspolitische Ziele werden in den Dienst allgemeiner gesellschaftspolitischer Ziele gestellt und haben eher Mittelcharakter – sind **Modalziele** – zur Erreichung der allgemeineren gesellschaftlichen Grundwerte.

Allgemeiner Konsens besteht über folgende gesellschaftliche Grundwerte, denen wirtschaftliches Handeln untergeordnet ist und dienen soll:

Freiheit
Freiheit schafft die Voraussetzung für die Entfaltung der Persönlichkeit. Für die Wirtschaftspolitik bedeutet das sicherzustellen, dass die persönliche Freiheit des Einzelnen durch wirtschaftliches Handeln und wirtschaftliche Macht nicht eingeschränkt wird.

Gerechtigkeit
Alle Bürger eines Staates haben die gleichen Rechte. Niemand darf auf Grund seiner Herkunft, Religion usw. bevorzugt oder benachteiligt werden. Die Forderung nach Gerechtigkeit zielt wirtschaftspolitisch insbesondere auf „Verteilungsgerechtigkeit", d. h., Einkommen und Vermögen sollen möglichst gerecht verteilt sein.

1. Suchen Sie auf den aktuellen Wirtschaftsseiten einer Tageszeitung Formulierungen von wirtschaftspolitischen Zielen seitens politischer Entscheidungsträger und überprüfen Sie diese hinsichtlich ihrer Operationalisierbarkeit.
2. Wie erklären Sie es, dass oftmals nichtoperationalisierte Ziele formuliert werden?
3. Karl Schiller formulierte einmal: „So viel Markt wie möglich, so viel Staat wie nötig." – Wie steht es um die „Operationalisierbarkeit"?

Sicherheit
In einer Gesellschaft dürfen Krankheit, Behinderung, Alter oder andere Umstände, die die Leistungsfähigkeit mindern, nicht zu sozialer Verelendung führen. Die Gesellschaft muss deshalb die soziale Sicherheit als solidarische Aufgabe aller Bürger begreifen.

Fortschritt oder Förderung des Wohlstandes
Fortschritt ist kein Wert an sich, sondern ist als immer neue Annäherung an vorgegebene gesellschaftspolitische Ziele zu interpretieren. Wirtschaftliches Wachstum kann nur dann (erstrebenswerten) Fortschritt bringen, wenn das Wachstum nicht nur ökonomischen, sondern auch umweltpolitischen und humanen Aspekten gerecht wird und sozial fortschrittlich ist, also das Gemeinwohl vermehrt und die Lebensqualität verbessert werden.

5.1.4 Von der Vereinbarkeit von Zielen

Wir haben in den vorherigen Abschnitten gesehen, dass wirtschaftspolitische Ziele im Hinblick auf die Durchsetzung der gesellschaftlichen Grundsätze Mittelcharakter haben.

Operationalisierbarkeit = Möglichkeit, einen Begriff, bei dem der gemeinte Sachverhalt nicht direkt wahrnehmbar und messbar ist, so weit zu konkretisieren, dass man entscheiden kann, ob und inwieweit das mit dem Begriff Gemeinte vorhanden ist.

Beispiele für bekannte wirtschaftspolitische Ziele (vgl. auch Kapitel 5.4) sind
- die Sicherstellung wirtschaftlichen Wachstums,
- das Erreichen von Vollbeschäftigung oder
- die Wahrung der Preisniveaustabilität.

Wichtig ist in diesem Zusammenhang, dass wirtschaftspolitische Ziele operationalisiert werden können, denn nur über die „Messbarkeit" von Zielen kann eine notwendige Erfolgskontrolle und eine eine ggf. notwendige Hierarchisierung von Zielen sichergestellt werden.
Im Schaubild auf der nachfolgenden Seite zeigt Schlösser die Zusammenhänge auf:

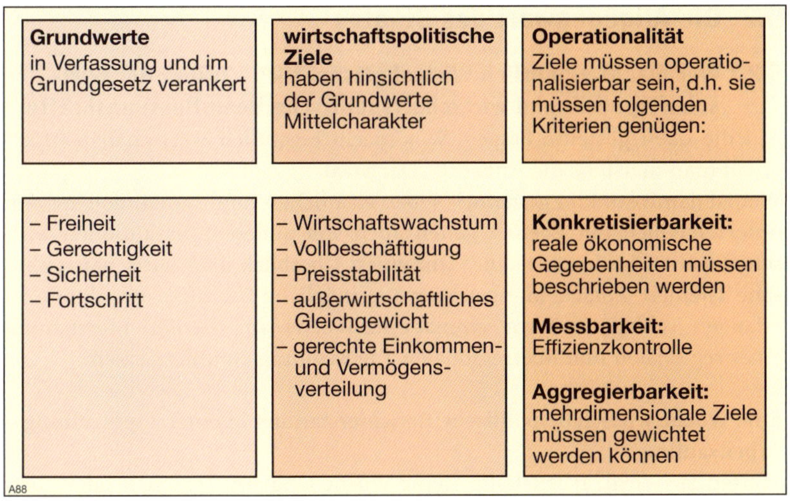

nach: H.-J. Schlösser: Funktionen des Staats in einer marktwirtschaftlichen Ordnung, Baustein im Projekt „Ökonomische Bildung online", Institut für Ökonomische Bildung Oldenburg, 2003, S. 46

Die Beziehungen zwischen den gesellschaftlichen Grundwerten und den wirtschaftspolitischen Zielen werden als vertikale Zielbeziehungen bezeichnet, während man hinsichtlich der Verknüpfungen von wirtschaftspolitischen Zielen untereinander von horizontalen Beziehungen spricht. Man unterscheidet in diesem Zusammenhang zwischen logischen und technologischen Zielbeziehungen.

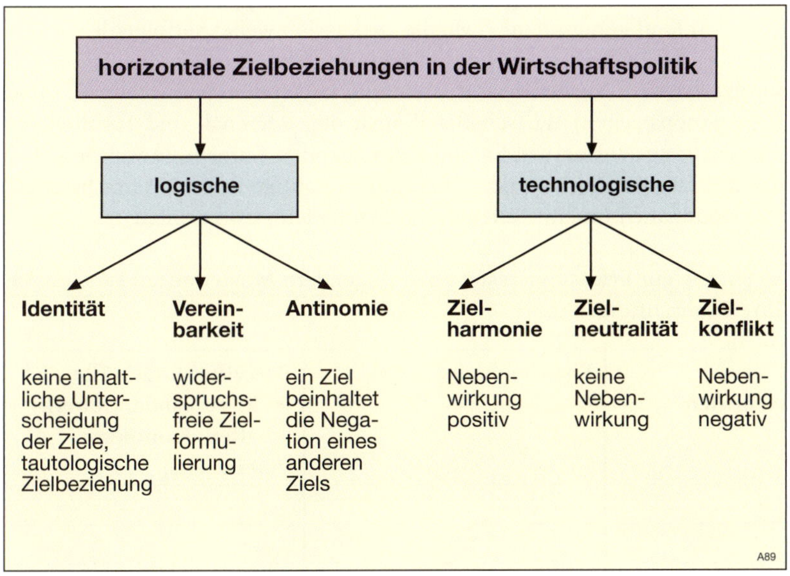

nach: H.-J. Schlösser: Funktionen des Staats in einer marktwirtschaftlichen Ordnung, Baustein im Projekt „Ökonomische Bildung online", Institut für Ökonomische Bildung Oldenburg, 2003, S. 48

Bei Antagonien bzw. Zielkonflikten sind Kompromisse zu suchen bzw. die jeweils auftretenden Opportunitätskosten zu ermitteln. Dies kann sich in der wirtschaftspolitischen Realität als schwierig herausstellen und zu heftigen wirtschaftspolitischen Debatten führen.

Technologische Zielbeziehungen:

- Zielharmonie: Die Verfolgung eines Ziels begünstigt die Erreichung anderer Ziele. Die Nebenwirkungen auf andere Ziele sind positiv.
- Zielneutralität: Es gibt keine Nebenwirkungen auf andere Ziele.
- Zielkonflikt: Die Verfolgung eines Ziels beeinträchtigt andere Ziele. Die Nebenwirkungen auf andere Ziele sind negativ.

Ermitteln Sie – ggf. im Rahmen der Bearbeitung des Unterkapitels 5.4 – konkrete logische und technologische Zielkonflikte in der Wirtschaftspolitik.

5.2 Die Allgegenwart des Staates

5.2.1 Wer macht eigentlich Wirtschaftspolitik? – Träger der Wirtschaftspolitik und wirtschaftspolitische Beeinflussungskräfte

Auf die oben gestellte Frage: „Wer macht eigentlich Wirtschaftspolitik?“ erhält man meistens die Antwort: „Der Staat“.

Wer ist damit konkret gemeint? Neben staatlichen Einflussnahmen auf den unterschiedlichsten Ebenen gehen auch von anderen Institutionen wirtschaftspolitische Impulse aus. Um einen Überblick über wirtschaftspolitische Themen, Entscheidungsträger und mögliche Beeinflussungskräfte zu erlangen, schlagen wir vor, einmal eine Woche lang die Berichterstattung einer regionalen und überregionalen Tageszeitung zu untersuchen.

Eine Woche wirtschaftspolitische Berichterstattung in einer Tageszeitung – Arbeitsauftrag:

Werten Sie – evtl. arbeitsteilig – eine Woche lang eine regionale oder überregionale Tageszeitung aus. Systematisieren Sie die bei der Zeitungsanalyse festgestellten wirtschaftspolitischen Akteure und Aktivitäten mit Hilfe der Übersichten auf den folgenden Seiten und werten Sie Ihre Ergebnisse anhand folgender Fragestellungen aus:

- Welche wirtschaftspolitischen Themen standen in der „Erfassungswoche“ im Mittelpunkt der wirtschaftlichen Diskussion?
- Benennen Sie die bei Ihrer Erfassung ermittelten legislativen und exekutiven Instanzen.
- Welche Beziehungen zwischen Wirtschaft (Unternehmen (Konsumenten/Gewerkschaften) und Politik wurden deutlich?
- Konnten Zielkonflikte gelöst werden? Welche Opportunitätskosten wurden in Kauf genommen? (Evtl. die Diskussion weiter verfolgen!)

Berücksichtigen Sie bei Ihrer Auswertung neben dem politischen Teil und dem (europäischen) Wirtschaftsteil auch den Regional- und Lokalteil der Tageszeitung. Vermerken Sie mit den folgenden Kürzeln, in welchem Teil der Zeitung die Artikel platziert sind: P = Politikteil; W = Wirtschaftsteil; R = Regionalteil (nicht in allen Zeitungen üblich); L = Lokalteil

Legen Sie ein Erfassungsraster nach folgendem Muster an und tragen Sie Ihre Beobachtungen ein!

Wochentag	**Themen / Artikelüberschriften**	**Entscheidungsträger**	**Beeinflussungskräfte (z. B. Verbände, Gewerkschaften, Kammern, Vereine etc.)**
Montag, den			
Dienstag, den			
Mittwoch, den			
Donnerstag, den			
Freitag, den			
Samstag, den			

nach: K.-J. Burkard: Markt und Staat – Wirtschaftspolitik in der Sozialen Marktwirtschaft, in: Unterricht / Wirtschaft, H 9, Beihefter, M 1, Friedrich, Seelze, 2002, B1

Träger der Wirtschaftspolitik und wirtschaftspolitische Beeinflussungskräfte

Trägerebene	**Legislative Instanzen**	**Primäre exekutive Instanzen**	**Sekundäre exekutive Instanzen**
Europäische Union	Rat der EU	Kommission der EU	Nachgeordnete Instanzen, z. B. Verwaltung der Strukturfonds
Bundesebene (BRD)	Bundestag • Ausschüsse • Plenum Bundesrat Vermittlungsausschuss	Bundesregierung • Bundeskanzler • Bundesminister (insbesondere für Wirtschaft und Finanzen) • *ferner einige Organisationseinheiten in anderen Bundesministerien, wie für* Verkehrswirtschaft im Verkehrsministerium Ernährungs-, Land- u. Forstwirtschaft im Ministerium für Ernährung, Landwirtschaft u. Forsten Wohnungswirtschaft im Ministerium für Raumordnung, Bauwesen u. Städtebau	Nachgeordnete Bundesverwaltungen mit Entscheidungsbefugnis in ihrem Zuständigkeitsbereich u. a. • Bundeskartellamt • Bundesaufsichtsamt für das Kreditwesen
Länderebene (BRD)	Landtage der Bundesländer Parlamente der Stadtstaaten	Landesregierungen Ministerpräsidenten bzw. Regierende Bürgermeister • Landesminister bzw. Senatoren, insbesondere für Wirtschaft u. Finanzen	Nachgeordnete Landesverwaltungen mit Entscheidungsbefugnis in Einzelfällen u. a. • Regierungspräsidenten • Bezirksämter
Kommunalebene (BRD)	Gemeinderäte Stadträte Kreistage	Gemeinde-, Stadt- Kreisverwaltungen • Gemeinde, Stadt, Kreisdirektoren • Leiter von Ämtern, insbesondere von Bau- und Beschäftigungsämtern	Zweckverbände der Gemeinden, Städte, Kreise mit Entscheidungsbefugnis für bestimmte Versorgungsleistungen u. a. für • Wasserversorgung • Müllabfuhr

nach: S. Behrends: Wirtschaftspolitik in der Gruppengesellschaft, in: arbeiten + lernen / Wirtschaft, Heft 28, S. 7

Karl Schiller (1911–1994)

- ab 1931 Studium der Volkswirtschaft und Rechtswissenschaften
- 1935 Promotion über Arbeitsbeschaffung und Finanzordnung
- 1947 Ordentlicher Professor an der Universität Hamburg. Er beschäftigt sich hauptsächlich mit Wirtschaftstheorie, Wirtschaftspolitik und Außenwirtschaft.
- 1948 Beginn seiner politischen Karriere als Hamburger Wirtschafts- und Verkehrssenator. Mit seiner Formel „so viel Wettbewerb wie möglich, so viel Planung wie nötig", hat er wesentlichen Einfluss auf die Wirtschaftspolitik der SPD.
- 1966 Bundeswirtschaftsminister in der Großen Koalition, das Amt behält er auch ab 1969 in der sozial-liberalen Regierung unter Bundeskanzler Willy Brandt
- 1967 tritt das von Schiller erarbeitete Stabilitäts- und Wachstumsgesetz in Kraft.
- 1972 Rücktritt als Minister auf Grund Meinungsverschiedenheiten innerhalb der Regierung über die Währungs- und Finanzpolitik
- 1980 Wiedereintritt in die SPD
- 1992 Mitunterzeichner eines Manifestes gegen die überhastete Einführung der Währungsunion
- 1994 Karl Schiller stirbt am 26. Dezember

5.2.2 Ziele und Handlungsfelder der Wirtschaftspolitik

Das Stabilitätsgesetz von 1967

Die Untersuchung der Berichterstattung über wirtschaftspolitische Themen hat gezeigt, dass „der Staat" keine einheitliche Größe ist, sondern sich aus einer Vielzahl legislativer und exekutiver Instanzen auf verschiedenen Entscheidungs- und Handlungsebenen mit durchaus divergierenden Interessen zusammensetzt. Sie hat außerdem gezeigt, wie stark allgemeine Politik und Wirtschaft miteinander verzahnt sind, und es muss die Frage gestellt werden, inwieweit die Ziele der allgemeinen Politik und die der Wirtschaftspolitik miteinander im Einklang stehen oder sich widersprechen.

Aber auch innerhalb der Wirtschaftspolitik selbst kann es zu Zielkonflikten kommen, wenn Entscheidungen getroffen werden, die z. B. eine Vernachlässigung und / oder Inkaufnahme der Beschädigung anderer Ziele zur Konsequenz haben.

Die in Deutschland verfolgten wirtschaftspolitischen Ziele beruhen auf unterschiedlichen gesetzlichen Grundlagen.

Von zentraler Bedeutung für das wirtschaftspolitische Zielsystem der Bundesrepublik Deutschland ist das **Gesetz zur Förderung der Stabilität und des Wachstums der Wirtschaft, das sogenannte Stabilitätsgesetz von 1967**.

§ 1 enthält einen Zielkatalog, der als magisches Viereck bekannt ist:

Bund und Länder haben bei ihren wirtschafts- und finanzpolitischen Maßnahmen die Erfordernisse des gesamtwirtschaftlichen Gleichgewichts zubeachten. Die Maßnahmen sind so zu treffen, dass sie im Rahmen der marktwirtschaftlichen Ordnung gleichzeitig zur Stabilität des Preisniveaus, zu einem hohen Beschäftigungstand und außenwirtschaftlichem Gleichgewicht bei stetigem und angemessenen Wirtschaftswachstum beitragen.

Als „magisch" wird es deshalb bezeichnet, weil alle Ziele nicht gleichzeitig erreicht werden können. Diese vier Ziele werden auch als „Stabilitätsziele" angesehen.

Weitere Zielsetzungen ergeben sich aus anderen Gesetzen, wie z. B. aus dem **Gesetz über die Bildung des Sachverständigenrats** von 1963, in dem die Verbesserung der Verteilung von Einkommen und Vermögen gefordert wird. Im Grundgesetz ist seit dem 1.7.1994 in Art. 20a der Umweltschutz verankert und muss also ebenfalls als zu verfolgendes Ziel angesehen werden. In den 1993 in Kraft getretenen **Maastrichter Verträgen** wurde der **Vertrag über die Europäische Union** begründet, in dessen Art. 2 in der Neufassung des Vertrages die allgemeinen Ziele der Europäischen Union so beschrieben werden:

- „eine harmonische und ausgewogene Entwicklung des Wirtschaftslebens innerhalb der Gemeinschaft,
- ein beständiges
- nichtinflationäres und
- umweltverträgliches Wachstum,
- einen hohen Grad an Konvergenz der Wirtschaftsleistungen,
- ein hohes Beschäftigungsniveau,
- ein hohes Maß an sozialem Schutz,
- die Hebung des Lebensstandards und der Lebensqualität, den wirtschaftlichen und sozialen Zusammenhalt und
- die Solidarität zwischen den Mitgliedstaaten zu fördern"

Es gibt also ein Konglomerat von wirtschaftspolitischen Zielen, die letztlich aber – wie schon im Kapitel 5.1 dargelegt – instrumentellen Charakter haben; denn mit ihnen sollen übergeordnete gesellschaftspolitische Ziele erreicht werden, wobei es ausgesprochen schwer ist, systematisch zwischen Zielen und Instrumenten sauber zu trennen.

Handlungsfelder des Staates

Der aus dem „Stabilitätsgesetz" formulierte Passus gibt eindeutig als Ordnungsrahmen für wirtschaftliches Handeln die „marktwirtschaftliche Ordnung" (vgl. dazu Kapitel 2) vor.

Damit ist dem Staat als eine wesentliche Aufgabe zunächst die Ordnungsfunktion zugeschrieben, aber zur Verfolgung der anderen festgelegten Ziele eröffnen sich für ihn weitere Handlungsfelder, vor allem auch dann, wenn der Markt wesentliche Ziele nur unzureichend oder gar nicht erreicht. Das soll das folgende Schaubild verdeutlichen.

1. Führen Sie für die in dem Schaubild aufgeführten Defizite marktwirtschaftlicher Systeme aktuelle Beispiele und Belege an.
2. Ermitteln Sie, welchen Aufgaben sich die derzeitige staatliche Wirtschaftspolitik in besonderem Maße widmet (vgl. Schaubild).

1. Die Verheißungen der klassisch-liberalen (freien) Marktwirtschaft ...		
Effizienz Die Allokation der Ressourcen durch den Markt- Preis-Mechanismus führt zu einer optimalen Güterversorgung.	**Gerechtigkeit** Die primäre Einkommensverteilung ist gerecht im Sinne des Leistungsprinzips	**Stabilität** Die Selbstregulierung der Wirtschaft durch die „unsichtbare Hand" des Marktes tendiert zu Vollbeschäftigung und Preisniveaustabilität
2. ... treffen nicht immer ein: Es kommt zum Marktversagen.		
Effizienzmängel der marktgesteuerten Produktion Unterversorgung mit öffentlichen Gütern • externe Effekte • Konzentration und Wettbewerbsbeschränkung • Inflation	**Gerechtigkeitsdefizite der marktförmigen Distribution** Die ungleiche Einkommens- und Vermögensverteilung führt zu systemgefährdenden sozialen Spannungen	**Instabilitäten der gesamtwirtschaftlichen Entwicklung** • konjunkturelle Krisen • Arbeitslosigkeit • Inflation
3. Daraus lassen sich Aufgaben des Staates in der Marktwirtschaft ableiten:		
Allokative Aufgaben Vorrangig: neben der Bereitstellung öffentlicher Güter die Schaffung einer wirtschaftlichen Rahmenordnung	**Distributive Aufgaben** Korrektur der Einkommens-, Vermögens- und Wirtschaftsstruktur im Sinne der sozialen Gerechtigkeit	**Stabilisierende Aufgaben** Beeinflussung des Wirtschaftsprozesses (-ablaufs), insbesondere der konjunkturellen Entwicklung
4. Deshalb wird der Staat in folgenden Handlungsfeldern tätig:		
Ordnungspolitik • Wettbewerbspolitik • Umweltpolitik • usw.	**Strukturpolitik** • Vermögenspolitik • Regionalpolitik • usw.	**Prozesspolitik** • Geldpolitik • Finanzpolitik • usw.

nach: K-J. Burkard: Markt und Staat, Wirtschaftspolitik in der sozialen Marktwirtschaft, in: Heft 9 der Zeitschrift Unterricht Wirtschaft (Wirtschaft und Politik), 1. Quartal 2002, S. 57

5.2.3 Wenn der Staat versagt

Marktversagen ist noch keine hinreichende Begründung für eine Ausdehnung der Staatstätigkeit. Die hinreichende Bedingung besteht darin, dass die Probleme durch den Staat tatsächlich auch besser gelöst werden als durch den Markt. Es ist zwar deutlich geworden, dass der Staat in bestimmten Situationen eingreifen muss, um z. B. eine Unterversorgung mit öffentlichen Gütern zu vermeiden oder negative externe Effekte zu verhindern, damit unbeteiligte Dritte nicht geschädigt werden. Dennoch ist nicht gewährleistet, dass die Aktivität des Staates zur optimalen Lösung des Problems führt. Denn der Staat ist auch nicht „perfekt“: In Regierung und Verwaltung werden Fehler gemacht und Informationsdefizite oder persönliche Interessen (Ideale, Ideologien, Macht, Prestige, Einkommen u. a. m.) können z. B. zu ebenfalls defizitären Problemlösungen führen.

Aufklärung: Geistige und politisch wirksame Bewegung vom Ende des 17. bis zum 19. Jh., die auf der Überzeugung beruht, dass alle Menschen „von Natur aus" gleich und vernünftig sind und sich aus ihrer „selbstverschuldeten Unmündigkeit" (Kant) befreien können. Das aufklärerische Denken stellte die Legitimität des monarchischen Herrschaftsanspruchs im Absolutismus in Frage und forderte die Anerkennung unveräußerlicher Grundrechte in einer demokratischen Gesellschaft.

Abolutismus: Form der Monarchie im 17. u. 18. Jh., in der der Fürst oder König beansprucht, eine uneingeschränkte Herrschaft auszuüben und Gesetze geben oder aufheben zu können, ohne selber an sie gebunden zu sein (legibus absolutus).

Feudalismus: Auf dem Lehnsrecht aufgebaute Wirtschafts- und Gesellschaftsform, in der alle Herrschaftsfunktionen von der über den Grundbesitz verfügenden Oberschicht ausgeübt werden. Die Blütezeit des F. lag in Europa zwischen dem 10. und 13. Jh.

Die Aufgabe von Entscheidungsträgern in politischer Verantwortung wird in verschiedenen demokratietheoretischen Konzepten unterschiedlich gesehen. Die Entwicklung demokratischer Systeme basiert im Wesentlichen auf zwei Hauptströmungen demokratietheoretischer Ansätze: Die Geschichte der modernen Demokratie beginnt zunächst mit der Philosophie der Aufklärung und – für Europa entscheidend – mit der Französischen Revolution am Ende des 18. Jahrhunderts. Sie ist anfänglich geprägt durch den Kampf des Bürgertums gegen Absolutismus und Feudalismus mit dem Ziel der ökonomischen und politischen Befreiung. Neben der im Wesentlichen von dem französischen Philosophen Rousseau (1712 – 1778) geprägten Strömung bildete sich eine zweite heraus, die sich aus der Entwicklung der Demokratie in Großbritannien und Nordamerika ergab, wo es im amerikanischen Unabhängigkeitskrieg mit der Virginia Bill of Rights (1776) zur ersten demokratischen Verfassungsdeklaration gekommen war.

Für das von Rousseau vertretene theoretische Modell hat sich der Begriff „Identitätstheorie“ herausgebildet, für das aus der historischen Wirklichkeit der liberalen, parlamentarischen Demokratie Englands und USA abgeleitete Konzept der Begriff „Konkurrenztheorie“.

In der Identitätstheorie ist die Trennung zwischen Regierenden und Regierten in der Demokratie aufgehoben; die Identität von Herrschern und Beherrschen ist hergestellt und weil die politische Macht direkt vom Volk ausgeübt wird, wird sie auch „direkte“ Demokratie genannt.

Zentraler Begriff im Rousseau'schen Gesellschaftsvertrag (Contrat Social), in dem er die Freiheit der Bürger wahren will, ist der Begriff „volonté générale“, der Gemeinwille, den es zu finden gilt. Die Möglichkeit dazu sieht er in einem Vorgang der Diskussion und der Willensbildung, indem die in jedem Sonderwillen enthaltene Komponente des Allgemeininteresses herausgefiltert und zum Gemeinwillen verdichtet wird. Alle Bürger können sich frei äußern und abstimmen, wobei Autonomie der Bürger, hoch entwickelter Sachkenntnisstand, wenn nicht gar perfekte Information sowie Überschaubarkeit und ein hohes Maß an Homogenität der Gesellschaft vorausgesetzt werden. In diesem Vorgang heben sich die nur individuellen Komponenten der Sonderinteressen gegenseitig auf und übrig bleibt das Allgemeine, das mit dem Ganzen Übereinstimmende. Voraussetzung hierfür ist, dass es im Staat keine Teilgesellschaften gibt und dass jeder Bürger nur seine eigene Meinung vertritt. „Teilgesellschaften" – wie etwa Parteien, Gewerkschaften oder Verbände – müssen in ihrer Zahl so vervielfacht werden, dass in freier Konkurrenz (Interessens-)Monopole verhindert werden.

Stellen Sie die beiden demokratischen Ansätze gegenüber und erarbeiten Sie grundsätzliche Unterschiede.

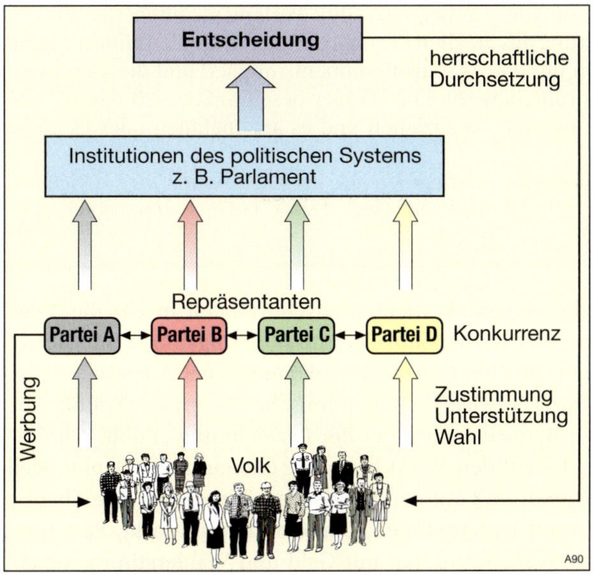

Demokratische „Konkurrenz"

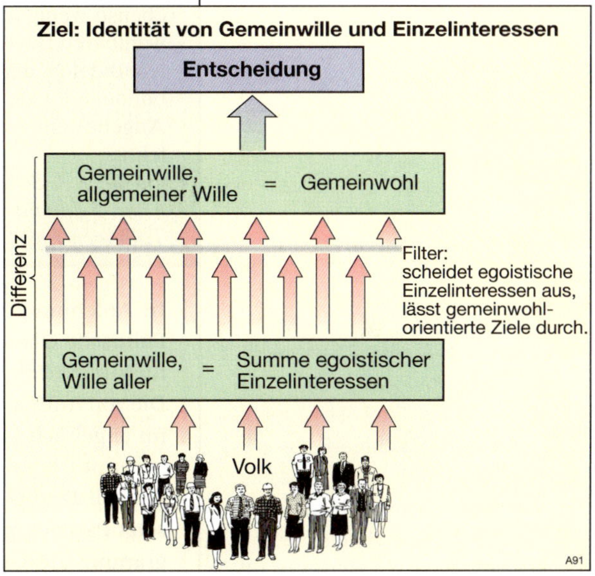

Demokratie als „Identität"

Es geht bei Rousseau nicht um reale Willensbildung und Mehrheitsentscheidung, sondern um einen Erkenntnisprozess, mit dem der allgemeine Willen ermittelt wird. Und gegen die Wahrheit gibt es keinen Widerspruch und keine Opposition. Wer angesichts des allgemeinen Willens resistent ist, gehört nicht zur Nation, er ist ein Fremder und – wenn er sich nicht unterwirft – ein Ausgestoßener. Wer mit seiner Meinung unterliegt, hat eben Unrecht, die volonté générale wird durch Dissens nicht angefochten. Eine solche Konzeption von „Demokratie" legitimiert im Ernstfall auch eine Diktatur. Auf der Grundlage dieser demokratietheoretischen Überlegungen ist eine Regierung ein Entscheidungsträger, der die Interessen der Bürger verwirklicht, ohne Rücksicht auf mögliche eigene Interessen. Wirtschaftspolitische Ziele z. B. werden möglichst wirksam unter Berücksichtigung des verfügbaren Wissens verfolgt.

Nach der Konkurrenztheorie der Demokratie versuchen die Entscheidungsträger, eigene Ziele zu erreichen. Die angelsächsische Theorie geht nicht vom einheitlichen Willen, sondern von der Gespaltenheit der Gesellschaft in unterschiedliche ökonomische Interessen und weltanschaulich-politische Willensrichtungen aus.

Die moderne Konkurrenztheorie betrachtet Demokratie vor allem als ein System von Spielregeln, innerhalb derer Konflikte ausgetragen werden. Nach Meinung des Nationalökonomen Joseph A. Schumpeter ist Demokratie nicht selbst ein Ziel, sondern nur eine Methode, unter der Parteien ihre Ziele erstreben.

Erläutern Sie, warum die „Identitätstheorie" im Ernstfall auch eine Diktatur legitimiert.

Der Versuch, die Einheit des Staatsvolkes herzustellen, sie aufrechtzuerhalten und die unterschiedlichen Interessen zu unterdrücken, schlägt im Extremfall in totale Herrschaft um. [...] Der ‚Führer' oder ‚die Partei' setzt den einmal als richtig erkannten Gemeinwillen in die Tat um. Abweichungen und oppositionelle Strömungen gelten als Ketzerei. Die Menschen sollen zu ihrem Glück gezwungen werden.

Quelle: Ekkehard Jesse, in: Informationen zur politischen Bildung Nr. 227, Neudruck 1993, S. 2

setze sowie Gesetze zur Erhöhung der Sicherheit von Kraftfahrzeugen erlassen trotz des erbitterten Widerstandes einer sehr zahlungskräftigen Lobby betroffener Branchen.

Das Diktat der Bürokratie

Nur Wenige können der Versuchung widerstehen, noch mehr Einfluss oder noch mehr Macht zu erlangen. Das gilt auch für Regierungen. Häufig neigen sie dazu, zu viel zu lange zu tun. Ein Grund für dieses Übermaß an Aktivität besteht darin, dass bei einzelnen Projekten keinerlei Gewinnbremse wirksam ist (keine absolute „Untergrenze" der Rentabilität). Baut die Regierung Dämme, zu viele Bomber, zu viele aufwändige Verwaltungsgebäude für die Regierung, wird sie durch keinerlei Gewinn-und-Verlust-Rechnung gebremst, die über den wirtschaftlichen Wert dieser Projekte entscheidet. Das Einzige, was diese Projekte brauchen, ist die Unterstützung durch die Mehrheit im Parlament, und diese kann eine kleine Minderheit dadurch sicherstellen, dass sie die Wahlkampfmittel für eine ausreichend große Anzahl von Abgeordneten bereitstellt. Sobald solche Programme einmal angelaufen sind, werden sie oft zu einer einflussreichen Institution und begründen private Interessen, denen sehr daran gelegen ist, für ihren Fortbestand zu sorgen. [...]

Die kurzfristige Perspektive

Gewählte Politiker der Vereinigten Staaten müssen sich häufig einer Wahl stellen – alle 2, 4 oder 6 Jahre. Und häufig müssen sie ihre Wiederwahl in heiß umkämpften Wahlkreisen betreiben. Dieser Druck kann zur Kurzsichtigkeit oder zur Berücksichtigung der kurzfristigen Perspektive bei politischen Entscheidungen führen. So sah beispielsweise der Kongress im Jahre 1984 ein großes Haushaltsdefizit auf sich zukommen. Fast alle Seiten – der Kongress, der Präsident, die Wirtschaftsexperten – waren sich einig, dass ein Anstieg des strukturellen Defizits des Bundes um 3 oder 4 Prozent des BSP Schäden in der Wirtschaft anrichten würde – durch die Verdrängung privater durch öffentliche Investitionen. [...] Warum gab es dennoch Probleme? Eine politische Schwierigkeit ergab sich daraus, dass ein Abbau des Defizits beträchtliche Steuererhöhungen oder Haushaltskürzungen bedeutet hätte, und zwar in allernächster Zeit. 1984 standen aber 435 Abgeordnete, 1 Präsident und 33 Senatoren zur Wahl an. Sie wollten die Wahlen gewinnen, und – den meisten bereiteten ihre Chancen der Wiederwahl größeres Kopfzerbrechen als die Wirtschaftsprobleme, die sich Ende der 80er Jahre einstellen würden, und die Kandidaten glaubten, dass sich das Hauptaugenmerk der Wähler stärker auf die 1984 beschlossenen Steuererhöhungen oder Ausgabenkürzungen richten würde als auf die mit solchen Maßnahmen verbundenen Vorteile eines verminderten Haushaltsdefizits. Der Kongress entschied sich, die Sache auszuschieben. [...] Diese in der Politik zu beobachtende Neigung, nur die kurzfristige Perspektive in Betracht zu ziehen, legt die Vermutung nahe, dass Regierungen sich eher für Programme entscheiden werden, die sich kurzfristig auszahlen, und dass sie vor solchen Programmen zurückschrecken, bei denen sofort Kosten anfallen, während sich die positiven Auswirkungen erst in der Zukunft einstellen. [...] Daraus kann sich ein „politisch induzierter Konjunkturzyklus" ergeben, bei dem die Politiker vor der Wahl wie Fortuna mit einem Füllhorn durchs Land ziehen. [...] Diese Darstellung der Fehlleistungen von Regierungen könnte zu der Schlussfolgerung anregen, dass öffentliche Entscheidungen in politischen Demokratien immer kurzsichtig, käuflich und sozial ungerecht sind. [...] Es hat vielmehr eine Fülle von führenden Politikern in der Geschichte gegeben, die weitsichtige und weise Entscheidungen getroffen haben – die zum Teil populär, zum Teil unpopulär waren. Aber das Problem der öffentlichen Entscheidungen erinnert uns daran, dass der kollektive Entscheidungsprozess in Demokratien nicht von einer Unsichtbaren Hand geleitet wird, die immer zu einem optimalen oder auch nur einem durch Effizienz gekennzeichneten Ergebnis führt.

Quelle: P. A. Samuelson/ W.D. Nordhaus: Volkswirtschaftslehre. Grundlagen der Makro- und Mikroökonomie, 8. überarb. Aufl., Bd. 2, Köln, 1987, S. 448 ff.

1. Verdeutlichen Sie die von Samuelson / Nordhaus behaupteten Probleme staatlichen Handelns mit Hilfe von Beispielen aus der amerikanischen Politik.
2. Suchen Sie auch bundesrepublikanische Beispiele für die im Sinne Samuelsons und Nordhaus herausgestellten Bereiche staatlichen Versagens! Vielleicht finden Sie auch Gegenbeispiele.

5.2.4 Einordnung des Staates in den Wirtschaftskreislauf

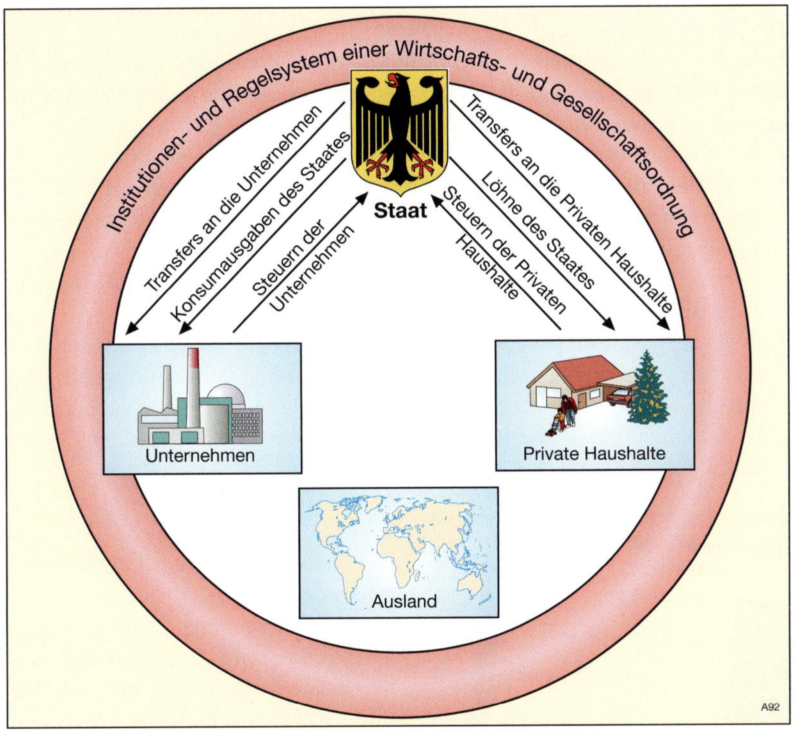

Zum Sektor Staat (general government) zählen der Bund, die Länder und Kommunen, d. h. die Gebietskörperschaften sowie die sogenannten Sozialversicherungshaushalte (Rentenversicherungen der Angestellten und Arbeiter, Unfallversicherung, Arbeitslosenversicherung, Krankenversicherung). Ein Kennzeichen dieses Sektors ist es, dass er vor allem Güter für die Allgemeinheit ohne eine direkte entgeltliche Gegenleistung bereitstellt und sich dabei hauptsächlich aus Zwangsabgaben (z. B. Steuern) finanziert.

Er ist Empfänger von direkten und indirekten Steuern sowie von Beiträgen zur Sozialversicherung, die in der Systematik der VGR als Strom vom Sektor Private Haushalte zum Sektor Staat dargestellt werden. Mit diesen Einnahmen finanziert der Staat Transferzahlungen wie Renten, Pensionen, Kindergeld, Sozialhilfe etc., Löhne und Gehälter der Staatsbediensteten, Subventionen und den staatlichen Konsum, also seinen Eigenverbrauch. Einnahmenüberschüsse sind als Ersparnisse des Staates zu verbuchen, während ein Finanzierungsdefizit eine entsprechende staatliche Kreditaufnahme zur Folge hat.

5.2.5 Monetäres Ausmaß staatlichen Handelns

„Kabinett billigt Eichels Rekordverschuldung", „Eichel verdient an Ökosteuer kräftig mit", „Demographie sprengt die Staatshaushalte", „Hartz IV entlastet Staatsbudget kaum", „Haushälter kämpfen mit Etatlöchern", „Steuereinnahmen brechen ein – Bund besonders hart betroffen".

Solche und ähnliche Überschriften – wie hier aus dem Handelsblatt zitiert – sind fast täglich zu lesen. Und sie zeigen zum einen die Bedeutung des Staatshaushalts auf, zum anderen aber auch die Schwierigkeiten, die im Rahmen der Staatsfinanzierung auftreten.

Klar ist: Der Staat benötigt zur Erfüllung seiner vielfältigen Aufgaben enorme finanzielle Mittel.
Im Rahmen der staatlichen Finanzierung sind im Wesentlichen die Haushalte der Gebietskörperschaften (Bund, Länder, Kommunen) und die Sozialversicherungshaushalte (z. B. der gesetzlichen Rentenversicherung) voneinander zu trennen:

- Die Gebietskörperschaften (Bund, Länder, Gemeinden etc.) treten in vielen Fällen als Nachfrager von Gütern und Dienstleistungen auf, beschäftigen Arbeiter und Angestellte und bieten unterschiedliche Dienste vom Schulunterricht über die Bereitstellung von Straßen bis zur Aufrechterhaltung von Verwaltungsstrukturen zumeist kostenfrei an. Zur Finanzierung greifen sie auf Steuereinnahmen und Kredite zurück.
- Sozialversicherungshaushalte erheben dagegen auf der Basis gesetzlicher Grundlagen Sozialbeiträge von Unternehmen und Lohnempfängern und leisten im Falle des Eintretens entsprechender sozialer Notlagen Transferzahlungen (z. B. Rentenzahlungen, Arbeitslosengeld etc., vgl. 5.4.5 Sozialpolitik).

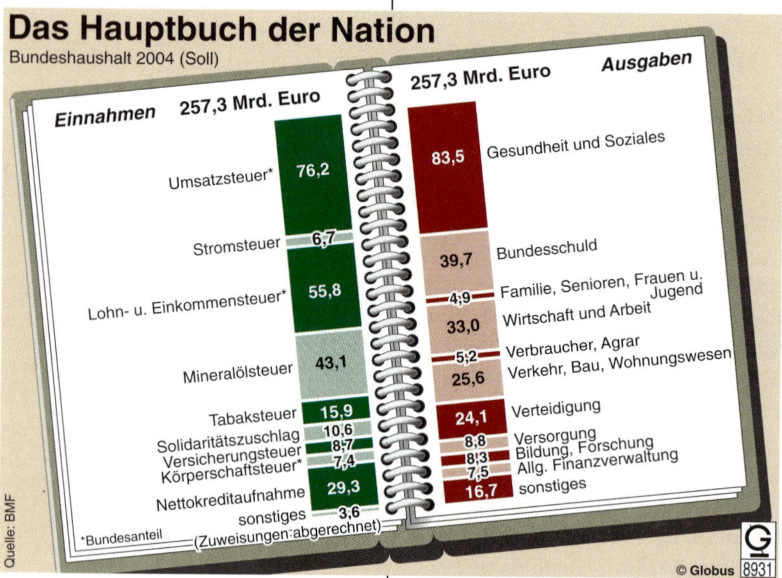

In der Folge konzentrieren wir uns auf die Finanzierungsquellen der Gebietskörperschaften. In der wirtschaftspolitischen Diskussion über „mehr Markt“ oder „mehr Staat“ spielen dabei die Größen Staatsquote, volkswirtschaftliche Steuerquote und volkswirtschaftliche Abgabenquote eine große Rolle. Sie sind als Messgrößen für den Einfluss des Staates auf die staatliche Umverteilungstätigkeit von großer Bedeutung.

Staatsquote

Die Bedeutung des staatlichen Sektors in einer Volkswirtschaft erkennt man v. a. an der sogenannten Staatsquote. In ihr drückt sich das prozentuale Verhältnis der staatlichen Ausgaben zum Bruttoinlandsprodukt (BIP) aus. Diese Quote ist in den 60er und 70er Jahren im Zuge der Ausweitung des Wohlfahrtsstaates in allen westlichen Industrienationen erheblich gestiegen; in den 80er Jahren wurde im Rahmen der „Angebotsorientierung“ der Wirtschaftspolitik (vgl. Kapitel 5.6) – nicht immer erfolgreich – versucht diese zurückzufahren. Die enormen Transferzahlungen für den ökonomischen Transformationsprozess (vgl. Kapitel 2) und die soziale Sicherung in den neuen Bundesländern ließen die Staatsquote der Bundesrepublik allerdings auf den Rekordwert von 50,6 % im Jahre 1995 ansteigen; seitdem ist sie erneut rückläufig. Im Jahr 2004 lag sie bei ca. 48 % des BIP.

Welche Posten machen im Staatshaushalt die hauptsächlichen Anteile aus und welche Posten sind als Einnahmequellen zur Finanzierung von höchster Bedeutung?

Dies bedeutet jedoch nicht, dass der Staat rund 50 % des BIP für sich in Anspruch nimmt, da in den Staatsausgaben neben den Ausgaben für Investitionen, Personal und Verwaltung, also den Ausgaben im engeren Sinne, auch Zinszahlungen und vor allem Ausgaben für Transfers und Subventionen (z. B. Subventionen von Agrarwirtschaft, Bergbau) enthalten sind. Letztere sind jedoch gleichzeitig Teile des privaten Konsums beziehungsweise der Unternehmensinvestitionen und werden, um Doppelzählungen zu vermeiden, im Bruttoinlandsprodukt nicht mitgezählt. Insofern ist die Staatsquote eine „unechte“ Quote – nicht alle Teilmengen des Zählers sind auch im Nenner enthalten. An der außergewöhnlichen Höhe der Staatsquote ändert dies nichts und auch nichts daran, dass das langfristige Ziel einer anhaltenden Senkung der Staatsquote auf 40 % in weiter Ferne liegt. Die folgende Grafik veranschaulicht die Staatsquoten in den Ländern der Europäischen Union im Jahre 2004 und attestiert Deutschland einen Platz im oberen Mittelfeld:

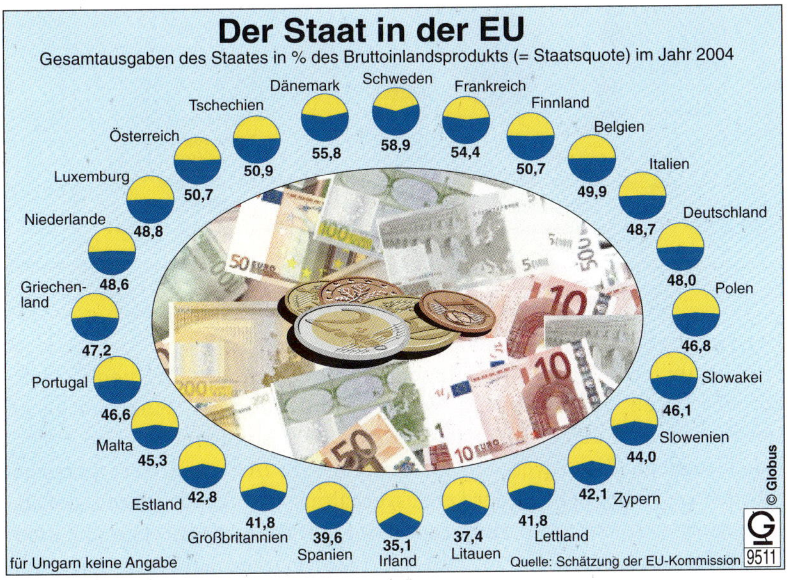

Steuer- und Abgabenquote

Neben der Staatsquote ist die volkswirtschaftliche Steuerquote von wesentlicher Bedeutung, welche den Anteil der gezahlten Steuern am BIP darstellt. Im Jahr 2004 betrug sie ca. 20,5 % des BIP.

Zählt man zu den Steuern noch die Sozialbeiträge hinzu, so erhält man die volkswirtschaftliche Abgabenquote. Diese betrug im Jahr 2004 ca. 38 % des BIP und ist leicht rückläufig (2003: 41 %).

Steuer- und Abgabenquote zeigen die Belastungen des privaten Sektors (und des Faktors Arbeit) im Zeitablauf. Bei internationalen Vergleichen der Staats-, Steuer- und Abgabenquoten ist allerdings Vorsicht geboten: Hier ist die Abgabenquote aussagekräftiger, da in den einzelnen Ländern die Abgrenzungen der öffentlichen Einnahmen variieren. Deutschland nimmt hierbei im Vergleich der Industrienationen einen mittleren Rang ein.

Einnahmequelle Steuern

Unter Steuern versteht man – im Gegensatz zu Gebühren bzw. Beiträgen – Zwangsabgaben ohne spezielle Gegenleistungen. Auf der Bundesebene dominieren die Steuereinnahmen mit Abstand, während auf den nachgelagerten Landes- und Gemeindeebenen auch Zuweisungen und Zuschüsse vom Bund und aus anderen Ländern (v. a. im Rahmen des Länderfinanzausgleiches) ebenfalls eine bedeutende Rolle spielen. Die Einnahmen der öffentlichen Unternehmen fallen hingegen kaum ins Gewicht.

Bei den Steuerarten unterscheidet man in Deutschland zwischen Bundes-, Landes- und Gemeindesteuern sowie Zöllen und Gemeinschaftssteuern.

!

Recherchieren Sie die aktuellen Steuer- und Abgabequoten in Deutschland und anderen Industrieländern. Welche Schlüsse lassen sich aus dem Anteil der Steuer- an der Abgabenquote auf die Finanzierung der sozialen Sicherungssysteme in den einzelnen Ländern ziehen?

1. Ermitteln Sie, welche Steuerarten auf welchen Ebenen (Bund, Länder, Gemeinden etc.) erhoben werden.
2. Bestimmen Sie auf der Basis Ihrer Rechercheergebnisse grob die prozentuale Verteilung des Steueraufkommens auf die unterschiedlichen Ebenen.
3. Ermitteln Sie die Haushaltsstruktur Ihrer eigenen Kommune.
4. Untersuchen Sie die Auswirkungen von „Hartz IV" auf die Finanzlage der Kommunen (Haushaltsentwürfe „vor" und „nach" Hartz IV).

Die folgende Abbildung zeigt den Anteil der unterschiedlichen Steuerformen am Gesamtaufkommen:

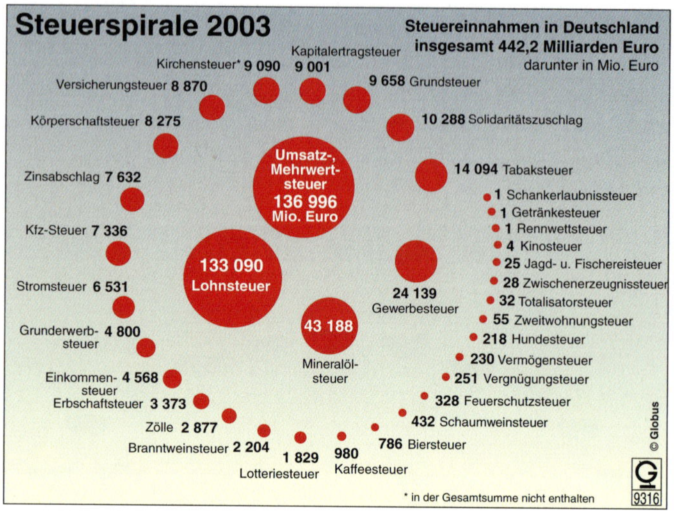

Der Finanzausgleich zwischen den Gebietskörperschaften

Um die ungleichmäßige Aufkommensverteilung auf die einzelnen Gebietskörperschaften auszugleichen, wurde ein dreistufiger Finanzausgleich sowohl zwischen den Ländern als auch zwischen Bund und Ländern gesetzlich festgelegt. Ziel ist es, die im Grundgesetz (Art. 106, Abs. 3) festgeschriebene Einheitlichkeit der Lebensverhältnisse im Land sicherzustellen.
Der Ausgleich zwischen den Ländern folgt nach einem komplizierten Schlüssel nach dem Prinzip, dass die finanzstarken Länder (Finanzkraft höher als Finanzbedarf) Ausgleichszahlungen an finanzschwache Länder (Finanzbedarf höher als Finanzkraft) leisten.
Die nach diesem Ausgleichsverfahren verbleibenden Finanzierungslücken bei den finanzschwachen Ländern werden durch Bundesergänzungszuweisungen (BEZ) aus dem Bundeshaushalt aufgefüllt. Hinzu kommen verschiedene Sonder-BEZ.

Im Jahr 2003 betrug das Ausgleichsvolumen zwischen den Ländern ca. 6,6 Mrd. Euro, während die Summe der Bundesergänzungszuweisungen ca. 15,2 Mrd. Euro ausmachte. Das Bundesland Berlin ist mit ca. 2,6 Mrd. Euro dabei der Empfänger der mit Abstand größten Ausgleichsumme, während Baden-Württemberg mit ca. 2,1 Mrd. Euro den höchsten Betrag abzugeben hat.

Es mag deshalb nicht verwundern, dass insbesondere die Regierung von Baden-Württemberg zu den wesentlichen Kritikern des bestehenden Systems zählt und im Frühjahr 2004 eine entsprechende Klage beim Bundesverfassungsgericht dagegen eingereicht hat. Seit langem steht das System des Finanzausgleichs in der Kritik, wobei v. a. die fehlende Transparenz und die von ihm ausgehenden falschen Anreize für finanzschwache Staaten bemängelt werden.
Die bisherigen Diskussionen haben zumindest dazu geführt, dass es ab dem Jahr 2005 umfassende Veränderungen auf allen Stufen geben wird. Dabei scheinen alle Länder gegenüber dem Bund zu gewinnen. Ersten Analysen zu Folge ändert die Reform an den o. g. Problemen jedoch nur wenig.

1. Recherchieren Sie die aktuelle Struktur des Länderfinanzausgleichs und der Bundesergänzungszuweisungen und ermitteln Sie gleichzeitig die aktuellen Volumina in beiden Bereichen.
2. Informieren Sie sich über den aktuellen Stand der Diskussion um das Für und Wider der Finanzausgleiche. Wer spricht sich für ihren Erhalt aus, wer dagegen? Welche Reformvorschläge werden gemacht?

Kreditaufnahme und Staatsverschuldung

Neben den Steuereinnahmen ist die Kreditaufnahme die wesentliche staatliche Einnahmequelle. Es handelt sich in diesem Falle allerdings nur um vorübergehende Einnahmen, da diese Kredite in einem festgelegten Zeitraum mit Zinsen zurückzuzahlen sind. Die Entwicklung der Staatsverschuldung in Deutschland hat sich dabei in den vergangenen Jahrzehnten kontinuierlich nach oben entwickelt. Lag sie bis Anfang der 70er Jahre stetig bei ca. 20 % des BIP, so stieg sie ab Mitte dieses Jahrzehntes in dramatischen Schritten auf ca. 40 % des Sozialproduktes an. Mit der Wiedervereinigung, deren Kosten zu großen Teilen mittels Verschuldung finanziert wurden, stieg der Quotient auf 60 %, wo er bis zum Ende der 90er Jahre blieb. Zu Beginn des 21. Jahrhunderts wurde die Grenze der 60 % Staatsverschuldung sogar mehrfach überschritten. In 2003 lag sie beispielsweise bei 64,2 %. Dies ist insbesondere deshalb von Relevanz, weil sich die Mitgliedsstaaten der Europäischen Währungsunion mit der Verabschiedung des Stabilitäts- und Wachstumspaktes zur Einhaltung der 60-%-Verschuldungsgrenze verpflichtet haben, um das mittelfristige Ziel ausgeglichener Haushalte zu verfolgen (vgl. Kapitel 6.5). Das Gleiche gilt für den Grad der Neuverschuldung, die nach dieser Vereinbarung nicht höher als 3 % des BIP betragen darf, in Deutschland aber im Jahr 2003 mit 3,9 % zum wiederholten Mal zu hoch lag. Der mit Abstand höchste Schuldenstand findet sich im Bundeshaushalt und das, obwohl Länder und Gemeinden über ähnlich umfangreiche Etats verfügen. Während Bund und Länder ihre Haushalte souverän gestalten, sind den Gemeinden allerdings über die kommunale Aufsicht enge Grenzen bei der Aufnahme von Krediten gesetzt.

!

1. Recherchieren Sie den aktuellen Stand der staatlichen Verschuldung sowie der Neuverschuldung. Ermitteln Sie in diesem Zusammenhang den Anteil der bundesstaatlichen Schulden an den Gesamtschulden.
2. Erläutern Sie die Folgen, die der Autor des unten stehenden Artikels im Zusammenhang mit der Verschuldung sieht.

Warum geliehenes Geld nicht immer produktiv ist

[...] Der Staat darf sich aber nicht unbegrenzt verschulden. Das Ausmaß ist rechtlich beschränkt. Das Grundgesetz begrenzt die Neuverschuldung im Regelfall auf den Umfang der staatlichen Investitionen. Und der Stabilitäts- und Wachstumspakt der Europäischen Union begrenzt die Neuverschuldung des Staates im Regelfall auf maximal drei Prozent des Bruttoinlandsprodukts. Und die gesamten Schulden dürfen nicht höher als sechzig Prozent des Bruttoinlandsprodukts sein. Schwieriger als die rechtlichen Fragen aber sind die wirtschaftlichen Folgen der Staatsverschuldung zu beurteilen. Als unstrittig gilt, dass die Staatsverschuldung den Handlungsspielraum der Finanzpolitik einengt: Von 100 Euro, die der Staat in einem Jahr ausgibt, werden zwischen 11 und 12 Euro für Zinsen verwendet. Das ist mehr, als der Staat zum Beispiel für Bildung und Forschung ausgibt. Auf diese Weise begrenzt die Staatsverschuldung auf lange Sicht die Ausgaben für wichtige Zukunftsinvestitionen – oder erzwingt höhere Steuern. So sind die Schulden von heute die Steuern von morgen.
Prinzipiell unstrittig ist ein Effekt, der in der Fachwelt „Crowding- out“ (deutsch: Verdrängung) genannt wird: Der Staat und private Investoren benötigen immer wieder Geld in Form von Krediten. Sie konkurrieren um dieses Geld möglicher Kreditgeber. Und mit steigender Nachfrage steigt der Preis für den Kredit, der sogenannte Marktzins. Die private Wirtschaft kann am Ende den Marktzins nicht zahlen, zu dem der Staat bereit ist, sich Geld zu leihen. Der Staat verdrängt damit wichtige private Investitionen. Staatliche Investitionen gelten aber grundsätzlich als weniger produktiv: Der Bau eines kommunalen Schwimmbades schafft für die Zukunft weniger Produktionsmöglichkeiten als der Bau einer privaten Maschinenfabrik. Wenn der Staat also das Schwimmbad baut, aber die Fabrik verhindert, bedeutet dieses Crowding-out einen Verlust an Produktivität und Wachstum. Dieser Effekt der Staatsverschuldung wird häufig als eine Erklärung dafür angeführt, dass die deutsche Wirtschaft nur noch schwach wächst. In diesem Sinne belastet die Staatsverschuldung die Wachstumschancen in der Zukunft. [...] Die Mehrheit der Staatsschulden, also etwa sechzig Prozent, sind Schulden, die die Bürger eines Landes gegenüber sich selbst haben: Die Steuerzahler tragen die Last der Zinszahlungen. Sie zahlen an diejenigen, die dem Staat einst Kredit gewährt haben. Das sind zum Beispiel Inhaber von Bundesobligationen. In diesem Sinne wird innerhalb der selben Generation von einer Tasche in die andere Tasche gezahlt. Eine Umverteilung zwischen den Generationen findet nicht statt.
Allerdings hat die Tatsache, dass Steuerzahler und Zinsempfänger nicht übereinstimmen, einen anderen Effekt. Da im Prinzip alle Bürger Steuerzahler sind, zahlen auch alle. Zinsempfänger sind aber in der Regel nur die Reicheren. In diesem Sinne bewirkt die Staatsverschuldung eine Umverteilung von Arm zu Reich.
Quelle: Handelsblatt, Nr. 084 vom 30.04.04, Autor: J. Heinrich

Die Ordnungspolitik hat eine Leitbildfunktion. Verliert sie Konsistenz und kommt es zu willkürlichen Rahmensetzungen, so sind nach Schlösser Orientierungsverlust, Koordinationsmängel und Ineffizienz die Konsequenzen. Die Folgen inkonsistenter Ordnungspolitik werden in Deutschland heute immer wieder bemängelt und es wird betont, dass der Staat zu oft in den Markt eingreift und damit effiziente Problemenlösungen verhindert.

Suchen Sie weitere Beispiele, an denen sich die Probleme übermäßiger staatlicher Eingriffe im Bereich der Ordnungspolitik (z. B. durch Eingriffe in das Preissystem) verdeutlichen lassen.

Zentrales Element der „Marktapparatur" ist das Preissystem. [...] Preise [informieren] über geänderte Knappheiten und Präferenzen; sie kontrollieren (als Gewinn- und Verlustmeldungen) die Macht der Akteure und lenken knappe Ressourcen in effizientere Verwendungen. Wirtschaftspolitische Maßnahmen, die ihre Ziele dadurch zu verwirklichen suchen, dass sie den Preismechanismus manipulieren, zerstören genau diese sozial wichtigen Funktionen des Marktes. Gleichzeitig führen sie häufig zu Ausweichreaktionen und Nebenwirkungen, die auch dem ursprünglichen (sozial-) politischen Zweck genau zuwiderlaufen.
So führt etwa eine Politik der Mietpreisbindung dazu, dass knapper Wohnraum noch knapper wird, da Mietpreisstopps Anreize für Investoren zerstören, preiswerte Mietwohnungen zu bauen. Die entstandene Übernachfrage muss nun nach nichtmonetären Rationierungskriterien bewältigt werden. Vermieter können dann aus einer langen Warteschlange von Wohnungssuchenden auswählen. Dies trifft gerade soziale Randgruppen (Ausländer, Sozialhilfeempfänger als „unerwünschte Mieter") negativ, während reiche Haushalte entweder nicht betroffen sind (da für Luxuswohnungen keine Mietpreisbindung besteht) oder informell höhere Mieten („Bestechungsgelder") zahlen können. Mietpreisbindungen sind somit nicht nur nicht marktkonform, sie verfehlen auch ihr sozialpolitisches Ziel, wie regelmäßig empirisch nachgewiesen wurde (siehe Weimann 1996, S. 294 ff.). Sozialpolitisch sinnvoll und weit eher marktkonform wären dagegen direkte Transfers an die wirklich Bedürftigen – etwa in Form von Wohngeld.
Doch nicht nur staatlich verordnete Höchstpreise, auch politisch gesetzte Mindestpreise haben wirtschaftlich schädliche und sozial bedenkliche Wirkungen. Musterbeispiel hierfür ist die Agrarpolitik der Europäischen Union [...]. Mit Mindestpreisen und Abnahmegarantien sowie einer Abschottung des EU-Agrarmarktes vor ausländischen Importen sollten die Einkommen der Landwirte gesichert werden. Die Folge war eine enorme Überproduktion von Agrarprodukten, die unter gewaltigem Aufwand an Steuergeldern von staatlichen Stellen aufgekauft, gehortet und vernichtet werden musste (Milchseen, Butterberge) oder mit subventionierten Dumpingpreisen in andere Länder exportiert wurde. Sozialpolitisch war dies mehr als bedenklich:
- kleinbäuerliche Familienbetriebe erhalten sehr viel weniger Subventionen als agrarindustrielle Großbauern, da die Subvention mit der Produktionsmenge steigt;
- ärmere Haushalte geben einen größeren Teil ihres Einkommens für Nahrungsmittel aus; durch die künstlich hochgehaltenen Agrarpreise werden sie überproportional belastet;
- Landwirten aus Entwicklungsländern wird der Zutritt zum europäischen Markt erschwert, gleichzeitig werden sie mit subventionierten Agrarimporten überschwemmt.

Auch hier gilt wieder: Man kann das sozialpolitische Ziel einer Umverteilung zugunsten notleidender Landwirte (oder andere Ziele wie Landschaftspflege usw.) besser fördern und gleichzeitig die „Marktapparatur" des Preissystems weniger stark manipulieren. Dies versucht die Europäische Union seit 1992 ansatzweise durch stärkere Betonung direkter Einkommenstransfers, die sich nicht mehr an der Produktionsmenge orientieren.
Quelle: M. Wohlgemuth: Ordnungsökonomik, Baustein im Projekt „Ökonomische Bildung online", Institut für Ökonomische Bildung Oldenburg, 2003, S. 62

In Kapitel 6 werden Sie sich ausführlich mit den internationalen Wirtschaftsbeziehungen und dabei auch mit den Rahmenbedingungen wirtschaftlichen Handelns in Entwicklungsländern auseinander setzen. Ohne dieser ausführlichen Darstellung vorgreifen zu wollen, soll bereits an dieser Stelle deutlich werden, wie wichtig angemessene ordnungspolitische Maßnahmen für die Armutsbekämpfung in der Dritten Welt vor Ort sind:

Bessere Eigentumsrechte helfen den Armen

Der zweite „Doing-Business"-Bericht der Weltbank belegt, dass in den vergangenen 12 Monaten in puncto Bürokratieabbau bedeutende Veränderungen in den Entwicklungsländern eingetreten sind. Zum Beispiel ist in Äthiopien die Zahl der Unternehmensneugründungen sprunghaft um fast 50 Prozent angestiegen. Es mag wie ein Wunder erscheinen, aber der Grund ist kein Geheimnis: Die äthiopische Regierung hat die Kosten für Unternehmensneugründungen um nahezu achtzig Prozent gesenkt, was etwa vier Jahreseinkommen entspricht. Die Türkei und Marokko, die ihre Verwaltungsabläufe ebenfalls vereinfacht haben, verzeichnen einen Anstieg von Unternehmensneugründungen um rund 20 Prozent.

Ein verbessertes Umfeld für Unternehmensneugründungen beflügelt das Wachstum. Gleiches gilt für den Handel mit Immobilien und die Verwendung von Sicherheiten bei der Kreditvergabe: Länder, die dies effizient regeln, erreichen ein höheres Wirtschaftswachstum. Ebenso wichtig ist die auf den ersten Blick gar nicht so offensichtliche Tatsache, dass gerade die Schwachen von guter Regulierung profitieren.

In zu vielen der von „Doing Business" untersuchten Länder werden Frauen und junge Arbeiter durch eine restriktive Gesetzgebung vom Arbeitsmarkt ausgeschlossen. Überhöhte Mindestlöhne haben zur Folge, dass ungelernte Arbeiter nur im informellen Bereich – als Schwarzarbeiter – eine Chance haben. Sie verfügen über keine soziale Absicherung und leisten keinen Beitrag zum Steueraufkommen. Versuche, „Arbeitsverhältnisse auf Lebenszeit" festzuschreiben, führen dazu, dass Arbeitgeber nur sehr ungern die mit Neueinstellungen verbundenen Risiken eingehen. Hiervon sind insbesondere Frauen betroffen. Im Gegensatz dazu zeichnen sich Länder mit flexibleren Regelungen durch einen höheren Frauenanteil im Privatsektor und durch eine viel niedrigere Jugendarbeitslosigkeit aus.

Bessere Eigentumsrechte zahlen sich ebenfalls für die Armen aus. Verbesserungen beim Gläubigerschutz führen beispielsweise zu einer Ausweitung der Kreditvergabe. Davon profitieren alle und insbesondere die kleinsten Firmen. In ähnlicher Weise sehen Unternehmen in Ländern mit effizientem Grundbuchsystem ihre Rechte generell besser geschützt. Den größten Nutzen haben wiederum die kleinen Firmen.

Viele Länder wollen die Armen schützen. Die Vorstellung, dieses Ziel mit umständlichen bürokratischen Verordnungen erreichen zu können, gehört jedoch ins Reich der Mythen. Norwegen, Schweden, Dänemark oder Finnland gehören zu den zwanzig Ländern mit den effizientesten rechtlichen Rahmenbedingungen für Unternehmen.

Sie konzentrieren sich auf das Wesentliche, beispielsweise den Schutz von Eigentumsrechten und die Bereitstellung effizienter Sozialleistungen. Diese Länder sind der Beweis dafür, dass Arbeiter, Investoren und selbst die Steuerbehörden ohne überbordende Bürokratie besser zurechtkommen.

Quelle: Handelsblatt, Nr. 188, 28.09.04, S. 9, Autor: James D. Wolfensohn

!

Bearbeiten Sie den nebenstehenden Text von James D. Wolfensohn, Präsident der Weltbank, unter folgenden Aufgabenstellungen:

1. Erläutern Sie anhand der vorliegenden Ausführungen die idealtypische Funktion des Staates im Bereich der Ordnungspolitik. Machen Sie im Besonderen deutlich, wo in den geschilderten Beispielen Fälle von „Staatsversagen" vorliegen.
2. Erläutern Sie, warum eine stabile Eigentumsordnung eine Grundvoraussetzung für wirtschaftliches Wachstum darstellt und beschreiben Sie, warum nach Ansicht des Weltbank-Präsidenten Wolfensohn insbesondere in Entwicklungsländern die Schaffung klarer Eigentumsverfassungen im Rahmen der Ordnungspolitik notwendig ist.
3. Begründen Sie die Notwendigkeit einer konsistenten Ordnungspolitik zur Verbesserung der wirtschaftlichen Situation in den Entwicklungsländern.

5.3.2 Prozesspolitik

In Abschnitt 5.3 ist bereits betont worden, dass der Begriff der Prozesspolitik z. T. unterschiedlich definiert wird. Oftmals wird er benutzt, um die Gesamtheit aller einzelnen staatlichen Eingriffe in das Marktgeschehen abseits der Ordnungspolitik zu bezeichnen. Diese Unterscheidung zwischen Ordnungs- und Prozesspolitik geht auf Walter Eucken zurück, der zwischen der Wirtschaftsordnungen und den Wirtschaftshandlungen unterschied. Wichtig ist in diesem Zusammenhang, dass in einer idealtypischen marktwirtschaftlichen Ordnung dem Staat neben der Setzung des ordnungspolitischen Rahmens keine weiteren Aufgaben zufallen. Sämtliche weitere Entscheidungen erfolgen über den Markt.

In der Realität stellt sich die Situation dagegen anders dar. Wir sehen eine Vielzahl staatlicher Eingriffe in das Marktgeschehen, die über die Setzung des Ordnungsrahmens weit hinausgehen. Das Ergebnis ist eine eigentlich dem ursprünglichen Gedanken widersprechende interventionistische Marktwirtschaft:

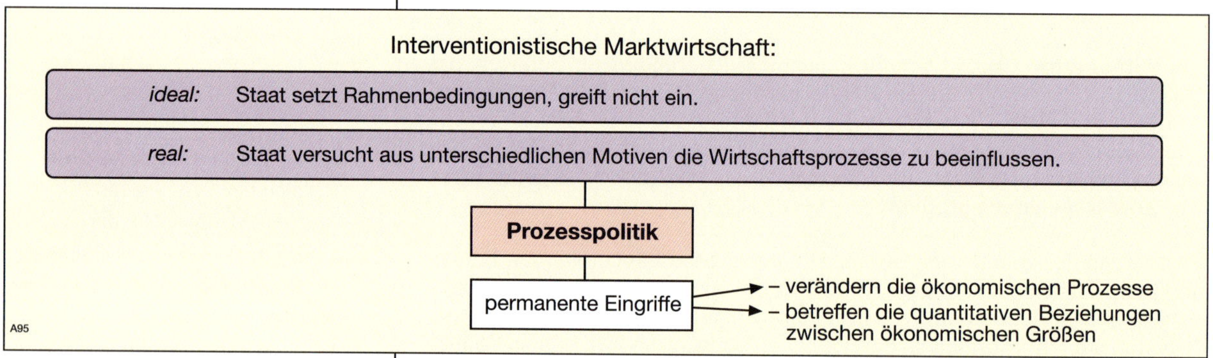

nach: H.-J. Schlösser: Funktionen des Staats in einer marktwirtschaftlichen Ordnung, Baustein im Projekt „Ökonomische Bildung online", Institut für Ökonomische Bildung Oldenburg, 2003, S. 70

Die Motive staatlichen Handelns liegen dabei bei weitem nicht nur in dem Ziel der Behebung aus Marktversagen resultierender Probleme, sondern sind so unterschiedlich wie zahlreich.

Im Unterschied zur Ordnungspolitik spielt sich die Prozesspolitik nicht auf der konstitutionellen Ebene ab. Ihre Eingriffe sind permanent zu verzeichnen, zumeist kurzfristig angelegt und beeinflussen die quantitativen Beziehungen zwischen den Akteuren im Wirtschaftsgeschehen. Dies bedeutet, dass – im Gegensatz zur Ordnungspolitik – Instrumente zum Einsatz kommen, deren Ergebnisse konkret messbar sein sollten (z. B. Verbesserung der konjunkturellen Daten, Sinken der Arbeitslosenzahlen). Allerdings ist festzuhalten, dass eine direkte Verbindung zwischen Ordnungs- und Prozesspolitik insofern besteht, dass die zweite auf der ersten aufbaut. Im Rahmen der Ordnungspolitik fällt die Entscheidung über die Form der Planung und Lenkung, die sich in der Prozesspolitik äußert.

Im Folgenden wollen wir eine stärkere Systematisierung der Prozesspolitik vornehmen und diese von der Strukturpolitik abgrenzen. In diesem Sinne verstehen wir unter der Prozesspolitik die Gesamtheit der wirtschaftspolitischen Maßnahmen, die auf die direkte Steuerung des Wirtschaftsgeschehens (nicht auf dessen Struktur) gerichtet ist. Sie zielt dabei auf die Stabilisierung der gesamtwirtschaftlichen Entwicklung (Konjunktur).

Von wesentlicher Bedeutung sind hier die
- Geld- und Währungspolitik der autonomen Zentralbank (z. B. EZB).
- Fiskalpolitik (= Einnahmen- und Ausgabenpolitik).

Über die sinnvolle Ausgestaltung und den angemessenen Umfang der Prozesspolitik wird seit Jahrzehnten gestritten, am heftigsten wohl zwischen den Befürwortern einer nachfrageorientierten (Keynes / Keynesianismus) und einer angebotsorientierten wirtschaftspolitischen Konzeption (Friedman / Monetarismus) (vgl. Kapitel 5.6).

Der folgende Auszug aus einem prominent besetzten Streitgespräch soll dies verdeutlichen:

Streitgespräch zwischen Prof. Werner Sinn (IFO-Institut) und Prof. Peter Bofinger (Uni Würzburg / Mitglied des Sachverständigenrates)

ZEIT: [...] Wenn der Sparkurs falsch ist, was müsste die Regierung dann tun, um die Konjunktur in Schwung zu bringen?
Bofinger: Ich plädiere für eine stetige Fiskalpolitik. Es wäre viel gewonnen, wenn wir ein mittelfristiges Ausgabenziel hätten, sprich die Ausgaben, die der Staat steuern kann, Jahr für Jahr um 1,5 oder 2 Prozent ausgeweitet werden. Dann hat man auch eine Konsolidierung, wenn das Wachstum mal wieder 3 Prozent beträgt.
ZEIT: Herr Sinn, auch an Sie die theoretische Frage: Wenn Sparen schadet, wie müsste man die Konjunktur ankurbeln?
Sinn: Ich bin nicht bereit, diese Frage überhaupt zu beantworten, weil sie der Konjunktur ein Gewicht gibt, das sie nicht hat. Wir brauchen in erster Linie strukturelles Wachstum, und das wird von den Maßnahmen erzeugt, die konjunkturell nichts bringen. So müssen wir die Ausgaben zurückführen, weil der Staat sich zu sehr einmischt. Erfahrungsgemäß ist der Sozialstaat nicht in der Lage, in guten Zeiten zu sparen. Auch die Agenda 2010 ist nur unter dem Druck leerer Kassen zustande gekommen. Das hat Bundeskanzler Schröder als Begründung genannt. Der Staat lebt wie ein Hund. Auch in guten Zeiten legt er sich keinen Wurstvorrat an.
ZEIT: Was halten Sie von dem Ausgabenpfad, wie ihn Herr Bofinger, aber auch die beiden Konjunkturinstitute Halle und Berlin vorschlagen?
Sinn: Ich halte das für verfehlt. Wir wissen ja gar nicht, ob Deutschland in den nächsten Jahren mit 1,5 Prozent wachsen kann. Nach manchen Rechnungen haben wir nur noch Potenzialwachstum von 1 Prozent. Wenn man die Staatsausgaben jährlich um 1,5 Prozent wachsen lässt, liegt man vielleicht schon zu hoch. Außerdem noch mal: Wir dürfen es nicht. Hätten wir noch vertraglichen Spielraum, sähe ich das viel lockerer. Vielleicht steht Deutschland ja auch eine längere Flaute bevor, die die nächsten zwei Jahrzehnte umfasst. Ob die Weltwirtschaft anzieht oder nicht, Deutschland gehört zu den Schlusslichtern beim Wachstum.
Bofinger: Weil die Binnennachfrage so schwach ist.
Sinn: Das ist ein rein strukturelles Problem. Mit Nachfrageschwäche hat das nur minimal zu tun. [...] Das bisschen Nachfragepolitik ist doch irrelevant angesichts der Schocks, die Deutschlands Wirtschaft verkraften musste: die Kosten der Wiedervereinigung, die Osterweiterung der EU, die verschärfte Globalisierung, der Euro und der Binnenmarkt. Diese Schocks haben eine solche Kraft, da kann auch der Finanzminister nicht viel ausrichten.
Bofinger: Ach Ihre Schocks. Schauen Sie doch auf den Export. Keinem Industrieland ist es gelungen, in den vergangenen Jahren so dynamisch am Welthandel teilzuhaben wie Deutschland. Wir profitieren von der Verflechtung mit der Weltwirtschaft. [...]
Quelle: DIE ZEIT, 13.05.2004, Nr. 21

1. Beschreiben Sie die Positionen der beiden Diskutanten zur Frage, mit welchen fiskalpolitischen Maßnahmen eine Stärkung der Konjunktur in Deutschland erreicht werden soll (zur besseren Einordnung siehe Kapitel 5.6).
2. Recherchieren Sie weitere Informationen zu den beiden Personen und verorten Sie diese in der generellen wirtschaftspolitischen Diskussion.

5.3.3 Strukturpolitik

Unter den Begriff der „Strukturpolitik" werden alle wirtschaftspolitischen Maßnahmen gefasst, bei denen die Gestaltung der Struktur einer Volkswirtschaft im Zentrum steht. Die Struktur einer Volkswirtschaft wird z. B. beeinflusst durch

- die Zusammensetzung der Erwerbsbevölkerung,
- die Beschäftigung nach Wirtschaftszweigen und Regionen,
- das vorhandene technische und wissenschaftliche Know-how,
- die natürlichen Ressourcen,
- das Infrastrukturnetz,
- die rechtlichen Rahmenbedingungen sowie
- die gesellschaftlichen Verteilung von Einkommen und Vermögen.

Wie bei der Prozesspolitik auch müssen die entsprechenden wirtschaftspolitischen Maßnahmen auf den ordnungspolitischen Prinzipien fußen, sollen keine konzeptionellen Brüche entstehen.
Grundsätzlich wird dabei unterschieden zwischen

- der regionalen, welche sich auf die Beeinflussung einer räumlich bzw. regionalen Wirtschaftsstruktur bezieht, und
- der sektoralen Strukturpolitik, welche die Förderung ausgesuchter Wirtschaftssektoren anstrebt.

Strukturpolitische Maßnahmen können ergriffen werden z. B. in Form

- von Subventionszahlungen (z. B. im Bergbau, in der Agrarwirtschaft),
- von Steuervergünstigungen (z. B. Sonderabschreibungen),
- der Behinderung von Importen durch Zölle, Kontingentvorschriften u. Ä.,
- von arbeitsmarktpolitischen Maßnahmen (z. B. Förderung beruflicher Mobilität) oder
- von Eingriffen in die Eigentumsordnung (z. B. Verstaatlichung von Unternehmen, staatliche Beteiligung an Unternehmen).

Die Träger der Strukturpolitik (Bund, Länder, Gemeinden, Europäische Union) verfolgen dabei unterschiedliche Ziele:

- Erhalt bestehender Strukturen,
- Anpassung vorhandener Strukturen an Veränderungen im Zuge des Strukturwandels,
- Veränderung vorhandener Strukturen auf Grund zukünftig zu erwartender Wandlungsprozesse.

Im wirtschaftlichen Alltag finden sich immer wieder Beispiele, die die Schwierigkeiten bei der Durchführung strukturpolitischer Maßnahmen verdeutlichen. Im Kern steht dabei in den meisten Fällen das Problem, die Behebung der Notlage der vom Strukturwandel betroffenen Personengruppen mit den gesamtgesellschaftlichen Interessen in Einklang zu bringen. Ein gutes Beispiel ist die Subventionierung des Bergbaus: Während Beschäftigte und Investoren auf eine staatliche Stützung ihrer Branche angewiesen sind und diese einfordern, bewirken die in diesem Zusammenhang gezahlten staatlichen Subventionen auch gesamtgesellschaftlich negativ zu bewertende Folgen wie die Erhöhung der Staatsverschuldung mit der Notwendigkeit des Sparens an anderen Stellen.

Die Komplexität strukturpolitischer Maßnahmen und ihrer Folgen werden im folgenden Text exemplarisch verdeutlicht:

Recherchieren Sie in der Tagespresse Beispiele für regionale und sektorale strukturpolitische Maßnahmen.

1. Welche dieser Maßnahmen dienen der Erhaltung, welche der Anpassung vorhandener Strukturen?
2. Ermitteln Sie jeweils, wer von den Maßnahmen profitiert und ggf. welche negativen Folgen zu verzeichnen sind.

Stolpe richtet Förderung neu aus

Die Bundesregierung will ihre Förderpolitik für die neuen Länder stärker auf einzelne Regionen und Wirtschaftssektoren konzentrieren. Der für den Aufbau Ost zuständige Verkehrsminister, Manfred Stolpe (SPD), sagte, die bestehenden Wachstumspotenziale müssten besser genutzt werden. Stolpe zeichnete zugleich ein verhalten optimistisches Bild der wirtschaftlichen Entwicklung in Ostdeutschland. Wirtschaftsexperten äußerten sich skeptisch zu den Perspektiven für die neuen Länder. Um die Mittel aus dem Solidarpakt von Bund und Ländern zielgenau einzusetzen, müsse die Förderung von Unternehmensnetzwerken, Branchenschwerpunkten, Innovationen und Kompetenzfeldern verstärkt werden, sagte Stolpe [...]. Der ländliche Raum dürfe allerdings nicht vernachlässigt werden.

Bundespräsident Horst Köhler hatte vor knapp zwei Wochen das Ziel der Schaffung gleichwertiger Lebensverhältnisse in Ost und West in Frage gestellt und damit eine Debatte über die Förderung der neuen Länder ausgelöst. [...] Vor drei Monaten hatte bereits der SPD-Politiker und Leiter des „Gesprächskreises Ost", Klaus von Dohnanyi, vor einer Fortschreibung der jetzigen Aufbauhilfe Ost gewarnt und eine Kurskorrektur gefordert.

Stolpe sagte, der Aufbau Ost werde auf Grundlage des Solidarpaktes II fortgesetzt. Dieser habe bis Ende 2019 ein Volumen von 156 Mrd. Euro. Davon würden die neuen Länder 105 Mrd. Euro direkt für Investitionen erhalten. Weitere 51 Mrd. Euro kämen aus dem Bundeshaushalt. Der Bund hat nur begrenzten Einfluss auf die Verwendung der Mittel. Ob die von Stolpe gewünschte Konzentration der Förderung auf besonders erfolgversprechende Projekte Realität wird, ist daher nicht abzusehen. Der Minister verwies allerdings darauf, dass im Frühjahr Arbeitsgruppen mit den Ost-Ländern eingerichtet worden seien, in denen über die Förderschwerpunkte diskutiert werde. Stolpes Staatssekretär für den Aufbau Ost, Tilo Braune, sagte dem Handelsblatt, wünschenswert sei, dass zum Beispiel 60 Prozent der Mittel der „Gemeinschaftsaufgabe zur Förderung der regionalen Infrastruktur" in gemeinsam zu verabredende Schwerpunkte fließen. „In diesem Sinne wollen wir eine Vereinbarung mit den Ländern treffen", sagte Braune. In Regierungskreisen hieß es aber, die Länder würden nur ungern ihre Entscheidungskompetenz aufgeben.

Stolpe kritisierte, bei den direkten Zuweisungen aus dem Solidarpakt verwendeten die neuen Länder einschließlich Berlins einen Großteil der Mittel zum Stopfen von Haushaltslöchern. Nach Informationen aus Stolpes Ministerium hat beispielsweise Berlin von den Solidarpaktgeldern keinen Euro investiv eingesetzt. Dennoch sprach sich Stolpe dagegen aus, die Zweckbindung der Solidarpaktmittel für Investitionen festzuschreiben. Er sei gegen ein Mitspracherecht des Bundes und setze auf den Wettbewerb unter den Ländern. „Wer die Mittel nicht einsetzt, um die Nachteile bei der Infrastruktur zu beheben, der wird erleben, dass seine schwachen Regionen noch schwächer werden", sagte Stolpe.

Nach Einschätzung des Ministers haben die neuen Länder überraschende Erfolge vorzuweisen. Entgegen der allgemeinen Konjunkturentwicklung sei die ostdeutsche Industrieproduktion in den vergangenen zehn Jahren um jährlich 5,5 Prozent gestiegen. Es habe ein Prozess der Reindustrialisierung begonnen, die „Ost-West-Schere" schließe sich. Ökonomen äußerten Zweifel an Stolpes Einschätzung. Die Region sei „noch lange nicht aus dem Schneider", sagte Mathias Bucksteeg, Direktor des privaten Forschungsinstituts Prognos. „Eine echte Trendwende ist bislang nur wenigen Regionen gelungen. Es gibt keine Reindustrialisierung des Ostens, sondern nur die Reindustrialisierung von zwei bis drei Wachstumskernen", sagte Bucksteeg. Der Chef des Hamburgischen Welt-Wirtschafts-Archivs, Thomas Straubhaar, bewertete die Interpretation Stolpes als „übermäßig optimistisch". Die Zahlen seien „ein gutes Signal, aber noch nicht Indiz für eine nachhaltige Trendwende".

Quelle: Handelsblatt, Nr. 185, 23.09.04, S. 1, Autor: huh/ost

Manfred Stolpe

1. Um welche Form der Strukturpolitik (regional / strukturell) handelt es sich im vorliegenden Fall?
2. Welche strukturpolitischen Maßnahmen wurden ergriffen und welche Ziele werden hiermit verfolgt?
3. Wie wird der Erfolg der ergriffenen Maßnahmen eingeschätzt?
4. Wer sind die Gewinner, wer die Verlierer der strukturpolitischen Maßnahmen?

5.4 Ausgewählte wirtschaftspolitische Handlungsfelder

Im Folgenden sollen anhand ausgewählter und aktueller wirtschaftspolitischer Problembereiche beispielhaft wirtschaftspolitische Aufgaben in verschiedenen Handlungsfeldern verdeutlicht werden.
In diesem Abschnitt wird auf keinen Fall der Anspruch erhoben, weder alle dringlich zu bewältigenden wirtschaftspolitischen Aufgaben angeführt zu haben, noch die ausgewählten in ihrer differenzierten Problematik erschöpfend dargestellt zu haben. Zielsetzung ist es zunächst vielmehr, anhand ausgewählter Beispiele die Arbeit in wirtschaftspolitischen Handlungsfeldern zu konkretisieren und ein begriffliches und theoretisches Grundgerüst zu vermitteln, um damit eine fachliche Grundlage zur Entwicklung einer notwendigen problemorientierten Beurteilung von Sachverhalten zu schaffen. Für eine weiter gehende, differenzierte Erarbeitung eines jeden Problembereiches ist es notwendig, auf die zahlreich vorhandenen thematischen Einzelbearbeitungen zurückzugreifen.

5.4.1 Wettbewerbspolitik

Funktionen des Wettbewerbs:
- Steuerungsfunktion
- Allokationsfunktion
- Innovations- und Anpassungsfunktion
- Verteilungsfunktion
- Kontrollfunktion

Funktionen des Wettbewerbs
In Kapitel 3.3 haben wir bereits die Funktionen des Wettbewerbs in einer marktwirtschaftlichen Ordnung kennen gelernt und festgestellt, dass dessen Sicherstellung nicht nur aus ökonomischer, sondern auch aus gesamtgesellschaftlicher Sicht von hoher Bedeutung ist. Zur Wiederholung sind die fünf wesentlichen Funktionen des Wettbewerbs in der Marginalspalte noch einmal dargestellt.

Marktformen
Wir haben – ebenfalls in Kapitel 3.3 – in der Theorie bereits den vollkommenen, atomistischen Markt kennen gelernt, in dem das Zusammenspiel von Angebot und Nachfrage den Gleichgewichtspreis bestimmt. Die diesem Modell unterlegten Bedingungen – z. B. die Homogenität der Güter oder die absolute Informationsübersicht der Verbraucher – lassen sich in der Realität auf einzelnen Märkten nur teilweise, i. d. R. jedoch gar nicht finden. So sind beispielsweise bereits auf einem kleinen Wochenmarkt für die Verbraucher nicht alle Informationen gleichzeitig zur Hand. Und auch die Ermittlung der wesentlichen Informationen ist bereits mit einem hohen Aufwand und Kosten (z. B. Zeitverbrauch, Mühe) verbunden. Bezogen auf den Wohnungs- oder den Arbeitsmarkt wird dieser Sachverhalt besonders deutlich.

Märkte nehmen also in der Realität unterschiedliche Formen an, die vom idealtypischen Modell abweichen.
Ein erstes qualitatives Unterscheidungskriterium ist die Regelung des Zugangs. Neben den allgemein bekannten unbeschränkt zugänglichen Märkten gibt es nämlich auch solche, deren Zugang beschränkt ist. Beispiele für solche Märkte sind diejenigen für medizinische Versorgung und juristische Beratung, da die Anbieter über besondere nachgewiesene Qualifikationen und Konzessionen verfügen müssen. Darüber hinaus können auch Rahmenbedingungen den Zugang zu einem Markt beschränken, wenn beispielsweise die eigene Kapitalausstattung die Teilnahme an bestimmten Märkten erlaubt oder die fehlende berufliche Qualifikation die Angebotsmöglichkeiten auf dem Arbeitsmarkt beschränkt.

Des Weiteren können Märkte hinsichtlich ihres Organisationsgrades unterschieden werden. Auf organisierten Märkten ist der Handel bestimmten Regeln unterworfen (z. B. Börse, Auktion), während diese bei unorganisierten Märkten fehlen.
Ferner lassen sich Märkte nach quantitativen Gesichtspunkten klassifizieren. Je nach Anzahl der Marktteilnehmer erhält der Markt insbesondere im Hinblick auf die Preisbildung eine ganz spezifische Ausprägung. Die bisher behandelte atomistische Marktform wird Polypol genannt. Sind auf einer Seite nur wenige Marktpartner vorhanden, spricht man von einem Oligopol, und wenn es lediglich einen einzigen Anbieter oder Nachfrager gibt, handelt es sich um ein Monopol. Die jeweiligen Zwischenformen sind der Abbildung zu entnehmen.

Nachfrager / Anbieter	einer	wenige	viele
einer	Bilaterales Monopol	Nachfrageoligopol mit monopolistischem Angebot	Angebotsmonopol
wenige	Angebotsoligopol mit monopolistischer Nachfrage	Bilaterales Oligopol	Angebotsoligopol
viele	Nachfragemonopol	Nachfrageoligopol	Polypol

Abhängig von der Marktform finden wir ganz unterschiedliche Ausgestaltungen des Wettbewerbs.
Wir haben bereits gesehen, dass in idealtypischen Modell der vollständigen Konkurrenz (vgl. Kapitel 3.3) über die freie Preisbildung eine effiziente Allokation der volkswirtschaftlichen Ressourcen erfolgt. Wäre auf allen Märkten die Bedingung der vollständigen Konkurrenz gegeben, so würde also automatisch die effiziente Allokation erreicht.
Den Gegenpart zur vollständigen Konkurrenz bildet das Angebotsmonopol, also die Marktform, in der die Nachfrager nur auf einen einzigen Anbieter treffen. Aus ökonomischer Sicht lässt sich feststellen, dass – auch wenn ein Monopolist keine unendlichen Möglichkeiten der Preisgestaltung hat – die Preise hier im Vergleich wesentlich höher liegen. Gleichzeitig sind Monopolmärkte durch geringere Angebotsmengen und damit durch eine schlechtere Marktversorgung gekennzeichnet. Gesamtwirtschaftlich ist ein Wohlfahrtsverlust zu verzeichnen, wodurch eine effiziente Allokation verfehlt wird.
In der Realität findet man vollständige Konkurrenz und Monopol nur äußerst selten in ihrer Reinform. In der Regel stellen sich Märkte als komplexe Gebilde dar.
Häufig treten jedoch oligopolistische Strukturen mit einer geringen Zahl von Anbietern in Erscheinung. Diese Strukturen werden mit dem Instrument der Unternehmenskonzentration näher beschrieben, wobei eine Verringerung der Anbieterzahl als Erhöhung der Unternehmenskonzentration verstanden wird. Abhängig vom Grad der Unternehmenskonzentrationen drohen auch auf oligopolistischen Märkten ähnliche Auswirkungen wie beim Monopol: zu hohe Preise, geringe Mengen, nichtleistungsbedingte Gewinne, allokative Ineffizienzen und die Verringerung der volkswirtschaftlichen Wohlfahrt. Der Begriff der Marktmacht spielt in diesem Zusammenhang eine wesentliche Rolle.

!

1. Ordnen Sie folgende Beispiele bestimmten Marktformen zu:
   - Ein Unternehmen besitzt das Patent für ein medizinisch-technisches Gerät, mit dem Nierensteine von Patienten ohne Operation zertrümmert werden können.
   - In einer Kleinstadt gibt es 12 Damenfriseur-Geschäfte.
   - Die Bauunternehmen in einem Marktgebiet können Kies, wie er zum Bauen benötigt wird, von vier Kiesbaggereien beziehen. Präferenzen für einen Lieferer bestehen nicht.
   - Vier Autofirmen bieten Mittelklassewagen verschiedener Typen zwischen 1200 ccm und 1800 ccm an.
   - Ein Energieversorgungsunternehmen ist der einzige Anbieter von elektrischer Energie in einem Regierungsbezirk.
2. Wie stellt sich der Wettbewerb in jedem der Beispiele dar?
3. Erklären Sie, warum die Börse dem idealen Marktmodell in der Realität am nächsten kommt.

Von Marktmacht spricht man immer dann, wenn entweder ein einzelnes Unternehmen oder mehrere Unternehmen gemeinsam über eine so starke Marktstellung verfügen, dass ein von anderen Wettbewerbern nicht völlig kontrollierter Verhaltensspielraum entsteht. Entscheidend ist, dass es hierfür nicht erforderlich ist, dass ein Monopol vorliegt. Vielmehr kann bereits ein enges Oligopol und somit eine hohe Unternehmenskonzentration zur Entstehung einer solchen marktmächtigen Stellung ausreichen. Marktmächtige Unternehmen können dann – ähnlich wie ein Monopolist – über einen Preissetzungsspielraum verfügen, innerhalb dessen sie Preise über den Durchschnittskosten festlegen können, so dass hieraus Gewinne entstehen. Da diese Gewinne aber nicht auf besserer Leistung beruhen, sondern auf der Marktmacht der Unternehmen, handelt es sich um nichtleistungsbedingte Marktmachtgewinne. Weiterhin besteht die Möglichkeit, diese Marktmachtstellung nicht nur zur Erlangung von Gewinnen auf Kosten der Konsumenten zu benutzen, sondern diese marktmächtige Position auch dazu zu verwenden, die noch verbleibenden Wettbewerber weiter zu schwächen und damit den bereits stark beeinträchtigten Wettbewerb noch weiter in seiner Funktionsfähigkeit zu vermindern. […] Je weniger Wettbewerber auf einem Markt vorhanden sind und je höher damit die Unternehmenskonzentration ist, desto wahrscheinlicher ist es, dass die großen Unternehmen auf diesem Markt über Marktmacht verfügen.
Quelle: W. Kerber: Wettbewerbspolitik, ÖBO-Baustein G03, Institut für Ökonomische Bildung Oldenburg, 2003

1. Beschreiben Sie, inwieweit übermäßige Marktmacht ein Beispiel für das Versagen von Märkten darstellt.
2. Gibt es darüber hinaus auch Beispiele für Staatsversagen in diesem Bereich, also für staatlich verursachte Markteintrittsbarrieren?

Mit der Marktmacht gehen oft Möglichkeiten einher, potenzielle Wettbewerbern den Zugang zum Wettbewerb über Markteintrittsbarrieren zu verwehren. Darunter werden alle spezifischen Kostennachteile für neu eintretende Unternehmen verstanden. So müssen diese in den entsprechenden Märkten hohe Kosten aufwenden, um z. B. gegen fest etablierte Marken und bestehende Größenvorteile der bereits am Markt agierenden Unternehmen konkurrieren zu können. Darüber hinaus droht, dass etablierte Anbieter ihre Marktposition mit Hilfe eines aggressiven Wettbewerbs (z. B. über Kampfpreise) verteidigen könnten. Hier kommt die Wettbewerbspolitik ins Spiel.

Notwendige Einschränkung:
Wir haben bislang begründet, dass eine steigende Unternehmenskonzentration zu gesamtwirtschaftlich problematischer Marktmacht führt. Ganz so eindeutig ist die Sache jedoch nicht: Aus steigenden Unternehmensgrößen und Massenproduktion können Kostenreduzierungen (z. B. über die Reduzierung von Fixkosten) resultieren, die ebenfalls gesamtwirtschaftlich erwünscht sind. Ebenso können ab bestimmten Größen allerdings auch Effizienznachteile entstehen. Entsprechend ist eine differenzierte Analyse in jedem Einzelfall notwendig.

Wettbewerbspolitik

Unter diesem Begriff werden alle wirtschaftspolitischen Maßnahmen verstanden, die der Aufrechterhaltung des Wettbewerbs dienen. Es gibt nach Kerber zwei primäre Ansatzpunkte für wirtschaftspolitische Maßnahmen:

- Es wird versucht, über Verhaltensregeln das Marktverhalten im Sinne eines freien Wettbewerbs zu beeinflussen.
- Es wird versucht, über die Beeinflussung der Marktstrukturen auf die Unternehmen einzuwirken und Wettbewerb zu sichern.

Bereits beim ökonomischen Verhaltensmodell haben wir erkannt, dass Verhaltensänderungen besser über die Gestaltung der Rahmenbedingungen über Appelle zu erreichen sind. Entsprechend findet eine Konzentration in der Wettbewerbspolitik auf den ersten Bereich statt. Dies geschieht konkret, indem

- über die aktive Gestaltung der Wettbewerbsvoraussetzungen Märkte offen gehalten und Markteintrittsbarrieren abgebaut und
- wettbewerbsbeschränkende Strategien bekämpft werden.

Über diese Maßnahmen sollen gesichert werden

- die Handlungs- und Entscheidungsmöglichkeiten der Akteure im Markt,
- der Wettbewerb als anonymes Kontroll- und Sicherungssystem im Sinne der o. g. Funktionen.

Konzentrationsformen

Wettbewerbsbeschränkungen erfolgen im Wesentlichen über vertragliche Vereinbarungen wie Kartelle, stillschweigende Abstimmungen, Kapitalbeteiligungen (Konzerne) und Fusionen. Kartelle sind vertragliche Zusammenschlüsse zwischen rechtlich und weitgehend auch wirtschaftlich selbstständig bleibenden Unternehmen der gleichen (horizontalen) Wirtschaftsstufe. Die Partner treffen für die Dauer des Vertrages bestimmte Regelungen, z. B. hinsichtlich der Preise (Preiskartell), der Marktaufteilung (Gebietskartell) u. a. m. Konzerne sind Zusammenschlüsse rechtlich selbstständig bleibender, jedoch wirtschaftlich unselbstständig werdender Unternehmen unter einer einheitlichen wirtschaftlichen Leitung. Die Konzernbildung erfolgt durch Kapitalbeteiligungen auf horizontaler, vertikaler oder völlig unterschiedlicher Ebene. Bei einer Fusion geht die rechtliche Selbstständigkeit verloren, es entsteht eine neue rechtliche und wirtschaftliche Einheit, ein neues Unternehmen.

In Deutschland ist das Bundeskartellamt die zuständige Behörde zur Verfolgung wettbewerbsbeschränkender Strategien. Für rein regionale Fälle gibt es darüber hinaus entsprechende Landeskartellbehörden. Im Rahmen der Europäischen Union ist es aber v. a. die Europäische Kommission (vgl. Kapitel 6.5), die im Bereich der Wettbewerbspolitik aktiv wird. So wie im vorliegenden prominenten Fall, der die ganze Komplexität veranschaulicht:

Informieren Sie sich unter www.bundeskartellamt.de über aktuelle Konzentrationsfälle.

EU beschließt Rekordbuße für Microsoft

Mit einem Rekordbußgeld von rund einer halben Milliarde Euro und strengen technischen Auflagen will die Europäische Union das Monopol des US-Software-Giganten Microsoft auf dem europäischen Markt brechen. Die EU-Kommission in Brüssel beschloss nach fünfjährigen kartellrechtlichen Untersuchungen gestern einen entsprechenden Vorschlag von Wettbewerbskommissar Mario Monti. Der EU-Kommissar sprach erneut von einem Präzedenzfall. „Nun wissen die Unternehmen, wie wir künftig in solchen Fällen vorgehen", sagte Monti. Gegen das US-Unternehmen liegen in Brüssel weitere Beschwerden vor.

Die EU wirft dem US-Konzern vor, sein „Fast-Monopol" im Markt für PC-Betriebssysteme auszunutzen, um sich bei Anwendungen wie dem Abspielen von Musik und Filmen eine dominierende Stellung zu verschaffen. Die Konkurrenten RealNetworks und Sun Microsystems hatten deswegen in Brüssel Klage eingelegt. Wegen Missbrauchs seiner Marktmacht muss Microsoft ein Rekordbußgeld von 497,2 Mio. Euro in die EU-Kasse zahlen. Die Summe entspricht 8 % des Umsatzes, den Microsoft im letzten Jahr in Europa, dem nahen Osten und Afrika erzielte. Die Höhe des Bußgeldes ergebe sich aus der Dauer und der Schwere des Wettbewerbsverstoßes, sagte Monti. Außerdem erhoffe er sich von der Geldbuße einen „abschreckenden Effekt". Nach den EU-Regeln hätte die Strafe bis zu 10 % des Umsatzes betragen können.

Laut den EU-Auflagen hat Microsoft 120 Tage Zeit, um Wettbewerbern für Server-Software technische Schnittstellen offen zu legen, die für eine Vernetzung mit Windows-Computern wichtig sind. Zudem muss Microsoft binnen 90 Tagen eine Version von Windows anbieten, die keinen eigenen Media Player enthält. Microsoft-Chef Steve Ballmer kündigte an, umgehend gegen die Brüsseler Entscheidung Beschwerde vor dem Europäischen Gerichtshof in Luxemburg einzulegen. In der ersten Instanz will Microsoft zunächst erreichen, dass ein Teil der verhängten Sanktionen noch vor deren Inkrafttreten zunächst einmal ausgesetzt wird. In der Vergangenheit hatte das Gericht mehrere Kommissionsentscheidungen gekippt, darunter drei spektakuläre Fusionsverbote. Er sei aber zuversichtlich, dass seine gestrige Entscheidung gerichtlich Bestand haben werde, sagte Monti.

Quelle: Handelsblatt, Nr. 060, 25.03.04, S. 18, Autor: je/sce/tut

1. Worin besteht nach Ansicht des EU-Kommisars Monti im vorliegenden Fall die unrechtmäßige Wettbewerbsbeschränkung?
2. Welche Instrumente werden von der EU-Kommission eingesetzt um die Sicherstellung des freien Wettbewerbs zu gewährleisten?
3. Recherchieren Sie die Stellungnahmen der Microsoft-Spitze zum vorliegenden Fall. Wie wird aus dieser Sicht das Marktverhalten des Unternehmens bewertet?
4. Recherchieren Sie den weiteren Verlauf und den aktuellen Stand des Streitfalles. Verdeutlichen Sie, warum sich derartige Verfahren im Bereich des Wettbewerbsrechts als gleichermaßen komplex wie kompliziert darstellen.

5.4.2 Stabilitäts- und Wachstumspolitik

Wachstum und Konjunktur – zwei Begriffe, die immer dann herangezogen werden, wenn es darum geht, die wirtschaftliche Lage eines Landes zu beschreiben. Begriffe, die aber auch oft von Menschen verwendet werden, ohne dass diese genau wissen, was ökonomisch darunter zu verstehen ist und sie eher nur zur Beschreibung einer allgemeinen Stimmungslage im Land benutzen. Die Konjunktur ist „schlecht", heißt es dann z. B. oder „die Wirtschaft wächst nicht mehr oder nicht genug". Als Einstieg in diesen Themenbereich soll der folgende Zeitungsartikel dienen, in dem schon in der Überschrift angezeigt wird, dass für Volkswirte und für die „Öffentlichkeit" wohl unterschiedliche Indikatoren zur Kennzeichnung von Konjunkturlagen von Wichtigkeit sind.

1. Arbeiten Sie aus dem Text die Indikatoren für die „gefühlte Stimmung" heraus.
2. Welche Faktoren ziehen die Experten für ihre Beurteilung heran?
3. Beschreiben Sie in diesem Zusammenhang das im Text beschriebene Kommunikationsproblem zwischen der „Öffentlichkeit" und den „sachkundigen Ökonomen".

Verwenden Sie zur Bearbeitung der Aufgaben folgende Gliederungsstruktur.

Gefühlte Stimmung:
Im letzten Drittel zwar deutliche Verbesserung der Konjunktur, aber ...
- ...
- ...
- ...

Professionelle Einschätzung von Ökonomen:
Konjunkturpessimismus ist nicht angesagt, denn die Zahlen geben das nicht her ...
- ...
- ...
- ...
- ...

Kommunikationsprobleme ...
- Stagnation?
- Aufschwung?
- Wirtschaft wächst schneller als das Produktionspotenzial?
- Belebungsphasen?

Die gefühlte Konjunktur – Das große Missverständnis
Volkswirte und Öffentlichkeit reden aneinander vorbei

Nein, so richtig traut Michael Heinrich der Konjunktur noch immer nicht über den Weg. „Im letzten Drittel des vergangenen Jahres und auch im ersten Quartal 2004 haben wir zwar eine deutliche Verbesserung erlebt", sagt der Vorstandschef des Anlagen- und Werkzeugbauers Müller Weingarten AG. „Aber dass bei unseren Kunden der Knoten wirklich geplatzt ist, kann man leider noch nicht sagen." Die Aussichten für das Unternehmen seien zwar ein ganzes Stück besser als vor einem Jahr. „Aber die Lage ist insgesamt noch verhalten – und die Unsicherheit weiterhin groß."

Diese Mischung aus Skepsis und Zuversicht ist symptomatisch für die deutsche Wirtschaft: Seit Mitte 2003 bessert sich die wirtschaftliche Lage in Trippelschritten – an einen echten Aufschwung aber glaubt kaum jemand. Und seit sich einige Frühindikatoren wieder etwas verschlechtert haben, schlägt bei vielen die Zuversicht schon wieder in Skepsis um – erst gestern ist der ZEW-Konjunkturindex überraschend deutlich gefallen, der Bundesverband des Deutschen Groß- und Außenhandels senkte ebenfalls seine Erwartungen. Zuvor hatten bereits drei der sechs führenden ökonomischen Denkfabriken ihre Prognosen leicht zurückgeschraubt. Schon werfen Unionspolitiker der Bundesregierung konjunkturelle Schönfärberei vor. Ist die Erholung vorbei, bevor sie so richtig begonnen hat?

Professionelle Konjunktur-Beobachter winken ab. „Ich kann in einen aufkeimenden Konjunkturpessimismus nicht einstimmen", betont Wolfgang Wiegard, Vorsitzender des Sachverständigenrates. „Die Zahlen selbst geben dazu keinen unmittelbaren Anlass." So sind die Exporte zuletzt deutlich gestiegen, auch Industrieproduktion und Einzelhandelsumsätze waren im Plus. Und aus den jüngsten Rückgängen bei den Auftragseingängen, dem Ifo-Geschäftsklima und den ZEW-Konjunktur-Erwartungen ein Signal für ein Ende der Erholung zu lesen ist nach Ansicht von Experten überzogen – denn auch diese Indikatoren waren zuvor deutlich gestiegen. Ifo-Chef Hans-Werner Sinn ist daher weiter optimistisch gestimmt: „Seit dem Jahreswechsel haben sich die Konjunktur-Aussichten nicht signifikant verschlechtert", betont er. „Die deutsche Konjunktur wird sich in den nächsten Monaten weiterhin nur so schleppend verbessern, wie wir es im Dezember prognostiziert hatten." Nach Ansicht des Internationalen Währungsfonds haben sich die Aussichten für die Weltkonjunktur seit dem Herbst sogar verbessert.

Hauptgrund dafür, dass die Einschätzungen von Ökonomen so stark von der gefühlten Stimmung im Lande abweichen, ist ein Kommunikationsproblem. Experten und Laien reden in Bezug auf die Konjunktur seit Monaten aneinander vorbei – in der öffentlichen Debatte um die wirtschaftlichen Aussichten sind wichtige Zwischentöne auf der Strecke geblieben: Zwar prognostizieren Volkswirte seit Monaten, dass Deutschland die dreijährige Stagnation über-

windet – das Wort „Aufschwung" hat so gut wie kein Experte in den Mund genommen. Davon reden die Fachleute erst, wenn die Wirtschaft schneller wächst als das Produktionspotenzial – dass dies auch 2004 nicht drin sein dürfte, ist Ökonomen schon lange klar. „Wir waren mit Prognosen von Anfang an nicht sonderlich optimistisch", sagt Michael Hüther, Chefvolkswirt der Deka-Bank. Institute und Banken prognostizieren seit Monaten nur eine „moderate Konjunktur-Erholung" – und betonen, dass die Belebung langsamer ausfallen dürfte als in vergangenen Belebungsphasen.
[...] Doch die Missverständnisse zwischen Experten und Laien gehen weiter – schließlich interpretiert die Öffentlichkeit die Prognose-Revisionen der Institute als Beleg für wachsende Zweifel am Aufschwung. Tatsächlich aber stellen die Änderungen das generelle Konjunkturbild der Institute nicht einmal ansatzweise in Frage – denn sie bewegen sich nur in einer Größenordnung von 0,1 bis 0,2 Prozentpunkte und liegen im Bereich der Fehlertoleranz der Prognosen. [...]
Quelle: Handelsblatt, Nr. 054, 17.03.04, S. 2, Autor: O. Storbeck

Ökonomische Indikatoren zur Beschreibung der wirtschaftlichen Situation
Zur Erinnerung (vgl. 5.1): In dem **Gesetz zur Förderung der Stabilität und des Wachstums der Wirtschaft (StWG)** von 1967 wurden zur Zeit der Regierung der Großen Koalition (CDU/CSU und SPD) grundlegende wirtschaftspolitische Ziele festgelegt. Bund und Länder sollen bei ihren wirtschafts- und finanzpolitischen Maßnahmen die Erfordernisse des gesamtwirtschaftlichen Gleichgewichts beachten und dabei Maßnahmen treffen, die dazu geeignet sind, im Rahmen der marktwirtschaftlichen Ordnung gleichzeitig zur Stabilität des Preisniveaus, zu einem hohem Beschäftigungsstand und außenwirtschaftlichem Gleichgewicht bei stetigem und angemessenem Wirtschaftswachstum beizutragen (§ 1 Satz 2 StWG).

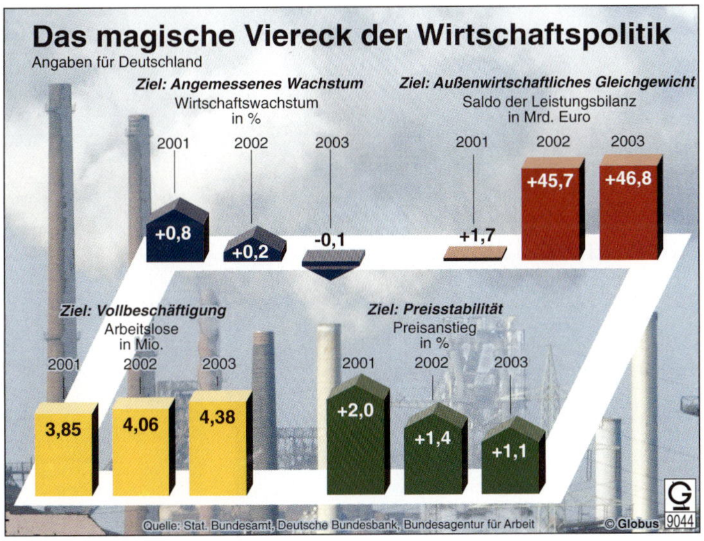

Dem Wachstum wird für die wirtschaftliche Entwicklung eines Landes enorme Bedeutung beigemessen. Die Stabilitätspolitik soll dafür sorgen, dass von einem ausgeglichenen und stetigen Wachstum ausgegangen werden kann, denn unstetiges Wachstum hat Konsequenzen für andere ökonomische Größen wie z. B. für den Beschäftigungsgrad und das Preisniveau. Es ist die Wachstumsrate, anhand derer der Verlauf der konjunkturellen Entwicklung abgelesen wird.

Beschreiben Sie die Entwicklung der Ergebnisse im Einzelnen und gehen Sie auf Auffälligkeiten ein.

Wachstum und Konjunktur

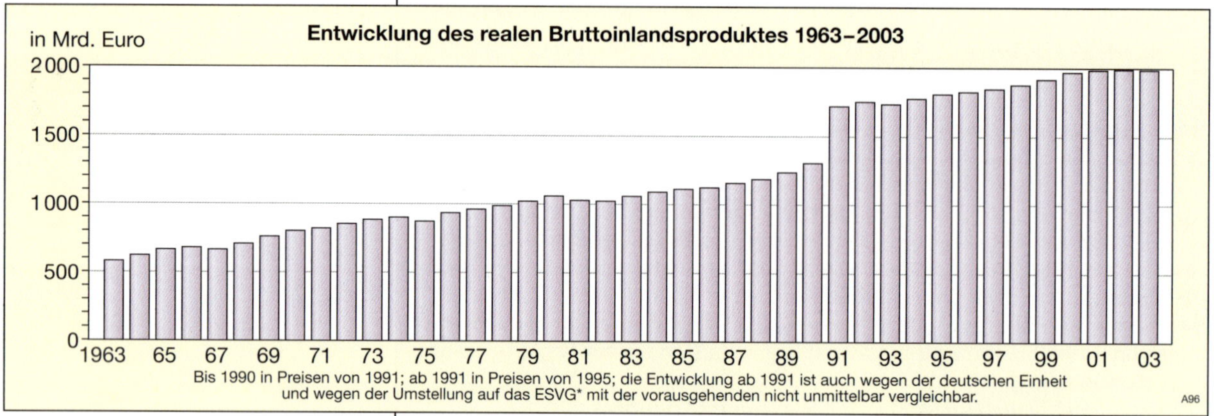

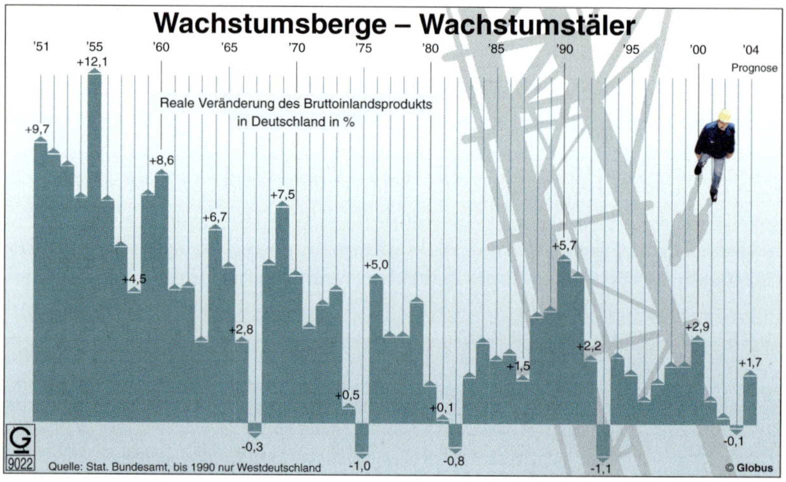

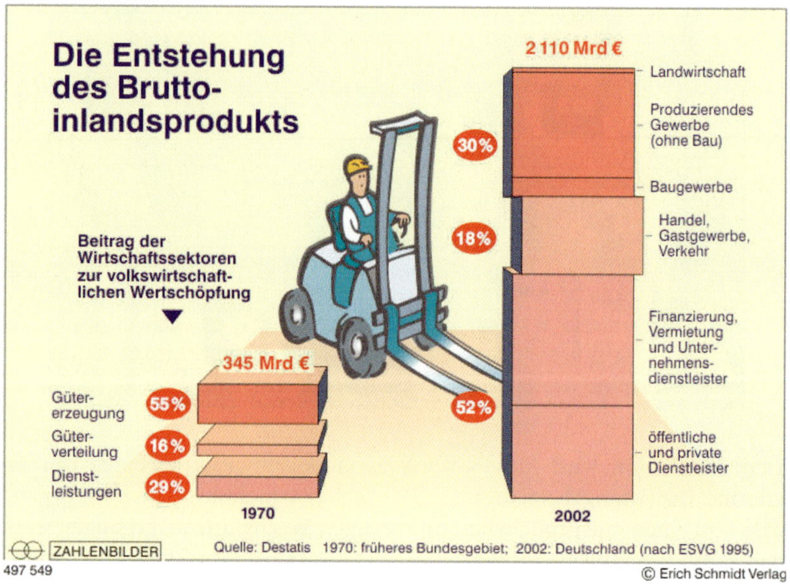

1. Beschreiben Sie mit Hilfe der ersten Grafik die Entwicklung des realen BIP in der Bundesrepublik Deutschland.
2. Erläutern Sie dabei auch die Bedeutung der Hinweise unter der Grafik (in Preisen von ...).
3. Wie beurteilen Sie tendenziell die Entwicklung?
4. Auch in der zweiten Grafik geht es um das BIP. Was stellen die Säulen dar?
5. Welchen Eindruck gewinnen Sie durch die Darstellung in dieser Grafik? Gehen Sie auf besondere Auffälligkeiten ein.
6. Vergleichen Sie beide Grafiken: Worauf ist der so unterschiedliche Eindruck zurückzuführen?

Konjunktur und Konjunkturschwankungen
Als Konjunktur bezeichnet man die Gesamtsituation einer Volkswirtschaft, die sich aus der gleichzeitigen Betrachtung (lat.: conjungere = zusammenfügen) verschiedener volkswirtschaftlicher Größen ableitet. Die Entwicklung der Konjunktur ist von wellenförmigen Schwankungen gekennzeichnet.
Diese Konjunkturschwankungen lassen sich auf verschiedene Weise erfassen. Zunächst einmal bedeuten Konjunkturschwankungen, dass das gegebene Produktionspotenzial einer Volkswirtschaft unterschiedlich stark ausgelastet wird, [...]. Die Wachstumsrate des realen Bruttoinlandsprodukts (BIP) unterliegt Schwankungen. Üblicherweise zieht man diese Größen zur Darstellung der Konjunkturbewegungen heran.
Abgesehen von den Jahren 1967, 1975, 1981/82 und 1993 ist das BIP in der Bundesrepublik in jedem Jahr gewachsen, wobei aber die „Geschwindigkeit" des Wachstums (die Wachstumsrate) unterschiedlich war. Lediglich in den genannten Jahren ist das BIP real tatsächlich kleiner geworden. Um bei der Geschwindigkeitsanalogie zu bleiben: Aus der Vorwärtsbewegung ist – nach Bremsen und Stillstand – eine Rückwärtsbewegung geworden. Daraus leiten sich auch die im Sprachgebrauch üblichen Begriffe des „Nullwachstums" bzw. des „negativen Wachstums" ab, womit eine absolute und nicht nur relative Verkleinerung des BIP bezeichnet wird.

Konjunkturzyklus
Wenn man die Wachstumsraten des realen BIP im Zeitablauf grafisch darstellt, so ergibt sich ein typischer „S"-förmiger Verlauf (Sinuskurve), den man in verschiedene Phasen unterteilt. An einen Tiefstand (Talsohle) schließt sich der Aufschwung (bzw. Expansion oder Erholung) an. Dann beginnt die Hochkonjunktur (bzw. Boom oder Anspannung), die nicht exakt als Punkt, sondern allenfalls als Bereich bestimmt werden kann. Die Hochkonjunktur geht über die Krise, und der Aufschwung kippt um in einen Abschwung (Rezession, Entspannung, Abschwächung, Kontraktion). Dieser setzt sich fort bis zu einem neuen Tiefstand, wonach sich der Phasenverlauf wiederholt. Das Durchlaufen aller Phasen bezeichnet man als Konjunkturzyklus.
Der Begriff „Rezession" wird in der Literatur allerdings unterschiedliche verwendet. Nach unserem Verständnis bezieht sich die Rezession (von lat.: recedere = zurückgehen) auf eine Verringerung des betrachteten Wachstumsindikators, also z. B. der Wachstumsrate des realen BIP (andere Interpretationen beziehen sich auf die Auslastung des Produktionspotenzials). Sinkt diese unter die Vorjahreswerte ab, so wächst das Inlandsprodukt zwar noch absolut, aber langsamer bzw. weniger als vorher. In Analogie von „Wachstum" zu „Geschwindigkeit" eines Autos bedeutet Rezession „Bremsen", also eine Verringerung der Geschwindigkeit, wobei das Auto aber noch vorwärts fährt. Eine Rezession ist also eine Verringerung der Wachstumsrate des Inlandsprodukts, was ein absolutes (aber geringeres) Wachstum des Inlandsprodukts nicht ausschließt.
Andere Ökonomen vertreten die Auffassung, dass der Begriff Rezession im Gegensatz zu einem bloßen Abschwung mit sinkenden positiven Wachstumsraten einen absoluten Rückgang des BIP, also negative Wachstumsraten voraussetzt (das Auto fährt rückwärts). Diese Interpretation ist zwar verständlich, vor allem aus Politikermund, weil dann von 1983–92 ein anhaltender Aufschwung vorgelegen hätte, ist aber sachlich falsch: Ich bin vielmehr der Meinung, dass jeder Rückgang der Wachstumsraten des BIP (jede Verringerung der Vorwärtsbewegung), egal ob mit positiven oder negativen Werten, eine Rezession – nur mit unterschiedlicher Schärfe – darstellt. „Aufschwung" impliziert somit „Wachstum", doch kann umgekehrt Wirtschaftswachstum auch in Abschwungphasen vorliegen und ist nicht synonym mit Aufschwung.
[...]
Eine Abgrenzung zwischen Rezession und dem gleichfalls oft synonym verwendeten Begriff Depression ist schwierig. Unter Rezession sollte also eine

Produktionspotenzial = Das gesamtwirtschaftliche Produktionspotenzial bezeichnet das mit dem vorhandenen Bestand an Sachkapital (Maschinen, Gebäude usw.) bei voller Auslastung der Produktionskapazitäten produzierbare Bruttoinlandsprodukt (Produktionsmaximum einer Volkswirtschaft).

relativ kurzfristige, vorübergehende Abschwächung der Wirtschaftstätigkeit verstanden werden, die sich in einer Verringerung grundsätzlich positiver Wachstumsraten ausdrückt und nur in Einzelfällen negative Wachstumsraten aufweist. Rezession ist folglich nur ein Fremdwort für Abschwung; die Begriffe sind synonym.
Depression kommt vom lateinischen deprimere = niederdrücken. Vordergründig und sprachlich vertretbar könnte damit also eine Verringerung des absoluten BIP, also eine negative Wachstumsrate des BIP gemeint sein. Dann bestünde de facto kein Unterschied zwischen Depression und der obigen (falschen) Interpretation von Rezession im Sinne negativer Wachstumsraten. Noch rigoroser wäre die Interpretation, dass bereits jedes Sinken der Wachstumsrate eine Depression sei. Rezession und Depression sollten jedoch, obgleich semantisch vielleicht vertretbar, nicht synonym verwendet werden, unbeschadet der Tatsache, dass der sprachliche Tatbestand von deprimere bereits bei sinkendem BIP oder gar sinkender Wachstumsrate erfüllt ist. Der Begriff Depression ist – historisch – mit Situationen wie der Weltwirtschaftskrise ab 1929 belegt. Bei den Rezessionen = Abschwüngen in der Bundesrepublik kann man aber wohl kaum von Depressionen in diesem Sinne sprechen. Mit dem Begriff sollte also aus historischen Gründen vorsichtig umgegangen werden, indem Depression auf Rezessionen mit massivem absoluten Rückgang des Sozialprodukts, Massenarbeitslosigkeit, Unternehmenszusammenbrüchen in großem Ausmaß, sinkenden Einkommen, also auf volkswirtschaftliche Katastrophen bezogen wird. […]
Quelle: Jörn Altmann, Wirtschaftspolitik, 2000, S. 50 ff.

Erläutern Sie, was unter Konjunktur und Konjunkturzyklus zu verstehen ist und beschreiben Sie die typischen Phasenverläufe.

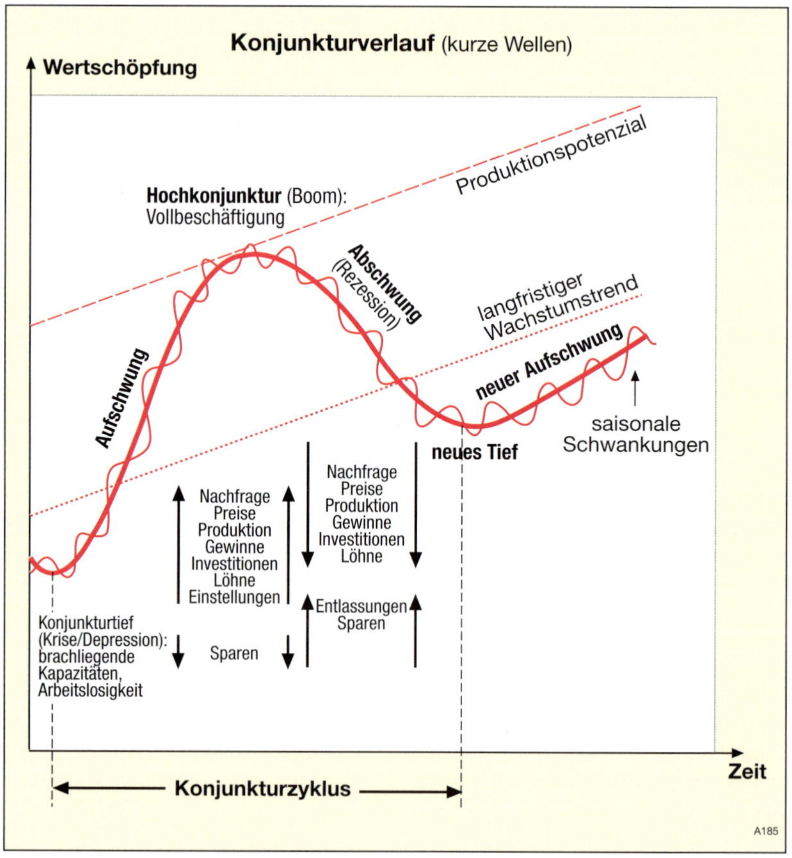

Quelle: Bundesverband deutscher Banken (Hrsg.), SCHUL/BANK Wirtschaft, Materialien für den Unterricht, Kapitel 2.5/5, 1995

Erläutern und begründen Sie die in den einzelnen Konjunkturphasen angezeigten Entwicklungen.

Wachstumspolitik und Produktionspotenzial

Die Bekämpfung der in der Regel zyklischen Schwankungen in der Auslastung marktwirtschaftlicher Volkswirtschaften ist Gegenstand der Stabilitätspolitik. Wenn z. B. die Güternachfrage von Unternehmen, Haushalten, Staat und Ausland höher oder niedriger ausfällt als das Angebot der Produzenten von Gütern, entstehen Überauslastungen bzw. Unterauslastungen, die zu Konjunkturschwankungen führen und den Wirtschaftssubjekten unerwünschte Unsicherheiten bringen und dann zu Problemen führen, wenn diese zu sozialen Ungleichgewichten führen: bei Unterauslastung z. B. zu anhaltender Arbeitslosigkeit (der Produktionsfaktor Arbeit wird weniger nachgefragt) oder bei Überauslastung zu Inflation (es ist mehr Geld im Umlauf als Güter produziert und gekauft werden können). Beides birgt auf jeden Fall die Gefahr, dass das Vertrauen in den Staat schwindet und Kritik an Wirtschafts- und Gesellschaftsordnung laut wird. Deshalb ist die Wirtschaftspolitik einer Regierung darauf ausgelegt, das gesamtwirtschaftliche Gleichgewicht zu wahren und selbst verschuldete Fehlentwicklungen zu korrigieren (vgl. Schlösser, Modul 04, S. 73).

Die Antwort auf die Frage nach den Ursachen der Konjunkturschwankungen und die entsprechende Entscheidung für oder gegen bestimmte wirtschaftspolitische Maßnahmen ist häufig sehr umstritten und führt zur Ablehnung oder Befürwortung bestimmter wirtschaftspolitischer Konzeptionen. Ordnungspolitisch muss die Regierung dafür sorgen, dass genügend Wettbewerb herrscht, damit die Funktionsfähigkeit der Märkte sichergestellt ist, mit zahlreichen prozesspolitischen Regelungen soll in erster Linie Quantität und Qualität der Produktionsfaktoren beeinflusst werden, z. B. kann über die variable Gestaltung der Steuersätze die Arbeitsbereitschaft erhöht werden, Steuervergünstigungen können die Sparbereitschaft positiv beeinflussen und Subventionen oder Abschreibungserleichterungen können zu Investitionen anreizen. Wo angesetzt wird und in welchem Maße welche Mittel eingesetzt werden, darüber wird auf den unterschiedlichen wirtschaftspolitischen Entscheidungsebenen mehr oder weniger heftig gestritten (vgl. Kapitel 5.6).

Gesamtwirtschaftliches Produktionspotenzial
nach der SVR-Methode[1] Deutschland

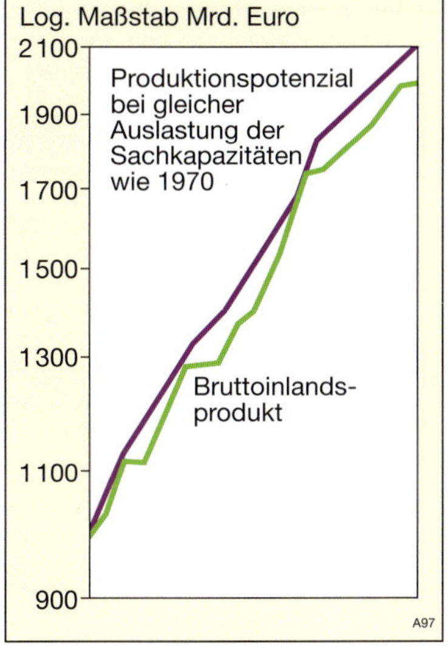

Wachstumspolitik

Während die Stabilitätspolitik auf eine gleichmäßige Auslastung des Produktionspotenzials abzielt, zielt die Wachstumspolitik auf die Erhöhung des Produktionspotenzials und damit auf die langfristige Verbesserung (quantitativ) der Versorgung mit Gütern und Dienstleistungen.

Wenn man von Wachstum spricht, meint man einen **Zuwachs** des Produktionspotenzials; bei der Beurteilung des Konjunkturverlaufs betrachtet man den **Auslastungsgrad** des Produktionspotenzials: ein sinkender Auslastungsgrad bedeutet danach Rezession, während ein steigender Auslastungsgrad mit wirtschaftlicher Aufwärtsentwicklung gleichgesetzt wird.

Auslastungsgrad des Produktionspotenzials[2]
Durchschnittlicher Auslastungsgrad (95,3 vH)

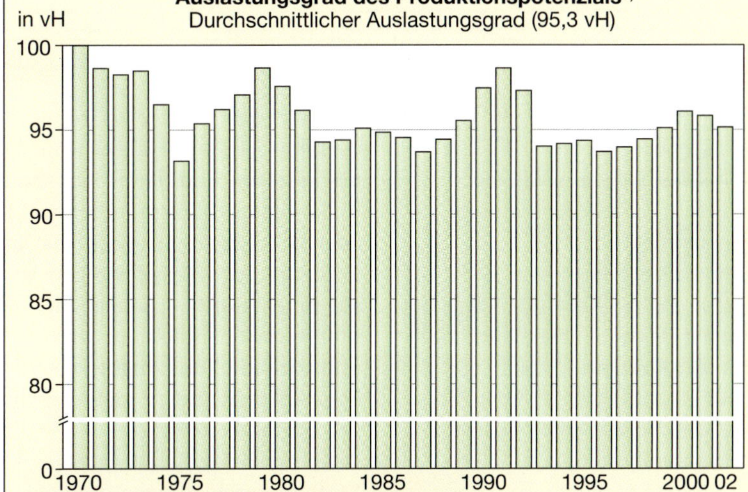

[1] eigene Schätzung. Alle Werte in Preisen von 1995
[2] Bruttoinlandsprodukt in vH des Produktionspotenzials.
(Sachverständigenrat zur Begutachtung der gesamtwirtschaftlichen Entwicklung [2003]: Jahresgutachten 2003/04 „Staatsfinanzen konsolidieren – Steuersystem reformieren“, Wiesbaden, Seite 418; auf Wunsch des SVR in alter Rechtschreibung)
A98

Konjunkturauslösende Impulse

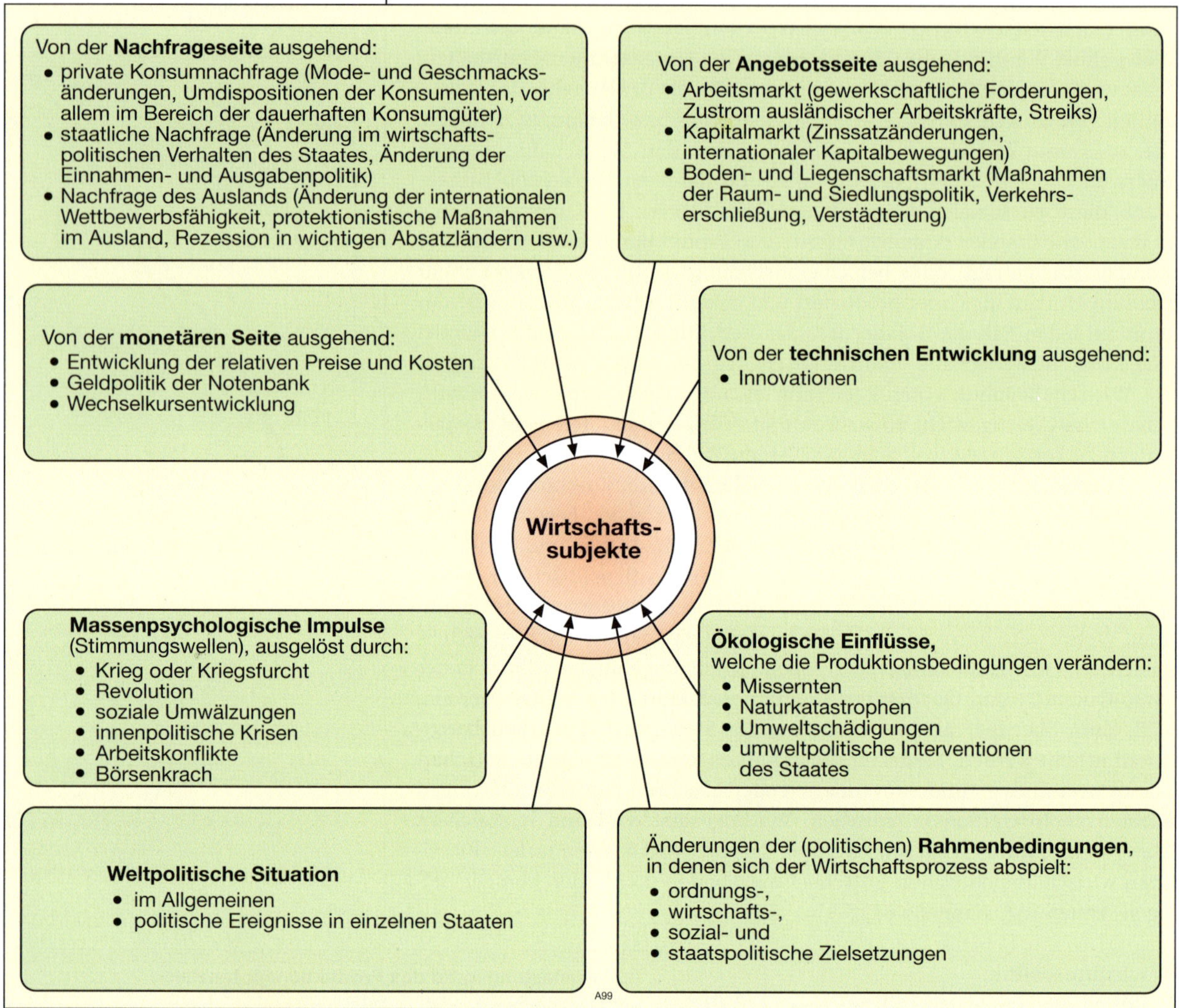

nach: B. Nolte: Volkswirtschaft konkret, Wiley-VCH, Weinheim, 2003, S. 93

1. Mit welchen gegenwärtigen wirtschaftspolitischen Impulsen will die Regierung zur Konjunkturbelebung beitragen?
2. Gibt es dämpfenden Impulse?
3. Ordnen Sie die Aktivitäten den hier abgebildeten unterschiedlichen Ansätzen zu.
4. Stellen Sie „Wirkungsketten" auf, ausgehend von den Größen: steigendes Zinsniveau → ..., gesunkene Sparquote → ..., Nachfragesteigerung aus dem Ausland → ...

Alle Wirtschaftssubjekte treffen ihre Entscheidungen unter dem Einfluss vielfältiger Impulse, die erneute Aktivitäten an den unterschiedlichen Märkten auslösen und damit letztendlich Konjunkturschwankungen erzeugen. Volkswirtschaftliche Größen wie Konsum, Sparen, Investitionen, Gewinne oder Löhne werden beeinflusst und die veränderten Einzelgrößen führen wiederum zu Veränderungen anderer volkswirtschaftlicher Größen, weil alle miteinander vernetzt sind. Werden z. B. die Zinssätze gesenkt, wird das sehr wahrscheinlich Auswirkungen auf die Investitionsnachfrage haben und auch die Konsumgüternachfrage beeinflussen. Das wiederum wird auf dem Arbeitsmarkt zu mehr Beschäftigung und eventuell zu Lohnsteigerungen führen können.
Die ausgelösten Schwankungen haben sogar die Tendenz sich aus eigener Kraft zu beschleunigen, weil sie von unterschiedlichen Faktoren noch verstärkt werden, z. B. von den Erwartungen der einzelnen Wirtschaftsakteure. Auf den nächsten Seiten können Sie verfolgen, welche Schwingungsintensitäten z. B. getätigte Investitionen haben.

Konjunkturelle Verstärker (Multiplikator und Akzelerator)

Bei der Entwicklung von Konjunkturschwankungen spielen Investitionen eine herausragende Bedeutung. Sie lösen einmal einen sogenannten Kapazitätseffekt aus (Wachstum des Produktionspotenzials), zum anderen können die neu entstehenden Einkommen für zusätzliche Nachfrage sorgen und somit die Auslastung des Produktionspotenzials mitbestimmen. Es ist die Relation von Kapazitäts- und Einkommenseffekt, die für Konjunkturschwankungen maßgeblich verantwortlich ist: Sind Kapazitäts- und Einkommenseffekt gleich, bleiben Schwankungen aus, ist der Kapazitätseffekt größer als der Einkommenseffekt, bleibt das Produktionspotenzial unausgelastet und es kommt zu einem Rückgang der Investitionen. Ist der Einkommenseffekt größer als der Kapazitätseffekt, d. h. die Nachfrage ist stärker als die Produktionskapazität, kommt es zu einem Kapazitätsaufbau, d. h. zu einer Beschleunigung der Investitionstätigkeit (vgl. Nolte, S. 95).

Periode	Veränderung der Investition ΔI	Veränderung des Einkommens ΔE	Veränderung des Konsums ΔC	Veränderung des Sparens ΔS
1	100,0 Mio. Euro	100,0 Mio. Euro	-	-
2	...	80,0 Mio. Euro	80,0 Mio. Euro	20,0 Mio. Euro
3	...	64,0 Mio. Euro	64,0 Mio. Euro	16,0 Mio. Euro
4	...	51,2 Mio. Euro	51,2 Mio. Euro	12,8 Mio. Euro
-	-	-	-	-
Σ		500,0 Mio. Euro	400,0 Mio. Euro	100,0 Mio. Euro

A100

nach: P. Czada: Wirtschaft – Aktuelle Probleme des Wachstums und der Konjunktur, Opladen, 1984, S. 93 ff.

Die Darstellung zeigt, dass eine Investition ein Vielfaches an Nachfrageimpulsen auslösen kann, als der ursprüngliche Impuls ausgemacht hat, hier um das Fünffache. Das liegt daran, dass die Empfänger der Einkommen einen Teil davon wieder ausgeben und ihrerseits weitere Nachfrage- und Einkommenseffekte auslösen, die Höhe der Effekte hängt davon ab, wie viel tatsächlich ausgegeben, also nicht gespart, wird. Die Erhöhung wirkt also multiplikativ; diese Erkenntnis bezeichnet man auch als Multiplikatortheorie, die davon ausgeht, dass Veränderungen in der Nachfrage zu überproportionalen Veränderungen bei den Einkommen und der Beschäftigung führen. In der Realität läuft dieser Multiplikatorprozess niemals in dieser unterstellten Form ab. Bei wachsendem Volkseinkommen müssen ggf. auch vermehrte Steuerleistungen erbracht werden, vielleicht wird auch vermehrt importiert oder gespart.

Diese Multiplikatorwirkung wird verstärkt durch den sogenannten Akzeleratoreffekt („Beschleuniger"), der bei ausgelasteten Produktionskapazitäten und einer dauerhaften Nachfrageerhöhung eintritt, weil eine erhöhte Nachfrage nach Investitionsgütern ausgelöst wird, um die Konsumnachfrage befriedigen zu können. Die ausgelöste Investitionsgüternachfrage beschleunigt oder verstärkt den Konsummultiplikator; ein Rückgang des Nachfragewachstums kann aber genauso zu sinkenden Aufträgen in der Investitionsgüterindustrie führen und ein Umkippen der Konjunktur bewirken.

!

Erläutern Sie die Bedeutung von Investitionen anhand des Multiplikator- und Akzeleratoreffektes.

i

Rechenbeispiel zum Akzelerator

Annahme: Ein Kleinwagen kostet 10.000 Euro. Um die Produktion des Kleinwagens um 1.000 Stück pro Jahr zu steigern, sind Investitionen von 30 Mio. Euro z. B. für neue Produktionsanlagen notwendig. Dabei wird also angenommen, dass, um ein Gut im Wert von einem Euro zu produzieren, Investitionen von 3 Euro benötigt werden. Anders ausgedrückt: Der Kapitalkoeffizient beträgt in diesem Fall 3,0. Er ergibt sich aus dem Verhältnis des Bruttoanlagevermögens zum Sozialprodukt in einer Volkswirtschaft, und kann als Annäherungswert dafür verwendet werden, wie viele Investitionen erforderlich sind, um eine zusätzliche Einheit des Sozialprodukts herzustellen.

Nehmen wir jetzt an, dass die Produktion bislang bei 10.000 Stück pro Jahr lag und die Nachfrage nach dem Kleinwagen nun auf Grund guter Konjunkturlage um 1.000 Stück ansteigt. Das Werk muss also, um die Produktion der Nachfrage anzupassen, 30 Mio. Euro zusätzlich investieren. Steigt die Nachfrage im nächsten Jahr erneut um 1.000 an, so sind weitere 30 Mio. Euro Investitionen erforderlich. Wächst die Nachfrage dann nur mehr um 500 Stück, brauchen nur 15 Mio. Euro investiert zu werden. Und fällt der Nachfragezuwachs im darauf folgenden Jahr auf nur noch 200 Stück, sind noch 6 Mio. Euro notwendig. Hieran wird deutlich, dass trotzt wachsender Konsumnachfrage die Investitionsrate sinkt.

5.4.3 Wachstum und Beschäftigung

In einem Unternehmen kann die Produktionskapazität erhöht werden, wenn neue Anlagen angeschafft und / oder zusätzliche Arbeitskräfte eingestellt werden. Auf die gesamte Volkswirtschaft bezogen heißt das: Wird der Einsatz der Produktionsfaktoren Kapital und Arbeit erhöht, so steigt das Produktionsergebnis. Und offenbar gibt es einen Zusammenhang zwischen der Entwicklung des Produktionspotenzials bzw. der Produktion und der Entwicklung der Arbeitsplätze.

Doch die Erhöhungen der Investitionen und die damit verbundenen Steigerungen des BIP haben auch entsprechende Auswirkungen auf die Beschäftigtenzahl, wenn auch nur tendenziell. Es kommt ganz wesentlich darauf an, ob es sich bei den Investitionen um Ersatz- oder Nettoinvestitionen handelt. Ersatzinvestitionen sichern nur bestehende Kapazitäten, erst die Nettoinvestitionen erweitern die Kapazität. Und wenn Investitionen zu Rationalisierungszwecken aufgebracht werden und der Faktor Arbeit durch den Faktor Kapital ersetzt wird, führt dies nicht zur Erhöhung des Arbeitskräfteeinsatzes. Investitionen im Rahmen des Umweltschutzes oder in die Verbesserung von Arbeitsbedingungen haben ebenfalls nicht immer Kapazitätseffekte (vgl. Altmann, J., Wirtschaftspolitik 2000, S. 91).

Bei der Untersuchung statistischen Materials wird ebenfalls deutlich, dass nicht nur die mengenmäßige Erhöhung von Produktionsfaktoren als Begründung für die Steigerung des Produktionsergebnisses angeführt werden darf, sondern auch das Verhältnis von eingesetzten Produktionsfaktoren zum dadurch erreichten Ergebnis.

Mindestens im letzten Jahrzehnt ist ein konstanter Zuwachs bei der Arbeitsproduktivität auch in Deutschland festzustellen, was bedeutet, dass immer weniger Arbeitskräfte gebraucht werden, um dasselbe BIP zu erzeugen. Nur eine größere Steigerung der Absatzmenge – also des Wachstums – verbunden mit einer wachsenden Nachfrage kann neue Arbeitsplätze schaffen.

Produktivität = $\frac{\text{Produktionsergebnis (Output)}}{\text{Faktoreinsatz (Input)}}$

Jahr	Veränderung des BIP gegenüber dem Vorjahr in %	Veränderung der Produktivität je Erwerbstätigen in %
1992	+ 2,2	+ 3,8
1993	– 1,1	+ 0,3
1994	+ 2,3	+ 2,5
1995	+ 1,7	+ 1,5
1996	+ 0,8	+ 1,1
1997	+ 1,4	+ 1,6
1998	+ 2,0	+ 0,9
1999	+ 2,0	+ 0,8
2000	+ 2,9	+ 1,1
2001	+ 0,6	+ 0,1

Arbeitslosenzahl und Arbeitslosenquote

Wirtschafts- und sozialpolitisch gesehen ist zurzeit die Arbeitslosigkeit das Hauptproblem in der Bundesrepublik. Seit 1970 etwa ist ein tendenzieller Anstieg der Arbeitslosenzahlen festzustellen (1970: 150.000 Arbeitslose – 2004: über 4 Millionen Arbeitslose).

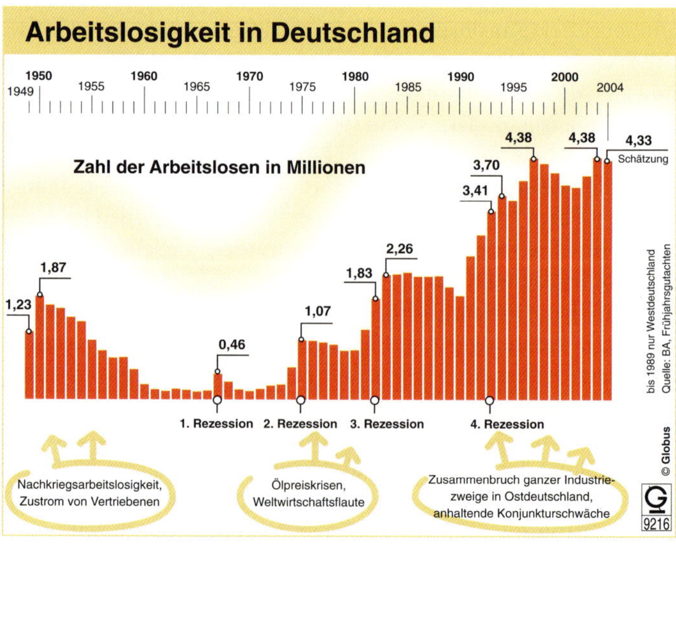

1. Erläutern Sie den Zusammenhang zwischen Wachstum und Beschäftigung.
2. Was kann es bedeuten, wenn die Veränderung der Produktivität nicht zur entsprechenden Veränderung des BIP geführt hat?

Im Unterschied zu den absoluten Arbeitslosenzahlen drückt die Arbeitslosenquote den Anteil der registrierten Arbeitslosen an den Erwerbspersonen aus. Zur Berechnung der Arbeitslosenquote wird die absolute Zahl der Arbeitslosenquote auf eine Gesamtheit bezogen, z. B. auf die Gesamtzahl aller Erwerbspersonen oder der abhängigen Erwerbspersonen (also ohne Selbstständige).

$$\textbf{Arbeitslosenquote} = \frac{\textbf{Arbeitslose}}{\textbf{Erwerbstätige + Arbeitslose}} \times 100$$

Es gibt aber manche Schwierigkeiten, die tatsächliche Arbeitslosenzahl zu ermitteln, denn viele Aspekte gehen nicht in die Zahlen zur Arbeitslosigkeit ein, z. B. Kurzarbeit, Weiterbildungsmaßnahmen, ABM, Vorruhestand und die sogenannten „Stille Reserve". Dazu zählen alle Personen, die eigentlich einen Job annehmen würden, sich aber aus verschiedenen Gründen nicht arbeitslos gemeldet haben. Vorsicht ist auch bei einem Vergleich internationaler Arbeitslosenzahlen und -quoten geboten, da sich die Berechnungsmethoden und Definitionen durchaus unterscheiden.

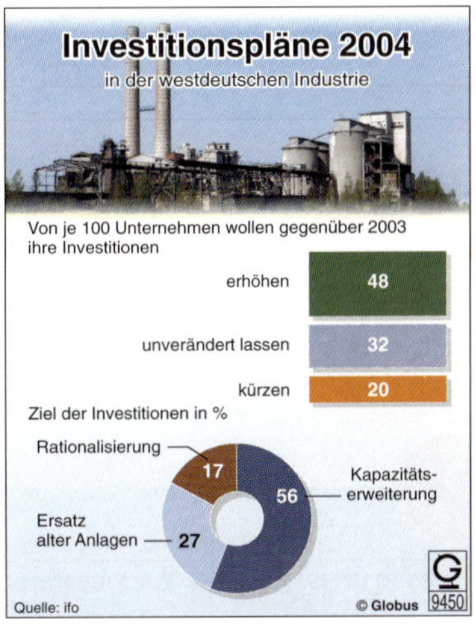

Typisierungsmöglichkeiten von Arbeitslosigkeit

Zur Bekämpfung von Arbeitslosigkeit ist es von zentraler Bedeutung, mögliche Ursachen herauszufinden (vgl. Nolte, S. 173 f.).

Konjunkturelle Arbeitslosigkeit ist als Folge eines zeitlich begrenzten zyklischen Rückgangs der gesamtwirtschaftlichen Nachfrage (private Konsumnachfrage, private Investitionstätigkeit, Nachfrage des Staates, Auslandsnachfrage) und der damit verbundenen Unterauslastung der Produktionskapazitäten (Kurzarbeit / Entlassungen) anzusehen.

Saisonale Arbeitslosigkeit liegt bei den üblichen jahreszeitlichen Nachfrageschwankungen in einzelnen Wirtschaftszweigen (z. B. Baugewerbe) oder Regionen (z. B. Feriengebieten) vor und gilt insgesamt als unproblematisch. Gleiches gilt für die friktionelle Arbeitslosigkeit, die sich auf Grund von Stellenwechseln und Stellensuche ergibt. Nach der Definition der Bundesagentur für Arbeit gilt jede Arbeitslosigkeit, die nicht länger als drei Monate dauert, als friktionelle oder auch Sucharbeitslosigkeit.

Von **struktureller** Arbeitslosigkeit spricht man bei einer Änderung der Arbeitsnachfrage, die auf Veränderungen in der Zusammensetzung der Produktion zurückzuführen sind und sichtbar werden am Aufstieg oder am Rückzug einzelner Branchen oder Regionen. Auf ganz bestimmten Teilarbeitsmärkten gibt es dann z. B. eine starke Nachfrage nach Arbeitskräften bei gleichzeitigem Angebotsüberhang an Arbeitskräften auf anderen Arbeitsmärkten. Die offenen Stellen können nicht mit den vorhandenen Arbeitskräften besetzt werden, weil sie z. B. nicht die entsprechenden Qualifikationen vorweisen oder weil sie vielleicht zu wenig mobil und flexibel sind. Anforderungs- und Angebotsprofile können nicht in Übereinstimmung gebracht werden und Arbeitslosigkeit entsteht (**Mismatch- oder Profildiskrepanzarbeitslosigkeit**).

Die **Sockelarbeitslosigkeit** bleibt als Restbestand übrig, wenn die konjunkturelle Aufschwungphase nicht ausreicht, die während der Rezession angestiegene Arbeitslosigkeit gänzlich zu beseitigen. In Deutschland ist die Arbeitslosigkeit in jeder der vier Rezessionen angestiegen und konnte sich in den Aufschwungphasen nicht bedeutend zurückbilden, d. h., die Volkswirtschaft tritt bereits mit einem höheren Sockel an Arbeitslosigkeit in die nächste konjunkturelle Krise ein.

!

Erstellen Sie eine aktuelle Dokumentation mit statistischem Material (für Deutschland / Ihre Heimatregion) zur

a) Arbeitslosigkeit in unterschiedlichen Altersgruppen
b) Langzeitarbeitslosigkeit
c) Sockelarbeitslosigkeit
d) saisonalen und friktionellen Arbeitslosigkeit
e) Beschäftigung in unterschiedlichen Branchen (Heimatregion)
f) Entwicklung der Arbeitslosenquote in Ihrer Heimatregion
g) Arbeitslosigkeit im nationalen und internationalen Ländervergleich (Achtung: unterschiedliche Berechnungsmethoden!)

1. Ermitteln Sie, welche Kommissionen aktuell zu welchen Themen arbeiten. Welche Gesetze werden im Moment vorbereitet?
2. Verschaffen Sie sich einen Überblick über die Struktur, Mitgliederzahlen und über die mögliche politische Ausrichtung der wohl einflussreichsten und bedeutendsten Interessenverbände.

Enquete-Kommissionen (enquete = frz.: Untersuchung): Untersuchungsausschüsse, die aus Abgeordneten und Sachverständigen gebildet werden. Sie sollen zu einem wichtigen Themenkomplex alle verfügbaren Informationen zusammentragen und Entscheidungen des Bundestages langfristig vorbereiten.

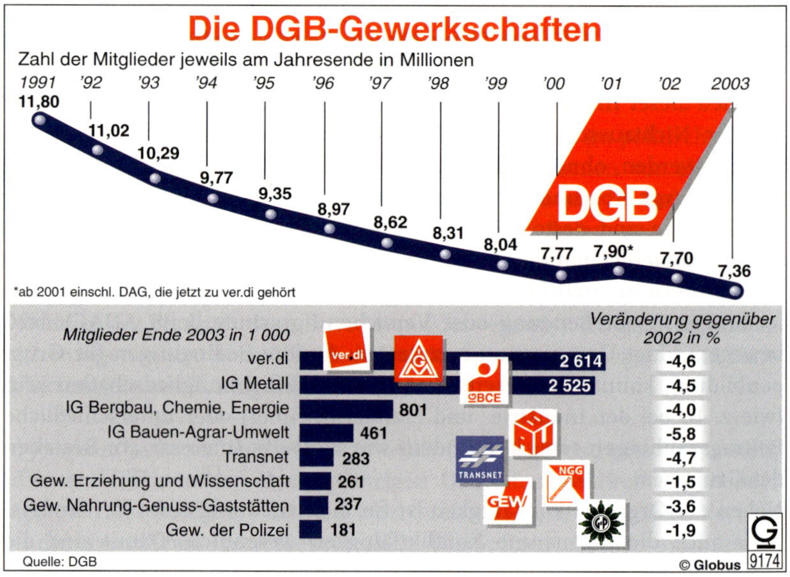

In den Geschäftsordnungen des Bundestages und der Bundesregierung ist eine Mitwirkung der Interessenverbände ausdrücklich vorgesehen. Ausschüsse des Bundestages können Interessenvertreter um Stellungnahmen bitten, in öffentlichen Anhörungen (Hearings) können sie Auskunft geben und in Enquete-Kommissionen berufen werden. Ministerien sind sogar gehalten, bei der Vorbereitung von Gesetzen Vertreter der Spitzenverbände hinzuzuziehen. Und tatsächlich wird der Sachverstand der Verbände regelmäßig in Anspruch genommen, damit die Gefahr vermindert wird, dass Gesetze unvollständig oder fehlerhaft sind.

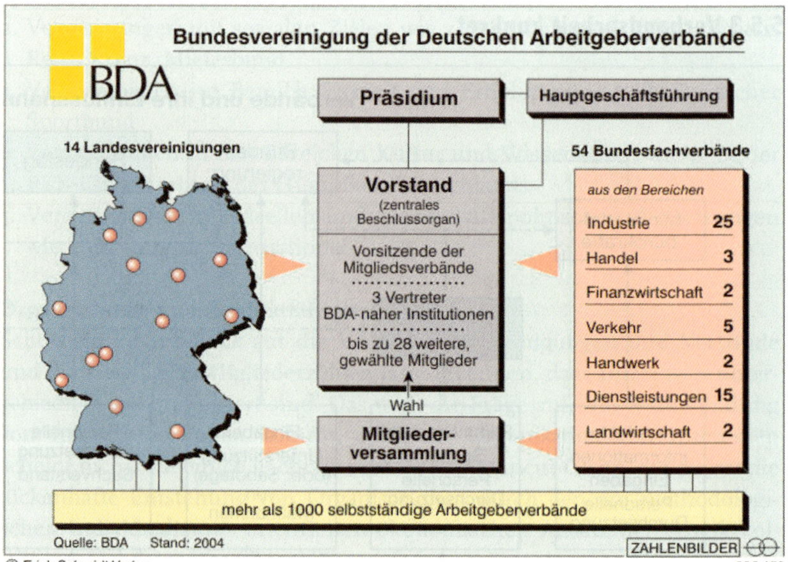

© Erich Schmidt Verlag 236 150

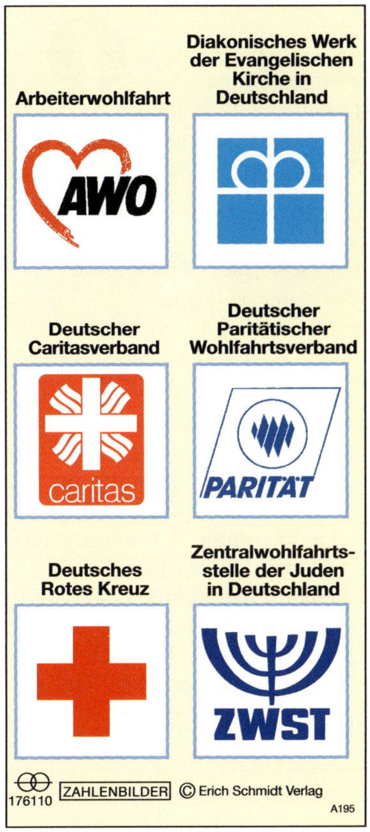

Die Verbände der freien Wohlfahrtspflege

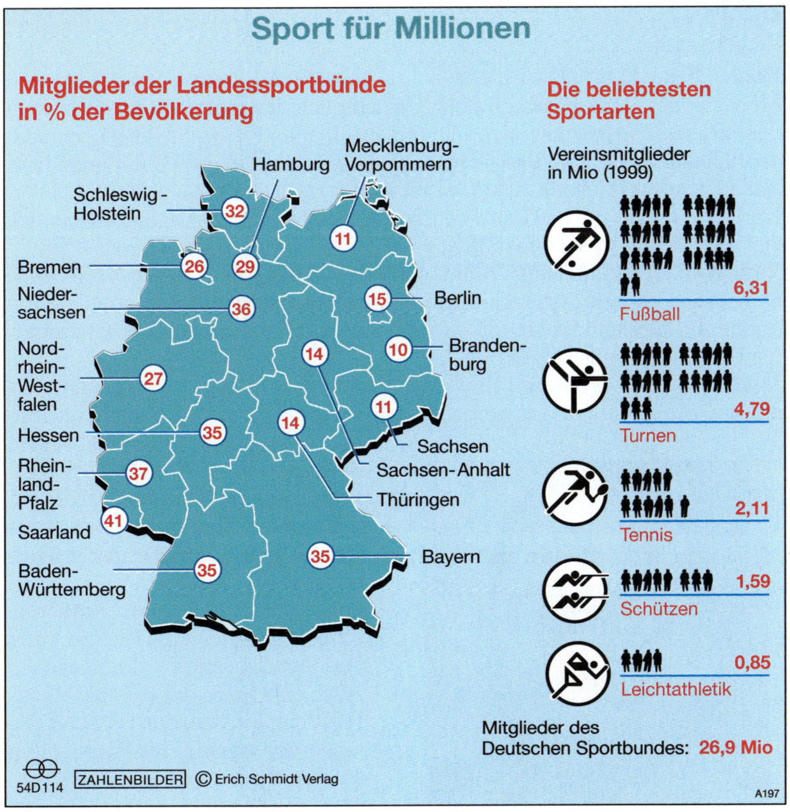

1. Ermitteln Sie die Zielsetzungen und die Mitgliederzahlen der in der Grafik abgebildeten Jugendverbände in Deutschland.
2. Vergegenwärtigen Sie sich, wie viele Bundesbürger Mitglied im Deutschen Sportbund sind.
3. Stellen Sie eine Rangfolge der jeweiligen Bundesländer auf im Hinblick der prozentualen Organisiertheit der Bevölkerung in den Landessportbünden.

5.5.4 Lobbyismus vor Ort

Vier Jahre lang begleiten der „Bericht aus Berlin" und tagesschau.de die vier jungen Abgeordneten. Hier finden Sie alle Reportagen und den „Bericht aus Berlin"): tagesschau.de / bericht aus berlin – Vier unter der Kuppel

Gezielte Gespräche – Die Vier und die Lobby (27.06.03)
Was die Vier inzwischen auch bemerkt haben: Es kümmern sich eine Menge Leute mit eindeutigen Interessen um sie – das sind die sogenannten Lobbyisten. Vertreter von Verbänden, von Industrie, sie alle versuchen im direkten Kontakt mit den Abgeordneten ihre Interessen durchzusetzen. Wer neu in den Bundestag kommt, der ist besonders dran. Wie geht man damit als neuer Abgeordneter um? Wo ist die Grenze vom normalen zum vielleicht sogar schmutzigen Geschäft? Kristina Böker, Heiner Heller und die „Vier unter der Kuppel".
Besuch für Marco Bülow aus der SPD: ein Interessenvertreter. Es geht um Windenergie. Abgeordnetenalltag. Keine Geldkoffer – keine Geschenke. Ohne Wirkung bleibt das Gespräch trotzdem nicht. Der Lobbyist hat Einfluss.

Marco Bülow kommt aus Dortmund. Das verpflichtet. Hier in der „Herzkammer der Sozialdemokratie", wie es Herbert Wehner mal genannt hat, konnte er bei der Bundestagswahl 57 Prozent der Stimmen einfahren. Reichlich Vertrauen für einen, der bei der Wahl gerade mal 31 Jahre alt war.

Marco Bülow, SPD: „Ich würde das natürlich gerne von der Hand weisen, aber so einfach ist das nicht. Ich glaube schon, dass es denen gelingt. Weil man eine Menge von diesen Vertretern auch in Briefform mitkriegt und natürlich sich dann auch Gedanken darüber macht. Und deswegen muss man das sehr ausgewogen tun, damit der Einfluss dann nicht zu stark wird. Aber das gelingt schon. Die Lobbygruppen sind hier schon sehr, sehr stark."
Daniel Bahr in der Halle vor dem Plenarsaal, der Lobby. Der klassische Ort zum Kontakte knüpfen. Doch die eigentlichen Lobbyisten dürfen hier gar nicht rein. Bevor der FDP-Mann sein Mandat antrat, hat er seine Verbindung zur Wirtschaft überprüft – schließlich ist er Banker.
Daniel Bahr, FDP: „Da ich bisher immer während meines Studiums einen Monat in der Bank gearbeitet habe, möchte ich das eigentlich ganz gerne in der Parlamentspause fortsetzen. Damit das ein Standbein gibt. Ich bin dadurch unabhängig von Politik und nicht darauf angewiesen in der Politik unbedingt was zu werden. Ich kann zu jeder Zeit immer zurück in meinen Beruf kehren. Und das ist eigentlich etwas, was mir gerade als jungem Abgeordneten viel, viel wert ist, um wieder unabhängig von Politik werden zu können."
Josef Winkler ist unterwegs zum Sommerfest der Berliner BASF-Vertretung. Der Grüne ist beim Chemie-Giganten, weil es das größte Unternehmen in seinem Bundesland ist. Geschlossene Gesellschaft – manche Lobbyisten treffen Politiker eben gern diskret.
Josef Winkler, B90/Grüne: „Es werden Probleme erörtert, es wird gesagt, warum seid ihr eigentlich dagegen oder dafür, wieso könnt ihr das nicht auch so betrachten, wie wir das sehen. Solange man sich nicht bestechen lässt, sondern sich alles vorurteilsfrei anhört und dann eben seine Urteile fällt, finde ich das in Ordnung."
Politik trifft Chemie. Katherina Reiche von der CDU ist zu einer Podiumsdiskussion eingeladen. Auch eine Form der Kontaktpflege. Hier legt der Verbandsvertreter seine Forderungen an die Politik offen auf den Tisch.

Katholischer Inder aus Rheinland-Pfalz: **Josef Winkler**, B90/Grüne. Josef Winkler fällt auf im deutschen Bundestag. Erst einmal optisch. Denn als Halbinder sticht er farblich hervor im Parlament. Doch auch politisch hat der Pfälzer was zu bieten. Im Innenausschuss kämpft er für ein Zuwanderungsgesetz, als migrationspolitischer Sprecher seiner Fraktion wirbt er für Mulitkulti.

Katherina Reiche, CDU: „Ich hab aber mir angewöhnt, möglichst verschiedene Seiten zu hören, zu sehen, mit ihnen zu sprechen. Es verlangsamt und verkompliziert natürlich auch die Prozesse. Aber ich möchte eigentlich nicht in eine Zeit zurückfallen, wo eine politische Linie vorgegeben wird und ein ganzes Land sich danach zu richten hat."

Die Pflichtberufene: **Katherina Reiche**, CDU. Der Shootingstar unter den jungen Unionsabgeordneten. Frau, jung, aus dem Osten – und doch hat Katherina Reiche viele überzeugen können, dass sie mehr ist als ostdeutsche Quotenfrau. Genforschung, Familienpolitik, Wissenschaft – bei diesen Themen kommt keiner an der zweifachen Mutter vorbei.

Wieder spricht Marco Bülow über Energie. Diesmal mit der Stromwirtschaft. Der Politiker findet solche Gespräche oft nützlich. Denn diese Interessenvertreter geben sich ja deutlich zu erkennen.
Marco Bülow, SPD: „Dass die Gruppen ihre Interessen haben, finde ich vollkommen okay. Was ich nicht so okay finde, ist, wenn sich Politiker einer Interessensgruppe verschreiben und das dann kritiklos übernehmen. Das ist das Gefährliche. Wenn ich da meine Partei ausnehmen würde, würde ich lügen. Natürlich gibt es das bei uns auch. Es gibt Abgeordnete, die stehen denke ich stark unter dem Einfluss einer bestimmten Lobbygruppe."
Grillempfang bei den Ärzten vom Hartmannbund. Gesundheitspolitik ist Bahrs Ressort. Kein anderes Politikfeld, wo Lobbys so viel Druck machen. Erst recht, wenn gerade eine Reform durchs Parlament geht. Eine Art Heimspiel. FDP-Politiker sind hier besonders gern gesehen.

Daniel Bahr. Jung, smart, dynamisch: Daniel Bahr sieht nicht nur aus wie ein Bankkaufmann, er ist auch einer. Eigentlich. Denn der erlernte Beruf ruht derzeit, stattdessen sitzt der agile JuLi-Vorsitzende seit Beginn der Legislaturperiode im Bundestag. Als jüngster Abgeordneter seiner Fraktion beackert der 26-Jährige das weite Feld der Rentenpolitik.

Daniel Bahr, FDP: „Im Moment wird mir natürlich von Seiten der Ärzte unwahrscheinlich viel erzählt, wie sie leiden unter dem Beitragsversicherungsgesetz des letzten Jahres. Das muss man einfach aufnehmen. Wenn man da abschaltet und sagt, das interessiert mich nicht, dann ist man da fehl am Platz."
Gesundheitsreform, Agenda 2010, Handwerksordnung. Josef Winkler ist dauernd gefragt. Aber nicht alles beantwortet er.
Josef Winkler, B90/Grüne: „Wenn in jeder E-mail das Gleiche drinsteht, dann sage ich nur, dann gibt es auch in meinem Laptop einen Spam-Filter." […]
Katherina Reiche, CDU: „Wenn es Probleme gibt, auf die man angesprochen wird und das Kartentauschen erfolgt, dann erwarten die Leute auch eine Rückmeldung beziehungsweise, dass man bei dem lose geknüpften Kontakt den Faden aufnimmt und sich am Ende dann für diese oder jene Sache einsetzt."

Beschreiben Sie die Einstellungen, die die vier jungen Abgeordneten zum Verhältnis zu Interessenvertretern äußern. Warum ist ein Neuer im Bundestag „besonders dran"?

5.5.5 Lobbyismus in der Kritik – Pro und Kontra
Ein Lehrstück für Lobbyisten

Gesundheitsreform 2003: Wie Ärzte und Pharmaindustrie über die Patienten siegten

Patientenvertreter in der deutschen Gesundheitspolitik – ein Job für unerschütterliche Optimisten. „Wir hatten gehofft, dass die Lasten der Reform auf Anbieter und Nachfrager verteilt würden", sagt Ekkehard Bahlo, Vorsitzender der Deutschen Gesellschaft für Versicherte und Patienten, und findet das, was Regierung und Opposition diese Woche präsentierten, „überhaupt nicht gelungen". Auch Bernd Spreemann vom Verband der Krankenversicherten schimpft: „Aus der versprochenen Strukturreform wurde ein Sparprogramm zulasten der Kassenmitglieder."

Bahlo und Spreemann klagen zu Recht, doch die Interessenvertreter sind mit schuld an der Misere ihrer Mitglieder. Außer ihren beiden Verbänden – die einst durch Abspaltung entstanden – gibt es noch Dutzende Spezialvereine und Selbsthilfegruppen in Deutschland. Rheuma-Liga, Krebshilfe, Herzstiftung: Sie vertreten Millionen Patienten, zum Teil sogar mit öffentlicher Förderung. Doch weil die vielen Wohlmeinenden schlecht zusammenarbeiten, war die zersplitterte Lobby wenig erfolgreich.

Kein Einzelfall. Selten treffen in der Demokratie große Gruppen auch wirklich die großen Entscheidungen, beobachtet Charles Beat Blankart, der an der Berliner Humboldt-Universität Politische Ökonomie lehrt. Im Gegenteil. „Kleine Gruppen mit begrenzten Interessen haben es leichter", urteilt der Wissenschaftler. Gut möglich, dass Professoren wie er künftig die Gesundheitsreform des Jahres 2003 wählen, wenn sie ihren Studenten die Grundlagen des Lobbying beibringen wollen.

Der Kompromiss zwischen Regierung und Opposition, dem monatelange Gespräche mit den Interessengruppen vorausgingen, ist geradezu ein Lehrbuchbeispiel: Die Hauptbelastungen der Reform tragen die Bürger mit Zusatzpolicen für Zahnersatz und Krankengeld sowie Extraausgaben für Brillen, Bagatellarzneien, Zuzahlungen und Praxisgebühren. Die Verbände von Ärzten, Apothekern und Arzneiherstellern, die gut finanziert einen überschaubaren Mitgliederkreis betreuen, konnten die Härten für ihre Klientel weitgehend abwenden.

Allen voran die Mediziner. Ihre Interessen werden von Ärztekammern und kassenärztlichen Vereinigungen vertreten, zwei Organisationen, die in den vergangenen Monaten geradezu mustergültig kooperierten. Und weil man sich als Kassenarzt in Deutschland nicht niederlassen kann, ohne Mitglied einer kassenärztlichen Vereinigung zu sein, liegt der Organisationsgrad bei 100 Prozent. „Trittbrettfahrertum", ein typisches Problem der Patientenverbände, so bemerkt Wissenschaftler Blankart, kennt die Ärzte-Lobby nicht. Kein Wunder also, dass die Mediziner bei den Verhandlungen in Berlin so gut wegkamen. […]

Auch die Pharmaindustrie kann sich nicht beklagen. Allerhand hatte sich die SPD ausgedacht, um das Wachstum der Arzneikosten zu begrenzen. Statt nur zu fragen, ob neue Mittel die versprochene Wirkung und wenig Nebenwirkungen haben, war eine Zusatzprüfung geplant. Diese hätte sicherstellen sollen, dass teure Arzneineuheiten tatsächlich besser heilen als Altbewährtes aus der Apotheke. Doch mit Hilfe der Union erreichte die Industrie, dass solche Zumutungen auch künftig unterbleiben.

„Ein verhängnisvoller Schritt", kritisiert Gesundheitsökonom Jürgen Wasem. Er ist einer der wenigen Experten, die bisher kritisch zum Konsens Stellung nahmen. Die meisten anderen renommierten Professoren schweigen: Die Mediziner, weil sie nicht selten bei der Industrie unter Vertrag stehen, die Ökonomen, weil sie im Sachverständigenrat von Ulla Schmidt sitzen oder einst dem Beraterkreis von Horst Seehofer angehörten. […]

Quelle: DIE ZEIT 31/2003, Autorin: Jutta Hoffritz

1. Stellen Sie heraus, welche Vereinigungen und Verbände im Zusammenhang mit dem Ergebnis zur Gesundheitsreform in diesem Text Erwähnung finden.
   Arbeiten Sie die Kritik der Autorin und ihre Argumentation heraus.
2. Erläutern Sie mit Hilfe Ihrer theoretischen Kenntnisse die zitierte Aussage von Blankart: „Kleine Gruppen mit begrenzten Interessen haben es leichter."

Über die Macht von Lobbyisten

Weil Florian Gerster das Image seiner Bundesanstalt für Arbeit aufpolieren wollte, jetzt aber nur ramponiert hat, wird mittlerweile über eine ganze Branche gemunkelt: Das sind die wahren Strippenzieher der Macht. Dabei werden verschiedene Gruppen munter durcheinander gewürfelt. Da gibt es die reinen Unternehmensberater, dann die PR-, Medien- und Politikberater. Die dritte Gruppe sind die Lobbyisten, die ihre wirtschaftlichen Interessen in der Politik durchsetzen wollen. Die Gesundheitsreform zum Beispiel sähe nicht so aus, wie sie aussieht, hätten nicht 140 Ärzte-, Apotheker- und Pharmaverbände kräftig Druck ausgeübt. Und die Macht der Lobbyisten wächst.

Das Brandenburger Tor steht mittendrin im Revier der Lobbyisten, schräg dahinter liegt der Reichstag. Hier geht durch, wer Einfluss nehmen will im Reich der politischen Entscheidungsträger. In flussläufiger Umgebung siedeln sie am liebsten, die Berliner Gesandten der großen Konzerne. Lobbyismus, die wohl munterste Boombranche der Republik.

Gut drei Lobbyisten kommen mittlerweile auf einen Abgeordneten. Viele sind stolze Besitzer von Bundestagsausweisen: das heißt freier Zugang zu Reichstag und Abgeordnetenbüros.

Thomas Leif, Journalist und Buchautor hat über ein Jahr versucht das Geflecht von Wirtschaft und Politik zu entwirren.

Er zieht eine gruselige Bilanz: „Ich halte die Lobbyisten in Deutschland in ihrer Struktur für die 5. Gewalt, die zwar nicht vorgesehen ist in der Verfassung, aber diese Macht ist enorm und wenn man versucht mit ihnen ins Gespräch zu kommen merkt man, dass sie die Öffentlichkeit scheuen wie die Motten das Licht.“ [...]

Die Lobbyarbeit ist nicht geheim, aber sie ist eben nicht öffentlich. Transparenz unerwünscht. Oft leisten Lobbyisten in gediegener Atmosphäre, wie hier im Adlon (Anm.: Hotel in Berlin) Überzeugungsarbeit. Ob Gesundheitsreform oder Dosenpfand, bald jedes Gesetzvorhaben trägt ihre deutlichen Spuren. [...]

www.ndr.de/tv/zapp/themen/archiv/20031207_lobbyisten.html

Auch dieser Text setzt sich kritisch mit dem Phänomen Lobbyismus auseinander. Stellen Sie die Unterschiede in den Anliegen der beiden Verfasser heraus, indem Sie versuchen, die Hauptkritik des jeweiligen Textes in ein bis zwei Sätzen pro Text zu formulieren.

Handbuch des deutschen Lobbyisten
Anleitungen für ein modernes und transparentes Politikmanagement
Mit einem Geleitwort von Hans-Olaf Henkel

Lobbyarbeit – ja, der Beruf des Lobbyisten ist bei uns oft negativ belegt. Dabei sind in jeder Demokratie die Formulierung und die Wahrung der Interessen einer Gruppe, eines Berufsstandes einer Branche nicht nur akzeptiert, sie sind notwendig. Notwendig deshalb, weil die politischen Entscheider sonst kaum einen Überblick über die Folgen ihrer Entscheidungen oder dem Ausbleiben von Entscheidungen bekommen.

Das immer noch zu schlechte Image des Lobbying begründet sich nach meiner Erfahrung nicht mit der Arbeit der meisten Lobbygruppen selbst, sondern hat seine Ursache in den oft ungesetzlichen Auswüchsen, wie zum Beispiel des übermäßigen Drucks bis hin zur Bestechlichkeit. Ungesetzliches Verhalten oder anderes moralisch zweifelhaftes Gebaren Einzelner kann man aber nie einer ganzen Gruppe oder gar einem System vor die Tür legen. Schon deshalb ist Pauschalkritik an der Arbeit von Interessenvertretern unangebracht. Im Gegenteil: Die sich in der letzten Zeit häufenden sogenannten „handwerklichen Fehler“ vieler Gesetzesvorhaben hätten vermieden werden können, hätte man rechtzeitig die Betroffenen und ihre Vertreter befragt. Modernes und transparentes Politikmanagement ist deshalb eine unabdingbare Voraussetzung in einer Demokratie. Dieses Buch stellt dafür eine hervorragende Basis zur Verfügung.

Quelle: Gunnar Bender/L. Reulecke: Handbuch des deutschen Lobbyisten, FAZ-Institut, 2003

Der Verfasser dieses Geleitwortes des 2003 erschienen „Handbuchs des Lobbyismus“, Hans Olaf Henkel, ehemaliger Präsident des Bundesverbandes der Deutschen Industrie (BDI), hat eine ganz andere Meinung zur Funktion des Lobbyisten. Stellen Sie diese heraus und verfassen Sie selbst eine Stellungnahme zur Funktion des „Lobbyismus“ in einer repräsentativen Demokratie.

5.6 Wirtschaftspolitische Konzeptionen

5.6.1 Analyseelemente wirtschaftspolitischer Konzeptionen

Seit der Herausbildung des modernen Staates im Zeitalter des Absolutismus entstanden Gesamtkonzeptionen von Wirtschaftspolitik, die einen generellen Ordnungsrahmen angeboten haben bzw. anbieten, von dem sich die wirtschaftspolitischen Entscheidungsträger im laufenden Entscheidungsprozess leiten lassen.

Im Folgenden sollen einige wirtschaftspolitische Gesamtkonzeptionen vorgestellt werden, und zwar in der Reihenfolge ihrer historischen Entstehung. Dabei geht es nicht darum festzustellen, welche Konzeption denn wohl die „bessere" oder „richtige" sei, sondern die Beschäftigung soll zunächst einmal die historische Bedingtheit auch der gegenwärtig vertretenen Konzeptionen aufzeigen. Sie dient der Orientierung im Streit der Positionen, der Klärung der den jeweiligen Auffassungen zu Grunde liegenden Annahmen und relativiert somit den Geltungsanspruch ihrer Vertreter und Anhänger. Bei aller Geschichtsgebundenheit und Unterschiedlichkeit ist den Konzeptionen etwas gemeinsam: sie enthalten Elemente, die sich für eine vergleichende Untersuchung anbieten.

Alle Konzeptionen entwickeln über die
- Erfassung (Diagnose) der Ausgangslage,
- Formulierung eines Katalogs grundsätzlicher und dauerhaft angestrebter Ziele,
- Festlegung zielkonformer Ordnungsprinzipien zur Bestimmung einzelwirtschaftlicher Entscheidungs- und Handlungsspielräume,
- Festlegung ziel- und ordnungskonformer Prinzipien und Methoden wirtschaftlichen und wirtschaftspolitischen Handelns des Staates

einen Orientierungsrahmen, innerhalb dessen sich die wirtschaftspolitischen Entscheidungsträger bei anstehenden Entscheidungen bewegen.

1. **Lageanalyse:** Realistische Zielvorstellungen und Strategien setzen eine möglichst umfassende und genaue Analyse der Ausgangslage voraus: Bevölkerungsdichte und Bevölkerungsaufbau, Bildungs- und Bewusstseinsstand, natürliche Voraussetzungen wie Klima, Oberflächengestalt, Bodenschätze, Lage zu schiffbaren Flüssen und Meeren, Verkehrsinfrastruktur, bestehende außenwirtschaftliche Beziehungen (Richtung, Umfang und Struktur der Güter- und Finanzströme, Grad der Außenverschuldung etc.), Traditionen und Mentalitäten, sektorale und regionale Wirtschaftsstruktur, vorgefundene Wirtschaftsordnung und makroökonomische Situation sind für die Wirtschaftstheorie „Daten" (gegebene Größen), die den Rahmen der ökonomischen Analyse abstecken, für die Wirtschaftspolitik (als Ordnungs-, Struktur- und Prozesspolitik) aber Ansatzpunkte für gestaltendes, veränderndes Handeln sind.

2. **Zielanalyse:** Wirtschaftspolitische Ziele (wie stetiges und angemessenes Wachstum, Vollbeschäftigung oder Preisniveaustabilität) können als Subziele der allgemeinen Gesellschaftspolitik und ihrer Globalziele (z. B. Freiheit, Gerechtigkeit, Sicherheit, Fortschritt) angesehen werden (vgl. hierzu Kapitel 5.1).
Wirtschaftspolitische Ziele lassen sich nach ihrer Priorität in Haupt- und Nebenziele, nach ihrer Fristigkeit in lang-, mittel- und kurzfristige Ziele, nach ihrer Operationalisierbarkeit in qualitative Ziele (Wertvorstellungen) und quantitative Ziele (numerische Größen) unterscheiden. Zwischen wirtschaftspolitischen Zielen können höchst unterschiedliche Zielbeziehungen bestehen; sie können in logischer Hinsicht im Verhältnis der Identität, der Antinomie (oder Negation) oder der Unabhängigkeit, unter empirischem Aspekt im Verhältnis der Kompatibilität, der Inkompatibilität oder der Neutralität zueinander stehen.
Das sogenannte „magische Viereck", das längst zum Fünf- oder Sechseck erweitert worden ist, ist ein typisches Beispiel für die Schwierigkeit, „erreichbare Zielkombinationen" zu formulieren.

3. **Ordnungsanalyse:** Jede wirtschaftspolitische Konzeption beinhaltet ausdrücklich formulierte oder mitgedachte Vorstellungen über den Ordnungsrahmen, innerhalb dessen die angestrebten Ziele mit bestimmten Mitteln realisiert werden sollen.
Unter dem Aspekt der Wirtschaftsordnung sind dezentrale und zentrale Formen der Planung, private und kollektive Formen des Eigentums, Formen der Koordination (Markt-, Vereinbarungs-, Anweisungsmechanismus-, Wahlmechanismus) und hinzutretend Formen (Geld-, Sozial- und Umweltordnung) zu unterscheiden.
Dabei ist zu beachten, dass in jeder Wirtschaftsordnung durchaus auch verschiedene Formen vorzufinden sind, so bestehen in einer marktwirtschaftlichen Ordnung neben den dominierenden privaten Eigentumsformen in der Regel auch genossenschaftliche und öffentliche Formen des Eigentums. Die Prinzipal-Agent-Theorie (vgl. Kapitel 4) zeigt überdies auf, dass formale Eigentums- und Verfügungsstrukturen und tatsächliche Entscheidungsstrukturen auseinander fallen können, z. B. bei Eigentümern und Managern, Wählern und Abgeordneten, Regierungen und öffentlichen Verwaltungen usw.

4. **Instrumentenanalyse:** Auf der Basis vorhandener Einschätzungen der Ausgangslage (Diagnose) und absehbarer Zukunftsentwicklungen (Prognosen), bestimmter Zielkombinationen und ordnungspolitischer Grundsatzentscheidungen erfolgen die wirtschaftspolitischen Planungen, wobei sich diese hinsichtlich des Umfangs in Rahmen- oder Detailpläne und hinsichtlich des Grades der Verbindlichkeit in Befehls-, Richt- oder Orientierungspläne unterscheiden lassen.
Die zur Realisierung der Planungen erforderlichen Steuerungsinstrumente sind wiederum nach der Art des Eingriffs (z. B. sektoral, binnenwirtschaftlich / außenwirtschaftlich, quantitativ / qualitativ, makropolitisch / mikropolitisch, langfristig / kurzfristig, fiskalpolitisch / geldpolitisch etc.) und der Intensität der wirtschaftspolitischen Intervention (marginal / umfangreich, generell / speziell, direkt / indirekt) zu differenzieren.

! Bearbeiten Sie alle in diesem Unterkapitel (5.6) behandelten wirtschaftspolitischen Konzeptionen mit Hilfe des hier dargestellten Analyseschemas und erstellen Sie einen zusammenfassenden Übersichtsplan.

	Historische Situation / Ausgangslage	**Zielsetzungen**	**Ordnungsrahmen**	**Instrumente**
Merkantilismus (Colbert 1664)				
Klassischer Liberalismus (Smith 1776)				
Nachfrageorientierte Konzeption Keynesianismus (1936)				
Angebotsorientierte Konzeption, z. B. – Monetarismus (Friedman 1971) – Laffer (1974)				

5.6.2 Wirtschaftliche Theoriebildung im Dienste übergeordneter Konzepte

Erst seit Adam Smiths bahnbrechendem Werk „Wealth of Nations“ (1776) gilt die Volkswirtschaftslehre als eine eigenständige Wissenschaft; ihre Anerkennung als universitäre Disziplin vollzieht sich im Laufe des 19. Jahrhunderts. Überlegungen zum wirtschaftlichen Ablauf und Rezepte zur Organisation der Wirtschaftswelt waren zuvor Ergebnis philosophischer und / oder politischer Konzepte und leiteten den Stellenwert wirtschaftlichen Handels aus übergeordneten Prinzipien ab.

Auf die Frage, warum die Entwicklung der Ökonomie als wissenschaftliche Disziplin erst im 17. Jahrhundert begann, werden unterschiedliche Erklärungen gefunden: die Bildung von Nationalstaaten mit weitreichenden ökonomischen Transaktionen auf nationaler Ebene, die zunehmende Marktorientierung der Produktion und die Ablösung der religiösen Ethik durch eine ökonomische Ethik in der Bewertung wirtschaftlicher Vorgänge. Bevor wir uns später eingehender mit unterschiedlichen Konzeptionen beschäftigen, soll an dieser Stelle mit antiken Vorstellungen beginnend auf theoriegeschichtlich interessante Ideen aufmerksam gemacht und die generelle Bedeutung des zeitgeschichtlichen Umfeldes und die Wechselwirkungen zwischen Weltsicht und Umwelt verdeutlicht werden.

In der Antike ist die „Polis“ (Stadt / Staat) die entscheidende Gemeinschaft, aus deren Mitte der Herrscher / die Regierung kommt, die sich selbst die Gesetze gibt (Autonomie) und die nicht von auswärtiger Zufuhr lebensnotwendiger Güter abhängig ist (Autarkie). Die Menschen werden hauptsächlich im Hinblick auf die Stellung und Pflichten als Mitglieder einer Gemeinschaft, nämlich der Polis, gesehen.

Während in der Antike die Beziehung zwischen Mensch und Polis im Mittelpunkt steht, wird sie im christlichen Mittelalter durch die Beziehung zwischen Mensch und Gott abgelöst. Das Leben kann als gelungen angesehen werden, wenn es „gottgefällig“ ist.

Diese Perspektive ändert sich radikal bei Beginn der Neuzeit im Absolutismus: Jetzt sind nicht mehr Prinzipien für ein gelungenes Leben gefragt, sondern Konzepte zur Mehrung des territorialen Wohlstands und zur Generierung und Ausschöpfung von Steuerquellen für die jeweiligen Herrscher.

Platons gerechter Staat

Auf zwei zentrale Philosophen der Antike soll besonders eingegangen werden, nämlich auf Platon (428–348v. Chr.) und Aristoteles (384–322v. Chr.); auch deshalb, weil ihre Menschenbilder und ihre Vorstellungen vom idealen Gemeinwesen noch heute von wesentlicher Bedeutung sind. Beide gehen von einem bestimmten Menschenbild aus und leiten daraus eine staatliche und gesellschaftliche Ordnung ab.

Platon (427–347 v. Chr.)

Platon sah den Untergang Athens im Peloponnesischen Krieg (431–403 v. Chr.) darin begründet, dass die Herrscher unfähig waren, die richtigen Entscheidungen zu treffen, Verrat übten oder sich bereicherten. So kann Platons Dialog „Der Staat oder über die Gerechtigkeit“ („Politeia“) als ein Gegenentwurf zur Herrschaftsausübung des zeitgenössischen Athens aufgefasst werden.

Seine Gründe für den Entwurf eines Staatsmodells sind nicht ökonomischer Natur, sondern sie sind zu suchen in dem Bedürfnis eine Antwort zu geben auf die Frage, wie Gerechtigkeit entsteht und was Gerechtigkeit ist.

Nach Platon ist ein Staat dann gerecht, wenn jedes Mitglied seinen Platz entsprechend seinen Fähigkeiten erhält und es seine Handlungen dem Wohle des Staates unterwirft. Er sieht die Menschen durch ihre Anlagen bestimmt, nämlich durch Geist, Mut und Lust. Der Verstand zügelt die Leidenschaften, wie ein Wagenlenker ein Gespann ungestümer Rosse bändigt. Deshalb muss der Staat von Philosophen (Verstand) gelenkt werden, die Tapferen sind für Sicherheit und Verteidigung zuständig und die nach Befriedigung ihrer Triebe streben sind die Bauern, Händler und Handwerker. Ist den Menschen ihr Platz entsprechend ihren Anlagen und Tugenden – Weisheit (Sophía), Tapferkeit (Andreía) und Mäßigung (Sophrosýne) zugewiesen, so zeichnet sich der Staat durch Gerechtigkeit (Dikaiosýne) aus. In diesem Staat bilden Philosophen und Krieger (Wächter) die beiden ersten Stände, Bauern, Händler und Handwerker den dritten Stand. In Platons Dialog sind auch ökonomische Details zu finden, z. B. die Produktivität der gesellschaftlichen Arbeitsteilung, sie gehen aber nicht über reflektiertes Alltagswissen hinaus. Bedeutsamer sind seine ordnungspolitischen Überlegungen zur Kontrolle politischer Macht. Die Königs-Philosophen wissen immer, was richtig und gut ist und sind in ihren Entscheidungen nicht an Regeln und Gesetze gebunden; sie teilen der Gemeinschaft mit, was ihr im Sinne des Staatswohls zuträglich ist. Da die beiden ersten Klassen die politische und wirtschaftliche Macht monopolisieren, muss die Gemeinschaft vor deren Missbrauch geschützt werden. Daher schafft Platon für die beiden ersten Stände Ehe und Familie ab und führt stattdessen die Weiber- und Kindergemeinschaft ein. Auch privates Eigentum ist ihnen untersagt, damit der gerechte Staat nicht dadurch gefährdet wird, dass die jeweiligen Machtinhaber z. B. dynastische Erbfolgeregeln durchsetzen und politische Macht zur privaten Reichtumsanhäufung missbrauchen. Damit gibt Platon zur Vorkehrung gegen Machtmissbrauch einen „aristokratischen Kommunismus“ vor.

Aristoteles' Naturrechtskonzeption

Bei dem Postulat eines gelungenes Lebens sieht Platons Schüler Aristoteles die Erfüllung der staatsbürgerlichen Pflichten als zentrales Anliegen. Seiner Ansicht nach verstößt der aristokratische Kommunismus (Ordnung durch nómos = Verfasssung / Gesetz) gegen die menschliche Natur. Das Gesetz (nómos) muss scheitern, wenn es der menschlichen Natur (phýsis) nicht entspricht (Ordnung durch phýsis). Damit legt Aristoteles das Fundament für eine naturrechtliche Konzeption. Aristoteles lehnt eine totale Unterwerfung der Bürger unter den Staat ab und setzt auf ein institutionelles Arrangement, das individuelle Handlungen in Richtung gemeinsames Wohl lenkt. Er begründet das mit der Aussage, der Mensch wolle etwas sein Eigen nennen und was er liebe, wolle er nicht mit allen teilen. Er ist aber ein auf Gemeinschaft angelegtes Lebewesen, ein „zóon politkón“, er lebt lieber gesellig als allein und wenn er aus der Gemeinschaft Vorteile ziehen will, müsse er sich ihr gegenüber in der Pflicht fühlen. Die Gesellschaft gliedert er in „Bürger / Politen“, die die Bürgerrechte ausüben; in „Zugezogene / Metöken“, die unter dem Rechtsschutz der athenischen Polis stehen, aber keine Bürgerrechte ausüben und in „Sklaven“, die als Eigentum athenischer Bürger angesehen werden und keinen Rechtsschutz genießen.

Platon setzt zwar auch die Existenz privater Verfügungsrechte über Ressourcen (Arbeitsteilung als Voraussetzung für die Wohlfahrt der Polis und ihrer Bürger), untersagt aber den beiden ersten Ständen privates Eigentum zur Verhinderung von Machtmissbrauch. Aristoteles aber macht auf die produktivitätssteigernde Wirkung privaten Eigentums aufmerksam. Güter würden nicht so gepflegt, wenn viele dafür verantwortlich seien, „weil jeder denkt, ein anderer kümmere sich darum“ (Politik 1261b, 30–35 / 157).

www.philosophenlexikon.de
www.info-antike.de

!

Erläutern Sie, warum Platons Gesellschaftsentwurf als „aristokratischer Kommunismus“ bezeichnet wird.

Aristoteles (384–322 v. Chr.)

i

Alle nachfolgenden Entwürfe einer idealen (utopischen) Welt sind geprägt von Platons „Staat“, auch der von Karl Marx, der Platons Philosophen von der sozialistischen Avantgarde ersetzt, und Aristoteles' Entwurf vom idealen Staat, der aber Rücksicht auf die Natur des Menschen nimmt, ist „noch heute wirkungsmächtig, soweit Denker versuchen, ökonomischem Handeln konkrete ethische Postulate vorzugeben“ (Starbatty, S. 10).

5.6.3 Merkantilismus

Der Merkantilismus ist ebenso wie die antiken und die mittelalterlichen vom Christentum geprägten Vorstellungen zur Gestaltung einer gesellschaftlichen und damit auch wirtschaftlichen Ordnung übergeordneten Prinzipien verpflichtet. Während sie in der Antike und im Mittelalter ethischer Natur sind, sind sie in der beginnenden Neuzeit eher von praktischen Überlegungen geprägt, und zwar geht es in erster Linie darum, dem jeweiligen Herrscher die Mittel zum Aufbau seines Landes und zur militärischen Absicherung zu verschaffen. Der Merkantilismus ist das erste mehr oder weniger systematische Gebäude ökonomischen Denkens, das allerdings nicht so sehr auf einer in sich geschlossenen ökonomischen Theorie beruht, sondern eher ein Bündel wirtschaftspolitischer Leitvorstellungen beinhaltet. Er versucht, mit wirtschaftspolitischen Handlungsvorschlägen für nationale Wohlstandssteigerungen zu sorgen und die dafür notwendigen Bedingungen aufzuzeigen. Dabei spielte der Außenhandel eine zentrale Rolle; denn die Steuereinnahmen hingen in erster Linie davon ab, dass Gewerbe und Handel blühten und dazu musste das hierzu notwendige Geld ins Land kommen. Der eigene Anteil an der auf der Welt umlaufenden Geldmenge (gemünzte Edelmetalle) konnte nur gesteigert werden, indem mehr Waren exportiert als importiert wurden und man für den Überschuss Geld erhielt. Der Außenhandel wurde also als Kampf um die gegebene Weltgeldmenge angesehen, und die „Wirtschaftslehren" wollten Konzepte entwerfen, mit denen für die Herrscher eine positive Handelsbilanz erwirtschaftet werden konnte. Nach der Auffassung der Merkantilisten koste der Import gewerblicher Produkte Beschäftigung, der Export dagegen führe dem Überschussland Edelmetalle zu, was beschäftigungs- und damit wohlstandssteigernd war. Die ausreichende Liquiditätsversorgung der Volkswirtschaft galt als wesentliche Voraussetzung für die Prosperität des eigenen Landes, denn das in das Land strömende Geld sorgte für Nachfrage und Beschäftigung für das einheimische Gewerbe, aus deren Erträgen der Herrscher seine Einnahmen bezog (Theorem der positiven Handelsbilanz).

Vgl. hierzu auch Kapitel 6, S. 482 (Aus einer Denkschrift für das erste „Conseil de Commerce ...")

Bereits zu diesem Zeitpunkt galt die Schaffung einer entsprechenden Infrastruktur als wesentliche Voraussetzung der Wohlstandsmehrungen, dazu gehörten neben dem Ausbau des Wege- und Kanalnetzes auch die Schaffung rechtlicher Rahmenbedingungen wie z. B. die Abschaffung regionaler Zollautonomie, die Förderung des Ausbildungsniveaus und ging hin bis zur aktiven Einflussnahme auf die Bevölkerungspolitik („Peuplierungspolitik"). Den Bürgern wurde privates Eigentum gewährleistet, doch die Eigentumsrechte wurden durch staatliche Vorschriften z. T. sehr eingeschränkt. So durften Tuchweber z. B. Stücke ihrer Erfindungen nicht einfach auf eigenen Webstühlen erproben, sondern mussten zunächst von Richtern der Stadt die Erlaubnis dazu erbitten, und zwar, nachdem vorher die vier der ältesten Kaufleute und vier der ältesten Weber der Zunft darüber beraten hatten, ob die Erfindung für konkurrierende Weber schädlich sei. Diese Vorsicht und Fürsorge für Zunftmitglieder hatten natürlich wettbewerbshemmenden Charakter.

Die Bürger handelten auf Märkten, und auf der Angebots- und Nachfrageseite herrschte in der Regel Konkurrenz; vorwiegend wurden Güter des täglichen Bedarfs gehandelt. Bei der Preisgestaltung hatte der Fürst Mitspracherecht und er behielt sich Eingriffe vor, wenn er dies aus Sicht der Wohlstandsmehrung für sinnvoll hielt. Es ging vorrangig um die Exportfähigkeit der von den Regierungen eingerichteten staatlichen Manufakturen, deren internationale Konkurrenzfähigkeit mit geringen Lohnkosten gesichert werden sollte. Deshalb durften auch die Nahrungsmittelpreise nicht steigen. Die Wirtschaftsstruktur war landwirtschaftlich, handwerklich und kleinräumig ausgerichtet und im Vordergrund des politischen Interesses stand die Schaffung und Erhaltung von Arbeitsplätzen. Die Manufakturen galten als „Pilotbetriebe“ für die Prüfung betrieblicher Innovationen, die die Produktivität der privaten Betriebe und damit deren internationale Konkurrenzfähigkeit steigern sollten.

Hohe Zinsen galten als ein Phänomen der Knappheit und des Geldmangels und wirkten sich nach Ansicht der Merkantilisten negativ auf die Produktions- und Beschäftigungsentwicklung aus. Auch deshalb galt es verstärkt einen größeren Anteil an der Weltgeldmenge zu sichern, um die Zinsen zu senken und damit die Investitionstätigkeit zu erhöhen.

Die Steuerpolitik hatte für die Regierung einen ausgesprochen hohen Stellenwert. Zur Erschließung neuer Steuerquellen wurden die Verbrauchssteuern ausgeweitet und direkte Steuern erhoben. Da aber die Vermögenssituation der landwirtschaftlichen Haushalte am ehesten einzuschätzen war, waren diese „primäre Akkumulationsquelle“ und wurden besonders stark besteuert und damit gegenüber dem Gewerbe z. B. benachteiligt. Die staatliche Förderung konzentrierte sich vorzugsweise auf das be- und verarbeitende Gewerbe. Der berühmte Finanzminister Ludwigs XIV., Jean Baptiste Colbert, wusste aber sehr wohl, dass eine zu starke Besteuerung die Steuerquellen versiegen lassen kann und wies darauf hin, dass bevor Steuern erhöht würden, erst die Staatshaushalte unter Kontrolle gebracht und die enormen Eintreibungskosten, an denen sich die Steuerpächter bereicherten, gedrückt werden müssten. So betrugen im Jahre 1661 die Steuereinnahmen der französischen Krone 31 Millionen Livres, wobei die Besteuerten an die Steuerpächter 85 Millionen Livres (!) abgeliefert hatten.

In der Mitte des 18. Jahrhunderts wurden die merkantilistischen Vorstellungen zunehmend in Frage gestellt, vor allem von den Anhängern der **physiokratischen Lehre**. Physiokratie bedeutet *Herrschaft der Natur* und die Anhänger verstanden sich als Gegenbewegung zum **Colbertismus** und nannten sich selbst **les économistes**; das Haupt der Physiokraten war Francois Quesnay (1694–1774), der Chirurg und Leibarzt von Madame de Pompadour war. Die Physiokratie definierte sich als Wissenschaft der natürlichen Ordnung, was nicht bedeutete, dass eine Ordnung im Sinne des Naturzustandes wiederhergestellt werden sollte. Vielmehr ging es darum zu erkennen, welche natürlichen Gesetze die menschliche Gemeinschaft regieren. Die natürliche Ordnung ist eine von Gott für das Glück der Menschen gewollte Ordnung, die es zu erkennen und zu befolgen gilt. Den Einzelnen muss ihre Freiheit belassen werden, aus Eigeninteresse würden sie die natürliche Ordnung aufrechterhalten: **laissez faire, laissez passer; le monde va de lui–meme**; damit ist der Gegensatz zur merkantilistischen Politik Colberts deutlich beschrieben. Vor allem wurde die Vernachlässigung der Landwirtschaft kritisiert. Nach Auffassung der Physiokraten ist der Boden die alleinige Quelle des Reichtums, Handel und Handwerk schaffen keine neuen Werte, sondern bedeuten Stoffumwandlung, Stoffveränderung und Stoffvermischung.

Die Auffassung, die Produktionsfaktoren Arbeit und Kapital seien unproduktiv, ist zweifellos ein Fehlschluss. Herausragender Beitrag zum Erkenntnisfortschritt in der Geschichte des ökonomischen Denkens ist das von Quesnay entwickelte **Tableau économique**, in dem der Wirtschaftsprozess mit Hilfe eines makroökonomischen Modells analysiert wird.

Manufakturen = Eine große Zahl von Arbeitern werden in einer arbeitsteilig organisierten Produktionsstätte zusammengefasst.

Thomas Robert Malthus (1766–1834)

John Stuart Mill (1806–1873)

Jean Baptiste Say
(1767–1832)

David Ricardo
(1772–1823, siehe Biografie S. 462)

5.6.4 Klassischer Liberalismus

Zeitgeschichtlich gesehen sind deutliche Veränderungen in Wirtschaft und Gesellschaft zu verzeichnen: Das bäuerlich und handwerklich geprägte wirtschaftliche Umfeld wird durch die industrielle Revolution von Grund auf geändert. Die im 18. Jahrhundert einsetzende Umwälzung der Produktionstechnik (Spinnerei, Weberei), die Verwendung neuer Antriebsarten (Dampfmaschine) und neuer Primärenergie (Kohle statt Holz) führten zu ertragreicherer Arbeit in den großen Fabrikationsstätten als die bisher vorherrschende Heimarbeit. Damit war der Grundstein gelegt für die Massenproduktion und die Entwicklung einer lohnabhängigen städtischen Arbeiterschaft. Nun stehen sich bei der Frage der Verteilung des Bruttosozialprodukts deutlicher als bisher Sektoren / Gruppen gegenüber, z. B. „Landeigentümer", „Arbeiterschaft" und „Fabrikherren", wobei die Bevölkerungsexplosion Mitte des 18. Jahrhunderts die Verteilungsfrage noch verschärfte; denn das Arbeitsangebot vergrößerte sich und drückte damit den Lohn, teilweise sogar unter das Existenzminimum.

Neue wirtschaftspolitische Handlungsanweisungen waren vonnöten und als eine Reihe von Ökonomen begann, aus der Sammlung einzelner normativer Aussagensysteme und wirtschaftspolitischer Rezepte ein geschlossenes Konzept zu entwickeln, in dem die Interdependenz des ökonomischen Geschehens systematisch und empirisch orientiert erfasst und als Ursache-Wirkungs-Zusammenhänge offen gelegt wurde, war der Grundstein für die „klassische Nationalökonomie" gelegt. Zu diesen Ökonomen gehören **Adam Smith, Thomas Robert Malthus, Jean Baptiste Say, David Ricardo und John Stuart Mill.** Sie wendeten sich deutlich gegen die von Staatsmännern und Verwaltungsbeamten dirigierte Ökonomie des Merkantilismus, in der der Staat sich überall einmischte und jegliche gewerbliche Tätigkeit einer regulierenden Gesetzgebung unterwarf. Sie forderten eine Liberalisierung und begründeten diese Forderung damit, dass die wirtschaftlichen Handlungen der Individuen automatisch zum Wohle der Gesamtheit beitragen, wenn den eigenen wirtschaftlichen Interessen ungehindert nachgegangen werden kann.

Hierin dokumentiert sich ganz offensichtlich ein neues Menschenbild: Während in der Antike und der Vorklassik der Mensch dem gelungenen Leben in der Polis, einem gotterfüllten Leben oder dem Herrschaftsinteresse verpflichtet war, ist hier der Mensch davon emanzipiert und darf seine eigenen Interessen verfolgen. Über das Prinzip „Versuch und Irrtum" („trial and error" statt „nómos" oder „phýsis") stellt sich aus den Interaktionen von Individuen, die sich bei ihrem Handeln an ihrem persönlichen Vorteil orientieren, eine gesellschaftliche Ordnung heraus, die für die Mitglieder ein Leben in Freiheit ermöglicht und gleichzeitig die Grundlagen für ein friedliches Miteinander legt. Jeder Akteur schöpft die ihm zur Verfügung stehenden Ressourcen aus und fördert damit die individuelle und gleichzeitig gesellschaftliche Wohlfahrt, soweit das Handeln sich im Rahmen der allgemein gültigen Regeln und Gesetze vollzieht. Dabei ist nicht die Intention für individuelles Handeln entscheidend, sondern es sind die Konsequenzen des einzelwirtschaftlichen Handelns, die es zu beurteilen gilt.

Vier Prinzipien kennzeichnen den individualistischen Grundsatz der liberalen Wirtschaft.

- Träger der wirtschaftlichen Handlungen ist das Individuum. Das Individuum entscheidet in freier Selbstbestimmung über seine wirtschaftlichen Handlungen und Unterlassungen.

- Die Wirtschaftseinheiten haben selbst einzustehen für die Folgen ihres Tuns und Unterlassens (Haftungsprinzip)
- Die Individuen handeln nach der Leitnorm des eigenen Interesses auf Grund ökonomisch-rationaler Entscheidungen
- Freie Konkurrenz ist die Voraussetzung für das Funktionieren des Gesamtsystems.

Konsequenterweise sind die staatlichen Aufgaben begrenzt. Smith schreibt dem Staat drei zentrale Pflichten zu:

- Die Gemeinschaft gegen Angriffe von außen zu schützen,
- Eine genaue Rechtspflege aufrechtzuerhalten,
- Öffentliche Werke und Anstalten zu errichten, an deren Existenz private Akteure nicht interessiert seien, die aber für das friedliche und produktive Zusammenleben einer Gemeinschaft existenziell sind.

Prinzipiell gilt das Subsidiaritätsprinzip, alles was ein einzelnes Wirtschaftssubjekt selbst erledigen kann, bleibt diesem auch überlassen. Der Staat soll die Vorkehrungen so treffen, dass die Wirtschaftssubjekte miteinander in Verkehr treten können, z. B. Monopolsituationen verhindern oder die Erweiterung von Märkten ermöglichen. Damit übernimmt Smith die wesentlichen Teile des merkantilistischen Infrastrukturprogramms. Der Staat ist also keineswegs ein „Nachtwächterstaat", wie es Ferdinand Lassalles (1825–1865) formulierte, der für die Ermahnung der nächtlichen Ruhestörer und das Ansagen der Stunden zuständig ist, er muss vielmehr sicherstellen, dass die Menschen in einem freien und friedlichen gesellschaftlichen Miteinander leben.
Dem emanzipierten Menschen der Klassik wird selbstverständlich das Recht auf Privateigentum zugestanden und dieses muss gesetzlich gesichert sein. Denn der Einzelne ist besonders produktiv, wenn er für sich selbst arbeiten kann und die Frucht seiner Arbeit sich in der Steigerung dessen niederschlägt, was ihm selbst gehört. Wie von einer „unsichtbaren Hand" („invisible hand") werden diese Ergebnisse auch zur Wohlfahrtssteigerung der gesamten Gesellschaft geleitet, wenn das institutionelle Arrangement des Staates dazu geeignet ist.

Adam Smith lässt einen Landwirt über seine Felder und Besitzungen gehen; er will die Aussteuer einer seiner Töchter aufbessern, damit sie in höhere Kreise einheiraten kann. Er kultiviert einen noch nicht bebauten Hügel, sät Weizen aus und kann so viel ernten, dass er sein Ziel erreicht. Sein Motiv ist privater Natur, die Konsequenzen sind gesellschaftlich vorteilhaft, weil die Versorgung der Bevölkerung verbessert wird. Ein weiteres Beispiel: Fragen die Wirtschaftssubjekte mehr Tuch als Leder nach, so verschieben sich die relativen Preise zugunsten von Tuch. War bisher die Produktion in beiden Gütern gleich rentierlich, so ist nun die Produktion von Tuch lohnender geworden. Die Produktion von Tuch steigt an und die von Leder geht zurück. Die Produzenten handeln aus individuellem Gewinninteresse und leisten zugleich der Gesellschaft einen Dienst, weil sie auf die gewandelten Bedürfnisse der Konsumenten eingehen (Konsumentensouveränität). Genau das ist gemeint, wenn Smith von der unsichtbaren Hand spricht.
Quelle: Joachim Starbatty, Modul T04

Die „unsichtbare Hand" lenkt nicht alles einzelwirtschaftliche Handeln in die Richtung gesellschaftlicher Vorteile; für gesellschaftliche Güter, für die sich wegen z. B. einer zu geringen Rendite keine Produzenten finden, ist die Regierung als Agent der Bürger zuständig.

Smith, A. (1776 / 1999):
Untersuchung über Wesen und Ursachen des Reichtums der Völker, Bd. I und II (Aus dem Englischen übersetzt von M. Streissler. Herausgegeben und eingeleitet von E. W. Streissler), Düsseldorf: Verlag Wirtschaft und Finanzen, 2 Bände, 924 Seiten

Subsidiaritätsprinzip:
vgl. auch Kapitel 2, S. 104

Adam Smith: Wenn der einzelne Investor seine Tätigkeit so ausrichtet, „dass die größte Wertschöpfung erfolgt, denkt er nur an seinen eigenen Vorteil, und dabei wird er, wie in vielen anderen Fällen auch, von einer unsichtbaren Hand geleitet, einem Zweck zu dienen, der nicht in seiner Absicht lag. Für die Gesellschaft ist es gar nicht immer von Schaden, dass dieser nicht in seiner Absicht lag. Indem er sein eigenes Interesse verfolgt, fördert er häufig das der Gesellschaft wirksamer, als wenn er sich tatsächlich vornimmt, es zu fördern. Ich habe nie gehört, dass diejenigen viel Gutes bewirkt hätten, die vorgaben, im Interesse des allgemeinen Besten zu handeln.
Quelle: siehe Infokasten oben, S. 467

Voraussetzung ist der Wettbewerbsmarkt, auf dem keine Preisabsprachen erfolgen und zu dem alle ungehindert Marktzutritt haben, aus dem sie sich aber auch wieder zurückziehen können. Der Preis signalisiert den Produzenten, ob sich Zuwanderung lohnt oder nicht, und der Preis selbst bildet sich durch das Zusammenspiel von Angebot und Nachfrage.
Die Lohnhöhe ist ebenfalls die Konsequenz von Angebots- und Nachfragekonstellationen. Nach Smith ist es die Arbeit, die den Fonds speist, aus dem ein Volk mit Existenz- und Genussgütern versorgt wird. Außerdem zeigt er, wie dieser Fonds durch geschickte Arbeitsteilung gefüllt werden kann. An dem berühmten „Stecknadelbeispiel"verdeutlicht er den Vorteil der Arbeitsteilung für die Wohlfahrtssteigerung. Die Position des Arbeiters bei der Verteilung des Sozialprodukts konnte sich nach Smith dann verbessern, wenn Arbeit im Verhältnis zu den anderen Produktionsfaktoren stärker nachgefragt und damit teurer würde. Aber dazu müsste vom aktuellen Einkommen mehr für investive Zwecke gespart werden. Was der Einzelne von seinem Einkommen nicht konsumiere, also spare, werde er entweder anderen zur Verfügung stellen, die dieses produktiv (investiv) anlegen, oder, falls der Zins für die Kreditvergabe als zu niedrig erscheint, selbst investiv anzulegen versuchen. Sparen ist für Smith Voraussetzung für die Beschäftigung produktiver Arbeitskräfte und für Wachstum.
Sparen bedeutet für ihn nicht Nachfrageausfall, sondern die konsumtive Verwendung des Geldes wird auf andere Personen verlagert, deren Beschäftigung ihrerseits das Sozialprodukt vergrößert. Die Arbeiter geben alles aus, was sie verdienen, und die Kapitalisten stecken erübrigtes Einkommen in die Produktion. Aus dem Erlös der Produktion wiederum wird der Lohnvorschuss finanziert, die Beschaffung von Werkzeugen und der eigene Hausstand. Diese klassische Vorstellung der stetig fortschreitenden Wirtschaft wird unter dem Begriff Say'sches Theorem gefasst. Jean Baptiste Say hat nachgewiesen, dass es eine allgemeine „Verstopfung der Absatzwege" nicht geben könne, denn jedes Angebot schaffe sich seine Nachfrage, die Vergrößerung des Angebots ziehe automatische eine entsprechende Nachfrageausweitung nach sich. Dies traf genau die Vorstellung von David Ricardo und der damals herrschenden Lehrmeinung. Der beschränkte Umfang der staatlichen Tätigkeit erfordert auch eine nur geringere Belastung der Volkswirtschaft.

Ricardo, David
(1817/1972)
„On the Principles of Political Economy, and Taxation", London: John Murray. Deutsch: Grundsätze der politischen Ökonomie und der Besteuerung. Herausgegeben und mit einer Einführung versehen von F. Neumark, Frankfurt/M., Athenäum Fischer

Smith hat vier steuerpolitische Maximen aufgestellt, die noch heute Bestandteil finanzpolitischer Diskussionen sind:

1. **Grundsatz der Gleichmäßigkeit**: „Die Bürger jedes Staates sollen zum Unterhalt des Staates möglichst genau nach ihrer Leistungsfähigkeit beitragen, d. h. nach dem der Einkommen, das sie unter dem Schutz des Staates jeweils genießen" (Smith 1776 / 1999, 786).
2. **Grundsatz der Bestimmtheit**: „Die Steuer, die jeder Einzelne zu zahlen hat, muss fest bestimmt und nicht willkürlich sein" (ebenda, 787).
3. **Grundsatz der Bequemlichkeit**: „Jede Steuer soll zu den Zeitpunkten und auf die Weise erhoben werden, wie es für den Steuerpflichtigen voraussichtlich am bequemsten ist" (ebenda, 787).
4. **Grundsatz der Wohlfeilheit**: „Jede Steuer soll so eingerichtet sein, dass sie den Leuten so wenig wie möglich über die Summe hinaus, die sie dem Staatsschatze einbringt, aus den Taschen herausnimmt oder ihnen fortdauernd entzieht" (ebenda, 787).

Erarbeiten Sie ein Kurzreferat zur Darstellung der libralistischen Vorstellungen zur Gestaltung von Wirtschaftspolitik.

Prinzipiell gilt der Grundsatz der Schonung der Steuerquellen. Dieses ist vor allem Ricardos Anliegen (1817 / 1972, 126): „Niemals solche Steuern aufzuerlegen, die das Kapital unvermeidlich treffen werden".

Im Unterschied zu den Merkantilisten verstehen die Klassiker den Außenhandel als Kooperation zum Vorteile aller. Im Rahmen der internationalen Arbeitsteilung kann sich jedes Land auf die Produktion jener Güter spezialisieren, die es am kostengünstigsten herstellen kann (Theorem der absoluten Kostenvorteile). Ricardo weist nach, dass sogar ein Land, das kein Gut am kostengünstigsten produzieren kann, vom Außenhandel profitiert, wenn es sich auf das Gut spezialisiert, das es relativ am günstigsten herstellen kann (Theorem der komparativen Kostenvorteile).

Zu schön, um wahr zu sein?

[...] Schauen wir uns den [Wohnungs-]Markt näher an: Die Wohnfläche pro Person ist die höchste in ganz Europa und allein seit 1970 um 70 Prozent gestiegen. Nirgendwo ist der Wohnungs- und insbesondere der Mietsektor so überreguliert wie in Deutschland. Durch großzügige Steuergeschenke etwa hat der Staat nach der Wiedervereinigung in den neuen Bundesländern einen riesigen künstlichen Immobilienboom in Gang gesetzt. Darunter waren Tausende von Wohnungen, die schon damals niemand benötigte. [...]

Hunderttausende von Wohnungen sind in ganz Deutschland immer noch im Besitz von staatlichen oder kommunalen Wohnungsunternehmen, die nicht zuletzt auf Grund künstlich niedrig gehaltener Mieten zunehmend defizitär arbeiten. Das hat zum Beispiel Unternehmen, die früher noch Wohnungen für ihre Mitarbeiter unterhielten, dazu veranlasst, diese wegen mangelnder Wirtschaftlichkeit abzustoßen. Eine klassische Verdrängung der Privatwirtschaft durch staatliches Engagement.

Gleichzeitig kann man eine neue Fehlentwicklung beobachten: Der überbürokratisierte Mietmarkt führt häufig dazu, dass Einzelpersonen in großen geförderten Wohnungen leben, weil die für sie billiger sind als eine passende kleinere, aber nicht geförderte Wohnung. Ferner wird trotz ausreichenden Wohnraums mit Mietspiegeln und allen möglichen bürokratischen Instrumenten aus der Zeit des Wohnungsmangels ein Markt kontrolliert, der ohnehin durch sinkende Mieten gekennzeichnet ist. Wenn nun die verantwortlichen Politiker alle jammern, dass man das Sparen nicht übertreiben könne, weil man sonst das zarte Pflänzchen einer aufkeimenden Konjunktur wieder zerstöre, dann könnte man ja folgendes Programm aufstellen:

1. Totale Deregulierung des Wohnungsmarkts innerhalb von drei Jahren. Das wäre der größte Bürokratieabbau in der Nachkriegsgeschichte Deutschlands.
2. Privatisierung der gesamten in öffentlicher Hand befindlichen Wohnungsbestände. Das bringt den überschuldeten Ländern und Kommunen Geld für die dringend benötigte Verbesserung der Infrastruktur, insbesondere des Bildungs- und Hochschulwesens sowie der Kinderbetreuung und gibt sofort Aufträge für die am Boden liegende Bauwirtschaft.
3. Deutschland hat eine Eigentumsquote von nur 42 Prozent und steht damit im unteren Bereich Europas. Durch eine Privatisierung könnten sich viele junge Familien, denen man beim Verkauf eine gewisse Bevorzugung einräumen sollte, preisgünstige Eigentumswohnungen kaufen. [...] Durch die anfallenden Umbau- und Renovierungsarbeiten entstünde - im Gegensatz zu den globalen Märkten der Konsumgüter und des Tourismus – eine direkte zusätzliche Nachfrage nach Handwerkern auf dem Binnenmarkt.
4. Die notwendigen Transaktionen bei Vermittlung, Verkauf und Planung würden einer Vielzahl von Dienstleistungsunternehmen neue Aufträge bringen und die wirtschaftliche Stimmung verbessern.

Die Privatisierung des Wohnungsmarktes brächte auch zum Vorschein, dass die vielen Beschränkungen und Subventionen dazu geführt haben, dass Deutschland auf dem Immobilienmarkt schon jetzt der größte Kapitalexporteur Europas ist. Aus keinem europäischen Land fließt so viel Geld von Anlegern in Immobilien anderer europäischer Länder, weil dort höhere Renditen möglich sind, als bei uns.

Quelle: Handelsblatt, Nr. 097, 19.05.04, S. 11, Autor: Lothar Späth

1. Verdeutlichen Sie, inwieweit die von Späth vertretene Position den Gedanken des klassischen Liberalismus folgt.
2. Stellen Sie die von Lothar Späth geforderten Veränderungen hinsichtlich der Gestaltung des bundesdeutschen Wohnungsmarktes heraus und erläutern Sie die von ihm prognostizierten positiven ökonomischen Konsequenzen.
3. Welche anderen Bereiche sind Ihnen bekannt, in denen derzeit eine Rücknahme staatlicher Eingriffe thematisiert wird?

Der Börsencrash 1929

New York, Donnerstag 24. Oktober 1929: An der Börse wurde eine große Menge Aktien gehandelt. Schon in der ersten halben Stunde wurden mehr als 1,5 Mio. $ Aktien verkauft. Bis 13 Uhr beliefen sich die Kursverluste bereits auf über 11 Mio. $. Die Banken und die wenigen institutionellen Anleger versuchten nachmittags die Preise durch Ankäufe zu stabilisieren. Am Freitag verlief dann auch alles ruhig, am folgenden Montag setzte sich die Talfahrt allerdings fort, der Börsentag schloss mit 13 Mio. $ Kursverlusten. Der Dienstag ging schließlich als „Schwarzer Dienstag" – es handelte sich nicht um einen Freitag – in die Börsengeschichte ein: Bis Mittag wurden 8,35 Mio. Aktien abgestoßen, die Kurse fielen ins Bodenlose. Es war die Initialzündung für die Weltwirtschaftskrise der 30er Jahre, denn die negative Entwicklung beschränkte sich nicht nur auf die Börse. Es zeigte sich vielmehr, dass die USA auf dem Weg in eine nachhaltige Rezession war. Ersparnisse und damit die Altersvorsorge vieler Menschen waren vernichtet, die Nachfrage nach Gütern nahm trotz Preissenkungen ab und Arbeitslosigkeit griff um sich. Viele Farmer gingen in Konkurs, weil sie ihre Kredite nicht mehr zurückzahlen konnten. Nach und nach griff die Krise auf die gesamte Weltwirtschaft über. In Deutschland stieg die Zahl der Arbeitslosen auf über 6 Millionen an; ein idealer Nährboden, auf dem der Nationalsozialismus sein Unwesen treiben konnte.

5.6.5 Keynesianismus – Beginn der modernen Nationalökonomie

Als im Oktober 1929 mit dem Börsencrash in New York die Weltwirtschaftskrise begann und diese sich bis weit in die 30er Jahre hinzog, konnte die vorherrschende ökonomische Wissenschaft diese gar nicht erklären oder sie gar therapieren.

Nach der Lehrmeinung der Klassiker war es ja eigentlich unmöglich, dass bei einem Gleichgewicht zwischen Angebot und Nachfrage auf den Güter- und Kapitalmärkten tatsächlich Arbeitslosigkeit herrschen kann. Wer jetzt arbeitslos ist, muss es „freiwillig" sein! Denn das Wirtschaftssystem pendelt sich ja bei einer Flexibilität der Preise automatisch in einen Zustand der Vollbeschäftigung ein, dafür sorgt der Preismechanismus. Es kann keine gesamtwirtschaftliche Überproduktion gegeben sein, weil das Güterangebot sich seine Nachfrage selbst schafft (Say'sches Theorem). Das aus jeder Produktion resultierende Einkommen (auch das Lohneinkommen) wird zu kaufkräftiger Nachfrage, die sicherstellt, dass die Produktion abgesetzt wird. Selbst eine erhöhte Sparneigung führt zu erneuter Nachfrage, denn das zusätzliche Angebot von Kapital führt zur Senkung der Zinsen und bewirkt damit eine zusätzliche Investitionsgüternachfrage, die die fehlende Konsumnachfrage ersetzt. Selbst wenn es bei gewissen Produkten Absatzschwierigkeiten gibt, führt der Preismechanismus tendenziell wieder zum Gleichgewicht zurück, weil er die Produktionsfaktoren in gewinnträchtigere Branchen lenkt und innovative Unternehmen sich neue Märkte erschließen. Auch auf dem Arbeitsmarkt besteht die Tendenz zum Gleichgewicht: Nur kurzfristige oder freiwillige Arbeitslosigkeit kann herrschen. Bei einem Überangebot an Arbeitskräften werden die Löhne so lange sinken, bis die Unternehmer es wieder als lukrativ ansehen, Arbeitskräfte einzustellen. So wie der Preis- und Zinsmechanismus sorgt der Lohnmechanismus dafür, dass es zu einem erneuten Gleichgewicht kommt, denn alle, die bereit sind zum Gleichgewichtslohn zu arbeiten, werden eine Beschäftigung finden. Also: „Abwarten und Tee trinken", die „unsichtbare Hand" (Adam Smith) wird es schon richten!

John Maynard Keynes (1883–1946)

John Maynard Keynes allerdings war ganz anderer Meinung: Der Politiker und Nationalökonom schrieb unter dem Eindruck der Weltwirtschaftskrise sein Hauptwerk: „Allgemeine Theorie der Beschäftigung, des Zinses und des Geldes" (General Theory of Employment, Interest and Money), es wurde 1936 veröffentlicht. Für klassisch argumentierende Ökonomen war seine Forderung ungeheuerlich: Der Staat müsse aktiv in das Wirtschaftsgeschehen eingreifen, denn seiner Meinung nach gäbe es in marktwirtschaftlichen Systemen durchaus Instabilitäten, die nur der Staat mit eigenen wirtschaftlichen Aktivitäten ausgleichen kann. Auch die Vertreter der klassischen Theorie haben die Weltwirtschaftskrise als Instabilität des Wirtschaftssystems angesehen, führten sie aber zurück auf die Nichterfüllung der Prämisse des Wettbewerbs. In den 20er Jahren war eine Kartellierungs- und Monopolisierungswelle der Volkswirtschaften zu verzeichnen, die den Wettbewerb in weiten Teilen der Wirtschaft außer Kraft setzte. Aber für Keynes war die von den Klassikern systemisch unterstellte gleiche Größe von Angebot und Nachfrage grundsätzlich nicht gegeben. Am Wirtschaftskreislauf verdeutlicht müsste das ja bedeuten: Die gesamten Einkommen, die die Unternehmen an die Konsumenten zahlen, fließen zurück an die Firmen zur Bezahlung der Produkte oder gelangen indirekt über die Sparguthaben als Mittel für Investitionen an die Unternehmen zurück und werden in vollem Umfang auch in Anspruch genommen. Doch in der Realität wird dieser Zusammenhang von Zu- und Abflüssen unterbrochen (vgl. Nolte, B., Volkswirtschaft konkret, Weinheim 2003, S. 104/105). Geld „fließt ab", wenn die Verbraucher z. B. nicht alles ausgeben, sondern sparen, wenn sie Produkte oder Dienstleistungen importieren oder wenn der Staat Steuern erhebt. Geld „fließt zu", wenn Unternehmen exportieren und investieren oder wenn der Staat Ausgaben tätigt. Es ist aber sehr unwahrscheinlich, dass die Zuflüsse und Abflüsse gleich groß sind, so dass von „Gleichgewichtsstörungen" ausgegangen werden muss.

Danach ist es ist also die Nachfrage, die die Höhe der Produktion und damit auch die Höhe des Volkseinkommens und den Grad der Beschäftigung bestimmt. Damit ist das Say'sche Theorem umgedreht: Es ist die Nachfrage, die das Angebot bestimmt.
Wird nämlich nicht so viel nachgefragt, wie es eigentlich bei einer Vollbeschäftigungsproduktion möglich wäre, weil z. B. die Haushalte mehr sparen, die Unternehmer weniger investieren als bisher, das Ausland weniger importiert oder der Staat seine Ausgaben kürzt, werden die Unternehmen die Produktion drosseln, da bereits Überkapazitäten zu verzeichnen sind. Es besteht eine Nachfragelücke. Keynes leugnet nicht die generelle Tendenz zum Gleichgewicht zwischen Angebot und Nachfrage auf dem Gütermarkt, doch dabei muss es nicht auch zwangsläufig zum Gleichgewicht auf dem Arbeitsmarkt kommen. Bei einer niedrigen – durchaus gleichgewichtigen – Produktionshöhe drosseln die Unternehmen die Produktion und bei Nichtauslastung der Produktionskapazitäten wird die Zahl der Arbeitssuchenden sehr wahrscheinlich größer sein als die nun zur Produktion erforderlichen Arbeitskräfte. Es herrscht Gleichgewicht bei Unterbeschäftigung und in dieser Situation sehen die Unternehmen keine Veranlassung, zusätzlich zu investieren und z. B. die Ersparnis der Konsumenten für Investitionen abzurufen. Dann wird Ersparnis durchaus zum Kaufkraftausfall – entgegen der Aussage des Say'schen Theorems. Selbst bei einem noch so niedrigen Zins – so die Argumentation Keynes' – führt die zu geringe Ertragserwartung der Unternehmen nicht zu weiteren Investitionen. Damit ist die Wirksamkeit des Zinsmechanismus in Frage gestellt. Nicht nur der niedrige Zins ist ausschlaggebend für die Investition, sondern auch die Erwartungen für die Zukunft. Selbst die Konsumenten werden bei der Erreichung eines kritischen Mindestzinses ihre Ersparnisse, Wertpapiere oder Aktien lieber „flüssig" machen und das Bargeld präferieren, Keynes spricht von einer „Liquiditätspräferenz", die Menschen schätzen die sofortige Verfügbarkeit des Bargeldes und das im Vergleich zur Zins- und Kursentwicklung geringere Risiko des Wertverlustes. Hier hätte Bargeld sogar Wertaufbewahrungsfunktion.

Die Wirksamkeit des Lohnmechanismus bestreitet Keynes ebenfalls, denn die Tarifpolitik der Gewerkschaften habe dazu geführt, dass die Löhne nach unten hin relativ starr seien und somit die Löhne niemals so tief sänken, dass dadurch die Arbeitslosigkeit abgebaut werden könne.
Wie ist ein neuer Aufschwung möglich? Für Keynes ist die Antwort klar: Es kann nur über die Steigerung der gesamtwirtschaftlichen Nachfrage geschehen! Die gesamtwirtschaftliche Nachfrage setzt sich zusammen aus dem privaten Konsum, den Investitionen, dem Staatskonsum und dem Export.
Die gesamtwirtschaftliche Nachfrage ist eine aggregierte, eine makroökonomische Größe, die Keynes zum Gegenstand seiner Untersuchung macht

Nolte verdeutlicht dies mit einem Bild einer Badewanne:

- Wenn mehr Wasser zu- als abfließt, steigt der Wasserspiegel (Nachfrageüberhang), und es kann zu einer Überschwemmung kommen, im umgekehrten Fall sinkt der Wasserspiegel, und man sitzt auf dem Trockenen (Nachfrageausfall). Sind die Investitionen, die Staatsausgaben und die Exporte größer als das Sparen, die Staatseinnahmen und die Importe, kommt es demgemäß zu einer „Überschwemmung" der Wirtschaft.
- Sitzt die Wirtschaft auf dem „Trockenen", sind also die Abflüsse größer als die Zuflüsse, dann bedeutet dies ein Überangebot über die herrschende Nachfrage mit der Folge von Überkapazitäten und einer Tendenz zur Freisetzung von Arbeitskräften.

1. Verdeutlichen Sie anhand von Beispielen, was es bedeutet, wenn wie in dem hier verwendeten Bild von einer „Überschwemmung der Wirtschaft" oder von einer „auf dem Trockenen sitzenden Wirtschaft" gesprochen werden muss. Fertigen Sie zur Verdeutlichung eine Zeichnung an.
2. Erläutern Sie die unterschiedliche Funktion des Sparens in den Argumentationen von Smith und Keynes.

John Maynard Keynes (1883–1946)

Mit welchen Maßnahmen könnte der Staat die Nachfrage aus dem Ausland ankurbeln? Bedenken Sie auch die Auswirkungen auf die inländische Wirtschaft!

Versuchen Sie den Argumentationszusammenhang und die Argumentationskette in der Keynesianischen Theorie als „Pfeilschema" darzustellen.

und damit eher gesamtwirtschaftliche Zusammenhänge erfassen kann. Auch das ist ein wesentlicher Unterschied zu den Klassikern, die mikroökonomische Fragen stellten, die sich auf die ökonomischen Aktivitäten der kleinsten Wirtschaftseinheiten (Wirtschaftssubjekte) und ihr Zusammenspiel auf den Märkten beziehen. Keynes rückte makroökonomische Aggregate wie das BIP und die effektive Nachfrage sowie gesamtwirtschaftlich relevante Größen wie die Arbeitslosenquote, die Preisniveauentwicklung und das Wachstum ins Zentrum der Betrachtung.

Wenn man z. B. nur **ein einzelnes** Unternehmen und den einzelnen Arbeitnehmerhaushalt betrachtet, dann seien die Hypothesen der klassischen Theorie schon richtig, schrieb Keynes, aber was geschieht, wenn **alle** Unternehmen bei bestehender Arbeitslosigkeit die Löhne herabsetzten? Dann würden auch die Einkommen aller privater Haushalte sinken – und damit die gesamtwirtschaftliche Konsumnachfrage, was die Krise noch weiter verschlimmern würde und der Angebotsüberhang auf dem Arbeitsmarkt könnte nicht abgebaut werden.

Wenn sich weder die Unternehmen dazu veranlasst sehen, z. B. Investitionsgüter nachzufragen, oder Konsumenten bei vorhandener Arbeitslosigkeit gesamtwirtschaftlich gesehen nur über ein eingeschränktes Nachfragepotenzial verfügen, wenn die Nachfrage aus dem Ausland – vor allem zur Zeit der Weltwirtschaftskrise – eine Risiko behaftete Größe ist, kann nur der Staat selbst mit einer entsprechenden Wirtschaftspolitik Einfluss nehmen und die Nachfrage stimulieren.

Während er den privaten Konsum, die Exportwirtschaft und die Investitionen der Unternehmen nur indirekt beeinflussen kann, sieht Keynes den wirksamsten Ansatzpunkt bei den staatlichen Investitionen und dem Staatskonsum, denn hier kann er direkten Einfluss nehmen.

Die Investitionen und den vom Einkommen abhängigen privaten Konsum kann er indirekt in erster Linie über steuerpolitische Maßnahmen oder Subventionen (Unternehmen) angehen; doch die tatsächlich eintretenden Auswirkungen sind erst später zu erwarten und außerdem ist es sehr ungewiss, in welchem Umfang steuerpolitische Erleichterungen tatsächlich in Konsumnachfrage oder Investitionsgüternachfrage umgesetzt werden.

In Krisenzeiten sollen deshalb die staatlichen Ausgaben (Investitionen und Konsum) erhöht und die Steuern gesenkt werden, um die gesamtwirtschaftliche Nachfrage wieder zu erhöhen. Einerseits tritt der Staat selbst als Nachfrager auf, andererseits sollen die Steuersenkungen den privaten Konsum stimulieren. Natürlich führen Ausgabenerhöhungen und Steuersenkungen zu Budgetdefiziten (deficit spending), die aber in Rezessionszeiten hingenommen werden, weil sie in der Boomphase durch erhöhte Steueraufkommen, auch durch Steuererhöhungen und auf Grund der Senkung der Staatsausgaben wieder ausgeglichen werden können. Aus einem entstehenden Budgetüberschuss können künftig erforderliche Ausgleichsmaßnahmen (Konjunkturausgleichsrücklage) finanziert werden. Für dieses der Konjunkturentwicklung entgegengerichtete Verhalten wurde der Begriff der antizyklischen Finanzpolitik gefunden, die Anhänger dieser Politik wurden als „Fiskalisten" bezeichnet; auch heute gibt es wirtschaftspolitische Anhänger, die sich als „Keynesianer" und „Fiskalisten" bezeichnen.

Als Probleme bei der praktischen Umsetzung der keynesianischen Vorschläge müssen mehrere Punkte angesehen werden. Zunächst einmal können erhebliche Entscheidungs- und Wirkungsverzögerungen auftreten. Denn nach der Diagnose der wirtschaftliche Lage müssen wirtschaftspolitische Maßnahmen erarbeitet und beschlossen werden, „und bis zur Einführung und deren Wirkung vergeht wieder weitere Zeit. Stellen Sie sich nur einmal den Kampf im Parlament und die damit verbundene Zeit vor, wenn es konkret um die Frage geht, welche Ausgaben und Einnahmen verändert werden sollen und wie stark die zu verabreichende Dosis sein soll. Weil sich inzwischen die konjunkturelle Situation verändert haben kann, besteht die Gefahr, dass die politische Therapie prozyklisch statt antizyklisch wirkt, das heißt, dass die konjunkturelle Phase verstärkt statt gebremst wird".

Auch der Rückweg, also der Beschluss von Steuererhöhungen und Ausgabenkürzungen muss die politischen Gremien durchlaufen. Gerade in Boomphasen oder Wahlkampfzeiten sind solche unpopulären Maßnahmen sicher nur schwer nur zu verdeutlichen und durchzusetzen.

Wenn in Boomphasen die möglichen Budgetüberschüsse zur Finanzierung der Defizite nicht ausreichen, tritt der Staat als Kreditnehmer auf dem Kapitalmarkt auf, treibt als Nachfrager das Zinsniveau in die Höhe und verdrängt somit mögliche Nachfrager aus privatem oder unternehmerischen Bereich. Erhöht aber die Notenbank die Geldmenge, entsteht Inflationsgefahr, holt sich der Staat Geld aus dem Ausland, gerät die heimische Währung unter Aufwertungsdruck, was den möglichen Export behindert.

Erläutern und begründen Sie im Einzelnen die angeführten wirtschaftlichen Gefahren, die der Zwang zur Finanzierung der staatlichen Defizite bei unzureichender Konjunkturausgleichrücklage in sich birgt, wie z. B.
- Inflationsgefahr
- erhöhtes Zinsniveau auf dem Kapitalmarkt
- Exportrückgang

Es gibt auch durchaus Einwände (Theorie der rationalen Erwartungen), die staatliche Eingriffe deshalb für wirkungslos halten, weil davon ausgegangen wird, dass sich Wirtschaftsteilnehmer veränderten Situationen anpassen, so dass die Wirkung der Eingriffe verpufft. Bei z. B. einer expansiven Konjunkturpolitik stellen sich die Konsumenten auf steigende Preise ein und werden als Arbeitnehmer in Tarifverhandlungen höhere Löhne fordern, die die Unternehmen mit höheren Preisen auffangen werden. Eine entstehende Lohn-Preis-Spirale lähmt aber die intendierte expansive Wirkung.

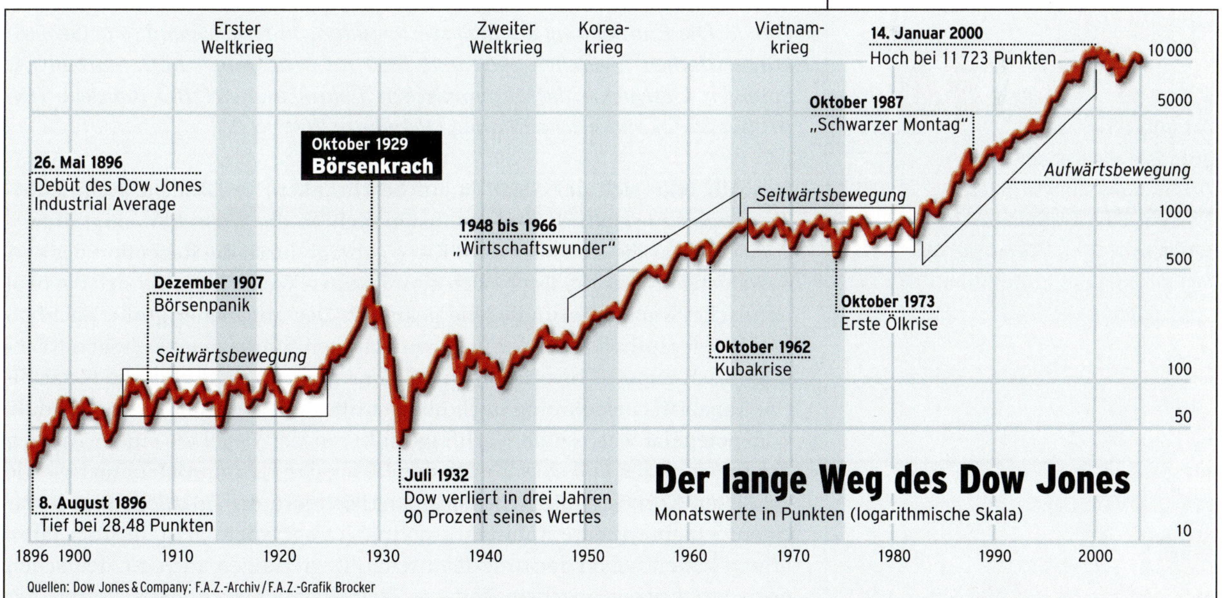

Quelle: FAZ Nr. 43 v. 24.10.2004, S. 55

5.6.6 Monetarismus

Während Keynes dem Staat eine bedeutende Rolle zur Bekämpfung von konjunkturellen Krisen zuschreibt, ist es nach der Auffassung der sogenannten „Chicagoer Schule" gerade der Staat, der durch sein Eingreifen konjunkturelle Krisen hervorruft.

Ab Mitte der 50er Jahre formierte sich als Gegenposition zum Keynesianismus eine ökonomische Konzeption, die wegen der besonderen Betonung der Rolle des Geldes den Namen „Monetarismus" erhielt. Diesen Begriff prägte Ende der 60er Jahre Karl Brunner (*1916), ein Mitstreiter des eigentlichen Begründers und wohl wichtigsten Vertreters dieser Konzeption, der in Chicago lehrende Milton Friedman.

Seiner Meinung nach führe langfristig das deficit spending nur zur Ausweitung der Staatsverschuldung und zu noch tieferen Krisen (vgl. Abbildung).

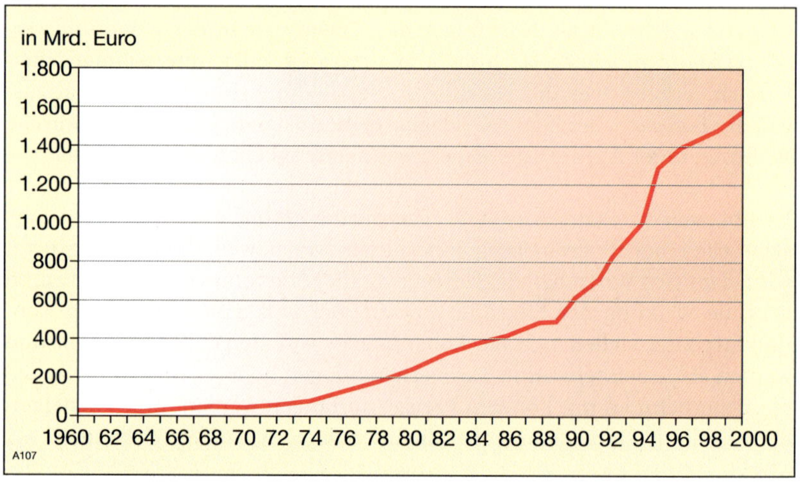

Quelle: Die Entwicklung der Staatsverschuldung in Deutschland (alle Gebietskörperschaften) zwischen 1960 und 2000 (in Mrd. Euro) in: J. Starbatty/A. Stühmer: Geschichte der ökonomischen Lehrmeinung, ÖBO-Baustein T04, Institut für Ökonomische Bildung Oldenburg, 2003, S. 96

Arbeiten Sie den grundsätzlich anderen Ansatz der Monetaristen zur Bekämpfung konjunktureller Krisen heraus. Skizzieren Sie die historisch andere Situation.

Deshalb solle sich der Staat darauf beschränken, verlässliche Rahmenbedingungen zu schaffen, und ansonsten nicht in die Wirtschaft eingreifen.

Zunächst war die Zeit nach dem Krieg geprägt durch die Rezeption der keynesianischen Theorie. Doch nach dem Zweiten Weltkrieg hatte sich die ökonomische Situation grundlegend geändert. Der ungeheuer große Nachhol- und Wiederaufholbedarf der Volkswirtschaften führte zu einer hohen Nachfrage nach Export-, Investitions- und Konsumgütern, die aber die tatsächliche Kapazitätsausdehnung noch überschritt. Eine schneller als das Produktionspotenzial wachsende Nachfrage führt in der Regel zu einem Anstieg des Preisniveaus und so war nach dem Krieg das Hauptproblem nicht – wie zu Zeiten Keynes' – die Arbeitslosigkeit, sondern die Inflation. Damit war eigentlich eine andere Konjunkturpolitik gefragt, aber bis in die 70er Jahre hinein hatten neben den amerikanischen Regierungen auch die deutschen noch am keynesianischen Konzept festgehalten. Doch nach Jahren der Rezession zeigte sich das Scheitern der keynesianischen Rezepte und immer mehr westliche Zentralbanken – vor allem auch die Deutsche Bundesbank – übernahmen die monetaristischen Konzepte, um über die Geldmengensteuerung der Inflation Herr zu werden.

Die Ausgangsfrage der Monetaristen ist also eine andere als bei Keynes, sie lautet: Wie ist es möglich, dass es zu einem Nachfrageüberhang kommt, die Nachfrage also stärker zunehmen kann als das Angebot? Nach der Auffassung der Monetaristen kann es diese Entwicklung nur dann geben, wenn es zu viel Geld im Verhältnis zu den vorhandenen Gütern gebe, also mehr Geld im Umlauf ist als dafür Güter gekauft werden können.
Vereinfacht lautet ihre Hypothese: Es sind Veränderungen der Geldmenge, die im Wesentlichen für die Konjunkturschwankungen verantwortlich sind und damit zielen sie in die Richtung Keynes. Seine geforderten antizyklischen Eingriffe zur Steigerung der gesamtwirtschaftlichen Nachfrage sind eher Ursache von Konjunkturschwankungen als Therapie.
Die Monetaristen bestimmen den Wert des Geldes danach, wie viele Güter man dafür kaufen kann. Folgendes zwar stark vereinfachte, aber sehr einleuchtende Beispiel soll die Beziehung zwischen Geld und Gütern verdeutlichen:

Angenommen, in einem Land werden im ersten Jahr einerseits 1.000 Stück Güter produziert. Andererseits gibt es in diesem Land 1.000 Stück Banknoten mit dem Aufdruck 10 Euro. Wenn wir davon ausgehen, dass alle Güter einen Käufer finden, wie hoch ist dann der durchschnittliche Preis eines Gutes?
Ganz klar: 10 Euro pro Stück. Die Geldmenge (1.000 Noten zu 10 Euro = 10.000 Euro) ist also gleich groß wie die in Geld bewertete Gütermenge (1.000 Stück zu 10 Euro = 10.000 Euro).
Nehmen wir nun an, der Staat würde sich im zweiten Jahr entschließen, weitere 1.000 Banknoten zu 10 Euro unter die Leute zu bringen. Welchen Einfluss hat diese Ausdehnung der Geldmenge auf den Preis der Güter?
Gibt es nun 1.000 Stück Güter und 20.000 Euro, so wird der durchschnittliche Preis auf 20 Euro pro Stück steigen, die Geldmenge ist damit wieder gleich groß wie die Gütermenge (je 20.000 Euro).
Im dritten Jahr kann die Produktion der Güter dank größerer Effizienz der Arbeiter und längeren Arbeitszeiten auf 2.000 Stück gesteigert werden. Welchen Einfluss hat diese Angebotsausweitung auf die durchschnittlichen Preise?
Nun stehen 2.000 Stück Güter einer Geldmenge von 20.000 Euro gegenüber, der Preis sinkt deshalb wieder auf 10 Euro pro Stück. Geldmenge und Gütermenge sind je 20.000 Euro wert.
Nehmen wir an, dass im vierten Jahr aus unbekannten Gründen die Konsumenten die Hälfte der 2.000 Banknoten nicht ausgeben. 1.000 Banknoten kommen also nicht in den Umlauf. Damit halbiert sich die Umlaufgeschwindigkeit des Geldes. Welche Wirkung hat dies?
Die Wirkung ist genau gleich wie jene einer Reduktion der Geldmenge, das heißt, der durchschnittliche Preis wird fallen, und zwar auf 5 Euro pro Stück. Es ist also nicht nur wichtig, wie viel Geld physisch vorhanden ist, sondern auch, wie schnell dieses Geld durch Tauschaktionen von Hand zu Hand geht.
Quelle: B. Nolte, a. a. O., S. 111 f.

Die Beispiele und die Quantitätsgleichung können Ihnen bei der Beantwortung folgender Fragen behilflich sein:
1. Aus welchen Gründen kann es zu Preissteigerungen kommen?
2. Unter welchen Voraussetzungen führt eine Geldmengenausweitung nicht zu steigenden Preisen?

Der amerikanische Ökonom Irving Fisher (1867–1947) erfasste die Beziehung zwischen Geldmenge, Umlaufgeschwindigkeit und Preisniveau in der Quantitätsgleichung des Geldes:

Geldmenge x Umlaufgeschwindigkeit = Gütermenge x Preisniveau

Wie kann nun ein Wirtschaftspolitiker mit Hilfe der Quantitätsgleichung wirtschaftliches Geschehen analysieren? Nehmen wir wieder ein konkretes Beispiel:

Als „Entdecker" der **Quantitätstheorie** gilt Jean Bodin, weiter entwickelt wurde sie von John Locke (1632–1704), Richard Cantillon (1680–1734) und David Hume (1711–1776). Ihre Argumentation zu Preissteigerungen im Lande sind zurückzuführen auf die Erkenntnis, dass sich das Preisniveau proportional zur umlaufenden Geldmenge verhält.

6 Internationale Wirtschaftsbeziehungen und Globalisierung

In Deutschland hängen viele Arbeitsplätze, z. B. im Hamburger Freihafen, von der Exportwirtschaft ab. Als rohstoffarmes Land ist die Bundesrepublik Deutschland auf den Import vieler Waren aus dem Ausland angewiesen und hat sich im Rahmen der internationalen Arbeitsteilung auf Fertigprodukte spezialisiert, die auf dem Weltmarkt bestehen müssen. Jährlich werden im Hamburger Hafen knapp 100 Mio. Tonnen Güter umgeschlagen.
Niemand bleibt von der zunehmenden Internationalisierung und Globalisierung der Wirtschaft und Gesellschaft unberührt: Arbeitnehmer und Arbeitgeber, Konsumenten und Produzenten sowie staatliche Einrichtungen spüren täglich die Auswirkungen der wachsenden internationalen Verflechtungen.
Von den einen gepriesen, von den anderen verteufelt, spaltet die „Globalisierung“ die Gesellschaft in zwei Lager und ist Anlass für hochemotionale Auseinandersetzungen.
In diesem Kapitel wird bzw. werden

- der Sektor „Ausland“ im Rahmen der volkswirtschaftlichen Gesamtrechnung verortet;
- wesentliche Erklärungsansätze für internationale Wirtschaftsbeziehungen und Unterschiede zwischen nationalem und internationalem Handel vorgestellt;
- Ursachen und Erscheinungsformen sowie Problembereiche der Globalisierung behandelt;
- Aufgaben und Funktionen internationaler Wirtschaftspolitik und der Institutionen einer Weltwirtschaftsordnung vermittelt;
- Ziele sowie gegenwärtige und zukünftige Aufgaben bzw. Herausforderungen der Europäischen Union erörtert;
- Einblicke in die Besonderheiten der Entwicklungs-, Schwellen- und Transformationsländer gegeben;
- die große Bedeutung der Weiterentwicklung globaler Institutionen für die Wohlfahrtsentwicklung in der Welt aufgezeigt.

Inhalt Kapitel VI

Aus der Geschichte der Seide und der Seidenstraße
3000 B.C.: Silk first produced in China.
200 B.C.: The Silkroad under China's control and the route to the West now open.
1 A.D.: Silk first seen in Rome.; 300 A.D.: Secret of sericulture begins to spread west along the Silkroad.
500 A.D.: Silkworm farms appear in Europe.
600 A.D.: For the first two centuries, the Silk Road reaches its golden age. Muslims control Mesopotamia and Iran, along with the Silk and Spice routes.
700 A.D.: Arabs conquer Spain in Europe, which introduces much Eastern technology and science to Europe.; Arabs defeat Chinese; Tang dynasty begins to decline, and with it, the Silkroad.
1100 A.D.: Silk production and weaving established in Italy.
1200 A.D.: Silk road trade prospers again under the „Pax Mongolica".
1400 A.D.: The Silkroad comes to an end; Lyon becomes the new center of the silk trade.
Quelle: Prof. Daniel C. Waugh, in: www.silk-road.com, 03.12.2004

6.1 Internationaler Handel

6.1.1 Ein Blick in die Geschichte

Handelsbeziehungen über Landesgrenzen hinweg sind kein modernes Phänomen, wirtschaftliche Verflechtungen zwischen den Ländern hat es immer schon gegeben. Phönizier und Karthager, später die Griechen und Römer traten als bedeutende Handelsnationen auf. Im alten Ägypten, in Babylon, Syrien und bei den Phöniziern gab es gemeinschaftliche Handels- und Seefahrtsunternehmen. Im Mittelalter blühte der Handel durch den Bund der Hanse und Unternehmerdynastien. Die europäischen Weltumsegelungen schufen neue Potenziale für Welthandel und Arbeitsteilung. In Phasen schotteten Länder ihre Wirtschaft vor ausländischer Konkurrenz ab, zu anderen Zeiten blühte der Freihandel.

Eine der ältesten Handelsrouten der Welt
Die Große Seidenstraße verbindet Europa mit dem Fernen Osten. Über diese Karawanenstraße gelangten vor über 2000 Jahren Seide, Tee, Gewürze, Edelmetalle, der Kompass und die Nudel zu uns. Etwa 40 Kilometer lang war in dieser Zeit eine Tagesetappe; für die Strecke von China bis zum Mittelmeer waren die Händler sechs bis acht Jahre unterwegs. Im alten Rom wurde Seide mit Gold aufgewogen. In den anliegenden Ländern, z. B. Türkei, Iran, Turkmenistan, Usbekistan, Kirgisien und China entstanden an den Kreuzungspunkten reiche Städte. Der Handelsweg brachte nicht nur neue Technologien und Produktionsformen z. B. im Rahmen der Seidenherstellung und -verarbeitung hervor, sondern verhalf zur Ausbreitung von Wissen. Oft war Geldhandel nicht möglich, so dass die Händler Ware gegen Ware tauschten: Seide gegen Gewürze, Gewürze gegen Schmuck und Pelze.

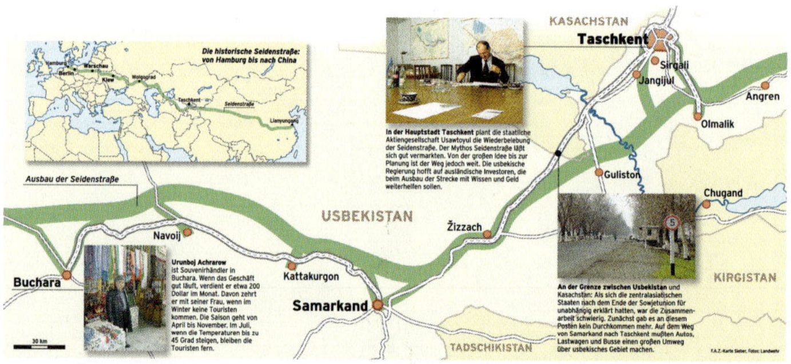

In China unterlagen Technik und Verfahren der Seidenproduktion strengster Geheimhaltung und wurden durch die chinesischen Behörden kontrolliert. Jeder, der die Geheimnisse preisgab oder Seide bzw. Seidenraupen außerhalb Chinas schmuggelte, wurde mit dem Tod bestraft. Doch die Chinesen verloren das Monopol auf die Seidenproduktion, da das „Geheimnis" in den Westen gelangte und sich die Seidenproduktion in ganz Europa verbreitete. China ist heute aber wieder weltweit der größte Hersteller von Seide. Die Wiederbelebung dieser bedeutenden Handelsroute ist für viele Länder ein Traum und es gibt Projekte, die die „Neuauflage" der Seidenstraße anstreben. Doch es gibt auch Hindernisse: Grenzen, bürokratische Hürden und Infrastrukturprobleme, die die Händler bislang davon abhalten, die traditionelle Route zu benutzen. Die Regierungen der betroffenen Staaten bemühen sich, den grenzüberschreitenden Handel zukünftig zu erleichtern, indem Zölle und Wartezeiten abgebaut werden.

Ergänzen Sie die Informationen mit Hilfe des Internets. Fertigen Sie dazu eine kleine Präsentation aus Text- und Bildbausteinen.
Vergleichen Sie Ihre Präsentationen.

Handel im Mittelalter

Im 12. und 13. Jahrhundert entfaltete sich der Handel in Europa und über seine Grenzen hinaus. Frühmittelalterliche Wanderhändler handelten an eigenen Handelsplätzen oder in ehemaligen Römerstädten mit Luxusgütern und Sklaven. Kirche und Adel erschwerten den Handel durch das kirchliche Zinsverbot, Zölle und andere Auflagen, die ihnen selbst hohe Einnahmen bescherten. Die Kaufleute nutzten die großen Handelsstraßen und den Seeweg. An Zugangs- und Durchgangsstraßen sowie auf Flüssen wurden Straßen-, Ein- und Ausfuhrzölle erhoben. Zwischen Bamberg und Frankfurt passierte ein Mainboot damals 25 Zollstätten. Die Konkurrenz zwischen den Italienern, Deutschen, Franzosen und Holländern um das europäische Wirtschaftsgebiet zwischen Afrika, Skandinavien und Russland war groß.

Im 13. Jh. stiegen die oberitalienischen Städte zur führenden Handels- und Finanzregion auf, später hatten vor allem Brügge (14. Jahrhundert) und seit dem 16. Jahrhundert Antwerpen diese Rolle inne. 1211 schlossen die Städte Genua und Marseille einen Vertrag, durch den sie die Deutschen von der Mittelmeerfahrt ausschlossen. 1228 gab es in Venedig erstmals ein Kauf- und Wohnhaus der Deutschen, welches der Lagerung von Waren vor dem Weitertransport diente. Um das Risiko auf den langen und beschwerlichen Handelsreisen zu vermindern, schlossen sich die Kaufleute bald zu Handelsgesellschaften zusammen. Außerdem gab es große Unternehmerfamilien (Tucher in Nürnberg, Fugger in Augsburg), die eine bedeutende Rolle im Welthandel spielten und z. T. die Finanzgeschäfte von Kaisern und Königen führten. Für Märkte, Messen und Bankgeschäfte waren eigene Handelsordnungen und -gesetze erforderlich, die durch die Messepolizei damals überwacht wurden. Die Beamten waren dafür zuständig, die Qualität der Waren, die Maße und Gewichte sowie die Einhaltung erster Qualitätssiegel zu überwachen.

Die Hansen wurden als Genossenschaften in Nordeuropa gegründet – mit dem Ziel sich gegenseitig zu unterstützen, Handelsgüter gemeinsam anzubieten und auf fremden Märkten mit einheitlichen Münzen, Gewichten und Maßen zu handeln. Durch die Bündelung gemeinsamer Handelsinteressen und den Einfluss der Geschäftsleute kam es zur Hanse der Städte. Eine Mitgliedschaft bedeutete für eine Stadt große Vorteile: Man profitierte von Sonderrechten z. B. hinsichtlich der Zölle und regelte Warenaus- und -einfuhr gemeinsam. Der Ausschluss aus dem Hansebund auf Grund z. B. der Nichtbefolgung gemeinsamer Beschlüsse konnte für eine Stadt den wirtschaftlichen Niedergang bedeuten. 1400 hatten sich etwa 100 Städte unter dem Vorsitz Lübecks zusammengeschlossen. Im Ausland konnten deutsche Kaufleute an wichtigen Handelsplätzen Lager-, Stapel- und Verkaufshallen, die „Kontore", errichten. Die Kaufmannssöhne bewährten sich hier, während ihre Väter die Geschäfte aus der Heimat steuerten und mit Hilfe einer genauen Buchführung die Übersicht behielten. Aus den reisenden Kaufleuten wurden allmählich „schreibende Unternehmer". Ab dem 15. Jahrhundert kam es zum Niedergang der Hanse. Gründe waren vor allem die englische und holländische Konkurrenz, innerstädtische Unruhen, hansische Interessengegensätze, die Gegnerschaft der Territorialherren, besonders aber die Verlagerung des Handels zum Atlantik.

Quelle: www.geocities.com, 19.3.2004

Mittelalterliches Kontor

Hanse = „Schar, Bund";
Bezeichnung für die genossenschaftliche Vereinigung deutscher Kaufleute um gemeinsame Handelsinteressen zu verwirklichen und sich im Ausland gegenseitig zu unterstützen.

1. Begründen Sie, warum die Übernahme allgemeiner Buchführungs-, Handels- und Finanztechniken für den grenzüberschreitenden Handel von Vorteil ist.
2. Buchführung, Handels- und Finanztechniken stammen weitestgehend aus Italien. An welchen Begriffen lässt sich dies noch heute erkennen?
3. Recherchieren Sie mit Hilfe der Suchmaschine www.google.de, welche Institutionen im mittelalterlichen Handel eine Rolle spielten. Systematisieren Sie diese Institutionen.

Die Geschichte des grenzüberschreitenden Handels lässt sich auch aus dem Blickwinkel der Entwicklung von Institutionen betrachten. Rechtliche Regelungen, die zunächst nur lokal oder regional galten, wurden von größeren Gebieten übernommen, weil sie sich bei der Vermeidung von Reibungsverlusten und Risiken im internationalen Geschäft bewährt hatten. Ein Beispiel hierfür ist die „Charte d'Oleron", ein Handelsrecht, das zunächst für die französische Insel Oleron vor La Rochelle galt, später aber in großen Teilen von Flandern, Holland und England verbindlich wurde.

6.1.2 Bereiche des weltwirtschaftlichen Zusammenhangs

Wenn Sie die Dinge betrachten, die Sie besitzen oder konsumieren, werden Sie feststellen, dass nur wenige Güter „made in Germany" sind: Butter aus Irland, Bananen aus Honduras, der Fotoapparat aus Japan, das Auto aus Frankreich, das Handy aus Finnland, die Lampe aus Marokko, der Tee aus Indien, die Schuhe aus Italien ...; ganz zu schweigen von den Rohstoffen und Halberzeugnissen, die von Deutschland importiert werden, um Waren für die Endabnehmer zu produzieren.

Es gibt verschiedene Gründe, warum wir diese Produkte importieren. Internationale Wirtschaftsbeziehungen bieten dem Einzelnen nicht nur eine ungeheure Waren- und Dienstleistungsvielfalt, sondern auch die Möglichkeit, einer Tätigkeit in einem internationalen Unternehmen im In- oder Ausland nachzugehen oder Kapital auf dem internationalen Finanzmarkt anzulegen. Auch der gemeinsame Markt Europa (vgl. Kapitel 6.5) bietet diese Freiheiten.

Neben den Chancen sind jedoch auch die Gefahren zu nennen, die sich auf Grund des zunehmenden Wettbewerbsdrucks durch ausländische Konkurrenz auf Unternehmen und Beschäftigte ergeben. Die wachsende Verflechtung der Volkswirtschaften verschärft den Wettbewerb der Standorte und schränkt die wirtschaftspolitischen Handlungsspielräume einzelner Staaten zunehmend ein. Handelskonflikte zwischen Nationen, Umweltprobleme und Arbeitskräftewanderungen zeigen, dass es zukünftig auf die Kooperation auf globaler Ebene und die Vereinbarung über globale Spielregeln und Institutionen ankommt. Die Internationalisierung der Wirtschaft erreicht heute ungeahnte Dimensionen. Neue Informations- und Kommunikationstechnologien und der Zusammenbruch der Zentralverwaltungswirtschaften in Mittel- und Osteuropa führten zu einer immensen Beschleunigung und Ausweitung des globalen Handels. Der folgende Artikel ist eine Rundschau zum Thema „Internationale Wirtschaftsbeziehungen".

Die Welt wird zum Marktplatz

Das Volumen des Welthandels ist derzeit mehr als fünfzigmal so groß wie am Ende des Zweiten Weltkriegs – vor allem dank des Fortschritts in der Transport- und Kommunikationstechnik, des Abbaus von Handelsbeschränkungen und der Liberalisierung der Kapitalmärkte. Die Verflechtung verstärkte sich vor allem in Zeiten kräftigen wirtschaftlichen Wachstums, zuletzt besonders gegen Ende der 80er Jahre. Während der Rezession hingegen stagnierte der Welthandel oder schrumpfte sogar.

Globalisierung bedeutet jedoch nicht nur eine Ausdehnung des Handels zwischen den verschiedenen Ländern der Welt: Die intensivere Arbeitsteilung zeigt sich immer mehr darin, dass die Produktionsfaktoren wandern. Das tun sie insbesondere dann, wenn der freie Waren- und Dienstleistungsverkehr durch handels- und industriepolitische Verzerrungen beeinträchtigt ist.

Vor allem das mobile Kapital zieht rasch an jene Flecken der Erde, an denen sein Ertrag am höchsten ist – die menschliche Arbeitskraft lässt sich dagegen nicht ohne weiteres von einem Ort an einen anderen versetzen. Während die Richtung der Güterströme zeigt, welches Land über Kostenvorteile bei der Produktion verfügt, lässt sich an den Faktorströmen erkennen, wo sich der beste Standort befindet. Zwischen den verschiedenen Ländern und Regionen entwickelt sich heute eine Standortkonkurrenz. Führungs- und Verbundvorteile verlieren innerbetrieblich und regional an Bedeutung. Die geringeren Transaktionskosten erlauben es in vielen Fällen, die Wertschöpfungsketten aufzubrechen und den Produktionsprozess so über die ganze Welt zu streuen, dass die jeweiligen regionalen Vorzüge bestmöglich genutzt werden.

Es wird daher in der Zukunft immer leichter möglich sein, auch kurzfristig

Sammeln Sie die Ihrer Meinung nach zentralen Begriffe der Quellentexte auf dieser und der folgenden Seite. Welche sind Ihnen bekannt?

ganze Unternehmensteile zu verlagern, um Kosten zu sparen. Der Begriff der Standortkonkurrenz indes führt zu Missdeutungen. Es klingt, als träten Faktoren miteinander in Wettbewerb, welche dies nicht tun sollten. Unterschwellig wird – dies allerdings zu Recht – angedeutet, die Leistungsfähigkeit der Unternehmen sei getrennt von den standortgebundenen Rahmenbedingungen zu betrachten, innerhalb derer sie sich zu bewähren hätten. Doch ebendies wird möglich, wenn die Unternehmen ihre Standorte flexibel bestimmen können: Die sogenannte Standortkonkurrenz ist nichts anderes als unternehmerischer Wettbewerb in hinlänglich freien Märkten, durch die Globalisierung den nationalstaatlichen Grenzen entrissen.
Der Begriff der Globalisierung beschreibt eine Entwicklung, welche die Weltwirtschaft dem theoretischen Ideal der vollkommenen Märkte näher rückt – mit dem wünschenswerten Effekt einer größeren Effizienz und der genaueren Ausrichtung des Angebots an den Wünschen der Verbraucher. Das ist desto eher möglich, je leichter es den Unternehmern fällt, Standorte zu finden und auch einmal wieder aufzugeben, Sachkapital zu verlagern und geeignete Arbeitskräfte zu verpflichten.
Das Ergebnis der intensiven Konkurrenz ist eine Angleichung der wirtschaftlichen Bedingungen an den verschiedenen Standorten. Durch die Globalisierung erhalten auch die derzeit rückständigen Regionen der Welt eine reelle Chance, ihren Abstand zu den Industriestaaten aus eigener Kraft aufzuholen.
Quelle: Karin Horn: Globaler Wettbewerb, in: Frankfurter Allgemeine Zeitung vom 23.03.1996

!

1. Fassen Sie die Einschätzung der Autorin zur Globalisierung in eigenen Worten zusammen.
2. Welche Faktoren spielen für den Wohlstand der Nationen nach Karin Horn eine besondere Rolle?

Es gibt viel Kritik an der Gestaltung internationaler Wirtschaftsbeziehungen. „Globalisierungsgegner“ sehen in der gegenwärtigen Entwicklung einen neuen „Raubtierkapitalismus“, sehen demokratische Grundordnungen in Gefahr, bemängeln die Ausgestaltung der internationalen Institutionen und befürchten die Dominanz der mächtigen Industrienationen und damit ein weiteres Auseinanderklaffen zwischen Arm und Reich. Attac, eine Organisation, die für eine andere Form der Globalisierung eintritt, kommt im folgenden Abschnitt zu Wort:

Attac-Erklärung für eine demokratische Kontrolle der internationalen Finanzmärkte
Die internationalen Finanzmärkte sind zu einer Macht geworden, die zunehmend die Politik bestimmt. [...] Im Namen einer Modernisierung, die als unabänderlicher Sachzwang präsentiert wird, untergräbt die Macht der Finanzmärkte die Demokratie. Mit der Drohung auf einen anderen „Standort“ oder eines der Steuerparadiese und „Offshore-Bankzentren“ auszuweichen, verfügen internationale Finanzkonzerne und KapitalbesitzerInnen über ein Erpressungspotenzial, mit dem sie die Politik demokratisch gewählter Regierungen ihrer Disziplin unterwerfen.
Mit Transaktionen von 1.500 Milliarden Dollar pro Börsentag, wovon der Löwenanteil auf Geschäfte mit spekulativem Charakter entfällt, ist eine völlig neue Qualität internationaler Wirtschaft entstanden. Doch die grenzenlose Freiheit der Kapitalflüsse führt zu einer wachsenden Instabilität der internationalen Wirtschaftsbeziehungen, die sich in immer kürzeren Abständen in Krisen entlädt. Durch Finanzcrashs werden jahrelange wirtschaftliche Anstrengungen ganzer Volkswirtschaften über Nacht zunichte gemacht.
Die Behauptung, die Globalisierung bringe Wohlstand für alle, hat sich nicht bewahrheitet. Während eine kleine Gruppe von Globalisierungsgewinnern immer reicher und mächtiger wird, wachsen weltweit soziale Unsicherheit, Ausgrenzung und Armut. Die Kluft zwischen und innerhalb von Industrieländern und Entwicklungsländern wird immer größer. Die Lösung brennender ökologischer Probleme wird verschleppt. [...]
Quelle: www.attac-netzwerk.de/erklaerung/

Die zunehmende Internationalisierung der Wirtschaft spiegelt sich vor allem in den folgenden drei Bereichen wider:

Gütermärkte

Der Welthandel nimmt beständig zu. Der Anteil des internationalen Exports von Gütern an der Weltproduktion hat sich in den letzten 20 Jahren mehr als verdoppelt (von rund 10 % auf weit über 20 %). Diese Entwicklung ist für die weltweit gehandelten Dienstleistungen tendenziell in ähnlicher Weise kennzeichnend.

Produktion

Die wachsenden weltwirtschaftlichen Aktivitäten von Unternehmen sorgen für eine zunehmende Verflechtung der inländischen Wirtschaft mit dem Ausland. Ein Motiv für eine Internationalisierung der Produktion ist darin zu sehen, dass Unternehmen eine stärkere Position auf den ausländischen Absatzmärkten erhalten können. Außerdem besteht die Möglichkeit, sich Zugang zu Beschaffungsmärkten im Ausland zu ermöglichen. Die Überwindung von Handelshemmnissen ist ebenfalls ein bedeutsamer Grund und schließlich spielen Kostengründe eine wichtige Rolle, wie z. B. die Verlagerung lohnkostenintensiver Bearbeitungsstufen in sogenannte Billiglohnländer.

Direktinvestition = finanzielle Beteiligung eines Unternehmens an einem Unternehmen in einem anderen Land mit dem Ziel einen dauerhaften Einfluss auf die Geschäftspolitik auszuüben.

Kapital- und Finanzmärkte

Die großen deutschen Banken sind mittlerweile an allen wichtigen Bankplätzen vertreten. Der Euro spielt auf den internationalen Finanzmärkten – neben dem US-Dollar und dem Yen – eine bedeutende Rolle und ist eine wichtige Anlagewährung für ausländische Kapitalanleger und Währungsbehörden. Nicht nur die wachsende Bedeutung der Im- und Exporte führt zu zunehmenden internationalen Kapitalströmen, auch Direktinvestitionen spielen eine große Rolle.

1. Recherchieren Sie aktuelle Daten über Direktinvestitionen, die deutsche Firmen im Ausland und ausländische Firmen in Deutschland tätigen.
2. Erläutern Sie die hier dargestellten Verbindungen von inländischer und ausländischer Wirtschaft, möglichst mit Hilfe konkreter Beispiele. Nutzen Sie dazu z. B. Websites mittelständischer Unternehmen aus Ihrer Region.

Verbindung von inländischer und ausländischer Wirtschaft

6.1.3 Wie „misst" man Welthandel?

Mit dem Sektor „Ausland" wird der einfache Wirtschaftskreislauf, in dem die Sektoren „Private Haushalte", „Unternehmen" und „Staat" in Beziehung gesetzt werden, um einen vierten Sektor ergänzt.

Das „Ausland" umfasst alle ausländischen Anbieter und Nachfrager von Sachgütern und Dienstleistungen, die mit der inländischen Wirtschaft in Im- und Exportbeziehungen treten. Die Beziehungen einer nationalen Wirtschaft zum Ausland werden der Einfachheit halber nur zwischen dem Sektor „Unternehmen" und dem Sektor „Ausland" erfasst. Im- und Export sind hier also weit gefasste Begriffe, die z. B. auch die Ausgaben einer deutschen Familie im Rahmen des Sommerurlaubs in Frankreich, Zahlungen zur Entwicklungshilfe der Bundesregierung oder den privaten Ankauf von Devisen beinhalten. Der Großteil der wirtschaftlichen Verflechtungen entsteht allerdings dadurch, dass Unternehmen Güter und Dienstleistungen aus dem Ausland importieren oder ins Ausland exportieren.

Die Bezeichnungen „Import" und „Export" stehen für Geld- und Güterströme zwischen inländischer und ausländischer Wirtschaft. Im Wirtschaftskreislauf werden jedoch nicht die realen, sondern die monetären Ströme abgebildet. Deswegen verlaufen die Ausfuhren (Exporte, X) vom Sektor Ausland zum Sektor Unternehmen. Entsprechend verlaufen die Einfuhren (Importe, M) vom Sektor Unternehmen zum Sektor Ausland.

Wenn die Exporte eines Landes höher ausfallen als die Importe, entsteht ein Exportüberschuss, auch positiver Saldo genannt. Die Folge für das Inland ist ein Überschuss an Devisen und damit eine Zunahme der Geldvermögens. Die Forderungen des Inlands gegenüber dem Ausland steigen daher. Wenn die Importe die Exporte übersteigen, spricht man von einem Importüberschuss, auch negativer Saldo genannt. Die Folge sind steigende Verbindlichkeiten gegenüber der ausländischen Wirtschaft.

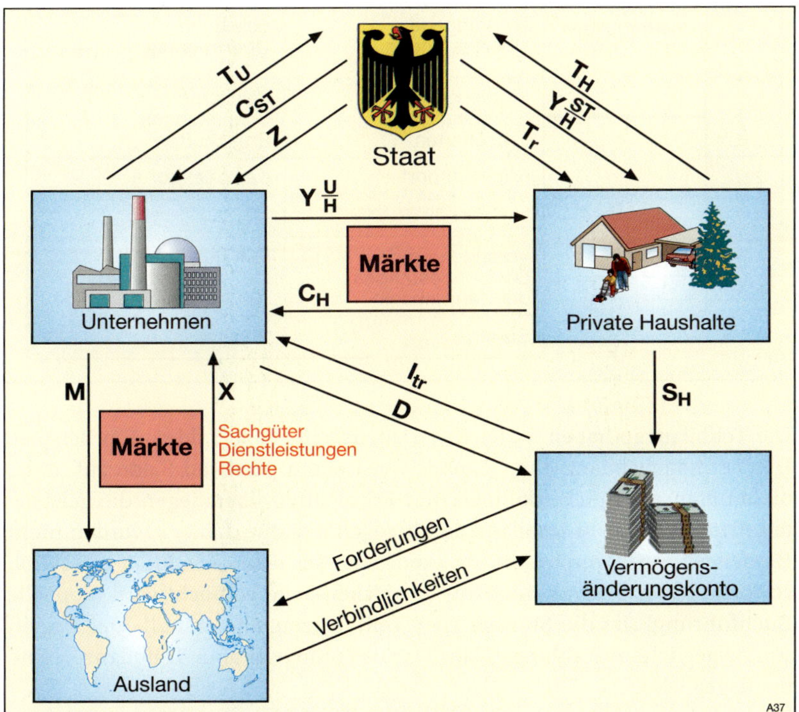

Erweiterter Wirtschaftskreislauf mit Sektor „Ausland"

1. In einer offenen Volkswirtschaft haben die gesamtwirtschaftlichen Kreislaufgrößen in einer Periode folgende Werte in Geldeinheiten: $C_H = 650$, $Y_H^U = 900$, $Y_H^{St} = 200$, $T_H = 250$, $T_U = 200$, $C_{St} = 250$, $X = 300$, $D = 150$, $I_{br} = 300$
   Errechnen Sie die fehlenden Größen.
2. Stellen Sie die Größen in Kreislauf-, Konten- und in Matrixform dar (vgl. hierzu die Hinweise im Exkurs Seite 342 ff.).
3. Wie wird in den Volkswirtschaftlichen Gesamtrechnungen (VGR) ein monetärer Ausgleich geschaffen, wenn die Importe die Exporte sogar übersteigen (dies war in der Bundesrepublik Deutschland in den letzten Jahren nicht der Fall)?
4. Recherchieren Sie, ob die Bundesrepublik Deutschland in der aktuellen Gesamtrechnung einen Import- oder Exportüberschuss aufweist. Nutzen Sie die Informationen auf folgenden Websiten: www.destatis.de und www.bundesbank.de. Ermitteln Sie mögliche Gründe für den Import- oder Exportüberschuss.

Solche oder ähnliche Meldungen findet man regelmäßig in der Presse:

Defizit der US-Handelsbilanz wächst

Deutschland verbucht Exportüberschuss

Deutschland wieder Exportweltmeister?

1. Ermitteln Sie mit Hilfe von www.destatis.de und www.bundesbank.de die Zahlungsbilanz der Bundesrepublik Deutschland für das vergangene Jahr sowie die langfristige Entwicklung des Handelsbilanzsaldos der BRD.
2. Eine deutsche Studentin verbringt ein Wochenende in Paris – die Bundesregierung zahlt für Entwicklungshilfe – die EU zahlt für den „Aufbau Ost" – ein spanisches Unternehmen investiert in Deutschland – ein deutscher Beamter kauft ein japanisches Auto – eine Dänin kauft Aktien der Telekom AG: Wo werden diese Transaktionen verbucht?

Die Bedeutung von Konten für die verschiedenen Sektoren einer Volkswirtschaft ist Ihnen mehrfach vor Augen geführt worden: Private Haushalte führen Haushaltsbücher um Einkommen und Ausgaben festzuhalten. In Unternehmen werden Bilanzen erstellt, damit man Aufschluss über die finanzielle Situation erhält. Mit den VGR werden alle finanziellen Transaktionen auf volkwirtschaftlicher Ebene abgebildet, damit die wirtschaftliche Lage „des Staates“ erfasst werden kann. In gleicher Weise sind Konten im internationalen Handel von entscheidender Bedeutung.
Wie aber stellt man fest, wie sich Im- und Exportbeziehungen entwickeln? Alle wirtschaftlichen Transaktionen, die zwischen Inländern (Personen und Unternehmen mit Sitz im Inland) und Ausländern in einem bestimmten Zeitraum erfolgen, werden in der Zahlungsbilanz registriert. Die Zahlungsbilanz erfasst keine Bestandsgrößen, sondern sie ist eine Stromgrößenrechnung. Die Zahlungsbilanz besteht aus den Teilbilanzen Leistungs-, Vermögens-, Kapital- und Devisenbilanz:

Die Teilbilanzen haben in der Regel unausgeglichene Salden. Ein Beispiel: Die Vermögensbilanz eines Landes weist einen positiven Saldo auf, d. h., die empfangenen Schenkungen und Erbschaften überstiegen die geleisteten. Die Dienstleistungsbilanz ist hingegen negativ, d. h., es wurden mehr Dienstleistungen importiert als exportiert. Da jede einzelne Transaktion sowohl auf der Soll- als auch auf der Haben-Seite verbucht wird (doppelte Buchführung), ist die Summe aller Teilbilanzen immer null. Der Begriff „unausgeglichene Zahlungsbilanz“ ist also unlogisch, nur Teilbilanzen sind unausgeglichen.
Nachfolgend wird eine Maßzahl für den Vorteil vorgestellt, den ein Land aus dem Außenhandel zieht.

Terms of Trade

Die Terms of Trade (ToT) sind eine Messgröße für das Verhältnis von exportierten und importierten Gütern. Ein Steigen der Terms of Trade bedeutet, dass sich der Vorteil aus dem Außenhandel für ein Land vergrößert, weil es dann für den gleichen Exporterlös mehr importieren kann. In einer Formel stellt sich diese Preisrelation so dar:

$$\text{Terms of Trade} = \frac{\text{Exportpreise}}{\text{Importpreise}}$$

Die Terms of Trade machen deutlich, welche Menge an Exportgütern aufgebracht werden muss, um eine Einheit des Importguts zu bezahlen. Angenommen die Länder A und B betreiben in einem Zwei-Güter-Modell Handel miteinander. Land A produziert PKW, Land B baut Kaffee an.

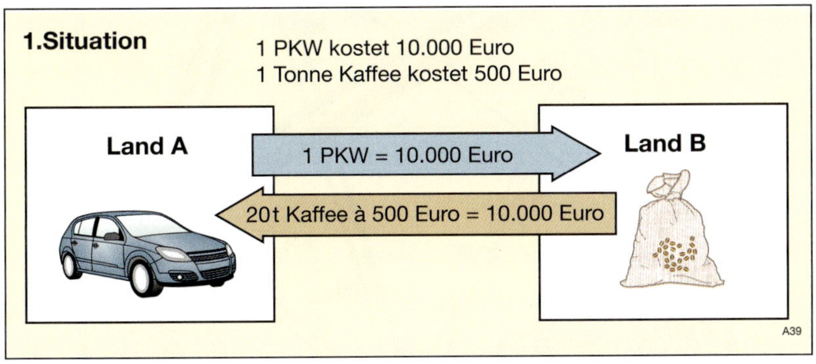

Ein PKW aus Land A soll 10.000 Euro kosten, der Preis einer Tonne Kaffee aus Land B beträgt 500 Euro. Somit kostet 1 PKW 20 t Kaffee.
Wenn man weiter annimmt, dass der Preis für PKW von 10.000 Euro auf 11.000 Euro steigt, während der Preis für Kaffee konstant bleibt, kann Land A für einen PKW 22 t Kaffee kaufen, bzw. Land B muss mehr Kaffee exportieren, um den gleichen PKW aus Land A zu kaufen. Die Außenhandelsposition von Land B hat sich somit verschlechtert.

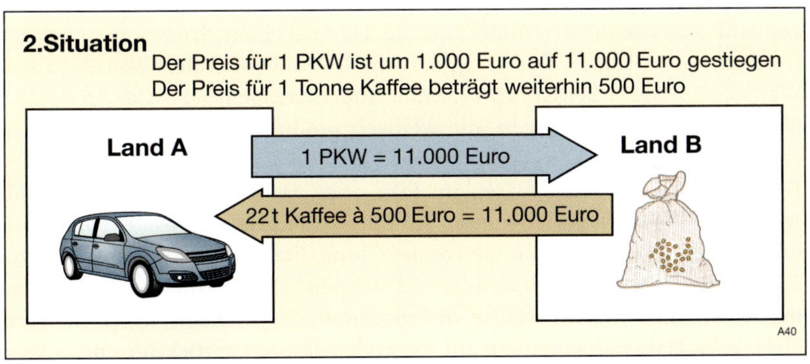

Die Entwicklung der Terms of Trade ist z. B. für jene Entwicklungsländer, die auf wenige Produkte oder sogar nur auf ein Gut spezialisiert sind, von besonderer Bedeutung. Entwicklungsländer können auf Preiserhöhungen von Industrieprodukten in der Regel nicht mit eigenen Preiserhöhungen reagieren, so dass sich ihre Lage im Verhältnis zu den Industrieländern zunehmend verschlechtert (vgl. Kapitel 6.6).

!

1. Warum sind die Veränderungen der Terms of Trade auf globaler Ebene ein Nullsummenspiel?
2. Recherchieren Sie, wie sich die Export- und Importpreise der Bundesrepublik Deutschland in den letzten 10 Jahren entwickelt haben? Nutzen Sie die Website www.destatis.de oder die aktuelle Ausgabe des Datenreports für die Bundesrepublik Deutschland, den Sie bei der Bundeszentrale für politische Bildung erhalten (www.bpb.de).

6.1.4 Struktur des Welthandels

Der weltweite Handel mit Sachgütern stellt den Kern der Handelsbeziehungen dar. Der Austausch von Dienstleistungen nimmt jedoch in den letzten Jahren stark zu. Die Einteilung der am Welthandel beteiligten Länder wird üblicherweise in die Kategorien Industrieländer, Entwicklungsländer (inklusive der Rohöl exportierenden Länder) und Transformationsländer vorgenommen (vgl. Kapitel 6.6). Zusammen bilden diese Gruppen das Welthandelsdreieck.

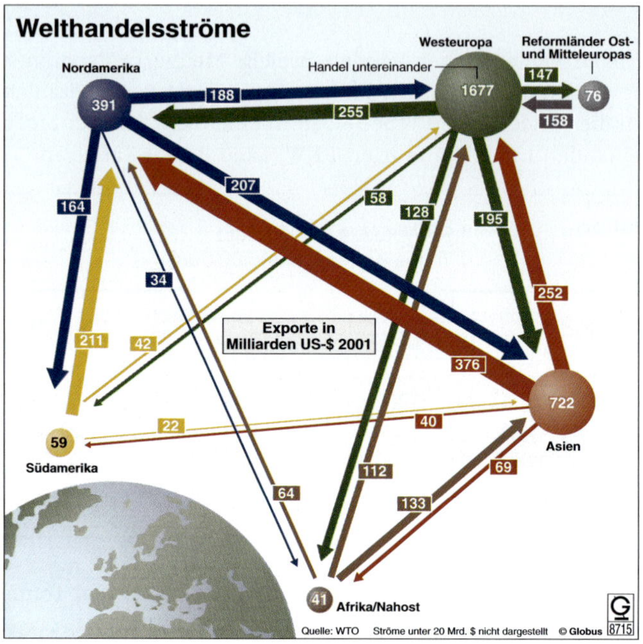

Der Welthandel wird mit über zwei Dritteln wesentlich von den Industrieländern bestimmt. Die Entwicklungsländer, zu denen bei dieser Kategorisierung ebenfalls die ost- und südostasiatischen Schwellenländer gezählt werden, nehmen mit ca. einem Viertel am Welthandel teil. Auf die Transformationsländer entfällt ein nur geringer Anteil des Welthandels.

Im Jahr 2003 hatte der internationale Handel einen Wert von ungefähr 6 Billionen US-Dollar. Damit lag der Anteil des Welthandels gemessen am Weltsozialprodukt bei ca. 20 %. Oder anders ausgedrückt: Ca. 80 % der Güter und Dienstleistungen, die weltweit produziert wurden, werden im Inland vertrieben.

Die größten Exporteure waren im Jahr 2003 Deutschland, die USA und Japan: Diese drei Nationen kamen auf über ein Viertel des Weltexports. Auf den Plätzen 4 bis 10 folgten die Länder China, Frankreich, Großbritannien, Italien, Kanada, die Niederlande und Belgien. Die Dominanz der Industrieländer, die etwa die Hälfte des gesamten Welthandels untereinander abwickeln, lässt sich vor allem auf folgende Faktoren zurückführen:

- Die Industrieländer verfügen über eine diversifizierte Produktionsstruktur. Damit werden die Vorteile internationaler Arbeitsteilung genutzt.
- Exportpreise für Fertigwaren, die den größten Teil des Außenhandelsvolumens der Industrieländer ausmachen, steigen häufig schneller als Rohstoffpreise.
- Regionale Wirtschaftsintegration (z. B. die EU, vgl. Kapitel 6.5) fördert den Handel zwischen den Industrieländern.

1. Recherchieren Sie Informationen zur Entwicklung des Welthandels (Wert, Anteil am Weltsozialprodukt, Warenstruktur, Anteile von Regionen an den Weltexporten seit dem Zweiten Weltkrieg etc.). Nutzen Sie z. B. die Website der Welthandelsorganisation (WTO) und dort die Rubrik International Trade Statistics: www.wto.org.
2. Stellen Sie die von Ihnen ermittelten Zahlen grafisch dar. Versehen Sie Ihre Darstellung mit einer Schlagzeile, die die Kernaussage der Grafik auf den Punkt bringt.

Die folgende Abbildung zeigt die Staaten der Welt im Maßstab ihrer Bedeutung im internationalen Handel:

Die Entwicklung des Welthandels hängt von der weltwirtschaftlichen Konjunktur ab. In wirtschaftlichen Krisenzeiten (globale Rezessionen, Börsencrashs, Ölkrisen) wird in der Regel weniger importiert. Staaten greifen verstärkt zu Maßnahmen, die die eigene Wirtschaft „schützen" und ankurbeln sollen. Zu den Risiken für die Entwicklung der Weltwirtschaft zählen jedoch nicht nur ökonomische Krisen. Auch politische Entwicklungen oder Epidemien können die weltwirtschaftliche Entwicklung hemmen oder gefährden (vgl. hierzu Kapitel 6.7).
Organisationen wie der Internationale Währungsfonds (IWF) sowie die Organisation für wirtschaftliche Zusammenarbeit und Entwicklung (OECD) prognostizieren regelmäßig die Wachstumsdynamik der Weltwirtschaft. Der IWF rechnet z. B. mit einem Wachstum der Weltwirtschaft für 2005 von 4,4 %. Bei Prognosen handelt es sich um eine wissenschaftlich gestützte Voraussage über künftig gewünschte oder nicht gewünschte Ereignisse und Zustände. Man beschränkt sich dabei auf eine einzige Vorhersage, die auf Wenn-dann-Beziehungen basiert – mögliche Störereignisse werden also nicht berücksichtigt.

Standorte als internationaler Wettbewerbsfaktor
Die USA waren 2003 das wettbewerbsfähigste Land der Welt, gefolgt von Singapur und Kanada. Zu diesem Ergebnis kam der „World Competitiveness Report", der anhand von 286 Kriterien die Konkurrenzfähigkeit auf dem Weltmarkt analysiert hat. Zu den Kriterien zählen: Arbeitskosten, Produktivität, Qualifikation der Arbeitskräfte, Effizienz des Managements, binnenwirtschaftliche Stärke, politische und soziale Stabilität, rechtliche Rahmenbedingungen, Freiheit von staatlichen Eingriffen, Steuer- und Abgabenlast.

!

Ermitteln Sie im Internet aktuelle Prognosen für das Wachstum des Welthandels.
Recherchieren Sie die Gründe für den Fall, dass die vergangenen Prognosen nicht eingetroffen sind! (Tipp: www.worldbank.org, www.oecd.org, Webseiten der Wirtschaftsforschungsinstitute in Deutschlang)
Ermitteln Sie, welche Position die Bundesrepublik Deutschland im internationalen Standortvergleich einnnimmt. Wer gehört aktuell zu den wettbewerbsfähigsten Staaten?

6.1.5 Die Bundesrepublik Deutschland im Welthandel

In Deutschland hängt jeder fünfte Arbeitsplatz direkt oder indirekt vom Export ab. Dies betrifft auch jene Arbeitsplätze, die mit Zubehör, Material, Versicherungs- oder Transportleistungen zum Exportgeschäft beitragen. Insgesamt stellen ungefähr 7,4 Millionen Menschen Güter und Dienstleistungen für ausländische Märkte her.

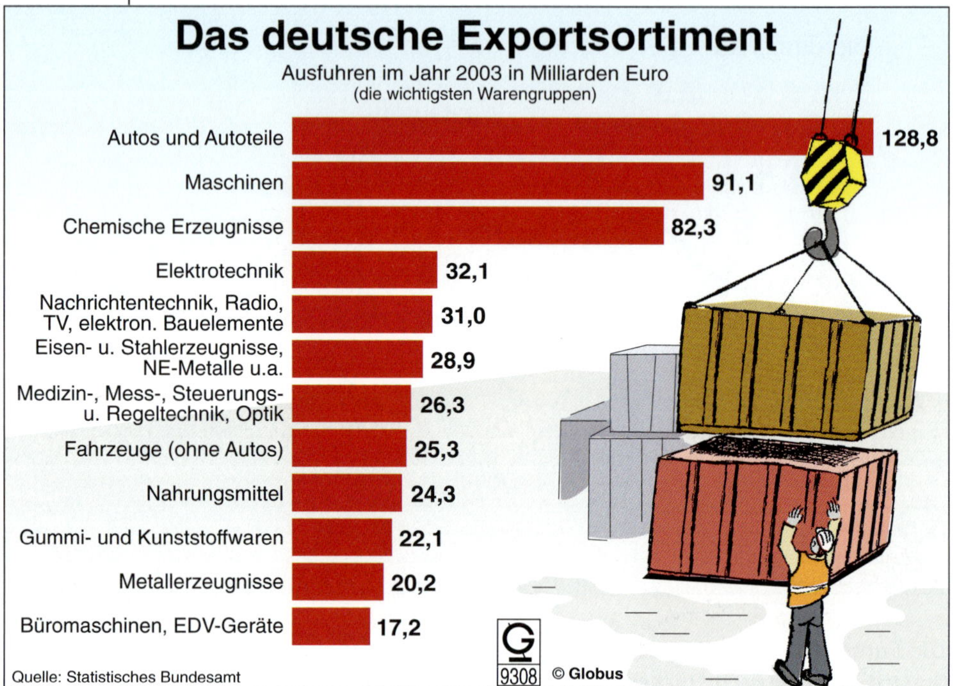

In den Bereichen Wasser-, Schienen-, Luftfahrzeuge, Metalle, Halbfertigprodukte, Büromaschinen, EDV-Geräte, Schifffahrt, Chemie, Nachrichtentechnik, Elektronik u. a. sind 75 – 90 % der Erwerbstätigen für die Ausfuhr tätig. Die Branche mit der höchsten Exportquote war im Jahr 2003 die „Herstellung von fotochemischen Erzeugnissen" (chemische Industrie) mit einem Auslandsanteil am Umsatz von über 75 %. Hieraus leitet sich eine wesentliche Bedeutung des Außenhandels für die deutsche Wirtschaft ab: Sicherung und Ausbau von Arbeitsplätzen in der Exportwirtschaft. Auf der folgende Seite wird die Bedeutung des Außenhandels für die deutsche Wirtschaft aus Ministeriumssicht dargestellt.

Internetrecherche – Umgang mit statistischen Daten – Präsentation

Erstellen Sie eine umfassende Präsentation zum Außenhandel der Bundesrepublik Deutschland und zur Stellung der Bundesrepublik im Welthandel.
Mögliche Aspekte: Zahlungsbilanz, Entwicklung von Einfuhren und Ausfuhren; Entwicklung des deutschen Außenhandels nach Ländern und Warengruppen; Gesamtentwicklung des deutschen Außenhandels seit dem Zweiten Weltkrieg; Rangfolge der Handelspartner im Außenhandel der Bundesrepublik Deutschland; Importabhängigkeit, Importe nach Warengruppen; Außenhandel nach Ländergruppen; Deutschland als Handelspartner; Rangfolge der Exportquoten der Bundesländer in Deutschland u. v. m.
Die Grafiken auf dieser und der vorausgegangenen Seite geben Ihnen erste Anhaltspunkte. Nutzen Sie für weitere Informationen das Internet.

Außenwirtschaftspolitik im Zeichen der Globalisierung

Die Globalisierung der Weltwirtschaft stellt auch die Außenwirtschaftspolitik vor neue Herausforderungen; gleichzeitig eröffnet sie den Unternehmen neue Chancen. Angesichts der weltweiten technologischen Entwicklung müssen die deutschen Unternehmen ihren Vorsprung in wichtigen Bereichen behaupten.

Der Wettbewerb auf den internationalen Märkten verschärft sich. Deutsche Unternehmen müssen ihre Chancen auf den Auslandsmärkten, insbesondere in Asien und Lateinamerika, wahrnehmen. Zur Überwindung des gravierenden Wohlstandsgefälles zwischen Industrie- und Entwicklungsländern ist eine stärkere Einbindung der Entwicklungsländer in die Weltwirtschaft nötig. Die entwicklungspolitische Zusammenarbeit der Europäischen Union (EU) ergänzt die entsprechende Politik der Mitgliedstaaten. [...] Die Außenwirtschaftspolitik gehört zu den wichtigsten politischen Aufgaben. Sie ist wesentlicher Bestandteil der Wirtschaftspolitik und fügt sich in den ordnungspolitischen Rahmen ein, der durch unsere freie, soziale Marktwirtschaft und das System der Weltwirtschaft vorgegeben ist. Danach steht die Eigeninitiative der Unternehmen im Mittelpunkt, und insbesondere muss das wirtschaftliche Risiko eines Auslandsengagements von den Unternehmen selbst getragen werden. [...] Aufgabe der Außenwirtschaftspolitik ist es, dafür zu sorgen, dass sich Wettbewerb und Handel möglichst ungehindert entfalten können. In bilateralen Verhandlungen und in internationalen Organisationen (UN, WTO, OECD) ist es das Ziel Regeln für den Handel festzulegen, die Auslandsmärkte transparenter zu machen und Handelshemmnisse abzubauen. [...]

Aufgabe der Außenwirtschaftspolitik ist es weiterhin die deutschen Unternehmen im Wettbewerb auf den Weltmärkten zu stärken. Insbesondere gilt das für kleine und mittlere Unternehmen, deren personelle und finanzielle Ressourcen begrenzt sind. Ziel ist es, die Basis zu verbreitern, auf der Unternehmen Entscheidungen für Auslandsinvestitionen, internationale Kooperationen oder auch grenzüberschreitende Fusionen fällen. Im Bundesministerium für Wirtschaft und Technologie steht der Wirtschaft dazu ein breit gefächertes Instrumentarium zur Verfügung. [...] Schließlich liegt auch die Werbung für den Wirtschaftsstandort Deutschland zur Gewinnung ausländischer Investoren – als wichtiger Teil der Außenwirtschaftspolitik mit vielfältigen Berührungen zu anderen Politikfeldern – in der Federführung des Bundesministeriums für Wirtschaft und Arbeit (BMWi).

nach: www.bmwi.de, 19.06.2002

!

1. Stellen Sie zusammen, welche allgemeinen Aufgaben die Außenwirtschaftspolitik hat (vgl. Kapitel 5 und www.bmwi.de).
2. Welche Instrumente der Außenwirtschaftsförderung werden von der Bundesregierung zurzeit befürwortet und eingesetzt?
3. Im Text oben heißt es, dass die Unternehmen das wirtschaftliche Risiko eines Auslandsengagements selbst zu tragen hätten. Es gibt jedoch – staatliche und private – Versicherungen, die wirtschaftliche und/oder politische Risiken im Ausland abdecken. Stellen Sie ein Beispiel sowie wesentliche Versicherungsbedingungen dar.

!

Woher rührt das Interesse der amerikanischen Presseagentur Reuters an Aussagen des Chefs der Bundesbank und an der Entwicklung des Euro?
Suchen Sie in der internationalen Wirtschaftspresse weitere ausländische Berichte über die deutsche Außenwirtschaft.

Buba says German exports to grow despite euro rise

Bundesbank Chief Economist Hermann Remsperger said on Tuesday that Germany should see further export growth despite the strong euro. „The five percent rise in the euro's effective exchange rate since the beginning of the year is toughening conditions for Germany's exporters, but the danger of economic damage due to the stronger euro should not be over-estimated," Remsperger said. [...]
Similarly, he downplayed the impact of the surging currency last week, saying that the price competitiveness of the German economy was still above its long-term average. And his boss, Bundesbank President Ernst Welteke, said on Tuesday that the euro rise was not hurting economic prospects. A stronger euro lowers the costs of imports and leading indicators point to continued moderate export growth, he said. The euro EUR= vaulted to $1.13 against the dollar and has hit fresh four-year highs against the dollar, yen and sterling. Germany's exporters recorded robust growth of 2.6 percent in 2001, not least thanks to a declining euro, Remsperger said. In addition to the euro's more recent gains, Germany's export business was burdened by weak growth in the euro zone.

Quelle: www.reuters.com, 6.5.2003

6.2 Warum gibt es internationalen Handel?

6.2.1 Die klassische Außenhandelstheorie

Überblick

Es gibt natürliche und kostenbedingte Gründe für internationalen Handel. Man kann diesen Unterschied mit den Begriffen „Verfügbarkeit“ und „Kostenunterschiede“ beschreiben. Ein natürlicher Grund für internationalen Handel besteht für ein Land beispielsweise dann, wenn ein Gut dort nicht vorhanden ist oder durch das Fehlen eines oder mehrerer Produktionsfaktoren ein Gut nicht produziert werden kann. Die Verteilung der Rohstoffe bzw. Energieträger auf der Welt spielt dabei eine entscheidende Rolle. Deutschland verfügt beispielsweise über keine Goldminen und auch Südfrüchte reifen unter den hiesigen klimatischen Bedingungen schlecht.
Doch auch bei Vorhandensein eines Guts gibt es Motive für den Import, und zwar auf Grund von Kosten- und Preisvorteilen ausländischer Anbieter. Das Traumauto kann man in Dänemark eventuell viel günstiger erwerben als in Deutschland. Entsprechend können Kostenvorteile im Inland einen Anreiz für die ausländische Nachfrage darstellen. Diese kostenbedingten Gründe für internationalen Handel können sich auf Rohstoffe, Halb- und Fertigprodukte beziehen.
Die beiden folgenden Abschnitte erläutern die Angebots- und Nachfragetheorie. Im Anschluss daran werden berühmte Theoreme zu „Kostenunterschieden“ vorgestellt, die sich mit den Namen Adam Smith und David Ricardo verbinden. Insgesamt ist hierunter die klassische Außenhandelstheorie zu verstehen.

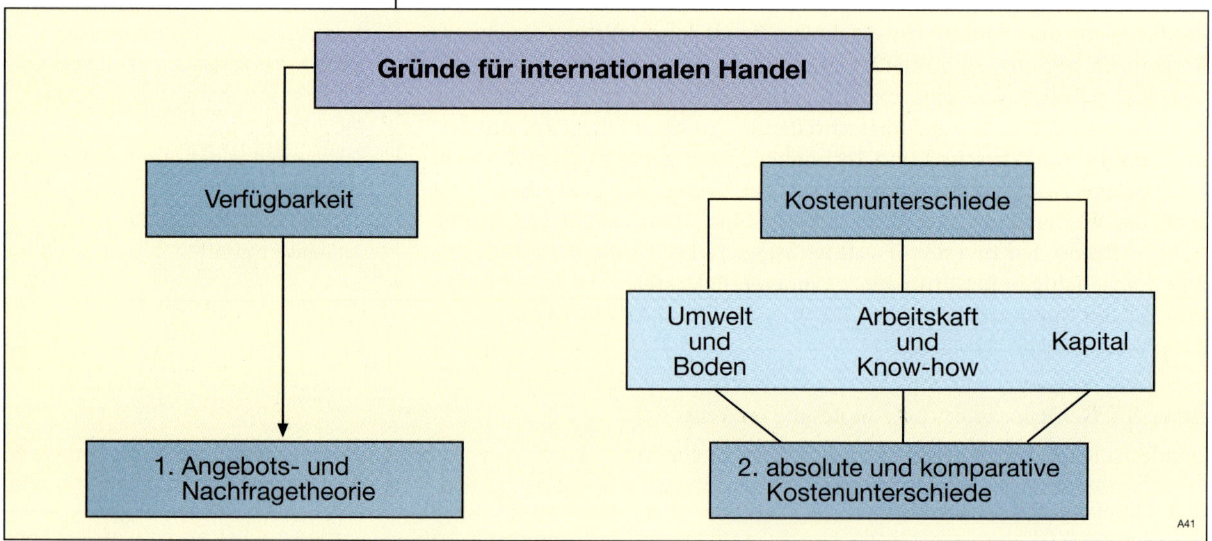

Ananas aus Grönland? – Aspekt „Verfügbarkeit“

Es gibt unterschiedliche Gründe dafür, dass Güter in einem Land nicht hergestellt werden. Entweder sind notwendige Produktionsfaktoren, d. h. Natur, Arbeit, Wissen und Kapital nicht vorhanden, verfügbare Produktionsfaktoren werden ineffizient eingesetzt oder durch äußere Einflüsse für die Produktion spezifischer Güter im Inland nicht verwendet. Hier lässt sich weiter differenzieren:

- Es kann sein, dass der Produktionsfaktor „Natur" dauerhaft nicht verfügbar ist, weil auf Grund geografisch-geologischer Ursachen bestimmte Rohstoffe in einem Land fehlen. Deutschland als ein dicht besiedeltes Industrieland mit geringen Rohstoffvorkommen ist beispielsweise angewiesen auf den Import von Erdöl, Erdgas und anderen Rohstoffen sowie auf bestimmte Erzeugnisse der Land- und Forstwirtschaft.

- Der Produktionsfaktor „Natur" kann auf Grund geografisch-klimatischer Bedingungen nur zeitweise genutzt werden, weil agrarische Rohstoffe (Anbauprodukte) z. B. im Herbst geerntet werden und nur begrenzt lagerfähig sind.

- „Arbeit" und „Kapital" als Produktionsfaktoren können zeitweise nicht verfügbar sein, weil entweder Qualitäts- oder Quantitätsdefizite vorhanden sind. Qualitätsdefizit meint, dass für die Produktion eines Guts z. B. das Know-how nicht ausreichend ist, bestimmte Produktionsverfahren nicht angewendet werden oder die erforderlichen technischen Voraussetzungen nicht gegeben sind.
  Quantitätsdefizite beziehen sich z. B. auf fehlendes Kapital oder den Mangel an geeigneten Arbeitskräften. Die Produktion vieler Güter erfordert neben einer entsprechenden Kapitalausstattung eine qualifizierte Berufsausbildung.

- Vorhandene Produktionsfaktoren können auch durch Planungsdefizite falsch eingesetzt oder auf Grund „exogener" Ursachen gestört oder gar vernichtet werden. Im ersten Fall kommt es z. B. durch Fehlplanungen, die Fehlleitung von Ressourcen oder konjunkturelle Engpässe zu Problemen, im letzten Fall können Missernten, Naturkatastrophen, Streiks und ähnliche Faktoren dafür sorgen, dass Güter zeitweilig in nicht ausreichendem Maß verfügbar sind.

Es liegt auf der Hand, dass in einem Land Überlegungen angestellt werden müssen, wie der Gütermangel behoben werden kann. Es ist denkbar, dass man auf ein nicht verfügbares, aber entbehrliches Gut einfach verzichtet. Bei zeitweiliger Verfügbarkeit eines Guts könnten auch Einsparungen weiterhelfen. Es ist denkbar, dass das nicht vorhandene Gut durch andere Produkte substituiert wird, indem diese z. B. synthetisch hergestellt werden. Bei einem fehlerhaften bzw. gestörten Einsatz von Produktionsfaktoren sind vor allem politische Ansätze notwendig, damit Planungsdefizite vermieden werden.

Am naheliegendsten ist es jedoch, das benötigte Gut zu importieren. Aber Wirtschaft vollzieht sich in Kreisläufen und um eine ausgeglichene Handelsbilanz sicherzustellen, erfordert diese Option inländische Güter zu exportieren.

Hundertprozentige Importabhängigkeit besteht für die Bundesrepublik Deutschland z. B. bei folgenden Rohstoffen:
- Aluminium
- Asbest
- Baumwolle
- Chrom

!

1. Versuchen Sie die im Text angeführten Gründe für die Nichtverfügbarkeit von Gütern und die angebotenen Lösungsmöglichkeiten in einem Schaubild zu erfassen.
2. Überlegen Sie, wie Ihr Leben in Deutschland ohne grenzüberschreitenden Austausch von Waren (geschlossene Volkswirtschaft) aussehen würde.
3. Welche Rohstoffe sind in der Bundesrepublik Deutschland außer den genannten nicht verfügbar und werden importiert? Informationen finden Sie unter: www.destatis.de.
4. Suchen Sie Beispiele für die skizzierten Lösungsmöglichkeiten bei Nichtverfügbarkeit von Gütern und diskutieren Sie die möglichen Folgen.

Bertil Ohlin (1899–1979),
Nobelpreis 1979

Wichtige Werke:
- „Theory of Trade" (1924)
- „Equilibrium in International Trade" (1928)

6.2.2 Weiterentwicklungen und ergänzende Erklärungsansätze

Faktor-Proportionen-Theorem
Während das Ricardo-Theorem auf die Produktivitätsunterschiede, genauer auf die Arbeitsproduktivität abhebt, haben die Schweden **Heckscher** und **Ohlin** untersucht, welchen Einfluss die Faktorausstattung eines Landes im Hinblick auf die komparativen Kostenvorteile hat: Je reichlicher ein Land über einen bestimmten Faktor verfügt, desto relativ günstiger werden die Preise des Faktors sein.

Es geht also nicht darum, welche Länder absolut gesehen über mehr Kapital oder mehr Arbeiter verfügen. Vielmehr kommt es auf das Verhältnis an, in dem diese Faktoren in den Ländern jeweils zur Verfügung stehen. So wird ein Land nach dem Heckscher-Ohlin-Theorem beispielsweise das kapitalintensivere Produkt exportieren, wenn Kapital relativ reichlich vorhanden ist und das arbeitsintensivste Produkt dann, wenn Arbeit relativ reichlich vorhanden ist.

Die Faktor-Proportionen-Theorie beschäftigt sich mit den Proportionen, in denen unterschiedliche Produktionsfaktoren in verschiedenen Ländern verfügbar sind und in der Produktion eingesetzt werden.

Nehmen wir beispielsweise an, dass Deutschland über relativ viel Kapital verfügt, während China zwar viele Arbeitskräfte hat, aber wenig Kapital. Es sei außerdem unterstellt, dass Kapital und Arbeit immobil sind, also nicht von Deutschland nach China wandern können oder umgekehrt. Unter diesen Umständen wird sich Deutschland sinnvollerweise auf solche Produkte spezialisieren, die nur mit hohem Kapitalaufwand erstellt werden können, wie etwa Automobile oder Erzeugnisse der chemischen Industrie. Umgekehrt wird China vorzugsweise Güter produzieren, die relativ arbeitsintensiv sind, beispielsweise Vorprodukte oder einfache Konsumgüter wie Plastikspielzeug und Krawatten. Obwohl China im Prinzip auch Automobile mit den gleichen Techniken produzieren könnte wie Deutschland, wird es dies nicht tun. Der Grund liegt darin, dass diese Techniken eben einen hohen Kapitalbedarf erfordern. Kapital aber ist in Deutschland relativ reichlich vorhanden und damit vergleichsweise billig, während umgekehrt Arbeit im Vergleich zu China knapp und damit teuerer ist. Das heißt aber nichts anderes, als dass Deutschland einen komparativen Vorteil bei kapitalintensiven Gütern hat und China dementsprechend einen komparativen Vorteil bei Gütern, deren Herstellung relativ viel Arbeit erfordert.
Quelle: Ulrich van Suntum: Die unsichtbare Hand, 2. Aufl., Springer Verlag, Berlin, 2001, S. 189

Das Faktor-Proportionen-Theorem ist eine Weiterentwicklung der Erklärungsansätze für internationalen Handel. Allen bisherigen Ansätzen ist gemein, dass sie eine volkswirtschaftliche Perspektive haben. Wir wissen aber: Nicht Länder, sondern Unternehmen treiben Handel. Mit den folgenden beiden Abschnitten werden daher zwei Ansätze der Betriebswirtschaftslehre vorgestellt, die die Vorteile der internationalen Arbeitsteilung aus der Sicht von Unternehmen zeigen.

1. In der Realität bilden sich die Preise für Arbeitskraft, Rohstoffe und Kapital nicht nach den Gesetzmäßigkeiten vollkommener Märkte.
   Erläutern Sie diese Aussage.
2. Stellen Sie in einer Übersicht die Weiterentwicklungen und Ergänzungen in ihrer grundlegenden Argumentation vor. Zeigen Sie dabei auf, inwieweit alle eine Weiterentwicklung des Theorems von Ricardo sind und wo die Unterschiede liegen.

Produktlebenszyklustheorie (Vernon/Hirsch)
Wie ändern sich komparative Vorteile im Laufe der Zeit? Wie kann ein Land seine komparativen Vorteile beeinflussen und gestalten? Die Produktlebenszyklustheorie ist eine Weiterentwicklung des Faktor-Proportionen-Theorems („Je reichlicher ein Land über einen bestimmten Faktor verfügt, desto relativ günstiger werden die Preise des Faktors sein") und geht auf die Amerikaner **Vernon** und **Hirsch** zurück. Diese Theorie geht davon aus, dass ein neues Produkt drei Lebensphasen (Produktlebenszyklus) durchläuft:

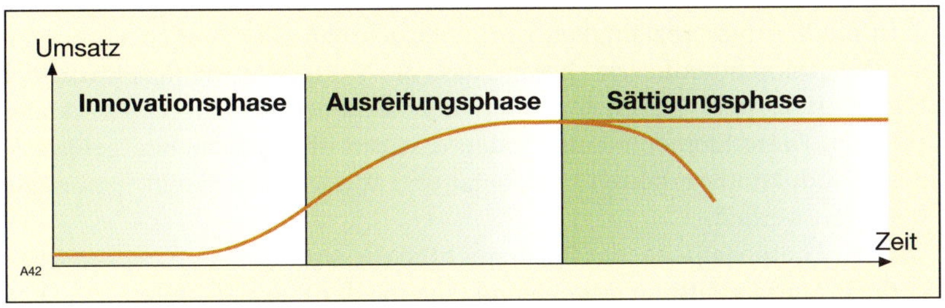

Innovationsphase (Einführung): Ein neues Produkt wird zunächst nur auf dem heimischen Markt eingeführt und gewinnt langsam Marktanteile. Bei der Entwicklung eines neuen Produkts wird für die Überwindung technologischer Lücken relativ viel qualifizierte Arbeitskraft benötigt. Nach dem Zweiten Weltkrieg wurde ein Großteil der neuen Produkte durch amerikanische Firmen entwickelt und verkauft. Der große US-Markt gab amerikanischen Firmen hohe Anreize, neue Konsumprodukte zu entwickeln. Hinzu kam, dass die hohen Kosten für Arbeitskraft die Entwicklung von Kosten sparenden Innovationen begünstigten.

Ausreifungsphase: In dieser Phase etabliert sich das Produkt am heimischen Markt. Der Export setzt ein und Marktanteile steigen im Ausland. Die Reifephase erfordert zum Aufbau der Produktionskapazität einen vergleichsweise großen Kapitaleinsatz auf hohem technischem Niveau. In dieser Phase des Produkts geht es um die Produktmengenexpansion, in erster Linie in Industrienationen wie z. B. Großbritannien, Frankreich und Deutschland. Wenn das Produkt in der Reifephase des Lebenszyklus ist, imitieren Unternehmen im In- und Ausland diese Produkte, die zunächst billiger und qualitativ nicht so hochwertig sein mögen. Des Weiteren kann es dazu kommen, dass Unternehmen lokale Produktionsstätten im entwickelten Ausland errichten, um auf diese Weise die Verlängerung einer monopolähnlichen Marktstellung zu erreichen.

Sättigungsphase (Standardisierung): Es kommt zu einer Serienfertigung bzw. einer standardisierten Massenproduktion. Dabei kann sich der Kapitaleinsatz verringern und qualifizierte Arbeitskraft ist nicht mehr im gleichen Maß erforderlich. In dieser Phase sind Wettbewerbsvorteile geringer entwickelter Länder zu beobachten. Dies kann auch dazu führen, dass das Innovationsunternehmen nicht mehr konkurrenzfähig ist, weil andere Unternehmen kostengünstiger produzieren können. Die Produktion wird z. B. in Entwicklungsländer verlagert. Nachdem z. B. Xerox-Patente für Fotokopierer abgelaufen waren, begannen andere Länder den US-Markt mit zum Teil großem Erfolg zu bedienen, z. B. Canon in Japan und Olivetti in Italien.

!

1. Erläutern Sie, warum es Unternehmen in der Innovationsphase gelingt, zeitweise monopolähnliche Stellungen einzunehmen.
2. Recherchieren Sie die Zyklen folgender Produkte/Branchen: Personalcomputer, hochwertige Fotoapparate. Prüfen Sie, wo diese Produkte initiiert und wo diese Produkte dann entwickelt wurden.
3. Erklären Sie Wettbewerbsvorteile geringer entwickelter Länder in der Sättigungsphase (vgl. Sie hierzu das Faktor-Proportionen-Theorem).

Wettbewerbsmodell

Michael E. Porter, Professor an der Harvard-Business-School, stellte Ende des 20. Jahrhunderts die Frage, warum einige Länder in bestimmten Industrien besonders erfolgreich sind. Warum ist Deutschland so erfolgreich in der Automobilindustrie oder in der chemischen Industrie, die Schweizer bei der Herstellung von Präzisionsinstrumenten? Für die Erklärung reichten die verschiedenen dargestellten theoretischen Ansätze nicht aus. Nach Porter gibt es gute und weniger gute Bedingungen für die Wettbewerbsfähigkeit, wobei nicht die Wettbewerbsfähigkeit einer Volkswirtschaft, sondern die Wettbewerbsfähigkeit von Unternehmen oder Branchen gemeint ist. Die „Diamantentheorie" besagt, dass die Wettbewerbsfähigkeit von vier Haupt- und zwei Nebenelementen der Gesamtwirtschaft eines Landes abhängt. Diese Elemente entscheiden darüber, ob Innovationen gefördert, neue Produktionsverfahren umgesetzt und Wissen und Fähigkeiten zügig verbreitet werden.

Wichtigstes Werk von Porter:
„The Competitive Advantage of Nations" (1993)

Die vier Hauptelemente der Diamantentheorie sind

- die **Faktorausstattung** (Menge und Qualität der Einsatzfaktoren, der Qualifikationsstand der Arbeitskräfte, die Infrastruktur usw.),
- die **Nachfragebedingungen** (z. B. die Marktgröße, das Anspruchsniveau der Konsumenten an Produkt- und Dienstleistungen),
- **verwandte und unterstützende Branchen** (z. B. das Vorhandensein von Unternehmensclustern, die auch international wettbewerbsfähig sind),
- **Unternehmensstrategien, Struktur und Konkurrenz** (z. B. Anzahl der konkurrierenden Unternehmen, Intensität des Wettbewerbs in einer Branche, Struktur privater und staatlicher Unternehmen).

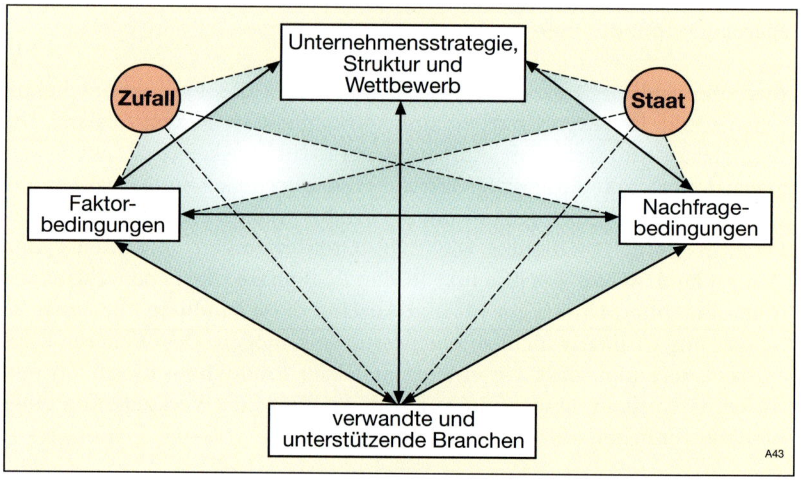

Zu diesen vier Hauptelementen kommen zwei Nebenbedingungen: der **Zufall** und der **Staat**. „Zufallsereignisse" können für die Entwicklung der Wettbewerbsfähigkeit außerordentlich wichtig sein (z. B. Entdeckungen, größere technologische Umbrüche in den Bereichen der Biotechnologie und Mikroelektronik, Auswirkungen von Erdölkrisen auf Preise, umfangreiche Verschiebungen auf den Weltfinanzmärkten, Kriege).

Der staatliche Einfluss wird so eingeschätzt, dass die Erlangung einer Wettbewerbsfähigkeit durch staatliche Politik scheitert, wenn sie der einzige Ursprung eines Wettbewerbsvorteils ist: Der Staat kann bestenfalls die Chancen von Branchenunternehmen fördern um einen Wettbewerbsvorteil zu erzielen, ihn aber selbst nicht schaffen.

1. Stellen Sie auf der Grundlage der vier Haupt- und zwei Nebenelemente in Porters Modell Überlegungen zur Wettbewerbsfähigkeit ausgewählter Branchen oder einzelner Unternehmen in der Bundesrepublik Deutschland an.
2. Der „Diamant" kann auch zerstört werden, z. B. im Bereich der Faktorausstattung. Was könnte hiermit gemeint sein?

Intraindustrieller Handel

Beim „intraindustriellen Handel" handelt es sich nicht um einen eigenständigen Denkansatz. Vielmehr wird ein bedeutsames Phänomen des internationalen Handels vorgestellt, welches z. B. im Ricardo-Theorem nicht berücksichtigt ist. Die traditionellen Ansätze betrachten den Außenhandel mit unterschiedlichen Produkten zwischen unterschiedlichen Ländern. Land A tauscht mit Land B also z. B. Kartoffeln gegen Autos wie im Beispiel auf Seite X. Wie ist dann aber folgende Zeitungsmeldung aus der Nordwest-Zeitung vom Juli 2003 zu verstehen?

Die asiatischen Autohersteller sind die klaren Gewinner auf dem europäischen Markt. Während die Neuzulassungen im Mai in Westeuropa [...] um 5,2 % auf 1,2 Mio. Fahrzeuge zurückgingen, legten die japanischen Autohersteller um 0,5 % zu. Die Koreaner gewannen sogar 9,2 % hinzu.

Hier findet Im- und Export mit ähnlichen oder gleichen Gütern zwischen sehr ähnlichen Ländern (Industrieländern) statt. Diese Art von internationalem Tausch innerhalb der gleichen Industrie wird intraindustrieller (auch: intrasektoraler) Handel genannt und bestimmt etwa die Hälfte des gesamten Welthandels. Über den intraindustriellen Handel – die Automobilindustrie ist hierfür ein typisches Beispiel – lassen sich einige allgemeine Aussagen treffen. Die gehandelten Waren unterscheiden sich kaum im Hinblick auf die Kapital- und Arbeitsintensität, mit der sie hergestellt worden sind. Dies gilt ebenfalls für die Faktorproduktivitäten der Technologien, mit denen sie produziert worden sind. Die beteiligten Länder sind weiterhin auf einem vergleichbaren technologischen Stand. Intraindustrieller Handel tritt hauptsächlich bei Produkten des verarbeitenden Gewerbes auf, sehr viel weniger bei Rohstoffen und Vorprodukten. Entsprechend ist intraindustrieller Handel bei Industrieländern stärker ausgeprägt als bei Entwicklungsländern. Ungleich entwickelte Länder betreiben eher interindustriellen Handel, ähnlich entwickelte Länder eher intraindustriellen Handel. Der Handel der hoch entwickelten Länder ist mit ca. drei Viertel des Gesamthandels in extremem Maße intraindustriell.

Die hohe Bedeutung des intraindustriellen Handels hat vor allem zwei Ursachen:

- Die Bedürfnisse und Wünsche der Konsumentinnen und Konsumenten werden immer spezieller und differenzieren sich weiter aus.
- Technologische Entwicklungen ermöglichen mit wachsender Geschwindigkeit stetig neue Produktvarianten und Innovationen.

Obwohl Binnenhandel und Außenhandel auf den gleichen Vorteilen der Arbeitsteilung und des Austauschs beruhen, gelten für den Außenhandel andere Bedingungen als für den Binnenhandel. Damit ist eine Vielzahl von Schwierigkeiten verbunden. Außenhandel

- vollzieht sich zwischen Wirtschaftsgebieten mit verschiedenen Währungen,
- überschreitet politische Grenzen und unterliegt den jeweiligen Kontrollmaßnahmen nationaler Regierungen und dem zu Grunde liegenden Außenhandelsleitbild (vgl. Kapitel 6.4),
- berührt andere Rechtsgebiete, wie z. B. Sicherheits- und Qualitätsvorschriften, steuerliche und arbeitsrechtliche Vorschriften.

  Mit dieser Dimension der internationalen Wirtschaftsbeziehungen befasst sich das folgende Kapitel.

!

1. Welche ausländischen Marken bzw. Produkte bevorzugen Sie gegenüber inländischen?
2. Verdeutlichen Sie den intraindustriellen Wandel an Beispielen aus einer anderen Branche. Nutzen Sie dazu z. B. den Wirtschaftsteil einer überregionalen Zeitung oder Zeitschrift oder das Internet.

6.3 Unterschiede zwischen nationalem und internationalem Handel

Nicht Länder, sondern Unternehmen treiben Handel – das ist eine wichtige Erkenntnis der vorangegangenen Kapitel. Welche Motive gibt es aber für ein Unternehmen den heimischen Markt um die internationale Perspektive zu erweitern? Welche Möglichkeiten einer Internationalisierung stehen zur Wahl? Was ist bei internationalem Handel anders als im Inlandsgeschäft? Was ist für eine erfolgreiche Internationalisierung zu beachten?

6.3.1 Warum internationalisieren Unternehmen?

Erinnern Sie sich an den Transaktionskostenansatz von Coase, der in Kapitel 3 erläutert wurde! Es ging – einfach ausgedrückt – um die Frage, auf welche Weise die Reibungsverluste bei geschäftlichen Aktivitäten verringert werden können. Dieser Ansatz kann auch auf Internationalisierungen übertragen werden. Eine Internationalisierung kann für Unternehmen erforderlich sein, um z. B. die Produktqualität abzusichern oder um sich vor Betrug zu schützen. Es zeigt sich: Grenzüberschreitende Transaktionen werden über den Koordinationsmechanismus „Hierarchie" besser abgewickelt als über den „Markt".

Gründe für eine Internationalisierung von Unternehmen

- Sättigung des inländischen Marktes (Erschließung neuer Märkte),
- Risikostreuung durch Einbezug zusätzlicher Märkte (Diversifikation),
- Auslastung vorhandener Fertigungskapazitäten durch internationale Distribution (Kapazitätsauslastung),
- Streben nach Markt- und Kundennähe (Service),
- Verbesserung des Ansehens als einheimischer Produzent und Arbeitsplatzanbieter (Image),
- Verbesserung der Kostensituation (günstigere Löhne, Materialien, Grundstücke) (Unternehmen nutzen Standortvorteile im Ausland),
- Ausweichmöglichkeiten bei Währungsverschiebungen (Abrechnung in Landeswährung),
- Nutzung von fremdem Know-how (Synergiepotenziale),
- Umgehung von protektionistischen Handelsbeschränkungen,
- Überwindung von Markteintrittsbarrieren (Transaktionskosten!).

Quelle: O. Schneck: Betriebswirtschaftslehre: eine praxisorientierte Einführung mit Fallbeispielen, Campus-Verlag, Frankfurt/Main, 1999, S. 26 ff.

Arten von Internationalisierungen

- Gründung eines Tochterunternehmens (greenfield start)
- Übernahme im Ausland: Ein einheimischer Betrieb wird in seiner Gesamtheit von einem Käufer im Ausland aufgekauft.
- Internationale Fusion: ähnlich der Übernahme, aber die Partner sind ungefähr gleich groß und gleich bedeutend.
- Aufbau eines gemeinschaftlichen Unternehmens durch zwei oder mehrere Partner (Joint Venture). Ein solches Unternehmen kann ganz von vorne, als „greenfield start" beginnen, oder der einheimische Partner bringt einen Teil seiner Leute in das neue Unternehmen ein.
- Zusammenarbeit mit einem ausländischen Partnerunternehmen für eine begrenzte Zeit. Die beteiligten Partner arbeiten bei bestimmten Produkten oder auf bestimmten Märkten zum gegenseitigen Nutzen zusammen.

Quelle: G. Hofstede: Lokales Denken, globales Handeln, 2. Aufl., DTV-Beck, München, 2001, S. 322 f.

1. Suchen Sie Beispiele für die beschriebenen Arten von Internationalisierung. Nutzen Sie den Wirtschaftsteil einer überregionalen Tageszeitung.
2. Beschreiben Sie den Zusammenhang zwischen Porters „Diamant" (S. 466) und den aufgeführten Gründen für eine Internationalisierung von Unternehmen.
3. Welche Art der Internationalisierung bringt eher hohe und welche eher niedrige Risiken mit sich? Bedenken Sie bei Ihren Überlegungen wirtschaftliche, politische und insbesondere kulturelle Risiken.

Aufgaben der Unternehmensführung
Betrachtet man den fortschreitenden Trend zur Internationalisierung und Globalisierung, dann ist die Bewältigung dieser Herausforderungen für viele Unternehmen, aber auch für die Volkswirtschaft und die Arbeitnehmerinnen und Arbeitnehmer eine sehr bedeutsame Angelegenheit.

Die Entwicklungen verlangen der Unternehmensführung Entscheidungen darüber ab, ob man am internationalen Handel teilhaben und in welchen Ländern man agieren will, mit welcher Organisationsform dies am besten gelingt usw. Einer Unternehmensleitung, die diese strategischen Entscheidungen zu treffen hat, werden z. B. folgende Empfehlungen gegeben:

Was Sie unbedingt mitbringen sollten:
- Bereitschaft zu langfristigem, dauerhaftem Engagement
- Erprobte Technologie, erfolgreiche Produkte mit guten Marktaussichten
- positive wirtschaftliche Unternehmensentwicklung
- Geeignete Management- und Organisationsstruktur
- Fähigkeit zur Steuerung und Überwachung der Gesellschaft im Ausland
- Maßgebliche finanzielle Beteiligung am Eigenkapital des Auslandsunternehmens
- Finanzkraft für die Fertigstellung des Investitionsvorhabens einschließlich einer eventuell notwendigen Nachfinanzierung

Bausteine für Ihren Erfolg im Ausland
- Sorgfältige Analyse der Ausgangssituation im Unternehmen
- Entwicklung einer Internationalisierungsstrategie
- Fokussierung auf Kernkompetenzen und daraus resultierende Wettbewerbsfähigkeit
- Internationalisierungsverständnis und -erfahrung
- Analyse der landes- und projektspezifischen Risiken
- Sorgfältige Partnerwahl und -beurteilung
- Entwicklung eines klaren Investitions- und Finanzierungskonzeptes
- Inanspruchnahme von qualifizierter Investitions- und Rechtsberatung.
- Nutzung von Informationsangeboten in Deutschland und den Investitionsländern
- Geduld und Ausdauer bei der Kontaktanbahnung
- Anpassung und Kompromissbereitschaft im Verhandlungsprozess
- Einbindung, Aus- und Fortbildung von lokalem Management und Personal
- Delegation von Managementfunktionen an das Auslandsunternehmen
- Aufbau standortspezifischer Kompetenz
- Bereitschaft zur Projektbegleitung durch das Stammhaus
- Vertrauensbildung durch persönliches Engagement der Firmenleitung
- Fähigkeit zur Konfliktlösung in kooperativer und in einvernehmlicher Weise, um die aufgebauten persönlichen Beziehungen aufrechtzuerhalten und die Wahrung des Gesichts allen Beteiligten zu ermöglichen.

Quelle: V. Hassmann: Weltweit verkaufen – So knacken Sie Auslandsmärkte, in: sales profi – Das Magazin für Verkauf und Vertrieb, 1/99, Gabler Verlag, Wiesbaden, S. 8 ff.

Internationalisierung und Globalisierung der Wirtschaft, und in Europa insbesondere die EU-Erweiterung, erfordern auch von kleinen und mittelständischen Unternehmen Produktionsstätten ins Ausland zu verlagern um wettbewerbsfähig zu bleiben. Die Aufgabe der Unternehmensführung wird am folgenden Beispiel deutlich:

Auf dem Ost-Treck

Wenn Michael Schminke die Geschichte seines Unternehmens illustrieren will, hat er keine Hochglanzbroschüre zur Hand, nur einen grauen Pappendeckel. Der erste Eintrag in altertümlicher Handschrift lautet „Zischen 1925", dann zieht sich ein langer Bleistiftstrich über das grobfaserige Papier, immer entlang dem guten Dutzend Stationen, die der Fahrradproduzent nahm. Immer wieder hat Schminkes Vater Richard Unternehmen verkauft und gekauft, das letzte vom Totenbett aus. [...] Die Marken wie „Panther", „Bauer", „Göricke" finden sich in fast jedem Fahrradgeschäft, er gehört zu den fünf größten Herstellern in Deutschland. Rund 800 Beschäftigte erwirtschaften einen Umsatz von fast 70 Millionen Euro, die Umsatzrendite liegt nach Firmenangaben bei drei Prozent. [...] So gesehen führt der Sohn nur die Tradition des Vaters fort – dynamisch, immer weiterziehend von Ort zu Ort, dahin, wo sich die besten Chancen bieten. Nur einen Unterschied gibt es: Der Alte investierte in Deutschland, der Junge geht ins Ausland. Im westfälischen Löhne hat er noch 100 Mitarbeiter, die Fahrräder zusammenschrauben. In Tschechien steht ein Werk und in Litauen mit gut 400 Beschäftigten das größte. Irgendwann im Juni wird Schminke sein zweites deutsches Werk im thüringischen Mühlhausen schließen, 100 Mitarbeiter entlassen und es, sobald er einen Standort in Russland gefunden hat, weiter nach Osten transportieren.

„Ich geh rüber, hol mir neue Leute, schraube die Fahrräder zusammen und ziehe dann weiter – so ist das neue Unternehmertum", sagt der Fahrradfabrikant. [...] Er hat keine Strategieabteilung, die seine Entscheidungen vorbereitet, er benutzt dazu Kopf und Bauch. Er ist, alles in allem, der Prototyp eines deutschen Mittelständlers nach der Jahrtausendwende. Warum aber konkret geht er in die osteuropäischen Länder? Warum gibt er nun seine Fabrik in Thüringen auf, die er erst 1993 von der Treuhand erworben hatte, inklusive Steuer sparender Verlustvorträge? Dies ist schon die falsche Frage. Richtig gestellt lautet sie: Warum sollte er in Thüringen bleiben? „Ein Werk in Deutschland reicht uns", sagt er und führt durch die Betriebshallen in Westfalen. Da schrauben ungelernte Arbeiter aus Einzelteilen asiatischer Zulieferer Fahrräder zusammen. Dann kommen sie ins Lager, später ab zum Einzelhändler. Mehr ist in Deutschland nicht mehr zu tun. [...] Dagegen lässt Schminke in der litauischen Industriestadt Siaulia seine Fahrräder noch fast komplett produzieren – viele davon für den deutschen Markt. Ein Grund für die Herstellung im Baltikum sind die Arbeitskosten. Sie liegen dort bei einem Viertel der hiesigen. Nur in Niedriglohnländern wie diesen kann einer wie Schminke, der ein technisch einfach herzustellendes Produkt verkauft, noch gegen die asiatischen Mitbewerber bestehen.

Aus dem deutschen Metallarbeitgeber-Verband ist der Unternehmer zuletzt ausgetreten. Die ganze Tarifpolitik, die sich vor allem an großen Unternehmen wie Siemens oder Bosch orientiert, passt ihm nicht mehr. Nun könnte er bald die Löhne in Deutschland senken. Dass das zur Ergebnisverbesserung wenig beitragen wird, weiß er. Schließlich dauert der Zusammenbau eines Fahrrads in Löhne nur eine Stunde. Da lässt sich nicht viel sparen. Auch hier ist aber die Frage: Warum sollte er im Arbeitgeberverband bleiben? Denn das Risiko eines Streiks bei ihm ist gering. Nun läuft mit Michael Schminke kein Manchester-Kapitalist durch die Hallen, schneidig, im Kasernenhofton. Er engagiert sich im Vorstand des Verbandes der Zweirad-Industrie. Er ist, im Baltikum, Schatzmeister bei der Industrie- und Handelskammer. „Die Schließung ist traurig. Aber aus Herrn Schminkes Sicht ist es verständlich", sagt der Betriebsratsvorsitzende des Thüringer Werks, Gerhard Luka. Er wird genauso wie seine Kollegen arbeitslos werden, die meisten ohne die Chance auf eine neue Beschäftigung in der näheren Umgebung. Schminke handelt betriebswirtschaftlich, er kann es sich nicht leisten, ans große Ganze zu denken. [...]

Quelle: Handelsblatt, Nr. 076, 20.04.04, S. 18, Autor: M. Noé

1. Welche Gründe nennt der Fahrradfabrikant Schminke für die Verlagerung von Produktionsstätten ins Ausland?
2. Wie bewerten Sie die vorgebrachten Gründe beispielsweise vor dem Hintergrund der Diskussion um die „nationale" Verantwortung von Unternehmen? Ist dem Unternehmen „verantwortungsloses" Verhalten vorzuwerfen? Welche Einschätzung nimmt in diesem Zusammenhang der Betriebsrat vor?
3. Welche Rolle spielt in diesem Zusammenhang die EU-Osterweiterung?
4. Wie schätzen Sie die Möglichkeit ein, eine Verlagerung von Produktionsstätten durch Appelle von politischer Seite zu verhindern? Welche anderen Schritte müssten – verdeutlicht am vorliegenden Beispiel – Ihrer Meinung nach vorgenommen werden, um eine Stärkung des „Standortes Deutschland" zu erreichen?

6.3.2 Andere Länder, andere Sitten ...

Wenn ein Unternehmen über Grenzen hinweg agieren will, muss es sich auf unterschiedliche institutionelle Rahmenbedingungen einstellen. Es existieren z. T. sehr verschiedene politische, rechtliche, wirtschaftliche und soziokulturelle Ordnungen im Ausland, deren Beachtung für den erfolgreichen internationalen Handel unbedingt erforderlich ist. Zu den Rahmenbedingungen zählen beispielsweise

- politische Risiken (Instabilität, Terrorakte, internationale Konflikte usw.),
- natürliche Gegebenheiten (klimatische und topografische Bedingungen, logistische Infrastruktur),
- rechtlich-politische Normen,
- soziale Beziehungen und Bindungen,
- kulturell bedingte Wertvorstellungen (informelle Institutionen) und der
- technologische Entwicklungsstand.

Beispiel Rechtsordnung: Hinsichtlich des Grades vertraglicher Bindungen gibt es besonders zwischen europäisch-nordamerikanischen Industrieländern und asiatischen Industrie- und Schwellenländern sehr unterschiedliche Vorstellungen. In asiatischen Ländern wird dem „persönlichen Wort" i. d. R. größere Bedeutung beigemessen als dem Vertragstext (Dülfer, 1999, S. 329).

Auf der folgenden Doppelseite werden die Dimensionen der unterschiedlichen rechtlichen Ordnung ausführlich dargestellt. Institutionen, die die Gestaltung und Durchsetzung von Verträgen erleichtern und somit Transaktionskosten senken, werden im Inland staatlicherseits eingerichtet und entwickelt, sie fehlen aber häufig im internationalen Geschäft. Aus diesem Grund nehmen viele Unternehmen im Ausland Direktinvestitionen vor und viele Handelsgeschäfte finden unternehmensintern statt. So können Kosten reduziert und Transaktionen verlässlicher abgewickelt werden. Weiterhin verursachen unterschiedliche Währungen Umtauschkosten und bringen Währungsrisiken mit sich. Zusätzliche Kosten entstehen auch durch tarifäre und nicht tarifäre Handelshemmnisse (vgl. Kapitel 6.4).

Es werden drei Typen international tätiger Unternehmen unterschieden:

- Das **internationale Unternehmen** betreibt selektive Auslandsgeschäfte. Im Mittelpunkt der Geschäftsstrategie steht die Konkurrenz auf dem Binnenmarkt.
- Das **multinationale Unternehmen** ist mit Hilfe ausländischer Produktionsstätten und Tochtergesellschaften auf internationalen Märkten vertreten. Die Unternehmensführung ist weitgehend dezentral organisiert, damit die Tochtergesellschaften optimale Strategien entwickeln können.
- Das **globale Unternehmen** (Global Player) will sich mit internationalen Produkten Weltmarktanteile sichern. Strategische Planung und Koordination der Geschäftstätigkeit erfolgen zentral. Global Player standardisieren ihre Produkte weltweit, steuern Forschung und Entwicklung, Beschaffung, Produktion und Marketing zentral, konzentrieren Forschung und Entwicklung und Produktion auf wenige Länder, verlagern die Wertschöpfung im Produktionsbereich überwiegend in Länder mit niedrigem Lohnniveau.

Sie lernen auf den Seiten 474 und 475 ein Unternehmen aus Oldenburg kennen, das mit Unternehmen in über 100 Ländern Geschäfte tätigt.

!

1. Interkulturelle Handlungskompetenz hilft, kulturbedingte Missverständnisse und Konflikte zu lösen bzw. diesen vorzubeugen, z. B. durch den Umgang mit anderen Denk- und Handlungsmustern. Können Sie von kulturbedingten Missverständnissen berichten?
2. Diskutieren Sie die Empfehlung: „Wer ein fremdes Land besucht, soll seine Augen öffnen, nicht den Mund!"
3. Suchen Sie Beispiele für die skizzierten Unternehmenstypen.

Zur Schwierigkeit, diese Ziele gleichzeitig zu erreichen zu sollen, vgl. Kapitel 5.

6.4 Internationale Wirtschaftspolitik

6.4.1 Leitbilder der Außenwirtschaftspolitik

Bund und Länder sind nach dem **Wachstums- und Stabilitätsgesetz von 1967** verpflichtet, eine solche Wirtschafts- und Finanzpolitik zu wählen, dass diese „im Rahmen der marktwirtschaftlichen Ordnung gleichzeitig zur Stabilität des Preisniveaus, zu einem hohen Beschäftigungsstand und außenwirtschaftlichem Gleichgewicht bei stetigem und angemessenem Wirtschaftswachstum beitragen".

Die Außenwirtschaftspolitik eines Landes verfolgt jedoch nicht nur ökonomische Ziele; auch übergeordnete Ziele wie Freiheit, Sicherheit und Gerechtigkeit werden angestrebt. Unter Außenwirtschaftspolitik versteht man die Gesamtheit aller staatlichen Maßnahmen zur Beeinflussung der außenwirtschaftlichen Aktivitäten eines Landes im Sinne der eigenen Zielsetzungen. Häufig geht es dabei um handfeste Machtpolitik. Besonders am Vokabular wird dies deutlich, das sich nicht selten der Militärsprache bedient: Vom russisch-amerikanischen „Hähnchenkrieg" oder vom Handelskrieg im Umwelt- und Konsumentenschutz ist z. B. die Rede. Dazu ein Beispiel:

Die US-amerikanische Stahlindustrie ist in einem schlechten Zustand. Die Konzerne sind marode und werden vom Staat subventioniert. Zusätzlich erließ George Bush 2002 hohe Zölle gegen Stahlimporte.

Der „Stahlkrieg" im Jahr 2002

US-Präsident George W. Bush hat Importzölle für die meisten Stahlerzeugnisse von bis zu 30 Prozent verhängt. Damit soll die amerikanische Stahlbranche vor ausländischer Konkurrenz geschützt werden. Die US-Entscheidung ist weltweit auf Kritik gestoßen. Wichtige Handelspartner kündigten Klagen und mögliche Handelsbeschränkungen zum Schutz der eigenen Märkte an. Die Europäische Union und Japan bezeichneten die Pläne als Verstoß gegen internationale Handelsregeln. [...] „Die Entscheidung der USA, auf den Weg des Protektionismus zurückzukehren, ist ein schwerer Rückschlag für das Welthandelssystem", sagte EU-Handelskommissar Pascal Lamy. Die Europäische Kommission wird nach den Worten Lamys möglicherweise gezwungen sein, den eigenen Markt vor Stahlmengen zu schützen, die statt in die USA nun nach Europa fließen könnten. Die EU werde im Rahmen des internationalen Handelsrechts agieren und keine „Wild-West-Maßnahmen" ergreifen, sagte Lamy. Für entgangene Stahlexporte würde die EU Ausgleich verlangen. Auch die großen Stahlproduzenten aus Russland, Südkorea und Brasilien sind am Mittwoch auf die Barrikaden gegangen und haben Widerstand gegen die Einführung der Zölle angekündigt. [...] Betroffen von den Einfuhrzöllen sind vor allem Deutschland, Frankreich, die Niederlande, Brasilien, Südkorea, die Türkei, Russland, China und Australien. Kanada und Mexiko räumt Bush erwartungsgemäß einen Sonderstatus ein, da diese mit den USA über das Nordamerikanische Freihandelsabkommen (NAFTA) in Partnerschaft stehen. Auch Stahleinfuhren aus Entwicklungsländern, die zusammen weniger als drei Prozent der gesamten Stahlimporte in die USA ausmachen, sind den Angaben zufolge von den Zöllen nicht betroffen.

Quelle: http://www.n-tv.de, 6. März 2002

Erläutern Sie den Konflikt, die unterschiedlichen Interessen und mögliche politische und wirtschaftliche Folgen des „Stahlkriegs". Recherchieren Sie den weiteren Verlauf des „Stahlkriegs". Bereiten Sie dazu ein Referat vor.

Die Forderung nach Freihandel ist allerorten zu vernehmen und es besteht kein Zweifel an der grundsätzlichen Vorteilhaftigkeit offener Grenzen und des freien Güteraustauschs. Wenn jedoch der Ruf nach Förderung der einheimischen Wirtschaft laut wird, sind Regierungen nur allzu häufig bereit, die eigenen Industrien vor ausländischen, billigeren Importen zu schützen. Freihandel wird zum Lippenbekenntnis, die Industrienationen greifen zu vielfältigen protektionistischen Maßnahmen. Die Entwicklungsländer zahlen für solche Maßnahmen einen hohen Preis (vgl. Kapitel 6.6).

Freihandel versus Protektionismus

Der Außenwirtschaftspolitik von Staaten oder Staatengemeinschaften (z. B. der EU) liegt in der Regel ein Leitbild zu Grunde, welches Einfluss auf die konkrete Ausgestaltung der internationalen Handelsbeziehungen hat. Diese Leitbilder sind die des „Freihandels" und des „Protektionismus". Nachfolgend werden Idealtypen beschrieben, die in keiner Volkswirtschaft in Reinform vorhanden sind. Die Leitbilder haben einen erheblichen Einfluss auf die Gestaltung internationaler Institutionen und Organisationen.

Leitbild des Freihandels

Freihandel meint, den internationalen Waren-, Dienstleistungs- und Kapitalverkehr von allen Einschränkungen und Behinderungen zu befreien. Grundlage ist die Idee des Wirtschaftsliberalismus: Im uneingeschränkten Wettbewerb setzen sich danach die besten Güter und Produktionsmethoden durch, die freie Preisbildung nach Angebot und Nachfrage sorgt für den bestmöglichen Ausgleich zwischen den Interessen der Produzenten und Konsumenten und die Arbeitsteilung erhöht den Wohlstand der Länder. Obwohl jeder sein Eigeninteresse verfolgt, gewinnen alle (vgl. Adam Smith). Ordnungspolitisch entspricht dieses Leitbild jenem der freien Marktwirtschaft, d. h., der Entscheidungsfreiheit der Wirtschaftssubjekte wird oberste Priorität eingeräumt. Der Staat gewährleistet diese Entscheidungsfreiheit durch ein Regelwerk.

Leitbild des Protektionismus

Beim Protektionismus oder Außenhandelsmonopol wird vom Grundsatz der zentralen Planung der Außenwirtschaftbeziehungen ausgegangen. Eine Entscheidungsfreiheit der Wirtschaftssubjekte ist nicht gegeben und nur der Staat ist berechtigt, die außenwirtschaftlichen Beziehungen abzuwickeln und zu kontrollieren. Generelles Ziel protektionistischer Maßnahmen ist der Schutz der einheimischen Wirtschaft vor ausländischer Konkurrenz. Zu diesem Zweck werden mit unterschiedlichen Instrumenten Ausfuhren erleichtert und Einfuhren erschwert.

Zu allen Zeiten in der Geschichte des europäischen Handels hat das Leitbild des Protektionismus eine mehr oder weniger starke Rolle für die Außenwirtschaftspolitik von Staaten gespielt. Das Leitbild des Freihandels ist stets von jenen Ländern befürwortet worden, die eine starke Position am Weltmarkt hatten und aus einer Zunahme der internationalen Handelsbeziehungen am meisten profitierten. Zwei Beispiele:

- 1806 blockierte Napoleon durch die „Kontinentalsperre" den Handel und jeglichen Verkehr mit England. Der Erlass brachte der französischen Wirtschaft Aufschwung und fügte dem englischen Handel schweren Schaden zu.
- England führte 1815 „Corn Laws" ein, mit denen die Einfuhr von Getreide mit Abgaben belegt wurde. Ricardo argumentierte gegen diesen Sachverhalt. Seine Theorie war also nicht politikfrei!

Ein Ausflug in das absolutistische Frankreich des 17. Jahrhunderts stellt den Merkantilismus (lat. mercantilis – Kaufmann) als wirtschaftspolitisches Konzept vor, welches noch heute erheblichen Einfluss auf die Gestaltung internationaler Handelsbeziehungen hat. Im Kern geht es um staatliche Exportförderung bei gleichzeitiger Behinderung von Importen. Der Merkantilismus basierte auf der Grundvorstellung, dass der eigene Vorteil stets mit dem Nachteil des anderen verbunden ist, dass ein Land nur auf Kosten eines anderen seinen Reichtum vermehren kann.

!

1. Erläutern Sie mögliche Ausprägungen der beiden beschriebenen Idealtypen der Außenwirtschaftspolitik.
2. Erarbeiten Sie Kurzreferate zu den Hintergründen und den politischen und wirtschaftlichen Folgen der „Kontinentalsperre" und der „Corn Laws".

Ludwig XIV.

In der EU ist der Merkantilismus noch heute auf der Tagesordnung und in Äußerungen von Politikern, Industrievertretern, Gewerkschaftlern und vielen anderen findet sich noch immer die Vorstellung, dass Exporte gut und Importe schlecht seien.

Levante = um das östliche Mittelmeer liegende Länder

1. Arbeiten Sie die vorgeschlagenen Maßnahmen des Conseil heraus, mit Hilfe derer Frankreich „zum Schaden anderer Nationen" eine aktive Handelsbilanz erreichen soll.
2. Sammeln Sie Beispiele, die deutlich machen, dass „der Merkantilismus noch heute auf der Tagesordnung steht" sowie für die Annahme, dass Exporte gut und Importe schlecht seien.

Im „Conseil de Commerce" (1664) werden Empfehlungen für die französische Handelspolitik formuliert.

Aus einer Denkschrift für das erste „Conseil de Commerce" Ludwigs XIV. 1664

Ich glaube, man wird ohne weiteres in dem Grundsatz einig sein, dass es einzig und allein der Reichtum an Geld ist, der die Unterschiede an Größe und Macht zwischen den Staaten begründet. Was dies betrifft, so ist es sicher, dass jährlich aus dem Königreich einheimische Erzeugnisse (Wein, Branntwein, Weinessig, Eisen, Obst, Papier, Leinwand, Eisenwaren, Seide, Kurzwaren) für den Verbrauch im Ausland im Wert von 12 bis 18 Millionen Livres hinausgehen. Das sind die Goldminen unseres Königreiches, um deren Erhaltung wir uns sorgfältig bemühen müssen [...] Je mehr wir die Handelsgewinne, die die Holländer den Untertanen des Königs abnehmen, und den Konsum der von ihnen eingeführten Waren verringern können, desto mehr vergrößern wir die Menge des hereinströmenden Bargeldes und vermehren wir die Macht, Größe und Wohlhabenheit des Staates. Denselben Schluss können wir hinsichtlich des Zwischenhandels ziehen, d. h. derjenigen Waren, die wir aus Ost- und Westindien holen und nach Nordeuropa bringen könnten, von wo wir die zum Schiffbau nötigen Materialien selber heranführen könnten, worauf zum andern Teil Größe und Macht des Staates beruhen. Außer den Vorteilen, die die Einfuhr einer größeren Menge Bargeld in das Königreich mit sich bringt, wird sicherlich durch die Manufakturen eine Million zurzeit arbeitsloser Menschen ihren Lebensunterhalt gewinnen. Eine ebenso beträchtliche Anzahl wird in der Schifffahrt und in den Seehäfen Verdienst finden, und die fast unbegrenzte Vermehrung der Schiffe wird im gleichen Verhältnis Größe und Macht des Staates vermehren. Dies sind die Ziele, nach denen der König meines Erachtens aus guter Gesinnung und Liebe zu seinem Volk streben sollte. Als Mittel, sie zu erreichen, schlage ich vor:

Durch einen Conseilbeschluss mit Beteiligung des Königs möge Seine Majestät allen Untertanen seinen Entschluss verkünden. Alle im Dienst des Königs Stehenden sollen die Vorteile, die den Untertanen des Königs daraus erwachsen, öffentlich erörtern; die am Hof erscheinenden Kaufleute sollten mit allen Anzeichen der Gewogenheit und des guten Willens empfangen, in allen Angelegenheiten ihres Handels unterstützt und zuweilen, wenn sie mit wichtigen Angelegenheiten kommen, im Conseil Seiner Majestät gehört werden. Alle Verwaltungsvorschriften im Königreich bezüglich der Wiederherstellung der Manufakturen sollten erneuert, die Ein- und Ausfuhrtarife überprüft [...] und es sollte jährlich eine bedeutende Summe für Wiederherstellung der Manufakturen und die Förderung des Handels durch Conseilbeschluss ausgeworfen werden. Desgleichen bezüglich der Schifffahrt: Zahlung von Gratifikationen an alle, die neue Schiffe kaufen oder bauen oder große Handelsreisen unternehmen. Die Landstraßen sollten ausgebessert, die Zollstationen an den Flüssen aufgehoben, die kommunalen Schulden weiterhin abgelöst werden. Man bemühe sich unablässig, die Flüsse im Innern des Königreiches schiffbar zu machen, soweit sie es noch nicht sind; man prüfe sorgfältig die Frage einer Verbindung der Meere über Guyenne und Burgund, unterstütze tatkräftig die Ost- und Westindische Kompanie, und ermuntere jedermann zum Eintritt [...] Darüber hinaus muss in jedem Conseil ein besonderes Problem des Handelssektors erörtert werden, z. B. der Levantehandel und die durch die Konsuln verursachten Ordnungswidrigkeiten und deren Abstellung, die Angelegenheiten der Ostindischen und der Westindischen Kompanie, der Handel mit dem Norden (Archangelsk, Moskau, Ostsee, Norwegen), die Binnenzölle, die Entschuldung der Gemeinden, Landstraßen, Binnen- und Seeschifffahrt, Manufakturen, Besuch der Seehäfen und etwaige Schwierigkeiten desselben.

Quelle: V. Dotterweich/A. Mehl/H. G. Walther (Hrsg): Grundriss der Geschichte, Dokumente, Bd. 1, Stuttgart, S. 122 f.

Jean-Baptiste Colbert (1619–1683)

Kurzbiografie
Am 29. August 1619 in Reims als Sohn eines Tuchhändlers geboren und ursprünglich zum Kaufmann bestimmt, wird Jean-Baptiste Colbert 1665 unter König Ludwig XIV. Generalkontrolleur der Finanzen. Er entwickelt durch planvolle Steigerung und zentralistische Zusammenfassung der Wirtschaftskräfte Frankreichs die materiellen Grundlagen für die Außenpolitik des Königs.
Als klassischer Vertreter des Merkantilismus entwickelt Colbert ein Konzept (Colbertismus) zur Erhöhung der Staatseinkünfte: Senkung der direkten Steuern, Erhöhung der indirekten Verbrauchssteuern, Errichtung von staatlichen Fabriken (Manufakturen) zur preiswerten Herstellung von Luxusgütern durch Arbeitsteilung, Ausbau der Häfen und Straßen, Aufbau einer Handelsflotte.
Colbert stirbt am 6. September 1683 in Paris.

Zeitgeschichtlicher Hintergrund: Die innenpolitischen Spätfolgen der Bürger- und Glaubenskriege hatten ein allgemeines Verlangen nach Wiederherstellung der staatlichen Ordnungsfunktion zur Folge, die in der Person des absolutistischen Monarchen am ehesten verbürgt schien. Unter Ludwig XIV., 1643–1715 König von Frankreich, findet der Absolutismus seinen Höhepunkt. Alle Macht geht vom Monarchen aus, der sich auf die göttliche Legitimität (Gottesgnadentum) beruft.

Hauptgedanken und Wirkung: Jean-Baptiste Colbert ist der Hauptvertreter der merkantilistischen Wirtschaftspolitik. Durch Förderung der Industrien und des Außenhandels wollte man den Reichtum und die Macht des absolutistischen Herrschers mehren. Dabei galt es, Exportüberschüsse zu erwirtschaften, die ihrerseits zu einer Anhäufung von internationalen Zahlungsmitteln (Gold und andere Edelmetalle) im Inland führen sollten. Um eine aktive Handelsbilanz zu erreichen verfolgte Colbert vor allem folgende Ziele:
- Errichtung eines „Generalkatasters“ für ganz Frankreich (Taille réelle)
- Herabsetzung der Löhne
- Vereinheitlichung der Binnenzölle
- Schutzzölle auf den Import von Fertigwaren
- Exportverbot für landwirtschaftliche Produkte und Gebrauchsgüter
- Ausbau der Infrastruktur

Mit den Methoden dieser Politik und mit den Erleichterungen und der Förderung jeglicher Gewerbetätigkeit im Königreich brachte Colbert eine außerordentliche Wirtschaftsblüte zustande. So konnte er die Staatseinnahmen in der Zeit von 1661–1667 verdoppeln. Doch die Kriege und die prunkvolle Hofhaltung des „Sonnenkönigs“ zehrten den Reichtum auf, so dass der Staatshaushalt ab 1672 nur noch durch Verschuldungen gedeckt werden konnte.

Wesentliche Werke :
- Pierre Clement (Hrsg.): Colbert, J.-B.: Lettres, instructions et memoires de Colbert, Paris: Librairie Imperiale, 1861–1879.
- Pierre Clement: Histoire de la vie et de l'administration de Colbert, Paris: Librairie Imperiale, 1881.

Jean-Baptiste Colbert

Die Kunst der Besteuerung liegt darin, die Gans so zu rupfen, dass sie unter möglichst wenig Geschrei so viele Federn wie möglich lässt.
Jean-Baptiste Colbert

Kopfsteuer = gleiche Steuer für jede Person; im modernen Steuerrecht wird diese Steuer nicht mehr erhoben.

Recherchieren Sie die historische Situation des Wirkens von Colbert und stellen Sie ihn auf zwei DIN-A4-Seiten dar.

Freihandel ist grundsätzlich richtig ...
wenn der grenzüberschreitende Handel mit Gütern, Dienstleistungen und Kapital nicht behindert wird, d. h., wenn sich das Leitbild des Freihandels durchsetzt, stehen Unternehmen und Regierungen weltweit miteinander im Wettbewerb. Unternehmen stehen im Produktwettbewerb, um im Markt zu bestehen und sie konkurrieren um Arbeitskräfte, Know-how, Kapital und Boden. Die Regierungen stehen dabei im Wettbewerb um institutionelle Rahmenbedingungen, beispielsweise Steuern, Gesetze, für Unternehmensaktivitäten.

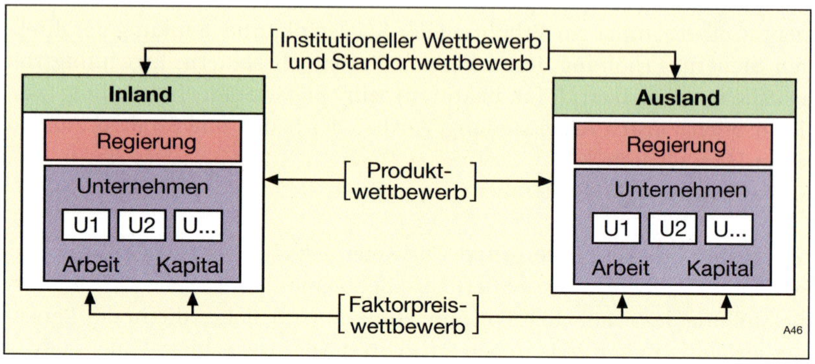

Befürworter des Wettbewerbs für Produkte und Produktionsfaktoren verweisen darauf, dass der Freihandel die Wahlmöglichkeiten von Konsumenten erhöhe, Arbeitsplätze schaffe, Wirtschaftswachstum ermögliche und die Entwicklung besserer und effizienterer Technologien begünstige.

Öffnung und Freihandel – eine „goldene Zwangsjacke"
Ein Land [...] muss sich an die folgenden goldenen Regeln halten – oder auf ihre Umsetzung hinarbeiten. Es muss den privaten Sektor zum hauptsächlichen Motor des Wirtschaftswachstums machen; eine möglichst geringe Inflationsrate und möglichst hohe Preisstabilität anstreben; den Umfang der staatlichen Bürokratie beschränken; einen möglichst ausgeglichenen Staatshaushalt, möglichst sogar einen Überschuss erreichen: Zölle auf Einfuhren senken beziehungsweise ganz streichen; Beschränkungen für Auslandsinvestitionen beseitigen; Importquoten aufheben und nationale Monopole zerschlagen; den Exportanteil steigern; staatliche Unternehmen und Versorgungsgesellschaften privatisieren; den Kapitalmarkt deregulieren und die eigene Währung frei konvertibel machen, seine Industrie sowie seine Aktien- und Anleihemärkte für ausländischen Besitz und ausländische Investitionen öffnen; durch die Deregulierung der Wirtschaft die Binnenkonkurrenz stimulieren; staatliche Korruption bekämpfen und Subventionen streichen: das Bankwesen und die Telekommunikationsindustrie für Privatbesitz und Wettbewerb öffnen; seinen Bürgern erlauben, aus einer Vielzahl konkurrierender Altersversorgungsmodelle und Pensions- und Investmentfonds (auch ausländischen) zu wählen.
Zusammengenäht wird aus allen diesen Einzelteilen die goldene Zwangsjacke. Allerdings gibt es die goldene Zwangsjacke nur in einer Einheitsgröße, was heißt, dass sie hier und da kneift und zwickt. Eben das setzt eine Gesellschaft permanent unter Druck, ihre wirtschaftlichen Institutionen effizienter zu machen und deren Leistungsfähigkeit zu steigern. [...] Die goldene Zwangsjacke ist nicht unbedingt ein hübsches und bequemes Kleidungsstück. Aber sie ist in unserer Zeit das einzige Modell, das auf der Stange hängt.
Quelle: T. L. Friedman: Globalisierung verstehen – Zwischen Marktplatz und Weltmarkt, Ullstein, Berlin, 1999, S. 120 ff.

1. Erläutern Sie die angesprochenen Aufgaben von Unternehmen einerseits und Regierungen andererseits um im weltweiten Wettbewerb bestehen zu können.
2. Zeigen Sie die Verflechtungen zwischen Binnen- und Außenwirtschaftspolitik anhand der einzelnen Regeln auf.
3. Was ist mit „goldener Zwangsjacke" gemeint? Was soll mit der Aussage von „dem einzigen Modell, das auf der Stange hängt" verdeutlicht werden?

Was kann gegen Freihandel sprechen?

1. Vermeidung von einseitigen Produktionsstrukturen

Arbeitsteilung nach dem Prinzip der komparativen Kostenvorteile könnte dazu führen, dass ein Land sich auf nur ein Produkt spezialisiert, das zudem möglicherweise eine geringe Einkommenselastizität aufweist (beispielsweise landwirtschaftliche Produkte). Auf längere Sicht würde diese Ausrichtung der Produktion die Entwicklungschancen eines Landes beeinträchtigen und die Sicherheit der Einnahmen aus Exportgeschäften wäre auf Dauer gefährdet, wenn die Spezialisierung zu einseitigen Produktstrukturen und damit zu einer unerwünscht starken Abhängigkeit von der Preisentwicklung auf Auslandsmärkten führt. So sind beispielsweise Länder, deren Ausfuhr sich auf ein Hauptprodukt (Kaffee, Baumwolle usw.) stützt, völlig von den Weltmarktpreisen abhängig, die zudem – abhängig von der Ernte – stark schwanken. Einkommensunelastische Produkte (z. B. landwirtschaftliche Güter, viele Rohstoffe) haben außerdem weniger wachstumsträchtige Märkte im Vergleich zu Industriegütern oder Dienstleistungen.

2. Sicherung der Versorgung

Wenn ein Land im Zuge der Spezialisierung auf die Herstellung wichtiger Güter verzichtet (z. B. landwirtschaftliche Produkte, Kohle als Energieträger), kann die Sicherheit der Versorgung in Krisensituationen gefährdet sein. Ebenso ist ein Staat im Falle der Vernachlässigung wichtiger Produktionen ausländischem Druck (Erpressung) ausgeliefert. Daher wird jedes Land ein gewisses Maß an Autarkie, also Unabhängigkeit von Einfuhren, anstreben. Dabei gilt es jedoch sehr sorgfältig zu prüfen, ob den hohen volkswirtschaftlichen Kosten tatsächlich eine sichere Versorgung gegenübersteht.

3. Sicherung der Arbeitsplätze

Internationale Arbeitsteilung mit uneingeschränktem Freihandel kann Arbeitsplätze gefährden. Dies geschieht dann, wenn es sich um Wirtschaftszweige handelt, die einen relativen Preisnachteil haben. Ihr Output und ihre Beschäftigung gehen zurück. In diesem Fall sind sowohl Arbeitgeber wie auch Arbeitnehmer betroffen, die sich dann häufig politisch organisieren, um dadurch institutionelle Regelungen (Schutzzoll, Subventionen) zum Schutz des Sektors durchzusetzen. Allerdings wird hierbei das Argument unberücksichtigt gelassen, dass Importschutz langfristig dem geschützten Sektor schadet, da der fehlende Wettbewerbsdruck keine Anstrengung zur Kostensenkung und Qualitätsverbesserung der Produkte erzwingt. Auch werden volkswirtschaftliche Ressourcen gebunden, die für andere Zwecke fehlen (Förderung der deutschen Steinkohle versus Verbesserung des Bildungssystems).

4. Verbraucher- bzw. Umweltschutzgründe

Vorschriften für Gesundheits- und Umweltschutz sind notwendig und fördern Wohlfahrt. Technische Normen bewirken Standardisierung sowie Rationalisierung, außerdem verbessern sie zusätzlich die Möglichkeit zu internationaler Arbeitsteilung. Werden solche Vorschriften jedoch diskriminierend in dem Sinne eingesetzt, dass ausländische Anbieter höheren Anforderungen unterliegen als einheimische, können sie zu Handelshemmnissen werden und auf subtile Weise als protektionistisches Instrument genutzt werden. Die Übergänge zwischen legitimen Schutzzwecken (Gesundheit oder Umweltschutz) und protektionistischer Diskriminierung von Konkurrenten sind fließend. […]

5. kurzfristig auftretende Zahlungsbilanzengpässe

Der Einsatz protektionistischer Maßnahmen kann das Ziel verfolgen, über die Drosselung von Importen eine Verminderung eines Leistungsbilanzdefizits herbeizuführen. Dies gilt jedoch allenfalls als kurzfristige Problembeseitigung. Eine Lösung des Leistungsbilanzproblems erfordert währungs- und strukturpolitische Maßnahmen, die die internationale Wettbewerbsfähigkeit der Volkswirtschaft verbessern.

Quelle: K. P. Kruber: Internationale Wirtschaftsbeziehungen, Ökonomische-Bildung-online, Modul R 01, Oldenburg, 2002, S. 34 f. (veröffentl. Anfang 2005 im Westermann-Verlag).

!

1. Suchen Sie aktuelle Beispiele in Deutschland, die auf die genannten Gründe für Protektionismus anwendbar sind.
2. Bewerten Sie die einzelnen Argumente für Beschränkungen des Freihandels und prüfen Sie dabei, inwieweit der Autor die Argumente selbst einschränkt.
3. Trotz der überragenden Vorteile des Freihandels stellt Protektion häufig die dominierende Strategie der Außenwirtschaftspolitik dar. Welche Gründe könnte es hierfür geben?

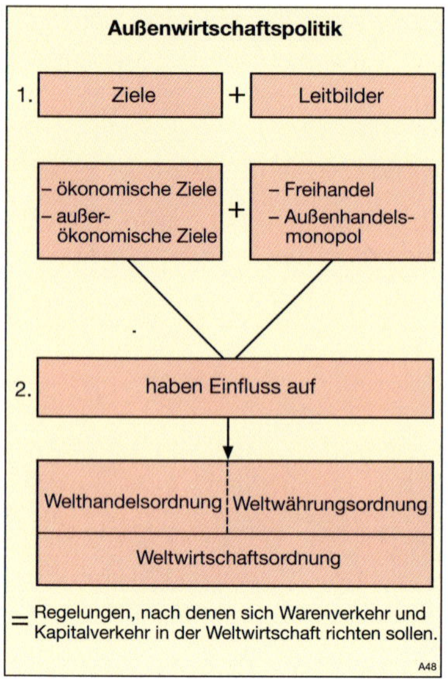

6.4.2 Instrumente der Außenwirtschaftspolitik

Internationaler Handel ist stets auch internationale Wirtschaftspolitik. Interessenpolitik einzelner Länder und Machtverhältnisse in internationalen Institutionen spielen eine große Rolle. Dies zeigt sich an den zähen Verhandlungen, die über Handelsfragen geführt werden und oft zu faulen Kompromissen führen. Ergebnisse sind Quoten, Selbstbeschränkungen und sonstige protektionistische Maßnahmen, die Länder oder Branchen benachteiligen und so einen internationalen Wettbewerb verhindern. Hierfür steht ein umfangreiches Instrumentarium zur Verfügung:

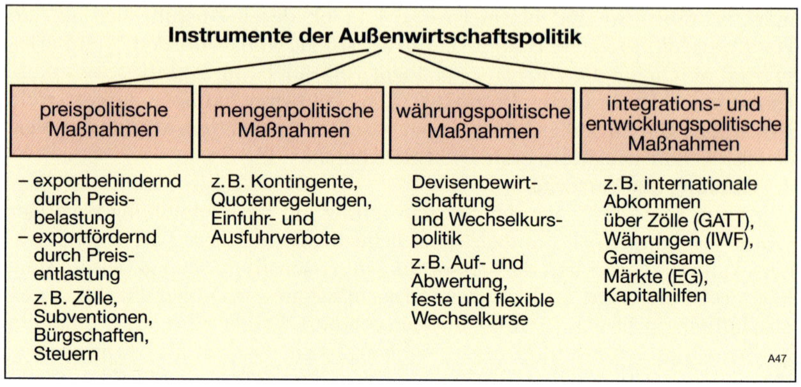

Handelsbeschränkungen

Aus der Vielzahl der Instrumente werden hier auf Grund ihrer überragenden Bedeutung die tarifären und nicht tarifären Handelshemmnisse herausgegriffen.

Zölle – die klassischen tarifären Handelshemmnisse – sind Abgaben, die beim grenzüberschreitenden Warenverkehr vom Staat erhoben werden. Zölle dienen dem Staat zum einen als Einnahmequelle, zum anderen ermöglichen sie den Schutz bestimmter nationaler Wirtschaftszweige. Unterschieden werden diese Abgaben auf Im- und Exporte nach der mit ihnen verbundenen

- Zielsetzung (Schutzzölle (vgl. Beispiel „Stahlkrieg" oder Agrarmarkt der EU und Finanzzölle),
- der Bemessungsgrundlage (spezifische Zölle (z. B. 500 Euro pro Tonne Bananen) und Wertzölle (z. B. 10 % auf den Preis der Bananen an der Grenze) und entsprechend der
- „Bewegungsrichtung" (Im- und Exportzölle) der Güter.

Ein Beispiel für einen effizienten Schutzzoll findet sich im Agrarmarkt der Europäischen Union, denn hier werden die Landwirte durch Abschöpfungen vor Agrarimporten geschützt. Für Agrareinfuhren wird ein Mindestpreis (Schwellenpreis) festgelegt, der in der Regel über dem Weltmarktpreis liegt. Die Differenz zwischen Weltmarktpreis und Schwellenpreis muss ein Importeur als Abschöpfung an die EU bezahlen. Schwankungen der Weltmarktpreise haben also keinen Einfluss, da Einfuhren nicht billiger als zum vorgegebenen Schwellenpreis auf den heimischen Markt kommen (vgl. S. 509 in Kapitel 6.5).

Eine Einfuhrbeschränkung ist auch durch Kontingente gegeben. Dabei handelt es sich um mengenmäßige, manchmal auch wertmäßige Einfuhrbeschränkungen zugunsten der heimischen Wirtschaft. Schließlich bestehen auch Ausfuhr- und Einfuhrverbote für bestimmte, „unerwünschte" oder gefährliche Güter.

!

1. Begründen Sie: Durch Zölle wird die Lage der inländischen Produzenten verbessert, die der Konsumenten hingegen verschlechtert.
2. Entwickeln Sie ein Schaubild zur Darstellung tarifärer und nichttarifärer Handelshemmnisse (vgl. folgende Seite).
3. Ermitteln Sie Güter, die in Deutschland einem Einfuhr- oder Ausfuhrverbot unterliegen, und die Gründe für den unterbundenen Handel.

Als Deutschland noch aus einer Vielzahl von Kleinstaaten bestand, wurde der Binnenhandel durch Zölle stark erschwert:

Zoll- und Mautlinien in Deutschland
38 Zoll- und Mautlinien in Deutschland lähmen den Verkehr im Innern und bringen ungefähr dieselbe Wirkung hervor, wie wenn jedes Glied des menschlichen Körpers unterbunden wird, damit das Blut ja nicht in ein anderes überfließe. Um von Hamburg nach Österreich, von Berlin in die Schweiz zu handeln, hat man zehn Staaten zu durchschneiden, zehn Zoll- und Mautordnungen zu studieren, zehn mal Durchgangszoll zu bezahlen.
Quelle: Friedrich List: Für einen wirtschaftlichen Zusammenschluss der deutschen Staaten, in: Günter Schmölders (1966): Geschichte der Volkswirtschaftslehre. Überblick und Leseproben, Rowohlt, Reinbek, 1996, S. 181 f.

Wider die Kleinstaaterei – „Das Lichten eines Hochwaldes" – Karikatur zur Gründung des Zollvereins 1834:

Besonders kreativ werden Länder, wenn es um den Einsatz nicht tarifärer Handelshemmnisse geht. Hier handelt es sich um mehr oder weniger versteckte Einschränkungen zum Schutz der eigenen Wirtschaft. Es sind Maßnahmen und Vorschriften, die mit protektionistischer Absicht erlassen wurden – von bis zu 1.000 verschiedenen wird gesprochen. Immer dann, wenn eine heimische Branche in Bedrängnis gerät, wird der Ruf nach Schutzmaßnahmen laut. Es ist also eine Frage der Sichtweise, ob etwas ein Handelshemmnis oder Schutz darstellt.

Nicht tarifäre Handelshemmnisse

formale Handelsbeschränkungen	administrative Handelsbeschränkungen
– nicht tarifäre Importbelastungen (preisbezogene Maßnahmen)	– Beteiligung des Staates am Handel
– Mengenrestriktionen und ähnliche spezifische Handelsbeschränkungen (mengenbezogene Maßnahmen)	– technische Normen, Standards und Verbraucherschutzbestimmungen
	– Zollabfertigung und weitere administrative Beschränkungen

In Anlehnung an Jörn Altmann: Außenwirtschaft für Unternehmen: Europäischer Binnenmarkt und Weltmarkt, Stuttgart, S. 253.

Friedrich List (1789–1846)

Der deutsche Wirtschaftswissenschaftler Friedrich List gilt als Wegbereiter des Deutschen Zollvereins von 1833/34, welcher die deutsche Einheit auf wirtschaftlichem Gebiet förderte und den Aufschwung der deutschen Industrie beschleunigte.

Werke:
- „Outlines of American Political Economy", 1827,
- „The National System of Political Economy", 1841,
- „Collected Works", 1927–36.

6.4.3 Institutionen der Weltwirtschaft

1944 wurden in Bretton Woods drei Institutionen geboren, die den Beginn einer Weltwirtschaftsordnung darstellen. Bis dahin hatte man, im Zeitalter der Nationalstaaten, nur bilaterale Verträge zwischen Staaten abgeschlossen. Mit der Einrichtung des GATT, des IWF und der Weltbank wollte man ein institutionelles Rahmenwerk für weitgehend ungehinderte internationale Wirtschaftsbeziehungen schaffen. Handelshemmnisse sollten, wo immer möglich, abgebaut werden. Man wollte jedoch nicht nur den internationalen Warenverkehr, sondern auch den grenzüberschreitenden Zahlungsverkehr regeln, da die Preise für Güter in verschiedenen Währungen verrechnet werden. Mit einer Weltwährungsordnung sollen internationale Währungsbeziehungen koordiniert werden.

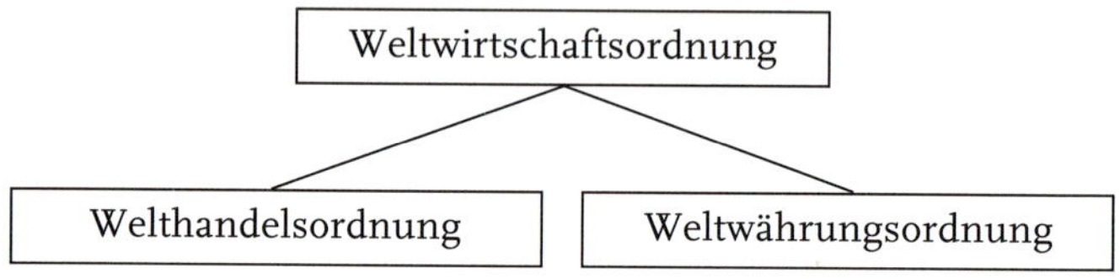

Eine große Anzahl von Institutionen und Organisationen bemüht sich um die Förderung der weltweiten wirtschaftlichen Kooperation. Eine Analyse der Ordnungs-, Regelungs- und Sanktionsfunktionen der unterschiedlichen Institutionen kann Aufschluss über deren Effizienz geben

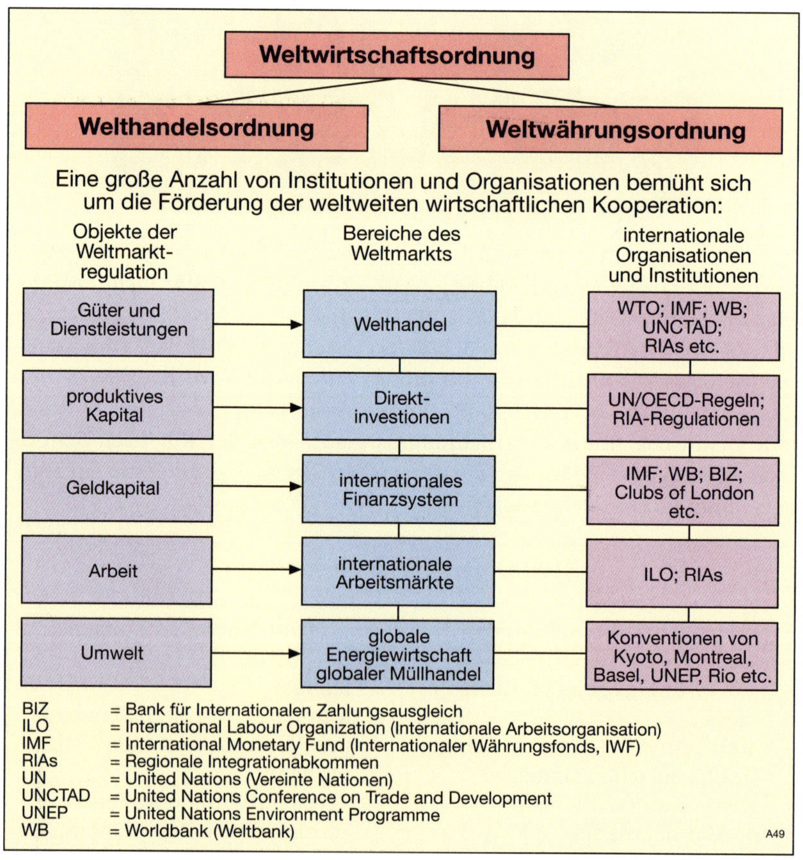

In Anlehnung an Elmar Altvater und Birgit Mahnkopf: Grenzen der Globalisierung: Ökonomie, Ökologie und Politik in der Weltgesellschaft, Münster, 1996

Beispiele für RIA (zu wirtschaftlichen Integrationsstufen vgl. Kapitel 6.5):
Afrika: Union des arabischen Maghreb (UMA); Wirtschaftsgemeinschaft der zentralafrikanischen Staaten (CEEAC);
Amerika: Andenpakt; CARICOM: Caribbean Community and Common Market; FTAA: Free Trade Area of the Americas; MERCOSUR: Mercado Comun del Cono Sur; NAFTA: North-American Free Trade Agreement;
Asien: Arabische Liga; ASEAN: Association of South East Asian Nations;
Europa: EU: Europäische Union, EFTA: European Free Trade Association

1. Erarbeiten Sie mit Hilfe eines einheitlichen Darstellungsschemas arbeitsteilig Präsentationen (Referate) zu den Institutionen der Weltwirtschaft, vor allem WTO, IWF und Weltbank. Entwickeln Sie ein Porträt der Institution (Geschichte, Ziele und Aufbau, Mitgliederzahl, Anteilseigner und Stimmrechte usw.). Berücksichtigen Sie insbesondere zentrale Herausforderungen, kritische Positionen und Reformvorschläge.
2. Stellen Sie dar, was für und was gegen eine mit weit reichenden Vollmachten ausgestattete internationale Institution spräche, die Freihandel gewährleisten würde.

Weltwährungsordnung

Mit der Weltbank und dem Internationalen Währungsfonds werden zwei zentrale Institutionen der Weltwährungsordnung und des globalen Finanzsystems vorgestellt. Die Zentralbanken der Länder sowie regionale Systeme wie das Europäische Währungssystem EWS (vgl. Kapitel 6.5) zählen auch dazu.

Weltbank

Die Weltbank besteht aus der Internationalen Bank für Wiederaufbau und Entwicklung (IBRD) und der Internationalen Entwicklungsvereinigung (IDA) und wurde ebenfalls als Unterorganisation der UN in Bretton Woods gegründet. Wie beim IWF spielt die Höhe der Kapitalquoten eine Rolle bei der Besetzung des Gremiums. Die Weltbank ist ein weiterer wichtiger Akteur der Internationalen Entwicklungspolitik und -finanzierung.

Im Rahmen langfristiger Strukturanpassungsprogramme und Kredite – die Kreditnehmer sind ausschließlich Regierungen – sollen Armut bekämpft und der Lebensstandard in Entwicklungsregionen verbessert werden. Die Bekämpfung von Aids, Schuldenerlass für Entwicklungsländer, Kampf gegen die Korruption und eine intensivere Betreuung von Projekten sollen in Zukunft stärker angegangen werden.

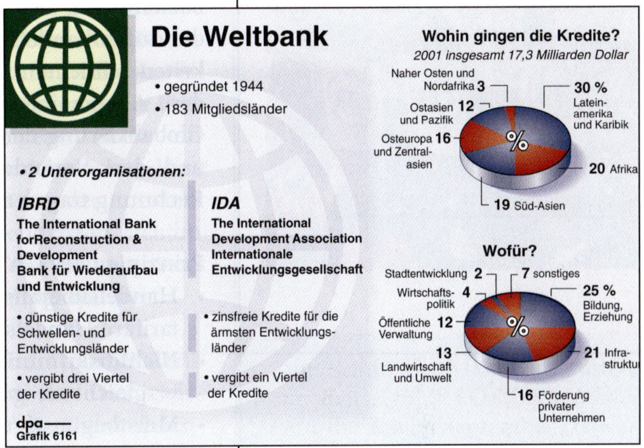

Internationaler Währungsfonds (IWF)

Der IWF (International Monetary Fund, IMF) mit Sitz in Washington wurde 1944 in Bretton Woods gegründet um das System fester Wechselkurse zu stabilisieren und gilt heute als „Zentralbank der Zentralbanken“:

The IMF works for global prosperity by promoting the balanced expansion of world trade, stability of exchange rates, avoidance of competitive devaluations, and orderly correction of balance of payments problems.
IMF-Selbstdarstellung zitiert nach: www.imf.org, 22.5.2004

exchange rate: Wechselkurs
devaluation: Abwertung
balance of payments: Zahlungsbilanz

Es sind vor allem kurzfristige Kredite, die zum Ausgleich von Zahlungsbilanzdefiziten vergeben werden und die globalen Finanzmärkte stabilisieren sollen. Kredite des IWF sind an die Durchführung von Strukturanpassungsprogrammen gebunden. Die Kredite des Fonds werden von Entwicklungs-, Schwellen- und Transformationsländern in Anspruch genommen. Der Einfluss eines Mitgliedslands – zurzeit hat der IWF 183 Mitglieder – hängt von seiner Wirtschaftsmacht ab. Hiernach richten sich die Anteile am Fonds, das Stimmrecht oder die Höhe der Bareinlagen. Entscheidungen über die Strategie des IWF müssen mit einer 85 %igen Mehrheit getroffen werden. Die USA verfügen über den höchsten Stimmrechtsanteil und nehmen deshalb eine bestimmende Rolle im IWF ein. Bei Überlegungen zur zukünftigen Rolle des IWF geht es um ein besseres Management der Schuldenkrise in den Entwicklungsländern. Dabei ist u. a. zu klären, wie Kredite effizienter eingesetzt werden und wie der Missbrauch der Gelder verhindert werden können. Weiterhin könnten die wirtschaftspolitische Beratung und die makroökonomischen Beobachtung der globalen Wirtschaft durch den IWF an Bedeutung gewinnen.

1. Erklären Sie die Aufgaben einer Zentralbank (vgl. Kapitel 3).
2. Klären Sie die „Machtverhältnisse“ in Weltbank und IWF mit Hilfe der Grafik. Prüfen Sie, welche Folgen sich daraus für die Geschäftspolitik der beiden Institutionen ergeben.

6.5 Europäische Union

6.5.1 Wozu ein europäischer Zusammenschluss? Ziele und Entwicklung der EU

„Europa findet irgendwo in Brüssel statt. Ich kann persönlich nicht so viel damit anfangen."
„Ich bin skeptisch, ob die EU für mich heute oder in Zukunft von Nutzen ist."

Solche oder ähnliche Meinungen hört man immer wieder. Umfragen zur EU zeigen regelmäßig, dass es um die Akzeptanz der „Europäischen Union" nicht so gut bestellt ist. In Deutschland ist die Bevölkerung beispielsweise regelrecht gespalten, wenn es um die Frage geht, ob die Mitgliedschaft in der EU eine gute Sache sei. Fragte man jedoch ältere Bürgerinnen und Bürger, die möglicherweise sogar den letzten Weltkrieg oder seine Folgen miterlebt haben, wäre folgende Einschätzung wahrscheinlicher:

„Seit 60 Jahren leben wir in Freiheit und Frieden, das ist wirklich keine Selbstverständlichkeit! Die Europäische Gemeinschaft hat auf dem Kontinent, auf dem seit Jahrhunderten fast jeder Staat gegen jeden Krieg geführt hatte, dauerhaft für Frieden und Wohlstand gesorgt."

In der Tat waren die Ziele der europäischen Einheitsbewegung seit dem Zweiten Weltkrieg Frieden und Freiheit in Europa. Die wirtschaftliche Entwicklung, d. h. die Wohlstandsmehrung in den Mitgliedsstaaten durch die Schaffung eines gemeinsamen Marktes, war dafür ein zentrales Mittel. Die „europäische Idee" ist allerdings schon wesentlich älter: Schon Karl der Große soll bei der Expansion des Fränkischen Reiches und der Vereinigung der christlichen Völker eine „Idee Europas" verfolgt haben. Das Unterfangen der europäischen Einigungsbewegung, um daraus wirtschaftliche und politische Vorteile zu ziehen, ist jedoch immer wieder auf Grund nationaler Interessen gescheitert. Im September 1946 hielt der englische Premier Sir Winston Churchill in Zürich eine denkwürdige Rede:

Winston Churchill (1874–1965)

Vereinigte Staaten von Europa
Wir müssen etwas wie die Vereinigten Staaten von Europa schaffen. Nur so können Hunderte von Millionen schwer arbeitender Menschen wieder die einfachen Freuden und Hoffnungen zurückgewinnen, die das Leben lebenswert machen. Das Verfahren ist einfach. Was wir benötigen ist der Entschluss von Hunderten von Millionen Männern und Frauen, Recht statt Unrecht zu tun und als Lohn Segen statt Fluch zu ernten. [...] Die Struktur der Vereinigten Staaten von Europa, wenn sie gut und echt errichtet wird, muss so sein, dass die materielle Stärke eines einzelnen Staates von weniger großer Bedeutung ist. Kleine Nationen zählen ebenso viel wie große und erwerben sich ihre Ehre durch ihren Beitrag zu der gemeinsamen Sache. Die alten Staaten und Fürstentümer Deutschlands, frei vereint aus Gründen gegenseitiger Zweckmäßigkeit in einem Bundessystem, können alle ihren individuellen Platz in den Vereinigten Staaten von Europa einnehmen. [...] Die Zeit ist vielleicht knapp. Gegenwärtig haben wir eine Atempause. Die Geschütze schweigen. Der Kampf hat aufgehört, aber nicht die Gefahren. Wenn es uns gelingen soll, die Vereinigten Staaten von Europa oder welchen Namen auch immer sie tragen werden, zu errichten, müssen wir jetzt damit beginnen. [...]
nach: Curt Gasteyger: Europa von der Spaltung zur Einigung, Bundeszentrale für politische Bildung, Bonn, 2001, S. 43 f.

!

Wie stehen Sie zur Europäischen Union?
Führen Sie eine Umfrage in Ihrem Kurs durch und vergleichen Sie die Ergebnisse.

Der Schuman-Plan

Bundeskanzler Konrad Adenauer sah für Westdeutschland nur eine Chance zum wirtschaftlichen und politischen Wiederaufstieg und zur Wiedererlangung der Souveränität: die Integration in ein vereintes Westeuropa. Der Kalte Krieg zeigte den Westmächten, dass sie bei der Konfrontation zwischen „Ost" und „West" nicht auf das Potenzial Westdeutschlands verzichten konnten. Amerikaner und Briten forderten deshalb den französischen Außenminister Schuman auf, einen Vorschlag für die Eingliederung Westdeutschland in ein Bündnis der westlichen Nationen zu machen. Frankreich wollte einerseits eine Stärkung der Deutschen nicht akzeptieren, andererseits konnte sich das Land keine Politik gegen seine Bündnispartner leisten. Es wurde ein Plan entwickelt, die französische und deutsche Kohle- und Stahlproduktion einer gemeinsamen Behörde zu unterstellen.

Robert Schuman (1886–1963) französischer Ministerpräsident und Außenminister (1948–1952); entwickelte einen Plan für das Zusammenwachsen der europäischen Wirtschaft; Schumann war erster Präsident des Europäischen Parlaments (1958–1960).

Robert Schuman „Europa lässt sich nicht mit einem Schlage herstellen"

Der Beitrag, den ein organisiertes und lebendiges Europa für die Zivilisation leisten kann, ist unerlässlich für die Aufrechterhaltung friedlicher Beziehungen. [...] Europa lässt sich nicht mit einem Schlage herstellen, und nicht durch einfache Zusammenfassung: Es wird durch konkrete Tatsachen entstehen, die zunächst eine Solidarität der Tat schaffen. Die Vereinigung der europäischen Nationen erfordert, dass der Jahrhunderte alte Gegensatz zwischen Frankreich und Deutschland ausgelöscht wird. Das begonnene Werk muss in erster Linie Deutschland und Frankreich erfassen. [...] Die französische Regierung schlägt vor, die Gesamtheit der französisch-deutschen Kohle- und Stahlproduktion einer gemeinsamen Hohen Behörde zu unterstellen [...] Die Zusammenlegung der Kohle- und Stahlproduktion wird sofort die Schaffung gemeinsamer Grundlagen für die wirtschaftliche Entwicklung sichern – die erste Etappe der europäischen Föderation – und die Bestimmung jener Gebiete ändern, die lange Zeit der Herstellung von Waffen gewidmet waren, deren sicherste Opfer sie gewesen sind. Die Solidarität der Produktion, die so geschaffen wird, wird bekunden, dass jeder Krieg zwischen Frankreich und Deutschland nicht nur undenkbar, sondern materiell unmöglich ist. Die Schaffung dieser mächtigen Produktionsgemeinschaft, die allen Ländern offen steht, die daran teilnehmen wollen, mit dem Zweck, allen Ländern, die sie umfasst, die notwendigen Grundstoffe für ihre industrielle Produktion zu gleichen Bedingungen zu liefern, wird die realen Fundamente zu ihrer wirtschaftlichen Vereinigung legen. [...] Durch die Zusammenlegung der Grundindustrien und die Errichtung einer neuen Hohen Behörde, deren Entscheidungen für Frankreich, Deutschland und die anderen teilnehmenden Länder bindend sein werden, wird dieser Vorschlag den ersten Grundstein einer europäischen Föderation bilden, die zur Bewahrung des Friedens unerlässlich ist. [...] Im Gegensatz zu einem internationalen Kartell, das nach einer Aufteilung und Ausbeutung der nationalen Märkte durch einschränkende Praktiken und die Aufrechterhaltung hoher Profite strebt, wird die geplante Organisation die Verschmelzung der Märkte und die Ausdehnung der Produktion gewährleisten.

Quelle: P. Fontaine: Eine neue Ordnung für Europa. Vierzig Jahre Schuman-Plan (1950–1990), Reihe Europäische Dokumentation 3/1990, Amt für amtliche Veröffentlichungen der Europäischen Gemeinschaften, Luxemburg, 1990, S. 46 ff.

Konrad Adenauer
Bundeskanzler von 1949 bis 1963

Stellen Sie heraus, warum Schuman ein vereintes Europa für notwendig hält. Welche Bedingungen müssen seiner Meinung nach erfüllt sein und welche konkreten Vorschläge macht er zur Realisierung?

Adenauer stimmte diesem Plan begeistert zu. Frankreich, Italien, die Bundesrepublik Deutschland und die Benelux-Staaten gründeten 1952 die **Europäische Gemeinschaft für Kohle und Stahl (EGKS)**. Frankreich hatte die Kontrolle über den Kernbereich der deutschen Industrie und die noch nicht souveräne Bundesrepublik wurde gleichberechtigtes Mitglied einer supranationalen Organisation.

18.4.1951: Gründung der Europäischen Gemeinschaft für Kohle und Stahl (EGKS, auch: Montanunion genannt) mit F, D, I und den Benelux-Staaten
25.3.1957: Gründung der Europäischen Wirtschaftsgemeinschaft (EWG) und der Europäischen Atomgemeinschaft (EURATOM) (Römische Verträge)
1.7.1967: Fusion der Montanunion, der EWG und EUROATOM zur EG (Europäische Gemeinschaft)
1972: GB, Ir, DK treten der EG bei.
1979: 1. Direktwahl des Europäischen Parlaments

1. Recherchieren Sie die Rechte, die mit Ihrer Unionsbürgerschaft – erstmals festgehalten im geänderten EG-Vertrag von 1992 – verbunden sind.
2. Weshalb erwartete der Cecchini-Bericht einen Wachstumsschub nach Öffnung der Binnengrenzen?
3. Informieren Sie sich im Internet über den Inhalt der Römischen Verträge.

Von den Römischen Verträgen (1957) zur Einheitlichen Europäischen Akte (1987)

1957 wurde mit den Römischen Verträgen die **Europäische Wirtschaftsgemeinschaft (EWG)** der sechs Mitgliedsstaaten der Montanunion gegründet: „Aufgabe der Gemeinschaft ist es, durch die Errichtung eines Gemeinsamen Marktes und die schrittweise Annäherung der Wirtschaftspolitik der Mitgliedsstaaten eine harmonische Entwicklung des Wirtschaftslebens innerhalb der Gemeinschaft, eine beständige und ausgewogene Wirtschaftsausweitung, eine größere Stabilität, eine beschleunigte Hebung der Lebenshaltung und engere Beziehungen zwischen den Staaten zu fördern, die in dieser Gemeinschaft zusammengeschlossen sind." (Art. 2 EWG-Gründung).
Ebenfalls 1957 schlossen sich die Mitglieder der Montanunion zur **Europäischen Atomgemeinschaft (EURATOM)** zur friedlichen Nutzung der Atomenergie zusammen. 1967 erfolgte der Zusammenschluss der drei Gemeinschaften EGKS, EWG und EURATOM zur Europäischen Gemeinschaft (EG). Die EG entwickelte sich zunächst zu einem bedeutenden Wirtschaftsfaktor, der auch für andere Länder attraktiv wurde.

In den 70er Jahren des 20. Jahrhunderts, insbesondere nach 1973, geriet die Gemeinschaft jedoch in eine schwere Krise: Die Wirtschaft stagnierte, die Arbeitslosigkeit wuchs, es gab Strukturprobleme in einzelnen Staaten, nationale Interessen und Kompetenzgerangel zwischen den Institutionen und Finanzkrisen belasteten die EG. Auf Grund der Stagflation, der „Eurosklerose" im Integrationsprozess wurden neue Vorschläge unterbreitet. Mit der **Einheitlichen Europäischen Akte (EEA)** erfolgte 1987 der Durchbruch. Das wichtigste Ergebnis war der Beschluss, bis 1993 einen Gemeinsamen Markt, den europäischen Binnenmarkt, zu realisieren (vgl. S. 501 f.). Über die Chancen gibt der Cecchini-Bericht Aufschluss:

Wachstumsschub durch Öffnung der Binnengrenzen
Die Frage nach dem größten Hemmschuh im innergemeinschaftlichen Handelsverkehr ist für Europas Unternehmer unschwer zu beantworten. Bei der EG-weiten Meinungsumfrage unter 11.000 Unternehmern verschiedener Wirtschaftszweige werden Papierkrieg und damit der allgegenwärtige Amtsschimmel an vorderster Stelle genannt. Auch wenn die Folgen der Marktzersplitterung nicht nur an den Grenzen spürbar werden, sind doch die Ursachen hier zu suchen. Nicht nur Unternehmen leiden unter der Last der Grenzformalitäten. Häufig müssen deshalb auch Verbraucher für Waren aus EG-Nachbarländern tiefer in die Taschen greifen. [...] Gemeinschaftsweit entstehen Unternehmen durch internen Verwaltungsaufwand und Wartezeiten an den Grenzen Ausgaben von rund 8 Milliarden Ecu. Dies entspricht 2 % des betroffenen Warenwertes. Aus diesen Erwägungen dürfte die Wirtschaft überdies auf einen zusätzlichen Jahresumsatz von mindestens 4,5 und möglicherweise sogar bis zu 15 Milliarden Ecu verzichten. Den Staatskassen entgehen dadurch nicht nur beträchtliche Steuereinnahmen. Die Regierungen – letztlich Europas Steuerzahler – müssen außerdem zwischen 500 Millionen und 1 Milliarde Ecu für Personal aufbringen, das an den Grenzen und im Verwaltungsapparat den Handel einschränkt. [...] Grenzformalitäten und Wartezeiten wirken sich nicht nur unmittelbar auf die Betriebskosten der Unternehmen aus. Sie sorgen auch dafür, dass viele Marktchancen ungenutzt bleiben. Es liegt an den EG-Regierungen, durch eine Öffnung der Binnengrenzen einen wirtschaftlichen Wachstumsschub auszulösen.
Quelle: P. Cecchini: Europa '92, Der Vorteil des Binnenmarktes, Nomos Verlagsgesellschaft, Baden-Baden, 1988, S. 27 ff.

Gründung der Europäischen Union (EU): Verträge von Maastricht (1992) und Amsterdam (1997)

1992 wurde im holländischen Maastricht der EU-Vertrag unterzeichnet. Die Beschlüsse sehen wesentliche Kompetenzerweiterungen der EG vor. Das Subsidiaritätsprinzip wurde, u. a. auf Drängen Deutschlands, in Maastricht in die EU-Verträge eingeführt. Das bedeutet: In den Bereichen, die nicht in ihre ausschließliche Zuständigkeit fallen, wird die Gemeinschaft nur tätig, „sofern und soweit die Ziele der in Betracht gezogenen Maßnahmen auf Ebene der Mitgliedstaaten nicht ausreichend erreicht werden können und daher wegen ihres Umfangs oder ihrer Wirkungen besser auf Gemeinschaftsebene erreicht werden können" (Art. 5 EG-Vertrag). Neben den drei Verträgen EGKS, EWG und EURATOM enthält der Vertrag von Maastricht Bestimmungen über eine gemeinsame Außen- und Sicherheitspolitik der EU und über die Zusammenarbeit der Regierungen in den Bereichen Justiz und Inneres; einer seiner Schwerpunkte liegt in der Realisierung einer Wirtschafts- und Währungsunion in drei Stufen. Eine Änderung des Vertrags über die EU erfolgte durch den Amsterdamer Vertrag von 1997.

Ziele der EU nach dem Amsterdamer Vertrages

- die Förderung des wirtschaftlichen und sozialen Fortschritts und eines hohen Beschäftigtenniveaus sowie die Herbeiführung einer ausgewogenen und nachhaltigen Entwicklung, insbesondere durch Schaffung eines Raumes ohne Binnengrenzen, durch Stärkung des wirtschaftlichen und sozialen Zusammenhalts und durch Errichtung einer Wirtschafts- und Währungsunion, die auf längere Sicht auch eine einheitliche Währung nach Maßgabe dieses Vertrags umfasst;
- die Behauptung ihrer Identität auf internationaler Ebene, insbesondere durch eine gemeinsame Außen- und Sicherheitspolitik, wozu nach Maßgabe des Artikels J 7 auch die schrittweise Festlegung einer gemeinsamen Verteidigungspolitik gehört, die zu einer gemeinsamen Verteidigung führen könnte;
- die Stärkung des Schutzes der Rechte und Interessen der Angehörigen ihrer Mitgliederstaaten durch Einführung einer Unionsbürgerschaft;
- die Erhaltung und Weiterentwicklung der Union als Raum der Freiheit, der Sicherheit und des Rechts, in dem die Verbindung mit geeigneten Maßnahmen in Bezug auf die Kontrollen an den Außengrenzen, das Asyl, die Einwanderung sowie die Verhütung und Bekämpfung der Kriminalität der freie Personenverkehr gewährleistet ist;
- die volle Wahrung des gemeinschaftlichen Besitzstandes und seine Weiterentwicklung, wobei geprüft wird, inwieweit die durch diesen Vertrag eingeführten Politiken und Formen der Zusammenarbeit mit dem Ziel zu revidieren sind, die Wirksamkeit der Mechanismen und Organe der Gemeinschaft sicherzustellen.

Quelle: EG-Vertrag, Erster Teil: Sachliche Änderungen, Artikel l, Artikel B.

1982/86: erst G, später E und P treten der EG bei.
1992: Gründung der Europäischen Union (EU) und Festlegungen für die Schaffung einer Wirtschafts- und Währungsunion bis zum Ende des Jahrhunderts (Vertrag von Maastricht)
1995: F, S und A treten bei.
1997–1999: Vereinbarung über Reformen der EU, von Grundlagen für die EU-Erweiterung und Beschluss eines Stabilitätspakts zur Wirtschafts- und Währungsunion (Vertrag von Amsterdam)
1.1.1999: Start der Europäischen Wirtschafts- und Währungsunion in elf EU-Ländern
Dezember 2000: Schaffung der Voraussetzungen für die EU-Erweiterung (Vertrag von Nizza);
Juli 2003: Entwurf für eine europäische Verfassung durch den Konvent
Mai 2004: EU-Erweiterung durch 10 mittel- und osteuropäische Staaten

Wirtschafts- und Währungsunion

1. Stufe (ab 1990): Verwirklichung des Binnenmarktes und Verbesserung der wirtschaftlichen Konvergenz zwischen den Mitgliedsländern.
2. Stufe (ab 1994): weitere Verstärkung der wirtschaftlichen Annäherung der EU-Länder zur Erreichung einer größtmöglichen Preisstabilität.
3. Stufe (ab 1999): Währungsunion mit unveränderbaren Wechselkursen der Währungen der Teilnehmerstaaten.

Finden Sie aktuelle Beispiele für die Anwendung des Subsidiaritätsprinzips („Hilfe zur Selbsthilfe").

1. In den europäischen Binnenmarkt gehen rund 60 % der deutschen Exporte und fast 50 % der deutschen Auslandsinvestitionen. Recherchieren Sie die wichtigsten Handelspartner in der EU sowie die wesentlichen Handelssegmente.
2. Nennen Sie die ökonomischen Vorteile der „Vier Freiheiten“. Erörtern Sie weitere Vorzüge, aber auch Schwierigkeiten bei der Realisierung der einzelnen Freizügigkeiten.

Die vier Freiheiten im Binnenmarkt

Der EU-Binnenmarkt von 1993, der durch die Verschmelzung verschiedener Volkswirtschaften und einheitliche Wettbewerbsregeln entsteht, macht die folgenden vier „Freiheiten“ erforderlich:

Freier Warenverkehr: Für viele Waren wurden nationale Vorschriften durch EU-Regeln ersetzt; für alle anderen gilt der Grundsatz von 1979: Wenn ein Erzeugnis in einem EU-Staat hergestellt und in den Verkehr gebracht worden ist, darf es überall im Binnenmarkt ungehindert verkauft werden („Prinzip der gegenseitigen Anerkennung“). Ausnahmen gibt es nur in wenigen Fällen. Da die Mehrwertsteuersätze in den EU-Ländern unterschiedlich sind, wird ein in Deutschland hergestelltes Produkt beim Kauf in Deutschland mit 16 % und z. B. in Dänemark mit 25 % Mehrwertsteuer belastet (2004). Für die Zukunft strebt man eine Mehrwertbesteuerung im Ursprungsland an.

Freier Personenverkehr: Diese Freizügigkeit umfasst freie Einreise, freien Aufenthalt, freies Wohnrecht, Niederlassungsfreiheit und die Freiheit der Arbeitsplatzwahl. Sie gilt für alle abhängig Beschäftigten, für alle Selbstständigen und für nahezu alle gewerblichen Berufe sowie für Studierende, Rentner und Nichterwerbstätige und deren Angehörige. Personen müssen über ausreichende Mittel verfügen, um den Lebensunterhalt zu bestreiten sowie eine Krankenversicherung vorweisen. Da für viele Berufe Diplome, Befähigungsnachweise o. Ä. erforderlich sind, gibt es Regelungen für die Anerkennung von Qualifikationsnachweisen. Wenn sich Ausbildungsgänge allerdings inhaltlich und zeitlich von Land zu Land stark unterscheiden, bestehen unter Umständen Vorschriften, zusätzliche Berufspraxis nachzuweisen oder eine Eignungsprüfung zu absolvieren.

Freier Dienstleistungsverkehr: Dienstleistungen sind zum Beispiel der gewerbliche Güterverkehr, Versicherungsleistungen, alle Dienste, die z. B. Werbeagenturen, Architekten, Gutachter, Banken oder Reiseveranstalter anbieten. Unternehmen aus einem EU-Land können in allen anderen EU-Ländern Dienstleistungen anbieten, auch wenn sie dort keine Tochterunternehmen haben. Einer Kontrolle unterliegen sie nur in dem EU-Land des Firmensitzes.

Freier Kapitalverkehr: Kapital kann sich überall in der EU die günstigste Anlagemöglichkeit suchen, sei es in der Beteiligung an einem Unternehmen, im Erwerb von Immobilien, in der Anlage auf Konten oder in Wertpapieren. Finanzunternehmen können an Börsen in nahezu jedem EU-Land handeln, wenn sie dort eine Zweigniederlassung haben. Mit der Einführung des Euro sind auch Wechselkursrisiken und Umtauschkosten entfallen und die Vergleichbarkeit von Preisen verbessert die Transparenz des Binnenmarktes und verschärft den Wettbewerb.

Handelszunahme und Handelsumlenkung in einer Zollunion
Man kann die Handelsbeziehungen zwischen zwei oder mehreren Ländern in einer komparativ-statischen Analyse miteinander verglichen. Das Ziel der Analyse besteht darin, die Handel schaffenden und Handel umlenkenden Wirkungen wirtschaftlicher Integration zu erfassen. Die Frage, welche Veränderungen sich zwischen diesen beiden Zeitpunkten im Zeitablauf ergeben, bleibt dabei unberücksichtigt. Es wird auch nicht untersucht, welche wirtschaftlichen, politischen und rechtlichen Probleme auf dem Weg zu einer Zollunion bestanden.
Ausgangsstadium (1. Situation): Die Länder B und C bieten ein vergleichbares Produkt an, das in B 100 Euro und in C 95 Euro kostet. Land A stellt dieses Produkt nicht her; es erhebt einen Importzoll von 10 %. Dadurch kostet das Produkt aus B 110 Euro, das aus C 104,50 Euro. Land A wird daher selbstverständlich das Produkt aus Land C einführen, weil es um 5,50 Euro billiger ist als das vergleichbare Produkt aus Land B.

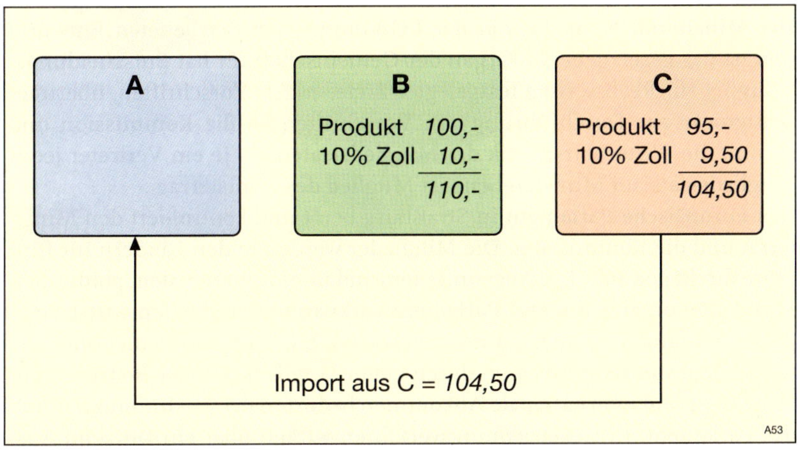

Endstadium (2. Situation): Die Länder A und B beschließen die Gründung einer Zollunion. Die Binnenzölle entfallen also und der gemeinsame Außenzoll beträgt 10 %. Welche Folgen ergeben sich daraus für die Handelsbeziehungen? A wird von nun an das fragliche Produkt aus Land B importieren, weil es nur noch 100 Euro kostet, während für das Produkt des Landes C weiterhin 104,50 Euro zu bezahlen sind.

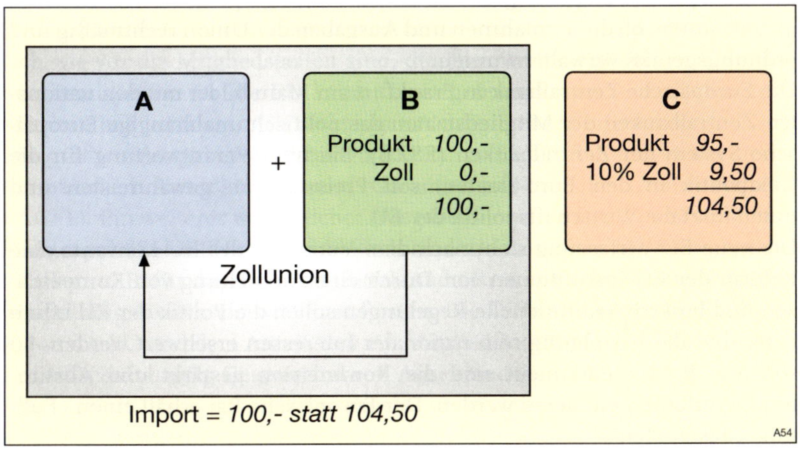

Wim Duisenberg (oben), als Präsident der EZB, erfolgreich als „Hüter" des Euro, darunter sein Nachfolger **Jean-Claude Trichet**.

1. Einige Länder der EU wollen den Euro nicht einführen. Um welche Länder handelt es sich und welche Gründe spielen für den Nichtbeitritt eine Rolle?
2. Stellen Sie die Kompetenzen der EZB in einer Grafik dar. Nutzen Sie dazu die Informationen auf der Website www.ecb.int.
3. Stellen Sie die Arbeit des amtierenden EZB-Präsidenten in einem Referat vor.

6.5.4 Europäische Währungspolitik

Oberstes Ziel der gemeinsamen Währungspolitik ist die Sicherung der Geldwertstabilität. Dies gilt nach „innen" und nach „außen", d. h. im internationalen Zahlungsverkehr (vgl. Kapitel 6.4). Die **äußere Währungsstabilität** ist für den internationalen Handel von großer Wichtigkeit. Die Gründungsväter der EG waren sich einig, dass die Verwirklichung eines Gemeinsamen Marktes auch von einer **gemeinsamen Wirtschafts- und Währungspolitik** begleitet werden müsse. Denn mit der zunehmenden Verflechtung der Mitgliedsstaaten geht auch eine größere gegenseitige Abhängigkeit einher. Wirtschaftliche Krisen eines Landes sind nicht ohne Einfluss auf den Handel mit den anderen Mitgliedsstaaten, vor allem nicht bei den Staaten mit wirtschaftlicher Größe (z. B. Deutschland, Frankreich, Italien oder Großbritannien). Mit der Europäischen Wirtschafts- und Währungsunion ist dieses Ziel 1999 verwirklicht worden.

Das **Europäische Währungssystem (EWS)** mit einer eigenen Währungseinheit **ECU (European Currency Unit)** war ein wichtiger Vorläufer. Ziel war die Schaffung einer stabilen Währungszone innerhalb Europas, durch die der zwischenstaatliche Handel und Kapitalverkehr vor Wechselkursschwankungen geschützt werden sollte. Die unbeständigen Verhältnisse zwischen den Währungen der einzelnen Mitgliedsstaaten hatten die europäischen Unternehmen bislang davon abgehalten langfristige Investitionen vorzunehmen. Die Wechselkursschwankungen bedeuteten eine unsichere Kalkulationsgrundlage. Man wollte mit dem EWS auch – neben Dollar und Yen – einen dritten Währungsblock schaffen, um das internationale Währungssystem zu ergänzen und zu stabilisieren. Für das EWS gab es eine neue Währungseinheit: den ECU.

Der ECU war kein gesetzliches Zahlungsmittel, wurde aber von den Marktteilnehmern wie eine Währung behandelt, da er alle Funktionen des Geldes erfüllte (Recheneinheit, Zahlungsmittel, Wertaufbewahrungsmittel). Der ECU bestand aus einem Korb der Währungen der Mitgliedsstaaten, in den die einzelnen Währungen mit einem bestimmten Betrag eingingen. Der Korbanteil der Währungen richtete sich nach dem wirtschaftlichen Gewicht eines Landes. Als Maßzahl wurde hierfür der Anteil eines Landes am Sozialprodukt der EG verwendet. Ein weiteres Beispiel für die Bedeutung des Sozialprodukts als Maßstab für die Leistungskraft einer bzw. mehrerer Volkswirtschaften.

Eine gemeinsame europäische Währung

Zur Teilnahme an der Währungsunion galten und gelten die folgenden Konvergenzkriterien (Maastrichtkriterien):

- Die **Preissteigerungsrate** darf nicht mehr als 1,5 Prozent über der Inflationsrate der drei stabilsten Staaten liegen.
- Die **öffentliche Gesamtverschuldung** darf 60 % des Bruttoinlandsprodukts (BIP) und die Neuverschuldung 3 % nicht übersteigen.
- Die Währung muss mindestens zwei Jahre die **vereinbarte Bandbreite der Wechselkurse** von in der Regel 2,25 % nicht verlassen haben und nicht abgewertet worden sein.
- Die **Zinsen** dürfen langfristig nicht wesentlich, d. h. maximal 2 % von denen der drei stabilsten Staaten abweichen.

Neben Deutschland haben Frankreich, Italien, Spanien, Österreich, Portugal, Belgien, Niederlande, Finnland, Irland und Luxemburg den Euro eingeführt. 1999 wurde der ECU 1 : 1 durch den Euro ersetzt. Für die Bürger der „Euro-Zone" ist der Euro seit dem 1.1.2002 gesetzliches Zahlungsmittel.

Wie wird Stabilität erreicht?

Die Stabilität des Euro und das Vertrauen der europäischen Bürger und Finanzmärkte in die gemeinsamen Währung soll über folgende Eckpfeiler gesichert werden:

1. Haushaltsdisziplin (zwingt die Länder zu solider Wirtschafts- und Finanzpolitik)
2. Schuldenbegrenzung (das Kriterium für die Aufnahme in die Eurozone – 60 % als Obergrenze – gilt weiterhin)
3. Wachstums- und Stabilitätspakt
   Sein Hauptziel ist die Koordinierung der Finanzpolitiken der Mitgliedsländer, um Voraussetzungen für die Stabilität des Euro zu schaffen.
   - verstärkte Überwachung der Haushaltsdisziplin
   - Pflicht der Mitgliedstaaten, übermäßige Defizite zu vermeiden
   - Euro-Teilnehmer legen mittelfristige Stabilitätsprogramme vor
   - Übrige Mitglieder arbeiten Konvergenzprogramme aus
   - Frühwarnsystem: Empfehlungen des Rats an Staaten, denen ein übermäßiges Defizit, d. h. mehr als 3 % seiner Wirtschaftsleistung (BIP), droht
   - Höhere Defizite sind nur bei einem Rückgang der Wirtschaft um mehr als 2 % oder im Falle außergewöhnlicher Ereignisse (z. B. Naturkatastrophe) erlaubt.
   - Sanktionen: Folgt ein Staat den Empfehlungen des Rats zur Reduzierung seines Defizits nicht, muss er eine unverzinsliche Einlage in Höhe von 0,2–0,5 % des BIP leisten, die nach zwei Jahren in eine Geldbuße umgewandelt wird.

Für viele Jahre hat der Euro-Stabilitätspakt für eine große Haushaltsdisziplin in den EU-Ländern gesorgt. Die Übersicht verdeutlicht, dass die konjunkturelle Lage in den Mitgliedsländern sehr unterschiedlich ist und man in der Union von einer gleich gerichteten Konjunkturentwicklung noch weit entfernt ist:

Die größten Staaten in der EU, Deutschland und Frankreich, sind also zurzeit auch die größten Haushaltssünder. Da die Neuverschuldung in Deutschland und Frankreich bereits im Jahr 2003 die 3-%-Marke überschritten hat, löste die EU-Kommission folgerichtig Haushaltsüberwachungsverfahren gegen Deutschland und Frankreich aus und schickte den Finanzministern „Blaue Briefe“.

Der Rat der Wirtschafts- und Finanzminister (ECOFIN) gibt an die betroffenen Länder Empfehlungen zur Korrektur des Defizits in einem bestimmten Zeitraum, die bei Nichtbefolgung zu schmerzlichen Sanktionen führen. Sollen die Vorbildfunktion der „Gründerstaaten“ und das Abschreckungspotenzial der eingesetzten Sanktionsmittel des Stabilitätspakts auf Dauer erhalten bleiben, müssten die betroffenen Länder entweder ihre Haushalte konsolidieren oder es werden die Kriterien des Stabilitätspakts flexibler gestaltet bzw. aufgehoben.

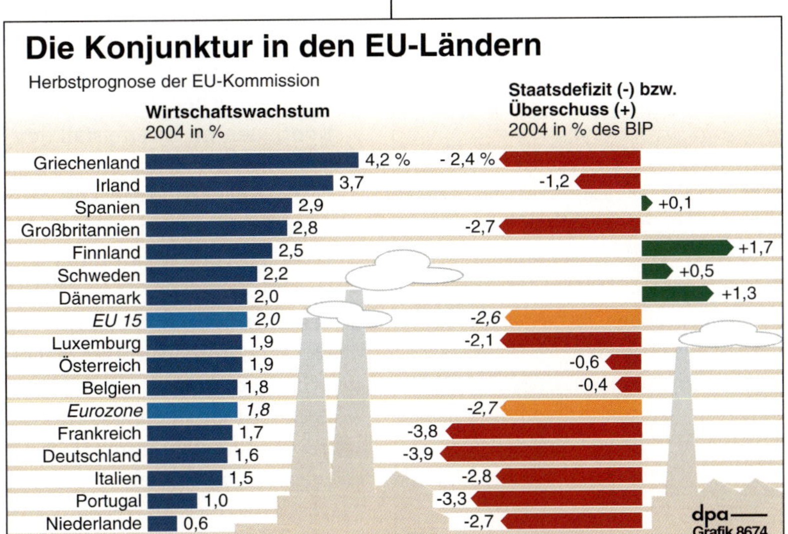

!

1. Prüfen Sie, wie hoch gegenwärtig eine Einlage in Höhe von 0,2 % des BIP für die Bundesrepublik Deutschland wäre.
2. Welche Gefahren gehen von einer Aufweichung der Maastricht-Kriterien aus?
3. Der europäische Stabilitätspakt ist politisch umstritten. Recherchieren Sie den aktuellen Stand der Diskussion zwischen Politikern unterschiedlicher Parteien und Wirtschaftswissenschaftlern.

„Schau an, die Literatur hat aber doch enorme Fortschritte gemacht seit Moses!“

6.5.5 Problemfelder der EU

Abbau technischer Handelshemmnisse

Nicht tarifäre Handelshemmnisse, insbesondere technische Normen, können mit Hilfe einer Vereinheitlichung durch politische Kompromisse (Prinzip der Harmonisierung) oder die wechselseitige Anerkennung der in den einzelnen Ländern bestehenden Vorschriften (Äquivalenzprinzip) abgebaut werden.

Harmonisierungsprinzip: Ziel von Harmonisierungsverfahren ist neben der Vereinfachung des Binnenhandels insbesondere der Schutz von Konsumentinnen und Konsumenten in der EU. Harmonisierungen kosten viel Zeit und bis einzelne Richtlinien die Gemeinschaftsnormen festlegen und von den einzelnen Mitgliedsstaaten in nationales Recht übertragen sind, dauert es oft Jahre. Darüber hat sich schon häufig gezeigt, dass neue nationale Vorschriften – beispielsweise im Gesundheits- und Umweltschutz – schneller entstehen, als sie je harmonisiert werden können.

Äquivalenzprinzip: Das Äquivalenzprinzip erweist sich häufig als besser handhabbar. Es besagt, dass der Zugang von ausländischen Produkten zum heimischen Markt dann nicht verwehrt werden darf, wenn diese nach den geltenden rechtlichen Bestimmungen des anderen Landes hergestellt worden sind und den allgemeinen Gesundheits- und Sicherheitsnormen der EU nicht widersprechen. Für den allgemeinen Wettbewerb ist dies sehr förderlich. Berühmt ist der Fall „Cassis-de-Dijon“. Dies ist ein französischer Fruchtlikör mit einem Alkoholgehalt von 15–20 %, der in Deutschland nicht zulässig war, auf Grund des Mindest-Alkoholgehalts von 25 % nach dem Branntweinmonopolgesetz für Fruchtliköre. Der Europäische Gerichtshof entschied, dass Cassis-de-Dijon auch in Deutschland zugelassen werden muss.

Politische Integration

Der Prozess der politischen Integration Europas gestaltet sich ebenfalls schwieriger als angenommen. Eine wirtschaftliche Integration führt offensichtlich nicht automatisch zu politischer Einigung:

- Die Ausgangsbedingungen in den einzelnen Ländern hinsichtlich Wirtschaftskraft, Bevölkerungszahl, Industrialisierungsgrad, politischen und sozialen Gegebenheiten waren und sind sehr unterschiedlich. Dies gilt seit der Erweiterung der EU umso mehr.
- Da die EU als „Regionaler Integrationsraum“ in ein weltpolitisches Kräftefeld eingebettet ist, erhalten nationale Interessen bei weltpolitischen Konflikten im Zweifelsfall den Vorrang.
- Auf Grund der nationalen Interessen der Mitgliedsstaaten wurden die Organe der EU lange Zeit nicht mit Kompetenzen und damit Durchsetzungskraft ausgestattet. Die institutionelle Reform der EU stellt den Versuch dar, den Institutionen mehr Macht einzuräumen und nationale Spielräume zu verringern.

Eine Flut undurchschaubarer und undurchsichtiger EU-Regelungen sind mitverantwortlich für eine wachsende Europa-Müdigkeit der Bürgerinnen und Bürger, von der Macht der **„Eurokratie“**, manchmal auch von „Eurosklerose“ ist die Rede. Ca. 400 Ausschüsse und Gremien beraten in Brüssel und woanders über europäische Verordnungen und Richtlinien. So kommt es, dass „von Brüssel“ der Krümmungsgrad einer Gurke festgelegt wird. Man schätzt, dass sich etwa 15.000 Lobbyisten in Brüssel aufhalten, um auf die Entscheidungen der Bürokraten besser Einfluss nehmen zu können.

1. Bennenen Sie Beispiele aus der EU-Praxis für die dargestellten Prinzipien!
2. Worin sehen Sie Vor- und Nachteile der beiden Verfahren für die verschiedenen Akteure im Wirtschaftsgeschehen?
3. Worin bestehen generell die Vor- und Nachteile von gemeinsamen Normen und Vorschriften in der EU?

Aktuelle Probleme

Trotz aller bisherigen Erfolge der europäischen Integration – die Sicherung des Friedens in Europa seit fast 60 Jahren ist wohl die größte Leistung – gibt es eine Vielzahl von Problemen:

Die Regionen der Mitgliedsstaaten weisen zum Teil große **strukturelle Unterschiede** bei fundamentalen Wirtschaftsdaten auf. Der Süden der EU ist insgesamt sehr viel ärmer als der Norden und auch der „Europäische Fonds für regionale Entwicklung" (EFRE) konnte diesen Prozess bisher nicht aufhalten. Mit dem Beitritt weiterer Länder 2004 hat sich die Situation verschärft. Für den sozialen Frieden in Europa ist unabdingbar, dass die sozialen Unterschiede abgebaut werden.

Die mangelnde Abstimmung in der Wirtschaftspolitik behindert den Kampf gegen die erhebliche **Arbeitslosigkeit** in der EU und auch die Bekämpfung der **Strukturkrisen**, insbesondere in der Stahl- und Werftindustrie, wird von den Mitgliedsstaaten vornehmlich aus nationalem Blickwinkel angegangen. Durch den Wegfall der Binnen- und Außenzölle in der EU versiegen staatliche Einnahmequellen, die durch innerstaatliche Abgaben z. T. ersetzt werden. Dies bedeutet jedoch bei der **unterschiedlichen Besteuerung** in den einzelnen Ländern, dass die Unterschiede an der Grenze durch „Grenzausgleichsabgaben" wieder ausgeglichen werden müssen. Dies gilt auch für die Mehrwertsteuer, die z. B. in Deutschland 16 und in Dänemark 25 Prozent beträgt. Die entstehenden Transaktionskosten durch administrative Auflagen, Wartezeiten etc. stellen Handelshemmnisse dar.

Die europäische **Agrarpolitik** ist ein besonderer Problemfall: Ging es bei Katastrophenmeldungen aus der Landwirtschaft in früheren Jahrhunderten stets um Missernten, ist heute genau das Gegenteil der Fall: Die Überschüsse steigen auf Grund von Beihilfen und politisch gestützten Preisen, die i. d. R. weit über dem Weltmarktpreis liegen. Bei Einfuhren von Agrarprodukten aus Drittländern werden diese mit einem Abschöpfungssatz belegt, der sie vom Preisniveau des Weltmarktes auf das festgesetzte EU-Niveau hebt und damit den eventuellen Preisvorteil der Drittländer „abschöpft". Bei Ausfuhren werden Agrarprodukte vom EU-Preisniveau durch Exportsubventionen (Ausfuhrerstattungen) auf das Weltmarktpreisniveau hinabgeschleust und damit wettbewerbsfähig gemacht – i. d. R. zum Nachteil der Entwicklungsländer. Die Handlungsspielräume der EU-Landwirtschaftsminister werden von der innenpolitischen Situation der einzelnen Mitglieder bestimmt, die erzielten Preisbeschlüsse an den Auswirkungen auf die nationale Landwirtschaft und den möglichen Auswirkungen auf Wahltermine o. Ä. gemessen. Was in der Politik generell anzutreffen ist, gilt auch für den Agrarbereich: Sind Vergünstigungen einmal erfolgt, ist es schwierig, daran etwas zu ändern, auch wenn der ursprüngliche Grund nicht mehr haltbar ist. Da diese ökonomische Fehlsteuerung die Gesellschaft insgesamt ärmer macht, sind in den letzten Jahren Veränderungen im Agrarbereich angestoßen worden, um die Preise allmählich auf das Niveau der Weltmarktpreise zurückzuführen. Dennoch wird die Agrarpolitik – gerade wegen der EU-Erweiterung – ein zentrales Konfliktfeld bleiben.

Verbraucherschutz und **Umweltschutz** sind Themen, die den Europäern ebenfalls große Kopfschmerzen bereiten. Hier ist beispielsweise die aktuelle Debatte um genmanipulierte Lebensmittel zu nennen.

Die **„Vier Freiheiten"** im Binnenmarkt sind von unschätzbarem Wert für Konsumenten und Produzenten. Dennoch gibt es Schwierigkeiten, z. B. bei der Angleichung rechtlicher Bestimmungen, durch nicht tarifäre Handelshemmnisse und nationale „Eigenheiten".

Die EU ist weltweit der zweitgrößte Zucker-Exporteur.

!

1. Ist es Ihrer Meinung nach sinnvoll, dass in Deutschland mit EU-Hilfen Tabak angebaut wird? Begründen Sie.
2. Stellen Sie am Beispiel „Zuckermarkt" die Funktionsweise des europäischen Agrarmarktes dar.
3. Recherchieren Sie in einem arbeitsteiligen Verfahren, welche Bedeutung den europäischen Struktur- und Sozialfonds in ausgewählten EU-Regionen (z. B. Ostdeutschland, Portugal, Spanien, Polen) zukommt.

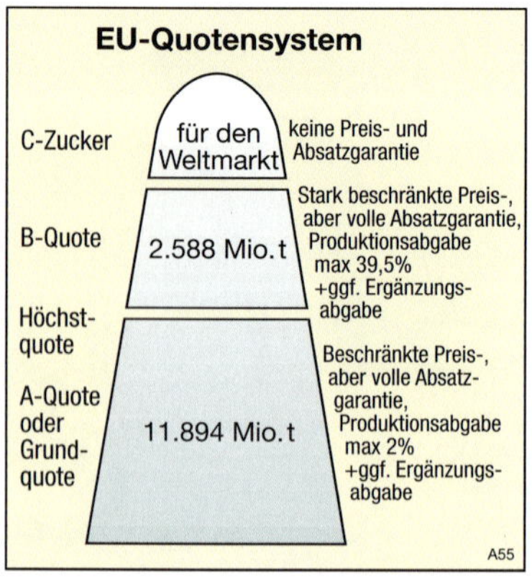

1. Ermitteln Sie den Preis einer Tonne Zucker auf dem Weltmarkt und in der EU. Recherchieren Sie auch die Differenzen anderer Agrarprodukte.
2. Wer profitiert von der ZMO, wer hat das Nachsehen?
3. Stellen Sie weitere Argumente für und wider die ZMO zusammen. Nutzen Sie dafür das Internet.
4. Einige Zucker erzeugende Staaten wollen vor der WTO ein Verfahren gegen die ZMO anstreben. Recherchieren Sie den gegenwärtigen Stand des Verfahrens.

Die bittersüßen Regeln der europäischen Zuckerindustrie

Zucker wird weltweit in über 120 Ländern aus Zuckerrohr und Zuckerrüben produziert. Die EU-Zuckermarktordnung (ZMO) wurde 1968 von der EWG in Kraft gesetzt, um die Landwirte in der EU durch feste Abnahmepreise vor Marktschwankungen und billigen Importen zu schützen. So wurde die Zuckerbranche in der EU zum weltweit zweitgrößten Zucker-Exporteur.

Die ZMO ist ein in sich geschlossenes System, das vom Anbau der Zuckerrüben über die Herstellung des Zuckers bis hin zur Preisbildung fast alles regelt und festlegt. Die wesentlichen Elemente sind verschiedene Produktionsquoten (Produktionsrechte) für Zucker, Preisgarantien und Abgaben zur Finanzierung von Exportsubventionen. Den Mitgliedstaaten werden jährliche Produktionsmengen eingeräumt, die sie auf die nationalen Zuckererzeuger – in Deutschland Nordzucker, Südzucker und Pfeifer & Langen – verteilen. Diese vergeben ihrerseits Lieferrechte für Zuckerrüben an eine begrenzte Anzahl an Bauern in der Region.

In der EU werden 30 Prozent mehr Zucker produziert als tatsächlich verbraucht. Die Erzeuger erhalten den dreifachen Weltmarktpreis und exportieren die Überschüsse. Für die Exportsubventionen werden etwa 400 Mio. Euro pro Jahr aufgewendet. Die ZMO kostet die Verbraucherinnen und Verbraucher in der EU ca. 6 Mrd. Euro pro Jahr.

Die ZMO, von der WTO einmal als „mittelalterlich“ bezeichnet, steht offensichtlich nicht im Einklang mit den Prinzipien einer marktwirtschaftlichen Ordnung. Eine mögliche Liberalisierung im Zuckermarkt nach 2006 ist nach Angaben der Zuckerlobby jedoch verbunden mit

- der Gefährdung von Arbeitsplätzen (Landwirte, gewerbliche Arbeiter in den Zuckerfabriken und in der Lebensmittelwirtschaft),
- der Gefährdung der hohen Qualitäts- und Umweltstandards,
- der Gefährdung der Kulturlandschaft in Europa sowie
- der Gefährdung stabiler Binnenpreise, die nicht den Schwankungen des Weltmarkts unterliegen.

Die Weltbank zum Thema Zuckermarkt

The world sugar market has long been characterized by volatile prices and widespread intervention. Controls on domestic prices, demand, and supply have created an inefficient pattern of world production, consumption, and trade. Without government controls, production would shift from the countries with higher-cost, subsidized production (especially the European Community, Japan, and the United States) to the countries with lower costs (such as Australia, Brazil, and Thailand). The resources saved could then be directed to other activities. Sugar policies in countries with high costs reduce world sugar prices quite substantially in the long run and increase price variability significantly; production controls in countries with low costs increase world prices somewhat and also increase their variability. What would happen if all interventions ceased? Average world sugar prices would probably – but not definitely – rise. World prices would definitely vary less, and economic conditions would definitely improve, especially in developing countries that depend heavily on sugar exports. But the prospects for substantial reform of the sugar market are not promising, even though the GATT Uruguay Round continues.
Quelle: Brent Borrell/Ronald C. Duncan, zitiert nach: www.worldbank.org, 17.02.2003

volatile = unbeständig
to subsidize = subventionieren
to cease = stoppen, aufhören
prospect = Aussicht

EU-weiter Designschutz für crash parts? – ein Fallbeispiel aus der Autobranche

Der Tag war für Herrn Schuster gelaufen. Auf dem Weg zur Arbeit hatte er nicht aufgepasst und war mit seinem neuen Renault einem Auto aufgefahren. Die Motorhaube hatte eine ordentliche Delle. Am Abend fährt er bei seinem Kumpel vorbei, der eine freie Werkstatt besitzt. „So ein Mist, das wird wieder richtig teuer, bei den Ersatzteilen kassieren die Automobilhersteller richtig ab." Umso überraschter ist Herr Schuster, als er erfährt, dass er statt des teuren Originalteiles auch den deutlich günstigeren Nachbau haben könne. Herr Schuster freut sich, wundert sich aber auch ein wenig: „Und das lassen die großen Automobilfirmen zu?" „Eigentlich nicht. Diese Haube hier mit dem Original Renault-Zeichen ist geschützt, aber Nachbauten werden dennoch geduldet", antwortet sein Freund und fügt hinzu: „Wollen wir mal hoffen, dass ich meinen Laden in ein paar Jahren nicht dichtmachen muss."

Automobilunternehmen können ihre Kfz-Modelle nicht nur als Ganze, sondern auch äußerlich sichtbare Teile schützen lassen. Dieser Designschutz berechtigt die Automobilunternehmen, die Herstellung von Nachbauteilen und den Vertrieb über den freien Ersatzteilhandel zu unterbinden. Bislang haben diese allerdings auf diese Möglichkeit verzichtet, so dass ein freier Markt für derartige Ersatzteile ohne größere Behinderungen durch die Automobilunternehmen entstehen konnte. Auf Grund dieser unsicheren Rechtslage wird seit 1992 in Brüssel bei der Europäischen Kommission versucht, eine einheitliche Regelung für die gesamte EU einstimmig zu erreichen.
1998 kam es zu einer Abstimmung, bei der sich die meisten Mitglieder der EU für die sogenannte Reparaturklausel entschieden, die es den freien Teileherstellern und Händlern erlaubt, sämtliche Karosserieteile (alle sichtbaren Teile an einem Auto) herzustellen und zu vertreiben. Die beiden wichtigsten und größten Partner der EU, Deutschland und Frankreich, versagten dieser Regelung allerdings ihre Zustimmung, so dass die EU Kommission die von ihr eingebrachte Richtlinie an die einzelnen Länder zur weiteren Diskussion zurückverwies.

In Deutschland begann eine Diskussion um die Ausgestaltung des hier relevanten Geschmacksmuster-Reformgesetzes. Verbraucherverbände, ADAC, Versicherungen und andere Organisationen sprachen sich gegen eine Behinderung des freien Wettbewerbs und die Monopolisierung aus und versuchten, die Bundesregierung zu überzeugen, dass eine Reparaturklausel im neuen Geschmacksmustergesetz unbedingt verankert werden müsse. Naturgemäß stieß diese Forderung auf den Widerstand der Automobilindustrie, welche für eine Beibehaltung des Status quo plädierte. 2003 beschloss die Bundesregierung keine Änderungen des bestehenden Geschmacksmusterrechtes vorzunehmen, während die Automobilindustrie sich verpflichtete, den freien Wettbewerb nicht durch die Inanspruchnahme der Rechte aus dem bestehenden Gesetz zu behindern. Das erklärte Ziel der Bundesregierung ist es, den derzeitigen Status quo auf dem freien Ersatzteilemarkt zu erhalten, bis eine gemeinschaftsweite Harmonisierung in der EU erreicht worden ist. Es wurde außerdem erklärt, dass im Jahre 2005 endgültig eine EU-weite Regelung gefunden werden müsse. Bis dahin wolle man das „Wohlverhalten" der Automobilunternehmen prüfen.

!

1. Zeigen Sie anhand dieses Beispiels die unterschiedlichen Interessenlagen der Beteiligten im Streit um das Geschmacksmusterreformgesetz auf!
2. Welche Auswirkungen hätte eine Monopolsituation für Unternehmen in der Kfz-Teile-Branche und die Verbraucher?

[...] Um eine 3-jährige „Auswirkung" prüfen und bewerten zu können, kann die Kommission ihren Bericht frühestens zu Beginn des Jahres 2007, einen Richtlinien-Vorschlag frühestens zu Beginn des Jahres 2008 vorlegen. Legt man eine Beratungszeit von 2 Jahren (für die Richtlinie selbst waren 6 Jahre erforderlich) und eine Umsetzungsfrist von nur einem Jahr zugrunde, dann kann realistisch davon ausgegangen werden, dass EU-einheitliches Recht in der Ersatzteilfrage, wenn überhaupt, nicht vor 2010/11 in Deutschland in Kraft treten kann. Das bedeutet: ohne Einfügen einer Reparaturklausel muss Deutschland für mindestens ein Jahrzehnt mit einer gespaltenen Rechtslage leben. [...]

Stellungnahme des Gesamtverbandes Autoteile Handel e. V. GVA, Hartmut Röhl (1. Vorsitzender), 12.03.2003

6.5.6 Die Erweiterung der EU 2004

„Jeder europäische Staat kann beantragen, Mitglied der Union zu werden." (Artikel 0 des EU-Vertrags). Seit Bestehen der Gemeinschaft hat sich ihre Mitgliederzahl kontinuierlich vergrößert. Nach dem Zusammenbruch der Zentralverwaltungswirtschaften in Mittel- und Osteuropa im Revolutionsjahr 1989 und den demokratischen Reformprozessen bekundeten viele Länder, die ihre Wirtschaftsordnungen nach marktwirtschaftlichen Grundsätzen umgestalten wollten, ihr Interesse an einer EU-Mitgliedschaft. Gerade Mittelosteuropa fühlt sich historisch und kulturell dem Westen zugehörig und man wollte politische und ökonomische Unterstützung erfahren sowie sicherheitspolitisch eingebunden sein. Die „neue", größere EU hat ca. 480 Millionen Einwohner, und das Unionsgebiet wird ca. 20 Prozent größer. Die EU wird zum größten Binnenmarkt der Welt.

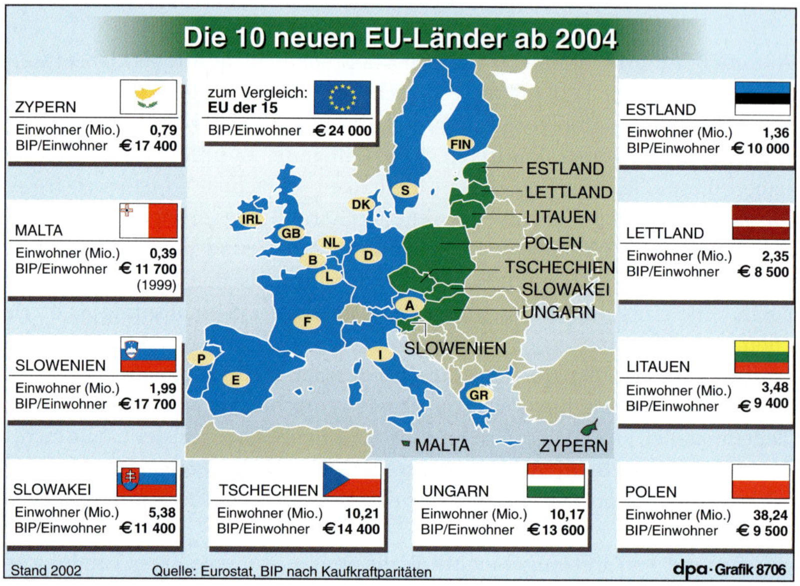

Die Kopenhagener Kriterien

Die Bedingungen für den Beitritt wurden 1993 in Kopenhagen („Kopenhagener Kriterien") festgelegt:

- „eine institutionelle Stabilität als Garantie für demokratische und rechtsstaatliche Ordnung, für die Wahrung der Menschenrechte sowie die Achtung und den Schutz von Minderheiten;
- eine funktionsfähige Marktwirtschaft sowie die Fähigkeit, dem Wettbewerbsdruck und den Marktkräften innerhalb der Union standzuhalten;
- dass die einzelnen Beitrittskandidaten die aus einer Mitgliedschaft erwachsenden Verpflichtungen übernehmen und sich auch die Ziele der politischen Union sowie der Wirtschafts- und Währungsunion zu Eigen machen können."

Jedes Bewerberland muss den Besitzstand der Gemeinschaft, den **Aquis Communautaire** übernehmen. Dieses Gemeinschaftsrecht umfasst über 80.000 Seiten europäische Gesetze und stellt die Beitrittsländer damit vor große Herausforderungen. Um die Kopenhagener Kriterien zu erfüllen, mussten sich die Kandidaten tief greifenden Reformen der nationalen Institutionen stellen. Wenn Probleme bereits für 15 Mitglieder schwer zu bewältigen sind, so gilt dies noch mehr für eine EU mit 25 Staaten.

1. Wünschen Sie sich – nach dem Modell des Nationalstaates USA – „Vereinigte Staaten von Europa"?
2. Erarbeiten Sie gemeinsam Kriterien für einen Vergleich der neuen EU-Mitgliedstaaten. Erstellen Sie dann arbeitsteilig Porträts der neuen Mitgliedsländer und präsentieren Sie diese im Kurs.

Vom Antrag bis zur Aufnahme – wichtige Stationen
1991: Die EU bietet den Abschluss von Assoziierungsabkommen (Europa-Abkommen) an. Diese haben in erster Linie Handelsliberalisierung, aber auch Niederlassungsfreiheit, Wettbewerbspolitik, Rechtsangleichung, finanzielle und kulturelle Zusammenarbeit sowie politischen Dialog zum Inhalt.
1993: Der Europäische Rat eröffnet den assoziierten Staaten in Mittel- und Osteuropa die Möglichkeit eines Beitritts (Kopenhagener Kriterien).
1994: Der Europäische Rat einigt sich über eine „Heranführungsstrategie", um die Länder schrittweise auf die Integration in den Binnenmarkt vorzubereiten. Hohe Bedeutung hatten institutionelle und administrative Rahmenbedingungen.
1997: Die EU-Kommission legt mit der Agenda 2000 eine Strategie für die Vorbereitung der EU auf die Erweiterung vor.
1998: Beginn der Beitrittsverhandlungen mit der „Luxemburg-Gruppe" (Zypern und fünf mittel- und osteuropäische Staaten).
2000: Beginn der Beitrittsverhandlungen mit der „Helsinki-Gruppe" (Bulgarien, Lettland, Litauen, Malta, Rumänien, Slowakei).
2001: Der Vertrag von Nizza schafft die institutionellen Voraussetzungen für die Aufnahme. Der Europäische Rat erzielt in Göteborg Einigung über den Rahmen für einen erfolgreichen Abschluss der Beitrittsverhandlungen.
2004: Polen, Litauen, Lettland, Estland, die Tschechische Republik, Ungarn, Slowenien, Slowakei, Malta, der griechische Teil Zyperns treten der EU bei.

„Wer jetzt nicht da ist, kommt sowieso zu spät"
Wer die Dax-Finanzvorstände auf die EU-Osterweiterung anspricht, erntet nicht mehr als ein müdes Lächeln. Und vielleicht noch den Gebrüder-Grimm-Satz vom Hasen und Igel: Ich bin schon da. Noch bevor die acht mittel- und osteuropäischen Beitrittsstaaten ihre ersten EU-Kommissare nach Brüssel schicken, haben die deutschen Großunternehmen Milliardensummen gen Osten gepumpt. [...] Denn Arbeit jenseits der Grenzen ist billig. Und hier zu Lande viel zu teuer. [...] Nach einer Umfrage des DIHK will fast jedes vierte Unternehmen in den nächsten drei Jahren Teile der Produktion ins Ausland verlagern. [...] Für den Stundenlohn eines westdeutschen Industriearbeiters arbeiten gleich fünf Polen. Zwar nicht so produktiv wie die Kollegen im Westen, aber immer noch lohnend. [...] Für die fremden Investoren macht man gern einen Kopfstand. Im Vergleich zu Deutschland ist praktisch jedes der EU-Beitrittsländer eine Steueroase. [...] Die Konkurrenzfähigkeit der Deutschen speist sich nur noch zum Teil aus der Arbeit daheim. [...] „Der Audi, dessen Motor in Ungarn gefertigt wird, geht mit seinem vollen Wert in die deutsche Exportstatistik ein", sagt Ifo-Chef Sinn. „Made in Germany" werde zum Etikettenschwindel. „In Deutschland findet noch die Endmontage statt." Wenn überhaupt. „Ohne den Osten wären deutsche Unternehmen nicht mehr wettbewerbsfähig", sagt auch Ulrich Dietsch, Chef des Ost- und Mitteleuropa-Vereins.
Quelle: Th. Heuzeroth: Der große Marsch in den goldenen Osten, in: Welt am Sonntag, 25.1.2004, S. 29

Die Verlagerung von Produktionsstätten und damit Arbeitsplätzen in mittel- und osteuropäische Beitrittsländer ist angesichts der niedrigeren Lohnniveaus und weiterer günstiger Rahmenbedingungen für Unternehmensaktivitäten keine Überraschung. Für viele Arbeitnehmerinnen und Arbeitnehmer in Deutschland stellt die beschriebene Entwicklung jedoch eine Bedrohung dar. Die Ost-Erweiterung der EU löst folglich in vielen Fällen die Furcht vor dem Verlust des Arbeitsplatzes auf Grund von Abwanderung des Unternehmens oder Zuwanderung von billigeren Arbeitskräften aus. Dem – vergleichsweise geringen – Verlust von Arbeitsplätzen in Deutschland stehen jedoch Tausende neue Arbeitsplätze in Deutschland gegenüber, die durch die gewonnene Freizügigkeit entstehen. Der Grund hierfür und für die Sicherung von Arbeitsplätzen in Deutschland ist der deutsche Exportüberschuss im Handel mit mittel- und osteuropäischen Ländern. Dies wird in den Medien leider allzu häufig einseitig dargestellt.

Deutsche Direktinvestitionen 2002:
- Polen: 737 Mio. Euro
- Tschechische Republik: 4280 Mio. Euro
- Slowakische Republik: 1779 Mio. Euro

1. Mit welchen Staaten werden gegenwärtig Aufnahmeverhandlungen geführt?
2. Bewerten Sie die EU-Erweiterung aus der Perspektive
   a) eines Kleinunternehmers in einer deutsch-polnischen Grenzregion
   b) der Verbraucher in Deutschland und Polen.
   Nutzen Sie in diesem Zusammenhang auch aktuelle Presseberichte.
3. Recherchieren Sie – z. B. mit Hilfe des Eurobarometers – die Akzeptanz der Osterweiterung sowie damit evtl. verbundene Ängsten.

Polen: mit ca. 40 Millionen Einwohnern bevölkerungsreichstes neues Mitglied der EU

Polen: Alter und neuer Nachbar in Europa
Die EU braucht Polen und Polen braucht die EU. Ohne Polen würde die Osterweiterung der EU wenig Sinn machen, und schon gar nicht für uns Deutsche. Polen und Deutsche werden aus der EU-Erweiterung konkreten, greifbaren Nutzen ziehen, und zwar nicht nur aus wirtschaftlichen Gründen. Die Erweiterung der Europäischen Union im Jahre 2004 verheißt den Menschen eine neue Zukunftsperspektive. Es ist fast so, als ob wir den Faden einer sehr alten Geschichte wieder aufnehmen und an das kosmopolitische Europa der Renaissance und des Humanismus, eines Europas ohne Grenzen wieder anknüpfen.
Quelle: Vortrag „Polen am Vorabend der EU-Erweiterung“ von Botschafter Frank Elbe, 30. Mai 2002

Möglich wurde der Beitritt Polens zur EU durch das Ende des Kalten Krieges 1989. Damals setzte in Polen ein umfangreicher Transformationsprozess hin zu einer marktwirtschaftlichen Ordnung ein. Seitdem hat sich die Wirtschaft Polens in weiten Teilen erfolgreich umstrukturiert. Die Bedeutung des privaten Sektors in der Wirtschaft nimmt stetig zu, wenngleich die Privatisierung der Großbetriebe mitunter zögerlich erfolgt. Polen allein zeichnet für 41 Prozent der Wirtschaftskraft der östlichen Beitrittsländer. Mehr als ein Drittel des polnischen Außenhandels entfällt auf die Bundesrepublik Deutschland. Hinter den deutschen Exporten nach Polen stehen ca. 300.000 Arbeitsplätze. Deutschland ist nicht nur größter Handelspartner, sondern gleichzeitig der drittgrößte Investor nach Frankreich und den USA. Ca. 6.000 deutsche Firmen sind in Polen ansässig.

Landwirtschaft in Polen

Die landwirtschaftliche Nutzfläche beträgt in Polen 18,4 Millionen Hektar und 18,1 Prozent der Erwerbstätigen sind in der Landwirtschaft beschäftigt. Der Agrarsektor hat für Polen – und das gilt auch für andere Beitrittskandidaten – eine überragende Bedeutung. Verständlicherweise ist das Interesse an der Übernahme der gegenwärtigen EU-Agrarpolitik groß – verspricht diese für Polen als zukünftigen Nettoempfänger von EU-Geldern doch Direktzahlungen und weitere Vorteile für die Landwirte. Es gibt auf Grund der Komplexität des bestehenden Regelwerks sowie des Reformbedarfs der europäischen Agrarpolitik in Richtung einer Aufhebung von Wettbewerbsverzerrungen einerseits Bedenken gegen die Übertragung der Standards auf neue Mitglieder. Andererseits können die Landwirte in der EU nicht unterschiedlich behandelt werden („Zweiklassengesellschaft“).

Der Zeitpunkt für eine grundlegende Neuregelung der Agrarordnung wurde verpasst. Das Regelwerk wird demnach – allerdings zum Teil mit zeitlichen Verzögerungen – auf die Beitrittsländer übertragen.

!

1. Diskutieren Sie mit Hilfe der Aussagen von Herrn Elbe sowie vor dem Hintergrund der deutsch-polnischen Geschichte die Bedeutung des EU-Beitritts von Polen.
2. Informieren Sie sich im Internet über die aktuelle wirtschaftliche und soziale Situation in Polen.

Interview mit Anna Zukowska, Studentin aus Danzig

Anna Zukowska studiert an der Universität in Danzig Wirtschaftswissenschaften mit dem Schwerpunkt „Internationale Wirtschaftsbeziehungen". Das Wintersemester 2003/04 verbrachte sie an der Universität Oldenburg.

Warum haben Sie sich zu einem Auslandsjahr an der Universität Oldenburg entschlossen?

In Deutschland zu studieren, ein anderes Studiensystem und die Lehrmethoden in Deutschland kennen zu lernen, war schon lange mein Wunsch. Natürlich möchte ich dabei meine Deutschkenntnisse verbessern. Ich wollte auch neue Menschen und ihre Sichtweisen, fremde Sitten und Traditionen und Lebensweisen kennen lernen.

Im Mai 2004 ist Polen der Europäischen Union beigetreten. Welche Chancen und Risiken verbinden Sie als junge Polin mit der EU-Mitgliedschaft?

Ich hoffe auf neue Investitionen in Polen und damit auf neue Arbeitsplätze. Ich habe auch die Hoffnung auf Verbesserung und Entwicklung der polnischen Landwirtschaft, die durch falsche Entscheidungen der Regierenden nicht so gut funktioniert.

Für mich als Studentin sind freie Studienplatz- und Arbeitsplatzwahl in ganz Europa wichtig, die Erleichterung von Reisen, Vereinfachung von Kontakten mit den Ländern der EU und der Welt. Ich hoffe auch auf neue Lehrmethoden. Der Lebensstandard in Polen wird sich vielleicht insgesamt verbessern, wenn auch nicht sofort, sondern erst im Laufe der nächsten Jahre.

Ich sehe aber auch Risiken. Die Polen haben Angst vor den höheren Preisen, dem Zuwachs des Imports und im Zusammenhang damit dem Verlust der Arbeitplätze zugunsten der Importeure, Angst vor dem Verlust des Ostexport und der Behinderung der Kontakte mit dem Osten (Visum u. Ä.).

Welchen Einfluss wird der EU-Beitritt Ihrer Meinung nach auf die Beziehungen zwischen Deutschland und Polen haben?

Dank der Vereinfachung der Handelspolitik durch den EU-Beitritt wird es einfacher seine Geschäfte mit Deutschland zu machen, wodurch sich hoffentlich die Handelsbeziehungen zwischen beiden Ländern erweitern werden. Ich hoffe auch, dass deutsche Unternehmen in Polen investieren werden. Vielleicht entwickelt sich die Zusammenarbeit in der Grenzregion und im Zusammenhang damit lernen die Deutschen dort Polnisch und die Polen Deutsch. Heutzutage ist es wirklich hilfreich, die Muttersprache von den Nachbarn zu kennen. Es wäre gut, wenn es mehr Austauschprogramme zwischen polnischen und deutschen Schulen und Universitäten gäbe und wenn mehr deutsche Studenten den Wunsch hätten nach Polen zu reisen, weil Polen wirklich einen Besuch wert ist.

Anna Zukowska

Aus einem Interview mit Leszek Balcerowicz, Präsident der Polnischen Nationalbank

Wo sehen Sie Chancen der EU-Erweiterung und wo Risiken für Ihr Land?

Aus polnischer Perspektive sollte der EU-Beitritt den Aufholprozess beschleunigen und den Lebensstandard an den EU-Durchschnitt annähern. Die Mitgliedschaft bedeutet mehr Stabilität im ökonomischen und politischen Bereich. Frühere Erweiterungen haben gezeigt, dass einer der größten Vorteile für die Beitrittsstaaten in der Verringerung des Investitionsrisikos lag. Daher können wir einen größeren Strom ausländischer Direktinvestitionen erwarten. Die Hauptvoraussetzung für nachhaltiges Wachstum nach dem Beitritt ist die Möglichkeit und Fähigkeit, Vorteile aus den Strukturfonds zu ziehen. Sie können zu einem großen Teil zur weiteren Entwicklung unserer Infrastruktur beitragen. Für die derzeitigen EU-Mitgliedstaaten, wie Deutschland, ist die polnische Mitgliedschaft eine Chance, einen dynamischen und schnell wachsenden wirtschaftlichen Partner und stabilen Nachbarn zu gewinnen.

Quelle: www.bmwi.de, 20.7.2002

!

1. Entwerfen Sie einen Fragebogen, mit dem Sie das Wissen der Schülerinnen und Schüler Ihrer Jahrgangsstufe bzw. von Bürgerinnen und Bürger über Polen ermitteln können. Ergänzen Sie Ihren Fragebogen durch Rubriken zu den Chancen und Risiken, die mit dem EU-Beitritt Polens verbunden werden.
2. Führen Sie mit Hilfe des Fragebogens die Umfrage durch und werten Sie diese aus.
   Verfassen Sie zum Ergebnis Ihrer Umfrage einen Pressetext bzw. einen Text für die Website Ihrer Schule.

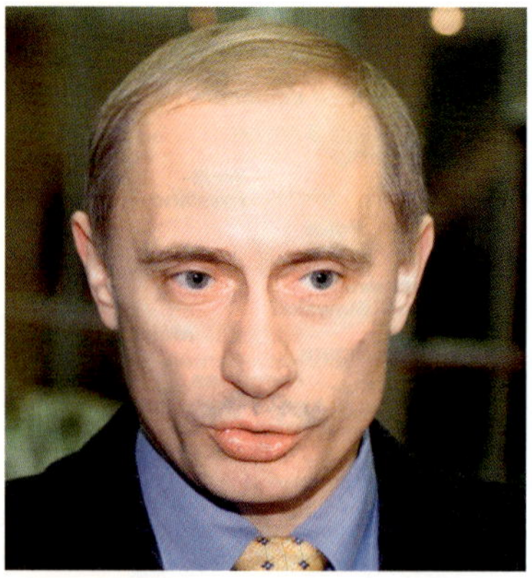

„Eine Rückkehr in die Vergangenheit wird es nicht geben", versprach Russlands Präsident Wladimir Putin.

Russland 15 Jahre nach dem Systemwechsel

Russland ist ein riesiges Land, das sich von St. Petersburg im Westen bis nach Wladiwostok im Osten über sieben Zeitzonen erstreckt. Bis 1989 existierte in der damaligen Sowjetunion eine Zentralverwaltungswirtschaft mit Außenwirtschaftsmonopol. Seit über 15 Jahren findet in Russland ein umfassender Transformationsprozess hin zu einem marktwirtschaftlichen System und einer freiheitlich-demokratischen Grundordnung statt, der alle gesellschaftlichen Lebensbereiche umfasst.

Der im Folgenden dargestellte „Fall Yukos" dient hier als Beispiel für die Probleme, die in einer Transformationsgesellschaft auftreten können und dafür, dass die Vergangenheit nicht einfach abgeschüttelt werden kann. Das Beispiel erklärt ansatzweise, warum in einer Gesellschaft, die einer marktwirtschaftlichen Ordnung und der Rechtsstaatlichkeit nicht vertraut – noch nicht vertrauen kann – und alle Unternehmerinnen und Unternehmer gelegentlich mit „Raubrittern" gleichgesetzt werden.

Der Skandal um „Yukos"

Michail Chodorkowski machte in den 90er Jahren eine Traumkarriere: Er gründete eine Bank, wurde Vize-Energieminister und Chef von Yukos, dem damals zweitgrößten Ölkonzern des Landes. Yukos blühte auf und machte Chodorkowski zum reichsten Mann Russlands.
Ende 2003 wurde er wegen angeblichen Betrugs und Steuerhinterziehung festgenommen und die Staatsanwaltschaft beschlagnahmte einen großen Teil der Yukos-Aktien. Die Festnahme wurde als Zeichen eines Machtkampfes zwischen der russischen Regierung und einflussreichen Geschäftsleuten gewertet. Die Vorgänge hatten das Vertrauen von Investoren in den Wirtschaftsstandort Russland erschüttert, da sie von Kritikern als Signal für eine wachsende Einmischung des Staates in Belange der Firmen gewertet wurden.

i

Privatisierung wird im Volksmund nicht „Priwatisazija" sondern „Prichwatisazija" genannt, zu Deutsch in etwa „Mitnahme" oder „Aneignung". Deshalb konnte die Bürokratie bei ihren Aktionen gegen die Oligarchie auf die Sympathie des Volkes zählen.

„Kapitalismus mit stalinistischem Gesicht"

Als eine kleine Kaste von Unternehmern in den 1990er Jahren sich das herrenlos gewordene Staatseigentum aneignete, ging niemand mit Samthandschuhen zur Arbeit. [...] Inzwischen würden viele der so genannten Oligarchen eigentlich gerne zu zivilisierten Formen des Wirtschaftens übergehen. Schließlich sind die riesigen Naturreichtümer Russlands geplündert und die entscheidenden Verteilungskämpfe ausgefochten. Allerdings hat die Wirtschaftselite ihre Rechnung ohne den aufgeblähten Sicherheitsapparat gemacht. Staatsanwaltschaft, Geheimdienst und das korrumpierte Justizwesen haben kein Interesse an zivilisierten Spielregeln. Denn diese Strukturen hätten kaum etwas zu gewinnen, aber viel zu verlieren. Sie verdienen zu gut an den gegenwärtigen Verhältnissen, in denen Gerichtsentscheidungen je nachdem gefällt werden, welche Seite mehr bietet und besser droht und wo jeder Geschäftsmann auf einflussreiche Freunde angewiesen ist. [...] Der Kampf um Gesetz und Gerechtigkeit spielt allenfalls eine Statistenrolle. Wie auch im Fall Chodorkowski. Mit erheblichem Aufwand hat Yukos in den vergangenen Jahren versucht, sich als moderner Großkonzern zu profilieren und die Jugendsünden seines Chefs vergessen zu machen. Die Früchte dieser Arbeit lassen sich sehen. Selbst Menschenrechtler fordern ein Ende der Anti-Yukos-Kampagne. Jabloko-Chef Grigori Jawlinski spricht mit Blick auf die jüngsten Ereignisse von einem „Kapitalismus mit stalinistischem Gesicht". [...]

Quelle: K. Packeiser, in: http://www.aktuell.ru/rusch0010/morenews.php?iditem=84, 26.10.2003

!

1. Erläutern Sie das Schlagwort vom „Kapitalismus mit stalinistischem Gesicht"!
2. Beschreiben Sie mit Hilfe des Artikels, welche russischen Institutionen die Einrichtung und Garantie „zivilisierter Spielregeln" erschweren.
3. Recherchieren Sie im Internet den weiteren Verlauf des Falls Yukos.

Interview mit Svetlana Selesnjova und Tatjana Karlina

Wie alt waren Sie, als in Russland die Transformation der Wirtschafts- und Gesellschaftsordnung begann und wie haben Sie diese Veränderungen erlebt?

Swetlana: Ich war in der 8. oder 9. Klasse. Was im Lande geschah, erschien mir ziemlich weit entfernt, aber einiges hat sich sehr tief eingeprägt. Erstens die langen Schlangen vor den Geschäften, wo man auf Marken Fleisch und Butter kaufen konnte. Ich bin aus der Schule nach Hause gekommen und zum Geschäft gelaufen, um mich anzustellen. Ich gewöhnte mich an die Schlangen. Wir haben auch Gemüse im eigenen Garten angebaut und sind in den Wald gefahren um Pilze und Beeren zu sammeln. Zweitens der Geldumtausch. Ich erinnere mich, dass meine Eltern Geld getauscht haben. Dann gab es Gespräche darüber, wer es geschafft hat, Geld zu tauschen, und wer nicht. Meine Familie hat immer in bescheidenen Verhältnissen gelebt. Erst vor kurzem habe ich erfahren, dass mein Vater zu Beginn der 90er Jahre sehr viel Geld verloren hat, das er bei der Bank angelegt hatte.

Tatjana: Als die Perestrojka begann, war ich 10 Jahre alt, als die Preise freigegeben wurden (1992) 17. Ich hatte gerade die Schule abgeschlossen und wollte ein Studium aufnehmen. Alle wirtschaftlichen Veränderungen, einschließlich der nach der Preisfreigabe einsetzenden Hyperinflation, wurden gelassen zur Kenntnis genommen. All diese Prozesse schienen nichts Unnatürliches oder Erschreckendes zu haben und sie veränderten das Leben zum Besseren.

Wie unterscheidet sich das Leben heute vom Leben damals?

Swetlana: Damals herrschte praktisch Mangel an allem, heute nicht. Wir haben uns heute daran gewöhnt, mehrere Arbeitsstellen zu haben, unser Familienbudget genau durchzurechnen und zu sparen. Im Prinzip haben alle die gleichen Probleme: Suche nach einer Arbeit mit möglichst guten Arbeitsbedingungen und die Wohnungssuche. Wir setzen auf uns selbst, auf Freunde und die Eltern. Wir hoffen, dass es leichter für uns wird, Kredite zu bekommen.

Tatjana: Heute gibt es eine größere Stabilität. Es herrscht eine völlig andere Lebensweise als früher. Es ist allerdings auch eine stärkere soziale Differenzierung zu verspüren; es gibt jetzt Landstreicher, die Kriminalitätsrate ist größer geworden. Es sind Stahltüren, Zäune und Gitter vor den Fenstern aufgetaucht. Gleichzeitig fühlen sich die Menschen befreiter, sie sind kommunikationsbereiter, obgleich Furcht, Misstrauen und Aggressivität, soweit ich das beobachten kann, größer sind als in den europäischen Ländern. Die offenen Grenzen spürt man sowohl durch die gewachsenen Möglichkeiten zum Reisen als auch durch das Bemühen der Jugendlichen, aktiver Fremdsprachen zu lernen. Überhaupt ist das Leben mannigfaltiger und bunter geworden. Es gibt mehr Freiheiten, mehr Möglichkeiten. Wahrscheinlich erwarten wir weniger als unsere Eltern soziale Garantien vom Staat.

Was muss in der Politik geschehen?

Tatjana: Gegenwärtig wird das Schicksal des Landes von Menschen bestimmt, die während des Kalten Krieges geformt wurden, die in der Sowjetzeit Karriere unter den Bedingungen der starren bürokratischen Hierarchie und in der Zeit der kriminellen Kapitalakkumulation gemacht haben. Nach meiner Ansicht wurden die erforderlichen Rahmenbedingungen geschaffen. Wir müssen nur noch lernen, sie zum Nutzen der Allgemeinheit anzuwenden. Die Gesellschaft muss „reifen", zu neuen Werten gelangen. Vorläufig ist aber noch zu beobachten, dass sich die ökonomischen Beziehungen, zum Beispiel auf der Unternehmensebene, in vielen Fällen nicht über das Stadium des „wilden" Kapitalismus hinaus entwickelt haben.

Swetlana und Tatjana leben in der Stadt Perm im Ural Gebirge, das Europa und Asien trennt. Swetlana hat auf Lehramt an der Permer Pädagogischen Staatsuniversität studiert.
Tatjana ist Absolventin der Staatsuniversität Perm und diplomierte Ökonomin.

Perestroika und Glasnost (1985):
Im April 1985 wurde ein neuer Kurs der Entwicklung der sozialistischen Wirtschaft vom neu gewählten Parteisekretär Michail Gorbatschev auf einer Plenarsitzung des Zentralkomitees der Kommunistischen Partei der Sowjetunion angekündigt. Ursprünglich ging es nur um eine Modernisierung bzw. den Umbau (russisch = Perestrojka) der wirtschaftlichen und sozialen Bedingungen innerhalb der sozialistischen Wirtschaftsordnung. Von der Transformation von einer Planwirtschaft zu einer Marktwirtschaft war noch nicht keine Rede. Mit der Modernisierung der Wirtschaft gingen gesellschaftlichen Veränderungen einher, insbesondere die Meinungsfreiheit (russisch = Glasnost).

6.6.3 Ansatzpunkte für Entwicklung

Weltweit gelten ca. 2,8 Milliarden Menschen als arm, von denen wiederum ca. 1,2 Milliarden Menschen in absoluter Armut leben. Der größte Teil dieser Menschen lebt in Asien, der höchste Prozentsatz am Anteil der Bevölkerung ist in Afrika südlich der Sahara zu finden.

Was versteht man unter Entwicklung und wie wird sie gemessen? Unter Entwicklung versteht man heute – in Anlehnung an den Nobelpreisträger Amartya Sen – „einen Prozess der Erweiterung realer Freiheiten, die den Menschen zukommen". Diese Freiheiten schließen neben den Bürgerrechten wie Presse-, Versammlungs- und Religionsfreiheit und Demokratie auch Rechte im wirtschaftlichen und sozialen Bereich ein. Hierzu zählen vor allem das Recht auf Ernährung, Behausung, Gesundheitsversorgung und Bildung. Somit zeigt sich Unterentwicklung, wenn Menschen diese grundlegenden Rechte und Freiheiten nicht oder nur unzureichend genießen können.

Der am häufigsten verwendete „Indikator für Entwicklung" ist hingegen das Pro-Kopf-Einkommen der Bevölkerung. Zur Messung von Entwicklung gibt es ebenfalls den Human Development Index (HDI), welcher Auskunft gibt über Größen wie Einkommen, Lebenserwartung, Dauer der Schulbildung sowie den Alphabetisierungsgrad in der erwachsenen Bevölkerung eines Landes. Auch das Sozialprodukt, die Terms of Trade, die Zahlungsbilanz, die sektorale Verteilung in einem Land oder der Grad der Urbanisierung sind – wirtschaftliche – Indikatoren für die Entwicklungsstufe einer Volkswirtschaft.

1. Erläutern Sie: Wenn das Pro-Kopf-Einkommen zur Beurteilung der Armut herangezogen wird, darf die Einkommensverteilung in einem Land nicht außer Acht gelassen werden.
2. Norwegen hat einen HDI von 0,944 (Platz 1), Sierra Leone 0,275 (Platz 175). Recherchieren Sie weitere HDI!
3. Welche sozialen und politischen Faktoren sind Ihrer Meinung nach Indikatoren für den Grad der Entwicklung?

Gründe für Unterentwicklung

[…] Der Teufelskreis der Armut besteht aus den Stationen Produktion bzw. Einkommen, Ersparnis, Investition und Kapital. Entwicklungsländer haben ein sehr niedriges Pro-Kopf-Einkommen. Die Armut führt dazu, dass der größte Teil dieses Einkommens für die Befriedigung der Grundbedürfnisse verwendet wird. Die Ersparnisbildung ist sehr gering. Ersparnisse sind aber notwendig, um Investitionen zu finanzieren. Daher fallen die Investitionen ebenfalls sehr niedrig aus. Unter Umständen reichen sie gerade aus, um den Ersatzbedarf zu decken – oft nicht einmal dies. Die geringen Investitionen haben zur Folge, dass der Kapitalstock nicht oder nur sehr langsam wächst. Dies bedeutet wiederum, dass auch die Produktion nur wenig ausgeweitet werden kann. Das Einkommen steigt nur geringfügig, in vielen afrikanischen Ländern mit einer Rate, die unter der Bevölkerungswachstumsrate liegt. In diesem Fall verringert sich das Pro-Kopf-Einkommen. Die Armut nimmt zu. Die Ersparnis wird noch geringer, ebenso die Investitionen. So ergibt sich eine Armutsfalle, aus der das Land aus eigener Kraft nicht mehr herauskommt. Ist das Land zudem noch verschuldet, so muss es aus dem ohnehin sehr geringen Einkommen seinen Schuldendienst leisten. Dies verringert zusätzlich die Mittel, die für Investitionen zur Verfügung stehen. So verschärft sich die Armutsfalle. […]

Quelle: M. Rauscher: Globalisierung, Modul R02, Ökonomische Bildung online, 2002, S. 11

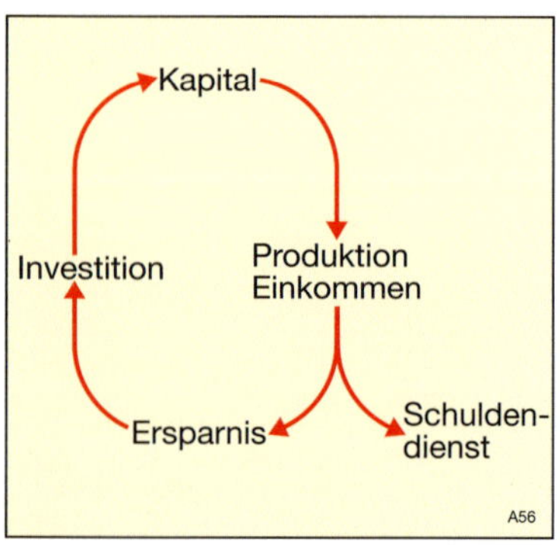

Teufelskreis der Armut

Zu den Gründen für die Unterentwicklung eines Landes oder einer Region zählen äußere Wachstumshemmnisse, innere Wachstumshemmnisse und natürliche Gegebenheiten. Schuldendienstzahlungen (Zinsen und Tilgung), die von Entwicklungsländern zu leisten sind, gehören z. B. in die Kategorie der äußeren Wachstumshemmnisse.

Was hemmt und was fördert Entwicklung? – Vergleich zweier Regionen

Afrika südlich der Sahara: Auf dem afrikanischen Kontinent, insbesondere in den Ländern südlich der Sahara, herrscht extreme Armut. Die wirtschaftliche Unterentwicklung und die humanitären Katastrophen dieser Region haben viele Ursachen:

- ungünstige geografische Voraussetzungen (hoher Anteil an Binnenländern, geringer Anteil an Küstenländern)
- ungünstige klimatische Bedingungen (Tropengebiete mit geringerer Produktivität der Landwirtschaft)
- geringe Bevölkerungsdichte und mangelnde Infrastruktur (hohe Kosten für Infrastruktur, geringes Angebot an „Innovation")
- hohe ethnische Aufsplitterung, willkürliche Grenzziehungen durch Kolonialmächte, Kriege und Bürgerkriege
- geringe Diversifizierung des Außenhandels, starke Abhängigkeit von Primärgüterexporten (schlechte Terms of Trade)
- Mangel an Sozialkapital, z. B.
  - Defizit an funktionierenden öffentlichen Institutionen
  - fehlende demokratische Legitimierung in Politik und Wirtschaft, häufig schlechte Regierungsführung und Korruption
  - geringer Bildungsstand
  - hohe Folgekosten durch Epidemien
- Handelspolitik, die stärker auf Autarkie als auf Exportförderung setzt (Benachteiligung z. B. der Agrarwirtschaft, Einsatz tarifärer und nicht tarifärer Handelshemmnisse)
- geringe Rentabilität öffentlicher Investitionen, geringe Kapitalausstattung, keine funktionierenden Märkte

„Time has come that Africa must take her rightful place in global affairs. Time has come to end the marginalisation of Africa. We call on the rest of the world to work with us as partners."
Thabo Mbeki auf der Gründerversammlung der Afrikanischen Union, Durban, 09.07.2002

Südostasien: Diese Region (Singapur, Südkorea, Taiwan, Hongkong, Indonesien, Thailand, Malaysia) konnte erhebliche Wachstumserfolge aufweisen. Gründe sind u. a.:

- günstige geografische Voraussetzungen (gute Anbindung an wichtige Schiffverkehrslinien und Nähe zu wichtigen Märkten)
- hohe Bevölkerungsdichte und gute Infrastruktur (geringe Kosten für Infrastruktur, großes Angebot an „Innovation")
- geringe Auswirkungen des Kolonialismus
- Schaffung günstiger Rahmenbedingungen für Wirtschaftswachstum (dadurch hohe Spar- und Investitionsquoten) durch:
  - verlässliche rechtliche Rahmenbedingungen, dadurch Sicherung der Eigentums- und Verfügungsrechte
  - Förderung des Wettbewerbs; Anreizsysteme für Unternehmen
  - Schaffung eines stabilen makroökonomischen Umfelds (z. B. geringe Staatsdefizite, Sicherheit des Finanzsektors)
  - hohe Investitionen in Humankapital (Bildung)
  - flexible Arbeitsmärkte
  - Förderung des Agrarsektors (z. B. geringe Besteuerung)
  - Exportförderung (staatliche Anreize, Abkehr von Importsubstitution)

Singapur: das Tor für die Märkte Asiens

Das Beispiel Südostasien liefert wichtige Antworten auf die Frage, wie die wirtschaftliche Entwicklung einer Region begünstigt wird. Die Ausrichtung der Wirtschaftspolitik und die institutionelle Ausgestaltung des Ordnungsrahmens sind von größter Bedeutung, damit sich eine Region entwickeln kann.

Beschaffen Sie sich arbeitsteilig Daten und Informationen über weitere Entwicklungsregionen und stellen Sie diese übersichtlich zusammen.

1. Legen Sie unter Rückgriff auf Ihre Kenntnisse zu Erklärungsansätzen des internationalen Handels (vgl. Kapitel 6.2) dar, inwieweit Entwicklungsländer von freien Märkten profitieren können.
2. Bewerten Sie die Aussagen des Textes von Tigges ggf. vor dem Hintergrund Ihrer Kenntnisse über die Vor- und Nachteile von Freihandel und Protektionismus (vgl. Kapitel 6.4) und des Artikels von Arnold auf der gegenüberliegenden Seite!
3. Beschreiben Sie das „Arsenal der Handelspolitik" (vgl. Kapitel 6.4).

Freihandel ist besser als Entwicklungshilfe
Auch nach Ansicht von Jagdish Bhagwati, dem wohl führenden Handelsökonomen dieser Zeit, lassen sich bei einer sorgfältigen Analyse keine Hinweise darauf finden, dass internationaler Handel die Entwicklungsländer noch tiefer in die Armut treibt. Ganz im Gegenteil sogar. Freie Märkte tragen einen Großteil dazu bei, das Wirtschaftswachstum zu erhöhen und auf diese Weise vielen Menschen aus der Armut zu helfen. „Fast kein Land, das sich von der Welt abschottet kann dauerhaft hohe Wachstumsraten aufweisen", sagt Bhagwati. China und Indien nennt der Ökonom als leuchtende Beispiele. Beide Länder hätten sich seit 1980 mehr und mehr geöffnet und in die Weltwirtschaft integriert. [...] Die Industrienationen profitieren vom Handel nicht nur in Form von niedrigeren Preisen für eine Vielzahl von Waren und Dienstleistungen. Dies kommt dort vor allem den Beziehern niedriger Einkommen zugute, die die wichtigsten Konsumenten von im Ausland hergestellten (billigen) Produkten sind. Der Wegfall von Arbeitsplätzen – vor allem für arbeitsintensive Tätigkeiten – gibt den Arbeitnehmern dort zugleich die Chance, sich für produktivere und damit besser bezahlte Beschäftigung zu qualifizieren. Darüber hinaus profitieren freilich auch die Entwicklungsländer davon, wenn sie ihre Waren – vielfach Rohstoffe oder landwirtschaftliche Produkte – ungehindert auf den Märkten der Industrienationen verkaufen können. Indem sie auch ihre Märkte öffnen, ziehen sie wiederum Direktinvestitionen an, die den Aufbau des Kapitalstocks beschleunigen und einen wichtigen Impuls für das Wachstum geben. Zur dauerhaften Bekämpfung der Armut in der Welt ist der ungehinderte Austausch von Waren und Dienstleistungen von größerer Bedeutung als die Milliarden, die in die Entwicklungshilfe gepumpt werden.
Quelle: C. Tigges: Freihandel ist besser als Entwicklungshilfe, in: FAZ Sonntag, 7.12.2003, Nr. 49, S. 38

Was in der Theorie plausibel ist, muss in der Praxis auch umgesetzt werden. Die Forderungen nach Freihandel einerseits, aber auch die Probleme und die ambivalente Rolle der Industrieländer andererseits sind in unterschiedlichen Abschnitten dieses Kapitels bereits thematisiert worden. Der folgende Artikel verdeutlicht noch einmal diese Realität:

[...] Denn während die Reichen den Freihandel predigen, schützen sie ihre Märkte und ihre Produzenten mit dem gesamten Arsenal der Handelspolitik vor der Konkurrenz der Armen. Im Durchschnitt [...] erheben die wohlhabenden Länder auf Produkte aus Entwicklungsländern viermal höhere Zölle als gegenüber anderen Industriestaaten. Die Satten erheben Mengenbeschränkungen auf ihre Einfuhren und erhöhen die Zollsätze mit dem Grad der Verarbeitung des jeweiligen Produkts – und hindern so die Ärmeren daran, die Chancen des internationalen Handels wirklich zu nutzen. Das ist nicht nur verlogen; es zementiert auch die Rolle der Entwicklungsländer als Empfänger von Almosen, die immer bescheidener ausfallen.
Quelle: F. Vorholz: Der scheinheilige Norden, in: Die ZEIT, Nr. 48, 22.11.2001, S. 34

De Soto ist der Auffassung, dass Unterentwicklung in erster Linie mit der Ausgestaltung der Eigentums- und Verfügungsrechte in einer Gesellschaft zusammenhängen.

Die Rolle des Staates für den Entwicklungsprozess wird insbesondere in der Konzentration auf grundlegende Funktionen gesehen. Hierzu gehören v. a. die Schaffung und Sicherung von Eigentums- und Verfügungsrechten, die Bereitstellung öffentlicher Güter, die Gewährleistung makroökonomischer Stabilität, die Bekämpfung von Korruption. Da die Integration in die internationale Arbeitsteilung für die Leistungskraft einer Volkswirtschaft und den Lebensstandard der Bevölkerung von hoher Bedeutung ist, hat die Außenwirtschaftspolitik die Diversifizierung von Exporten zu fördern, um damit die Abhängigkeit vom Export von Primärgütern zu verringern.

Bei der Institutionenbildung spielt der Faktor Zeit eine Rolle:
[...] Die Globalisierung hat das Potenzial, den Lebensstandard aller Nationen zu erhöhen – kann ihn aber gleichzeitig gefährden. Um Wohlstand zu erzeugen, braucht es Institutionen, die dafür sorgen, dass Märkte funktionieren. Und um diese Institutionen aufzubauen, braucht es Zeit. Die aber wurde den Entwicklungsländern nicht eingeräumt. Stattdessen bekamen sie „Schocktherapien“ verordnet. Die internationalen Wirtschaftsorganisationen, allen voran der Internationale Währungsfonds (IWF), forderten von Entwicklungsländern nicht eine geordnete, sondern schnelle Liberalisierung der Güter- und Finanzmärkte. Der Süden soll den Globalisierungsprozess, der im Norden Jahrzehnte dauerte, mit einem Schlag aufholen. [...] Die Frage ist nicht, ob, sondern wie Globalisierung allen Ländern helfen kann. Die Antwort ist: Sie muss langsamer werden.
Quelle: L. Arnold: Gebt der Dritten Welt mehr Zeit! Die ZEIT, Nr. 21, 16.5.02, S. 30

Erläutern Sie: Entwicklung muss vor allem „von innen“ kommen!

Entwicklungszusammenarbeit
Strategien zur Bekämpfung der Armut:
- Förderung von materiellen Grundlagen der armen Bevölkerung
- Förderung einer gerechteren Gesellschaft z. B. durch demokratische Grundordnungen, transparente Institutionen und Verfahren, leistungsfähige öffentliche Verwaltungen, Dezentralisierung und Mitbestimmung, Geschlechtergleichstellung und Beseitigung sozialer Hemmnisse
- Verbesserung der Sicherheit zum Schutz vor Krankheiten, Gewalt, wirtschaftlichen Risiken usw.

Als weitere Mittel zur Förderung der Entwicklung gelten
- Entschuldungsinitiativen,
- Unterstützung bei der Einhaltung internationaler Standards und Abkommen,
- Stärkung des Finanzsektors durch internationale Finanzinstitutionen,
- Unterstützung im Bereich internationaler öffentlicher Güter und
- Maßnahmen zum Schutz der Umwelt.

Institutionen der Entwicklungszusammenarbeit (Auswahl): Weltbank, EIB (Europäische Investitionsbank); EBRD (Europäische Bank für Wiederaufbau und Entwicklung); CEB (Entwicklungsbank des Europarats); KfW (Kreditanstalt für Wiederaufbau). Die EU hat besonders enge Beziehungen zu den 70 sogenannten AKP-Staaten (Afrika, Karibik, Pazifik), ehemalige Kolonialgebiete von EU-Staaten.

China: neue Supermacht? Immer mehr Unternehmen investieren in Schwellenländern. Dies liegt entweder an attraktiveren Rahmenbedingungen für Unternehmensaktivitäten – z. B. geringere Lohnnebenkosten – oder an den enormen Wachstumsraten, die viele Schwellenländer verzeichnen. China ist ein herausragendes Beispiel für ein Schwellenland. Fast 1,3 Milliarden Menschen leben in China und die Bevölkerung wächst jedes Jahr um ca. 0,6 %. Durch die Abkehr von der Zentralverwaltungswirtschaft und die Transformation des Systems zu einer marktwirtschaftlichen Ordnung sowie die Öffnungspolitik seit Beginn der 80er Jahre wächst die chinesische Wirtschaft und die Wachstumsprognosen (8 bis 10 %) sind mehr als rosig. Wachstumsbranchen sind insbesondere Eisen und Stahlerzeugung, Maschinenbau, Textilien, Lebensmitteltechnik, Automobile, Konsumelektronik und Telekommunikation. Nicht umsonst wird von China von der kommenden „Supermacht“ gesprochen. Die chinesische Transformation vollzog sich bisher allerdings in erster Linie im wirtschaftlichen Bereich, die Politik und damit das kommunistische Einparteiensystem, ist davon weitgehend ausgenommen. Das Bevölkerungswachstum und das wirtschaftliche Wachstum sorgen für einen rasant steigenden Energieverbrauch – ca. 5 Millionen Barrel pro Tag – und eine enorme Erhöhung der Nachfrage nach Stahl. Die Auswirkungen der Entwicklung auf die Weltmarktpreise in diesen Branchen sind bereits heute deutlich zu spüren.

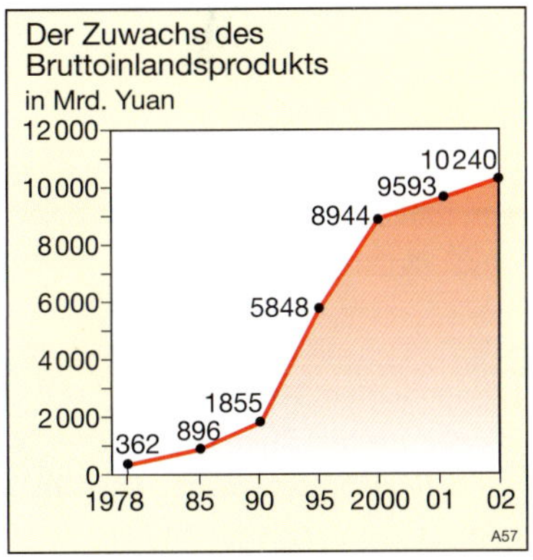

Begründen Sie, warum der Beitritt Chinas zur WTO (2001) eine große Bedeutung für das Land hat!

6.7 Globalisierung

6.7.1 Megatrend Globalisierung

Das englische Wort „floor“ hat im Deutschen ein gutes Dutzend Bedeutungen. Phuong spricht aber weder Englisch noch Deutsch, und daher ist ihr das im Moment egal. Die 26-jährige Vietnamesin interessiert nur, diese Bedeutungen möglichst schnell möglichst identisch der Vorlage in die Computer-Tastatur zu tippen. [...] Phuong tippt einzelne Seiten aus einem Englisch-Deutsch-Lexikon ab. Im Vergleich zu einem Fließtext ist das sehr schwierig. Die vielen Schriftumschaltungen erfordern höchste Konzentration. Bezahlt wird nach Anschlägen, und jeder falsche Anschlag raubt kostbare Zeit – und Lohn. [...] Phuong ist mit ihrem Arbeitseifer der Traum jedes deutschen Unternehmers. Sie und ihre 86 Kollegen waren deshalb die Favoriten, als die Firma Langenscheidt beschloss, drei ihrer großen, mehrbändigen Wörterbücher in Vietnam erfassen zu lassen. [...] Das Phänomen Globalisierung hat inzwischen eine eigene Logik entwickelt: Langenscheidt kommt günstiger davon, seine Kilo schweren Wörterbücher in Kartons zu verpacken, sie 8.000 Kilometer weit nach Saigon zu schicken, dort ein spezielles Erfassungsprogramm mit Extra-Tastenbelegung für die vielen Sonderzeichen zu entwickeln und 80 Frauen und sieben Männer erst schulen und dann 14 Monate lang Sonderzeichen um Sonderzeichen auf tausenden Seiten abtippen zu lassen, als in München die Seiten auf einen Scanner zu legen und sie anschließend zu korrigieren. [...] Das Unternehmen zahlt mit durchschnittlich 70 US-Dollar im Monat doppelt so viel wie in Vietnam üblich, und deswegen sind die Jobs trotz der harten Arbeit auch begehrt.

Quelle: V. Schenz: Richtig in die Tasten hauen, in: Süddeutsche Zeitung, 4.2.1999.

Globalisierung ist das Ergebnis eines Internationalisierungsprozesses, der so alt ist wie die Geschichtsschreibung. Seit Anfang der 90er Jahre ist „Globalisierung“ in aller Munde: für die einen Verheißung, für andere ein Schreckenswort. Die Befürworter der Globalisierung beziehen sich auf die **Funktionsfähigkeit der Märkte** und die **Vorteile der internationalen Arbeitsteilung**. Man ist weitestgehend gegen staatliche Eingriffe in die internationalen Wirtschaftsbeziehungen und sieht die Globalisierung der Märkte als eine Voraussetzung für Wirtschaftswachstum und zukünftigen Wohlstand in Industrie- und Entwicklungsländern. Im Gegensatz zum Grundprinzip des Freihandels der Befürworter stehen Kritiker der Globalisierung den Selbstregulierungskräften der Märkte skeptisch gegenüber. Man befürchtet u. a., dass die Schere zwischen Arm und Reich immer weiter auseinander geht, dass sozialstaatliche Errungenschaften und die Umwelt geopfert werden, dass immer weniger Großkonzerne und demokratisch nicht legitimierte internationale Institutionen Macht ausüben werden. Kritiker sehen einen **internationalen Koordinations- und Harmonisierungsbedarf**, insbesondere im Bereich des internationalen Kapitalverkehrs. Insgesamt geht es um die Angst vor der Dominanz kapitalistischer über demokratische Prinzipien.

Globalisierung betrifft nicht nur die Ökonomie, sondern fast alle Lebensbereiche: Konsum und Lebensformen, Wissen und Bewusstsein, Politik, Recht, Technik. Die Märkte dieser Welt – egal, ob es um Sachgüter, Dienstleistungen, Arbeitskraft oder Kapital geht – wachsen zusammen, ökonomische Aktivitäten sind immer stärker weltweit vernetzt. Das Markenzeichen „Made in Germany“ wird verwendet, aber immer seltener ist damit gemeint, dass Güter komplett in Deutschland produziert werden.

1. Beobachten Sie zwei Wochen lang in der Tagespresse, welche Themen im Zusammenhang mit der Globalisierung diskutiert werden. Nutzen Sie z. B. die Zeitungssuchmaschine www.paperball.de.
2. Recherchieren Sie, wie viele Firmen aus welchen Nationen am Bau des Airbus A 380 beteiligt sind. Fertigen Sie dazu eine grafische Darstellung an.

Globale Ökonomie

Wer sich in jüngster Zeit ein Auto gekauft hat, wird wahrscheinlich feststellen, dass die Airbags seines Wagens durch einen Computerchip namens Accelerometer gesteuert werden, also durch einen Sensor auf dem Chip. Dieses 50 Dollar teure Stück ersetzt die mechanischen Sensoren, die rund 650 Dollar kosten.

Das Accelerometer wurde in Boston erfunden. In Boston wird noch immer ein großer Teil der Accelerometer produziert, die jedoch anschließend zum Testen auf die Philippinen geschickt werden. Zur Verpackung werden sie von dort nach Taiwan reexportiert, von Taiwan wiederum nach Deutschland zur Installation in einen BMW, um dann von neuem exportiert zu werden: nach Brasilien, wo jemand den BMW seiner Tochter oder seinem Sohn zum Studienabschluss schenkt. Ein Facharbeiter in Boston arbeitet mit einem unausgebildeten Arbeiter auf den Philippinen zusammen, der seinerseits mit einem halbausgebildeten Arbeiter auf Taiwan kooperiert; und sie alle arbeiten zusammen mit der weltweit höchstbezahlten Arbeitskraft in den bayerischen BMW-Werken. Alle arbeiten für ein Teilchen, das 50 Doller kostet. Und sie alle sind abhängig von einem Absatzmarkt in Brasilien. Das ist globale Ökonomie.

Quelle: Lester Thurow, Professor am Massachusetts Institute of Technology (MIT), in: Süddeutsche Zeitung, 13./14.2.1999

Projekt

Ziel: Erstellung eines Informationsprodukts, das für Mitschülerinnen und Mitschüler, Eltern oder die Öffentlichkeit anschaulich vermittelt, was „Globalisierung" bedeutet.

Produkt: CD-ROM, Gestaltung von Internetseiten oder einer Zeitungs(titel)seite, Radio-Feature, Themenabend (Elternabend oder Videoaufzeichnung)

Ausgangspunkt: Umfragen und Interviews an der Schule oder in der Bevölkerung zum Kenntnisstand über das Thema „Globalisierung", um die Informationsdefizite sowie Hoffnungen und Ängste festzustellen (Aspekte, die abgefragt werden sollten: Begriff, persönliche Betroffenheit, Folgen für Deutschland, Ängste, Ursachen, politische Handlungsmöglichkeiten).

Erarbeitung: Erscheinungsformen und Ursachen der Globalisierung, positive und negative Folgen der Globalisierung, Entwicklungstendenzen und Gefahren.

Dazu Durchführung von Expertenbefragungen, Nutzung des Internets und weiterführender Literatur.

Globalisierung ist ein Prozess, der nationalstaatliche Grenzen überwindet, zur Ausweitung und Intensivierung wissenschaftlich-technischer, ökonomischer, politischer und soziokultureller Beziehungen zwischen den Kontinenten führt und schließlich den gesamten Erdball umspannt. In wirtschaftlicher Hinsicht geht es um die zunehmende Beschleunigung der Verflechtung globaler Märkte für Güter, Dienstleistungen und Kapital, die Liberalisierung und Deregulierung der nationalen und regionalen Märkte und das Zusammenwachsen dieser Märkte. Es handelt sich um einen dynamischen Prozess, der nicht aufzuhalten ist. Über die Rahmenbedingungen und Gestaltungsmöglichkeiten der Globalisierung lässt sich jedoch streiten. Eine Vielzahl von Nichtregierungsorganisationen (NGO, Nongovernmental Organizations) – eine der bekanntesten unter ihnen ist attac – verfolgt seit vielen Jahren das Ziel Globalisierung besser zu gestalten.

Nehmen Sie Stellung zu den Aussagen der beiden Abbildungen.

Terminhandel:
Geschäftspartner vereinbaren zu einem späteren Zeitpunkt ein Geschäft. Der Preis für dieses Geschäft wird schon heute festgelegt.
Futures: Der Verkäufer verpflichtet sich, eine bestimmte Menge eines Objektes zu einem bestimmten Zeitpunkt und zum bei Vertragsabschluss festgelegten Preis zu liefern. Die entsprechende Verpflichtung gilt für den Käufer.
Optionen: Der Käufer erwirbt mit der Option das Recht, zum festgelegten Zeitpunkt eine bestimmte Menge zum festgelegten Preis zu kaufen.

Internationale Banken, Versicherungen und Brokerhäuser sind auf den Geldmärkten aktiv und handeln mit Aktien, Anleihen, Devisen, Terminen und Optionen. Nicht selten werden mit diesen Transaktionen keine realen Geschäfte abgewickelt, sondern es wird spekuliert.
Die Schwankung der Devisen- und Finanzmärkte hat zur Absicherung von Geschäftsrisiken Finanzierungsinstrumente hervorgebracht. Die Derivate Terminhandel, Futures und Optionen dienen vor allem der breiteren Risikostreuung.

Globalisierung auf den Arbeitsmärkten
Die internationale Arbeitsteilung bewirkt, dass die Produktionsfaktoren dorthin wandern, wo Güter produziert werden, die einen mobilen Faktor relativ intensiv nutzen. Der Produktionsfaktor „Arbeit" ist nicht so mobil wie Güter und Kapital. Die Arbeitsmärkte werden durch die Globalisierung nur teilweise durchlässiger. Innerhalb der EU hat die Arbeitsmigration trotz „Freizügigkeit" insgesamt eher abgenommen.
Die Anreize für Arbeitsmigration spielen eine wesentliche Rolle. Arbeitskraft wandert – in der Theorie und ceteris paribus – dorthin, wo ihre Entlohnung am höchsten ist (vgl. „Faktor-Proportionen-Theorem"). Die höchsten Löhne werden dort gezahlt, wo der Faktor „Arbeit" am produktivsten eingesetzt wird. Es gibt qualifizierte Arbeitskräfte, die heute quasi weltweit eine Anstellung finden können. Nach dem Zusammenbruch des Sozialismus hat es z. B. einen „brain drain" wissenschaftlichen Personals aus Osteuropa in reiche Industrieländer, insbesondere in die USA, gegeben. Die armutsbedingte Migration aus Entwicklungsländern in die Industrieländer ist allerdings bedeutsamer und wird sich zukünftig verschärfen. Es wird geschätzt, dass von zehn Migranten neun aus wirtschaftlichen und nur einer aus politischen Gründen abwandert.

Ein Motor der Globalisierung –
Immer mehr Menschen suchen Jobs im Ausland
[…] „Die Zahl der Migranten wird weiter ansteigen", prognostiziert die Internationale Organisation für Migration (IOM). Im Jahr 2050 könnten nach IOM-Schätzungen 230 Millionen Menschen im Ausland ihren Lebensunterhalt verdienen. Die meisten von ihnen müssten, wie Filiberto, auch künftig mit eher schlecht bezahlten Jobs in reichen Ländern vorlieb nehmen. Dennoch: Die wachsende Gruppe der „Expats" gewinnt globale wirtschaftliche Macht. Nach Berechnungen der Weltbank stieg die Summe der registrierten Überweisungen in die Heimatländer von zwei Mrd. Dollar im Jahr 1970 auf 93 Mrd. Dollar im Jahr 2003. Anderen Schätzungen zufolge fließen sogar 150 Mrd. Dollar jährlich zurück in die Heimat der Arbeitsmigranten. Dieser Betrag übersteigt die jährliche Entwicklungshilfe um mehr als das Zweifache. Der Löwenanteil des Geldes wird an Verwandte und Freunde in armen Ländern überwiesen. […]
Unter Experten ist aber umstritten, ob die Zahlungen langfristig den Daheimgebliebenen nutzen. „Die Frage, ob Emigration einen Beitrag zur Entwicklung der Abwanderungsregion leisten kann oder ob sie im Gegenteil nur deren Unterentwicklung festschreibt, wird unterschiedlich beantwortet", sagt der Wiener Migrationsforscher Karl Husa. Schaden für ein Land könnte etwa dann entstehen, wenn hoch qualifizierte Bürger ihren Ländern den Rücken kehren. Dieser so genannte „brain drain" macht beispielsweise Südafrika zu schaffen. Doch andere Fachleute wie IOM-Chef McKinley betonen, dass sich der „brain drain" auch in einen „brain gain", einen Gewinn, verwandeln kann. […]
Quelle: J. D. Hebermann, Handelsblatt, Nr. 208, 26.10.04, S. 2

1. Erläutern Sie die positiven und negativen Effekte der globalen Arbeitsmigration in den Herkunfts- und in den Industriestaaten.
2. Derzeit schützen die Mitgliedsländer des Welthandelsdreiecks ihre Länder vor Armutsmigration durch Einwanderungsquoten. Ermitteln Sie die deutsche Gesetzeslage und recherchieren Sie aktuelle Daten zur Arbeitsmigration (z. B. www.worldbank.org). Berücksichtigen Sie neben absoluten Zahlen nach Möglichkeit folgende Aspekte: Qualifikation, Geschlecht, Alter, Herkunftsland und Zielland.

6.7.3 Ursachen der Globalisierung

Ökonomische Ursachen: Die Deregulierung auf den Güter- und Faktormärkten und der Abbau von Handelshemmnissen sowie von Devisen- und Kapitalverkehrsbeschränkungen sind wesentliche ökonomische Ursachen der Globalisierung. Kapital und Wissen sind im Vergleich zu Gütern und Arbeit besonders mobil. Unternehmen nutzen moderne Kommunikationstechnologien, um durch eine stärkere Vernetzung der Beschaffungs- und Absatzmärkte Kosten zu senken. Ursachen und zugleich Auswirkungen zunehmender Globalisierung sind auch steigende Direktinvestitionen von Firmen im Ausland und die Bildung multinationaler Unternehmen (z. B. Zusammenschlüsse Daimler und Chrysler, Deutsche Bank und Bankers Trust, Vodafone und Mannesmann). Der Prozess der Globalisierung wird nicht zuletzt durch den globalen Konsumenten beschleunigt: Dieser gibt sich nicht mehr mit einheimischen Produkten zufrieden, sondern nutzt die Produktvielfalt, die durch intraindustriellen Handel ermöglicht wird. Die wirtschaftliche Globalisierung spielt sich zu einem erheblichen Teil innerhalb der Länder der Triade ab.

Politische Ursachen: Neue Wachstumszentren entstehen vor allem im asiatisch-pazifischen Raum, z. B. in China oder in den mittel- und osteuropäischen Ländern.
Durch die Umwälzungen 1989–1991 in den Ländern des ehemaligen Ostblocks haben sich die politischen Rahmenbedingungen in Mittel- und Osteuropa grundlegend verändert; die Volkswirtschaften wandelten sich zu marktwirtschaftlichen Ordnungen und öffneten ihre Märkte zunehmend – und zwar für Menschen, Sachgüter, Dienstleistungen und Kapital. Der Zusammenbruch des Sozialismus und das Ende des Kalten Krieges führten ganz allgemein zum Abbau politischer Spannungen und stärkten damit internationale Handelsbeziehungen. Neben den mittel- und osteuropäischen Staaten sind auch Schwellen- und Entwicklungsländer auf den Weltmarkt getreten. Durch die neuen Wettbewerber gibt es zunehmende Konkurrenz.

Technologische Ursachen: Computerisierung, Miniaturisierung, Digitalisierung, Satellitentechnik, Mobiltelefon, Internet, Glasfaserkabel u. a. bilden die Grundlagen für ein weltumspannendes Kommunikationsnetz, so dass Informationen und Wissen überall auf der Welt in Sekundenschnelle verfügbar gemacht werden können. Die modernen Verkehrs- und Kommunikationstechnologien senken Transaktionskosten und versetzen Unternehmen in die Lage, 24 Stunden am Tag an unterschiedlichen Orten der Welt an gemeinsamen Projekten zu arbeiten. Insbesondere die technologischen Entwicklungen sind verantwortlich für die Unvermeidbarkeit der Globalisierung.

Soziokulturelle Ursachen: Die zunehmende Mobilität des Menschen und globale Produkte, die weltweit in den Medien präsent sind, sorgen für eine wachsende Angleichung von Lebensstilen, Normen, Ritualen und Wertvorstellungen. Kulturpessimisten glauben an die weltweite Vereinheitlichung und Gleichschaltung kultureller Praktiken. EU-Skepsis rührt z. B. häufig von der Furcht vor der Homogenisierung von Kultur, vor dem Verlust der sozialen Identität. Ursachen und Wirkungen sind allerdings noch weniger gut voneinander zu unterscheiden als in den oben genannten Punkten.

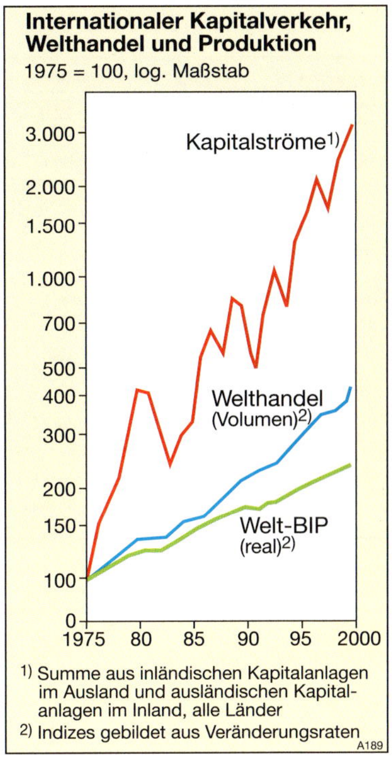

Internationaler Kapitalverkehr, Welthandel und Produktion

1. Kommt es Ihrer Meinung nach im Globalisierungsprozess zu einem deutlichen Abbau eigener Traditionen, des „Lokalen"? Begründen Sie Ihre Meinung und nennen Sie Beispiele.
2. Stellen Sie die Informationen zu den Ursachsen der Globalisierung in einem Schaubild dar.

1. Recherchieren Sie mit Hilfe des Internets die wichtigsten Produktionsstandorte für Textilien und Bekleidung weltweit.
2. Diskutieren Sie das Für und Wider staatlicher Subventionen für Wirtschaftssektoren, die auf Grund des Strukturwandels durch Schrumpfen gekennzeichnet sind.
3. Erläutern Sie mit Hilfe Ihrer Kenntnisse über die Gründe für internationalen Handel (vgl. Kapitel 6.2) denkbare Ursachen für die Entwicklung der deutschen Textil- und Bekleidungsindustrie.

Verlierer der Globalisierung

Von „Neoliberalismus“ und „Raubtierkapitalismus“ ist häufig die Rede, wenn die Globalisierung der Wirtschaft kritisiert wird. Schnell wird behauptet, dass diese verantwortlich zu machen sei für die Probleme in der Welt, gemeint sind Armut, Arbeitslosigkeit, Umweltzerstörung und andere Probleme. Besteht also ein Zusammenhang zwischen Globalisierung und der Verschärfung dieser Probleme?

Die globale Ungleichheit in den Einkommen hat sich in den letzten 30 Jahren zweifellos verschärft. […] Es liegt nahe, einen Zusammenhang zur Globalisierung herzustellen. Aber Korrelationen sind keine Kausalitäten. Bei genauer Betrachtung der Daten stellt sich heraus, dass es gerade denjenigen Ländern schlecht geht, die von der Globalisierung ausgeschlossen sind: der größte Teil Schwarzafrikas, große Teile der Landbevölkerung in China und Indien sowie verschiedene andere Länder. […] Der Ausschluss von der Globalisierung ganzer Länder oder breiter Bevölkerungsschichten liegt in erster Linie an den Entscheidungen der Regierungen der betreffenden Länder.
Quelle: M. Rauscher: Globalisierung, ÖBO-Modul R 02, Institut für Ökonomische Bildung, Oldenburg, 2002, S. 51.

Verlierer gibt es jedoch durch den Strukturwandel, der in einem Land einsetzt, das seine Wirtschaft öffnet und am globalen Handel teilnimmt: Einige Wirtschaftssektoren expandieren, andere schrumpfen. Wirtschaftssektoren, die keine komparativen Vorteile haben, werden – dies gilt zumindest in der Theorie und bei Abwesenheit von Protektionismus – durch eine Handelsliberalisierung einem größeren Wettbewerb ausgesetzt und in der Folge schrumpfen.
Dies geht mit dem Verlust von Arbeitsplätzen einher und bedeutet für eine betroffene Region einen herben Rückschlag. In Europa sind z. B. die Textilindustrie und die Werften von dieser Entwicklung betroffen. Allerdings wird der Strukturwandel in diesen Branchen durch protektionistische Maßnahmen – in der Regel Subventionen – von Seiten der Politik deutlich aufgehalten. Dies gilt auch für den Agrarmarkt von Industrieländern.

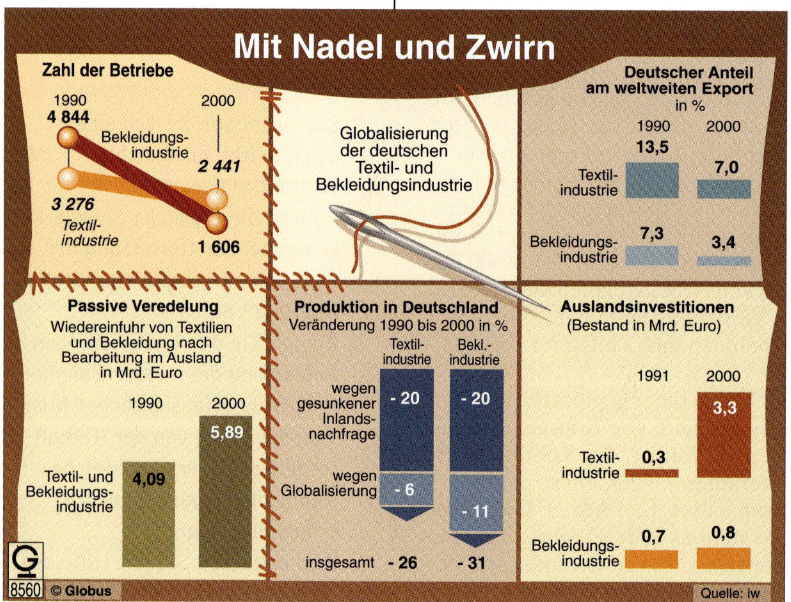

Für Sektoren, die komparative Vorteile haben, eröffnen sich durch die Teilnahme am internationalen Handel neue Absatzchancen und die betroffenen Sektoren expandieren. Während die Textilindustrie in Bangladesh im Wachsen begriffen ist – 1999 hat das Land Bekleidung im Wert von 3,8 Milliarden Dollar ausgeführt –, sind die Auswirkungen der Globalisierung auf die deutsche Textil- und Bekleidungsindustrie nachteilig (vgl. nebenstehende Grafik).

Ökologische Probleme

Entwaldung, Bodenschädigung, Wüstenbildung, Grundwasserbelastung, Chemieunfälle, Giftmüll, Verlust der Artenvielfalt durch Überfischung und andere Einschränkungen von Lebensräumen, Veränderung der Wassertemperaturen, Verminderung des Süßwasservorrats, saurer Regen, Ölpest durch Tankerunglück, radioaktive Verseuchung, Erderwärmung, Luftverschmutzung: Die traurige Aufzählung der weltweiten Umweltprobleme ließe sich noch erweitern. Es gibt Umweltprobleme, die in einem direkten Zusammenhang mit dem Globalisierungsprozess stehen. Das verstärkte Verkehrsaufkommen erfordert z. B. einen sehr hohen Energieverbrauch. Zudem wird die Atmosphäre stark verunreinigt. Die Veränderung des Klimas geht zu einem erheblichen Teil hierauf zurück.

Es liegt in der Natur globaler ökologischer Probleme, dass diese sich nicht von Nationalstaaten lösen lassen. Sie können nur im Rahmen einer internationalen Kooperation angegangen werden. Die wichtige Frage ist deshalb: Wie kann internationaler Konsens darüber hergestellt werden, wie die massiven ökologischen Probleme in den Griff zu bekommen sind? Welche Instrumente werden eingesetzt oder diskutiert und welche Maßnahmen sind darüber hinaus denkbar, um dem Schutz der Umwelt weltweit eine höhere Priorität einzuräumen?

Wenn man aus monetären oder anderen Gründen keine umweltfreundlichen Produkte (z. B. Mehrwegflaschen) kauft, handelt man aus individueller Sicht rational: Warum sollte ich als einzelner Konsument mehr aufwenden als andere, um für die gute Sache einzutreten? Für die Umwelt ist dieses Verhalten jedoch schädlich. Einzelne Staaten sind mit einem vergleichbaren Gefangenendilemma konfrontiert: Sie haben kaum Anreize, globale ökologische Probleme aus eigener Initiative anzupacken. Die Anreize zu kooperativem Verhalten sind gering, aber aus globaler Perspektive wäre es notwendig, dass sich alle Länder kooperativ verhalten und ihren Beitrag zur Verbesserung der Ökologie leisten. Im Rahmen der folgenden internationalen Abkommen versucht man z. B. zu kooperieren:

- **Montrealer Protokoll** von 1987. Das Ziel war und ist die Reduktion von FCKW-Emissionen, die die Ozonschicht schädigen. Man konnte sich auf einen raschen Ausstieg aus der FCKW-Produktion einigen.
- **Kyoto-Protokoll** von 1997. Beim Weltklimagipfel von Kyoto verständigte man sich auf eine Senkung der Emissionen durch die Industrieländer um 5,2 % bezogen auf das Jahr 1990. Emissionsminderungen sollen international handelbar sein können. Länder, die ihre Verpflichtungen nicht erfüllen, können von Ländern, die ihre Verpflichtungen übererfüllen, „freie" Emissionsrechte kaufen. Aus ökonomischer Sicht ist dieses effizienzfördernd, da die Emissionsminderung dort durchgeführt wird, wo sie am billigsten ist. Die USA emittierten im Jahr 2003 5.591,9 Millionen Tonnen Kohlendioxid – dies entspricht 19,1 Tonnen pro US-Bürger, was sie zum größten „Treibhaus-Sünder" der Welt macht. Ausgerechnet die USA haben dem Protokoll jedoch wieder den Rücken gekehrt, andere Länder haben es nicht unterzeichnet.
- **Basler Konvention** von 1989 (Regulierung des Handels und des Transports von Sondermüll und gefährlichen Gütern)
- **Internationales Artenschutzabkommen** von 1973 (gegen Handel mit bedrohten Tier- und Pflanzenarten).

Die Protokolle verfehlen bisher weitestgehend ihre Ziele. Länder haben wenig Anreize, die Auflagen zu erfüllen und Zuwiderhandlungen werden kaum sanktioniert. Der Weg zum globalen Umweltschutz ist noch weit.

!

1. Erklären Sie aus Sicht der Ökonomik, warum die Umweltgüter Wasser und Luft besonders gefährdet sind und warum internationale Zusammenarbeit zum Schutz der Umwelt unerlässlich ist.
2. Legen Sie dar, warum das Kyoto-Protokoll leider allenfalls symbolische Bedeutung hat!

Effekte globaler Konzentrationsprozesse

Am Ende des 20. Jahrhunderts herrschte „Fusionitis“: Firmen, in erster Linie in den Bereichen Telekommunikation, Energie, Medien, Auto und Banken, schlossen sich weltweit zusammen. Zwischen 1990 und 1999 wuchs die Zahl der Fusionen weltweit von ca. 9.000 auf fast 25.000. Viele Fusionen stellten sich nach kurzer Zeit als Flop heraus; für das Scheitern gibt es unterschiedliche Gründe – z. B. verfehlte Branchenstrategien oder die Schwierigkeit, unterschiedliche Unternehmenskulturen zusammenzubringen.

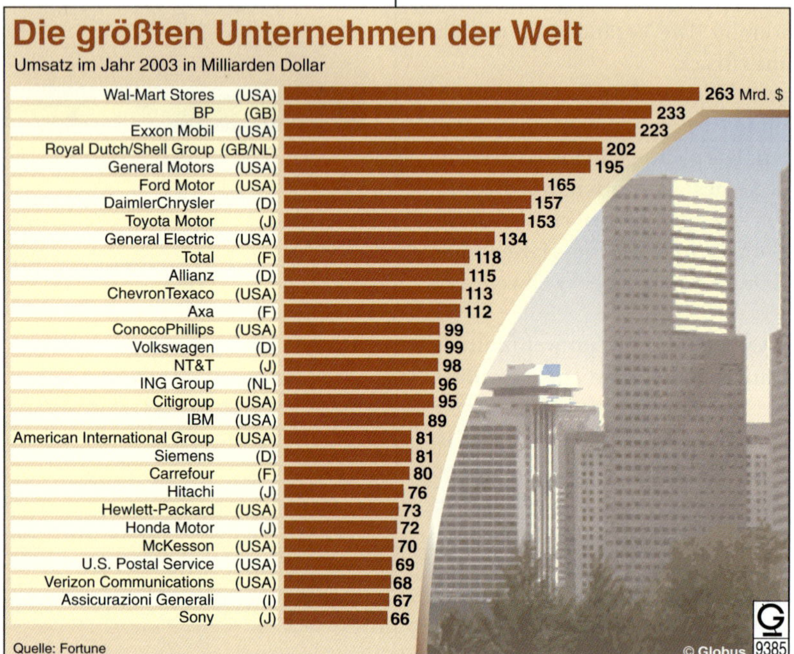

Von den 100 größten Weltkonzernen kommen ca. die Hälfte aus Europa, rund ein Viertel aus den USA. Die 200 größten Konzerne der Welt verfügen über einen Anteil von 28 % am weltweiten BIP. Sieht man von den neun führenden Volkswirtschaften ab, dann übersteigen die Einnahmen dieser Konzerne das gesamte BIP aller übrigen Länder der Welt.

Die zunehmende **Konzentration der globalen Märkte** und die dadurch wachsende Marktmacht von Konzernen kommt einerseits den Konsumenten zugute: Eine Handelsliberalisierung führt dazu, dass jedes Unternehmen mit mehr Unternehmen in Konkurrenz steht als vorher und die verfügbaren ausländischen Produkte erhöhen die Wahlmöglichkeiten der Konsumenten. Zwischen den Anbietern kommt es zu einem Verdrängungswettbewerb, aus dem einige Unternehmen übrig bleiben, die sich den Markt aufteilen. Die Konzentration ist mit einer Expansion der überlebenden Unternehmen verbunden. Diese produzieren höhere Stückzahlen bei geringeren Durchschnittskosten **(economies of scale)**. Auf Grund der Konkurrenzsituation sind die Unternehmen gezwungen, diese in Form von Preissenkungen an die Konsumenten weiterzugeben.

Die globalen Konzentrationsprozesse führen andererseits dazu, dass viele Firmen, insbesondere kleine und mittlere Unternehmen, dem Wettbewerbsdruck nicht standhalten können und vom Markt verschwinden. Eine Folge ist der Verlust von Arbeitsplätzen in den betroffenen Unternehmen. Bei Behinderung des Wettbewerbs besteht die Gefahr des Missbrauchs der Marktmacht. Wenngleich sich niemand ernsthaft ein Weltkartellamt wünscht, sind internationale Zusammenarbeit und Mindeststandards erforderlich, die diesen Missbrauch eindämmen und Aktivitäten der **global players** überwachen. Im Hinblick auf den Umweltschutz, die Wahrung von Menschenrechten und die Einführung elementarer Arbeitnehmerrechte ist eine internationale Kooperation in besonderer Weise vonnöten.

1. Recherchieren Sie Fusionen mit und ohne deutsche Beteiligung. Suchen Sie Gründe für das Scheitern von Megafusionen (z. B. BMW und Rover, AOL und Time Warner).
2. Versuchen Sie eine Bewertung der skizzierten Vor- und Nachteile der Marktkonzentration aus der Perspektive unterschiedlicher Akteure im Wirtschaftsgeschehen.

Die zunehmende Macht der Konzerne auf Kosten nationalstaatlicher und gesellschaftlicher Interessen wird von Globalisierungskritikern häufig angeprangert. Über die Rolle des Staates und das Ausmaß staatlicher Kontrolle wird in der Öffentlichkeit heftig gestritten.

Globalisierung ist nie Gemütlichkeit

[...] Aus rein ökonomischer Sicht heißt Globalisierung nichts anderes, als dass sich die Dimension des Marktes auf die ganze Welt ausdehnt. [...] Erst in dieser weltumspannenden Entfaltung kann der Markt sein wohlfahrtsfördernden Wirkungen vollständig entwickeln. Im Modell dieser Welt-Wirtschaft werden die produktiven Kräfte optimal eingesetzt. Die mobilen Faktoren gelangen in die produktivsten Verwendungen, das Kapital wandert zum besten Wirt. In diesem Prozess werden aber auch die immobilen Faktoren gemäß dem Prinzip der komparativen Vorteile nach global gültigen Kriterien sinnvoll geleitet. [...] Seine segensreichen Wirkungen kann der Markt – national wie international – allerdings nur entfalten, wenn entsprechende Rahmenbedingungen wie vor allem Rechtssicherheit und Garantie des Eigentums gewährleistet sind. In dieser Marktwirtschaft gelten eben gerade nicht die Gesetze des Dschungels, sondern die des wohlgeordneten Rechtes mit allen Sanktionen für Vertragsverletzungen und andere Verstöße. Die Globalisierung wirkt nicht als Nullsummenvorgang, in dem – wie beim Kartenspiel – der eine nur auf Kosten des anderen gewinnen kann. Die Globalisierung trägt entscheidend zur Vermehrung des Kuchens bei, der verteilt werden kann. Dieser Prozess eröffnet nicht zuletzt den in der wirtschaftlichen Entwicklung zurückgebliebenen Ländern Chancen, rasch aufzuholen.

In dynamischer Sicht ist die Globalisierung daher weit mehr als ein Allokationsmechanismus. Sie wirkt als Katalysator des Wettbewerbs, in dem im Schumpeter'schen Prozess der Zerstörung und Erneuerung sich die produktiven Kräfte auf der ganzen Welt optimal entfalten. In das von Hayek so benannte Entdeckungsverfahren, die allgemeine Suche nach besseren Lösungen, ist die ganze Welt einbezogen. [...] In der Tabelle des Wohlstandes stehen die Länder ganz oben, die sich dem weltumspannenden Wettbewerb stellen, und diejenigen ganz unten, die sich abschotten, die durch politische Instabilität, grobe Mängel in der Rechtssicherheit und fehlende Garantie des Eigentums ihre Chancen auf Teilhabe am globalen Wohlstandsgewinn verspielen. Inzwischen belegen zahlreiche empirische Studien diese These. Niemals zuvor in der Geschichte der Menschheit hat sich die Lebenssituation so vieler Menschen in so kurzer Zeit so deutlich verbessert wie in der zweiten Hälfte des zwanzigsten Jahrhunderts. Dieser Erfolg gilt allgemein in einem doppelten Sinne. Zum einen ist nicht nur der Lebensstandard, gemessen am Realeinkommen, gestiegen, sondern andere Indikatoren wie Lebenserwartung und Ähnliches weisen in die gleiche Richtung. Zum anderen bleibt dieser Fortschritt keineswegs auf die westlichen Industrieländer beschränkt. Gerade eine ganze Reihe ehemals extrem armer Länder haben besonders große Fortschritte erzielt. Freilich nicht alle. Die Globalisierung selbst schafft nicht automatisch Wohlstand allerorts. Sie eröffnet das Potenzial für wirtschaftlichen Fortschritt und sozialen Aufstieg. [...]

Das private Kapital macht insbesondere um Länder mit unsicheren politischen Verhältnissen einen weiten Bogen, Direktinvestitionen werden nicht im „Dschungel“ getätigt. Unter diesen Bedingungen bewirkt die Globalisierung wachsende Ungleichheit zwischen den Nationen. [...]

Die Wohlstandsmehrung ist nur im ständigen Suchen nach besseren Lösungen zu erreichen. In diesem Prozess werden laufend alter Strukturen zerstört, das Neue aus der Warte des globalen Marktes Überlegende verdrängt das gestern noch Gute. Die Verdrängung alter Institutionen durch neue, die Wandlung und Zerstörung überkommener Strukturen durch Innovationen aller Art hat die Menschheit seit ihrem Beginn begleitet. Und nicht immer war das Neue gleich das Bessere.

1. Analysieren Sie, welche Chancen und Herausforderungen sich nach Meinung des Verfassers im Zuge der Globalisierung für die einzelnen Nationen ergeben und wie er diese begründet.
2. Erläutern Sie die im Text vertretene wettbewerbspolitische Konzeption (vgl. Kapitel 2) und entfalten Sie dabei die Wettbewerbsfunktionen in ihrer Bedeutung für marktwirtschaftliche Ordnungen.
3. Erörtern Sie Chancen und Wege für Entwicklungsländer an der Entwicklung des Fortschritts im Rahmen globaler Prozesse teilzuhaben. Beziehen Sie dabei auch die Karikaturen in Ihre Überlegungen mit ein.

Der Verdrängungsprozess verläuft selten gradlinig und kaum jemals schmerzfrei, oft bedarf es einen weiten Umwegs hin zu besseren Welt. Der am besten geeignete Weg lässt sich grundsätzlich nicht planen, sondern nur im Wettbewerb herausfinden. [...]
Nationale Auflagen, Verordnungen aller Art stoßen auf Widerstand. Mit der Verlagerung der Produktion entziehen sich die Unternehmen der staatlichen Bevormundung. [...] Gewiss, die Globalisierung schränkt den Handlungsspielraum der Politik ein, aber vor allem jenen für schlechte Politik. Gute Politik im Zeitalter der Globalisierung ist darauf gerichtet, die Institutionen eines Landes zu reformieren, sozusagen globalisierungstauglich zu gestalten. Statt der Erosion sozialer Sicherungssysteme tatenlos zuzusehen oder gar durch Korrekturen in die falsche Richtung noch stärker zu gefährden, gilt es, diese Institutionen in einen positiven Standortfaktor umzugestalten. [...]
Globalisierung ist nicht zuletzt die Chance der armen Länder, im Wohlstand rasch aufzuholen. Dazu müssen die reichen Industrieländer vor allem ihre Märkte öffnen. Es ist schon ein seltsames Verständnis von Ethik und Moral, wenn reiche Länder die technischen Eliten aus Entwicklungsländern anheuern (Stichwort Green Card), gleichzeitig aber den Produkten, die in diesen Ländern mit billiger Arbeit produziert werden, mit moralisch verbrämtem Protektionismus den Zugang versperren. [...]
Quelle: Ottmar Issing, in: Frankfurter Allgemeine Zeitung, 19.5.2001, S. 15

Quelle: Frankfurter Allgemeine Zeitung, 7.7.1998

Quelle: Frankfurter Allgemeine Zeitung, 30.5.1997

Die adidas-Salomon AG: ein Global Player aus Deutschland
adidas-Salomon ist ein weltweit führendes Unternehmen in der Sportartikelindustrie mit Sitz in Herzogenaurach, dessen Produkte in nahezu jedem Land der Welt erhältlich sind. Der Anteil des Unternehmens am Sportartikelmarkt wird auf ca. 15 Prozent geschätzt.
In den 80er Jahren des 20. Jahrhunderts wurde Sport immer mehr zum Lifestyle. Die Jogging- und Aerobic-Welle kennzeichneten den neuen Trend. Das Management von adidas sprang auf diesen Zug spät auf und entkam nur knapp dem Konkurs. 1993 wurde das Marketing-Budget verdoppelt und der Konkurrenzkampf mit dem US-Unternehmen Nike um den Platz 1 unter den Sportartikel-Herstellern begann. Der Konzern profitierte vom Trend der sog. „MTV-Generation": Die adidas-Sportmode und die Trainingsanzüge aus den 70er Jahren galten als „cool" und die Wende hin zum wirtschaftlichen Erfolg des Unternehmens gelang.

Mehr als die Hälfte aller weltweit verkauften adidas-Turnschuhe werden in China hergestellt. Allein in Hongkong sind 200 adidas-Mitarbeiter tätig, die das Asien-Geschäft des Konzerns koordinieren. Das Unternehmen beschäftigt chinesische Angestellte in 104 Fabriken. Die SARS-Krise (vgl. 541) führte zwischenzeitlich zu Überlegungen, die Produktion an andere Standorte in Asien zu verlagern.

Erich Stamminger, Vorstandsmitglied der adidas-Salomon AG, zuständig für die globale „Marketing-Maschine" des Konzerns
Genauso wie im Sport werden auch in unserem Geschäft nationale Grenzen unwichtiger. So sind Spitzenathleten heute weltweit bekannt und als Imageträger einsetzbar. Noch vor 15 Jahren wären wir nicht auf die Idee gekommen, mit ausländischen Fußballern in Deutschland zu werben. [...] Ich bin allerdings davon überzeugt, dass die Differenzen zwischen den Kulturen weiter abnehmen werden. Deshalb gewinnen globale Marken enorm an Bedeutung. Adidas verkauft weltweit nicht einfach nur Sportschuhe und -kleidung, sondern ein Lebensgefühl, bestimmte Werte. Manchen Leuten ist dieser Einfluss transnationaler Konzerne unheimlich. Sie übersehen, dass weltweit operierende Unternehmen auch weltweit unter Beobachtung stehen. [...] Wir setzen uns für soziale und ökologische Standards bei unseren Zulieferern ein. 30 Mitarbeiter beschäftigen sich mit nichts anderem, als diese Betriebe überall auf dem Globus zu kontrollieren und dort Schulungen durchzuführen. [...] Wer global agiert, muss auch global Verantwortung übernehmen.
Quelle: brand eins, Heft 5, Juni 2001, S. 89

Die Berücksichtigung von Standards, insbesondere mit Blick auf Menschen- und grundlegende Arbeitnehmerrechte, kommt in der Sportartikelbranche sicherlich nicht von ungefähr. In den 90er Jahren des vergangenen Jahrhunderts kam es zu einem massiven Verbraucherboykott gegen den Konkurrenten Nike. Es war publik geworden, unter welchen menschenunwürdigen Bedingungen Schuhe und Bekleidung in den sweatshops dieser Welt hergestellt wurden. Die Verbraucher wurden durch NGOs und Initiativen für die Missstände sensibilisiert und durch gezielte Aktivitäten (Kampagnen, Boykott) von Interessengruppen entstand ein verheerender Image-Schaden für Nike. Der Konzern sah sich gezwungen, die Marke „Nike" durch bessere Produktionsbedingungen wieder aufzuwerten.
Der Einfluss, den Verbraucher durch ihre Konsumentscheidungen auf Unternehmensaktivitäten ausüben können, ist jedoch generell als äußerst gering einzuschätzen.

i

Steckbrief: Gründung 1920 durch Adolf Dassler; Sitz: Herzogenaurach, Deutschland; 1993 Übernahme durch den Franzosen Louis-Dreyfus; 1995: Gang an die Börse; 1997: Übernahme des Ski-Herstellers Salomon; rund 14.700 Mitarbeiter weltweit; Gesamtumsatz 2002: 6,5 Milliarden Euro; 114 Tochterunternehmen. Die Marke adidas umfasst drei Submarken für unterschiedliche Zielgruppen: ein Label für Sportler (Forever Sport), eines für Sportmode (Equipment), eines für Retro-Subkultur (Original).

!

1. Erläutern Sie anhand aktueller Werbung, welches Lebensgefühl Sie oder andere Menschen mit adidas verbinden und welche Werte man mit der Marke assoziieren kann.
2. Erstellen Sie in Gruppenarbeit Profile (Geschichte, Organisation, Standorte, Gründe für die Internationalisierung) von Global Playern aus Deutschland, z. B. Daimler-Chrysler, Siemens, Aldi, VW, Heidelberger Druckmaschinen AG.
3. Verdeutlichen Sie mit Hilfe Ihrer Kenntnisse über die Handlungsmöglichkeiten von Verbrauchern (Kapitel 3), warum der Einfluss von Verbrauchern auf Unternehmensaktivitäten generell gering ist.

Nicht erst am Ende des 20. Jahrhunderts kommt es im Zuge der Globalisierung und Internationalisierung der Wirtschaft zu schweren Krisen. Ein schwarzes Kapitel der Weltgeschichte bedeutete die Weltwirtschaftskrise in den 30er Jahren des letzten Jahrhunderts.

Tigerstaaten:
Singapur, Hongkong, Südkorea, Taiwan, Malaysia

1. Informieren Sie sich über weitere Hintergründe und Folgen der Weltwirtschaftskrise der 30er Jahre.
2. Recherchieren Sie in einem arbeitsteiligen Verfahren die Auswirkungen der Asien-Krise in einem südostasiatischen Land.
3. Erläutern Sie die Aussage von Weizsäckers, der Kredit sei zum Teil noch „politisiert". Inwieweit waren die vom IWF veranlassten Maßnahmen dazu geeignet, die Krise zu überwinden?

6.7.5 Krisen

Die weltwirtschaftliche Verflechtung führt nicht nur zu – bisweilen sehr schmerzlichen – strukturellen Veränderungen. Krisen können auch entstehen, wenn ein Land oder ein Wirtschaftsraum institutionelle Defizite z. B. im Bankenwesen aufweist. Prominentestes Beispiel für einen Mangel an institutionellen Regelungen ist der Börsencrash von 1929.

Börsencrash an der Wall Street

Der 24. Oktober 1929 war ein schwarzer Tag für die Weltwirtschaft und es folgte die größte Katastrophe in der Geschichte des Kapitalismus: Die Börse brach zusammen, Vermögen war in kurzer Zeit vernichtet. Für den Crash waren institutionelle Schwächen der Wirtschaftsstruktur verantwortlich. Da es in Amerika immer weniger sehr reiche und immer mehr arme Menschen gab, hatte die Wirtschaft Absatzschwierigkeiten, so dass Investitionen nicht mehr lohnten. Stattdessen wurden Unternehmensprofite zuhauf in Wertpapiere angelegt. Ende der 20er Jahre stiegen die Kurse unaufhörlich und jeder glaubte, an der Wall Street zu schnellem Reichtum zu gelangen: Das Land war im Aktienfieber. Die hohen Kurse spiegelten jedoch nicht die reale Wirtschaftssituation wider. Es kam zu panischen Verkäufen von Wertpapieren und die spekulative Blase platzte, die Preise fielen in den Keller, Millionen Menschen waren ruiniert. Die Krise weitete sich zur Großen Depression aus, die alle Industrienationen befiel und zur Weltwirtschaftskrise wurde. Eine derartige Kettenreaktion ist heute nicht möglich, zumindest dann nicht, wenn es eine Rahmenordnung im Bankensektor gibt.

Die Asienkrise 1997–1999

Die „emerging markets" in Ost- und Südostasien erreichten bis 1997 ein hohes Wachstum. Insbesondere die **Tigerstaaten** zeigten, wie Länder durch zielgerichtete Entwicklung reich werden können. Doch der wirtschaftliche Aufstieg stand auf wackligem Boden: Durch Spekulation der Akteure am Finanzmarkt und ungenügend gesicherte Kredite entstand ein Boom ohne solide Grundlage, die Länder lebten über ihre Verhältnisse. Die „bubble economy" platzte, als die Spekulanten die kurzfristigen Anlagen verkauften und die Fehlverwendung von Krediten sichtbar wurde. Banken, Versicherungen und andere Wirtschaftsunternehmen gingen Bankrott und es kam zu hoher Arbeitslosigkeit. Weitere Folgen waren der Investitionsrückgang, massiver Kaufkraftverlust und Konsumzurückhaltung. Im- und Exporte gingen in der Region zurück, was auch in Europa deutlich spürbar war. Insbesondere der Finanzsektor hatte mit der Modernisierung, speziell des Exportsektors, nicht Schritt halten können. Im Kreditwesen war es eher unüblich, dingliche Sicherheiten zu verlangen oder auf ein vertrauenswürdiges Rechnungswesen des potenziellen Kreditnehmers zu setzen. Vielmehr war es eine Frage von Macht, Einfluss und politischer Opportunität, ob man als Unternehmen an Geldmittel kommen konnte.

„Die ostasiatischen Gesellschaften sind ganz offensichtlich noch nicht in der Weise modernisiert, dass die Entpolitisierung des Reichtums schon in hinreichendem Maße vollzogen ist. Deshalb ist auch der Kredit dort zum Teil noch politisiert" (C. C. von Weizsäcker). Durch die Unterstützung des IWF konnten die Länder die Krise ab 1999 überwinden. Zu den Maßnahmen zählten Strukturreformen im Finanzsektor, eine Verschärfung der Bankenaufsicht und der Transparenz der Finanzströme, die Deregulierung der Märkte und die Aufhebung von Monopolen, Kürzungen der Staatshaushalte sowie Privatisierung von Staatsunternehmen.

Argentinien 2002

Der lange Weg in die Krise
In the 1930s Argentina was, thanks largely to beef exports, a global power, boasting income per capita similar to that of France. But from the 1940s the country tumbled from the international stage, weakened first by isolationism, then military rule and internal conflict. With the crisis-stricken government printing cash wholesale, inflation soared to 200 % a month by the end of the 1980s. Shoppers would pay more for goods in the afternoon than they had in the morning.
Quelle: Q&A: Argentina's economic crisis, in: http://news.bbc.co.uk, 27.4.2004

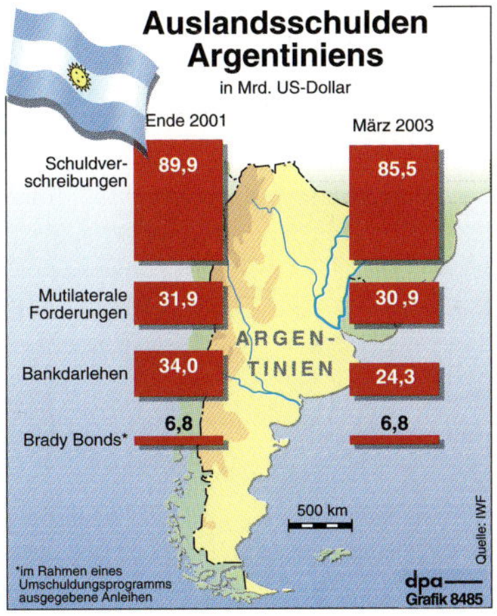

Mitte der 90er Jahre wurde Lateinamerika, insbesondere Mexiko und Brasilien, von einer allgemeinen Finanzkrise erfasst. Ende 2001 war Argentinien hoch verschuldet und in einer Rezession. Der Regierung gelang es nicht, die einsetzende Kapitalflucht zu bremsen. Das Land verlor seine Wettbewerbsfähigkeit und wurde zahlungsunfähig. Der Wechselkurs des Peso, der zehn Jahre an den US-Dollar gekoppelt gewesen war, wurde freigegeben. In der Folge kam es zu einer starken Abwertung des Peso. Die Arbeitslosigkeit nahm zu, die Ersparnisse der Menschen gingen in der umfassenden Krise größtenteils verloren. Der IWF betrieb ein Krisenmanagement, das sich nicht als besonders hilfreich herausstellte, so dass der IWF wesentlich an Glaubwürdigkeit verlor.

Vielfach wird konstatiert, die Wechselkurspolitik sei für die Argentinien-Krise verantwortlich gewesen. Die Ursachen sind jedoch vielfältig; sie sind nicht nur ökonomischer Art und sie sind in erster Linie im Land selbst zu suchen. Argentinien ist durch hohe Auslandsschulden und eine massive Staatsverschuldung gekennzeichnet. Die Integration in die Weltwirtschaft ist darüber hinaus sehr gering. Wesentliche Ansatzpunkte zur Bewältigung der Rezession und des Schuldenabbaus sind der Aufbau stabiler Finanzbeziehungen und eine Konsolidierung des Staatshaushalts. Wichtig sind darüber hinaus institutionelle Reformen um die strukturellen Probleme der argentinischen Wirtschaft in den Griff zu bekommen. Alle Maßnahmen, die den Export ankurbeln um das Leistungsbilanzdefizit zu beheben, Direktinvestitionen ins Land locken, die Investitionen erhöhen und Korruption verringern, sind zielführend. Wenn die Rahmenbedingungen für wirtschaftliche Tätigkeiten Verlässlichkeit schaffen und vertrauenswürdig sind, steigen die Wachstumschancen.

Currency Board
(Währungsrat): Die Währung eines Landes ist an eine Ankerwährung gebunden und das Land gibt nur so viel inländisches Geld aus, wie durch eigene Währungsreserven gedeckt ist.

Thesen zur Argentinien-Krise
- Das Currency Board System, das in Argentinien über fast 11 Jahre einen festen Wechselkurs zum US-Dollar und monetäre Stabilität garantiert hat, ist nicht für die gegenwärtige Krise verantwortlich.
- Die Krise ist eine Schuldenkrise in Kombination mit erheblichen strukturellen Schwächen u. a. im Arbeitsmarkt und im Fiskalsystem. [...]
- Eine Rückkehr zu einem festen Wechselkurs (Currency Board oder Dollarisierung) in Verbindung mit einem umfassenden Reformpaket ist durchaus plausibel. [...]
- Treibende Kräfte hinter der Leistungsbilanzentwicklung in Argentinien und Brasilien waren vielmehr die Importabhängigkeit und die Wachstumsschwäche. [...]

Quelle: R. Schweickert: Kieler Arbeitspapier 1113 (Institut für Weltwirtschaft Kiel), S. 39 f., in: http://econpapers.hhs.se/paper/wopkieliw/1113.htm, 24.4.2004

1. Bereiten Sie Referate zu den skizzierten Finanzkrisen vor: Wie entstand die Krise und wie wurde sie bewältigt? Welche Motive hatten die verschiedenen Akteure und welche Rolle spielte die internationale „Elektronische Herde" (vgl. S. 527) in diesen Fällen?
2. Ein durch Spekulationen verursachter Verlust von 1,4 Milliarden Dollar führte 1995 zum Zusammenbruch der alten britischen Handelsbank Barings. Recherchieren Sie die Hintergründe dieses Falls!
3. Was ist die strukturelle Gemeinsamkeit der dargestellten Krisen?

Globalisierung macht verwundbar

Die weltweite Vernetzung birgt viele Gefahren für die Menschen. Verschiedene Beispiele veranschaulichen, in welchem Maße die Welt heutzutage verwundbar ist. Probleme, die in einem Land auftauchen, sind häufig nicht mehr national beherrschbar.

Beispiel 1: Terror Am 11.09.2001 wurden die USA Zielscheibe eines der schlimmsten Terroranschläge in der Geschichte der Menschheit. Das Bild vom Zusammenbruch der Twin Towers des World Trade Centers in New York – einem Symbol des Kapitalismus – ging um die Welt und hat sich tief im Bewusstsein der Menschen verankert. Der Anschlag hat die Anfälligkeit einer Großmacht im Informationszeitalter und die massive Vernetzung der Welt vor Augen geführt. Transnationale Netzwerke, internationale Finanzquellen und moderne Verkehrs- und Kommunikationsmittel waren eine Voraussetzung dafür, dass solche Anschläge durchgeführt werden konnten. Die Motive für globales Wirtschaften sind mit den Anschlägen nicht entfallen, aber die Auseinandersetzung um die Bedingungen und die Folgen des voranschreitenden Globalisierungsprozesses hat seitdem einen starken Auftrieb erfahren.

Beispiel 2: Erdöl Die Sicherung der Zugänge zu strategischen Energieressourcen auf der ganzen Welt ist ein wesentliches geopolitisches Ziel und bisweilen Grund für Krieg. In der Region um den Persischen Golf lagern etwa Zweidrittel des Gesamtvorkommens an Erdöl.

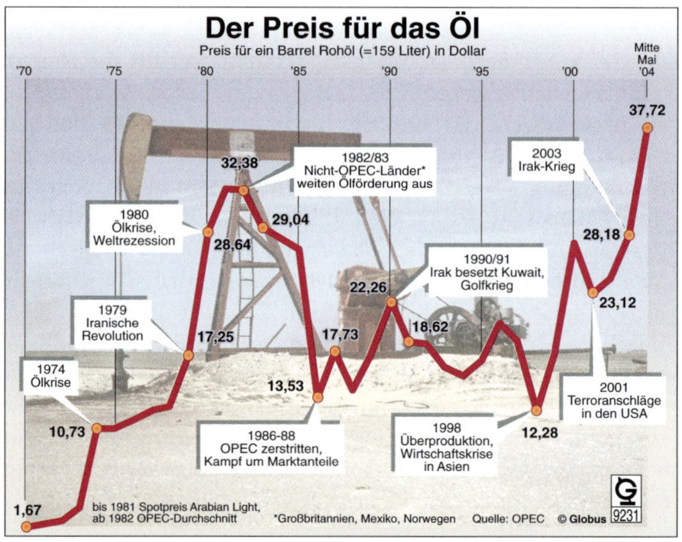

Die Bedeutung des Erdöls für die Weltwirtschaft

Erdöl wird an der Börse gehandelt, und dort bestimmen nicht Fakten den Preis, sondern Erwartungen, Vermutungen und Wahrscheinlichkeiten. Die Spekulationen um einen bevorstehenden Irak-Krieg im Frühjahr 2003 hatten den Ölpreis auf über 30 Dollar je Barrel (159 Liter) steigen lassen. [...] Mitte der 70er- sowie Anfang der 80er- und 90er Jahre brach die Weltwirtschaft ein. Jedes Mal war ein bis anderthalb Jahre zuvor der Ölpreis stark gestiegen. Erstens haben die großen Raffinerien ihre Ölvorräte in den vergangenen Jahren drastisch reduziert. Sie sparen einerseits Lagerkosten, können andererseits aber einen Preisschock nicht mehr durch gehortetes Billigöl ausgleichen. Der Preis der Energieträger wie Gas, Kohle oder Kernspaltung, vor allem der des Erdgases, orientiert sich am Ölpreis. Wird Öl teurer, wird Energie allgemein teurer.

Fast alles von Menschen Geschaffene, das sich auf dieser Erde mit mehr als 40 Kilometern pro Stunde bewegt, bewegt sich mit Hilfe von Öl. Da aber Transport und Bewegung in der modernen Wirtschaft eine noch größere Rolle spielen als früher, könnte eine plötzliche Verteuerung von Benzin, Diesel und Kerosin noch schlimmere Auswirkungen haben als vor 20 oder 30 Jahren [...] Der Preis des Erdöls bestimmt über den Wohlstand ganzer Länder. Und wer wiederum über den Ölpreis bestimmt, hat mitunter mehr Macht als Konzernchefs, Finanzminister und Notenbankpräsidenten zusammen. Aber der Ölpreis wird nicht vom Markt bestimmt, sondern von Strategie und Absprache – von den Mitgliedern der OPEC, vor allem von Saudi-Arabien und den übrigen vier Staaten am Persischen Golf. Indem sie das Angebot künstlich reduzierten, haben sie den Ölpreis immer wieder nach oben getrieben und damit für eine ökonomische Rarität gesorgt. Zwar ist Öl keineswegs knapp; unter der Erde gibt es genug davon, um die Räder, Turbinen und Schiffsschrauben dieser Welt noch ein paar Jahrzehnte anzutreiben. Aber schon jetzt liegen 80 Prozent der bekannten und kostengünstig auszubeutenden Reserven auf dem Hoheitsgebiet der OPEC-Länder.
Quelle: Wolfgang Uchatius, www.zeit.de, 30.4.2003.

OPEC = Organisation Erdöl exportierender Länder

Beispiel 3: Virusinfektionen Im Frühjahr 2003 verbreitete das SARS-Virus Angst und Schrecken. Es verursachte eine Lungenkrankheit, die vor allem in China grassierte. Die hohe Mobilität der Menschen ermöglicht heutzutage ein schnelles Ausbreiten von Seuchen. Die Angst vor einer „Infektion" der Weltwirtschaft war groß und man befürchtete das Einbrechen der internationalen Konjunktur. Weltweit reagierten die Börsen sehr empfindlich auf Meldungen zur Entwicklung der Krankheit. SARS konnte jedoch (vorläufig) eingedämmt werden. Die wirtschaftlichen Folgen der Krankheit sind allerdings in vielen Bereichen unübersehbar. So erholten sich Fluggesellschaften z. B. nur langsam von den starken Buchungsrückgängen.

Was hat SARS mit dem kleinen Ort Papenburg im Emsland zu tun? Die hier ansässige Meyer Werft hat einen großen Namen in der Kreuzfahrtbranche. Die Werft, die ca. 2.600 Mitarbeiter beschäftigt, baute 18 Kreuzfahrtriesen, 23 andere Passagierschiffe und über 100 Fähren, Tanker und Frachter. In der Nordwest-Zeitung war im April 2003 folgende Meldung zu lesen:

Meyer Werft – Vorzeigeunternehmen in Papenburg wegen der Tourismus-Krise in schwerer See!
Die Krise der Meyer Werft (Papenburg) hängt direkt an der Tourismusflaute. Der nach dem Terror-Tief vom September 2001 leicht erholte Kreuzfahrtmarkt ist wegen des Irak-Kriegs und der Angst der Reisenden vor der SARS-Epidemie in Südostasien schwer unter Druck.
Quelle: Thomas Kuchtar, Nordwest-Zeitung vom 1.4.2003, S. 3.

Beispiel 4: Stromausfälle Im Jahr 2003 kam es innerhalb kurzer Zeit in mehreren Staaten der Welt zu lang anhaltenden Stromausfällen. Ganz Italien war im Sommer acht Stunden lang ohne Strom und in New York war es über zwölf Stunden dunkel. Die Ursachen der Blackouts waren zwar veraltete Systeme; es kam jedoch zum Zusammenbruch der städtischen Nervensysteme (Transport und Kommunikation), der z. B. den internationalen Flugverkehr beeinträchtigte. Die Verwundbarkeit hochkomplexer Systeme der modernen westlichen Gesellschaften wurde offensichtlich und die Furcht vor der Unbeherrschbarkeit von Technologie nahm zu.

1. Informieren Sie sich über die wirtschaftlichen und politischen Folgen der Anschläge vom 11.9.2001.
2. Ermitteln Sie wesentliche Erdölvorkommen in der Welt. Stellen Sie diese in einer Weltkarte dar. Vergleichen Sie diese Karte mit einer Karte zu den weltweiten Krisen- und Konfliktregionen.
3. Recherchieren Sie die Gründe für die Ölkrisen in den 70er und 80er Jahren des 20. Jahrhunderts.
4. Skizzieren Sie die Funktionsweise der Preisbildung auf dem Ölmarkt. Stellen Sie in diesem Zusammenhang die Stärken von freien Märkten (vgl. Kapitel 3) heraus.
5. Untersuchen Sie, wer oder was 2003 von der SARS-Panik erfasst wurde und welche wirtschaftlichen und politischen Folgen damit verbunden waren. Diskutieren Sie, inwieweit die Psychologie beim Umgang mit vergleichbaren Krisen eine Rolle spielt.

6.7.6 Globalisierung gestalten

Die Bekleidungs- und Schuhindustrie produziert in vielen Fällen in Sweatshops, Fabriken, in denen unqualifizierte Arbeitskräfte, häufig auch Kinder, zu geringen Löhnen und z. T. unter menschenunwürdigen Umständen Bekleidung nähen. Die Sweatshops befinden sich in Entwicklungs- oder Schwellenländern, in der Regel in Südostasien. Die Stundenlöhne sind sehr gering und die Wochenarbeitszeit lässt sich mit jener in Deutschland nicht im Ansatz vergleichen. Sozialleistungen sind rar oder nicht vorhanden, auch Arbeitsverträge gibt es in der Regel nicht. Im Vergleich zum Standard in den Industrieländern ist die Situation der Arbeitskräfte in Entwicklungsländern skandalös. Dieser Vergleich kann jedoch nicht der alleinige Maßstab sein. Betrachtet man ein Entwicklungsland, geht es den Beschäftigten in multinationalen Unternehmen in den meisten Fällen besser als den Arbeitskräften im Allgemeinen (vgl. hier das Beispiel Bangladesh auf S. 530 f.). Zweifellos muss jede Anstrengung unternommen werden um die Produktionsbedingungen und damit die Situation der Arbeitskräfte in Entwicklungsländern zu verbessern. Unternehmen haben jedoch auf Grund ihrer Zielsetzung Gewinne zu erwirtschaften – in der Regel – wenig Anreize, von sich aus bessere Rahmenbedingungen für die Produktion zu schaffen, wenn sich damit keine Wettbewerbsvorteile erzielen lassen.

Internationale Organisationen spielen eine entscheidende Rolle bei der Bildung eines institutionellen Regelwerks, dessen Nichtbeachtung zu Sanktionen führt. Eine große Zahl NGOs bringt sich ebenfalls stark in die Diskussion um die Gestaltung der internationalen Wirtschaftsbeziehungen ein. Akteure wie Amnesty International, Attac oder kirchliche Gruppen verschaffen sich heute Gehör, wenn es um die Verbesserung von Arbeitsbedingungen und die Anprangung von Menschenrechtsverletzungen geht. Das Spektrum der Aktivitäten der NGOs ist groß: Einige setzen auf Konfrontation gegen „die" Wirtschaft, andere suchen Wege der Kooperation mit den Unternehmen.

Ein Beispiel für die Einflussmöglichkeiten der Verbraucher: 1999 rechnet Naomi Klein in ihrem Buch „No logo!" mit der „Tyrannei der Marken" und der Macht der Großkonzerne ab. Ihrer Ansicht nach stellen die multinationalen Konzerne heute die mächtigsten politischen Kräfte dar, da sie die Regeln der Globalisierung festlegten und dadurch nationale Politik zum Spielball der Weltmärkte würde. Die Gegenstrategie besteht vor allem darin, Marken wegen ihres hohen Bekanntheitsgrads anzugreifen und Druck auf Konzerne auszuüben, um so politische Entscheidungen herbeizuführen. Wenn Unternehmen ihr Image in Gefahr sehen, bestehen Anreize für die Veränderung von Arbeitsbedingungen. Klein bezeichnet das Markenimage, das den Konzernen Reichtum beschert, als deren „Achillesferse".

Der „Global Compact" ist ein Vorstoß zur Achtung von Menschenrechten und Natur. Im Global Compact sollen Wirtschaft, UNO und Organisationen der Zivilgesellschaft zusammenarbeiten. Irgendwann werden Unternehmen dann, so die Hoffnung, auf die Allgemeinverbindlichkeit von Normen drängen.

Civil Society Organizations – also known as non-governmental organizations – are critical actors in the advancement of universal values around human rights, the environment and labour standards. As global market integration has advanced, their role has gained particular importance in aligning economic activities with social and environmental priorities. Civil society organizations have been an integral part of the Global Compact since its creation.
Quelle: http://www.unglobalcompact.org/Portal/

1. Informieren Sie sich über verschiedene NGOs, ihren Aktionsradius, ihre Aktivitäten und Erfolge.
2. Nehmen Sie Stellung zu der These: „Es kann **nicht allein** auf die moralische und gesellschaftspolitische Verantwortung der einzelnen Unternehmen gesetzt werden, um menschenwürdige Arbeitsbedingungen zu schaffen!"

Politik im Zeitalter der Globalisierung: Global Governance
Immer mehr Probleme sind globaler Natur und auf nationaler Ebene nicht mehr zu lösen. Hinter Global Governance verbirgt sich ein neues Politikmodell. Staatliche und nicht staatliche Akteure (Institutionen und Organisationen, Gewerkschaften, Unternehmen usw.) sollen kooperieren um Globalisierung anders und besser zu gestalten als es die gegenwärtige Architektur einer Weltwirtschaftsordnung mit ihren Institutionen (vgl. Kapitel 6.4) erlaubt.

Pro: „Global-Governance-Architektur ist notwendig"
Global Governance beruht auf verschiedenen Formen und Ebenen der internationalen Koordination, Kooperation und kollektiven Entscheidungsfindung. Internationale Organisationen übernehmen diese Koordinationsfunktion und tragen zur Herausbildung globaler Sichtweisen bei. Regime übersetzen den Willen zur Kooperation in verbindliche Regelwerke. [...] Global Governance beschränkt sich nicht auf mehr Multilateralismus auf globaler Ebene. Viele Probleme machen politische Antworten auf verschiedenen Handlungsebenen von der lokalen bis zur globalen Ebene notwendig. [...] Der Zwang zur Kooperation verlangt Souveränitätsverzichte, die Globalisierungseffekte schon erzwungen haben. Auch die Großmächte müssen sich, um kooperationsfähig zu werden, mit „geteilten Souveränitäten" abfinden, die – wie das Beispiel der EU zeigt – keinen Verlust, sondern einen Zugewinn an Handlungs- und Problemlösungsfähigkeit und weltpolitischem Gewicht bewirken können. Global Governance verlangt eine Reorganisation der Regierungsapparate und institutionelle Innovationen, weil alle Politikbereiche [...] in globale Zusammenhänge eingebunden sind. Notwendig ist die Bündelung isolierter Ressortzuständigkeiten in leistungsfähigen Policy-Netzwerken, aber auch die Reorientierung einzelner Politikbereiche. [...] Politik findet immer mehr in horizontal und vertikal vernetzten Strukturen statt. NGO (Nichtregierungsorganisationen) erhalten in einzelnen Politikbereichen (Umwelt-, Menschenrechts- und Entwicklungspolitik) eine konsultative, korrektive und mitgestaltende Funktion.
Quelle: D. Messner/F. Nuscheler: Strukturen und Trends der Weltpolitik, in: I. Hauchler u. a. (Hrsg.): Globale Trends 2000, Fischer Taschenbuch, Frankfurt/M., S. 390 ff.

Kontra: „Wozu mehr Institutionen?"
Wozu noch mehr Institutionen? Anhänger der Global Governance begründen ihre Forderung mit einer Reihe falscher Diagnosen. Im Kern steht meist die These von der „Entmachtung des Nationalstaates" durch die Globalisierung. Doch wirtschaftliche Integration rollt über die Regierenden nicht einfach hinweg. Sie ist eine freiwillige politische Entscheidung. Regierungen bestimmen das Ausmaß des grenzüberschreitenden Handels, der ausländischen Investitionen, der Ein- und Auswanderung und damit den Grad der Einbindung in die Weltwirtschaft. Sie tragen auch die Verantwortung: Arme Länder bleiben arm, wenn ihre Regierungen sich der Globalisierung verweigern. Wie schon zum Höhepunkt der Globalisierung (1870 bis 1913) bleibt den Regierungen die wirtschaftspolitische Autonomie: Schutz von Eigentum, Garantie von Verträgen, Bereitstellung öffentlicher Güter, Umweltschutz oder Sozialstaat. [...] Gewiss: Internationale politische Koordination lässt sich besser begründen, wo es externe Effekte des Wirtschaftens gibt und diese auch wirklich Grenzen überschreiten etwa beim Treibhauseffekt. Doch eine Flut zusätzlicher schlecht entworfener multilateraler Abkommen und bürokratischer internationaler Einrichtungen wird der Welt kaum helfen. [...] Man kann die Globalisierung als Chance für Freiheit und Wohlstand begreifen und seine Früchte durch besseres Regieren ernten auf nationaler Ebene.
Quelle: R. Sally: Staaten sind gefordert, Die Zeit vom 20.7.2000

!

Führen Sie eine Pro-und-Kontra-Diskussion durch zum Thema „Global Governance: Sollte die Globalisierung politisch stärker gesteuert werden?" Recherchieren Sie zur Vorbereitung weitere aktuelle Informationen zum Thema. (Tipp: Nutzen Sie z. B. die Informationen des Centre for the Study of Global Governance an der London School of Economics im Internet oder das Heft Informationen zur politischen Bildung Nr. 280, Bonn 2003.)